BEITRÄGE ZUR HISTORISCHEN THEOLOGIE

Herausgegeben von Johannes Wallmann

98

Der junge
Alois Emanuel Biedermann

Lebensweg und theologische Entwicklung
bis zur „Freien Theologie"
1819–1844

von

Thomas K. Kuhn

J.C.B. Mohr (Paul Siebeck) Tübingen

Die Deutsche Bibliothek – CIP-Einheitsaufnahme

Thomas K. Kuhn
Der junge Alois Emanuel Biedermann : Lebensweg und theologische
Entwicklung bis zur „Freien Theologie" 1819–1844 / von Thomas K. Kuhn. –
Tübingen : Mohr, 1997
   (Beiträge zur historischen Theologie ; 98)
   ISBN 3-16-146714-0

© 1997 J. C. B. Mohr (Paul Siebeck) Tübingen.

Das Buch wurde von Gulde-Druck in Tübingen aus der Bembo-Antiqua belichtet, auf alterungs-
beständiges Werkdruckpapier der Papierfabrik Weissenstein in Pforzheim gedruckt und von der
Großbuchbinderei Heinr. Koch in Tübingen gebunden.

ISSN 03040-6741

Meinen Eltern

Vorwort

Das vorliegende Buch ist die geringfügig überarbeitete Fassung meiner Dissertation, die im Wintersemester 1994/95 unter dem Titel „Der junge Alois Emanuel Biedermann. Lebensweg und theologische Entwicklung bis zum Eintritt ins Pfarramt 1843" von der Theologischen Fakultät der Universität Basel angenommen wurde.

Während meiner Arbeit an diesem Buch durfte ich mannigfachen Beistand erfahren. An erster Stelle möchte ich meinem Doktorvater, Herrn Professor Dr. Ulrich Gäbler, danken, der die Entstehung der Dissertation stets durch kritische Anmerkungen und konstruktive Vorschläge förderte. Ferner danke ich ihm dafür, daß er mir während meiner vierjährigen Assistentenzeit nicht nur den nötigen Freiraum für die eigenen Forschungsarbeiten ließ, sondern mir auch konsequent methodische und didaktische Kenntnisse kirchenhistorischer Arbeit vermittelte. Schließlich sei ihm für die Erstellung des Erstgutachtens gedankt. Für die beiden anderen Gutachten danke ich den Herren Professoren Johannes Fischer, Basel, und Rudolf Dellsperger, Bern.

Danken möchte ich auch den Teilnehmern und Teilnehmerinnen der Basler kirchengeschichtlichen Sozietät, in deren Mitte ich mehrmals über mein Dissertationsprojekt berichten durfte.

Mein Dank gilt auch all jenen, die die Entstehung des Buches durch Gespräche oder durch Angebote musischen, handwerklichen und sportlichen Ausgleichs mitgetragen haben.

Der Kirchenleitung der Evangelischen Kirche im Rheinland danke ich für ihr Entgegenkommen und die großzügige Förderung meiner wissenschaftlichen Interessen. Die Heinrich-Lang-Stiftung gewährte mir eine freundliche Beihilfe für die notwendigen Archivreisen.

Ohne die Hilfsbereitschaft der vielen Mitarbeiter und Mitarbeiterinnen in den benutzten Bibliotheken und Archiven hätte dieses Buch nicht geschrieben werden können. Ich danke für die tatkräftige Unterstützung, die mir zuteil wurde. Herrn Stefan Hausherr in der Handschriftenabteilung der Winterthurer Stadtbibliothek gilt ein besonderer Dank für seine engagierte Kooperation und seine wertvollen Hinweise.

Bei den Korrekturen halfen Birgit Tittel, Peter Berger und Hans Witz, bei den Registerarbeiten Ute Kuhn, denen ich herzlich danke.

Für die Aufnahme dieses Buches in die Reihe „Beiträge zur historischen Theologie" danke ich dem Herausgeber, Herrn Professor Dr. Johannes Wallmann, und dem Verleger, Herrn Georg Siebeck. Für die namhaften Druckkostenzuschüsse von Seiten der Heinrich-Lang-Stiftung, der Evangelischen Kirche im Rheinland und der Universität Basel bin ich zu großem Dank verpflichtet.

Der Theologischen Fakulät Basel danke ich für die Verleihung des Fakultätspreises 1995; der Stadt Kornwestheim für die Verleihung des Philipp-Matthäus-Hahn-Preises 1996. Über diese beiden Auszeichnungen meiner Dissertation habe ich mich sehr gefreut.

Meiner Frau Ute und unseren Söhnen, Thore-Philipp, Jonas Levi und Jasper Noel, gilt mein Dank für ihre Begleitung.

Gewidmet ist das Buch meinen Eltern, Brigitte und Konrad Kuhn, denen ich auf diesem Wege für ihre vielfältige Unterstützung, für ihr Verständnis und für ein sorgenfreies Studium danken möchte.

Tannenkirch, im September 1996   Thomas K. Kuhn

Inhaltsverzeichnis

Abkürzungsverzeichnis

StAA	Staatsarchiv Appenzell Außerrhoden
StABL	Staatsarchiv Basel-Landschaft
StABS	Staatsarchiv Basel-Stadt
StAW	Stadtarchiv Winterthur
StAZü	Staatsarchiv Zürich
StBW	Stadtbibliothek Winterthur
UAB	Universitätsarchiv der Humboldt-Universität Berlin
UAT	Universitätsarchiv Tübingen
UBBS	Universitätsbibliothek Basel
UBTü	Universitätsbibliothek Tübingen

Die übrigen Abkürzungen richten sich nach SIEGFRIED M. SCHWERTNER, Theologische Realenzyklopädie. Abkürzungsverzeichnis, Berlin/New York ²1994; ergänzend KnLL: Kindlers neues Literaturlexikon.

Einleitung

1. Tendenzen der Biedermannforschung

1. Neuere Untersuchungen

Einigkeit herrscht bei den meisten Autoren über die Bedeutung Biedermanns als Vertreter einer „freien Theologie". Er wird als „der bedeutendste Systematiker der ‚freien Theologie'"[1], als „einer der letzten bedeutenden Vertreter der einst allmächtigen Philosophie des absoluten Idealismus"[2], als eine „zu den größten schweizerischen Theologen zählende, lichtvolle Gestalt"[3] oder als der „hervorragendste Dogmatiker aus der Junghegelschen Schule und der wissenschaftliche Führer der schweizerischen Reformer"[4] beschrieben.

Bei all diesen positiven Charakterisierungen stellt sich die Frage, warum Biedermann bis vor einiger Zeit in der theologischen Diskussion keine Rolle mehr spielte, warum er zu den bemerkenswerten, aber vergessenen Theologen des 19. Jahrhunderts zählt[5], dem eine breitere theologische oder kirchenpolitische Wirkung außerhalb der Schweiz versagt blieb. In der Schweiz hingegen waren die Auswirkungen seiner theologischen Aussagen während der vierzig Jahre seines öffentlichen Schaf-

---

[1] RUDOLF DELLSPERGER, Alois Emanuel Biedermann (1819–1885) – Freie Theologie, in: Gegen die Gottvergessenheit. Schweizer Theologen im 19. und 20. Jahrhundert, hrsg. von Stephan Leimgruber und Max Schoch, Basel/Freiburg/Wien 1990, S. 86–103 (86).

[2] THEODOR MOOSHERR, A. E. Biedermann nach seiner allgemeinphilosophischen Stellung, Diss. phil., Jena 1893, S. 9.

[3] WALTER NIGG, Geschichte des religiösen Liberalismus. Entstehung, Blütezeit, Ausklang, Zürich/Leipzig 1937, S. 227.

[4] ERNST C. ACHELIS, Aloys Emanuel Biedermann, in: ADB 46, S. 540–543 (540).

[5] Eine ernsthafte Auseinandersetzung kommt in neueren systematisch-theologischen Studien nicht vor. Biedermann wird hier gelegentlich als theologiegeschichtliches Beispiel vorgeführt. In der Literatur aus der ersten Hälfte dieses Jahrhunderts sieht dies etwas anders aus. KARL BARTH hat sich in seiner „Kirchlichen Dogmatik" (KD) intensiver als andere mit Biedermann auseinandergesetzt. Barth nennt ihn den „größte[n] Klassiker des Neuprotestantismus" nach Schleiermacher (KD IV/2, S. 60), der als Schüler Hegels seine Dogmatik verfaßt habe, „in seiner Art eines der hervorragendsten Werke der theologischen Neuzeit" (KD IV/1, S. 418). Da verwundert es doch sehr, daß Barth Biedermann in seiner Geschichte der protestantischen Theologie nicht ausführlich behandelt. Im Wintersemester 1952/53 veranstaltete Barth ein Seminar über Biedermann. Siehe dazu KARL BARTH, Offene Briefe 1945–1968, hrsg. von Dieter Koch, Zürich 1984, S. 328f. In einem Aufsatz „Die Möglichkeiten liberaler Theologie heute" für die freisinnige Zeitschrift „Schweizer theologische Umschau" beklagte er noch 1960 die Schwierigkeit, genügende Dogmatiken Biedermanns für das Seminar zu bekommen. In der Tradition der schweizerischen liberalen Theologie ist es vor allem Martin Werner, der Biedermann weitergehend zur Kenntnis nahm: MARTIN WERNER, Der protestantische Weg des Glaubens, Bd. 1, Bern/Tübingen 1955, S. 773–777.

fens von prägender Bedeutung. Im Hinblick auf die Bildung einer eigenständigen schweizerischen liberalen theologischen Strömung etwa in der Mitte des 19. Jahrhunderts, deren weitreichende kirchliche und gesellschaftliche Folgen bisher nicht hinreichend erforscht wurden, ist Biedermann von maßgebender Bedeutung und gilt als Vordenker dieser Richtung.

Da inzwischen das Interesse an der „Liberalen Theologie"[6] wieder zunimmt – man kann gar von einer „Wiederentdeckung"[7] sprechen – wird auch Biedermann erneut Aufmerksamkeit gewidmet. Olaf Reinmuth legte kürzlich eine Dissertation über Biedermann vor[8]. Diese Arbeit, die unter der Leitung des Wiener Systematikers Falk Wagner entstand, knüpft an die Tradition der rein theologiegeschichtlich konzipierten Arbeiten an. Der Verfasser beschränkt sich auf das gedruckte Material und untersucht im ersten Teil Biedermanns Religionsbegriff, den er vor allem mit Eduard Zeller vergleicht. Weiter geht er dem „Problem der Unterscheidung von Gott und Mensch als Movens der weiteren Entwicklung" Biedermanns nach. Drittens interpretiert er die „Christliche Dogmatik" Biedermanns, um schließlich „Biedermanns Denken im Horizont maßgebender wissenschaftstheoretischer Entwürfe der Zeit" zu beleuchten.

In dieser Dissertation werden die politischen und theologischen Verhältnisse in der Schweiz vernachlässigt. Es ist fraglich, ob Reinmuths rein werkimmanent begründete These, Biedermann habe keine Schule gebildet, weil sein Werk inkonsistent sei, zu halten ist. Die innere Widersprüchlichkeit habe es – so Reinmuth – nicht zugelassen, „daß das Werk sich in den Schülern fortsetzte"[9]. Müßten hier nicht stärker die zeitgeschichtlichen Bedingungen berücksichtigt werden?

Den Fragen nach Biedermanns Wirkungskreis und den Gründen für sein rasches Vergessenwerden geht in einem knappen Überblick auch Rudolf Dellsperger nach. Seine – noch zu vertiefende – Begründung scheint einleuchtender, da sie den Zusammenhang von politischem und theologischem Liberalismus berücksichtigt[10]. Die Formulierung eines Programms einer „freien Theologie" war Biedermann möglich, weil er an einen gesellschaftlichen liberalen Trend anknüpfen konnte. Die Gesinnung weiter Teile seines sozialen Umfeldes ist von wesentlicher Bedeutung für die Rezeption seiner Theologie. In Deutschland fanden sich gänzlich andere gesellschaftspolitische Voraussetzungen, die für eine intensive Auseinandersetzung mit

---

[6] Siehe den Sammelband „Troeltsch-Studien. Bd. 7: Liberale Theologie. Eine Ortsbestimmung", hrsg. von Friedrich Wilhelm Graf, Gütersloh 1993.

[7] Siehe Hans Norbert Janowski, Die jungen Theologen entdecken die Urgroßväter, in: DASBl 1991, Nr. 41, S. 16.

[8] Olaf Reinmuth, Religion und Spekulation. A. E. Biedermann (1819–1885). Entstehung und Gestalt seines Entwurfs im Horizont der zeitgenössischen Diskussion, Diss. theol. Wien 1993 (Ms.). Ich danke Herrn Dr. Olaf Reinmuth ganz herzlich dafür, daß er mir seine Dissertation zugänglich machte.

[9] Reinmuth, Religion, S. 3.

[10] Dellsperger, Biedermann.

Biedermann nachteilig waren[11]. Dellsperger hält fest: „Stellt man dies alles in Rechnung, so ergibt sich der Eindruck, Biedermann habe in der damaligen Schweiz als liberaler Theologe unter politischen, gesellschaftlichen und kirchlichen Bedingungen gelebt, die ihm eine in dieser Art einmalige, kontinuierliche Entfaltung ermöglichten."[12] Als der Liberalismus, insbesondere seine Zürcher Ausprägung, an Bedeutung verlor und durch neue Fragestellungen verdrängt wurde, verstummte zunehmend das Interesse an Biedermann, der sich seinerseits in diesen neuen Fragekomplexen nicht mehr zurechtfand[13]. Dellsperger faßt seine Erwägungen zusammen: „Alois Emanuel Biedermanns ‚Christliche Dogmatik', um die Mitte des letzten Jahrhunderts als lebendiger Ausdruck und repräsentatives System für den liberalen Protestantismus deutscher Sprache entstanden, ist im Wandel der Zeiten rasch zum Monument geworden."[14] In diesen Worten schwingt eine gewisse Tragik mit.

Eine weitere monographische Untersuchung legte R. Germann-Gehret vor[15]. Er untersucht ebenso wie Reinmuth, von systematisch-theologischen Fragestellungen herkommend, nicht ausreichend die historischen Bedingungen, unter denen Biedermann seine Theologie formulierte. Seine Arbeit, die er von der bisherigen Forschungsgeschichte dadurch unterschieden wissen möchte, daß er Biedermanns Werk „ein Stück weit" in seiner Geschichtlichkeit betrachten will, widmet sich nach einer allgemeinen historischen Einleitung dem dogmatischen System Biedermanns. Die Schriften Biedermanns vor der „Christlichen Dogmatik", vor allem seine „Tagesschriftstellerei", sollen in die Untersuchung einbezogen, die beiden Auflagen der Dogmatik verglichen und in den Zusammenhang mit früheren Arbeiten gesetzt werden.

Die von Germann-Gehret vorgenommene breitere Textgrundlage stellte einen Fortschritt in der Biedermann-Forschung dar. Den Nachlaß Biedermanns hat der Autor aber nicht zur Kenntnis genommen. Methodisch fragwürdig ist indes der Verzicht auf eine historische Verortung der Stücke aus der sogenannten „Tagesschriftstellerei". Hier zeigt sich ein Defizit, das die ganze Biedermann-Forschung bisher kennzeichnete: Die historischen Hintergründe werden zugunsten philosophischer, insbesondere erkenntnistheoretischer und systematisch-theologischer Fragestellungen sträflich vernachlässigt. So wird bei Germann-Gehret nicht deutlich, was es heißt, Biedermann „ein Stück weit" in seiner Geschichtlichkeit zu betrachten. Für kirchenhistorische Fragestellungen trägt diese Arbeit nicht viel aus[16].

---

[11] „Es war, als ob Biedermann in der liberalen Schweiz auf einer Zeitinsel gearbeitet hätte, als ob in Deutschland, das doch vor allem sein Forum hätte sein müssen, die Uhren anders gingen"; DELLSPERGER, Biedermann, S. 100.

[12] Ebd.

[13] DELLSPERGER, Biedermann, S. 101.

[14] Ebd.

[15] ROLF GERMANN-GEHRET, Alois Emanuel Biedermann (1819–1885). Eine Theodicee des gottseligen Optimismus, Bern/Frankfurt am Main/New York 1986.

[16] Auch die Arbeit von KLAUS OTTE, Durch Gemeinde zur Predigt. Zur Verhältnisbestimmung von Theologie und Predigt bei Alexander Schweizer und Alois Emanuel Biedermann, Frankfurt am Main/Bern/Las Vegas 1979, dient nicht der historischen Erhellung. Hier handelt es sich um eine Arbeit aus den Bereichen der systematischen und praktischen Theologie.

Einen Versuch, die Richtungsbewegung in der Schweiz des 19. Jahrhunderts nachzuzeichnen, bietet Paul Schweizer[17]. Seine instruktive Darstellung bleibt jedoch auch auf dem Boden der Theologiegeschichte. Der Blick auf weitere politische und soziale Komponenten, die möglicherweise in dem Richtungsstreit mitgespielt haben, wird nur am Rande gewagt. P. Schweizer stellt die einzelnen theologischen Modelle, hier insbesondere A. E. Biedermann und A. Schweizer, dar und beschreibt die kirchenpolitischen Auseinandersetzungen und deren Folgen[18]. Auf die Einsicht in die Nachlässe Biedermanns und Schweizers hat der Autor verzichtet.

Die Aufklärung hat, so P. Schweizer, in Zürich einen fruchtbaren Boden gefunden. Auf diesem Boden konnte sich sowohl unter den Pfarrern als auch im Kirchenvolk, vor allem unter dem Einfluß Alexander Schweizers, eine liberale Grundströmung entfalten. Im Gegensatz zu Deutschland, wo die „Liberalen" eine Minderheit bildeten, waren in der Schweiz die „Positiven" die kleinere Gruppe. Dies ist mit der Unterstützung der Liberalen durch eine liberale Regierung zu erklären. Paul Schweizer weist darauf hin, daß der rationalistische Zug der liberalen Theologie, weniger die Spekulation Hegels, die aufklärerische Denkweise in Zürich ansprach. Hinzu kam eine besondere Offenheit für das Praktische. Diese Konstellation kam A. Schweizer entgegen. Dem mehr spekulativ ausgerichteten Biedermann aber wurden dadurch eine weitergehende Rezeption erschwert und der Prozeß des Vergessenwerdens beschleunigt.

Schweizer und Biedermann lag an der Vermittlung von Zeitgeist und Theologie. An der damals aufkommenden sozialen Fragestellung scheiterten aber beide, so daß sich auf dem Boden der „Liberalen Theologie" neue Richtungen entwickelten. Hier ist besonders an die von Leonhard Ragaz begründete Bewegung des „Religiösen Sozialismus" zu erinnern. Die positive Glaubensrichtung hingegen konnte sich der Dialektischen Theologie nähern, wobei die Bekenntnisschriften ihr Fundament blieben.

2. Ältere Monographien

Die ältere Biedermann-Forschung beschäftigte sich schwerpunktmäßig mit erkenntnistheoretischen, religionsphilosophischen und philosophiegeschichtlichen Fragestellungen[19]. Sie verzichtete auf historische Untersuchungen und bewegte

---

[17] PAUL SCHWEIZER, Freisinnig-Positiv-Religiössozial. Ein Beitrag zur Geschichte der Richtungen im Schweizerischen Protestantismus, Zürich 1972.

[18] Die Dissertation, die Grundlage der Monographie ist, trägt den Titel: Alexander Schweizers und Alois Emanuel Biedermanns Theologie im Rahmen der Zürcher Richtungsbewegung des 19. Jahrhunderts, Zürich 1972.

[19] MOOSHERR, A. E. Biedermann nach seiner allgemeinphilosophischen Stellung; OSKAR PFISTER, Die Genesis der Religionsphilosophie A. E. Biedermanns, untersucht nach Seiten ihres psychologischen Ausbaus, Zürich 1898; URBAN FLEISCH, Die erkenntnistheoretischen und metaphysischen Grundlagen der dogmatischen Systeme von A. E. Biedermann und R. A. Lipsius, Naumburg a. d. Saale 1901, MAX HENNIG, A. E. Biedermanns Psychologie der religiösen Erkenntnis, Leipzig 1902; THEODOR ODENWALD, A. E. Biedermann in der neueren Theologie, Leipzig 1924; FRIEDRICH SCHNEIDER, Alois Emanuel Biedermann, Wilhelm Schuppe und Johannes Rehmke,

sich allein auf geistesgeschichtlichen und überwiegend werkimmanenten Bahnen. Als Quelle diente den Autoren weitgehend Biedermanns „Christliche Dogmatik". Die „Freie Theologie oder Philosophie und Christenthum in Streit und Frieden" sowie die Schrift „Unsere junghegelsche Weltanschauung oder der sogenannte Pantheismus" wurden nur gelegentlich zugrunde gelegt. Die Unterschiede der beiden Auflagen der Dogmatik wurden vernachlässigt.

O. Pfister beispielsweise beabsichtigt, das Werden der gesamten Religionsphilosophie Biedermanns darzustellen. Der Verfasser, der sich eher zur Schleiermacher-Schweizer-Schule zählt, stellt Biedermann in Auseinandersetzung mit Hegel und Schleiermacher dar und versucht ihn im Rahmen der theologischen Schulen sowohl Hegels als auch Schleiermachers zu verstehen. Das Ergebnis seiner Untersuchung lautet: „Biedermanns Religionspsychologie ist eine Konzeption des vorwiegend durch Schleiermacher bedingten christlichen Geistes auf dem Boden des Hegelismus."[20]

Theodor Moosherr untersucht Biedermanns „System des reinen Realismus" im Blick auf dessen Erkenntnistheorie, Metaphysik und Religionsphilosophie. Anschließend wird das Verhältnis Biedermanns zu Hegel, Kant und zur zeitgenössischen Philosophie analysiert. Moosherr beantwortet die Frage, ob Biedermann Hegelianer sei, mit Ja und Nein, denn es komme darauf an, worin man das Prinzip der Hegelschen Philosophie erkenne[21]. Biedermanns System wird als „eine Umsetzung der Hegelschen Metaphysik in den Realismus der Erfahrung" charakterisiert[22].

Theodor Odenwald legte 1924 eine Schrift unter dem Titel „A. E. Biedermann in der neueren Theologie" vor, in der er die Ergebnisse der Biedermann-Forschung kritisch hinterfragt und die verbreiteten Vorurteile gegenüber Biedermann korrigieren will[23]. Dabei bestimmt er insbesondere dessen Verhältnis zu Hegel, Strauß und Feuerbach. Im Mittelpunkt seiner Untersuchung steht die Frage nach der Religion bei Biedermann. Seine theologiegeschichtliche Bedeutung, die schon allein durch die „Freie Theologie" begründet wäre, besteht darin, daß Biedermann versuchte, die Theologie aus ihrer theoretischen Not herauszuführen, „indem er sich mit ihr auseinandersetzte und ihr dabei das Fundament und damit auch die

---

Diss. phil., Bonn 1939; Louis Perriraz, Alexandre Schweizer (1808–1888) – Aloïs Emanuel Biedermann (1819–1885), Lausanne 1942; Axel Gyllenkrok, A. E. Biedermanns Grundlegung der Dogmatik, Uppsala 1943; Karl Neck, Das Problem der wissenschaftlichen Grundlegung der Theologie bei Alois Emanuel Biedermann, Schleitheim 1944. Aus dieser Reihe heraus fällt eine Schrift von Karl Ballmer, A. E. Biedermann heute! Zur theologischen Aufrüstung, Bern 1941, der Biedermann unter anthroposophischen Gesichtspunkten interpretiert. Zu weiteren Schriften siehe die Bibliographie am Ende dieser Arbeit, S. 412–414.

[20] Pfister, Genesis, S. 74.

[21] Moosherr, Biedermann, S. 72, erkennt als das wahre Prinzip der Hegelschen Philosophie den Begriff Gottes, der die Welt monistisch abschließt.

[22] Moosherr, Biedermann, S. 93.

[23] „Die Literatur über Biedermann stimmt weithin darin überein, daß sie sein Werk zu den Petrefakten der Geschichte der Theologie des 19. Jahrhunderts zählt. Damit ist aber auch der Spruch über die Bedeutung Biedermanns für die Theologie seines Jahrhunderts gefällt"; Odenwald, Biedermann, S. 1.

Konsequenzen entzog"[24]. Zudem erwuchs aus seinem Werk das Programm, die sich in Richtungsgegensätzen aufreibende Theologie zusammenzufassen. Biedermann plante eine Weiterführung der Theologie „durch eine gegenseitige Durchdringung und Befruchtung des kritischen und spekulativen Idealismus"[25]. Sein Ansatz indes, religiöse Gotteserkenntnis und theoretisches Denken zusammenfallen zu lassen, wird nicht in aller Konsequenz ausgeführt, schließt Odenwald. Es komme bloß zu einer formalen, nicht zu einer inhaltlichen Gleichstellung. Diese werde durch Biedermanns Betonung des Eigenwertes der Religion verhindert. „Aber zur Konsequenz dieser Betonung dringt er nicht durch."[26]

Eine Neuauflage der erkenntnistheoretischen Fragestellungen erfolgte 1943 durch A. Gyllenkrok und K. Neck. Gyllenkrok untersucht den „prinzipiellen Teil", der der „Christlichen Dogmatik" in ihrer zweiten Auflage als separater Band vorangestellt wurde. Der Verfasser begründet seinen Ausgangspunkt mit dem Hinweis, daß die Darstellung des „prinzipiellen Teiles" einen Einblick in das gesamte System Biedermanns gebe. Die wissenschaftliche Grundlegung der Dogmatik ist für Gyllenkrok das entscheidende Problem, dem er sich widmet.

K. Neck erarbeitet in seiner Zürcher Dissertation ebenfalls die „Grundsätze der Wissenschaftlichkeit bei Biedermann". Seine Untersuchung mündet in die Frage, wie Religion die Wahrheit selbständig aussagen kann, wenn Religion und Wissenschaft in eins gebracht werden[27]. Die Konzentration auf die erkenntnistheoretische Grundlegung habe die Explikation des dogmatischen Stoffes als sekundär zu betrachten, denn ihre Analyse erübrige eine Auseinandersetzung mit dem weiteren dogmatischen Stoff.

Die skizzierte Tendenz der Forschung trug ihren Teil dazu bei, daß Biedermann im 20. Jahrhundert weitgehend ein Unbekannter geblieben ist.

3. Zur Biographie Biedermanns

Eine kritische Biographie Biedermanns fehlt. Bisher erschienen wenige kleinere Stücke, die sich der Lebensgeschichte Biedermanns annahmen[28]. Zwei Lebensbeschreibungen heben sich jedoch in Umfang und Art von diesen ab. Dies sind zum einen die „Biographische Einleitung" Johannes Kradolfers[29] und zum anderen ein Aufsatz von Kurt Guggisberg[30].

Kradolfer, der sich als Schüler und Bewunderer Biedermanns verstand, verfolgt

---

[24] ODENWALD, Biedermann, S. 110.

[25] ODENWALD, Biedermann, S. 111.

[26] ODENWALD, Biedermann, S. 112.

[27] Neck blendet Biedermanns Frömmigkeit aus. Eine Verschiedenheit zwischen Wissenschaft und persönlichem Glauben lässt Neck nicht zu; NECK, Problem, S. 186.

[28] Dabei handelt es sich überwiegend um Nekrologe und Nachrufe von Freunden Biedermanns.

[29] JOHANNES KRADOLFER, Biographische Einleitung, in: Alois Emanuel Biedermann. Ausgewählte Vorträge und Aufsätze, hrsg. von dems., Berlin 1885, S. 1*-57*.

[30] KURT GUGGISBERG, Alois Emanuel Biedermann. Unveröffentlichtes aus den Papieren seiner Jugendzeit, in: Jahrbuch der literarischen Vereinigung Winterthur, Winterthur 1943, S. 76–97.

mit seinem biographischen Stück ein apologetisches und aufklärerisches Interesse. Für seinen historischen Wert spricht, daß hier noch im Todesjahr Biedermanns ein Augenzeuge schreibt, der autobiographisches Material Biedermanns verwertet. Diese Biographie hat zusammen mit den „Erinnerungen" entscheidend das Bild Biedermanns in der theologiegeschichtlichen Forschung geprägt.

Guggisberg möchte mit seinem Aufsatz ein „paar Bausteine" zu Biedermanns Biographie und zu seiner geistigen Entwicklung zusammenstellen[31]. Eine schwere Unterlassung der schweizerischen Geschichtsschreibung nennt er die Tatsache, daß A. E. Biedermann als einem der selbständigsten und klarsten Denker, einem der größten Theologen des 19. Jahrhunderts, noch keine eingehende Biographie gewidmet sei. Der Nachlaß Biedermanns, „eine nicht gering zu achtende Fundgrube für die Geistesgeschichte des neunzehnten Jahrhunderts"[32], sei bisher nur wenig ausgeschöpft worden.

Möglicherweise ist dies darauf zurückzuführen, daß sich Biedermann schon zu Lebzeiten in ziemlich isolierter Stellung befand, populär sei er nie gewesen. Biedermann wurde nicht – wie etwa Albrecht Ritschl – der Modetheologe seiner Zeit. Die Sprache seiner viel genannten, aber wenig gelesenen Dogmatik erschwerte, so Guggisberg, einer Vielzahl von Lesern den Zugang. Kritiker taten Biedermann rasch als Epigonen Hegels ab. Als dessen Philosophie ihren massiven Einfluß verloren hatte, schwand auch die Bedeutung der „Hegelschüler". Guggisberg verwehrt sich aber dagegen, Biedermann als Epigonen Hegels zu betrachten, er betont vielmehr dessen geistige Originalität. Denn Biedermann gehe keineswegs in einer dürren Spekulation oder in einem Hegelschen Formalismus auf, sondern sei von tief religiöser Natur; „theologische Aufrichtigkeit und Unerschrockenheit zeichnen alle sein Werke aus"[33].

Guggisberg schöpft für seine Beschreibung der „Lehr-und Wanderjahre" aus den Briefen und aus dem Tagebuch (1839–40)[34]. Die kleine Arbeit von Guggisberg bringt biographisch neue Aspekte in die Biedermann-Forschung[35].

2. Das Anliegen der vorliegenden Arbeit und Beschreibung der Quellen

Die These Karl Barths, daß Darstellung und Verständnis der Geschichte der protestantischen Theologie seit Schleiermacher theologische Aufgaben seien[36], hat die Erforschung des neunzehnten Jahrhunderts entscheidend beeinflußt. Dies zeigt

---

[31] GUGGISBERG, Biedermann, S. 79.

[32] GUGGISBERG, Biedermann, S. 76.

[33] GUGGISBERG, Biedermann, S. 78.

[34] Das Tagebuch befindet sich im Nachlaß Biedermanns in der Universitätsbibliothek Basel.

[35] Biographisches Material bietet ferner HANS BAUR, Prophete rechts, Prophete links, das Weltkind in der Mitten, in: Schweizerisches Protestantenblatt 43 (1920), S. 126–128; 133–136; 140–142; 175f.; 182–184; 187–190; 195–197.

[36] KARL BARTH, Die protestantische Theologie im 19. Jahrhundert. Ihre Vorgeschichte und ihre Geschichte, Zürich [5]1985, S. 1.

sich vor allem in den theologie- und frömmigkeitsgeschichtlichen Fragestellungen. Hierbei werden Personen samt ihren Biographien, soziale Gruppen und Institutionen, historische Ereignisse und Zusammenhänge meist völlig ausgeblendet. Mit diesem methodisch fragwürdigen Zugang einher gehen in der Regel rein werkimmanente Interpretationen. Als Quellengrundlage dient dabei vorwiegend gedrucktes Material. Arbeiten, die auch unpublizierte Nachlässe verarbeiten und damit neue Quellen erschließen, erscheinen seltener[37].

Die selbst auferlegte Beschränkung der kirchengeschichtlichen Forschung wird in manchen Bereichen, wie etwa in der Reformationsgeschichte oder der Pietismusforschung, aufgebrochen, doch eine allgemeine, grundlegende Erweiterung der Methoden findet in der deutschsprachigen Kirchengeschichtsschreibung noch nicht statt. Die Defizite und Einseitigkeiten dieser Forschung werden inzwischen von einigen Profanhistorikern moniert. Für Rudolf von Thadden ist die „Kirchengeschichte der Neuzeit [...] entweder über weite Strecken zur Theologiegeschichte verkümmert oder aber zu einer Art unpolitischer Homeland-Kunde geworden, die liebevolles Interesse für geistige und soziale Rückzugsgebiete in der modernen Welt entwickelt"[38]. Kirchengeschichte partizipiere kaum noch an der allgemeinen Geschichte. Manche Bereiche der kirchlichen und außerkirchlichen Wirklichkeit fallen völlig aus dem Blickwinkel. Diesen „Verengungserscheinungen"[39] begegnen vor allem Historiker der allgemeinen Geschichtsschreibung, indem sie sich um neue Forschungsansätze bemühen[40]. Als wesentliche, weiterführende methodische Forderung formuliert von Thadden die Verknüpfung der Frage nach dem Verhältnis von Kirche und Gesellschaft mit der Frage nach der Gesellschaft in der Kirche[41].

---

[37] Joachim Mehlhausen stellt in einem Forschungsüberblick über die Kirchengeschichtsschreibung des neunzehnten Jahrhunderts zu Recht fest, daß genügend „werkimmanente theologiegeschichtliche Analysen und vergleichende theologische Interpretationen" erschienen sind. Als Desiderat der Forschung notiert er: „Es fehlen weiterführende Quellenerschliessungen und vor allem wissenschaftliche Biographien führender Theologen und Kirchenmänner des vorigen Jahrhunderts"; siehe J. Mehlhausen, Kirchengeschichte: Zweiter Teil, in: Theologie im 20. Jahrhundert, hrsg. von Georg Strecker, Tübingen 1983, S. 277. Zur Bedeutung der Biographie in der Kirchengeschichtsschreibung siehe das Themenheft von „Verkündigung und Forschung" 39 (1994).

[38] Rudolf von Thadden, Kirchengeschichte als Gesellschaftsgeschichte, in: Weltliche Kirchengeschichte. Ausgewählte Aufsätze, Göttingen 1989, S. 12.

[39] Von Thadden, Kirchengeschichte, S. 13.

[40] So vor allem Historiker aus dem Umkreis der Zeitschrift „Geschichte und Gesellschaft", hier insbesondere Wolfgang Schieder und Richard van Dülmen. Sie streben an, die Religionsgeschichte für die Sozialgeschichte fruchtbar zu machen. Vgl. Geschichte und Gesellschaft 3 (1977): Religion und Gesellschaft im 19. Jahrhundert. Zur Kritik an der wissenschaftlichen Kirchengeschichte, die sich als theologische Disziplin versteht, siehe Richard van Dülmen, Religionsgeschichte in der historischen Sozialforschung, in: ders., Religion und Gesellschaft. Beiträge zu einer Religionsgeschichte der Neuzeit, Frankfurt am Main 1989, S. 215–240 (215f.). Ein neuerer Versuch, sozialhistorischen Fragestellungen nachzugehen und sie für die Kirchengeschichte zu nutzen, stellt das Buch „Katholizimus und Moderne" von Urs Altermatt, Zürich 1989, dar. Der methodische Ansatz Altermatts macht diese kirchengeschichtliche Untersuchungen auch für die allgemeine Geschichtswissenschaft relevant.

[41] Von Thadden, Kirchengeschichte, S. 19.

Dieser komplexe Ausgangspunkt erfordert eine intensive Auseinandersetzung mit Forschungsansätzen wie etwa der Sozialgeschichte, der französischen Mentalitätsgeschichte, dem regionalgeschichtlichen Ansatz sowie der Institutionen- und Organisationengeschichte, der volkskundlich-phänomenologischen Fragestellung und der Begriffsgeschichte. Wissenschaftliche Kirchengeschichte als ein Teilgebiet der allgemeinen Geschichte hat diese Methoden zu nutzen[42]. Zudem ist die Quellengrundlage zu erweitern.

An die ersten genannten biographischen Stücke anknüpfend, will diese Arbeit Biedermanns Weg bis zum Erscheinen seiner „Freien Theologie" im Jahr 1844 nachzeichnen. Dabei geht es darum, sowohl die familiären als auch die gesellschaftlich-politischen Hintergründe aufzuzeigen, vor denen sich Biedermanns Entwicklung hin zu einer dezidiert „freien" Theologie vollzog. Ferner werden sein Ausbildungsgang, seine Freunde, das studentische Leben und die ihn prägenden Lehrer beschrieben, um die Frage zu beantworten, wie sich eine philosophisch-theologische Ausbildung in der ersten Hälfte des neunzehnten Jahrhunderts gestaltete. Die vielfältigen Faktoren und Bedingungen, die die Rezeption zeitgenössischer theologisch-philosophischer Modelle und die Ausbildung einer eigenen Position Biedermanns bestimmten, sollen dargelegt werden.

Diese Untersuchung bietet somit einen Beitrag zu der Frage, wie es zur Ausbildung liberaler, beziehungsweise freisinniger theologischer Modelle in der ersten Hälfte des neunzehnten Jahrhunderts kam. Daß Biedermann hier eine entscheidende Rolle spielte, ist zwar unbestritten, aber bisher nicht hinreichend erforscht worden[43]. Er und zahlreiche seiner Freunde, die in Berlin bei Wilhelm Vatke studiert hatten, wurden in der Schweiz zu den Protagonisten der freisinnigen Richtung[44].

In dieser Arbeit wird erstmalig umfassend das handschriftliche Material Biedermanns bis zur Mitte der vierziger Jahres des neunzehnten Jahrhunderts aufgearbeitet. Hierbei ist zuerst der umfangreiche Nachlaß Biedermanns zu nennen, der neben zahlreichen Briefen von und vor allem an Biedermann, ein Tagebuch aus den Jahren 1839–1842 enthält[45]. Daneben sind stichwortartige Tagebuchnotizen[46],

---

[42] Siehe dazu auch die methodischen Überlegungen bei ALTERMATT, Katholizismus, S. 13–95.

[43] Siehe dazu den Hinweis von Hartmut Ruddies, wonach eine begriffsgeschichtliche Untersuchung der Formel „Liberale Theologie" stärker als bisher „die liberale Theologie in der Schweiz in den Blick nehmen" müsse. Ruddies verweis darauf, daß der Begriff der liberalen Theologie „als Selbstbezeichnung einer theologischen Richtung bereits bei Alois Emanuel Biedermann" erscheint. HARTMUT RUDDIES, Liberale Theologie. Zur Dialektik eines komplexen Begriffs, in: Troeltsch-Studien, Bd. 7: Liberale Theologie. Eine Ortsbestimmung, aaO., S. 176–203 (Anm. 34, S. 187). Zum „spezifischen Problem von liberaler Theologie und theologischem Liberalismus" siehe JOHANNES EHMANN, Union und Konstitution. Die Anfänge des kirchlichen Liberalismus in Baden im Zusammenhang der Unionsgeschichte (1797–1834), Karlsruhe 1994, S. 22–26

[44] Eine umfassende prosopographische Untersuchung der schweizerischen Theologiestudenten in Berlin steht noch aus.

[45] Die Einträge von Ende 1842 bis zum Sommer 1846 wurden aus dem Tagebuch herausgeschnitten.

[46] Sie werden im folgenden „Tagebuchblätter" genannt. Sie beginnen mit einem Rückblick seit 1819, führen bis ins Jahr 1849 und sind nicht paginiert.

Biedermanns „Curriculum vitae"[47] und eine „Kurze Jahreschronik"[48] von Bedeutung. Ferner erhellen die erhaltenen ersten theologischen Arbeiten Biedermanns
sowie sein „Curriculum vitae"[49] die geistige Entwicklung.

Neben den Quellen Biedermanns liegen dieser Arbeit auch zahlreiche Dokumente aus seinem Freundeskreis zugrunde. Hier sind insbesondere die Briefwechsel zwischen seinen Freunden von Interesse, sowie deren Lebensläufe. Bedauerli-
cherweise ist der umfangreiche Briefwechsel zwischen Biedermann und seinem
Freund Johannes Riggenbach aus den Jahren 1838/39 verlorengegangen.

Zu diesen persönlichen Archivalien kommen die offiziellen schulischen, universitären, staatlichen und kirchlichen Akten hinzu[50].

---

[47] Der Lebenslauf ist in drei Versionen überliefert: 1. als offizielle Version für den Konvent,
(StABS: Kirchenarchiv N 17), 2. als Dokumentation im Tagebuch, S. 89–98, und 3. als Entwurf in
Biedermanns Privatnachlaß (A.II.a und b). Wenn nicht anders vermerkt, beziehe ich mich auf die
letztgenannte Version, da sie am umfangreichsten ist.

[48] Die Jahreschronik reicht stichwortartig bis zum Dezember 1884.

[49] Siehe dazu unten S. 315–321.

[50] Die Abkürzungen in den Quellen werden – soweit eindeutig – stillschweigend aufgelöst. Ergänzungen und Auslassungen in Zitaten werden durch „[...]" gekennzeichnet. Die Orthographie
und Interpunktion der Quellen wurde beibehalten. Die Signaturen für die Belege aus dem Nachlaß Biedermanns ergeben sich aus der Gliederung des Nachlasses; siehe dazu das Verzeichnis der
ungedruckten Quellen, S. 399–404.

1. Kapitel

Herkunft und Kindheit

I. Zeitgeschichte Winterthurs

1. Politik, Wirtschaft und Gesellschaft

Das Geschlecht Biedermann und die Stadt Winterthur sind eng miteinander verknüpft. Obwohl Alois[1] E. Biedermann die ersten neun Jahre seines Lebens außerhalb Winterthurs verbrachte und nur sechs Jahre kontinuierlich dort lebte, bildet
diese Stadt ein wesentliches Moment seiner Biographie: Knapp dreihundert Jahre
Familiengeschichte, zahlreiche freundschaftliche Verbindungen, ein Liebesverhält-
nis, Besuche und Erinnerungen sowie das Bürgerrecht verbanden Alois E. Biedermann mit Winterthur.

Winterthur[2], an Stelle der zerstörten keltisch-römischen Siedlung Vitudurum[3]
entstanden, entwickelte sich an der ältesten und bedeutendsten Handelsstraße der
Schweiz, die Zürich und Schaffhausen verband[4]. Die wenige Kilometer entfernt

---

[1] Die ursprüngliche Schreibweise des Namens war „Aloys". Vom 21. April 1834 an schrieb A.
E. Biedermann die Form „Alois"; Brief an die Mutter, 21.4.1834: B.I.c.1.

[2] Auf WERNER GANZ, Geschichte der Stadt Winterthur vom Durchbruch der Helvetik 1798 bis
zur Stadtvereinigung 1922, Winterthur 1979, stützen sich, wenn nicht anders vermerkt, die Ausführungen zur Geschichte Winterthurs. Ferner wurden vor allem konsultiert JOHANN CONRAD
TROLL, Geschichte der Stadt Winterthur nach Urkunden bearbeitet, 8 Theile, Winterthur 1840–
1850 und das handschriftliche Manuskript von Heinrich Biedermann, Geschichte von Winterthur 1834–1867, StBW: Ms 4⁰ 1/292; ANTON LARGIADÈR, Geschichte von Stadt und Landschaft
Zürich, Bd. 2, Erlenbach/Zürich 1945; Geschichte des Kantons Zürich, hrsg. von Nikolaus Flüeler und Marianne Flüeler-Grauwiler, Bd. 1: Frühzeit bis Spätmittelalter, Zürich 1995; Bd. 3: 19.
und 20. Jahrhundert, Zürich 1994.

[3] Die Etymologie des Namens Winterthur ist nicht eindeutig geklärt. Vitudurum leitet sich
möglicherweise aus den keltischen Worten witua (= Weide) und tur (= Burg oder Festung) ab, bedeutet also Weidenburg. Die am häufigsten vorkommenden Namensformen lauten Wintarduro,
Winterthura, Wintertura, Winterture, Wintirtur, Wynertertur; dazu WERNER GANZ, Winterthur.
Einführung in seine Geschichte von den Anfängen bis 1798, Winterthur 1960, S. 6; Geschichte
des Kantons Zürich, Bd. 1, S. 94–100.

[4] Die alte römische Hauptstraße Vindonissa (Windisch) – Aquae (Baden) – Vitudurum (Winterthur) – Ad Vines (Pfyn) – Arbor Felix (Arbon) – Brigantium (Bregenz) verband die beiden großen Alpenmilitärstraßen, die über den St. Bernhard und die rätischen Pässe führten; PAUL WITZIG,
Beiträge zur Wirtschaftsgeschichte der Stadt Winterthur im 19. Jahrhundert, Diss. rer. pol., Zürich 1929, S. 34. Historischer Atlas der Schweiz, Aarau ²1958, S. 6; Ökumenische Kirchengeschichte der Schweiz, hrsg. von Lukas Vischer, Lukas Schenker und Rudolf Dellsperger, Basel/
Freiburg (CH) 1994, S. 23.

später gegründete Siedlung Niederwinterthur übernahm am Ende des zwölften Jahrhunderts den Namen Winterthur, da sie die ältere Siedlung an Bedeutung hinter sich gelassen hatte. Seit 1230 kann von einer „Stadt" Winterthur gesprochen werden, die in den Jahrhunderten bis 1798 verschiedenen Herrschaften untertan war. Die längste Zeit, seit 1467, gehörte Winterthur zum Herrschaftsbereich Zürichs, das sich 1351 der Eidgenossenschaft angeschlossen hatte. Dieses Herrschaftsverhältnis blieb bis zum Beginn der Helvetik, der Schaffung des helvetischen Einheitsstaates 1798, bestehen[5].

Das neunzehnte Jahrhundert begann als eine „Periode des Experimentierens"[6]: Die Geschichte Winterthurs zeigt im ersten Dezennium einen ambivalenten Verlauf: Einerseits wurde nach langer Abstinenz wieder außenpolitisches Entscheiden und Handeln möglich, und innerstädtisch schuf man auf gesellschaftlicher und ökonomischer Ebene neue Voraussetzungen. Auf der anderen Seite hemmten die in den folgenden Jahren zu bewältigenden Einquartierungen französischer Soldaten sowie zahlreiche Requisitionen die wirtschaftliche Entwicklung und führten in eine folgenschwere Krise: Um die Jahrhundertwende war mehr als ein Viertel der Bevölkerung auf materielle Unterstützung angewiesen[7]. Die Krise verschärfte sich, als im Winter 1799/1800 und 1816 durch das „Jahr ohne Sommer" die Lebensmittel nicht ausreichten und es zu einer Hungersnot kam[8]. Ferner leistete die von Napoleon verfügte Kontinentalsperre ein übriges[9].

Größere Veränderungen des Staatsaufbaus wurden in den folgenden Jahren, in einer Zeit der gesellschaftlich konservativen Grundhaltung, in Politik und Gesellschaft, durch innerschweizerische restaurative Kräfte verhindert. Erst in der sogenannten Regeneration[10], einer Epoche, in der die Ideale der Aufklärung im Libera-

---

[5] Die Helvetik gilt als eine der wichtigsten Etappen der Schweizergeschichte, denn sie verwirklichte unvermittelt einen modernen Einheitsstaat und „insofern eine kurzfristig nachgeholte aufgeklärt-absolutistische und revolutionäre Umgestaltung, aber zugleich die konzentrierte Vorwegnahme von Entwicklungsmomenten des 19. und vor allem des 20. Jahrhunderts"; PETER STADLER, Der Kulturkampf in der Schweiz. Eidgenossenschaft und Katholische Kirche im europäischen Umkreis 1848–1888, Frauenfeld/Stuttgart 1984, S. 43.

[6] GANZ, Geschichte, S. 14.

[7] Biedermann schreibt in den Erinnerungen an seinen Vater, daß die Winterthurer von den Franzosen sehr geplagt wurden; A. E. BIEDERMANN, Aus dem Leben meines Vaters, in: ders., Ausgewählte Vorträge und Aufsätze mit einer biographischen Einleitung von Johannes Kradolfer, Berlin 1885, S. 323.

[8] ALFRED ZIEGLER, Winterthurs Lage im Winter 1799/1800, Winterthur 1906. Im „Jahr ohne Sommer" (1816) verursachte eine Aschenverdunkelung nach dem Ausbruch des Mount Tabora (Indonesien) eine Mißernte in Europa und Nordamerika; siehe HENRY und ELIZABETH STOMMEL, The Year without a Summer, in: Scientific American 240, June 1979, S. 134–140. Die dadurch auch im Kanton Zürich hervorgerufene naßkalte Witterung führte zu schwerwiegenden Ernteeinbußen. Die weiteren Zusammenhänge und Auswirkungen schildert JAKOB KELLER-HÖHN, Die Hungersnot im Kanton Zürich in den Jahren 1816/17. Ein kleines Kulturbild aus dem Alltag der Restauration, in: Zürcher Taschenbuch auf das Jahr 1948, Zürich 1947, S. 75–114.

[9] GANZ, Geschichte, S. 31 f.

[10] JEAN-CHARLES BIAUDET, Der modernen Schweiz entgegen, in: Handbuch der Schweizer Geschichte, Bd. 2, Zürich ²1980, S. 918–970; EDUARD VISCHER, Regeneration. Hinweis auf die Problematik einer schweizergeschichtlichen Epochenbezeichnung, in: Gottesreich und Men-

lismus politisch aufgenommen und ansatzweise realisiert wurden, kam Bewegung in die politischen Verhältnisse. Ein wichtiges Beispiel stellt die Erneuerung der Gemeindeordnung im Jahr 1839 dar. In den Bereichen Schule und Kirche etwa hielten neue Wahlverfahren auf kantonaler Ebene Einzug: Lehrer und Pfarrer wurden nicht weiter durch kantonale Direktive berufen, sondern in der Bürgerversammlung direkt gewählt. Das Stimmrecht sollte, den Idealen des liberalen Staates entsprechend, bei den Bürgern das Interesse an den gesellschaftlichen Institutionen wecken. Der Winterthurer Stadtrat Georg Heinrich Biedermann (1796–1876), der spätere Vormund von Alois Biedermann, urteilte am Ende der sechziger Jahre rückblickend über die Zeit von 1816–1834: „Es war eine Zeit der Behaglichkeit, der Ruhe und des Stillstandes"[11]; die folgenden dreißig Jahre aber sorgten für vielfältige Veränderungen[12].

Winterthur war in den dreißiger Jahren ein „Städtchen", das bis 1835 abends geflissentlich die sechs Stadttore verschloß, im Winter um 18 Uhr, im Sommer zwei Stunden später. Da durch die Stadt die einzige gute Straße von Zürich in die Ostschweiz, die Marktgasse, führte[13], gab diese Praxis Anlaß zu großem Ärger, wenn die zahlreichen Kaufleute und Reisenden vor verschlossenen Toren standen. Bis 1835 verfügte die Stadt an der Eulach noch über eine vollständige Stadtbefestigung, die ihr einen finsteren, mittelalterlichen, beinahe feindseligen Anschein gab[14]. Doch herrschte dort ein reges und vielfältiges, vorwiegend literarisches geistiges Leben[15].

Die Stadt bewohnten im Jahr 1836 nach Angaben der kantonalen Volkszählung 4612 Einwohner in 585 Häusern. Bis 1850 stieg die Bevölkerungszahl stetig um knapp sechzehn Prozent auf 5341, wobei sich die Anzahl der Häuser unverhältnismäßig nur um vier Prozent auf 610 vermehrte[16].

---

schenreich. Ernst Staehelin zum 80. Geburtstag, hrsg. von Max Geiger, Basel/Stuttgart 1969, S. 453–466; ANTON VON MURALT, Die Julirevolution und die Regeneration in der Schweiz, Zürich 1948; WALTER WETTSTEIN, Die Regeneration des Kantons Zürich. Die liberale Umwälzung der dreissiger Jahre. 1830–1838, Zürich 1907.

[11] H. BIEDERMANN, Geschichte, S. 5.

[12] H. BIEDERMANN, Geschichte, S. 1.

[13] Der „Landbote" (1.12.1842) verwies in einem Artikel über „Unsere Straßenbauten" darauf, daß die Verbindungen im Lande „unter aller Kritik schlecht" und „nicht eines kultivierten, sondern eines barbarischen Landes würdig" seien. Zur Hauptstadt konnte man leidlich nur auf holprigen Wegen gelangen. Bis in die dreißiger Jahre des 19. Jahrhunderts hinein gab es im Kanton Zürich nur drei Hauptstraßen. Zum Straßenbau siehe WITZIG, Wirtschaftsgeschichte, S. 92; Geschichte des Kantons Zürich, Bd. 3, S. 101–106.

[14] ALFRED BÜTIKOFER, Winterthur zur Zeit der „Landbote-Gründung", in: Der Landbote 1836–1896. 150 Jahre mitten im Leben, Winterthur 1987, S. 95–118 (105f.).

[15] RUDOLF HUNZIKER, WALTHER HÜNERWADEL und WALTER HILDEBRANDT, Aus Winterthurs Kulturgeschichte im 19. und 20. Jahrhundert, Winterthur 1957.

[16] Siehe dazu die „Zusammenstellung der Häuser, Haushaltungen und der Bevölkerung von 1468 bis 1950. Akten zu den Volkszählungen. Einwohnerkontrolle, Volkszählungen 1798–1880"; StAW: II B 6g/3. Statistische Aussagen über die Anzahl der Bevölkerung und deren Zusammensetzung lassen sich aber erst ab 1836 machen, da dann die Ergebnisse der ersten Volkszählung vorliegen. GANZ, Geschichte, S. 99, geht für 1790 von einer Bevölkerungszahl von 3280 aus, die sich bis 1800 auf 2499 verringerte, was wohl an den außergewöhnlichen Zeitumständen lag. So auch WITZIG, Wirtschaftsgeschichte, Tabelle 1, S. 149.

Seit dem Wegfall der politischen Vorherrschaft Zürichs im Jahre 1798 konnte sich die von der Landwirtschaft geprägte Stadt zu einem rasch expandierenden Industrie- und Handelszentrum entwickeln. Die Woll-, Baumwoll- und chemische Industrie sowie der Maschinenbau bildeten dabei die führenden Wirtschaftszweige. Trotz der 1802 langsam einsetzenden Industrialisierung behielt Winterthur bis weit in das neunzehnte Jahrhundert hinein seine handwerkliche Prägung[17], die durch eine patriarchalische Struktur gekennzeichnet war, in der die Familie als „Produktions- und Haushaltungseinheit" wirkte, wo Lehrling und Geselle in die Familie integriert wurden[18]. Das ökonomische Leben hatte sich noch nicht verselbständigt, sondern bewegte sich weiterhin im Rahmen der gegebenen sittlich-religiösen Traditionen. Soziale Hilfeleistungen etwa galten als religiös begründete sittliche Verpflichtung. In diesem Sinne wandte sich der Winterthurer Schulrektor Johann Conrad Troll (1783–1858)[19] in den vierziger Jahren gegen den von Wilhelm Weitling (1808–1871)[20] vertretenen Kommunismus und gegen den aufkeimenden Materialismus, deren Theorien er gegenüber dem wachsenden Pauperismus für unwirksam und unsinnig erklärte. Scharf kritisierte er aus einer religiösen Grundeinstellung heraus die massive soziale und wirtschaftliche Verlagerung zugunsten der Reichen[21]. Troll erkannte vielfältige Gründe für die Massenarmut: Neben solchen, die mit den neuen Produktionsweisen zusammenhingen – Troll nennt den Zerfall des Handwerks und seiner Ordnungen – machte er auch religiöse und damit einhergehend sittliche Defizite unter den Arbeitern und Arbeiterinnen für das soziale sowie ökonomische Elend verantwortlich[22]. Ähnlich wie dem Hamburger Johann Hinrich Wichern (1808–1881) galten ihm die religiöse Entwurzelung und die mangelhafte Bildung als wesentliche Gründe für die Armut weiter Teile der Bevölkerung. Schließlich erwirtschafteten viele der neu gegründeten Kleinstbetriebe nicht genügend, um die Familien materiell ausreichend versorgen zu können. Zünftische Gebräuche und Sitten blieben indes erhalten und lebendig, obwohl die

---

[17] Zum Folgenden Witzig, Wirtschaftsgeschichte, S. 1; 23. Eine „Approximative Übersicht des ganzen Handwerksstandes des Cantons Zürich" findet sich im Anhang der „Handwerker Ordnung von 1831"; StAW: Gewerbe, II B 18 a 2. Dort sind auch Zahlen für Winterthur angegeben. Die am meisten vertretenen Handwerke sind in abfallender Reihenfolge: Schuhmacher, Schneider, Leinenweber, Bäcker, Küfer, Wagner und Schreiner. Zur Geschichte des Handwerks siehe das „Lexikon des alten Handwerks. Vom Spätmittelalter bis ins 20. Jahrhundert", hrsg. von Reinhold Reith, München ²1991.

[18] Witzig, Wirtschaftsgeschichte, S. 1.

[19] HBLS 7, S. 59.

[20] Jürg Haefelin, Wilhelm Weitling. Biographie und Theorie. Der Zürcher Kommunistenprozess von 1843, Bern/Frankfurt am Main/New York 1986. Die ersten Verhandlungen der Zürcher Kirche bezüglich der sozialen Probleme skizziert Haefelin auf S. 25–27.

[21] Der Begriff „Pauperismus" gilt 1844 als „neugemachtes Wort französischer Erfindung", welches den Zustand der Armut, das Armenwesen und die Lehre der Armut, deren Ursachen und Abhilfen umfaßte; siehe „Allgemeines verdeutschendes und erklärendes Fremdwörterbuch" von Joh. Christ. Aug. Heyse, neubearbeitet von K. W. L. Heyse, Hannover ⁹1844, S. 556f.

[22] Ganz, Geschichte, S. 83.

Zünfte keinen Einfluß mehr auf das städtische wirtschaftliche Leben besaßen. An die Stelle der Zünfte traten Berufsvereine und Genossenschaften[23].

Mit den modernen Betrieben und Manufakturen einhergehend erweiterte sich auch das Angebot der Produkte. Man brachte neue Erzeugnisse auf den Markt wie etwa das Bier, das bis zum Beginn des neunzehnten Jahrhunderts in Winterthur noch nicht gebraut worden war, da man vorzugsweise Wein anbaute. Rektor Troll beklagte 1844 die üblen Folgen des Biergenusses: „In kurzen Dezennien ist der Biergenuß in solchem Grade ausgeartet, und zu Stadt und Land zu so unpatriotischer Mode geworden, daß er durch Untergrabung des Weinbaues die Oeconomie des Landes zu erschüttern droht, und die allgemeine Verarmung befördern hilft. Diese Bierliebe wird auch auf eine Veränderung der Menschenrace einwirken. Denn was man, wo gutes und starkes Bier getrunken wird, so viel und häufig sieht, nämlich jene tonnenartige Körperfülle, die dicken Bäuche und Mondscheinsangesichter des Gerstensaftes, das wird auch bei uns immer sichtbarer hervortreten. Doch ist um des moralischen Gewinnes willen Pflicht, den ästhetischen Widerwillen gegen solche Kugelformen zu bezwingen, da, nach Cervantes, diesem Weltspiegel, ein dicker Mann bekanntlich auch ein guter Mann."[24]

Auch der Handel, sei es Detail- oder Engroshandel, trug zu Beginn des Jahrhunderts weitgehend einen handwerklichen Charakter. Die Liberalisierung des Handels im Zuge der Verfassungen der Helvetik[25] und der Mediation sowie die insgesamt ungünstiger werdenden wirtschaftlichen Verhältnisse verunsicherten die einheimischen Handwerker und Kaufleute, welche nun versuchten, den eng gewordenen ökonomischen Spielraum gegen die von außen eindringenden Handeltreibenden zu verteidigen. Ausgrenzungsmaßnahmen und Handelsverbote richteten sich vor allem gegen jüdische Kaufleute, gegen den – wie es hieß- „Schleichhandel der Hebräer"[26]. Das Zentrum des Handels war der Markt: Dort standen die stattlich-

---

[23] Zu Beginn des 19. Jahrhunderts hatten neben der „Herrenstube", einer aus dem Mittelalter stammenden Organisation, in der gesellschaftliche Bedürfnisse behandelt und politisch-wirtschaftliche Standesfragen besprochen wurden, vier weitere Zunftstuben – Ober-, Weber- und Schneiderstube, Schuhmacher- und Gerberstube sowie Rebleutestube – einen gewissen gesellschaftlich-wirtschaftlichen Stellenwert bezüglich der inneren Angelegenheiten des jeweiligen Handwerks. Jedoch bedurften die von den Zünften formulierten Handwerksordnungen der Genehmigung durch den Rat. Veranlaßt durch die liberale Kantonsverfassung erfolgte zwar die gesetzliche Aufhebung der Zünfte 1832 bis 1837; ihr eigentliches Ende war aber schon durch die Ereignisse und Auswirkungen der Französischen Revolution eingeläutet worden; siehe dazu MEINRAD SUTER, Von „ächtem Bürger-Sinn" und patriotischer Gemeinnützigkeit. Winterthurer Korporationen und Gesellschaften im ersten Drittel des 19. Jahrhunderts, in: SZG 42 (1992), S. 368–371.

[24] TROLL, Geschichte, Bd. 4, Nachdruck 1964, S. 76.

[25] Am 29. April 1800 wurde für die Schweiz ein Gesetz bezüglich des Gewerbe- und Handeltreibens erlassen, das die Öffnung des Marktes deklariert: „Jeder helvetische Bürger und jeder Fremde, der sich nach Vorschrift des Gesetzes vom 29. Oktober 1798 in Helvetien niedergelassen hat, genießt an allen Orten in Helvetien, und auf allen öffentlichen Märkten die gleichen Rechte der Handels- und Gewerbsfreyheit, wie die Bürger und Anwohner des Orts selbst"; StAW: Gewerbe, II B 18 a 2.

[26] Die Munizipalität der Stadt Zürich schrieb an die Stadt Winterthur am 18.8.1801: „Es

sten Bürgerhäuser, die wichtigsten öffentlichen Gebäude, die guten Gasthäuser und Zunftstuben. Jeden Donnerstag war Markttag, sechsmal im Jahr fanden zweitägige Jahrmärkte statt. Auch hier, wie im Handwerk, hielten sich lange die alten Traditionen. Der Kornmarkt wurde noch bis 1839 durch Trompetenstöße angekündigt[27].

Im neunzehnten Jahrhundert nahm auch in Winterthur die Produktion von Büchern rasant zu. Erst 1798 hatte Zürich erlaubt, in Winterthur eine Verlagsdruckerei zu eröffnen. Von politischer Bedeutung wurde das „Literarische Comptoir", das 1820 Ulrich Reinhard Hegner (1791–1880) bei der Stadtkirche gründete und im Jahr 1841 in Zusammenarbeit mit Julius Fröbel (1805–1893)[28] zum „Literarischen Comptoir Zürich und Winterthur" erweitert wurde. Damit war der Verlag der sogenannten deutschen „Censur-Flüchtlinge" geboren[29]. Der Verlag, der sich unter Fröbel zunehmend einem radikalen Liberalismus zuwandte, wurde von den polizeilichen Behörden als Hort aufrührerischer politischer Agitation überwacht. Deswegen warnte 1842 auch Heinrich Biedermann seinen Zögling Alois, er solle bloß nicht beim Verleger des Comptoir, Julius Fröbel, etwas drucken lassen, denn damit mache man sich sogleich verdächtig. In diese Richtung geht auch das vernichtende Urteil, das um 1844 Johann Conrad Troll über das Buchwesen fällte: „Ein grenzenloser Wust ungewaschenen literarischen Zeugs geht Jahr für Jahr aus den Pressen hervor, worüber geistreich gesagt worden: ‚Die Länder werden nicht mehr mißhandelt durch die Schwerter, sondern durch die Federn der Barbaren, welche die-

---

herrscht in hiesiger Stadt ein so übermäßiger Zudrang von Hebräern, daß Sie unserer Bürgerschaft durch ihren Schleichhandel beträchtlichen Schaden zufügen, und überhaupt von großem Nachtheil und Gefahr für die Oeconomie derselben sind [...] Da nun dem Vernehmen nach bey Ihnen zweckmäßige Verordnungen gegen den Verkehr dieser zudringlichen und intriganten Leute existieren und in Effect befinden, so erlauben wir uns hiemit das Ansuchen um vertrauliche nähere Auskunft über diese Behandlungsart"; StAW: Gewerbe, II B 18 a 2.
[27] Witzig, Wirtschaftsgeschichte, S. 23–28.
[28] Julius Fröbel, Ein Lebenslauf. Aufzeichnungen, Erinnerungen und Bekenntnisse, Bd. 1, Stuttgart 1890; S. 71–74; Fröbel schrieb in seinem „Lebenslauf" über Hegner: „Der Mann, ursprünglich ein pietistischer Zuckerbäcker, dessen theoretisches Muckertum aber eine eigentümliche Verwandtschaft mit dem Radikalismus hatte, schien mir eine zur Ausführung meines Planes geeignete Person zu sein, da ich einen Geschäftsteilhaber von möglichst wenigem eigenen Anteil und möglichst bescheidener Stellung mir gegenüber suchte." Denn Fröbel wollte „so lange wie möglich den propagandistischen Plan unter dem Scheine litterarischer Industrie verbergen"; aaO., S. 96. Siehe Ernst Feuz, Julius Fröbel, Seine politische Entwicklung bis 1849, Diss. phil., Bern 1932; Hans Gustav Keller, Die politischen Verlagsanstalten und Druckereien in der Schweiz 1840–1848. Ihre Bedeutung für die Vorgeschichte der Deutschen Revolution von 1848, Basel/ Leipzig 1935; Antje Gerlach, Deutsche Literatur im Schweizer Exil. Die politische Propaganda der Vereine deutscher Flüchtlinge und Handwerksgesellen in der Schweiz von 1833–1845, Frankfurt am Main 1975; Eugenie Rammelmeyer, Bewegungen der radikal gesinnten Deutschen in der Schweiz waehrend der Jahre 1838 bis 1845. Ein Ausschnitt aus dem politischen und persönlichen Leben dieser Kreise, Diss. phil., Frankfurt am Main 1925 (Ms.); Werner Näf, Das literarische Comptoir Zürich und Winterthur, Bern 1929.
[29] In ihm verlegten Ludwig Snell, Julius Fröbel, Ludwig Feuerbach, Arnold Ruge, Thomas Scherr, also die führenden Gestalten der politischen Dichtung; Ganz, Geschichte, S. 63; Suter, Bürgersinn, S. 379.

selben heimsuchen.' Die Feder ist das Scepter geworden, womit der Geist die Zeit beherrscht."[30]

2. Das religiöse und kirchliche Leben

Die kirchliche Situation[31] gestaltete sich in der ersten Hälfte des neunzehnten Jahrhunderts sehr überschaubar, denn die politische Einwohnerschaft Winterthurs war identisch mit der reformierten Kirchengemeinde. Im Jahr 1813 zählte die Stadt bloß einunddreißig katholische Einwohner[32], und außerkirchliche religiöse Vereinigungen spielten im öffentlichen Leben nur eine geringe Rolle. Ein kleiner Kreis von Herrnhutern[33] und eine Gruppe pietistischer Christen lebten in Winterthur. Letztere standen der Basler Christentumsgesellschaft nahe[34]. Ferner beeinflußten Lavater, der Zürcher Antistes Johann Jakob Heß (1741–1828)[35] und Juliane von Krüdener (1764–1824)[36] den pietistischen Geist in Winterthur. Durch das ganze Jahrhundert hindurch fand das positive Christentum in Winterthur seine Anhänger.

Juden werden in zeitgenössischen Verlautbarungen überwiegend in ökonomischer Hinsicht genannt. Seit dem Mittelalter waren sie geduldete Fremde, deren einziger Rechtstitel der befristete Schutzbrief war. War die Gesinnung im Volk Ju-

---

[30] TROLL, Geschichte, Bd. 4, Nachdruck, S. 268.

[31] HANS-MARTIN STÜCKELBERGER, Geschichte der evangelisch-reformierten Kirchgemeinde Winterthur von 1798–1950, Winterthur 1977; Zürcher Pfarrerbuch 1519–1952, hrsg. von Emanuel Dejung und Willy Wuhrmann, Zürich 1953, S. 108–119; ALEXANDER ISLER, Die Winterthurer Stadtkirche, Winterthur 1908; PAUL WERNLE, Der schweizerische Protestantismus in der Zeit der Helvetik 1798–1803, 2 Bde., Zürich/Leipzig 1938–1942.

[32] Die katholischen Einwohner reichten 1813 eine Petition an den Stadtrat ein, in der sie darum baten, auf eigene Kosten alle 14 Tage und an hohen Feiertagen in St. Georgen einen Gottesdienst feiern zu dürfen. Zudem wollten sie dort einen eigenen Altar und einen Beichtstuhl errichten. Da es sich bei ihrem Anliegen um einen bischöflichen Gegenstand handelte, sollte der Antrag an den Kirchenrat weitergeleitet werden. Der Stadtrat verhandelte das Ansuchen am 4. Oktober 1813, zeigte Verständnis für das Anliegen. Der Kirchenrat in Zürich jedoch vereitelte diese Annäherung, da seiner Meinung nach kein dringendes Bedürfnis für einen katholischen Gottesdienst in Winterthur bestehe. So mußten die Katholischen weiterhin ins gut zehn Kilometer entfernte Gachnang zum Gottesdienst gehen; StAW: Gemeinderatsprotokolle 12. July 1813–23. Jenner 1815, Protokoll vom 4. Oktober 1813, B 2 108; ferner ANTON MÄCHLER, 75 Jahre katholische Pfarrei und katholische Kirchgemeinde Winterthur (1862–1937), Winterthur 1937 und GANZ, Geschichte, S. 99.

[33] Im 18. Jahrhundert hatte es eine Sozietät der Herrnhuter in Winterthur gegeben, siehe WILHELM HADORN, Geschichte des Pietismus in den Schweizerischen Reformierten Kirchen, Konstanz/Emmishofen [1901], S. 363; PAUL WERNLE, Der schweizerische Protestantismus im XVIII. Jahrhundert, Bd. 3, Tübingen 1925, S. 140–142.

[34] Siehe hierzu HANSJÜRG ZIMMERMANN, Evangelisches Leben in Winterthur im 19. Jahrhundert. Werden und Entfaltung einiger Werke der innern Mission, Winterthur 1970 (Ms.), 3. Teil: Winterthur und die äußere Mission, S. 1; ERNST STAEHELIN, Die Christentumsgesellschaft in der Zeit von der Erweckung bis zur Gegenwart. Texte aus Briefen, Protokollen und Publikationen, Basel 1974.

[35] Zürcher Pfarrerbuch, S. 334.

[36] GUSTAV ADOLF BENRATH, Barbara Juliane von Krüdener, in: TRE 20, S. 122 f.; WOLFDIETRICH VON KLOEDEN, Barbara Juliane von Krüdener, in: BBKL 6, Sp. 697–699.

den gegenüber immer schon mit großen Vorbehalten versehen und speiste sie sich aus überkommenen Vorstellungen und Vorurteilen, so wurde sie durch die Aufhebung der Sonderabgaben in der Helvetik noch mißgünstiger. Diese Haltung war nicht allein auf das gemeine Volk beschränkt, sondern prägte die Mitglieder der politischen Institutionen. Die von Juden und einigen fortschrittlichen Geistern erhoffte Emanzipation brachte die Helvetik nicht. Die pragmatisch am politischen Alltag orientierten Abgeordneten vermochten es nicht, „sich zu dem idealistischen Gedankenflug der wenigen Gebildeten zu erheben. Sie sahen die Juden als Fremde und als wirtschaftliche Konkurrenten an"[37]. Häufig vermutete man Spione und Aufwiegler unter den jüdischen Anwohnern. Pfarrer, in der helvetischen Verfassung als Diener der Religion von politischer Mitwirkung ausgeschlossen[38], wendeten sich gegen eine Ausweitung der politischen Mitbestimmung, insbesondere des Stimmrechts, auf die jüdischen Einwohner. Den Befürwortern der Emanzipation fehlten wirkliche Kenntnisse der Verhältnisse der Juden, was eine fundierte Argumentation verhinderte[39]. Brachte die Helvetik nicht die von ihnen erhoffte Gleichstellung, so doch wenigstens in wirtschaftlicher Hinsicht eine bescheidene Freizügigkeit, an die sich ihre Hoffnung knüpfte, daß Juden einmal gleichberechtigte Bürger würden. Diese Hoffnungen wurden in der Zeit der Mediation durch Einschränkung der Gewerbefreiheit wieder entschieden zurückgedrängt, und die Zeit der Restauration war auch für die Juden eine Zeit der Rechtlosigkeit und Unfreiheit[40].

Die Leitung der reformierten Kirche im Kanton Zürich hatte gemäß der „Helvetischen Verfassung" ein „Examinatorenconvent" inne, dem der Zürcher Antistes vorstand. Die Aufgaben des Konvents umfaßten die Prüfungen der theologischen Kandidaten, die Ordinationen zum Pfarramt, die Aufsicht über die Pfarrerschaft und das Vorbereiten kirchliche Belange betreffender Erlasse und Gesetze, die vom Kleinen und Großen Rat verabschiedet wurden. Ihm oblag auch das Recht der Investitur des Winterthurer ersten Pfarrers. Der Konvent setzte sich aus Zürcher

---

[37] „Es ist selbstverständlich, daß eine Bevölkerungsklasse, der nur ein sehr beschränktes Feld wirtschaftlicher Betätigung offen steht und der selbst die wenigen offenen Gewerbe durch so zahlreiche Verbote beschnitten werden, nur schwer zu wirtschaftlichem Wohlstand gelangte"; Augusta Weldler-Steinberg, Geschichte der Juden in der Schweiz vom 16. Jahrhundert bis nach der Emanzipation, Bd. 1: Vom Schutzbrief zur Judenkorporation, Goldach 1966, passim., Zitate: S. 101; 119. Ferner siehe Florence Guggenheim, Vom Scheiterhaufen zur Emanzipation. Die Juden in der Schweiz vom 6. bis 19. Jahrhundert, in: Juden in der Schweiz. Glaube-Geschichte-Gegenwart, hrsg. von Willy Guggenheim, Küsnacht/Zürich [1982], S. 10–53, und Rudolf Pfister, Kirchengeschichte der Schweiz, Bd. 3: Von 1720–1950, Zürich 1985, S. 124–126.

[38] Siehe „Dritter Titel", Nr. 26 der ersten Helvetischen Verfassung vom 28.3.1798. Seit 1830 waren Geistliche im Kanton Zürich in die obersten Kantonsbehörden wählbar; siehe Georg Finsler, Kirchliche Statistik der reformirten Schweiz, Zürich 1854, S. 22.

[39] Immerhin finden sich im „Republikaner-Kalender auf das Jahr 1834" von J. J. Reithard, Zürich 3. Aufl. o. J., S. 2, neben den Feiertagen der „Muhamedaner" auch die jüdischen Feiertage verzeichnet.

[40] Das 1808 von Napoleon für Frankreich erlassene „Décret infame" gegen die Juden wurde Vorbild für das aargauische Judengesetz vom 5. Mai 1809, wonach Juden alle Pflichten der Bürger, aber nicht deren Rechte besaßen; Guggenheim, Scheiterhaufen, S. 31–34.

Ratsherren, Theologieprofessoren und Geistlichen zusammen. Im Jahr 1800 erhielt der „Examinatorenconvent" die Bezeichnung „Kirchenrat"[41]. Die Geistlichen hatten ihr Amt gemäß der 1803 erschienenen „Erneuerten Predikanten=Ordnung für die Kirchendiener des Cantons zu verrichten". Danach galt als erste Pflicht, geordnet und verständlich, aber auch würdig und herzlich zu predigen. Der Pfarrer „predige unser uraltes ächtes Christenthum; nicht wie hie und da einer nach seinem allzu blöden oder allzu verwegenen Sinne dasselbe modeln will, sondern wie die ersten Jünger und Apostel unsers Herrn es lehrten"[42]. Bezüglich des Verhältnisses zur Obrigkeit wurden die Zürcher Geistlichen aufgefordert, Verordnungen und Mandate, die sich auf Sittlichkeit und Ehrbarkeit beziehen, in öffentlichen „Lehrvorträgen" zu empfehlen und einzuschärfen[43]. Die Stadtpfarrer Winterthurs waren in den Jahren 1799 bis 1829[44] Johann Konrad Sulzer (1745–1819), der mit Lavater und Jung-Stilling freundschaftlich verkehrte[45], sowie Johannes Hanhart (1773–1829)[46]. 1829 folgten als Stadtpfarrer Johann Heinrich Forrer (1781–1839)[47] und Johann Rudolf Ziegler (1788–1856)[48] als zweiter Pfarrer; beide amtierten bis 1839 in Winterthur. Die Stelle des Stadtdiakons versah Johann Heinrich Ernst (1792–1869)[49], die des Subdiakons zu St. Georgen Gottlieb Strauß (1805–1863)[50]. Strauß vertrat im Winterthurer Kapitel eine gemäßigte liberale Richtung, die er auch bei der umstrittenen Berufung David Friedrich Straußens 1839 zeigte[51]. Der Subdiakon Strauß wurde ein häufig konsultierter Gesprächspartner Emanuel Biedermanns, wenn es um Fragen der Ausbildung und des Studiums des Sohnes ging. Auch Alois wurde von seinem Vater mehrfach ermahnt, erst einmal Rücksprache mit Strauß zu nehmen.

Ein deutlicher Einschnitt vollzog sich in der Winterthurer Kirchengeschichte durch die neue Kantonsverfassung von 1831[52]. Die Synode galt zwar als oberste kirchliche Instanz, hatte aber ihre Beschlüsse dem Regierungsrat zur Genehmigung vorzulegen. Immerhin durfte die Synode nun für die Wahl des Zürcher Antistes der Regierung einen Dreiervorschlag unterbreiten[53]. Zuvor war der Antistes allein von der Regierung gewählt worden. Die Wahl des Winterthurer Stadtpfarrers blieb in den Händen des Zürcher Kirchenrats, der jetzt allerdings verpflichtet war, aus ei-

---

[41] „Gesetz, betreffend ein näheres Reglement für den Kirchenrath und eine Bestätigung der bisherigen Synodalordnung", 16.12.1803; FINSLER, Statistik, S. 42f.
[42] Predikanten=Ordnung 1803, S. 12f. Die umfangreiche Ordnung umfaßt 69 Seiten.
[43] Predikanten=Ordnung, S. 17.
[44] Zürcher Pfarrerbuch, S. 110.
[45] Zürcher Pfarrerbuch, S. 560.
[46] Zürcher Pfarrerbuch, S. 320.
[47] Zürcher Pfarrerbuch, S. 274. Zahlreiche handschriftliche Predigten finden sich in der StBW: Mscr 8⁰ 186; Ms Fol 496/2; Ms 8⁰ 281.
[48] Zürcher Pfarrerbuch, S. 651.
[49] Zürcher Pfarrerbuch, S. 258.
[50] Zürcher Pfarrerbuch, S. 550.
[51] EUGEN HERTER, Winterthur zur Zeit des „Straussenhandels" und des „Züriputsches" im Jahr 1839, in: Winterthurer Jahrbuch 1973, Winterthur 1973, S. 77–98.
[52] STÜCKELBERGER, Geschichte, S. 49–58.
[53] Siehe hierzu FINSLER, Statistik, S. 43f.

nem Dreiervorschlag Winterthurs auszuwählen. Innerhalb der Winterthurer Kirchengemeinde lag die Leitung der Gemeinde in den Händen des „Stillstandes"[54], der „kirchlich-sittlichen Aufsichtsbehörde"[55], die jedoch dem Stadtrat unterstellt war. Präsident war der erste Pfarrer, dem Gremium gehörten ferner die übrigen Winterthurer Geistlichen, der Bezirks- oder Unterstatthalter, der Präsident des Gemeinderates, Friedensrichter, der erste Schulmeister sowie vier weitere Personen an[56]. Die wesentlichen Aufgaben des Stillstandes bildeten die religiöse und sittliche Beaufsichtigung der Gemeinde sowie der Vollzug der kirchlichen Gesetze und Verordnungen. Die sittliche Aufsicht erstreckte sich zum einen auf das öffentliche Leben der Einwohner, wie etwa die Einhaltung der polizeilichen Sonn- und Feiertagsverordnungen und die Bestimmungen des Wirtshauswesens. Zum anderen achteten die Stillständer auf korrektes Verhalten innerhalb der einzelnen Haushaltungen. Hier wird die enge Verknüpfung von Kirche und gesellschaftlichem Leben deutlich; diese Verbindung kirchlicher und politischer Belange im Kanton Zürich zeigte sich in Winterthur auch daran, daß der Stadtpräsident die Kirchenversammlungen einzuberufen hatte.

Die Gottesdienste wurden vorwiegend sonntags gefeiert. In der Stadtkirche und in St. Georgen fanden die Morgengottesdienste statt, einen Abendgottesdienst hielt man am frühen Nachmittag in der Stadtkirche. Die Kinder und Jugendlichen ab dem neunten Lebensjahr hatten anschließend noch Unterricht im Neuen Testament, zu dem sie bis zur Konfirmation verpflichtet waren. Hinzu kam die schulische religiöse Unterweisung, in der Knabenschule durch den Stadtpfarrer, in den anderen Schulen durch den Diakon und den Pfarrer zu St. Georgen gehalten.

II. Die Familien Biedermann in Winterthur

1. Das Geschlecht Biedermann

Der Name Biedermann[57] findet sich seit 1554 in den Winterthurer Pfarrbüchern[58], die 1553 beginnen. Die erste Eintragung mit dem Namen Biderman datiert auf den 3. Oktober 1554[59]. Zahlreiche evangelische Familien hatten Konstanz

---

[54] „Die ‚Stillstände' verdanken ihren Namen der Sitte, sich mindestens einmal im Monat nach dem Gottesdienst um den Taufstein zu versammeln, daselbst ‚stille zu stehen' und sich über die sittlichen Zustände, Schulverhältnisse, Sonntagsheiligung und alles andere auszusprechen, was ihnen in bezug auf unerfreuliche Vorkommnisse in der Gemeinde zur Kenntnis gelangt war"; STÜKKELBERGER, Geschichte, S. 26. Siehe auch FINSLER, Statistik, S. 61 f.

[55] „Stillstandsordnung oder Regulatif betreffend die Pflichten und Befugnisse der Kirchenältesten", [Zürich] 1803, S. 4.

[56] Gesetz betreffend die Stillstandsordnung 1832, StAW: II B 23 c 1.

[57] Weitere Schreibweisen: Biderman, Bidermann und Bydermann.

[58] Im StAW: B 3m 1–4 werden sie im Katalog als „Kirchenbücher" geführt, betitelt sind sie jedoch als „Pfarrbücher".

[59] Pfarrbuch Taufen 1553–1639, Ehen 1553–1642, Tote 1563–1642: StAW: B 3m 1 notiert „Güngolt Biderman".

nach der Niederlage des Schmalkaldischen Bundes verlassen und gingen wie der Konstanzer Reformator Ambrosius Blarer (1492–1564)[60] nach Winterthur ins Exil[61]. Die Konstanzer Reformation scheiterte 1548, und die freie Reichsstadt am Bodensee wurde als österreichische Landstadt rekatholisiert[62]. Auch Familien mit dem Namen Biedermann wanderten 1546–47 aus Konstanz aus, um der Rekatholisierung und den damit verbundenen Folgen für die Evangelischen zu entgehen. Drei verschiedene Linien des Geschlechtes Biedermann siedelten sich in Winterthur an[63]. Im Jahr 1556 wurde die Familie von Hans Biedermann, dem Urahn Alois Biedermanns, in Winterthur eingebürgert[64].

---

[60] Bernd Moeller, Ambrosius Blarer, in: TRE 6, S. 771–715.

[61] In Konstanz findet sich der Name Bi(e)dermann seit Anfang 1400. Siehe die Bürgerbücher und Steuerbücher im Stadtarchiv Konstanz. Im ältesten Steuerbuch von 1418 werden Claus (Nr. 679), Henni (Nr. 331), Henni der Jüngere (310) und Hug Bidermann genannt. In den Bürgerbüchern erscheint 1456 als Erster ein Bidermann (A IV 2, S. 7).

[62] Wolfgang Dobras, Konstanz zur Zeit der Reformation, in: Martin Burckhardt, W. Dobras, Wolfgang Zimmermann, Konstanz in der frühen Neuzeit. Reformation – Verlust der Reichsfreiheit – Österreichische Zeit. Geschichte der Stadt Konstanz, Bd. 3, Konstanz 1991, S. 11–146.

[63] Es hatte jedoch schon vorher den Namen Biderman in Winterthur gegeben; vgl. den Fall eines Hans Biderman, der seine Heringsfässer auf polizeilichen Befehl hin, aus Gründen der Hygiene, verbrennen mußte. Akte im StAW: Polizeiwesen-Gesundheitspolizei, Mappe AFG/79: 21.3. 1533. Für die Familie eines weiteren Hans Bidermann (1535–1594), Salzmann, Stadtrichter und Stadtrat, hat Jakob R. Biedermann eine Genealogie erstellt: Stammbaum der Nachkommen von Georg Heinrich Biedermann (1796–1876) und Elise Frey (1802–1896), Winterthur 1978. Anhand dieses Stammbaumes können die Vorfahren A. E. Biedermanns von Hans Biderman bis zu seinem Urgroßvater Abraham Bidermann bezeichnet werden. Es handelt sich bei Georg Heinrich Biedermann-Frey um den späteren Vormund von Alois E. Biedermann. Eine Genealogie der Vorfahren A. E. Biedermanns läßt sich aber auch mit dem „Bürgerregister der Stadt Winterthur" von Antonius Kuenzli (StBW Ms Fol 243), ergänzt durch die Winterthurer Pfarrbücher, erstellen.

Hans Biderman, gest. 1594, Salzmann, 1577 Großrat, 1584 Stadtrichter, 1587 Kleiner Rat, ∞ 1574 Anna Wirthen von Pfäffikon, gest. 1610.

Jacob Bidermann, 1586–1655, Salzmann zum Greifen, 1620 Großrat, 1639 Stadtrichter, 1652 Kleiner Rat, 1654 Pfleger zu St. Georgen, ∞ 1618 Sara Steiner, gest. 1658.

Abraham Bidermann, 1634–1719, 1676 Zunftmeister im Winkel, 1682 Stadtrichter, 1684 Großrat, 1704 Kleiner Rat, ∞ 1659 Elisabeth Ziegler, 1638–1669, 2. ∞ 1669 Dorothea Hegner, 1651–1701.

Hans Jacob Bidermann, 1679–1759, Zur Liebe, Tuchscherer, Obmann, Stadtrichter, 1715 Großrat, 1730 Kleiner Rat, 1734 Schultheiß, ∞ 1709 Elisabeth Zündel von Zürich, gest. 1717, 2. ∞ 1718 Anna Steiner, 1679–1763.

Abraham Bidermann, 1706–1777, Zum Steinadler, Zur Liebe, Großrat, Kleiner Rat, 1759 resignierte er. ∞ 1729 Anna Magdalena Sulzer, gest. 1752.

Johannes Jacob Biedermann, 1749–1805, Zum Steinadler, Arzt, Kantonsrat, Amtmann in Rüti. ∞ 1770 Anna Katharina Steiner, gest. 1806, Kinder: Anna Katrina 1773–1776, Abraham 1775–1777, Jacob 1776–1777, Jacob 1777–1794, Emanuel 1779–1836, Kaspar Gotlieb 1780–1781, Kaspar Gotlieb 1782, Katrina Elisabeth 1792–1793, Susanna 1797–1844.

Emanuel Biedermann, 17.5.1779–5.10.1836, ∞ 1801 Anna Troll, 1780–1856, geschieden Oktober 1805. Kind: Johann Jacob 1802–1821, Gerber. 2. ∞ 1807 Maria Pfenninger von Zürich, geb. 1779, geschieden 1814; 3. ∞ 28.4.1818 Verena Kern von Bülach, 23.12.1789–16.9.1853, Kinder: Aloys Emanuel 2.3.1819–25.1.1885, Gottfried 1824–1825, Verena Gertrud 23.12.1825–31.5.1850.

[64] Biedermann, Leben, 313; Kurt Guggisberg, Biedermann, in: NDB 2, S. 221.

Eine soziale Integration der eingewanderten Familien Biedermann erfolgte rasch[65]. Seit dem 18. Jahrhundert pflegten Abkömmlinge dieser Familien insbesondere das Gewerbe der Kaufleute und Baumwollproduzenten, wie etwa Hans Jakob (1721–1794), Andreas (1745–1829), der Handelsbeziehungen zwischen Winterthur und Indien herstellte[66], Hans Kaspar (1766–96), Hans Heinrich (1771–1854) und Jacques (Hans Jakob 1751–1817)[67]. Schwerpunkt des Handels war die Einfuhr von levantinischer und brasilianischer Baumwolle. Auch Emanuel Biedermann versuchte sich als Kaufmann. Mit den beruflichen Aktivitäten verband sich häufig politisches Engagement. Immer wieder wurden Familienmitglieder in städtische oder kantonale Ämter gewählt[68]. Auch in anderen Bereichen des öffentlichen Lebens taten sich Angehörige der Familie hervor: Heinrich Biedermann (verstorben 1729) wurde 1679 in Utrecht zum Doktor der Medizin promoviert. Das geistliche Amt vertraten Hans Jakob (1649–1712), Johann Jakob (1686–1769) und Johann Jakob (1791–1858)[69]. Aus dem künstlerischen Bereich zu nennen ist Johann Jakob (1763–1830), der als Landschaftsmaler bekannt wurde[70].

Die zahlreichen Familien Biedermann[71] zählten zweifelsohne zu den gesellschaftlich und politisch regen und einflußreicheren Geschlechtern Winterthurs[72], die Familie von Alois E. Biedermann kann auf eine lange Tradition öffentlicher Wirksamkeit zurückblicken. Dieses Interesse an gesellschaftlichen Belangen sollte Alois E. Biedermann fortführen. Bemerkenswert ist indes, daß in seinem Familienzweig bisher kein Geistlicher vertreten war. Die Vorfahren waren entweder Handwerker, Kaufleute oder wie der Großvater Arzt[73]. Neben ihren Berufen übernahmen zahlreiche Vorfahren auch wichtige gesellschaftliche Ämter, wie etwa das Richteramt oder politische Ämter. Mit der Betonung des Praktischen ging jedoch immer auch ein Sinn für das Geistige einher.

---

[65] Siehe Hans Jacob Leu, Bidermann, Allgemeines Helvetisches, Eydgenößisches oder Schweizerisches Lexicon, Bd. 4, Zürich 1750, S. 17f.

[66] Guggisberg, Biedermann, S. 221.

[67] Guggisberg, Biedermann, S. 221f. und Ganz, Geschichte, S. 75.

[68] Siehe die Angaben der Genealogie oben. Das Verzeichnis der Stadträte, Präsidenten, Stadtschreiber seit 1798, o. J., StAW: B 23 c, S. 29, verzeichnet unter dem Namen Biedermann folgende Stadträte: Hans Heinrich (1798–1799), Andreas (1798–1799), Georg Heinrich (1798–1803), Jakob (1798–1803), Johann Heinrich (1823–1839), Emanuel (1831–1836), Heinrich (geb. 1803: 1837–1853), Heinrich (geb. 1796: 1843–1848, 1853–1863), Adolf (1866–1871; 1878–1883).

[69] Zürcher Pfarrerbuch, S. 196.

[70] HBLS 2, S. 236 und W. Schmidt, Johann Jakob Biedermann, in: ADB 2, S. 618.

[71] Das „Verzeichniß der Stadt-Bürgerschaft von Winterthur auf das Jahr 1830", Winterthur 1830, S. 2–5, nennt 28 Einträge, das Verzeichnis aus dem Jahr 1842, S. 8–11, nennt 32 Einträge. In der Ausgabe von 1822, S. 1–4, sind es 30 Einträge.

[72] So auch Ganz, Winterthur, S. 295.

[73] Auch andere liberale Theologen, etwa Richard Rothe (1799–1867), David F. Strauß (1808–1874), Karl Ch. J. Holsten (1825–1897) und Franz C. Overbeck (1837–1905) stammten nicht aus Pfarrhäusern; Niklaus Peter, Im Schatten der Modernität. Franz Overbecks Weg zur „Christlichkeit unserer heutigen Theologie", Stuttgart 1992, S. 42.

2. Die Mutter

Über Verena Biedermann, geborene Kern, liegen nur spärliche Informationen vor[74]. Im Nachlaß ihres Sohnes finden sich kaum Hinweise, die eine Beschreibung ihrer Person und ihres Wesens ermöglichen[75]. Verena Kern wurde im Revolutionsjahr 1789 am 18. Oktober als Tochter eines bäuerlichen Kleinbürgers in Bülach, einem Dorf nahe bei Winterthur gelegen, geboren. Erzählungen und Beschreibungen des Vaters aufnehmend, beschreibt der Sohn die junge Verena Kern als eine Frau von blühender Schönheit und betont deren gesundes und natürliches Wesen[76]. Johann Jakob Oeri, ein enger Freund Biedermanns seit der gemeinsamen Basler Schul- und Studienzeit, zeichnete in seinen „Persönlichen Erinnerungen" das Bild der Mutter als „einer ganz einfachen, aber sehr verständigen, guten und durch und durch taktvollen" Frau[77], die nur eine bescheidene, elementare Schulausbildung erhalten hatte. So wurde das Verhältnis von Mutter und Sohn schon früh durch ein sehr unterschiedliches Bildungsniveau geprägt, da der Sohn von klein auf intensiv durch den Vater in intellektueller Hinsicht gefordert und gefördert wurde. Alois erkannte diese Differenz durchaus, und an manchen Stellen seiner Briefe schimmert das Bewußtsein seiner geistigen Überlegenheit gegenüber der Mutter durch. Die Briefe an die Mutter, die überwiegend erst nach dem Tode des Vaters geschrieben wurden, unterscheiden sich inhaltlich stark von denen, die an den Vater gerichtet waren. Erzählungen über seinen Studienalltag oder über außergewöhnliche Unternehmungen sind selten ausführlich, sie bleiben oberflächlich, auch wenn sich der Sohn vornahm, wie zu Lebzeiten des Vaters, regelmäßig am Monatsanfang einen Brief zu schreiben[78]. Vielmehr war Alois darauf bedacht, nur das zu berichten, was nicht mütterliche Sorgen auslöste. Biedermann rechtfertigte seine kurzen Briefe mit der Bemerkung, er habe eigentlich nichts zu schreiben, da er davon ausgehe, Studium, Turnen, Fechten und der Zofingerverein interessierten die Mutter

---

[74] JOHANNES KRADOLFER, Biographische Einleitung, in: Biedermann, Vorträge, aaO., S. 1*-57*, und KURT GUGGISBERG, Alois Emanuel Biedermann. Unveröffentlichtes aus den Papieren seiner Jugendzeit, in: Jahrbuch der literarischen Vereinigung Winterthur, Winterthur 1943, S. 76–97, erwähnen die Mutter nicht.

[75] Es sind vor allem vierunddreißig Briefe des Sohnes an die Mutter. Antwortschreiben der Mutter ließen sich keine auffinden. Zu diesen Quellen aus der Jugend A. E. Biedermanns treten Aussagen, die er im Jahr vor seinem Tode, 1884, im Zusammenhang mit der Lebensbeschreibung seines Vaters, formulierte. Daß die Quellen bezüglich der Mutter fast alle aus der Hand des Sohnes stammen, muß im folgenden berücksichtigt werden. Aussagen über das Mutter-Kind-Verhältnis können nicht gemacht werden, da die ersten Briefe aus der Jugendzeit Biedermanns stammen. So muß offenbleiben, in welcher Weise, mit welcher emotionalen Anteilnahme Verena Biedermann Mutter gewesen ist. Zur Frage des Mutter-Kind-Verhältnisses siehe EDWARD SHORTER, Der Wandel der Mutter-Kind-Beziehung zu Beginn der Moderne, in: GG 1 (1975), S. 256–287.

[76] BIEDERMANN, Leben, S. 369.

[77] JOHANN JAKOB OERI, Persönliche Erinnerungen an Alois Emanuel Biedermann, in: KBRS 1 (1886), S. 28.

[78] Biedermann an V. Biedermann, 29.11.1836: B.I.c.5.

nicht[79]. Zudem bat er die Mutter, niemandem seine Briefe zu zeigen[80]. Biedermann wollte nicht, daß diese Briefe, die größtenteils Fragen des praktischen Lebens, Ausführungen über Kleidung, gestopfte Socken und die Gesundheit enthielten, einen größeren Bekanntheitsgrad erreichten. Anders verhielt es sich mit den Briefen, die er an seinen Vormund, „Vetter" Heinrich Biedermann[81], schickte: Diese waren auch als Lektüre für die Mutter bestimmt und ergänzten die persönlich an sie gerichtete Korrespondenz[82]. Diese Tendenzen spiegeln aber nur einen Aspekt des Verhältnisses von Mutter und Sohn wider. Liebevolle und persönliche Worte des Sohnes an die Mutter in Zeiten, in denen sie Trost brauchte, weisen auf eine innigere Beziehung hin. Nach dem Besuch in Winterthur anläßlich des Todes des Vaters verließ Biedermann seine Mutter nur ungern, weil er spürte, wie schwer ihr die jetzt eintretende Ruhe werden müsse nach der Zeit voller Leiden und Unruhe[83]. Einfühlsam riet er seiner Mutter: „Allein wenn du dich fleissig mit Gott, mit unserm theuren selgen Vater, der gewiss auch beständig an uns denkt, unterhälst, und vorzüglich mit der Erziehung der lieben Gertrud dich beschaeftigst, so wird dir diess deine Zeit angenehm und nützlich zubringen helfen."[84] An anderer Stelle empfiehlt er ihr, es ihm gleichzutun und als Trost in Vaters Lebensbeschreibung zu lesen[85]. In der Frage der materiellen Versorgung nach dem Tode des Vaters – wegen der ungeklärten Frage einer Pension[86]- stand A. E. Biedermann seiner Mutter zur Seite, bot ihr in dürftigen Zeiten einen Teilverzicht seines schon geringen studentischen Budgets an[87] und fand immer wieder Worte des Zuspruches und der Ermutigung[88].

Dieses von Zuneigung und Anteilnahme bestimmte Verhältnis drückte der ältere Alois E. Biedermann rückblickend durch eine tiefe Wertschätzung der Mutter aus. In seinen Erinnerungen an den Vater hebt er kurz hintereinander zweimal die Herzensgüte und den praktischen Sinn der Mutter hervor; ihr natürlicher und weiblicher Takt ließ ihre bruchstückhafte Bildung vergessen; vielmehr verschaffte ihr ihre einfache und ungezwungene Art auch in den gesellschaftlichen Kreisen, die ihr zunächst fremd waren, „die Achtung und Liebe Aller"[89].

---

[79] Biedermann an V. Biedermann, 9.12.1837: B.I.c.17.

[80] Biedermann an V. Biedermann, 16.8.1837: B.I.c.14.

[81] Heinrich Biedermann und A. E. Biedermann hatten denselben Urgroßvater, Abraham Bidermann (1706–1777).

[82] Biedermann an V. Biedermann, 4.5.1839: B.I.c.31.

[83] Biedermann an V. Biedermann, 30.10.1836: B.I.c.4.

[84] Ebd.

[85] Biedermann an V. Biedermann, 1.2.1837: B.I.c.7. Aber auch der Sohn will so seine Zeit nutzen, daß er selber einst der Trost der Mutter sein werde; Biedermann an V. Biedermann, 30.10.1836: B.I.c.4.

[86] Siehe hierzu den Briefwechsel zwischen der Mutter und Hauptmann Lewis Benne in Hannover: A.I.b.1–5.

[87] Biedermann an V. Biedermann, 29.12.1836: B.I.c.6.

[88] Im Brief vom 28.2.1837 (B.I.c.8) bittet er Mutter und Schwester im Blick auf seinen Geburtstag zwei Tage später, sie mögen sich freuen, auch wenn sie mit manchem zu kämpfen hätten.

[89] BIEDERMANN, Leben, S. 369.

3. Der Vater

Über den Vater Emanuel Biedermann fließen die Quellen wesentlich reicher. Gedruckt liegen neben den autobiographischen „Erinnerungen, Wanderungen, Erfahrungen und Lebensansichten eines froh- und freisinnigen Schweizers"[90] Zeugnisse aus einem Rechtsstreit vor[91]. Ein reger Briefwechsel mit dem Sohn und einige Einzelbriefe an Freunde geben weitere Auskünfte. Der Aufsatz des Sohnes „Aus dem Leben meines Vaters"[92], der weitgehend autobiographisches Material aus Emanuel Biedermanns bewegter Zeit bis 1818 verarbeitet, wurde 1884 im Zürcher Taschenbuch veröffentlicht. Die Ereignisse der folgenden Zeit bis zum Tode 1836 erzählte Alois wesentlich knapper.

Emanuel Biedermann wurde am 17. Mai 1779 in Winterthur, im Haus „Zum Steinadler"[93], geboren. Sein Vater, Johannes (Hans) Jacob Biedermann, war als

---

[90] Erschien 1828–1829 in Trogen. Biedermann verfaßte diese „Erinnerungen", um erzählend mit den Freunden, die vor allem im Norden lebten, ins Gespräch zu kommen, S. 3. Die „Erinnerungen" gehen auf ein nicht mehr vorhandenes Tagebuch und auf Briefe zurück. Seine Freunde spricht er auch im zweiten Band an, da er mit ihnen einen gemeinsamen landwirtschaftlichen Betrieb errichten will, das „Friedheim", Bd. 2, S. 11. Ein Teil der „Erinnerungen" erschien unter dem Titel „Emanuel Biedermann, Von Malta bis Waterloo. Erinnerungen aus dem Kriege gegen Napoleon I.", Bern 1941. In der Einleitung dieses Bandes wird der Sohn Alois irrtümlich als „Begründer der sogenannten Reformationstheologie in der Schweiz" bezeichnet. Siehe auch Hans Kaegi, Emanuel Biedermann und seine Winterthurer Erinnerungen, in: Winterthurer Heimatblätter 1942, Nr. 9 und 10, S. 66–68; 76–79. Die „Erinnerungen" trugen ihm den Ruf als Schriftsteller ein; siehe Karl Goedecke, Grundrisz zur Geschichte der deutschen Dichtung aus den Quellen, Bd. 12: Vom Weltfrieden bis zur französischen Revolution, Dresden ²1929, S. 96, Nr. 139, und Deutsches Literatur-Lexikon. Biographisch-bibliographisches Handbuch, hrsg. von Bruno Berger und Heinz Rupp, Bern/München ³1968, Sp. 491.

[91] „Oeffentliche Erklärung an die noch lebenden Mitglieder des ehemaligen Bezirksgerichts Winterthur, ganz besonders aber an den jetzigen Hrn. Amtsrichter und Kantonsrath Toggenburger in Winterthur", in: Appenzeller Zeitung 1829, Nr. 50, 312f.; die Antwort J. C. Toggenburgers erschien als öffentliche Bekanntmachung am 21. Dezember 1829. Biedermann veröffentlichte schließlich noch die „Worte der Wahrheit von einem unterdrückten Bürger des Kantons Zürich. Seiner hohen Landesobrigkeit ehrerbietigst zur Beherzigung vorgelegt", Trogen 1829 und seine „Vertheidigungsrede gehalten vor Amtsgericht Zürich auf die Injurienklage der ehemaligen Herren Amtsrichter Toggenburger und Künzli gegen die Bekanntmachung in der Appenzeller Zeitung Jahrgang 1829. Nro. 50", Winterthur 1831.

[92] Abgedruckt in: Biedermann, Vorträge, S. 313–377.

[93] Die Häuser trugen Namen, die die Familiennamen ihrer Bewohner spezifizierten. Der spätere Vormund Biedermanns etwa, Heinrich Biedermann-Frey, wohnte im Haus „Zur Geduld". Die Namensgebung sollte moralische Kräfte artikulieren, darum wurden im 19. Jahrhundert vor allem positiv besetzte Namen wie Hoffnung, Ruhe, Zufriedenheit, Geduld, Ehrfurcht und Tapferkeit gewählt. Eine Ausnahme und bloß vorübergehende Erscheinung waren Häusernamen, die bedrückende Assoziationen auslösten. Hier wären beispielsweise die Namen Grausamkeit und Tod zu nennen. 1944 urteilte Emanuel Dejung, daß diese dem Winterthurer Charakter nicht entsprächen. E. Dejung, Die alten Hausnamen von Winterthur, Winterthur 1944, S. 14: „Die Verbindung von nüchterner Wirtschaft mit hervorragendem Kunstsinn ist bezeichnend für den Winterthurer Ortsgeist, so zeigt sich auch im Hausnamen die Verschmelzung des klaren Kaufmannssinns mit dem poetischen Klang einer höhern Welt." Troll, Geschichte, Bd. 4, (Neudruck), S. 14, interpretiert ähnlich: „Es liegt darin ein Zug von Poesie, der gegen die Prosa unserer, das Practische oft zu stark hervorhebende, Zeit freundlich absticht." Bis 1799 gab es nur diese Häuserna-

Arzt[94] und Kantonsrat ein angesehener und wohlhabender Bürger. Seine Mutter, Katharina, geborene Steiner (1748–1806), heiratete am 11. November 1770 zweiundzwanzigjährig den ein Jahr jüngeren Mediziner[95]. Neun Kinder gebar die Mutter innerhalb von vierundzwanzig Jahren, von denen nur Jacob, Emanuel und Susanna, auch Susette genannt, das Kindesalter überlebten[96].

Das Leben Emanuel Biedermanns ist durch Bewegung gekennzeichnet. Sechzehnjährig verließ er 1795 Winterthur, um den mittelmäßigen Bildungsanstalten[97] zu entfliehen. Seine Eltern schickten ihn für ein Jahr ins Waadtland, wo er in Vevey (Vivis) am Genfer See seine Bildung erweitern sollte[98]. Um eine, durch die revolutionären Wirren drohende Rekrutierung ihres schon früh vom Militär begeisterten Sohnes zu verhindern, überwiesen die Eltern ihn ins Orell-Steiner'sche Handelshaus nach Bergamo[99]. Die absolvierte kaufmännische Ausbildung widersprach jedoch seinen ausgeprägten humanistischen Neigungen[100]. Nach knapp zwei Jahren kehrte er in seine Heimatstadt zurück, etablierte sich dort und engagierte sich im öffentlichen Leben. Im Januar 1801 ging er „gegen seine Neigung eine Ehe aus Familienconvenienz"[101] mit Anna Troll ein[102], die im März 1802 einen Sohn, Johann Jacob, gebar[103]. Politisch stellte sich der freiheitlich gesinnte[104] Emanuel Biedermann auf die Seite des katholischen Landammannes und Generalinspekteurs der

---

men; den Gebrauch von Hausnummern, „diesen kalten Schrecken über unsere Wohnungen"; aaO., S. 15, führte Winterthur erst ein, als diese bei der Einquartierung fremder Truppen zur leichteren Orientierung nötig wurden. Von den Bürgern wurden die Zahlen jedoch nicht angenommen. Briefadressen werden von A. E. Biedermann noch in den vierziger Jahren mit dem Häusernamen versehen.

[94] Seine Straßburger Dissertation trägt den Titel „De labio leporino, 1770"; siehe dazu GERDA HIRTH, Anschauungen und Erfahrungen über Hasenscharten und deren Behandlung in Dissertationen des 17. und 18. Jahrhunderts, Diss. med., Köln 1972, passim.

[95] Kirchenbuch Ehen, Tote 1742–1862: StAW: B 3m 4.

[96] Die Chance von 1:3 für das Kind, das Erwachsenenalter zu erreichen, ist für das 18. Jahrhundert noch typisch, eine deutliche Abnahme der Säuglings- und Kindersterblichkeit erfolgte erst gegen Ende des 19. Jahrhunderts; siehe SHORTER, Wandel, S. 276f.; in der Schweiz des frühen 19. Jahrhunderts starb eines von fünf oder sechs Kindern; siehe GEORGES ANDREY, Auf der Suche nach dem neuen Staat, in: Geschichte der Schweiz und der Schweizer, Studienausgabe, Basel/Frankfurt am Main 1986, S. 579f.

[97] BIEDERMANN, Leben, S. 313.

[98] Ebd.

[99] Aus dieser Zeit ist von E. Biedermann ein Stammbuch erhalten, in dem die Aufenthaltsorte und Kontakte sowie einige Zeichnungen aus den Jahren 1794–1800 zu finden sind, StBW: Ms 8⁰ 510.

[100] Biedermann, Tagebuchblätter (1819–1829), S. 1.

[101] Anna Troll und E. Biedermann haben denselben Urgroßvater, Hans Jacob Bidermann (1679–1759). Möglicherweise waren bei der Eheschließung vermögensbildende Aspekte entscheidend.

[102] Ebd. In BIEDERMANN, Leben, bleibt diese Ehe unerwähnt. Die Eltern Anna Trolls sind Jacob Heinrich Troll (1758–1819) und Anna Biedermann (1757–1818); siehe S. 21.

[103] Johann Jacob Biedermann wurde am 14. 3. 1802 getauft, StAW: B 3m 3.

[104] BIEDERMANN, Leben, S. 314. Auch auf S. 337 beschreibt Biedermann den Vater als republikanisch, der sich „wider alles empörte, was an Leibeigenschaft erinnerte, und der gewohnt war sein Herz auf der Zunge zu tragen".

eidgenössischen Armee Aloys Reding[105], dem er lebenslange Wertschätzung und Verehrung entgegenbrachte[106]. Reding vertrat das Lager der Föderalisten, die nach dem Abzug der französischen Truppen mit den Unitariern um die Zukunft der Schweiz stritten. Erstere verfolgten eine föderalistische Auflockerung des Einheitsstaates, letztere verteidigten die bestehende Zentralisation. Mit Reding verband Biedermann eine tief patriotische Haltung für die Freiheit und Unabhängigkeit seines Vaterlandes. Durch die französische Besatzungsmacht sah er, einem weitverbreiteten Gefühl entsprechend, den erarbeiteten Wohlstand und das sittliche Leben gefährdet. Gegen diese Gefahren galt es, sich zu wehren. Lehnte Biedermann die Helvetik und die mit ihr verbundenen politischen Gegebenheiten ab, so stand er der Mediationsakte vom 19. Februar 1803 positiver gegenüber, obwohl sie vom verhaßten Napoleon diktiert worden war[107]. Die Jahre der Mediation erfuhr er, neben wenigen glücklichen Momenten, überwiegend als existentielle Krise. Vieles kam zusammen: Im Januar 1805 verlor er den Vater, der mit seinem ins Schleudern geratenen Cabriolet tödlich verunglückte[108], im Herbst des Jahres wurde seine Ehe mit Anna Troll geschieden[109], und im August 1806 verstarb seine „geliebte Mutter“[110].

Der Vater hatte ein bedeutendes Vermögen hinterlassen, das dem Sohn erlaubte, sein Handelsgeschäft zu erweitern und gemeinsam mit Teilhabern in Livorno eine Handelsgesellschaft zu gründen. Als sich im Jahr 1806 noch ein vierter Gesellschafter an diesem Geschäft beteiligte, errichtete man dort unter seinem Namen ein zweites Handelshaus. Für beide Häuser hatte Biedermann die Mehrheit des Kapitals eingebracht. Als seine Mutter starb, kehrte er aus Italien zurück und überließ die Geschäfte den Kompagnons. In Zürich lernte er die Erzieherin seiner Schwester Susanna, Maria Pfenniger[111], kennen, die als ungewöhnlich gebildete und geistreiche Frau beschrieben wird. Sie heirateten 1807. Die nächsten Jahre verbrachte er mit ihr abwechselnd in der Toskana oder auf dem kleinen Landgut „Vogelsang“ bei Winterthur[112].

Durch die Folgen des Seekrieges und der Kontinentalsperre sowie, so E. Biedermann, durch das Unvermögen eines Geschäftspartners kam es zu gravierenden Einkommensverlusten. Fehlspekulationen und Leichtsinn führten zum Ruin der Handelshäuser. Ein Sozius reagierte kurz entschlossen und zog seinen Anteil aus dem Geschäft heraus, um sich anderweitig geschäftlich zu engagieren[113]. Biedermann

---

[105] Zur Biographie Redings siehe GEORG VON WYSS, in: ADB 27, S. 523–529 und die Monographie von EDWIN ZÜGER, Alois Reding und das Ende der Helvetik, Diss. phil. I, Zürich 1977.
[106] Siehe auch BIEDERMANN, Leben, S. 320f.
[107] BIEDERMANN, Leben, S. 324.
[108] Das Winterthurer Kirchenbuch notiert hierzu: „[...] als er am vorigen Tag durch einen unglücklichen Fall eine tödliche Kopfwunde bekommen“; Kirchenbuch Ehen, Tote 1742–1862, 1805 Nr. 6: StAW B 3m 4; BIEDERMANN, Leben, S. 328.
[109] Der Scheidungsbrief ist auf den 3. Oktober 1805 datiert, siehe E. BIEDERMANN, Worte, S. 32.
[110] BIEDERMANN, Leben, S. 328.
[111] Maria Pfenniger wurde 1779 geboren, vgl. oben S. 21.
[112] BIEDERMANN, Leben, S. 329.

war wirtschaftlich ruiniert, als ihm seine Geschäftsanteile nicht ausbezahlt wurden. Er versuchte, von seinem Vermögen wenigstens die letzten Reste zu retten, reiste sogar einem Kompagnon nach Malta und Messina nach[114], um ihn zur Rechenschaft ziehen zu können. Die eingeschalteten Gerichtsbehörden Winterthurs bearbeiteten indes die Angelegenheit so langsam, daß schließlich das ganze Vermögen verloren ging. Im Dezember 1810 mußte Biedermann wegen des Konkurses vor einer Kommission des Bezirksgerichtes Winterthur erscheinen[115].

Diesen ökonomischen Tiefschlägen folgte bald die private Enttäuschung. Die verschiedenen Lebensauffassungen der beiden Eheleute traten in der Zeit der wirtschaftlichen Krise immer deutlicher hervor. Die Frau, durch die Heirat zu Wohlstand und angesehener gesellschaftlicher Stellung gekommen, wollte diese nicht wieder aufgeben und machte ihren Mann für den wirtschaftlichen Niedergang verantwortlich. Der Verdacht, sie habe auf seine leidenschaftliche Liebe nur wegen seines Geldes geantwortet, entfremdete ihn immer mehr von seiner Frau.

In dieser Zeit zahlreicher persönlicher Niederlagen und schmerzhafter Erfahrungen wuchs der Wunsch, das Leben in den Dienst einer großen und bedeutenden Sache zu stellen. Die tiefgreifenden Enttäuschungen[116], sein Haß auf die Franzosen und seine patriotische Grundhaltung[117] ließen den Entschluß reifen, sich denen anzuschließen, die die Völker vom „Joch" Napoleons befreien wollten[118]. Deshalb ging er in russische, später in englische Kriegsdienste[119], wo er in der Eliteeinheit der „King's German Legion" kämpfte[120]. Im Dezember 1813, nach der Völkerschlacht bei Leipzig, kehrte Biedermann nach Winterthur zurück, um für den Beitritt der Schweiz zum Völkerbund gegen Napoleon zu werben. Die Heimkehr gestaltete sich nicht eben erfreulich[121]. Ein Kaufmann, der sein bescheidenes verbliebenes Kapital hätte verwalten sollen, teilte dem Heimkehrenden den endgültigen Verlust des Geldes mit. Aus anderem Mund hörte er, daß seine Frau eben die Scheidungsklage eingereicht habe und er keinen Umgang mehr mit ihr pflegen

---

[113] E. Biedermann, Worte, S. 6.

[114] Siehe hierzu ausführlich seine Erinnerungen Bd. 1, S. 5–68, die mit der Schilderung dieser Reise beginnen und Biedermann, Leben, S. 330–334.

[115] E. Biedermann, Worte, S. 9.

[116] „Aller Erwerbsmittel zum Unterhalt seiner Haushaltung ermangelnd, müde des fruchtlosen Kampfes gegen die schreiendsten Ungerechtigkeiten entschloß sich E. B., um nicht noch tiefer in Schulden geraten zu müssen, sein Vaterland zu verlassen und sein Auskommen anderwärts zu suchen"; E. Biedermann, Worte, S. 9f.

[117] „An den Kriegszügen gegen Napoleon nahm ich nicht als blosser Söldling, sondern weil ich sie als Kampf für Freiheit und Menschenrechte ansah, mit Leib und Seele und einem uneigennützigen Eifer, der mir freilich oft missdeutet worden ist, Antheil"; zitiert bei Biedermann, Leben, S. 346.

[118] Biedermann, Leben, S. 335.

[119] Zu den Erinnerungen des Söldners siehe seine „Erinnerungen" und die Erzählung seines Sohnes; Biedermann, Leben, S. 334–366.

[120] North Ludlow Beamish, History of the king's German legion, Vol. 1/2, London 1832–1837; deutsche Übersetzung: Geschichte der königlichen Deutschen Legion, 2 Teile 1832–37, Berlin ²1906.

[121] Sie erinnert an Gottfried Kellers „Martin Salander".

dürfe. Allein sein alter Freund, Pfarrer Johann Conrad Appenzeller (1775–1850)[122] in Brütten, kümmerte sich um ihn. So verließ Biedermann seine Vaterstadt wieder und kehrte Anfang Januar 1814 zu seiner Truppe in Norddeutschland zurück. Es folgten zwei weitere Jahre in britischen Kriegsdiensten mit der Schlacht von Waterloo, die er eindrücklich in seinen Erinnerungen schilderte[123]. Das Ende des Militärdienstes empfand der mit heimatlicher Sehnsucht erfüllte Schweizer Leutnant der King's German Legion[124] als Erlösung, und voller Hoffnungen kehrte er in die Schweiz zurück[125]. Seine Erwartungen und Wünsche zerschlugen sich indes sehr bald, und der innige Wunsch, ein kleines Landgut zu erwerben, um dem verhaßten Stadtleben zu entgehen, ließ sich nicht realisieren, da ja die Liquidation seines Handelsunternehmens die letzten Reste des verbliebenen Vermögens aufgebraucht hatte. Fünfzehn Jahre lang bemühte sich E. Biedermann, selbst durch gerichtliches Vorgehen, wenigstens einen Teil des Geldes zurückzuerlangen, doch alle Versuche schlugen fehl[126], wodurch sein Vertrauen in die Rechtsprechung zutiefst erschüttert wurde. Besonders schmerzlich trafen Biedermann in dieser, anfangs rein geschäftlichen und finanziellen Auseinandersetzung die zunehmend ins Persönliche gehenden Verunglimpfungen, vor allem von seiten des früheren Schwiegervaters, des Gerichtspräsidenten Jacob Heinrich Troll. Dieser habe sich, so Biedermann, auf seine Kosten bereichert[127]. Zwei Jahre später spitzte sich die Konfrontation dermaßen zu, daß sie zu Lasten des Sohnes aus erster Ehe ausgetragen wurde. Jacob, der den Beruf des Gerbers ausübte, war vom Großvater Heinrich Troll versorgt worden, als der Vater Emanuel Biedermann in Kriegsdiensten stand[128]. Jacob wurde nun zu seinem Vater mit der Begründung zurückgeschickt, daß er unter Verleumdungssucht leide und deshalb nicht weiter tragbar sei[129]. Biedermann reagierte wenige Wochen später, indem er dem Großvater des Sohnes vorwarf, er habe es in den schwierigen

---

[122] Appenzeller war seit 1818 Pfarrer in Biel und durch zahlreiche Publikationen bekannt. Er veröffentlichte auch in den „Alpenrosen". Kirchengeschichtlich von Interesse ist seine Schrift „Thomas Wyttenbach oder die Reformation zu Biel", Bern 1828; CARL FRIEDRICH LUDWIG LOHNER, Die reformirten Kirchen und ihre Vorsteher im eidgenössischen Freistaate Bern, nebst den vormaligen Klöstern, Thun [1864], S. 473; JOHANN CONRAD APPENZELLER, Johann Conrad Appenzeller, in: Sammlung Bernischer Biographien, Bd. 1, Bern 1884, S. 6–16; HBLS 1, S. 403; Zürcher Pfarrerbuch, S. 181.

[123] E. BIEDERMANN, Erinnerungen, Bd. 1, S. 184–199.

[124] Hauptmann Lewis Benne an Verena Biedermann, 19.11.1836: A.I.b.1.

[125] Brief vom 18.2.1816 abgedruckt in: E. BIEDERMANN, Erinnerungen, Bd. 1, S. 214; BIEDERMANN, Leben, S. 366, bietet eine gekürzte Fassung des Briefes.

[126] Diese Versuche und zwanzig dazu gehörige Beilagen, wie Briefe, bietet E. BIEDERMANN, Worte. Unter Beifügung von Aktenstücken beabsichtigte Biedermann, durch die Dokumentation seines Falles, die „Hohe Regierung auf grobe Mißbräuche in der Justiz-Pflege aufmerksam zu machen", aaO., S. 3.

[127] In einem Brief an den Oberamtmann C. F. Steiner vom 4.3.1828 schrieb E. Biedermann: „Meine Beschuldigung: Herr Oberamtmann Troll habe seine amtliche Stellung bei dem Concursgeschäft zu meinem Schaden auf das schändlichste mißbraucht, kann mit unwiderlegbaren Thatsachen bewiesen werden"; E. BIEDERMANN, Worte, S. 40f.

[128] E. BIEDERMANN, Worte, S. 28.

[129] Siehe den Brief vom 2.3.1819 von Troll und J. J. Sulzer an E. Biedermann, in: Worte, S. 28f.

wirtschaftlichen und persönlichen Zeiten an Unterstützung und Fürsorge des Enkels fehlen lassen[130].

Von Melancholie und Depressionen[131] gequält, ohne finanzielle Mittel und weiterführende Perspektiven, zog sich Biedermann zurück und verfaßte moralisch-religiöse Verse. Dabei wurde er durch „ein einfaches, kindliches Gottvertrauen"[132] und durch die Freundschaft zu Pfarrer Appenzeller getragen. Als Lichtblick in diesem düsteren Lebensabschnitt empfand er das Angebot, unter der geschäftlichen und technischen Leitung Hans Conrad Eschers[133] bei der Linthkorrektion mitzuarbeiten[134]. Das seit 1783 geplante und 1807 begonnene technisch anspruchsvolle Projekt, die verheerenden Überschwemmungen der Linth, wie sie in den Jahren 1762 und 1764 vorgekommen waren, zu verhindern, reizte den an praktischer Geometrie interessierten Biedermann. Eine andere Möglichkeit des Lebensunterhaltes bot sich ein Jahr später an, als ihm das Amt des Schulmeisters in dem kleinen Dorf Magglingen (Macolin) im Bezirk Biel angetragen wurde. Biedermann sagte mit der Begründung ab, ihm fehle die notwendige Musikalität[135]. Der eigentliche Grund der Ablehnung dürfte jedoch mangelndes Interesse gewesen sein, in einem solch kleinen Dorf als Lehrer zu unterrichten[136].

Warum aber war Emanuel Biedermann als Kaufmann gescheitert? E. Biedermann lag das Metier des kühl rechnenden Kaufmannes nicht, obwohl er in Geldsachen durchaus gewissenhaft, jedoch wenig eigennützig vorging[137]. Seine wirklichen, romantischen Interessen waren das Landleben, die Natur, die einfachen ungeschminkten Sitten. Die Ideale des Altertums und der vaterländischen Vorzeit sprachen ihn an. Der Sohn nannte den Vater einen „philanthropischen Landedelmann", der Gefallen hatte an der Lektüre antiker Literatur wie etwa an Homer und Plutarch oder an Schweizerchroniken. Die Konstitution der Persönlichkeit Biedermanns war nicht dazu geschaffen, aus Zeiten wirtschaftlicher und damit einhergehender persönlicher Krisen als Sieger hervorzugehen. Dazu besaß er zu wenig Durchsetzungsvermögen und zuviel Naivität. Doch verhinderte sein Charakter,

---

[130] Brief vom 13.3.1819, in: E. BIEDERMANN, Worte, S. 31f. Ein differenziertes Bild Jacob Biedermanns zeichnete sein behandelnder Arzt J. Locher. Er schrieb anläßlich des frühen Todes von Jacob einen Trostbrief an den Vater: „Dem Vater und einzigen Freund dieses wahrhaft unglücklichen Menschen steht immer eine Thräne der Rührung wohl; weihen Sie ihm solche, er war solcher gewiß nicht unwerth! Bessere Verhältnisse, deren er nichts vermochte, hätten einen seltenen Mann aus ihm hervorbringen können"; 23.5.1821, a.a.O., S. 30.

[131] Biedermann, Tagebuchblätter (1819–1829), S. 1.

[132] BIEDERMANN, Leben, S. 367.

[133] Siehe hierzu GEORG THÜRER, Hans Conrad Escher von der Linth, in: Grosse Schweizer und Schweizerinnen. Erbe als Auftrag, hrsg. von Erwin Jaeckle und Eduard Stäuble, Stäfa 1990, S. 251–256; HBLS 3, S. 78, und JOHANN JACOB HOTTINGER, Hans Conrad Escher von der Linth. Charakterbild eines Republikaners, Zürich 1852.

[134] Siehe hierzu HBLS 4, S. 689f.; Geschichte des Kantons Zürich, Bd. 3, S. 107; E. BIEDERMANN, Erinnerungen, Bd. 2, S. 62.

[135] BIEDERMANN, Leben, S. 369.

[136] Die Gemeinde Leubringen (Erilard), zu der Magglingen gehört, hatte 1851 nur 365 Einwohner, Magglingen kam 1895 auf 44.

[137] BIEDERMANN, Leben, S. 329f.

daß ihn seine zahlreichen schmerzhaften Erfahrungen in eine endgültige Resignation führten. Seine Sensibilität ermöglichte ihm, die eigene Geschichte gründlich zu reflektieren. Aus der Vergangenheit zog er für sich die Lehre: „Von der Schnecke lerne, dich, wenn du in unpassenden Umgebungen bist, still in dein Inneres zurückziehen, wie sie in ihr Häuschen, ausgenommen da und dann, wo muthiges Auftreten von wahrem Nutzen sein kann, und also Pflicht wird."[138] Durch diese Worte bestätigt sich die Vermutung, daß Biedermann konfliktscheu und nachgiebig war und sich vor allem nach Gerechtigkeit und Harmonie sehnte. Die Flucht aus der Stadt hinaus in die ländliche Idylle, das bedeutet Abschied nehmen von der städtischen Unübersichtlichkeit in der Hoffnung, den begehrten inneren und äußeren Frieden zu finden.

In den letzten achtzehn Lebensjahren erfüllte sich dieser Wunsch. Mit der Heirat Verena Kerns am 28. April 1818 begann ein glücklicher Lebensabschnitt. Emanuel Biedermann lernte seine Ehefrau 1817/18 bei einem Freund in Zürich kennen, bei dem sie als Magd in Diensten stand[139]. Das junge Paar lebte wenige Monate in Winterthur, bevor es im Sommer 1818 in den Weiler Mönchhof, zwischen Wollishofen und Bändlikon am Zürichsee gelegen, zog. Dort erfüllte sich der Wunsch E. Biedermanns, ein kleines Landgut zu bewirtschaften[140]. Biedermann lebte zu jener Zeit in einer hoffnungsvollen und optimistischen Grundstimmung. In seiner psychischen Stabilität erkannte er die elementare Grundbedingung für ein gelingendes Leben. Dieses nun wirkte als humanistische und philanthropische Motivation, um sich – ganz im Sinne der Aufklärung – anderen Menschen nützlich mitzuteilen, um soziale Verantwortung zu übernehmen[141]. Da im Rückblick auf das eigene Leben die Kindheit bei Biedermann einen herausragenden Stellenwert besaß, bemühte er sich, den Sohn Alois an seiner Lebenserfahrung partizipieren zu lassen. Sein erklärtes Ziel war es, ihm solch eine Kindheit zu ermöglichen, auf die er gerne zurückschauen und auf die er seine Zukunft aufbauen könne[142].

III. Alois Emanuel Biedermann: Kindheit 1819–1834

1. Vom Zürichsee nach Trogen (1819–1830)

Zehn Monate nach der Eheschließung seiner Eltern wurde Alois Emanuel am 2. März 1819 geboren. Die für einen Reformierten ungewöhnliche Namengebung spiegelt die tiefe Verehrung für Aloys Reding wider. Drei Wochen später wurde

---

[138] Tagebucheintrag vom 19.2.1819, in: E. BIEDERMANN, Erinnerungen, Bd. 2, S. 122f.

[139] BIEDERMANN, Leben, S. 369.

[140] Biedermann, Tagebuchblättern (1819–1829), S. 1.

[141] E. BIEDERMANN, Erinnerungen, Bd. 2, S. 112f.

[142] E. BIEDERMANN, Erinnerungen, Bd. 2, S. 113. OERI, Erinnerungen, S. 30, beschrieb den Vater Biedermann, den er bei späteren Schulprüfungen des Sohnes in Basel kennenlernte, als „einen kleinen, vom Alter schon etwas vorwärts gebeugten Mann, aber noch sehr rüstig und lebhaft, rotwangig, mit scharfen Gesichtszügen und ebenso klugen als freundlichen Augen".

Alois am 21. März 1819[143] in Kilchberg am Zürichsee[144] vom Gemeindepfarrer Hans Heinrich Wirz (1756–1834), einem Freund Johann Caspar Lavaters, getauft[145]. Ein Bruder, Gottfried Arnold, verstarb halbjährig 1825. Ein gutes Jahr nach dem Tode Gottfrieds wurde die Schwester, Verena Gertrud, geboren.

Der Vater, der ohne berufliche Anstellung die Familie durch eine bescheidene Pension ernährte, die er als Angehöriger der King's German Legion erhielt, widmete sich neben der Landarbeit und wissenschaftlichen Studien intensiv der Erziehung und der grundlegenden Ausbildung des Sohnes. Diese private Vorschule begann 1823 und setzte Geometrie als einen Schwerpunkt. Die väterliche Lektüre geschichtlicher und mathematischer Werke sowie ein kontinuierliches Bibelstudium kamen der vorschulischen Erziehung des Sohnes sehr zustatten[146].

Mehrfach wechselte die Familie den Wohnort. Fünf Umzüge in sechs Jahren führten die Familie in Dörfer am Zürichsee und im Kanton Glarus. Die Wohnortwechsel waren bedingt durch die Suche nach einer angemessenen Lebensstellung[147]. Für Alois Biedermann bedeutete dies freilich, daß er sich immer wieder an eine neue Umgebung und an fremde Menschen gewöhnen mußte. In den ersten zehn Lebensjahren wohnte er an acht verschiedenen Orten. Freundschaften zu Gleichaltrigen bestanden immer nur kurz. Dadurch wird auch das überaus enge Verhältnis zwischen Vater und Sohn verständlich. Der Zusammenhalt der Familie wuchs durch das immer wieder neue Fremdsein in gewachsenen dörflichen Strukturen.

Der Grund für den neuerlichen Umzug 1826 nach Trogen[148] in Appenzell Außerrhoden lag nicht in der Stellung des Ortes mit seinen kantonalen Institutionen, wo der Vater möglichenfalls einer Beschäftigung hätte nachgehen können, sondern im väterlichen Wunsch, dem Sohn eine solide Schulbildung zuteil werden zu lassen[149]. Die 1821 vor allem durch Johann Caspar Zellweger (1767–1854) initiierte

---

[143] Kirchenbuch Kilchberg 1798–1837, S. 245, StAZü: E III 62.5. Biedermann, Tagebuchblätter (1819–1829), S. 1, notiert die Taufe am 19. März 1819. Das Kilchberger Kirchenbuch nennt als Taufzeugen Jacob Reinhart von Winterthur und Elisabeth Frey geb. Rall von Weisslingen, wohnhaft in Zürich. Pfarrer Wirz versah den Eintrag mit den Bemerkungen: „Ungewohnt lange nach der Geburth" und „An Winterthur überschrieben den 21. März".

[144] Der Weiler Mönchhof gehörte zur Kirchengemeinde Kilchberg.

[145] Siehe StAW Pfarrbuch Taufen, Ehen 1742–1862: B 3m 3, wo unter dem 21.3. 1819 der Hinweis auf die Taufe in Kilchberg zu finden ist. Zu Wirz siehe: Zürcher Pfarrerbuch, S. 623 und HBLS 7, S. 570, Nr. 28.

[146] Biedermann, Tagebuchblätter (November 1823-Juni 1826), S. 1

[147] BIEDERMANN, Leben, S. 370. In den Tagebuchblättern (1819–1829), S. 1, listete A. E. Biedermann die Stationen auf: 1818-Oktober 1820 in Mönchhof, Oktober 1820-Juni 1821 in Oberrieden, Juni-Oktober in Niederurnen/Glarus, Oktober 1821-November 1823 in Hard bei Zürich, November 1823-Juni 1826 in Horgen und Juli 1826-März 1830 in Trogen.

[148] 1826 hatte Trogen 2176 Einwohner. Die Bevölkerung wuchs bis 1830 auf 2299; siehe HANSPETER RUESCH, Lebensverhältnisse in einem frühen schweizerischen Industriegebiet. Sozialgeschichtliche Studie über die Gemeinden Trogen, Rehetobel, Wald, Gais, Speicher und Wolfhalden des Kantons Appenzell Ausserrhoden im 18. und frühen 19. Jahrhundert, Bd. 2, Basel 1979, S. 640.

[149] Gemäß des „Verzeichniss der außerkantonalen Schweizer Ansassen in Trogen", StAA, aus

Erziehungs- und Lehranstalt für die oberen Klassen des Landes stand schon bald nach ihrer Gründung in hervorragendem Ruf. Der Wunsch Zellwegers, in Trogen eine Schule für gehobenere Ansprüche zu gründen, erwachte auf einer Reise durch Schlesien: Die Siedlung der Brüdergemeine Herrnhut mit ihrer Ordnung und Sauberkeit und der Geist Nikolaus Ludwig von Zinzendorfs (1700–1760)[150] hatten ihn begeistert[151]. Seine Erfahrungen in der Brüdergemeine verbanden sich mit jenen reformpädagogischen Einsichten, die Zellweger während seines Aufenthaltes im waadtländischen Yverdon bei Johann Heinrich Pestalozzi (1746–1827) gesammelt hatte. Daraus erwuchs das Vorhaben, zuerst eine Schule für die Kinder der oberen Gesellschaftsschichten zu schaffen, um bei diesen das Verständnis für die Grundlagen des Staatswesens zu entwickeln[152]. Seit 1822 stand die Schule, die 1826 zur Kantonsschule ernannt wurde, unter der Leitung des bedeutendsten Schülers und Mitstreiters Heinrich Pestalozzis Hermann Krüsi (1775–1844)[153]. Dieser hatte sich vom Tagelöhner über einen unausgebildeten Dorfschullehrer bis zum Weggefährten Pestalozzis hinaufgearbeitet und verschaffte der Trogener Schule in den späten zwanziger Jahren einen glänzenden Ruf. Selbst Schüler aus den Kantonen Zürich, Thurgau und Graubünden besuchten diese Schule[154]. Über den pädagogischen

---

dem 19. Jahrhundert, hielt sich E. Biedermann, der als „englischer Pensionär" aufgelistet wird, mit seiner Familie vom 2.6.1827 bis Mai 1830 in Trogen auf. Wo die Familie aber wohnte, kann nicht mehr ermittelt werden, da für jene Zeit keine „Hausbesuchungslisten" vorliegen.

[150] Hans Schneider, Nikolaus Ludwig von Zinzendorf, in: Gestalten der Kirchengeschichte, Bd. 7: Orthodoxie und Pietismus, hrsg. von Martin Greschat, Stuttgart/Berlin/Köln 1993, S. 347–372.

[151] Nekrolog des Dr. J. K. Zellweger von Trogen, in: Appenzeller Jahrbücher 1855, S. 63, und Ernst Wildi, Die Appenzell A. Rh. Kantonsschule in Trogen, Trogen 1921, S. 11; das Schulgebäude ist abgebildet auf S. 25.

[152] Wildi, Kantonsschule, S. 11.

[153] Siehe zu Krüsi vor allem den Nekrolog des Sohnes Hermann Krüsi, in: Hermann Krüsi's hinterlassene Gedichte. Ein Andenken für seine Freunde und Zöglinge, Heiden 1845, S. X–LIV; HBLS 4, S. 549f.; Johann Jakob Schlegel, Drei Schulmänner der Ostschweiz. Lebensbild von J. Rudolf Steinmüller, Antistes und biographische Skizzen über H. Krüsi und J. J. Wehrli, Seminardirektoren, Zürich 1879, S. 225–240; Wildi, Kantonsschule, S. 26–29, und Emanuel Dejung, Pestalozzi im Urteil zweier Mitarbeiter, Krüsi und Niederer (1839–1840), Zürich 1961. Zur zeitgeschichtlich typischen Ausbildung und Auswahl eines Schulmeisters der Alltagsschule siehe vor allem Krüsi, Nekrolog, XIIf. Einen eindrücklichen Einblick in den Schulalltag bietet ein Brief Jeremias Gotthelfs aus dem Jahr 1832 an das Erziehungsdepartement in Bern, abgedruckt in: Jeremias Gotthelfs Werke in 20 Bdn., hrsg. von Walter Muschg, Bd. 20: Vermischte Schriften, Basel 1953, S. 105–107, und die „Erfahrungen eines Schullehrers, der schon zwanzig Jahre lang Schule gehalten hat, mitgetheilt der Kantonals=Schullehrerkonferenz in Heiden den 19. Okt. 1829", in: Appenzeller Monatsblatt 5 (1829), S. 148–155. Zu den vergleichbaren Anfängen und Problemen einer geregelten Lehrerausbildung in Deutschland siehe Douglas R. Skopp, Auf der untersten Sprosse. Der Volksschullehrer als „Semi-Professional" im Deutschland des 19. Jahrhunderts, in: GG 6 (1980), S. 383–402, und Ursula Walz, Eselsarbeit für Zeisigfutter. Geschichte des Lehrers, Frankfurt am Main, 1988, S. 101–106.

[154] Die öffentliche Prüfung der Kantonsschule in Trogen, den 27. März 1828, S. 1. Zwischen den Schülern des Institutes und den Knaben aus dem Dorf kam es häufig zu Reibereien; Biedermann, Tagebuchblätter (1829), S. 1.

Geist und die Erziehungsideale der Schule geben, neben den Schriften Krüsis[155], die im „Appenzeller Monatsblatt" gedruckten Reden anläßlich der jährlichen öffentlichen Prüfungen Auskunft, an denen, neben den Eltern und Prüflingen, auch die Geistlichen des Kantons sowie politische Vertreter teilnahmen. Die Prüfungen wurden in der großen Ratsstube abgehalten. Ein gemeinsames Essen und Spezialprüfungen ergänzten dieses jährliche gesellschaftliche Ereignis[156]. Vor den Prüfungen im Jahr 1828 hielten der Trogener Handelsherr Johann Caspar Zellweger und Hermann Krüsi Eröffnungsreden, in denen sie im Sinne Pestalozzis die Schule als „Organisation des öffentlichen Einflusses auf die Nationalausbildung" beschrieben, „durch welche die Fundamente der Geistescultur, der Sittlichkeit und der Industrie in unserer Mitte allgemein und in einem hohen Grad gestärkt werden müßten"[157]. Das Ziel der Lehranstalt war die Veredelung des Menschen durch die Versittlichung der Gesamtpersönlichkeit. Die Notwendigkeit und das Ziel der Erziehung münden – so Zellweger – im Begriff der Freiheit. Die „Verirrungen" der Französischen Revolution noch vor Augen[158], grenzt er die erstrebenswerte Freiheit von einer solchen ab, die ihre Verwirklichung darin suche, alle Umgebungen zu unterdrücken, um die eigene Freiheit uneingeschränkt entfalten zu können; letzterer ginge alles Göttliche ab[159]. Um in einem freien Staate das rechte Maß der politischen und bürgerlichen Freiheit finden zu können, bedürfe es einer ausgedehnten Staatswissenschaft. Sollen deren Erkenntnisse in einer Demokratie praktikabel werden, erfordere dies eine allgemeine und größere Bildung der Bevölkerung[160] und die Erziehung hin zu einer moralischen Freiheit, die Zellweger als die Kraft beschreibt, das erkannte Gute zu tun, auch wenn es Mühe bereite. Diese Erziehung zur bürgerlichen, politischen und moralischen Freiheit sei die „echte Aufklärung": Das sei Veredelung des ganzen Menschen und die Herausbildung einer echten Religiosität[161]. An ihr würden nun auch die Geistlichen mitwirken, die sich bemühten, theologische und pädagogische Kenntnisse zu vereinen.

Schuldirektor Krüsi sprach anschließend über die Forderung der Religion, „im Lichte zu wandeln", als Grundsatz eines christlichen Erziehungshauses[162]. Dieses Motto entfaltete Krüsi im Blick auf die Frage nach der Wahrheit. Ziel der Entwicklung und Bildung sei es, den Sinn und die Kraft zu erzeugen, frei von Vorurteilen die Wahrheit zu erkennen, der Wahrheit das ganze Leben zu weihen[163]. Dabei habe

---

[155] Hier sei beispielsweise genannt „Beiträge zu den Mitteln der Volkserziehung im Geiste der Menschenbildung", 1832; „Vaterlehren über Gegenstände der Religion und Sittlichkeit", 1833 und schließlich „Erinnerungen aus meinem pädagogischen Leben und Wirken", 1840.

[156] WILDI, Kantonsschule, S. 36.

[157] Vgl. Johann Heinrich Pestalozzi an Philipp Albert Stapfer am 2.2.1800, Brief 792, in: JOHANN HEINRICH PESTALOZZI, Sämtliche Briefe, Bd. 4: Briefe (Nr. 760–1065) aus den Jahren 1798 bis Mitte 1805, bearb. von Emanuel Dejung u.a., Zürich 1951, S. 29–32 (30).

[158] Die öffentliche Prüfung 1828, S. 5.

[159] Prüfung, S. 3.

[160] Prüfung, S. 7.

[161] Prüfung, S. 9 und WILDI, Kantonsschule, S. 36f.

[162] So der Titel der Rede, Prüfung, S. 10.

[163] Ebd. Als Beispiel der Rezeption dieser Ausführungen siehe Biedermann, Curriculum vitae,

die Kunst der Erziehung sowohl den Gegenstand der Erkenntnis nach den Gesetzen des menschlichen Geistes zu bearbeiten als auch die natürlichen Anlagen des Kindes nach eben diesen Gesetzen zu entwickeln, um die Fähigkeiten des Zöglings zu wecken[164]. Krüsi wendet gegenüber einem positivistischen Verständnis von Erziehung ein, daß die menschliche Erziehung bloß Stückwerk sei, denn die wahre Erziehung gehöre dem Reiche Gottes an[165]: Das Vollkommene liege außerhalb des Wirkungskreises menschlicher Möglichkeiten. Der Weg der Zöglinge in das „Gottesreich der Wahrheit", in die „Himmelshöhe ihrer Erkenntniß" verlaufe auf dem Wege „einer allseitigen harmonischen Entwickelung" ihrer nicht zu trennenden „geistigen und sittlichen Anlagen" durch intellektuelle Tätigkeit und sittliche Wachsamkeit[166]. Nur so könne man das Ziel der Wahrheit, nämlich Gott, den Grund aller Selbsterkenntnis, erfassen[167]. Der Zweck des Lebens ist nach Krüsi die unablässige geistige und körperliche Arbeit an der eigenen Vervollkommnung, um der Gesellschaft nach dem Maß der Kräfte, die Gott verliehen hat, nützlich zu werden[168].

Im Sommer 1826 trat Alois E. Biedermann in die vom Klima einer gemäßigten religiös-aufklärerischen Pädagogik pestalozzianischer Provenienz geprägte blühende Kantonsschule ein[169]. Etwa vierzig bis fünfzig Schüler im Alter von neun bis achtzehn Jahren besuchten in diesen Jahren die Schule. Entscheidend für die Dauer des Schulbesuches waren die finanziellen Möglichkeiten der Elternhäuser. Eine Klasseneinteilung oder einen nach Vorkenntnissen gestuften Aufbau des Unterrichts gab es nicht[170]. Der junge Schüler Biedermann äußert sich nirgends negativ über diese Verhältnisse. Vielmehr hinterließen Lehrer J. C. Egli, zuständig für Ma-

---

1842, S. 8: „Ich lebte immer der Ueberzeugung, das wahre ist auch das in jeder Hinsicht gute, und das finde ich am sichersten durch redliche und rücksichtslose Anwendung des verständigen Denkens."

[164] Prüfung, S. 12.

[165] Ebd.

[166] Prüfung, S. 15. In seinen „Vaterlehren über Gegenstände der Religion und Sittlichkeit"; Trogen 1833, die er in enger Anlehnung an Johann Caspar Lavaters „Regeln für die Kinder" formulierte, geht Krüsi im Vorwort ebenso von einer „harmonischen Entwickelung und Bildung der Anlagen des Körpers, des Geistes und des Gemüthes" aus.

[167] Prüfung, S. 16.

[168] KRÜSI, Vaterlehren, S. 20. Weitere Zusammenfassungen der Reden und Berichte des Schulfestes finden sich im Appenzeller Monatsblatt (=AM) 3 (1827), S. 53–62; AM 4 (1828), S. 49–68; AM 6 (1830), S. 68–76. Immer wieder wird das religiöse Prinzip der Erziehung hervorgehoben. Der Geist der täglichen Arbeit ruhe nach Krüsi auf der Regel: Bete und arbeite, AM 3 (1827), S. 59. Im Bericht über die Prüfung 1830 heißt es: „Fragen wir dem religiösen Sinn nach, so können wir es bezeugen und die Tat beweist es, daß der Geist der Liebe in der Anstalt vorherrscht, und wo dieser ist, da herrscht der Geist der Lehre Christi, dessen Gebot als Inhalt aller anderer die Ausübung der Liebe ist"; AM 6 (1830), S. 71.

[169] Biedermann, Tagebuchblätter (1826), S. 1. Die Durchsicht der älteren Akten zur Kantonsschule/Privaterziehungsanstalt (StAA) ergab, daß Biedermann auf keiner der Schülerlisten erscheint, denn das älteste erhaltene Verzeichnis stammt erst vom Jahresende 1830. Siehe „Verzeichniß der Zöglinge der Kantonsschule am Ende des Jahres 1830". Hier wird unter der Nummer 25 lediglich ein „Martin Biedermann" aus dem Kanton Zürich aufgeführt.

[170] WILDI, Schulmänner, S. 31–33.

thematik und Gesang, sowie Pfarrer Matthias Bänziger einen nachhaltigen Eindruck[171]. Bänziger[172] (1788–1832) war nach seinem Studium in Tübingen und einer kurzen Zeit im Pfarramt als Lehrer für französische, italienische, lateinische und griechische Sprache, für allgemeine Welt- und „Eidgenossengeschichte" sowie für Religion in seiner Heimatstadt Trogen berufen worden. Literarisch trat der beliebte Lehrer, dem Schüler einen hellen, geläuterten Verstand und eine schnelle Beobachtungsgabe attestierten[173], neben anderem mit einer patriotisch gesinnten kurzen Schweizer Geschichte[174] hervor, welche an vielen Schulen als Leitfaden für den Geschichtsunterricht in Gebrauch kam. Biedermann erlebte bei Bänziger einen Geschichtsunterricht, der vorzugsweise aus einem freien Vortrag des Lehrers bestand. Biedermann hatte, wie die anderen Schüler, den gehörten Stoff anhand von Zahlen- und Namenstabellen zu vertiefen. Die so gewonnene Kenntnis des Lehrstoffes mußte er in verschiedenen Sprachen repetieren. Zusätzlich hatte er regelmäßig Aufsätze über das Gehörte zu schreiben[175].

Deutsche Sprache unterrichtete Johann Jakob Frei (1789–1852)[176]. Dieser war seit 1824 Pfarrer und wurde 1830 zum Dekan in Trogen ernannt. Sein germanistisches Interesse bezeugen auch seine stilistisch gewandten Predigten[177]. Frei beschränkte sich keineswegs nur auf seine pfarramtlichen Tätigkeiten, sondern engagierte sich, angetrieben von einer philanthropischen Gesinnung, in zahlreichen Gremien und Vereinen: So rief er 1822 die freien Männer des Kantons Appenzell Außerrhoden zu einer Beisteuer für die bedrängten Griechen auf[178], arbeitete als

---

[171] Biedermann, Tagebuchblätter (1826), S. 1.

[172] Siehe Titus Tobler, Pfarrer Matthias Bänziger, in: Appenzeller Monatsblatt 11 und 12 (1832), S. 161–190, dann gesondert gedruckt Trogen 1833, wonach ich zitiere.

[173] Tobler, Bänziger, S. 29.

[174] „Kurzer Abriß vorzüglicher Begebenheiten aus der Schweizer-Geschichte vom Jahr 60 vor Christi Geburt bis zum Jahr 1524 nach derselben", Trogen 1828.

[175] Bänziger, Abriß, S. 3.

[176] Zur Biographie siehe „Andenken an Herrn Dekan Frei. Leichenpersonalien desselben, den 22. April 1852"; „Die appenzellische reformierte Pfarrerschaft seit dem Bestehen jeder reformierten Kirchgemeinde bis 1977 zusammengestellt und mit biographischen Notizen versehen mit einer kurz gefassten Geschichte der Synode von Appenzell A. Rh., Herisau 1977, S. 102.

[177] Siehe etwa „Landsgemeinde=Predigt den 18. Herbstmonat 1831 in Trogen gehalten" und „Landsgemeinde=Predigt 1832 in Trogen gehalten".

[178] Die Rede erschien in St. Gallen 1822. Zum Philhellenismus in der Schweiz siehe Robert Dünki, Aspekte des Philhellenismus in der Schweiz 1821–1830, Bern/Frankfurt am Main/Nancy/New York 1984. Dünki verweist darauf, daß die Träger der philhellenischen Bewegung einer gehobenen sozialen Schicht angehörten (S. 263). Zudem sei die Bedeutung der Religion für den Philhellenismus in der Schweiz nicht zu unterschätzen, einmal nutzte die Bewegung die religiöskirchliche Infrastruktur, andererseits war sie inhaltlich wesentlich religiös und moralisch-ethisch von einer idealistischen Grundhaltung her ausgerichtet (S. 264). Sie ist als „Surrogat für faktische Freiheitsdefizite" (S. 265) zu verstehen. Für die Entwicklung des schweizerischen National- und des ausgeprägten Freiheitsbewußtseins sowie eines politischen Bewußtseins, bei der Förderung des Nationalpatriotismus und der liberalen Strömungen trug die Bewegung wesentlich bei (S. 266–268). Dünki schließt seine Untersuchung mit dem Fazit, daß „die liberal-konstitutionelle Bewegung der sogenannten ‚Regeneration' der beginnenden dreissiger Jahre" vor dem Hintergrund dieser Entwicklungen interpretiert werden müsse. „Die Regeneration der Schweiz muss

Redaktor des „Appenzeller Monatsblattes", publizierte Geschichtswerke und war 1851 Präsident der Schweizerischen Gemeinnützigen Gesellschaft. Seine geistige Haltung gründete sich in einer Betonung der Vernünftigkeit und Besonnenheit, verbunden mit einer frommen Gewissenhaftigkeit und einer reinen Vaterlandsliebe[179].

Biedermann berichtet nur spärlich von seinen schulischen Erlebnissen und Erfahrungen. Er sei in der Abteilung der Größeren der jüngste Schüler gewesen, im Unterricht, im Turnen und bei den Turnspielen unter den ersten. Seit 1829 pflegte er seine Leidenschaft, die Turnfahrten, über die er in späteren Jahren häufig und ausführlich berichten wird. Neben dem schulischen Lesestoff fesselten ihn die Schriften Homers und Plutarchs, die – wohl aus dem väterlichen Bücherbestand stammend – zu seiner Lieblingslektüre wurden[180].

Die frühe geistige Prägung in einem religiös-aufgeklärten und freisinnigen Geiste erhielt Biedermann nicht allein durch die schulische Erziehung, sondern auch durch den Vater, der in Trogen rege mit Krüsi, Bänziger, Frei und Zellweger verkehrte. Ähnlich wie Krüsi hatte sich Vater Biedermann ohne wissenschaftliches Studium, autodidaktisch, Wissen und Verständnis erworben, das ihn zu einem willkommenen und interessanten Gesprächspartner machte. Diese Männer verband eine verwandte Geisteshaltung und ein waches Interesse für die Historie. Außer Bänziger veröffentlichte auch Zellweger historische Arbeiten[181]. In ein engeres Verhältnis trat E. Biedermann auch zu dem Verleger seiner „Erinnerungen", dem Gemeindehauptmann und späteren Landesstatthalter und Arzt Johannes Meyer (1799–1833), der, in aufklärerischen und liberalen Ideen wurzelnd, das „Appenzeller Monatsblatt" und die „Appenzeller Zeitung" herausgab[182].

Die Stellung als ungebundener Pensionär erlaubte es E. Biedermann, mit seinem Sohn – und zuweilen mit dessen Freunden[183] – recht häufig zu wandern und zu reisen[184]. Während dieser gemeinsamen Unternehmungen pflegten Vater und Sohn anregende Gespräche, die, über das schulische Pensum hinausgehend, eine wichtige Grundlage für den geistigen Werdegang des jungen Biedermann boten. Hier wurde dem Sohn immer wieder eine aufgeklärte, liberale und christliche Behandlung der geistigen Herausforderungen geboten, die den Sohn ein Leben lang begleiten sollte. Zudem entwickelte sich auf diese Weise eine außergewöhnlich enge Beziehung zwischen Vater und Sohn. War der Vater einmal längere Zeit abwesend,

künftig in noch stärkerem Mass als gleitender Vorgang gesehen werden, der sich um 1830 krisenhaft beschleunigt und zu politischen Konkretisierungen führt" (S. 268).

[179] Landsgemeinde=Predigt 1832, S. 16.

[180] Biedermann, Tagebuchblätter (1829), S. 1.

[181] Geschichte des Appenzellischen Volkes, neu bearbeitet von Johann Caspar Zellweger, 3 Bde. in 4 Bde., Trogen 1830–1840; siehe dazu Richard Feller, Die schweizerische Geschichtsschreibung im 19. Jahrhundert, Zürich/Leipzig 1938, S. 71–75. Zellweger verband mit E. Biedermann auch die aus den Erfahrungen in der Helvetik stammende Abneigung gegen die Franzosen.

[182] Biedermann, Leben, S. 371; HBLS 5, S. 97; Wildi, Schulmänner, S. 30.

[183] Biedermann nennt hier neben anderen Hermann Krüsi, den oben genannten Verfasser des Nekrologs.

[184] Biedermann notiert diese Reisen in seinen Tagebuchblättern.

sehnte sich Alois danach, bald wieder mit ihm reden zu können[185]. So wundert es nicht, wenn der alte Biedermann im Rückblick auf die Zeit in Trogen von glücklichen vier Jahren spricht[186]. Anscheinend erlebte Biedermann den regen und intensiven Umgang mit dem Vater und dessen Anforderungen nicht als belastend. Die Fähigkeiten Biedermanns, sich intensiv und gründlich in neue Fragestellungen einarbeiten zu können, haben hier ihre Wurzel. Der Ehrgeiz, in Schule, Sport, im Freundeskreis und in der Wissenschaft immer ganz vorne, wenn nicht gar Primus zu sein, wurde vom Vater kontinuierlich gefördert. Daß dabei der Wunsch des Vaters im Vordergrund stand, der Sohn solle durch überdurchschnittliche Leistungen vor Enttäuschungen, die ihm selber zuteil geworden waren, bewahrt bleiben, scheint deutlich. Ein Brief des Vaters zum elften Geburtstag des Sohnes nennt die pädagogischen Ideale und Ziele: Nur was der Mensch aus sich mache, sei sein wahres Eigentum. Das habe ihn sein schicksalsreiches Leben gelehrt. Darum verwende er auch alle Kräfte darauf, dem Sohn eine zweckmäßige Erziehung zu ermöglichen. Er solle sich anhand der angebotenen Lehrmittel und seiner Lehrer zu einem wahren Menschen und Christen, zu einem nützlichen Mitglied der menschlichen Gesellschaft bilden. So werde er die Freude seiner Eltern sowie Schutz und Stütze seiner Schwester. Der Vater sagte ihm die volle elterliche Unterstützung zu, verbunden mit der Aufforderung, sich immer mehr anzustrengen. Alois möge vor Gott geloben, sich auch im neuen Lebensjahr fest am Guten zu halten, damit er der Nachwelt ein schönes Vorbild werde[187].

Die Sorge um die rechte Erziehung seiner Kinder beschäftigte Emanuel Biedermann immer wieder. Schon 1819, im Jahr der Geburt von Alois, notierte er seine pädagogischen Voraussetzungen und Ziele: „Gewöhne deine Kinder zur Arbeitsamkeit und Mäßigkeit, und lehre sie ihre Freuden an der Natur suchen, Gott für ihren treusten Freund zu halten und als den beßten Vater zu lieben; so wird dann nicht leicht eine Lage sein, in die sie sich nicht zu finden wüßten, und überall werden sie einen nie versiegenden Quell von Freuden und den treusten Freund haben, und nirgends werden sie sich verlassen fühlen."[188] Dieses Gottvertrauen, dieser Glaube an die Allgegenwart[189] und Vorsehung Gottes[190] bestimmte seine letzten Jahre und wurde ein zentraler Glaubensinhalt. Sein persönliches Leben läßt er als Beweis dafür gelten, daß Gott jedem Menschen auf seinem Lebensweg Zeichen setze, sei es durch Menschen oder unerklärliche Zufälle. Und glücklich sei eben der

---

[185] Biedermann an E. Biedermann, 20.11.1829: B.I.k.4.

[186] BIEDERMANN, Leben, S. 370.

[187] E. Biedermann an Biedermann, 2.3.1830: B.I.f.1. Als Anschrift und somit als möglicher Wohnort der Familie erscheint „Zeugherr Hohl in Trogen". Vater Biedermann schrieb aus Zürich.

[188] Tagebucheintrag am 16.1.1819, abgedruckt in: E. BIEDERMANN, Erinnerungen, Bd. 2, S. 122.

[189] „Vergesse nie und nirgends, daß Gott allgegenwärtig ist, und verliere nie deine Bestimmung aus den Augen"; Tagebucheintrag aus dem November 1822; abgedruckt in: E. BIEDERMANN, Erinnerungen, Bd. 2, S. 129.

[190] Im Tagebuch, ebd., schreibt er am 11. April 1822, daß nichts in der Welt Zufall ist, sondern alles von Gott geordnet sei.

Mensch, „welcher diese Winke beherzigt, denn sie kommen ihm ja alle vom allweisen Vater"[191].

Außer der Erziehung wurden von E. Biedermann auch zeitgeschichtliche Erscheinungen und Fragestellungen von dieser religiösen Weltanschauung her gedeutet und gesellschaftliche oder politische Absolutheitsansprüche in Frage gestellt: Nicht eine demokratische Verfassung oder der politische Liberalismus schaffen wirklich Freiheit, sondern jener Mensch ist erst wahrhaft frei und hat den inneren Frieden, der auch in Freiheit tugendhaft handelt und so Bürger im Reiche Gottes wird[192]. Auf Grund seiner Auffassung von Religion als Vernunftreligion und seines Bibelverständnisses unterscheidet sich Biedermann von den verbreiteten Geschichtsdeutungen seiner Zeit pietistischer oder erweckter Herkunft, da er Zeitereignisse wie die Französische Revolution oder die Folgen der Julirevolution nicht als Gerichtszeichen Gottes ansah, sondern die Relativität dieser Zeitereignisse beschrieb und sie nüchtern interpretierte[193]. Er wandte sich nämlich gegen jede Art des Sektierertums oder der Separation. Seiner Meinung nach konnte nur derjenige Christ sein, der frei sein will: Gehöre man einer Sekte oder frommen Gesellschaft an, so sei deren Willen und nicht mehr der des Vaters zu erfüllen[194].

In Fragen der Pädagogik trat neben die Erinnerungen des eigenen Lebens das Gefühl, in der Erziehung des Sohnes aus erster Ehe, Johann Jacob, versagt zu haben. Den Vater plagte das schlechte Gewissen, für diesen heranwachsenden Knaben nicht ausreichend gesorgt zu haben. Seine pädagogischen Überlegungen diskutierte E. Biedermann häufig mit Freunden und bat um deren Rat. Am Pfingstsonntag 1831 schrieb er einen Brief an den Bibliothekar der Winterthurer Bürgerbibliothek Johann Ulrich Hegner (1759–1840)[195], in dem konkrete pädagogische Fragen angeschnitten werden. Hegner gilt als der tonangebende Repräsentant des literarischen Winterthur in der ersten Hälfte des neunzehnten Jahrhunderts. E. Biedermann bat den verehrten Freund Hegner um Rat, da er die Mißgriffe seiner eigenen Erziehung vermeiden wollte. Er wisse zwar, wie schwer dies sei, und bezweifele, ob seine Fähigkeiten für eine angemessene Erziehung ausreichten. Bisher habe er seinem Sohn in schulischen Belangen beiseite stehen und ihn fördernd unterstützen können, doch werde Alois zunehmend in Fächern unterrichtet, von denen er, der Vater, entweder nur unvollständige oder gar keine Kenntnisse besitze. E. Bieder-

---

[191] Der Tagebucheintrag vom 24.10.1819 ist abgedruckt in: E. BIEDERMANN, Erinnerungen, Bd. 2, S. 127.
[192] Siehe die Tagebucheinträge vom 19.9. und 21.12.1821; E. BIEDERMANN, Erinnerungen Bd. 2, S. 128.
[193] Am 12.12.1829 schrieb er aus Zürich an seine Frau: „Wir stehen am Vorabend wichtiger Ereignisse." (B.I.k.8).
[194] E. BIEDERMANN, Erinnerungen, Bd. 2, S. 112f. Zur Geschichtsdeutung im frühen 19. Jahrhundert in pietistischen und erweckten Kreisen siehe ULRICH GÄBLER, „Auferstehungszeit". Erweckungsprediger des 19. Jahrhunderts, München 1990, den Essay „‚Erweckung'. Historische Einordnung und theologische Charakterisierung", S. 169–171.
[195] Brief an U. Hegner, Pfingstsonntag, 22.5.1831; StBW: Ms UHBr. ALBERT HAFNER, Ulrich Hegner's Leben und Wirken. Nach dessen eigenhändigen Aufzeichnungen erzählt, 2 Teile, Winterthur 1885–1887; HBLS 4, S. 113; WERNER GANZ, Johann Ulrich Hegner, in: NDB 8, S. 235f.

mann beschreibt seinen Sohn als fleißigen und strebsamen Schüler, der zudem noch den Körper durch zahlreiche sportliche Übungen ertüchtige. Die verbleibende freie Zeit des Sohnes wollte der Vater aber auch noch sinnvoll genutzt wissen. Der Sohn selber verbringe seine Freizeit mit ausgedehnter Lektüre, auf die der Vater allerdings Einfluß nehmen möchte. Er wollte die Lieblingsbeschäftigung des Sohnes dahin gehend leiten, daß die Literatur zweckmäßig auf die intellektuelle und sittliche Bildung einwirke. Der eigene Büchervorrat im Hause Biedermann reichte aber für dieses Ansinnen nicht aus, und Alois entlieh Bücher, die, so der Vater, nicht immer dem gewünschten Zweck dienten. Als Alois einen spanischen Roman aus der Zeit der Befreiungskriege las, den der Vater zwar nicht für unsittlich, doch für wenig nützlich erklärte, traten die Überlegungen auf, was der Sohn sinnvollerweise lesen solle. Er befürchtete, daß abenteuerliche Schilderungen sich nachteilig auf die an sich schon lebhafte Phantasie des Sohnes auswirken könnten. Alois durfte zwar den Roman zu Ende lesen, mußte sich aber vom Vater belehren lassen, wie sehr der Verfasser phantasiert habe. Gewissermaßen als Gegenmittel sollte er schließlich den ersten Band der Lebensbeschreibung Nettelbecks[196], des „edlen und schlichten Deutschen", lesen, den der Vater von Hegner entliehen hatte. Die Lektüre fesselte Alois, und er wollte gerne auch den zweiten Band lesen. Deswegen bat Vater Biedermann Hegner, ihm das Buch auszuleihen. Mit dem Ansuchen um Unterstützung und Rat in der „so schwierigen Bildungsangelegenheit" schließt der Brief[197].

Als der Vater 1829 nach Zürich ging, um dort zu arbeiten[198], litt die ganze Familie unter der Trennung. Seit November 1829 plante die Familie den Umzug von Trogen nach Zürich[199]. Der Vater hatte zwar eine vorübergehende Anstellung gefunden, längerfristig stand jedoch keine Erwerbsmöglichkeit in Aussicht, und im Frühjahr 1830 geriet darum der geplante Umzug in Gefahr. Die Lebenshaltungskosten in Zürich – vor allem Mietzins und Holz – waren sehr hoch und hätten die finanziellen Möglichkeiten überschritten[200]. Am 1. April zog die Familie doch am Bleicherweg in Zürich ein, lebte dort aber nur ein Vierteljahr. In dieser Zeit begründete Alois Biedermann die langjährige Freundschaft mit David Fries (1818–1875)[201], mit dem er eifrig im „Kräuel"[202] turnte. Mit den Altersgenossen im Blei-

---

[196] Joachim Nettelbeck, preußischer Offizier 1738–1824. Seine Lebensbeschreibung erschien unter dem Titel „Joachim Nettelbeck, Bürger zu Colberg. Eine Lebensbeschreibung, von ihm selbst aufgezeichnet", 2 Bde., hrsg. vom Verfasser der Grauen Mappe, Halle/Leipzig 1821 und 1823; Neuauflage: Lebensbeschreibung des Seefahrers, Patrioten und Sklavenhändlers Joachim Nettelbeck. Von ihm selbst aufgezeichnet, hrsg. von J. C. L. Haken, Nördlingen 1987.

[197] Brief an Hegner, a.a.O.

[198] E. Biedermann an V. Biedermann, 12.12.1829: B.I.k.8.

[199] Ebd.

[200] Biedermann hatte sich eine Wohnung auf dem Predigerkirchhof im 4. Stock angeschaut, bestehend aus zwei Zimmern, die man durch die Küche erreicht. Diese kostete 90 Franken Zürcher Geld; E. Biedermann an V. und A. E. Biedermann, 30.10.1829: B.I.k.10.

[201] Später Seminardirektor in Küsnacht, Kantons- und Erziehungsrat, siehe Zürcher Pfarrerbuch, S. 282f. Mit Fries studierte Biedermann in Berlin und gab als Pfarrer mit ihm die Zeitschrift „Kirche der Gegenwart" heraus. A. E. BIEDERMANN, David Fries, in: NZZ 1875, Nrn. 434, 436, 439, 441, 443, 445.

[202] 1822 hatten die Turner in Zürich einen „Turnschopf" und einen Turnplatz im „Kräuel" an

cherweg spielte er, seiner Vorliebe für die griechischen Klassiker frönend, die „homerischen Rhapsoden"[203]. Nach diesem kurzen Aufenthalt in Zürich wanderte die Familie zu Fuß[204] im Sommer 1830 in die Heimatstadt Winterthur und zog in das Haus „Zur Steinhütte" ein.

2. In der „Vaterstadt" Winterthur (1830–1834)

Im April des Jahres 1831 waren die Winterthurer Bürger aufgerufen, auf die neue Landesverfassung den Eid abzulegen. Vor der Eidesleistung predigte der zweite Pfarrer, Johann R. Ziegler, über das Gleichnis vom Feigenbaum (Lk 21, 29–32)[205]. Doch stand nicht die Auslegung des Textes im Mittelpunkt der Verkündigung, sondern das besondere Tagesgeschehen. Ausgehend von der beispielhaften „wahren Volks- und Vaterlandsliebe, wie Jesus sie hatte und bewies"[206], verklärte Ziegler den politischen Akt zu einer religiösen Handlung: Die Eidesleistung sei nichts anderes als die Bezeugung an den wahren Gott, ein „feyerliches Gelübde vor Ihm und zu Ihm zu gewissenhafter Treue in Erfüllung heiliger Pflichten". Jeder christliche Bürger werde diese Handlung mit Freude, Ehrfurcht und Andacht zur Verherrlichung Gottes und zu eigener Erbauung und Stärkung vollbringen[207].

Bei der Wahl der elf neuen Stadträte und des Zunftrichters im Zuge der neuen Verfassung wurde E. Biedermann 1831 gewählt. Als Stadtrat übernahm er das Amt des Spitalmeisters. In dieser Funktion erstellte er einen geordneten Haushalt des Spitals und vermaß die zum Spital gehörenden Güter in Fischenthal. Die Wahl zum Stadtrat war für Biedermann eine späte Rehabilitation und Anerkennung seiner Fähigkeiten. 1835 wechselte er in das Waisenamt und erarbeitete eine Reorganisierung des Waisenhauses[208].

Die Auswirkungen der Julirevolution waren bald im ganzen Kanton Zürich spürbar und führten zu grundsätzlichen politischen Umwälzungen. Der Liberalismus errang für einige Jahre die politische Macht und schuf sehr umstrittene neue Verhältnisse. Innerhalb dieser Bewegung kristallisierten sich sehr bald zwei verschiedene Vorgehensweisen in bezug auf die politisch-gesellschaftlichen Veränderungen heraus. Sprach sich ein Teil der liberal denkenden Zürcher für gemäßigte

---

der Sihl erhalten; vgl. Sigmund Widmer, Zürich – eine Kulturgeschichte, Bd. 9: Aufschwung mit dem Liberalismus, Zürich/München 1982, S. 84f.

[203] Biedermann, Tagebuchblätter (April/August 1830), S. 2.

[204] Biedermann, Erinnerungen, S. 371.

[205] Johann Rudolf Ziegler, Predigt über Evangelium Lucä XXI.29.32. Sonntag den 10ten April 1831.

[206] Ziegler, Predigt, S. 13.

[207] Ziegler, Predigt, S. 15.

[208] Der „Entwurf zu einer Organisation der Waisenanstalt in Winterthur" findet sich im StAW: II B 31e 3. Der Erziehungsgrundsatz, der die Geisteshaltung E. Biedermanns widerspiegelt, lautet: „Möglichst wenig zu bedürfen und zu möglichst Vielem tauglich seyen" (§ 5). In Paragraph 27 heißt es: „Die ganze Haushaltung soll das Bild einer einfachen, sparsamen, zufriedenen und christlichen Familie darstellen."

Reformen innerhalb des bisherigen Staatsgefüges aus, ging es dem anderen um eine radikale Neuorientierung der Verhältnisse. Als Folge der Pressefreiheit schufen sich die einzelnen politischen Gruppen ihr publizistisches Organ, das rege genutzt wurde, um in spöttischem und höhnischem Ton den politischen Gegner zu verunglimpfen[209]. Allein in der Stadt Zürich erschienen 1831 fünf Zeitungen unterschiedlicher politischer Couleur[210]: der Anfang der dreißiger Jahre wohl am meisten gelesene radikal-liberale „Schweizerische Republikaner", der liberal-konservative „Vaterlandsfreund", die „Neue Zürcher Zeitung", der konservative „Schweizerische Beobachter" und die „Zürcher Freitagszeitung"[211]. Der oft überaus polemische Ton der Presse sorgte für eine Verschärfung der Gegensätze innerhalb der breiten liberalen Bewegung, so daß in manchen Bereichen des öffentlichen Lebens keine Verständigung mehr erzielt werden konnte. In Fragen von Religion und Erziehung kam es zu heftigsten Auseinandersetzungen.

Das Schulwesen[212] war während der Restauration keineswegs zufriedenstellend gewesen. Der erklärte Wille der neuen liberalen Regierung lautete, diesen Mißstand zu beseitigen. Dazu wurde erstens 1832 ein von der untersten Klasse der Elementarschule bis hin zur Hochschule reichendes einheitlich organisiertes Schulsystem geschaffen, welches mit Jahresklassen, der Zeit angemessenen Lektionsplänen, auf die Fächer verteilten Stunden, neuen Lehrmitteln und besser ausgebildeten Lehrkräften zur Hebung des Bildungsstandes beitragen sollte. Zweitens wurden die Schule aus dem Zuständigkeitsbereich der Kirche herausgelöst sowie die Lehrer aus der Unterordnung unter die Geistlichkeit befreit. Analog zur Synode der Geistlichen wurde eine Lehrersynode eingerichtet. Der Lehrer erhielt eine gesellschaftliche Aufwertung und eine eigene amtliche Stellung mit angemessener Besoldung. Diese Emanzipation der Schule von der Kirche führte zu einer Neukonzeption des Unterrichts. Gemäß dem ersten Paragraphen des Schulgesetzes hatte die Volksschule im Sinne Pestalozzis Kinder aller Volksklassen „nach übereinstimmenden Grundsätzen zu geistig-tätigen, bürgerlich brauchbaren und sittlich-religiösen Menschen" auszubilden[213]. Dazu mußten aber auch in den Volksschulen die Naturwissenschaften als verbindliche Fächer gelehrt werden. Die Errichtung neuer höherer Lehranstalten, vor allem der Kantons- und der Hochschule, wurde möglich durch die Auflösung des ehrwürdigen Zürcher Chorherrenstiftes. Als nach einer langen Auseinandersetzung am 10. April 1832 die Aufhebung des Stiftes beschlossen wurde, entschied der Große Rat, das Stiftsgut für die Kirche und für das höhere Unterrichtswesen zu verwenden. Mit diesen Mitteln konnte die Um- bzw.

---

[209] CHRISTOPH MÖRGELI, „Beiträge zur Revolutionsgeschichte des Kantons Zürich". Ein unbekanntes Manuskript des Oberamtmanns Johann Caspar Ott zum Ustertag von 1830, o. O. 1991, S. 37.

[210] WETTSTEIN, Regeneration, S. 21.

[211] Siehe dazu die „Bibliographie der Schweizer Presse unter Einschluß des Fürstentums Liechtenstein", bearb. von Fritz Blaser, 2 Halbbde., Basel 1956–1958.

[212] Vgl. hierzu WETTSTEIN, Regeneration, S. 478–481.

[213] Zitiert bei WETTSTEIN, Regeneration, S. 479.

Neugestaltung der höheren Schulen beginnen, das Carolinum wurde zur Hochschule, die am 29. April 1833 eröffnet werden konnte[214].

Die kirchlichen Belange regelte das 1831 verabschiedete „Gesetz über die Organisation des Kirchenwesens des Cantons Zürich" mit seinen insgesamt siebenundsiebzig Paragraphen. Dieses wurde ergänzt durch einige Ausführungsbestimmungen, wie etwa für den Kirchenrat, die Bezirkskirchenpflege oder durch Ordinationsvorschriften. Die Staatsverfassung gewährte die Glaubensfreiheit[215]. Als vom Staat anerkannte Landeskirche gilt die „Gesammtheit aller zur christlichen Religion nach dem evangelisch-reformirten Lehrbegriffe sich bekennenden Einwohner des Cantons"[216]. Die Zürcher Kirche bezwecke die Erziehung ihrer Glieder zu einer religiösen Gesinnung und zu einem sittlichen Leben im Sinne der Lehre Christi. Gegen regen Widerstand, der eine Flut von Irrlehre befürchtete, wurde auch die „wissenschaftlich-theologische Lehrfreyheit" gewährleistet[217]. In ihrem Wesen und Wirken ist die Landeskirche frei, äußerlich aber dem Staat untergeordnet[218]. Der Kirchenrat fungierte als kirchliche Aufsichts- und Verwaltungsbehörde, unterlag aber der Oberaufsicht des Regierungsrates[219]. Ihm gehörten der Antistes, fünf weltliche Personen, darunter zwei Regierungsräte und neun von der Synode gewählte Geistliche, von denen wenigstens einer Theologieprofessor sein soll, an. Der Vorschlag, eine gemischte Synode einzusetzen, konnte sich noch nicht durchsetzen. So blieb es gemäß Paragraph neunundsechzig der Staatsverfassung bei einer Synode, in der alle im Kanton stationierten Geistlichen „und alle dem Zürcherischen Ministerium einverleibten Cantonsbürger, welche das Synodalgelübde geleistet haben" versammelt waren[220]. Das neue Gesetz löste eine heftige Diskussion aus. Viele Zeitgenossen urteilten sehr zurückhaltend über die Wirkung der neuen kirchlichen Verfassung. Man kritisierte sie als zu äußerlich, sie könne einem inneren kirchlichen Leben, dem eigentlichen christlichen Leben, keine Gestalt geben.

In dieser Zeit des allgemeinen Auf- und Umbruchs, der schulischen Neuorientierung und der kirchlichen Auseinandersetzungen wurde Alois Biedermann in die sechste Klasse der Winterthurer Stadtschule aufgenommen[221]. Biedermann befand sich meist auf einem der vorderen Ränge seiner Klasse[222], und bei den Examina überzeugte der Schüler durch gute Leistungen.

---

[214] Zur Geschichte der Hochschule siehe „Die Universität Zürich 1833–1933 und ihre Vorläufer", hrsg. von Ernst Gagliardi, Hans Nabholz und Jean Strohl, Zürich 1938.

[215] Staatsverfassung für den Eidgenössischen Stand Zürich, Tit. I, § 4.

[216] Gesetz über die Organisation des Kirchenwesens des Cantons Zürich, 1831, § 1.

[217] Gesetz, § 3f.

[218] Gesetz, § 5.

[219] Gesetz, § 24f.

[220] Gesetz, § 9. FINSLER, Statistik, S. 41–71; WETTSTEIN, Regeneration, S. 437–454.

[221] Zur Schulgeschichte Winterthurs siehe TROLL, Geschichte, Bd. 2 und HERMANN WINKLER, Schulgeschichte der Stadt Winterthur bis zum Jahre 1922, Winterthur 1947, S. 68–78. Gemäß dem Verzeichnis der Lehrkräfte bei TROLL, S. 273f. unterrichteten zur Zeit Biedermanns: Johann Conrad Troll (Latein, Griechisch), Hans Rudolf Heller, Verbi Divini Minister (=VDM) (Latein, Griechisch), Johann Heinrich Reinhart, VDM (Deutsch), Johannes Rüegg (Arithmetik, Algebra), Gottlieb Strauß, VDM (Religion).

[222] Biedermann, Tagebuchblätter (1830–1831), S. 2.

Die Schulen Winterthurs genossen über die Stadtgrenzen hinaus einen guten
Ruf, der den pädagogischen und organisatorischen Anstrengungen des regen Rektors Johann Conrad Troll zu verdanken war. Troll hatte 1819 eine Reorganisation
des Schulwesens im Sinne Pestalozzis eingeleitet, das in den nachfolgenden Jahren
durch kontinuierliche Modifikation der Lehrpläne den sich wandelnden gesellschaftlichen Anforderungen und Bedürfnissen angepaßt wurde. So berücksichtigte
der achte Lehrplan aus dem Jahr 1828 mehr als seine Vorgänger die Interessen der
künftigen Handel- und Gewerbetreibenden. Das hatte die Reduktion des Latein-
unterrichtes zur Folge. Die Stadtschule diente nicht mehr nur als Vorbereitungs-
schule für das akademische Studium. Die Ausbildung in der deutschen Sprache
wurde das Hauptziel des Unterrichtes[223].

In den politischen Umwälzungen der frühen dreißiger Jahre hatte Winterthur
partiell seine Unabhängigkeit in schulischen Belangen eingebüßt. Das neue Zürcher Schulsystem sollte auch in Winterthur Einzug halten, doch stieß das Vorhaben
auf großen Widerspruch, zumal erst vier Jahre zuvor ein Lehrplan erstellt worden
war. Da man diesen noch immer für gelungen und zweckdienlich hielt, entwickelte
sich eine lebhafte, auch literarische Diskussion. Der Winterthurer Lehrer der Geometrie, Jakob Melchior Ziegler[224], verfaßte eine Broschüre, in der er sich mit den
Bildungseinrichtungen auseinandersetzte[225]. Die Schulen sind demnach ein
Hauptmittel der Bildung des Mannes. Daneben haben die wissenschaftlichen und
gemeinnützigen Anstalten sowie Bücher- und Naturaliensammlungen ihren Wert
in der Unterweisung[226]. Als allgemeinen zweifachen Zweck der Schule formuliert
der 1829 eingeführte Lehrplan einerseits die Bildung der Menschen und andererseits die Entwicklung der Christen. Ziel ist es, den unverfälschten religiösen Sinn in
den Schülern zu wecken, ihre Frömmigkeit zu fördern sowie ihre sittliche Kompetenz heranzubilden. Deswegen muß der Geist der Schule ein religiöser sein[227]. Als
wichtigsten Lehrgegenstand der Schulen proklamiert Ziegler deswegen den Religionsunterricht[228]. Der Schüler muß während der ganzen Ausbildung stetig zu
Gott, dem Mittelpunkt seines Denkens und Handelns, geführt werden. Die intellektuelle Ausbildung bedarf im Gleichschritt der sittlichen Weiterentwicklung. Dabei ist die Religion die leitende Stütze, „die erhabenste Lehrerin des Menschenge-
schlechtes ist unsere Christus-Religion"[229], die den Kindern auch mit dem Ziel der
Erbauung vermittelt werden soll[230]. Der Religionsunterricht ist darum kein wissenschaftlicher oder gelehrter, sondern ein „praktischer" und gründet sich, „im

---

[223] WINKLER, Schulgeschichte, S. 68f.

[224] GEORG GEILFUS, Das Leben des Geographen Dr. Jakob Melchior Ziegler, Winterthur 1884.

[225] JAKOB MELCHIOR ZIEGLER, Ueber die bei uns schon vorhandenen und noch für uns wünschbaren Bildungsmittel, Winterthur 1832.

[226] ZIEGLER, Bildungsmittel, S. 3.

[227] ZIEGLER, Bildungsmittel, S. 6.

[228] ZIEGLER, Bildungsmittel, S. 8.

[229] ZIEGLER, Bildungsmittel, S. 9.

[230] „Den Grundbedingungen unsers inneren Friedens muß in der frühen Jugend schon Genüge geleistet werden, weil ja die Keime zu religiöser Entwickelung mit dem Kinde gebohren werden. Religion, das Heil des Menschen, die Grundfeste der Staaten soll des Menschen ganzes We-

ächten, christlichen" Sinne, auf die „heiligen Bücher" des Alten und Neuen Testaments[231]. Dieser Gewichtung der religiösen Unterweisung wurde durch eine stattliche Stundenzahl, die etwa zehn Prozent des Deputats ausmachte, Nachdruck verliehen[232].

An seinen Religionsunterricht erinnerte sich Alois E. Biedermann später gerne. Der Klassen- und Religionslehrer, der spätere Rektor des Gymnasiums, Pfarrer Hans Rudolf Heller (1793–1877), war Prediger in der Spinnerei Hard bei Wülfingen und zugleich Lehrer in Winterthur[233]. Seine „in einem mild rationalistischen Sinn"[234] geleiteten Bibellesestunden beeindruckten den elfjährigen Pennäler. Heller führte seine Schüler in die verschiedenen Interpretationen der biblischen Erzählungen ein. Die Aufgabe der Schüler bestand darin, anhand der Ausführungen Hellers eigene hermeneutische Auffassungen zu entwickeln. Durch diese didaktische Methode erkannten die Zöglinge ihr unterschiedliches Verständnis, und es kam deswegen zu heftigen Streitereien. Biedermann bestritt mehrfach Dispute mit Heinrich Ulrich Forrer (1818–1835) und dem Metzgersohn Diethelm Ziegler[235]. Auf seine Seite schlug sich unterstützend Jacob Ulrich Reinhart[236]. Biedermann und Reinhart vertraten die rationalistische, die anderen beiden die sogenannte positive oder supranaturalistische Sicht der biblischen Schriften[237]. Die rationalistische Bibelinterpretation Biedermanns basierte auf dem Einfluß des Vaters, durch den er gelernt hatte, die unmittelbare Autorität der Bibel und der kirchlichen Verlautbarungen kritisch zu hinterfragen[238]. Denn die im Schulplan formulierte Stellung der Religion und ihre Aufgabenbestimmung innerhalb des schulischen Programms entsprach durchaus den eher konservativen pädagogischen und religiösen Vorstellungen Emanuel Biedermanns, die sein Sohn als eine „tief innerliche, praktisch stramme, aber dogmatisch unbefangene Religiosität" beschrieb, nach welcher „das Christenthum einfach als die Religion der wahren Humanität galt, und der alle Frivolität gleichsehr wie alle Engherzigkeit und allen Aberglauben verabscheute"[239].

---

sen, von zarter Jugend an, mit heiliger Scheu und dankbarer Ehrfurcht gegen Gott erfüllen"; ZIEGLER, Bildungsmittel, S. 34.

[231] ZIEGLER, Bildungsmittel, S. 10.

[232] Angaben ebd. Zum Vergleich: Deutsch umfaßte etwa dreißig, Latein fünfzehn, Geschichte vier und die Naturwissenschaften eineinhalb Prozent des Gesamtunterrichtes. TROLL, Geschichte, Bd. 2, bietet zwischen S. 216 und 217 eine Übersicht der unterrichteten Fächer in den jeweiligen Klassen.

[233] Zürcher Pfarrerbuch, S. 329f. Die Spinnerei Hard bot den Arbeitern und Arbeiterinnen Verpflegung, Unterkunft sowie Wasch- und Kochhaus. Eine Zeitlang bestanden eine eigene Schule und ein eigener Gottesdienst; GANZ, Geschichte, S. 57.

[234] Biedermann, Curriculum vitae, S. 1.

[235] Ziegler (1818–1901) wurde 1842 ordiniert und 1843 Vikar in Winterthur. Zürcher Pfarrbuch, S. 650.

[236] Sohn von Jacob Reinhart, Stadtrat und Kirchenpfleger (1782–1838), später Kaufmann, als Freund 1836 im „Beisatz zu dem gegenseitigen Testament zwischen Emanuel Biedermann & Verena Biedermann geb. Kern" zum „Ratgeber der Ehefrau" ernannt; A.I.a.; siehe S. 32.

[237] Biedermann, Tagebuchblätter, 1830.

[238] Biedermann, Curriculum vitae, S. 1.

[239] BIEDERMANN, Leben, S. 374. Im Curriculum vitae, S. 1, heißt es: „In meinem seligen Vater

Der Glaube seines Vater war bis einige Monate vor seinem Tod durchaus anthropo-
logisch begründet gewesen. Denn Vater Biedermann lebte einen von wandelnden
theologischen Ansichten freien Glauben, der sich an der den Menschen innewohnenden Religiosität orientierte[240]. Diese Beschreibung erinnert am ehesten an
Schleiermachers Definition der Frömmigkeit als Gefühl der schlechthinnigen Abhängigkeit[241]. Die schulorganisatorischen Umwälzungen der Regeneration lehnte
der Vater, nach einer anfänglichen Begeisterung für liberale Reformen, ab. Seine
Aversion gegenüber allen radikalen und revolutionären Bewegungen wuchs und
gefährdete auch persönliche Beziehungen[242]. In seinen letzten Lebensjahren gab er
sich, durch die früheren Enttäuschungen und eine fortgeschrittene Krankheit aus-
gezehrt, apokalyptischen Zukunftsbildern hin. In dieser Situation mußte er über
die Schullaufbahn seines Sohnes entscheiden. Die Winterthurer Schüler hatten vor
dem Wechsel auf die Hochschule oder an die Universität noch die oberen Klassen
eines Gymnasiums zu besuchen. Üblicherweise gingen die Absolventen der Winterthurer Lehranstalt zur Vorbereitung auf das Studium nach Zürich. Der Gedanke,
den Sohn nach Zürich zu schicken, behagte ihm gar nicht. Dort hatten nämlich die
bisher vor allem im religiösen Sinne verfaßten Lehrmittel denen von Ignaz Thomas
Scherr (1801–1870) Platz machen müssen[243]. Als der radikal-liberale Württemberger Scherr auch noch den Katechismus und das Alte Testament aus dem verbindli-
chen Unterrichtsmaterial verbannte, steigerten sich die schon bestehenden Ängste
um den Fortbestand einer religiösen Erziehung, und es kam zu heftigen Auseinandersetzungen in der Bevölkerung.

Da dem besorgten Vater auch befreundete Pfarrer von einem Schulbesuch in
Zürich abrieten, wurde es unumgänglich, eine Alternative für den fünfzehnjährigen Alois zu suchen. Deshalb schrieb er im Herbst 1833 an seinen Freund aus Söld-
nertagen, den überaus angesehenen Hannoveraner Bürger David Conrad Bernhard
Hausmann (1784–1873)[244]. In seinem Brief schildert Biedermann die beunruhi-
gende politische Situation in Zürich, die es nicht zulasse, Alois dorthin in das Gym-

---

hatte ich ein seltenes Muster einer kernhaften ächt christlichen Gesinnung vor Augen, die das Leben und dessen Ansicht bis ins Mark hinein durchdrang, als Bewußtsein aber nichts weniger als die
Form kirchlicher Gläubigkeit hatte, sondern vielmehr ein allgemein vernünftiges Christenthum
ohne bestimmte dogmatische Fassung war."

[240] Ebd.

[241] FRIEDRICH SCHLEIERMACHER, Der christliche Glaube nach den Grundsätzen der evangelischen Kirche im Zusammenhange dargestellt, 1830, hrsg. Martin Redeker, Berlin [7]1960, § 4.

[242] BIEDERMANN, Leben, S. 373.

[243] Scherr, ein radikaler Liberaler, war Leiter des Lehrerseminars in Küsnacht, der von der liberalen Regierung eingesetzt worden war. Nach dem Straußenhandel richtete sich 1839 der Zorn
der „Antistraußianer" gegen ihn; WILLIBALD KLINKE, Ein Kampf für Bildung und Freiheit. I.
Thomas Scherrs Erlebnisse im Zürichbiet 1835–1842, Zürich 1940.

[244] Hausmann war Inhaber einer Goldtressenfabrik und spielte eine führende Rolle im politischen, wirtschaftlichen und kulturellen Leben Hannovers. Er fungierte als Sprecher des aus der
Bürgerschaft gewählten Ratsgremiums. Ferner war er Mitbegründer des Gewerbe- und des
Kunstvereins in Hannover. Siehe BERNHARD HAUSMANN, Erinnerungen aus dem 80jährigen Leben eines hannoverschen Bürgers, Hannover 1873, [2]1904. Zur Biographie siehe „Allgemeine
hannoversche Biographie", Bd. 2: Im alten Königreich Hannover 1814–1866, hrsg. von Wilhelm

nasium zu schicken, wenn er seine Vaterpflichten wahren wolle[245]. Die Überlegungen zielten nach einigen Gesprächen mit Freunden dahin, Alois zuerst ein deutsches Gymnasium und daran anschließend eine Hochschule besuchen zu lassen. Vater Biedermann dachte an das Lyceum in Hannover, das seiner Meinung nach angemessene Voraussetzungen bot, und schlug vor, Alois könne in Hannover bei einem Prediger Kost und Logis erhalten. Zwei Wochen später antwortete Hausmann und teilte Biedermann mit, daß einem Besuch des Lyceums nichts im Wege stehe, indes andere Schulen im Lande einen besseren Ruf hätten. Vor allem möge er bedenken, ob Alois nicht in dem „flachen von der Schweiz so himmelsweit verschiedenen Lande" bald Heimweh bekäme. Außerdem müsse er mit hohen Unkosten rechnen, denn die Unterkunft bei Geistlichen und Lehrern sei besonders kostspielig. Deshalb empfahl Hausmann, das Angebot der gutbürgerlichen Familie Reifkugel, Alois Unterkunft zu geben, anzunehmen[246]. Mit diesen Informationen aus Hannover versehen, überlegte E. Biedermann erneut im Freundes- und Bekanntenkreis, wie zu entscheiden sei. Einem Freund gegenüber äußerte er Bedenken: Eine Hauptstadt wie Hannover, die so viele Beispiele von Luxus und Üppigkeit biete, könne sich auf die Entwicklung des Schülers nachteilig auswirken[247]. Jedoch kam Zürich weiterhin nicht in Betracht, eher wollte Biedermann Alois nach Konstantinopel schicken. Ein Artikel aus der radikalen Zürcher Zeitung „Der schweizerische Republikaner"[248] über die „Stampfsynode" bestätigte ihn in seinem Entschluß[249]. Dieser „Schandartikel" zeigte dem besorgten Vater erneut, was für ein schädlicher Geist in Zürich herrsche. Darum bezog er nun auch Basel in seine Erwägungen ein. Doch im Blick auf die Stadt am Rheinknie war ihm vor dem geradezu sprichwörtlichen Basler Pietismus bang. Um bei seiner Entscheidung auch wirklich sicherzugehen, konsultierte er noch den Diakon an der Zürcher Peterskirche, Pfarrer Karl Wilhelm Fäsi[250]. Anfang 1834 teilte Biedermann seinem Freund Hausmann die Entscheidung mit, der Sohn werde zuerst eine schweizerische Schule besuchen.

Rothert, Hannover 1914, S. 234–245; HELMUT ZIMMERMANN, Bernhard Hausmann, in: NDB 8, S. 123f.

[245] E. Biedermann an B. Hausmann, 11.11.1833: B.I.k.12 (Abschrift): „Wie im Politischen die Nachäfferei der französischen Juli Revolution meinem Vaterlande herbe Früchte getragen hat, und weiß der Himmel noch welche bringen wird, so bahnt sich alles zu eben so heilsamen Reformen im Kirchlichen an, die uns ohne Zweifel noch ersprießlichere Früchte tragen werden. Freünd einer wahrhaften – nicht after – Freiheit, und einer eben solchen Aufklärung und überzeügt, daß das wahre Christenthum das Zweckmäßigste und heilsamste Bildungsmittel des Menschen zu seiner Bestimmung sey, muß mir alles daran gelegen sein, daß mein Sohn seine Bildung an einem Ort erhalte, wo nach solchen Grundsätzen gelehrt wird, die ihn zum Ziele, nach dem er streben soll, hin, und nicht davon ableiten".

[246] B. Hausmann an E. Biedermann, 28.11.1833: B.I.k.22.

[247] E. Biedermann an Heinrich Morf, 17.10.1833: B.I.k.14 (Abschrift).

[248] Schweizerischer Republikaner Nr. 94, 5.11.1833. Zum „Republikaner" siehe die Bibliographie der Schweizer Presse, 2. Halbbd., S. 826.

[249] Der „Republikaner" verglich die Synode vom 29.11.1833 mit einer Truppe Kunstreiter, die ihren Unmut mit Pferdegetrampel äußere. Der ganze Artikel ist in einem spöttischen, teilweise antiklerikalen Ton geschrieben; WETTSTEIN, Regeneration, S. 563f.

[250] Biedermann hatte Fäsi (1793–1852) schon 1829 in Zürich kennengelernt und lobte ihn als

Ostern wolle er mit ihm nach Basel reisen, damit Alois im Pädagogium seine Bildung „unter Schweizern von altem Schrot und Korn" fortsetzen könne. Im zweiten Teil des Briefes zeichnete der von der Zürcher Politik enttäuschte Winterthurer Stadtrat zynisch ein Schreckensbild der Zustände in der Kantonshauptstadt. Diese seien die zweite Auflage des Turmbaus zu Babel. Er hebt kritisch hervor, daß die meisten Professoren aus Deutschland kämen und unter den ausländischen Schülern wohl vor allem solche seien, die sich, nach den mißlungenen Frankfurter Apriltagen, einer Verhaftung durch Flucht in die Schweiz entzogen hätten[251]. Die Vereinfachung und Veredelung der Sitten, fügte Biedermann mit ironisch bitterem Ton hinzu, würde nun in den neu mit einem Alkoholpatent versehenen siebenhundert Weinschenken im Kanton erfolgen[252].

Bevor Alois Biedermann jedoch mit dem Vater zu Fuß nach Basel marschierte, wurde er am Ostersonntag 1834[253] konfirmiert. Den Konfirmandenunterricht bei Pfarrer Forrer besuchte er zwar fleißig, wurde aber nicht bemerkenswert davon angeregt[254]. Immerhin bestärkte ihn die Katechese in seinem Wunsch, Theologie zu studieren[255]. Die Pubertät überstand Biedermann, im Gegensatz zu einigen Freunden, ohne Schaden an seiner religiösen Grundeinstellung zu nehmen. Ihm waren in seiner bisherigen Erziehung nämlich keine festgefügten religiösen Vorstellungen vermittelt worden, die er als absolute Autorität im Glauben anzunehmen hatte und die nun, da die kritische Vernunft erwachte, ins Wanken geraten konnten.

---

einen Prediger, wie er noch keinen gehört habe; E. Biedermann an V. Biedermann, 30.10.1829: B.I.k.10; zur Person siehe Zürcher Pfarrerbuch, S. 265.

[251] Zum „Frankfurter Wachensturm" siehe THOMAS NIPPERDEY, Deutsche Geschichte 1800–1866. Bürgerwelt und starker Staat, München 1983, S. 372f.

[252] E. Biedermann an B. Hausmann, 10.1.1834: B.I.k.13.

[253] 23. März 1834.

[254] Biedermann, Tagebuchblätter, 1834.

[255] Biedermann, Curriculum vitae, S. 2.

2. Kapitel

Die Schulzeit in Basel 1834–1837

I. Zeitgeschichte Basels

1. Basel im Banne der Kantonstrennung

Am 21. April 1834 traf der Schüler Alois E. Biedermann mit seinem Vater in Basel ein. Gemessen an anderen wichtigen europäischen Städten, zählte Basel mit seinen 21219 Einwohnern im Jahr 1835 zu den Kleinstädten[1]. Zwei Jahre später bewohnten 22199 Menschen die Stadt[2]. In der Stadt am Rheinknie waren die Folgen der Kantonstrennung noch in allen Bereichen des politischen und gesellschaftlichen Lebens deutlich zu spüren. Der junge Halbkanton bemühte sich, in der Eidgenossenschaft weitgehend isoliert, eine neue Identität, ein neues Selbstbewußtsein aufzubauen, indem er sich nach außen, trotz aller innenpolitischen Fragen und Probleme, als eine geschlossene Einheit präsentierte[3].

---

[1] Berlin z.B. hatte 1837 283000 Einwohner; WILLIAM H. HUBBARD, Familiengeschichte. Materialien zur deutschen Familie seit dem Ende des 18. Jahrhunderts, München 1983, S. 69.

[2] Werden zufällig abwesende ab- und zufällig anwesende Personen hinzugerechnet, ergibt dies eine Bevölkerungszahl von 24435, von der die weiteren Berechnungen ausgehen. Das bedeutete gegenüber der Zählung von 1779 eine Zuwachsrate von 48%, die vor allem auf Zuwanderung beruhte. 39% der Einwohner waren Stadtbürger. Im Jahr 1779 war noch die Hälfte der Einwohner Stadtbürger; siehe „Die Bevölkerungsaufnahme von Basel-Stadttheil am 25 Jenner 1837", über welche ein „Bericht an E. E. Kleinen Rath, Basel 1838" angefertigt wurde; StABS: Hq 22. Das durchschnittliche Alter der Stadtbürger betrug bei den Männern 29,2, bei den Frauen 30,7 Jahre. Insgesamt gab es 1624 bewohnte Häuser; siehe dazu auch LUDWIG AUGUST BURCKHARDT, Der Kanton Basel historisch, geographisch, statistisch geschildert. Beschreibung seiner Lage, natürlichen Beschaffenheit, seiner Bewohner, politischen und kirchlichen Verhältnissen. Ein Hand- und Hausbuch für Kantonsbürger und Reisende, St. Gallen/Bern 1841, S. 55.

[3] Zur Kantonstrennung aus der Sicht Basels siehe ANDREAS HEUSLER, Die Trennung des Kantons Basel, 2 Bde., Zürich 1839–1842; AUGUST BERNOULLI, Basel in den Dreißigerwirren, 4 Teile, Basel 1907–1910; PAUL BURCKHARDT, Geschichte der Stadt Basel von der Zeit der Reformation bis zur Gegenwart, Basel 1942, S. 159–200; DERS., Die Geschichte der Stadt Basel von der Trennung des Kantons bis zur neuen Bundesverfassung. 1833–1848, 3 Teile, Basel 1912–1914 (abgekürzt als „Burckhardt, Trennung"); aus der Perspektive von Basel-Land KARL WEBER, Die Revolution im Kanton Basel 1830–1833, Basel 1907; DERS., Entstehung und Entwicklung des Kantons Basellandschaft, in: Geschichte der Landschaft Basel und des Kantons Basellandschaft 1798 bis 1932, Bd. 2, Liestal 1932, S. 321–580; Baselland vor 150 Jahren. Wende und Aufbruch, Liestal 1983. Zur Rolle der Kirche in den Wirren siehe ERNST STAEHELIN, Die Basler Kirche in den Revolutionswirren von 1830–1833, in: Festschrift für Paul Wernle, Basel 1932, S. 257–298.

Die Trennung des Kantons Basel in die zwei Halbkantone Basel-Stadt[4] und Basel-Land im Jahre 1833 wird in der Basler Geschichtsschreibung gerne als das folgenreichste Ereignis der Basler Geschichte seit der Reformation bezeichnet[5]. Andere Autoren schreiben den sogenannten „Dreißiger Wirren" eine prägendere Bedeutung für das geistige und politische Leben Basels zu als beispielsweise der Französischen Revolution[6]. Die Zeitgenossen erlebten die politischen und militärischen Auseinandersetzungen in dem Bewußtsein, daß sich auf dem kleinen Basler Territorium Dinge von „größter europäischer Tragweite" ereigneten[7]. Je nach Standpunkt des Geschichtsschreibers wurden die „Dreißiger Wirren" als segensreicher Fortschritt für den liberalen Geist gefeiert oder als schweres Unheil für die Stadt beklagt, da der Halbkanton Basel-Stadt nunmehr zu einer bescheidenen und unscheinbaren Rolle innerhalb der Eidgenossenschaft verurteilt sei. Einen gewissen Trost spendete in dieser Situation die Auffassung, durch die Trennung sei es möglich gewesen, die alte Basler Eigenart zu bewahren[8].

Doch lasteten die Ereignisse schwer auf den Basler Bürgern. Die „Baseler Zeitung" – eine Art Regierungsorgan[9] – faßte die Krise in ihrem Neujahrswunsch 1834 in die Worte: „Eine Zeit, in welcher eine mächtigere Hand uns Noth und Trauer bereitete, liegt hinter uns, vor uns eine verschleierte Zukunft." Und im Blick auf das Verhältnis zur Eidgenossenschaft rief sie aus: „Zuvorderst wenden wir uns an dich, Volk der Schweiz: mögest du zu dem Banner der Väter zurückkehren, auf welchem geschrieben stand: ‚für Gott und die gerechte Sache!' mögest du wieder stark werden durch Einigkeit, freien Sinn und unverbrüchliche Treue; mögest du deine Söhne nach den Thaten schätzen, nicht nach den Worten."[10] Die Beurteilung des baslerischen Staatswesens war entscheidend von der Perspektive des Betrachters abhängig. Vor allem die radikal-liberale Presse bezeichnete die Basler Regierung unverdrossen als überkommene Aristokratie. Doch zeigt sich Basel bei weniger ideologisch geprägter Sichtweise – in Relation zu anderen schweizerischen Orten – als ein fortschrittliches, liberal-konservatives Gemeinwesen[11], das sich ein

---

[4] Bis 1847 lautete der Name „Basel-Stadttheil".

[5] So etwa P. BURCKHARDT, Geschichte, S. 159, und WERNER KAEGI, Jacob Burckhardt. Eine Biographie, Bd. 1: Frühe Jugend und baslerisches Erbe, Basel 1947, S. 203; DOROTHEA ROTH, Die Dreissigerwirren – bedeutendste Krise der Basler Stadtgeschichte im 19. Jahrhundert, in: Baselland vor 150 Jahren. Wende und Aufbruch, Liestal 1983, S. 67–84.

[6] CHRISTINE BURCKHARDT-SEEBASS, Konfirmation in Stadt und Landschaft Basel. Volkskundliche Studie zur Geschichte eines kirchlichen Festes, Basel 1975, S. 131.

[7] EDGAR BONJOUR, Basel im Schweizerbund. Basel und die Eidgenossen, Basel 1951, S. 257; 264.

[8] KAEGI, Burckhardt, S. 204.

[9] Bibliographie der Schweizer Presse, bearbeitet von Fritz Blaser, Halbbd. 1., Basel 1956, S. 115f.; ROTH, Dreissigerwirren, S. 70.

[10] Baseler Zeitung 4 (1834), Nr. 1 vom 2. Januar 1834, S. 1.

[11] MARTIN MAURER, Die soziale Differenzierung in Stadt und Landschaft Basel als Ursache der Kantonstrennung 1833, Liestal 1985, S. 141. Basel war auch der erste eidgenössische Stand gewesen, der sich konstruktiv mit den Ideen der Französischen Revolution auseinandergesetzt hatte; BONJOUR, Basel, S. 233.

spezifisches politisches und geistiges Klima in der Stadt geschaffen hatte, welches nun gegen einen radikalen Liberalismus der Landschaft zu verteidigen war.

Die politischen Forderungen und der revolutionäre Aufstand der Landschaft bedeuteten für die Stadt mehr als Einbußen an politischer Macht. Das spezifische gesellschafts- und kulturpolitische Modell des Basler Bürgertums, ihre städtische Eigenart, stand auf dem Spiel. Die Gefahr von außen förderte die inneren Einheitsbestrebungen der Stadt. Um die Gefahren abzuwenden, wurde von seiten der Stadt das erste Angebot einer Kantonstrennung unterbreitet[12].

Eine wesentliche Rolle bei der Ausbildung des städtischen Selbstbewußtseins spielte der ausgeprägte Zusammenhang von pietistischer Frömmigkeit und politischem Konservatismus in Basel. Die Geistlichkeit der Stadt und die zahlreichen pietistischen Gesellschaften oder Vereine verurteilten den Liberalismus, vor allem in seiner radikalen Ausprägung, als Übertretung der göttlichen Gebote, als Gefahr für die menschliche Seele und als Bedrohung der guten Sitten. Der Liberalismus wurde im Zusammenhang mit der Französischen Revolution und der Julirevolution als Zeichen einer großen und um sich greifenden Krise interpretiert[13]. So konnte auch die Trennung des Kantons von den Stadtbaslern als Mahnung zur Umkehr und zur Erneuerung des innerlichen geistigen Lebens interpretiert werden. Die zahlreichen und gehässigen Angriffe der liberalen Presse, die die Basler Frömmigkeit verhöhnten[14], förderten einerseits das Bewußtsein der Frommen, die Zeichen der Zeit erkannt zu haben, und stärkten andererseits den Bund mit dem politischen Konservatismus[15].

Auch in anderen, Basel ähnlichen Stadtstaaten mußten sich die gesellschaftlichen Schichten, die das Ancien Régime und die Restauration[16] getragen und gefördert hatten, mit aufständischen Bauern auseinandersetzen und ihnen Zugeständnisse machen. Allein in den Bereichen, in denen sich ländliches Bauerntum mit einer katholisch-konservativen und antimodernistischen Gesinnung verband, wo sich das Patriziat hatte volkstümlich geben müssen[17], konnte sich die Regeneration nicht gegen die restaurativen Strömungen durchsetzen[18].

Eine Untersuchung der Gründe dieser verbalen und kriegerischen Auseinandersetzungen im Kanton Basel kann hier nicht geleistet werden. In aller Kürze seien

---

[12] BONJOUR, Basel, S. 264; P. BURCKHARDT, Geschichte, S. 165.

[13] Zur Frage der „frommen Interpretation" von politischen und gesellschaftlichen Krisen und Umbrüchen siehe ULRICH GÄBLER, „Auferstehungszeit". Erweckungsprediger des 19. Jahrhunderts. Sechs Porträts, München 1991, S. 169–178.

[14] Wie etwa „Der Schweizerische Constitutionelle"; siehe Brief von E. Biedermann an Biedermann, 8.5.1834: B.I.f.3.

[15] P. BURCKHARDT, Trennung II, S. 8.

[16] MAURER, Differenzierung, S. 134, bezeichnet die Restauration treffend als die letzte Periode, „in der sich konservatives Denken und stadtwirtschaftliches Ideal nochmals gegen die neuen, in der Helvetik aber gescheiterten Prinzipien auflehnten".

[17] ULRICH IM HOF, Mythos Schweiz. Identität-Nation-Geschichte 1291–1991, Zürich 1991, S. 128.

[18] URS ALTERMATT, Katholizismus und Moderne. Zur Sozial- und Mentalitätsgeschichte der Schweizer Katholiken im 19. und 20. Jahrhundert, Zürich 1989, S. 60.

immerhin drei Faktoren genannt. Zum ersten muß der zeitgenössische europäische
Kontext beachtet werden. Maßgeblich für das Entstehen der schweizerischen Re-
generationsbewegung war ohne Zweifel die französische Julirevolution von 1830[19].
Mit der Verzögerung von einigen Monaten gewannen die antiabsolutistischen französischen Ideen und Ziele im Sommer und Herbst 1830 auch auf schweizerischem
Boden zahlreiche Anhänger. Sie artikulierten, unterstützt von einem rasch aufblü-
henden Zeitungswesen und einer Flut von Broschüren und Flugblättern, die politischen Forderungen der Volkssouveränität und der Rechtsgleichheit aller Bürger[20],
welche Eingang in die neu zu formulierenden Kantonsverfassungen finden sollten.
Dazu müsse, so die Forderungen, ein vom Volk gewählter Verfassungsrat eingesetzt
werden. Das angestrebte Ziel der radikalen Bewegung war, die 1798 gewährten politischen Rechte, wie Gleichstellung von Stadt und Landschaft, wieder festzu-
schreiben, welche schon 1803 und schließlich beim Sieg der Restauration gänzlich
verlorengegangen waren. So entschloß sich die „Tagsatzung", die Versammlung aller Kantone, diesen auf Grund eigener Souveränität die Möglichkeit einer Verfas-
sungsänderung zu gewähren, solange diese mit dem maßgebenden Bundesvertrag
vereinbar blieb.

Für die Entwicklungen im Kanton Basel sollte es sich hier verhängnisvoll auswirken, daß die berechtigten Forderungen der Landschaft nach Liberalisierung und er-
weiterter Partizipation an politischen Entscheidungsprozessen nicht in solchen
Worten geäußert wurden, die für das Basler Bürgertum akzeptabel waren. Anfangs
hatte die Stadt den Dialog keineswegs generell abgelehnt, doch die Art und Weise
der Verbreitung liberalen und radikalen Gedankenguts durch demagogische und
rohe propagandistische Aufhetzung sowie gezielte Desinformation verhinderten
sehr bald die Kommunikation zwischen den aufgebrachten Landschäftlern und den
sich bedroht fühlenden Städtern. Mit dem Aufstieg einer neuen politischen Füh-
rungsschicht auf der Landschaft änderte sich der Umgangston, der den humani-
stisch und idealistisch geprägten Stadtbürgern nicht behagte[21]. Das Niederschlagen
der Aufstände in Polen durch Rußland und die Niederlage der Revolutionäre in
Frankreich stärkten das Stadtbasler Bewußtsein, im Sinne einer gesamteuropä-
ischen Sache auf der richtigen Seite zu stehen und diesen Standpunkt beharrlich
verteidigen zu müssen.

Den zweiten Gesichtspunkt stellt das Verhalten der Eidgenossenschaft, insbesondere der Tagsatzung, während der Basler Unruhen dar. Hielt sich die Tagsatzung

---

[19] Zum Einfluß der Julirevolution auf die europäische Entwicklung siehe REINHART KOSEL-
LECK, Die Julirevolution und ihre Folgen bis 1848, in: Das Zeitalter der europäischen Revolution
1780–1848, Frankfurt am Main 1969, S. 262–295.

[20] Zu Spannungen kam es zwischen den schweizerischen Liberalen und Radikalen, weil erstere der Freiheit den Vorrang vor der Gleichheit einräumten, letztere aber vor allem für die kollekti-
ve Gleichheit eintraten. Hier wird auch die Spannung zwischen städtischem Bürgertum, das die
individuelle Freiheit propagierte, und der Landbevölkerung deutlich, deren Anliegen die Gleichstellung mit dem Stadtbürger war; GEORGES ANDREY, Auf der Suche nach dem neuen Staat (1798–
1848), in: Geschichte der Schweiz und der Schweizer, Studienausgabe, Basel/Frankfurt am Main
1986, S. 616f.

[21] P. BURCKHARDT, Trennung I, S. 6.

bei anderen kantonalen Umwälzungen gemäß ihrem Nichteinmischungsprinzip sehr zurück, so fühlte sie sich in der Basler Auseinandersetzung berufen, das gesamtschweizerische Interesse zu wahren. Der Versuch eidgenössischer Vermittlung, der sich über zweieinhalb Jahre hinzog, führte deshalb nicht weiter, weil er von großen Teilen der Stadtbevölkerung als unerträgliche Einmischung in die inneren kantonalen Angelegenheiten empfunden wurde. Immer wieder wurde laut, daß das Band zwischen Basel und der Eidgenossenschaft zum Zerreißen gespannt sei. Den Baslern war bewußt, daß fast die gesamte Schweiz gegen sie eingenommen war.

Schließlich war das Verhältnis von Basel-Stadt und Basel-Landschaft seit langem besonderen Belastungen ausgesetzt[22]. Unter dem Aspekt der „sozialen Differenzierung" arbeitete M. Maurer die gesellschaftlichen Veränderungen auf der Landschaft heraus, die in ihrem Ergebnis zu wesentlichen strukturellen Rahmenbedingungen für die Auseinandersetzung zwischen Stadt und Landschaft und deren Trennung wurden. Der Weg der „sozialen Differenzierung" nahm seinen Ausgangspunkt in der Herausbildung einer handwerklichen Mittelschicht mit einem eigenen Selbstbewußtsein im achtzehnten Jahrhundert, die bis 1830 zunehmend Unterstützung bei den Bauern fand, welche auf einen Erlaß der Abgaben und eine Aufhebung der Flurordnung hofften. Zwei weitere Kennzeichen des basellandschaftlichen Sozialgefüges bieten Erklärungen für die Entwicklung und Akzeptanz des Aufstandes: Auf der Landschaft gab es keine ökonomische Macht mit politischem Aufstiegswillen. Ein Landbürgertum fehlte. Dafür fanden sich zahlreiche Heimarbeiter, die sich wegen ihrer Abhängigkeit von städtischen Arbeitgebern und Darlehensgebern den propagandistischen und militärischen Eingriffen der Aufständischen widersetzten und sich mit ihrem stadttreuen Verhalten in eine mißliche Stellung zwischen den Fronten brachten. Oft wurzelte der Widerstand auch in einer persönlichen Verbundenheit mit dem Arbeitgeber. Wesentliches zu diesem Verhalten werden auch der Einfluß der überwiegend stadtorientierten Pfarrer[23] und eine mit tiefer Religiosität verbundene Obrigkeitstreue beigetragen haben. Die Pfarrer waren auf der Landschaft das Sprachrohr der städtischen Obrigkeit.

So stand Anfang der dreißiger Jahre eine von den Ideen der Freiheit und Gleichheit getragene Bewegung der ländlichen Mittelschicht einem in der humanistischaufklärerischen Tradition wurzelnden liberal-konservativen Stadt-Bürgertum gegenüber. Diese Frontstellung ließ sich möglicherweise nur durch eine Trennung des Kantons lösen. Das Klima zwischen den beiden Kantonsteilen blieb auf Jahre hin vergiftet und von Haß geprägt. Vor allem die Bewohner der Stadt litten lange unter der Niederlage und reagierten mit einer gewerblichen Abschließung gegen-

---

[22] Dazu siehe MAURER, Differenzierung, S. 134–142.

[23] Die Jahre 1832 und 1833 bedeuteten auch für die Besetzung der Pfarrstellen auf der Landschaft eine Zäsur. Bis auf zwei Ausnahmen verließen alle Pfarrer ihre Posten. Nur Marcus Lutz (ursprünglich Isaak Marx, 1772–1835), bis 1835 in Läufelfingen Pfarrer, und Wilhelm Hoch von Liestal (1789–1847) 1833–1846 Pfarrer in Ormalingen, hielten als einzige Pfarrer zur Landschaft; siehe HBLS 4, S. 252. Alle anderen Pfarrstellen wurden neu besetzt. Zur Basler Pfarrerschaft siehe KARL GAUSS, Basilea Reformata. Die Gemeinden der Kirche Basel Stadt und Land und ihre Pfarrer seit der Reformation bis zur Gegenwart, Basel 1930.

über der Landschaft. Diese Situation verstärkte ihre isolierte Stellung innerhalb der Eidgenossenschaft, die auch durch das 1844 in Basel stattfindende eidgenössische Schützenfest nicht wesentlich verbessert wurde.

Auf die Stadt Basel kamen nach der Trennung große finanzielle Belastungen zu, da der eidgenössische Schiedsspruch festlegte, daß das Staatsgut, zu dem auch das Universitätsvermögen[24], die Bibliotheken und die Sammlungen gehörten, zu 36 Prozent der Stadt und zu 64 Prozent der Landschaft zufielen. Das Schul- und Kirchengut, inklusive des Münsterschatzes, wurde zu 40 Prozent an die Stadt und zu 60 Prozent an die Landschaft verteilt. In diesen schwierigen politischen und wirtschaftlichen Zusammenhängen versuchte nun der neue Stadtkanton seinen baslerischen Prinzipien und Eigenarten treu zu bleiben.

2. Das gesellschaftliche Leben in Basel

Im Laufe des späten achtzehnten Jahrhunderts bis in die ersten Jahrzehnte des neunzehnten Jahrhunderts[25] erlebte die Stadt Basel nach einer Zeit des Stillstandes eine erhebliche politische, geistige und religiöse Belebung[26]. Diese verdankt die Stadt einem kleinen elitären Kreis, aus dem vor allem der umtriebige aufgeklärte Philanthrop Isaak Iselin (1728–1782) herausragt[27]. Er bereitete in vieler Hinsicht, etwa durch sein Engagement in verschiedenen gemeinnützigen[28] und patriotischen Sozietäten[29], das gesellschaftliche Leben Basels für das neunzehnte Jahrhundert vor[30]. Den ersten Reformgesellschaften folgten seit 1780 bis ins neunzehnte Jahr-

---

[24] Das Universitätsgut blieb ganz in Basel, weil man die Landschaft finanziell abgefunden hatte.

[25] Zur Geschichte Basels P. BURCKHARDT, Geschichte und RENÉ TEUTEBERG, Basler Geschichte, Basel ²1988, sowie HBLS I, S. 578–600 und HBLS II, S. 1–28.

[26] Zur Beschreibung der Stadt liegen zwei zeitgenössische Dokumente vor: L. A. BURCKHARDT, Kanton Basel; FERDINAND RÖSE, Ein Tag in Basel. Ein Fremdenführer. Kurze Darstellung der Stadt Basel und ihrer nächsten Umgebungen für Fremde und Einheimische, Basel 1840.

[27] ULRICH IM HOF, Isaak Iselin und die Spätaufklärung, Bern/München 1967; DERS., Isaak Iselin. Sein Leben und die Entwicklung seines Denkens bis zur Abfassung der „Geschichte der Menschheit" von 1764, 2 Bde., Basel 1947.

[28] Hier ist die „Gesellschaft zur Aufmunterung und Beförderung des Guten und Gemeinnützigen" (GGG), gegründet in Basel am 30. März 1777, zu nennen. Zur frühen Geschichte der GGG siehe PAUL SIEGFRIED, Geschichte der Gemeinnützigen Gesellschaft in Basel von 1777–1926. Festschrift zur 150. Stiftungsfeier, Basel 1927. Zur Zielsetzung der GGG siehe ULRICH IM HOF, Das gesellige Jahrhundert. Gesellschaft und Gesellschaften im Zeitalter der Aufklärung, München 1982, S. 137.

[29] Die „Helvetische Gesellschaft" wurde 1761 gegründet und nahm 1766 ihre endgültige Form an; siehe dazu ULRICH IM HOF/FRANÇOIS DE CAPITANI, Die Helvetische Gesellschaft. Spätaufklärung und Vorrevolution in der Schweiz, 2 Bde. Frauenfeld/Stuttgart 1983. Zum Sozietätenwesen allgemein siehe IM HOF, Jahrhundert und EMIL ERNE, Die Schweizerischen Sozietäten. Lexikalische Darstellung der Reformgesellschaften des 18. Jahrhunderts in der Schweiz, Zürich 1988. Zur Rolle der Vereine im Prozeß der Modernisierung siehe THOMAS NIPPERDEY, Verein als soziale Struktur in Deutschland im späten 18. und frühen 19. Jahrhundert. Eine Fallstudie zur Modernisierung, in: ders., Gesellschaft, Kultur, Theorie. Gesammelte Aufsätze zur neueren Geschichte, Göttingen 1976, S. 174–205.

[30] ULRICH IM HOF, Vom politischen Leben im Basel des 18. Jahrhunderts, in: BZGAK 48 (1949), S. 141–166.

hundert hinein zahlreiche religiös motivierte Vereinigungen, die Basel bald als „fromme Stadt" erscheinen ließen und das geistige Klima der Stadt entscheidend prägten. Wichtig wird hier vor allem das Verschmelzen von – im weiteren Sinne – pietistischem[31] und aufklärerischem Gedankengut. Das dem Pietismus und der Aufklärung eigene „soziative Motiv"[32] ermöglichte auf der Basis der freiwilligen Entscheidung[33] den Zusammenschluß mehrerer Personen zu einem bestimmten und formulierten Zweck: Nicht Beruf oder Stand, nicht Geschlecht oder Besitz waren Voraussetzung zum Beitritt, sondern die gemeinsame Überzeugung.

Den Anstoß für die Entwicklung des frommen Basler Vereinswesens gab die Gründung der „Deutschen Christentumsgesellschaft" 1780 durch den Augsburger Pfarrer Johann August Urlsperger (1728–1806)[34]. Im Verlauf der nächsten Jahrzehnte entwickelten sich daneben weitere „Reich-Gottes-Werke": Vereine wie die Traktat- und Bibelgesellschaft, die Freunde Israels und die Missionsanstalten[35]. Obwohl sich diese Versammlungen überwiegend zur Basler Staatskirche bekannten, reichten einige wenige separatistische Tendenzen aus, die Regierung auf den Plan zu rufen. Ab 1813 mußten die Pfarrer einen Revers unterschreiben, in dem sie sich verpflichteten, die reine Lehre der Kirche zu vertreten und jeder Art von Trennung vorzubeugen, das heißt, keinem abgesonderten Kreis anzugehören[36].

Neben das aufblühende religiöse Leben der Stadt trat bald ein Aufschwung der Universität. Das Bildungsangebot konnte nicht befriedigen, es befand sich in den Jahren der Mediation vielmehr in einer Art „Schlummerschlaf"[37]. Seit 1813 setzten

---

[31] Zur Definition von Pietismus siehe HARTMUT LEHMANN, Pietismus und weltliche Ordnung in Württemberg vom 17. bis zum 20. Jahrhundert, Stuttgart/Berlin/Köln/Mainz 1969, S. 14–19 und JOHANNES WALLMANN, Der Pietismus, Göttingen 1990, S. 7–11;

[32] Siehe zum folgenden die Ausführungen von GÄBLER, Auferstehungszeit, S. 176–178

[33] Das Motiv der freien Entscheidung, der Wahlmöglichkeiten, in den Bewegungen des Pietismus und der Erweckungsbewegung kennzeichnet sie als eine Bewegung der Moderne. Zum Zusammenhang von Wahlmöglichkeiten und Modernität siehe PETER L. BERGER, Der Zwang zur Häresie. Religion in der pluralistischen Gesellschaft, Freiburg im Breisgau 1992, S. 16f.

[34] Siehe die Chroniken der Christentumsgesellschaft bei ERNST STAEHELIN, Die Christentumsgesellschaft in der Zeit der Aufklärung und der beginnenden Erweckung. Texte aus Briefen, Protokollen und Publikationen, Basel 1970, S. 3–13; DERS. Die Christentumsgesellschaft in der Zeit von der Erweckung bis zur Gegenwart. Texte aus Briefen, Protokollen und Publikationen, Basel 1974, S. 3–29; PAUL WERNLE, Der schweizerische Protestantismus im XVIII. Jahrhundert, Bd. 3, Tübingen 1925, 29–62; HORST WEIGELT, Johann August Urlsperger. Ein Theologe zwischen Pietismus und Aufklärung, Diss. theol., Erlangen 1961. Hagenbach notierte im Blick auf den württembergischen Einfluß: „Es ist hier die spezifisch Württembergische Färbung des Christenthums mit seiner vorwiegend biblisch-orthodoxen Richtung, hie und da dem Apokalyptischen mit Vorliebe sich zuwendend, die Richtung der Bengel-Oetingerschen ‚Reichstheologie', wie wir sie etwa zum Unterschied von der Herrnhutischen Richtung nennen könnten, die hier zu Tage trat"; KARL RUDOLF HAGENBACH, Die religiöse Physiognomie Basels in der ersten Hälfte dieses Jahrhunderts, in: Basler Nachrichten 1873, Nr. 136.

[35] Siehe hierzu die beiden Bände von E. STAEHELIN, Christentumsgesellschaft; ferner PAUL WERNLE, Der schweizerische Protestantismus im XVIII. Jahrhundert, Bd. 1, Tübingen 1923, S. 28–38; 49–62.

[36] „Revers des Herrn […] nach Anleitung des Raths-Beschlußes vom 6. October 1813"; StABS: Kirchenarchiv N 4.

[37] WILHELM VISCHER, Basel in der Zeit der Restauration 1814–1830, Teil 2, Basel 1906, S. 24.

die bildungspolitischen Modernisierungsversuche mit der Theologischen Fakultät ein, weil man deren Einfluß als den wichtigsten erachtete[38]. Erst ab 1816 wurden die restlichen Bildungsanstalten im Sinne des Neuhumanismus[39] reorganisiert. Dabei schloß man die Kluft zwischen Gymnasium und Universität durch die Errichtung des Pädagogiums[40]. Diese Lehranstalt bereitete, im Stile der alten Artistenfakultät, auf die Universität vor. Den Schülern, die nicht zu studieren beabsichtigten, bot das Pädagogium die Möglichkeit einer berufsorientierten Ausbildung. Der Wille und die Kraft zu einer Neuorientierung und die Bereitschaft, aus Deutschland geflohenen oder dort im Zuge der Demagogenverfolgung[41] entlassenen Lehrkräften eine ihnen entsprechende Anstellung zu verschaffen[42], sorgten für eine eindrückliche qualitative Verbesserung des Bildungswesens in Basel.

Das politische System der Stadt war nach der Kantonstrennung, gemäß einer Verpflichtung der Tagsatzung, durch eine neue Verfassung festgeschrieben worden. Die „Verfassung des Kantons Basel-Stadttheil" wurde am 3. Oktober 1833 durch die Bürgerschaft angenommen[43]. Die Legislative vertrat der Große Rat mit seinen 119 Mitgliedern, die durch die wahlberechtigten Bürger bestimmt wurden. Dem Großen Rat allein kam das Recht zu, Gesetze zu erlassen[44]. Die Exekutive bildete der Kleine Rat, der sich aus 15 Mitgliedern des Großen Rates und zwei Bürgermeistern zusammensetzte[45]. Neben diesen kantonalen bestanden auch noch die städtischen Behörden. Die Mittelschicht der Stadt war vor allem in den städtischen Behörden vertreten, die kantonalen Behörden setzten sich aus Mitgliedern der Oberschicht zusammen: „Das Basler Ratsherrenregiment war also von einer recht homogenen, wenig durchlässigen Oberschicht geprägt, in der Fabrikanten und

---

[38] THEOPHIL BURCKHARDT-BIEDERMANN, Geschichte des Gymnasiums zu Basel, Basel 1889, S. 211.

[39] Siehe den Exkurs „Zu den Anfängen des Neuhumanismus in Basel" in: ANDREAS STAEHELIN, Geschichte der Universität Basel 1818–1835, Basel 1959, S. 149–152, mit einer Bibliographie der Druckschriften und Artikel, die das neuhumanistische Bildungsideal in Basel diskutierten (S. 153f.).

[40] Zum Pädagogium siehe S. 75–78 dieser Arbeit.

[41] Siehe THOMAS NIPPERDEY, Deutsche Geschichte 1800–1866, Bürgerwelt und starker Staat, München 1983, S. 280–285.

[42] ERNST BRAND, Die Auswirkungen der deutschen Demagogenverfolgungen in der Schweiz, BZGAK 47 (1948), S. 137–208; A. STAEHELIN, Geschichte, S. 119–130.

[43] Siehe zum folgenden MARTIN SCHAFFNER, Geschichte des politischen Systems von 1833 bis 1905, in: Das politische System Basel-Stadt, hrsg. von Lukas Burckhardt u. a., Basel/Frankfurt am Main 1984, S. 37–53.

[44] Zu seinen Aufgaben im Einzelnen siehe „Verfassung" § 24. DOUGLAS FORSYTH, Basler Groß- und Kleinräte 1814–1846. Eine prosopographische Untersuchung, Princeton 1982 (Ms.). Gewählt wurden 36 Mitglieder des Großen Rates gemäß der Verfassung Paragraph 29 durch unmittelbare Zunftwahl. Die restlichen 83 Großräte wurden durch unmittelbare Bezirkswahlen ermittelt. Um bei diesen Wahlen stimmen zu dürfen, mußte man bei den Wahlzünften stimmberechtigt sein und sich entweder durch eine Stellung als Staatsbeamter, Notar, Arzt ausweisen respektive einen akademischen Titel erworben haben oder über ein Kapital von 1500 Franken verfügen oder die jährliche Abgabe von 6 Franken an Kapital- oder Erwerbssteuer nachweisen.

[45] Zu den Behörden der Verwaltung siehe SCHAFFNER, Geschichte, S. 37–53.

Kaufleute den Ton angaben."[46] Wirtschaftlich war die Seidenbandindustrie als wichtigster Arbeitgeber von großer Bedeutung[47]. 1824 begann die Mechanisierung der Basler Spinnereibetriebe und damit die erste Phase der Industriellen Revolution. Zwölf Jahre später wurde zum ersten Mal ein Wasserrad zum Betrieb von Webstühlen eingesetzt, die Dampfmaschine hielt jedoch erst 1852 Einzug. Neben der Arbeit in der Fabrik und in den Heimwerkstätten der „Posamenter"[48] fanden viele Männer ihr Auskommen in einem handwerklichen Beruf[49]. Charakteristisch für die Basler ökonomischen Verhältnisse ist das Nebeneinander eines Wirtschaftsliberalismus, dem sich der aufblühende Handel verschrieben hatte, und eines engen Zunftgeistes der Handwerker, dessen lange Existenz nicht aus ökonomischen, sondern allein aus politischen Gründen zu erklären ist.

Außerhalb seiner Stadtgrenzen besaß Basel ein schlechtes Image. Das schwäbische „Morgenblatt für gebildete Stände"[50] fragte nach den Gründen der Unbeliebtheit Basels: „Möglich ist, daß diese, wenn gleich allgemeine Abneigung auf vorgefaßten Meinungen beruht und sich bei genauerer Prüfung nicht rechtfertigen läßt; immerhin aber müssen gewisse Eigenthümlichkeiten diese Ungunst veranlaßt haben."[51] Im Blick auf die Entwicklung der Stadt Basel führte das „Morgenblatt" aus: „Bei der künftigen Stellung der Stadt und ihrer völligen Isolirung und Beschränkung auf sich selbst kann schwerlich ein großartiger und weltbürgerlicher Sinn erwachen, und die Engherzigkeit und der Zunftgeist sich verlieren; die ungerechte Behandlung, die Basel erfahren, und die Lieblosigkeit, mit der es allgemein beurtheilt wurde, sind wenig geeignet, die Denkungsart humaner und den trüben religiösen Geist der Einwohner heiterer zu machen; alle Schändlichkeiten, welche unter der Firma des Liberalismus begangen werden, müssen den ächten sogar noch verdächtigen und verscheuchen, und überdieß kann jene Beschränkung manchen

---

[46] SCHAFFNER, Geschichte, S. 43.

[47] 1837 waren hier 1478 Menschen beschäftigt, zehn Jahre später 2650, 1860 schon 6000. Zur Basler Wirtschaft siehe PETER STOLZ, Stadtwirtschaft und Stadtentwicklung. Basel in den Jahrzehnten nach der Kantonstrennung (1833–1860), in: Regio Basiliensis 20 (1979), S. 165–187; DERS., Technischer Wandel in der Wirtschaftsgeschichte Basels. Von der frühen Bandweberei bis zu den Anfängen der forschenden chemischen Industrie, in: BZGAK 81 (1981), S. 71–96. Über die Verhältnisse der Fabrikarbeiter Anfang der 40er Jahre gibt das „Gutachten der von der Baslerischen Abtheilung der Schweizerischen Gemeinnützigen Gesellschaft aufgestellten Kommission über die Frage betreffend die Fabrikarbeiter=Verhältnisse", Basel 1843, Auskunft; ferner EMIL THÜRKAUF, Verlag und Heimarbeit in der Basler Seidenbandindustrie, Stuttgart 1909.

[48] Posamenter sind Hersteller von Borten.

[49] Die am häufigsten vertretenen Handwerksgesellen waren: Schuhmacher (227), Zimmerleute (197), Schreiner (183), Maurer (156), Schneider (146). Unter den Meistern gestaltete sich das Verhältnis folgendermaßen: Metzger (93), Schuhmacher (83), Bäcker (76), Schneider (69), Schreiner (46), Küfer (42); Fischer gab es noch 12 in der Stadt. Siehe „Bevölkerungsaufnahme", S. 17f., dort finden sich auch Vergleichswerte aus dem Jahr 1779.

[50] Das „Morgenblatt für gebildete Stände" erschien im Verlag der J. G. Cotta Buchhandlung in Stuttgart und Tübingen.

[51] „Skizzen zu einem Sittengemälde von Basel", in: Morgenblatt vom Oktober 1833, Nr. 235–239; zitiert bei L. A. BURCKHARDT, Basel, S. 122.

neuern Bestrebungen nicht anders als nachtheilig sein."[52] Dem Potsdamer Theodor Mundt fiel vor allem das starre Festhalten der Basler an den schweizerischen Eigentümlichkeiten auf, um so den Gegensatz zum deutschen Charakter zu betonen[53]. Jedoch, so ein anderer Kenner Basels, ließe die „vorherrschende Richtung unserer Tage, so wie überall, so auch hier, alle Eigenthümlichkeiten immer mehr verschwinden"[54]. Beispielsweise gelte die betonte Sparsamkeit wohl vor allem für die reichen Bürger: „Der ächte Basler glaubt vergeblich gearbeitet und gewirthschaftet zu haben, wenn er am Ende des Jahres nicht etwas zurücklegt."[55] Den Wohltätigkeitssinn entdecke man während der Lebzeiten der Basler kaum, in Form von Stiftungen zeige sich aber ein ausgezeichneter. Pracht oder Luxus seien selten zu finden: Vielmehr ist Bequemlichkeit, Wohnlichkeit und Komfort von Bedeutung, auf Eleganz achte man weniger[56]. Der Basler L. A. Burckhardt bleibt jedoch nicht bei diesen Beschreibungen stehen, sondern konstatiert sogar eine „gewisse Stadtphysiognomie", wie sie in den Reichsstädten, durch Ineinanderheiraten der Geschlechter unverkennbar ist. „Unter der niedern arbeitenden Klasse sind jedoch in Folge des Fabrikwesens gute Körperbildungen selten geworden, Mißbildungen jedoch ebenfalls, mit Ausnahme der Kröpfe, welche hier anfangen."[57]

Die Stadt Basel scheint nicht einladend auf Einreisende gewirkt zu haben. Seinen ersten Eindruck von Basel beschrieb 1837 der Franzose Emil Souvestre[58] als einen Ausdruck von Traurigkeit und Öde, „man sollte glauben, die Stadt wäre zu vermiethen"[59]. Souvestre spürte in Basel eine allgegenwärtige Obrigkeit, der nichts entginge. Hinter der zurückhaltenden Fassade der Basler erkannte der Franzose doch große Neugier, denn an die Fenster wurden Spiegel angebracht, sogenannte Spione, die ein unbemerktes Beobachten der Straße erlaubten. Gemeinsame gesellschaftliche Vergnügungen für beide Geschlechter fanden kaum statt; für die heranwachsenden Männer und Frauen der höheren Stände gestaltete es sich als schwierig, Orte und Gelegenheiten zu finden, um einander kennenzulernen[60]. Die Freundschaftsverhältnisse blieben beschränkt und überschritten kaum „die Gren-

---

[52] AoO., S. 125.

[53] Theodor Mundt, Reisebericht: Spaziergänge und Weltfahrten, 3 Bde., Altona 1838–1839, zitiert bei L. A. Burckhardt, Basel, S. 127. Bd. 3 der „Spaziergänge" enthält „Ausflug durch die Schweiz nach der Provence".

[54] Röse, Tag, S. 105.

[55] Morgenblatt, zitiert bei L. A. Burckhardt, Basel, S. 123.

[56] Siehe L. A. Burckhardt, Basel, S. 66.

[57] L. A. Burckhardt, Basel, S. 62.

[58] Souvestre, ein französischer Schriftsteller, lebte von 1806–1854 in Paris; Biographie Universelle Ancienne et Moderne, Bd. 39, Paris/Leipzig o. J., S. 717–719.

[59] So Emil Souvestre, La maison rouge, Paris 1837; zitiert bei L. A. Burckhardt, Basel, S. 126.

[60] Morgenblatt, zitiert bei L. A. Burckhardt, Basel, S. 124. Souvestre machte ähnliche Beobachtungen: „Sei es aus religiöser Strenge oder aus republikanischer Zurükhaltung, oder aus Mangel an Sinn für unvorbereitete Vereinigungen zum geselligen Vergnügen, – kurz, die Basler geben nicht Feste und besuchen sich wenig. Man wirft ihrem Charakter die schweigsame Ungeselligkeit vor"; zitiert bei L. A. Burckhardt, Basel, S. 127.

zen des häuslichen Heerdes"[61]. Fremden gegenüber zeigte man sich nicht sehr zuvorkommend, man pflegte kaum auswärtige Freundschafts- oder Familienbande. In der Stadt herrschte die Atmosphäre eines „träumerischen Quietismus", „stolz und ernst", wie das Basler Münster[62].

Entspannung und Erholung suchten die Basler weitgehend außerhalb der Stadt. Im Sommer wirkte Basel darum oft wie ausgestorben. Die reichen Einwohner zog es auf die Landsitze, oder es wurden Bäder besucht und Reisen unternommen. Im Frühling und Herbst wandte man sich gerne der näheren Umgebung zu[63]. Zahlreiche Bierwirtschaften und das Sommercasino luden zum Beisammensein ein, wo Billard und Karten gespielt oder gekegelt wurde. Badeanstalten fanden sich an Rhein, Birs und Wiese. Die Freizeit gestaltete sich im Winter der Witterung entsprechend anders: Von Oktober bis Mai fand die Allgemeine Lesegesellschaft, die 1787 gegründet wurde, regen Zuspruch[64]. Das kulturelle Leben spielte sich vor allem im Theater ab, das im Winter dreimal wöchentlich eine Vorstellung gab. Sonntags waren Vorstellungen verboten. Von November bis März wurden am Sonntag zudem alle zwei Wochen größere Konzerte gespielt, welche jedoch den reicheren Bürgern vorbehalten blieben. Zu diesen musischen Veranstaltungen traten im Winter schließlich noch wissenschaftliche Vorträge von Professoren, denen man nach Entrichtung einer „mäßigen" Eintrittsgebühr beiwohnen konnte[65]. Weitere Beschäftigung fanden viele Basler in den verschiedensten Vereinen und Gesellschaften, die in großer Zahl in der Stadt beheimatet waren[66].

Die Bedenken Emanuel Biedermanns, seinen Sohn nach Basel, in die fromme, ja pietistische Stadt zu schicken, entsprachen dem gemeinhin verbreiteten Bild Basels in weiten Teilen der Schweiz und Deutschlands, das sich oft folgendermaßen artikulierte: „Die Frömmigkeit der Basler möchte ich nicht Frömmelei oder Heuchelei nennen, wohl aber den herrschenden religiösen Geist einen trübsinnigen, lebensscheuen und egoistischen. Und daß sich bei aller äußern Demuth auch eine gute Dosis geistlichen Stolzes mit einmischt, möchte ebenfalls nicht zu bezweifeln sein."[67] In wohl keiner anderen Stadt waren so zahlreiche „Reich-Gottes-Werke"

---

[61] SOUVESTRE zitiert bei L. A. BURCKHARDT, Basel, S. 127.

[62] So MUNDT, Spaziergänge; zitiert bei L. A. BURCKHARDT, Basel, S. 127.

[63] Ausflugsmöglichkeiten beschreiben RÖSE, Tag, S. 99f., und L. A. BURCKHARDT, Basel, S. 294–300. Großer Beliebtheit erfreute sich beispielsweise der Besuch der „Hasler Höhle", dem sogenannten „Erdmannsloch", einer Stalaktitenhöhle in der badischen Nachbarschaft zwischen Schopfheim und Wehr.

[64] Zur Geschichte der Lesegesellschaft siehe PAUL ROTH, Hundertfünfzig Jahre Allgemeine Lesegesellschaft in Basel, in: Festschrift zum 150-jährigen Bestehen der Allgemeinen Lesegesellschaft in Basel 1787–1937, Basel 1937, S. 7–46.

[65] RÖSE, Darstellung, S. 109. Hinsichtlich der gesprochenen Sprache ist darauf hinzuweisen, daß Baseldeutsch im Rat, im Gericht und auch in den gebildeten Kreisen gesprochen wurde. Kirche und Schule hingegen drängten auf die Pflege der Schriftsprache.

[66] Siehe die Statistik zu den Basler Vereinen von ALPHONS THUN, Die Vereine und Stiftungen des Kantons Baselstadt im Jahre 1881, Basel 1883; ADOLF CHRIST, Die freiwilligen Vereine des Kantons Basel-Stadt für gemeinnützige, wohlthätige, wissenschaftliche, künstlerische, religiöse, vaterländische, militärische und sociale Zwecke im Jahr 1859, Basel 1859.

[67] So das Morgenblatt; zitiert bei L. A. BURCKHARDT, Basel, S. 126.

entstanden wie in Basel. Die Impulse aus dem Württembergischen waren hier, vor allem durch den einfallsreichen und unentwegten Christian Friedrich Spittler (1782–1867)[68], auf ein reges Echo gestoßen. Basel wurde zu einem Zentrum pietistischer und erweckter Aktivitäten auf den Feldern Bekehrung, Mission, Bibel- und Traktatverbreitung sowie sozialer diakonischer Arbeit wie der Armenschullehrer-Ausbildungsstätte in Beuggen (Baden)[69].

Der Begriff „Pietisten" wurde in Basel weitgehend mit der Gemeinde der Herrnhuter in eins gesetzt, die seit 1739 in Basel ansässig war[70]. Doch umfaßte diese Bezeichnung tatsächlich einen größeren Personenkreis. Röse subsumiert unter dem Begriff „Pietisten" solche, „unter welcher Benennung man hier die Herrenhuter, Methodisten und überhaupt alle diejenigen begreift, welche sich von der Kirche nicht trennen, aber neben derselben noch ihre besondern Erbauungsstunden halten", deren Einfluß in der Stadt groß sei, obwohl sie nur einen zehnten Teil der Bevölkerung betragen[71]. Für das Verständnis des Verhältnisses von Gesellschaft und religiösem Engagement ist jedoch entscheidend, sich die vielfältigen personellen Verbindungen zwischen den einzelnen religiösen Gruppen, Sozietäten und Gesellschaften sowie der politischen und „profanen" Vereinigungen zu verdeutlichen. Durch diese engen Verknüpfungen trat die fromme Gesinnung stärker in die Öffentlichkeit als in anderen Städten der Schweiz[72]. Doch ist noch ein weiterer Grund für die gesellschaftliche Bedeutung des Pietismus und seiner Einrichtungen zu nennen: Die reformierte Kirche in Basel[73] war seit der Reformation dem Staat untergeordnet[74]. In der Verfassung des Kantons Basel von 1814 heißt es in Artikel 16, daß die Staatsverfassung die Religionsausübung sichert, zu welcher sich der Staat bekennt. Die Verfassung des Kantons Basel-Stadt von 1833 formulierte im Artikel 15: „Die Landeskirche ist die evangelisch-reformirte, die Ausübung jedes andern christlichen Glaubensbekenntnisses ist unter der Beobachtung der gesetzlichen Bestimmungen gewährleistet."[75] Dies bedeutete zwar eine begriffliche, aber noch keine faktische Abschwächung. Bürger der Stadt konnte nur werden, wer sich dem re-

---

[68] Zur Biographie siehe KARL RENNSTICH, „... nicht jammern, Hand anlegen!" Christian Friedrich Spittler. Leben und Werk, Metzingen 1987.

[69] GISELA HAUSS, Retten, Erziehen, Ausbilden – Zu den Anfängen der Sozialpädagogik als Beruf. Eine Gegenüberstellung der Entwicklungsgeschichte der Armenschullehrer-Anstalt Beuggen und des Brüderinstitutes am Rauhen Haus in Hamburg, Bern/Berlin/Frankfurt am Main u.a. 1995.

[70] WERNLE, 18. Jahrhundert, Bd. 1, S. 372–378; Bd. 3, S. 99–108; 113–115.

[71] RÖSE, Tag, S. 29. Da Doppelmitgliedschaften üblich waren, sind keine eindeutigen quantitativen Angaben zu machen.

[72] So auch P. BURCKHARDT, Trennung I, S. 48.

[73] Zu ihren Behörden siehe GEORG FINSLER, Kirchliche Statistik der reformirten Schweiz, Zürich 1854, S. 174–179. Dort auch weitere Angaben zum kirchlichen Leben Basels.

[74] HERMANN HENRICI, Die Entwicklung der Basler Kirchenverfassung bis zum Trennungsgesetz (1910). Ein Beitrag zur Geschichte des Staatskirchenrechts, Weimar 1914, S. 11: „Ein Grundzug trat von Anfang an in der neuen Basler Kirchenverfassung hervor und beherrschte sie, man kann wohl sagen, bis in die neueste Zeit hinein: das ist der Gedanke der unbedingten Herrschaft des Staates über die Kirche."

[75] Verfassung des Kantons Basel-Stadttheil 1833, o. O., o. J., S. 5.

formierten Bekenntnis anschloß. Die maßgebende Entscheidungsgewalt in kirchlichen Fragen hatten die Behörden der Regierung: Der Große Rat nahm bis zur Kantonstrennung die Besetzung der Pfarrstellen auf der Landschaft vor, bei den Besetzungen der städtischen hatte er einen wesentlichen Einfluß. Er erließ alle bis ins kleinste gehenden kirchlichen Verordnungen und hatte das Recht, die Synoden einzuberufen. Auch wurde der Antistes durch den Großen Rat berufen. Erst das neue, vom Großen Rat erlassene Pfarrerwahlgesetz vom 11. April 1834 ermöglichte den Gemeinden, ihre Pfarrer selber zu wählen. Abstimmen durften freilich nur die das Basler Bürgerrecht besitzenden Gemeindeglieder[76].

Die Teilnahme an Versammlungen und Erbauungsstunden bot indes die Möglichkeit, sich innerhalb der staatlich kontrollierten Landeskirche in kleinen religiösen und geistlichen Freiräumen zu bewegen. So dürfen diese pietistischen Zusammenkünfte beziehungsweise Einrichtungen in ihrer Anfangszeit einerseits als ein Versuch vorsichtiger aufklärerischer Emanzipation, andererseits als ein erster Schritt in Richtung eines demokratischen Beisammenseins bewertet werden. Hinzu tritt sicherlich der Wunsch, in einem geschützten Rahmen ein „entschiedenes Christentum" leben zu können[77]. Dabei schottete man sich zuerst gegenüber der übrigen Gesellschaft ab und schuf sich eine eigene lebendige religiöse Subkultur[78].

Das kirchliche Leben zeigte sich in den Jahrzehnten vor der Kantonstrennung nicht als lebendig, sondern beharrte auf festgefahrenen alten Formen, die sich zunehmend als unzeitgemäß erwiesen. Auch „das langjährige Bestehen der sehr lebendigen, aber nicht evangelistisch gesinnten, sondern selbstgenügsamen und geschlossenen Herrnhuter Gemeinde brachte da keine wesentliche Hilfe, obschon zu sagen ist, daß stets eine gute Anzahl sehr schätzbarer und warm für Christi Heil ein-

---

[76] An der Wahl der Pfarrer, Obersthelfer, Diakone und Helfer nahmen nach § 6 des Gesetzes über Besetzung der Pfarrstellen teil: Der Kleine Rat, der Kirchenrat, die Gemeindeglieder im jeweiligen Sprengel, die auch bei den Wahlzünften stimmfähig sind und in den Landgemeinden der Bezirksstatthalter. Im ersten Wahlgang war eine Zweidrittelmehrheit erforderlich. Ansonsten wurden in zwei Wahlgängen zwei der Bewerber ermittelt, bei denen schließlich das Los entscheidet (§§ 11 und 12). Der Antistes wird aus einem Vierervorschlag, den der Kirchenrat und die in Basel-Stadt wohnenden Mitglieder des Ministeriums durch vier Wahlen bestimmten, durch den Kleinen Rat, Kirchenrat und den nach § 6 stimmberechtigten Bürgern der Münstergemeinde durch absolutes Stimmenmehr gewählt (§ 16); siehe MARKUS MATTMÜLLER, Die reformierte Basler Kirche vor den Herausforderungen der Neuzeit, in: Die reformierte Basler Kirche vor den Herausforderungen der Neuzeit, in: Ecclesia semper reformanda. Vorträge zum Basler Reformationsjubiläum (1529–1979), hrsg. von Hans R. Guggisberg und Peter Rotach, Basel 1980, S. 81.
[77] Die Entscheidung, sich einer dieser pietistischen und erweckten Kreise anzuschließen, trägt gewisse Züge der Konversion respektive der Rekonversion: „Jede Konversion ist etwas Fragiles; daher müssen sich Konvertiten zur wechselseitigen Unterstützung gegenüber einer Außenwelt, die sie nicht verstehen will, zusammendrängen, und die Sekte ist die Sozialform par excellence zum Zusammenhocken"; BERGER, Zwang, S. 106.
[78] Lange waren auch die einzelnen Gesellschaften untereinander auf Abtrennung bedacht, EDUARD BERNOULLI, Der religiöse Zustand von Basel im Jahr 1800 und 1850, in: KBRS 6 (4. 4. 1850), S. 55. PETER WEIDKUHN, Strukturlinien des baslerischen Pietismus, in: SAVK 62 (1966), S. 161, weist auf eine wichtige begriffslogische Unterscheidung hin: „Pietismus" ist eine religionswissenschaftliche Kategorie, „Separatismus" ein soziologischer Begriff; beide Erscheinungen sind nicht notwendig miteinander verknüpft.

stehender Pfarrer der Basler Kirche sich zu den Herrnhutern zählten"[79]. Für die Verbreitung der herrnhutischen Frömmigkeit sorgten insbesondere nach 1833 viele der von der Landschaft gekommenen Pfarrer, die in der Stadt eine neue Aufgabe übernommen hatten[80]. Das Organ der frommen Basler Kreise, der „Christliche Volksbote"[81], prägte zeitweise die religiöse Meinung in der Stadt[82]. So konnte diese Bewegung auch in den angesehenen, einflußreichen Basler Familien auf Akzeptanz und Sympathie stoßen sowie ihren Einfluß auch auf das „offizielle" Basler kirchliche Leben ausdehnen. Die Synthese dieser pietistisch-karitativen Religiosität mit dem Basler Konservatismus führte zu der beinahe sprichwörtlichen Basler Frömmigkeit. Ihre charakteristische Distanznahme zu den weltlichen Dingen, von Kritikern dieser Frömmigkeit „Weltabgewandtheit" genannt, basierte auf zwei Fundamenten: zum einen auf der an Römer 13 anknüpfenden Haltung, christliches Leben habe sich aus politischen und weltlichen Belangen herauszuhalten, und zum anderen auf der Betonung des individuell-religiösen und geheiligten Lebens[83]. Diesem diente auch der diakonisch-missionarische Einsatz: Sein Ziel war es, durch Verkündigung und Förderung der Frömmigkeit soziale Probleme zu lösen. Es ging nicht um strukturelle Veränderungen, vielmehr arbeitete man für die Bekehrung des Einzelnen[84].

Gefördert wurde diese „baslerische Frömmigkeit"[85] seit den dreißiger Jahren zudem durch die als Bedrohung empfundene Bewegung des Liberalismus. In diesem erkannte man widergöttliche Tendenzen, deren Folgen das Jahr 1833 zeigte. Ein Beispiel für das Bündnis von politischem Konservatismus und neuer Kirchlichkeit ist die ausgeprägte Kirchentreue vor allem der Bürger der Basler Oberschicht[86]. Sie

---

[79] HERMANN CHRIST-SOCIN, Aus Basels Biedermeierzeit, in: Basler Jahrbuch 1943, S. 49f.

[80] Der „Catalog der Societätsgeschwister in Basel April 1830", der sich im Archiv der Herrnhuter Brüdergemeine Basel, befindet (Sign. Ba 1.1.2.1.1), verzeichnet sechzehn Pfarrer: Eduard Bernoulli I., Niclaus von Brunn, Johann Jakob von Brunn, Daniel Burckhardt, Emanuel Burckhardt, Wilhelm Hoch, Johannes Hoch, Wilhelm Le Grand, Johannes Linder, Emanuel Meyer, Peter Raillard, Johannes Staehelin, Peter Staehelin, Carl U. Stückelberger II., Johann Jakob Uebelin II., Lucas Wenk; biographische Angaben bei GAUSS, Basilea, S. 39–169.

[81] Der „Christliche Volksbote" wurde seit 1833 herausgegeben und beleuchtete erzählend die Zeitereignisse aus einer konservativen christlichen Perspektive; FINSLER, Statistik, S. 32f.

[82] „Wie sehr die Brüdergemeinde bei uns an Boden gewann, läßt sich weniger beurtheilen nach der Zahl derer, die förmlich zu ihr übertraten, als nach dem stillen Einfluß, den sie auf die religiöse Stimmung und Gesinnung der Bevölkerung durch das Organ eben der Prediger übte, die nach und nach in den Dienst der Landeskirche eintraten, und waren deren nicht wenige"; HAGENBACH, Physiognomie, Nr. 130.

[83] GÄBLER, Auferstehungszeit, S. 175, spricht vom „individualistischen Motiv" in der Erweckungsbewegung.

[84] Siehe hierzu MARTIN SCHAFFNER, Die Basler Arbeiterbevölkerung im 19. Jahrhundert. Beiträge zur Geschichte ihrer Lebensformen, Basel/Stuttgart 1972; WILLIAM O. SHANAHAN, Der deutsche Protestantismus vor der sozialen Frage 1815–1871, München 1962, S. 373–388.

[85] WEIDKUHN, Strukturlinien, S. 160, spricht von einer „sensitiv-introvertierten Spielart des Pietismus". Zum Basler Pietismus siehe auch RUDOLF HARTMANN, Das Autobiographische in der Basler Leichenrede, Basel/Stuttgart 1963.

[86] MARKUS MATTMÜLLER, Kirchliche Zustände in Basel vor der Trennung von Kirche und Staat, in: BZGAK 91 (1991), S. 272–274; HARTMANN, Leichenrede, S. 8. HAGENBACH, Physiogno-

hielten an einer Obrigkeitskirche fest, weil sie in dieser allein „noch einen Rest der alten, vorrevolutionären Welt sahen, der ihnen nicht auch noch genommen werden sollte"[87].

Doch nicht die ganze Stadt war von dieser pietistischen Form der Religiosität erfaßt worden. Außer den akademischen Theologen gab es auch unter den Pfarrern und Bürgern Kritiker[88]. Dennoch prägten viele Jahre nach der Kantonstrennung pietistische Elemente das kirchliche und gesellschaftliche Leben. Der liberale religiöse Geist, den Männer wie de Wette und Hagenbach an der Universität lehrten und lebten, blieb eher auf den akademischen Bereich beschränkt; ihre Wirkung sollte sich erst ein bis zwei Jahrzehnte später im kirchlichen und religiösen Leben Basels zeigen.

Einblick in kirchlich-religiöses Leben erlauben die Erinnerungen des namhaften Botanikers Hermann Christ-Socin (1833–1933)[89]: „In *religiöser* Beziehung war unser Haus genau so, wie man in Basel – mit Ausnahme des herrnhutisch-pietistischen Kreises – damals überhaupt gesinnt war: streng kirchlich, aber sonst verschlossen. Man ging unfehlbar in die Kirche, besonders gerne in die Frühgottesdienste. Beim Nachhausegehen war unter den Kirchgängern von allem möglichen, nur nicht von der Predigt und ihrem Inhalt die Rede. Sonst, außer den Tisch- und Abendgebeten mit den Kindern, war auch im Hause ein spezifisch christliches Gespräch oder gar die Unterhaltung über Dinge des Herzens und Gewissens nicht von gutem Ton. Nicht daß man innerlich ärmer oder religiös bedürfnisloser war als anderswo: aber seit Generationen hatte eine besondere Anregung gefehlt. Und da es ja stets ein gewisses Eis zu durchbrechen gilt, wenn sich Herz zu Herz in Christo finden soll, so brach man das Eis lieber nicht, als daß man guten Ton und Mode verletzte oder den Vorwurf der Unbescheidenheit riskierte." Die Sitzplätze in den Kirchen wurden meist noch an die Gemeindeglieder vermietet; Inserate fanden sich unter der Rubrik „Ausleihen" in den „Wöchentlichen Nachrichten aus dem Berichthaus zu Basel"[90]. Im Jahr 1833 stand sechs reformierten Einwohnern ein Platz in einer der Kirchen zur Verfügung[91]. Die Basler Hauptkirche, das Münster, war noch nicht be-

---

mie, Nr. 132, attestierte der Oberschicht einen Überhand nehmenden „religiösen Indifferentismus".

[87] MATTMÜLLER, Basler Kirche, S. 81. Der Zeitgenosse E. B. (= Eduard Bernoulli 1795–1875) bestätigte diese Beobachtung: „Es sind immer dieselben; gewisse Klassen haben sich dem Hause Gottes ganz entfremdet. Der Handwerksstand besucht in der Regel das Haus Gottes nicht mehr, Fabrikarbeiter und Proletarier thun es selten, – am meisten noch Leute aus den vornehmen Ständen"; BERNOULLI, Zustand, S. 53f.

[88] Siehe Jacob Burckhardt an Johannes Riggenbach: „Du hast mir aus der Seele gesprochen, man glaube oft, Pietist oder Narr werden zu müssen, und es ist ehrenvoller ein Narr zu werden. – Desperationspietisten giebt es schon genug auf Kanzeln und Kathedern und diese Leute sind oft darum sehr intolerant, weil sie beim Auftreten einer neuen religiösen Ansicht immer fürchten, es möchte irgend ein Donnerwort ihr Gewißen aus dem Schlaf wecken"; J. BURCKHARDT, Briefe, S. 86.

[89] CHRIST-SOCIN, Biedermeierzeit, S. 48f.

[90] Siehe die Ausgabe des Blattes vom 23.1.1834, wo unter Ausleihen Nr. 28 „Zwey Frauenzimmer-Kirchensitze" angeboten werden.

[91] Angabe bei MATTMÜLLER, Basler Kirche, S. 87. Hagenbach weist darauf hin, daß zu Beginn

heizt, und beleuchtet wurde sie nur zu besonderen Anlässen. Die Frauen brachten sich im Winter zur Wärmung ein „Chauffe-pied" mit, ein Kästlein mit einem Metalleinsatz, in dem etwas Kohle glimmte[92].

Innerhalb der Basler Geistlichkeit waren die Richtungen einer vernünftigen Orthodoxie (Hieronymus Falkeisen), einer Aufklärungstheologie (Johann Jakob Fäsch, Marcus Lutz)[93] und eines späteren Rationalismus (Johannes Hess) vertreten. Antistes[94] war in den Jahren 1816–1838 H. Falkeisen (1758–1838), ein Pfarrerssohn aus Arisdorf[95]. Er war erst im Alter von 58 Jahren zum Antistes gewählt worden. Sein Amt führte er in beharrlicher Wahrung der Tradition, der er sich verpflichtet wußte. Die Zeitgenossen bemerkten jedoch bald, daß sich der neue Antistes immer mehr den pietistischen Kreisen der Stadt näherte und von diesen für ihre Interessen vereinnahmt wurde. Etwa zwanzig Jahre arbeitete er in leitender Funktion in der Bibel- und Christentumsgesellschaft mit[96]. So wandte er sich mehrfach gegen de Wette, dem er vorwarf, er rede nicht nur den Studierenden, sondern auch dem Volk die Bibel aus. Darum sollte der Verkauf von de Wettes „Einleitung in das Neue Testament" unterbunden werden. Doch dazu kam es nicht, denn vor allem sein Nachfolger, Jacob Burckhardt, leistete ihm Widerstand[97]. Während der Wirksamkeit Falkeisens vollzogen sich trotz der konservativen Haltung des Antistes einige Veränderungen des religiösen und kirchlichen Lebens. So wurde nicht nur das Pfarrerwahlgesetz geändert, sondern zuvor die Besetzung einer Pfarrstelle durch das Los abgeschafft. Für die Katechese wichtig wurde das Erscheinen des neuen Lehrbuches für den christlichen Unterricht, welches der Obersthelfer Jacob Burckhardt verfaßt hatte[98]. Es löste das bis 1832 gültige „Nachtmahl-Büchlein" ab, das in Anlehnung an den Heidelberger Katechismus abgefaßt war[99].

---

des Jahrhunderts die Kirchen überwiegend gefüllt waren, in manchen Kirchen habe man gar Mühe gehabt einen Platz zu bekommen. 1850 war die Situation eine andere, der Gottesdienstbesuch hatte stark abgenommen; siehe BERNOULLI, Zustand, S. 53.

[92] CHRIST-SOCIN, Biedermeierzeit, S. 47.

[93] E. STAEHELIN, Basler Kirche, S. 260f.

[94] Dem Antistes, der zugleich Münsterpfarrer war, oblag neben seinen direkten pfarramtlichen Tätigkeiten die Aufsicht über das gesamte Basler Ministerium, über theologische Prüfungen und den Eintritt in das geistliche Amt. Er segnete die neuen Pfarrer ein und bewegte sich als Mittler zwischen Staat und Geistlichkeit; KAEGI, Burckhardt, S. 156.

[95] FRITZ BURI, Vermächtnis der Väter. Die Vorsteher der Basler Kirchen seit der Reformation, Basel 1963, S. 141. Zur Person ALFRED R. WEBER, Hieronymus Falkeisen, in: Der Reformation verpflichtet. Gestalten und Gestalter in Stadt und Landschaft Basel aus fünf Jahrhunderten, Basel 1979, S. 73–77; DERS., Antistes Hieronymus Falkeisen (1758–1838) und die Falkeisen-Sammlung, in: BZGAK 56 (1957), S. 119–136; Matrikel der Universität Basel, Bd. 5, S. 331, Nr. 1557.

[96] Zudem war er seit 1784 Mitglied der „Helvetischen Gesellschaft"; seit 1796 gehörte er der „Asketischen Gesellschaft", dem Zusammenschluß der Geistlichen in Zürich an. Seit 1913 nennt sich die Gesellschaft „Pfarrverein des Kantons Zürich"; siehe dazu ERNE, Sozietäten, S. 65–71.

[97] WEBER, Antistes, S. 128.

[98] Lehrbuch des christlichen Religionsunterrichtes für die Kirchen des Kantons Basel, Basel 1832.

[99] „Christliches Nachtmahl-Büchlein- oder Frag und Antwort in Verhörung der Kirchen zu

Im Jahr 1838 wurde Obersthelfer Jacob Burckhardt Antistes der Basler Kirche und waltete zwanzig Jahre in diesem Amt[100]. Er hatte sich in einer Gemeindewahl überraschend deutlich gegen einen Mitbewerber durchgesetzt, weil die Gemeinde seine ruhige und freie Art schätzen gelernt hatte, mit der er würdevoll sein Amt vertrat. Burckhardt ließ sich nicht wie sein Vorgänger von pietistischen Kreisen vereinnahmen, sondern ging seinen Weg mit offenen Augen und mit einem ausgeprägten historischen Sinn für Belange des kirchlichen und des politischen Lebens in Basel.

Wie Basel auf Biedermann wirkte, ist nicht überliefert. Doch fühlte er sich zu Beginn seines Aufenthaltes in der großen und unbekannten Stadt am Rhein nicht wohl. Er litt unter Heimweh, da ihm die Trennung vom Elternhaus und vor allem vom Vater zu schaffen machte. Als er begann, Freundschaften zu schließen, ließ das Heimweh nach. Vom Vater auf die besonderen religiösen Verhältnisse aufmerksam gemacht, dürfte Biedermann mit einer gewissen Neugier und Skepsis die Stadt und ihre Einwohner erkundet haben.

II. A. E. Biedermanns Schulzeit im Basler Pädagogium

1. Der Kostplatz bei Spitalpfarrer Johannes Hess

Sein Quartier bezog Alois E. Biedermann am Barfüsserplatz in der Wohnung des Spitalpfarrers Johannes Hess. In den ersten Wochen aber mußte er noch bei einem Herrn Roth[101] übernachten, da im Pfarrhaus sein anvisiertes Zimmer noch belegt war. Außer Biedermann hatte die Pfarrfamilie noch den Mitschüler am Pädagogium, Johann Jakob Wirz aus Maisprach (Basel-Landschaft), und den Herrnhuter Holzschuher, der aus Bessarabien kam, aufgenommen. Mit Wirz verstand sich Biedermann nicht, sie begegneten einander wie Hund und Katz[102].

Basel kurz gestellet", welches 1622 von Antistes Johannes Wolleb (1586–1629), 1686 von Peter Werenfels (1627–1703) herausgegeben wurde. Es besteht aus den drei Hauptstücken: Sündenelend, Erlösung und Dankbarkeit.

[100] Zur Person siehe die ausführliche Darstellung bei KAEGI, Burckhardt, S. 121–194.

[101] Am 20.5. 1834: B.I.b.4. berichtete Biedermann seinem Vater, daß er nun fast ganz im Pfarrhaus sei, er schlafe nur noch bei Herrn Roth. Die Mutter von Johannes Hess war eine geborene Roth. Wer dieser „Roth" gewesen ist, bleibt aber im Dunkeln. Das „Neue Nummern- und Adreßbuch der Stadt Basel. Unter Zugrundelegung der neuen Strassen- und Häuserbezeichnungen", Basel 1841, S. 36 (des Namensregisters), verzeichnet dreizehn Einträge unter dem Namen Roth. Wahrscheinlich ist, daß Biedermann bei einem Roth in der Nähe der Pfarrwohnung lebte, da er zu Hess essen ging. Dann könnte es sich um Daniel Roths Witwe handeln, die auch am Barfüsserplatz wohnte. Roth hatte mit Farben und Gewürzen gehandelt. Ferner kommt noch der Schneider Christoph Roth in Betracht, der am Spitalsprung wohnte.

[102] Biedermann, Tagebuchblätter (1834), S. 3. Daß dieses Urteil zeitweilig revidiert wurde, zeigen spätere gemeinsame Wanderungen und Schachspiele. Doch scheint das Verhältnis, insgesamt gesehen, schlecht gewesen zu sein. Beim Auszug von Wirz im Februar 1837 schrieb Biedermann: „Wirz unser verhasster Hausgenosse ist seit der Fastnacht nicht mehr bei uns; wir sind herzlich froh. Er hat uns so viele angenehme Stunden verdorben"; Biedermann an V. Biedermann, 28. 2. 1837: B.I.c.8. Wirz (1818–1880) immatrikulierte sich 1838 als Jurist und war von 1860–75 der letzte Polizeipräsident des alten Ratsherrenregiments. Jacob Burckhardts Umgang mit Wirz war

Die Pfarrwohnung umfaßte sechs heizbare Zimmer, mehrere Kammern und eine große Küche. Um die Nutzung dieser Wohnung gab es Mitte der zwanziger Jahre und wieder 1842 eine heftige Auseinandersetzung[103]. Pfarrer Hess wurde aufgefordert, sich in der Nähe des Spitals nach einer neuen Wohnung umzusehen, da man seine Wohnung für den Almosenschaffner[104] brauche. Hess wehrte sich dagegen, zog dennoch 1824 in eine andere Wohnung. Drei Jahre später konnte er wieder Teile der verlassenen Wohnung beziehen, welcher Räumlichkeiten der ehemaligen Mädchenschullehrerwohnung angegliedert worden waren. Das Haus am Barfüsserplatz[105] wird als eine Behausung aus Stein, deren oberer Teil aus Holz bestand[106], beschrieben, die unmittelbar am vernachlässigten Irrenhaus lag. Durch letzteres wurde dem ganzen Komplex ein „ziemlich düsteres Gepräge" verliehen[107].

Wie und warum Biedermann gerade im Haus der Familie Hess untergekommen war, ob durch eine Annonce[108] oder allein über persönliche Kontakte, läßt sich nicht mehr ermitteln. Entsprechend einer Bemerkung des Vaters Biedermann dürfte der ehemalige Professor in Basel, Rudolf Hanhart (1780–1856), bei der Suche nach einer Unterkunft geholfen haben. Seit 1831 wirkte Hanhart wieder in seiner thurgauischen Heimat als Pfarrer von Gachnang, und es entwickelte sich eine engere Beziehung zwischen Emanuel Biedermann und Hanhart[109]. Im Gegensatz zu den anderen Winterthurer Lehrern von Alois, die sich „antibaslerisch" gaben, hatte Hanhart die Stadt am Rhein nachdrücklich als vorteilhafte Ausbildungsstätte empfohlen. Sicherlich spielte bei der Wahl der Unterkunft die theologische Einstellung des Hausvaters für Emanuel Biedermann eine Rolle: Da er selber den Sohn in einem rationalistischen Sinn zu erziehen suchte und den baslerischen Pietismus ablehnte, fiel seine Wahl auf einen Pfarrer, der seine eigenen religiösen Überzeugun-

---

auch nicht frei von Schwierigkeiten; siehe seine Äußerungen in: J. BURCKHARDT, Briefe, S. 117f., 282.

[103] Zum Folgenden siehe die Akten „Spitalpredigerwohnung"; StABS: Kirchenarchiv QQ 1,4.

[104] Damit ist die Funktion des Almosen-Verwalters gemeint.

[105] Nach dem „Adressen=Buch und Handlungsschema für die Stadt Basel", hrsg. von M. Heinrich Weiß, Basel ³1835, hatte das Haus die Nummer 736; so auch das „Neue Nummern=Büchlein der Großen und Kleinen Stadt Basel und deren Bann", hrsg. von Heinrich Weiß, Basel 1834.

[106] Siehe „Historisches Grundbuch der Stadt Basel": Barfüsserplatz, Alte Nummer 736. Neue Nummer 81; darin ein Auszug aus dem Brandlagerbuch 1830; StABS: Brandversicherungsakten G 3.

[107] JOHANN JAKOB OERI, Persönliche Erinnerungen an Alois Emanuel Biedermann, in: KBRS 1881, S. 30.

[108] Solche Anzeigen tauchten immer wieder auf. Ein Beispiel aus dem benachbarten Weil am Rhein findet sich in der „Baseler Zeitung" vom 13.3.1834, S. 181, wo Pfarrer Hoyer aus Weil zwei bis drei Knaben im Alter von 9–14 Jahren „zur Erziehung und zum Unterricht in Kost und Logis" nimmt.

[109] Vater Biedermann stand mit Hanhart im Briefkontakt. Briefe vom 23.9.1834 (B.I.f.13) und vom 14.11.1834 (B.I.f.16). Im Brief vom Neujahrstag 1835 (B.I.f.18) schreibt E. Biedermann, daß Hanhart geholfen habe, Alois nach Basel zu versorgen.

gen teilte[110]. Als der Vater schließlich noch selber die Lehrer seines Sohnes in Basel kennengelernt hatte, konnte er erleichtert von Basel als dem „Eckstein der Ehrenschweiz" sprechen. Die dortigen Schulen und den Geist ihrer Lehrer schätze er höher denn je ein[111].

Die Aufgaben des Spitalpfarrers regelte eine „Verordnung über die Amtspflichten eines Herren Pfarrer in löbl. Spital" aus dem Jahre 1822[112], die auch die Versorgung des Zuchthauses vorsah. Das 1265 erbaute Spital lag bis ins Jahr 1842 „An den Schwellen" zwischen Barfüsserkirche und Freier Straße[113].

Johannes Hess wurde am 31. Oktober 1790 in Basel geboren[114]. Er erhielt den Namen des Vaters, der mit Margaretha Roth verheiratet war. Von den Geschwistern wurde allein sein Bruder, der Maler Hieronymus Hess (1799–1850), durch seine Karikaturen und Historiengemälde bekannt[115]. Seine theologische Ausbildung erhielt Hess in Basel, wo er ins Alumneum[116] eintrat. Neben der Theologie beschäftigte er sich vor allem mit den alten Sprachen. In Johann Rudolf Schnell (1767–1829), dem damaligen Professor für Geschichte und späteren Präsidenten des Stadt- und Kriminalgerichts[117], fand er einen regen Förderer, der sich seiner philologischen Interessen annahm und ihn zu beachtlichen Kenntnissen der klassischen Sprachen führte. Seinen großen Wunsch, eine Universität im Ausland zu be-

---

[110] OERI, Erinnerungen, S. 30f. Die „theologische Luft" im Pfarrhaus setzte sich nach A. E. Biedermann aus einem der herrschenden Orthodoxie gegenüber mutigen und zähen kantischen Rationalismus, einer Schleiermachschen Vermittlungstheologie sowie einer positiv herrnhutischen Frömmigkeit zusammen.

[111] Siehe den Brief vom 15.1.1835: B.I.f.19. Am 3.11.1835 (B.I.f.30) betonte E. Biedermann nochmals, wie froh er sei, daß er Alois nach Basel geschickt habe. Die Nachrichten aus Zürich rechtfertigten diese Entscheidung immer eindeutiger.

[112] Spitalpfarrer 1726–1871; StABS: Kirchenarchiv QQ 1,1.

[113] Der Standort entspricht der heutigen Freien Straße 68/70. 1529 war das Amt des Spitalpredigers mit dem des Predigers von Barfüßern vereinigt worden. 1842 wurde das Spital in den Markgräfler Hof verlegt und das alte Gebäude bald danach abgebrochen.

[114] Bei der Beerdigung von Johannes Hess am 12. April 1865 hielt der langjährige Freund Professor Karl Rudolf Hagenbach die Trauerrede. Dabei konnte er auf ein kleines Charakterbild zurückgreifen, das der Sohn Wahrmund Hess gezeichnet hatte: „Rede gehalten bei der Beerdigung von Herrn Pfarrer Johannes Hess, Mittwoch den 12. April 1865 von K. R. Hagenbach"; StABS: LB 15 und UBBS. Hagb. 1302, 305. Im StABS finden sich im Privatarchiv Hagenbach u.a. Gedichte von Hagenbach für J. Hess (PA 838: C 29) und Briefe von Hess, die zum Teil aus Hagenbachs Studienzeit stammen. Vor allem die frühen Briefe sind in lateinischer Sprache geschrieben. (PA 838: D 168).

[115] DANIEL BURCKHARDT, Hieronymus Hess, in: Schweizerisches Künstler-Lexikon, Bd. 2, Frauenfeld 1908, S. 53f.

[116] Der Zweck des Alumneums war es, ärmeren begabten Studenten aller Fakultäten Kost und Logis zu bieten sowie deren Studien zu begleiten und zu fördern. ANDREAS STAEHELIN, Geschichte der Universität Basel 1632–1818, Basel 1957, S. 343–348; DERS., Geschichte (1818–1835), S. 99–101. Das Alumneum wurde 1836 aufgehoben, 1844 wurde aber mit überwiegend privaten Mitteln ein neues Studentenwohnheim gegründet, das bis heute in der Hebelstraße besteht. Dazu MAX WAGNER, 150 Jahre Theologisches Alumneum in Basel. Eine Chronik – 1844 bis 1994. Mit der Vorgeschichte seit 1460. Festgabe zur 150-Jahrfeier, Basel 1994.

[117] AUGUST HUBER, Johann Rudolf Schnell, in: Basler Biographien Bd. 3, Basel 1905, S. 129–171.

suchen, konnte er sich mangels finanzieller Mittel nicht erfüllen. In das Basler Ministerium wurde er am 8. Oktober 1813 als Sancti Ministerii Candidatus (SMC) aufgenommen[118]. In den folgenden Jahren widmete sich Hess vor allem dem Unterricht der studierenden Jugend und gelegentlichen Predigten. Sein angestrebtes Ziel war, an einer höheren Lehranstalt unterrichten zu dürfen. Das Interesse an der klassischen Philologie sowie an der wissenschaftlichen Theologie und seine Fähigkeiten deuteten auch auf einen solchen beruflichen Werdegang hin. Zwei Versuche, einen Lehrstuhl an der Basler Universität zu erhalten, scheiterten, andere Bewerber erhielten den Vorzug: Als Professor für Griechische Sprache und Literatur wurde 1819 der Bennwiler Pfarrer Emanuel Linder (1768–1843)[119] berufen, die Professur für Latein 1820 an den Deutschen Franz Dorotheus Gerlach (1793–1876)[120] vergeben[121]. Nach diesen beiden herben Enttäuschungen nahm Hess schließlich 1822 das Amt des Spitalpfarrers an. Auch wenn diese Stelle nicht ganz seinen Wünschen entsprach, so waren immerhin neun Jahre als „verbi divini minister" (VDM) ohne eigene Pfarrstelle genug, und er hoffte, „am Spital einen schönen Wirkungskreis als Prediger und Seelsorger und für sein religiöses Leben einen reichen Gewinn" zu finden[122]. Hess hatte sich am 8. Juli 1822 bei der Wahl des Spitalpfarrers gegen Pfarrer Johannes Stähelin von Wintersingen (1788–1838), ein Mitglied der Brüdergemeine, durchgesetzt[123]. Nun auch finanziell abgesichert, heiratete er 1824 Maria Barbara Hoch-Bohny von Liestal (1799–1872)[124]. Das Paar hatte drei Kinder. Nach den Angaben des Sohnes hat es der Familie an „schweren

---

[118] Siehe „Verzeichnis der Mitglieder des Ministeriums von Basel-Stadt 1805–1893", S. 4; StABS: Kirchenarchiv N 35; ferner „Vollständiges Verzeichnis aller Candidatorum S. Ministerii", Nr. 586; StABS: Kirchenarchiv N 34.

[119] Gauss, Basileia, S. 103, A. Staehelin, Geschichte (1818–1835), S. 84–86; 182 und die „Leichenrede bei der Beerdigung von Herrn M. Emanuel Linder V. D. M." von Johann Jakob Uebelin, Basel o. J. (gehalten am 8.4.1843). Hess hatte sich mit der Schrift „Ansichten über einige, bei einer zweckmäßigen Behandlung griechischer Schriftsteller mit studierenden Jünglingen zu berücksichtigenden Hauptpunkte nebst einigen beygefügten Proben der Auslegung aus Xenoph. Memorab. Socr. beim Konkurse um die Lehrstelle der hiesigen Pädagogium und Universität eingereicht von Johannes Hess, S. M. Cand." beworben. Am 13. Juli 1819 teilte die Kuratel den Regierungsbehörden mit, daß sie sich insbesondere von Emanuel Linder angezogen fühle; StABS: Erziehungsakten CC 15.

[120] Zur Person Gerlachs siehe, S. 87.

[121] Zur Entscheidung der Kuratel am 2. April 1820 siehe StABS: Erziehungsakten CC 16; ferner A. Staehelin, Geschichte (1818–1835), S. 86f.

[122] Hagenbach, Rede, S. 3. Anläßlich einer Predigt beim Einzug in das neue Spital sagte Hess über sein Amt, obwohl er es anfänglich als sehr ungewohnt und lästig empfunden habe, „so gewann ich doch, bei der Wahrnehmung, wie viele Anerkennung ein redliches Streben, sowohl am Krankenbette, als auf der Kanzel, bei manchen Unbefangenen finde, immer mehr Lust zu dem so ungewohnten Wirkungskreise"; siehe „Das Alte ist vergangen, siehe es ist alles neu worden. Predigt nach Verlassung des alten Spitals beim letzten Gottesdienste desselben gehalten am 16. Oktober 1842", Basel o. J., S. 4.

[123] Die Notiz vom 8. 7. 1822 bezüglich seiner Wahl befindet sich im StABS: Kirchen-Archiv QQ 1,1.

[124] Zur Familie siehe den Stammbaum der Familie Hoch-Stehlin im StABS; ferner das Privatarchiv der Familie Hoch; StABS: PA 770, dessen Einsichtnahme mir freundlicherweise Herr Lucas Hoch, Liestal, gestattete. Zum Geschlecht Hoch siehe HBLS 4, S. 252.

Prüfungen und Heimsuchungen aller Art nicht gefehlt"[125]. Vor allem der Verlust eines Kindes[126] und eines Enkelkindes prägten das Leben der Familie nachhaltig. Hess, der als schwächlich, später geradezu als gebrechlich beschrieben wird[127], hing sehr an seiner Familie und blieb ihr als wohlmeinender, treuer Berater und Helfer in Erinnerung. Der körperlichen Schwäche korrespondierte, nach Hagenbach, eine äußerliche rauhe Schale und die häufige Neigung zu krankhafter Aufregung. Hess war sich dieser Veranlagung bewußt und versuchte, ihrer Herr zu werden. Hinter dem rauhen Äußeren trat aber „ein sittlicher Kern zu Tage […], der auf den tiefern Grund seines geistigen Lebens hindeutete, auf seine Frömmigkeit"[128]. Hagenbach schildert sie als eine, die nicht sofort jedermann vor Augen tritt, denn Hess gingen Mitteilungen innerer Erfahrungen nicht so leicht über die Lippen. Im vertrauten Zwiegespräch aber ließ er die Freunde an seinen innersten Gedanken teilhaben. In diesen Dialogen erlebten sie seine intensive Auseinandersetzung mit dem christlichen Glauben, dessen Gründe er immer wieder zu erkunden suchte. Bekennen konnte er nur das, was ihm verständlich und einleuchtend wurde. Diese Art aufgeklärter und rationalistischer Frömmigkeit beschrieb das Wesen des Christentums als ein ethisches, denn „unfruchtbar mußte ihm jede Glaubensvorstellung erscheinen, die er für seine Person nicht sittlich verwerthen konnte"[129]. Das Christentum war für Hess Tat und Leben. Dieser Grundsatz durchzieht seine veröffentlichten Predigten, die aber nie allein im Bereich des rein Ethischen verbleiben. Man spürt in diesen Predigten immer wieder das Verlangen, seine Predigthörer der sittlichen Vervollkommnung zuzuführen. Als Beispiel sei eine Predigt aus dem Jahr 1826 genannt, in der er sich ausgiebig „über das rechte Verhalten des Christen beim Gottesdienste" ausläßt. Nach Erscheinen der erneuerten Basler Agende 1826[130] behandelte er, von dem Bibelwort „Naht euch zu Gott, so naht er sich zu euch. Reinigt die Hände, ihr Sünder, und heiligt eure Herzen, ihr Wankelmütigen" (Jakobus 4, 8) ausgehend, die praxis pietatis einer Gottesdienstgemeinde. Die allgemeine Aussage des Predigttextes interpretierte er als Gesinnung, in der „der Mensch zu Gott, als dem reinsten und heiligsten Wesen hinnahen soll" in den verschiedenen Teilen des Gottesdienstes[131]. Für diese Annäherung bedürfe es keines prachtvollen äußerli-

---

[125] HAGENBACH, Rede, S. 5.

[126] Es handelt sich um Carl Hess, der 1828 geboren wurde und 1829 starb.

[127] Biedermann berichtet in mehreren Briefen von Kuraufenthalten des Pfarrers, siehe etwa den Brief vom 24.8.1834: B.I.b.9.

[128] HAGENBACH, Rede, S. 10.

[129] HAGENBACH, Rede, S. 11.

[130] Die Agende erschien unter dem Titel „Gebete und heilige Handlungen für die Kirche des Kantons Basel", o. O. 1826. Ihr war als Motto Philipperbrief 4, 6 vorangestellt: „In allen Dingen lasset eure Bitte im Gebet und Flehen mit Danksagung vor Gott kund werden."

[131] Predigt über das rechte Verhalten des Christen beim Gottesdienste nach Jac. 4:8. Gehalten, aus Anlaß der von der verbesserten Kirchen=Agende zu machenden Anzeige, in der Kirche des Spitals den 26. Winterm.[onat] von JOHANNES HESS, Spital=Prediger. Nebst einem den öffentlichen Gottesdienst betreffenden Nachworte, Basel 1826, S. 6. Im Nachwort legt er den Anlaß der Predigt dar: Ein Zweck der Predigt sei einzugestehen, daß auch Basler Geistliche die Mängel der neuen Agende erkannt hätten. Der wichtigere jedoch, er wolle darauf aufmerksam machen, daß eine durchgehende Veränderung des Gottesdienstes auch durch das „Publikum" geschehen müs-

chen Schmuckes, sondern des protestantischen Bewußtseins, daß Gott, der Geist ist, nur im Geiste und in der Wahrheit verehrt werden könne. Dabei helfe der Prediger, der nicht Priester, sondern Lehrer der Religion sei, wobei für Hess die Religion die höchste für den Menschen erreichbare Wissenschaft ist. Es gelte darum für den Prediger, – im Sinne von 2. Korinther 5, 20 und 1. Thessalonicher 2, 13 – in der Muße tief in die Texte einzudringen, um die eigenen Einsichten beständig zu vermehren. So würden sich schließlich auch die dunklen Stellen der Bibel erhellen lassen und „den von ferne geahnten Gott erst recht nahe" bringen, wenn sich denn auch der Hörer nahen wolle[132]. Das solchermaßen formulierte Anliegen der Verkündigung werde unterstützt und getragen durch Gebet und Gesang, denn „in ihnen nimmt der Geist einen eigentlichen Aufschwung zu Gott, während er in der Predigt gleichsam nur schrittweise und allmählig sich ihm nähert"[133]. In diesem Zusammenhang setzt sich Hess mit der neuen Agende, vor allem mit ihren Gebeten auseinander. Er spart nicht mit Kritik, denn die Kirchengebete hätten keine wesentliche Veränderung erfahren, allein die „Bedürfnisse der Schwachen und Unerleuchteten" fänden Berücksichtigung[134]. Aktuelle Gebetsanliegen vermisse er in den Formularen: Es fehle etwa die Thematisierung des Bürger-Seins in den Gebeten. Die Gebete müßten so beschaffen sein, daß durch sie die „bei manchen Christen oft vermißte Vaterlandsliebe genährt und veredelt" werde[135].

Zum Schluß seiner Predigt betont Hess noch einmal die Bedeutung der Vernünftigkeit für den Glauben. Glaube sei nicht allein eine Sache des Gefühls oder der Empfindung. Nein, vielmehr gehöre wesenhaft zu einem frommen Christen, „daß er das Nachdenken liebe; ohne Nachdenken ist keine ächte Frömmigkeit möglich"[136]. Nur durch diese intellektuelle Anstrengung sei es möglich, Fortschritte in der Kenntnis der Religion zu machen, um dem im Römerbrief 12,1 erhobenen Anspruch des „vernünftigen Gottesdienstes" Folge leisten zu können.

Neben seine Predigten traten weitere Veröffentlichungen. Zu nennen ist zum einen die Schrift zur Schulfrage aus dem Jahr 1851, die unter dem Titel „Einige Worte zur Verständigung in der obschwebenden Schulfrage" in Basel erschien. Eher

---

se, denn das Husten, Räuspern etc. während des ganzen Gottesdienstes könne ja nicht vom Prediger abgestellt werden (S. 19f.).

[132] HESS, Predigt über das rechte Verhalten, S. 9.

[133] HESS, Predigt über das rechte Verhalten, S. 10.

[134] HESS, Predigt über das rechte Verhalten, S. 12f. Die Gebetsformulare wolle er wie ein weites Gewand verwenden, nicht wie eine „Schnürbrust", ergänzt Hess im Nachwort, S. 21. Das von Hieronymus Falkeisen unterzeichnete Vorwort der Agende enthält eine Mahnung an die Pfarrer: „Sie möchten dieselben (Gebete) bey den gottesdienstlichen Versammlungen so gebrauchen, wie sie angenommen sind, und sich keine willkürlichen Veränderungen erlauben; damit in allen unsern Kirchen, zur Beförderung der wahren Andacht, eine Gleichförmigkeit erhalten werde." Im Jahr 1837 ermahnte die Regierung von Basel nochmals die Pfarrer, die Gebetsformulare zu benutzen; siehe den Hinweis in den Anmerkungen zur Predigt: „Von der Natur und Wichtigkeit des geistlichen Amtes, und von der Unstatthaftigkeit und Schädlichkeit der in dasselbe von Unberufenen geschehenden Eingriffe. Gelegenheits=Predigt", gehalten am 5. März 1837, von JOHANNES HESS, S. 19, Anm 6. Zur Agendenreform siehe StABS: Kirchenarchiv E 5 und E 6.

[135] HESS, Predigt über das rechte Verhalten, S. 12.

[136] HESS, Predigt über das rechte Verhalten, S. 17.

von wissenschaftlichem Rang ist die Neuedition des Novum Testamentum von Anton Birr (1693–1762)[137] aus dem Jahr 1825. Hier brachte er seine ausgezeichneten philologischen Kenntnisse ein[138].

Theologisch war Hess auch von Schleiermacher angeregt worden. An dessen Todestag (12.2.1834) hielt er eine Gedächtnispredigt[139]. Auch war es Brauch im Hause Hess, daß zu Weihnachten die Schleiermachersche „Weihnachtsfeier"[140] gelesen wurde. Der Kritik von David Friedrich Strauß hingegen konnte er nicht folgen; er stellte sich vielmehr in die Reihe derer, die sich schriftlich entschieden gegen die Straußsche Theologie wandten. In einer Predigt mit dem Titel „Warnung vor dem Sauerteige der Sadduzäer. Homilie über 2. Tim 4: 3–5 gehalten am 10. Februar 1839" reagierte er auf die Berufung von Strauß nach Zürich und verurteilte, daß sich die Regierung über die Entscheidung der Zürcher Geistlichen hinweggesetzt hatte. Damit würden auch „der im Volke wurzelnden Religiosität blutige Wunden" geschlagen[141]. Der Bibelkritik von Strauß hielt er vor, sie sei keine heilsame Lehre. Diese aber finde der Glaubende erstens in den Schriften des Alten und Neuen Testaments, zweitens in deren Auslegung und zeitgemäßer Anwendung und schließlich drittens „in den neben der biblischen Offenbarung entstandenen Wahrheiten und Vorschriften der natürlichen Religion"[142]. Die Predigt zeigt, daß bei Hess neben der Betonung der Vernunft auch das Gemüt, das Gefühl seinen angemessenen Platz erhält[143], womit die Schleiermacherschen und die herrnhutischen Einflüsse erkennbar werden. Immer wieder deutet sich bei Hess die Einwirkung der Brüdergemeine an: Neben seiner Vorliebe für den in der Brüdergemeine erzogenen Schleiermacher ist hier der Einfluß seiner Frau Maria Barbara, die in ihrem Elternhaus in herrnhutischer Frömmigkeit aufwuchs, von Gewicht[144]. Biedermann erlebte also eine Prägung des Basler Pietismus in Person der Pfarrfrau, mit der

---

[137] Birr war in Basel Professor für die griechische Sprache und Mediziner, siehe A. STAEHELIN, Geschichte (1632–1818), S. 566.

[138] Das Neue Testament erschien unter dem Titel „Η ΚΑΙΝΗ ΔΙΑΘΗΚΗ. Novum Testamentum Graece. Textui ante Griesbachium vulgo recepto additur lectionum variantium earum praecipue quae a Griesbachio potiores censentur delectus", Tom. 1, Basel 1825. Hess verfaßte ein umfangreiches Vorwort.

[139] Diese Predigt liegt nicht gedruckt vor. Siehe aber den Hinweis bei OERI, Erinnerungen, S. 30.

[140] FRIEDRICH D. E. SCHLEIERMACHER, Die Weihnachtsfeier, Halle 1806. Sie erschien in zahlreichen Auflagen, zuletzt in: F. D. E. Schleiermacher, Kritische Gesamtausgabe, Erste Abteilung: Schriften und Entwürfe, Bd. 5: Schriften aus der Hallenser Zeit (1804–1807), hrsg. von Hermann Patsch, Berlin/New York 1995, S. 43–100.

[141] HESS, Warnung, S. 5.

[142] HESS, Warnung, S. 6 f.

[143] Im Blick auf das Verhältnis von Religion und Geschichte führt er in der Predigt aus, daß Religion und Geschichte zwei durchaus nicht miteinander zu vermengende Dinge seien. Denn die Religion sei ihrem Wesen nach selbständig. Auch wenn die in der Bibel enthaltene äußere Offenbarung durch wundervolle Ereignisse nicht bestätigt werden sollte, so würde sie doch durch die innere Offenbarung, durch unser Gewissen, wenn es denn unverdorben sei, bestätigt. „Am wenigsten haben wir von wissenschaftlichen Forschungen, welche mit gebührendem Ernst und Wahrheitssinn aufgestellt werden, zu befürchten"; HESS, Warnung, S. 11, 18 (16).

[144] Im „Catalog der Societätsgeschwister in Basel, April 1830" erscheint ihr Name nicht. Doch

er sich bestens verstand, wobei es freilich in religiösen Fragen zu Differenzen kam. Die Diskussionen trübten keinesfalls das verständnisvolle Zusammenleben, sondern sie sind vielmehr als ein Zeichen des vertrauten Umgangs zu deuten. Frau Hess schätzte ihren Zögling sehr, vor allem seine Zielstrebigkeit und Gewissenhaftigkeit sowie seine angenehmen Umgangsformen. Die Pfarrfrau kümmerte sich darum auch fürsorglich um Biedermann[145].

In den dreißiger Jahren hatte die Herrnhuter Brüdergemeine ihren Platz im kirchlichen Leben Basels gefunden und wurde schon lange nicht mehr verdächtigt, separatistische oder sektiererische Tendenzen zu verfolgen. Viele Gemeindeglieder wußten sich sowohl der Landeskirche als auch den Herrnhutern zugehörig. Nun waren es andere Gruppen, die den Vorwurf des Separatismus – auch zu Recht – auf sich zogen. In einer „Gelegenheits-Predigt" aus dem März 1837, die unter dem Titel „Von der Natur und Wichtigkeit des geistlichen Amtes" erschien, wandte sich Hess ganz entschieden gegen sektiererische Bewegungen in der Stadt und kritisierte scharf die seines Erachtens zu tolerante Haltung der Regierung. Ausgehend von der Begründung des Predigtamtes durch die apostolische Sukzession kommt er zu dem Schluß, „daß die Verbreitung und Fortpflanzung der religiösen seligmachenden Wahrheit der Sorge und Pflege eines besondern Standes übergeben würde"[146], für den es „nicht ganz gewöhnlicher Gaben, und einer langen, ernsten Vorbereitung" bedürfe[147]. Für ihn hängt das Wohl, die innere Ruhe und Ordnung des Staatsgebildes entschieden vom religiös-kirchlichen Leben ab. Der Einheit des Staates entspreche die Einheit in der reformierten Landeskirche, denn ein Staat, der Sekten in seinem Inneren dulde, begünstige seine eigene Auflösung[148]. Zusammenkünfte zur religiösen Erbauung werden zwar nicht generell verurteilt, jedoch solche, „in denen das Lehramt von Unwissenden geübt wird, und deren Leiter in ihrem geistlichen Dünkel weit über die ordinirten Lehrer der Kirche erhaben zu sein glauben [...] die sich nicht erblöden zu erklären, sie hätten sich von der Staatskirche, die ihnen, diesen Armen, nicht genüge, getrennt [...] die weder die Tauf= noch die Abendmahlshandlungen der öffentlichen Kirche für gültig anerkennen, und daher selber sich zu halten herausnehmen; in denen auch Vorträge halten kann, wer da will, und sich dazu berufen fühlt [...] wo sogar Weiber sich erlauben dürfen, in das so viele Klugheit und Umsicht erfordernde Geschäft der Seelsorge einzugreifen"[149]. Es sei zu vermuten, so Hess, daß es den Teilnehmenden dieser Versammlungen gar nicht um die religiöse Erbauung gehe, weil sie davon gar keinen rechten Begriff hätten, sondern dahinter stecke vielmehr ein gewisses „unruhiges religiöses

---

taucht das Geschlecht Hoch aus Liestal durch ihren Bruder Pfarrer Johannes Hoch (1791–1856) und Wilhelm Hoch auf; siehe auch S. 53, Anm. 23.

[145] M. Hess an V. Biedermann, 1.2.1837: B.I.a.2.

[146] JOHANNES HESS, Von der Natur und Wichtigkeit des geistlichen Amtes, und von der Unstatthaftigkeit und Schädlichkeit der in dasselbe von Unberufenen geschehenden Eingriffe. Gelegenheits-Predigt, gehalten am 5. März 1837, Basel o. J., S. 4.

[147] HESS, Natur, S. 6.

[148] HESS, Natur S. 13.

[149] HESS, Natur, S. 9f.; 13.

Treiben", welches sich vor allem gegen die bestehenden kirchlichen Einrichtungen auflehne[150]. Darum müsse die Regierung härter durchgreifen und zum Beispiel bei der Unterlassung der Kindertaufe die ungetauften Kinder als ehelos und damit nicht erbberechtigt erklären, wie es im Aargau geschehe; zumindest seien diese Kinder als Heimatlose anzusehen[151].

Zusammenfassend darf Spitalpfarrer Johannes Hess als ein wissenschaftlich interessierter Pfarrer beschrieben werden, der sich nicht scheute, Widerspruch anzumelden und kritische Gedanken zu äußern, wenn es sich um primär theologische und kirchliche Probleme handelte. Hier zeigt sich eine konservative Grundhaltung, die jedoch gelegentlich durchbrochen werden konnte von durchaus fortschrittlich anmutenden Gedanken, wie etwa in der Agendendiskussion. Inwiefern sich die beiden gescheiterten Bewerbungen um einen Lehrstuhl auf seine Lebensgestaltung ausgewirkt haben, läßt sich nur vage andeuten. Die Arbeit als Spitalseelsorger scheint ihn nicht ausgefüllt zu haben. Seine manchmal rauhe, aufbrausende Art und Verschlossenheit rührten vielleicht von der Erfahrung einer schon früh gescheiterten akademischen Laufbahn her. Doch pflegte er gerne die Freundschaft zu Karl Rudolf Hagenbach und nahm mit Freude die Möglichkeit wahr, mit jungen Studenten in seinem Haus ins Gespräch zu kommen. Denn neben seinen pastoralen Aufgaben kümmerte er sich zusammen mit seiner Frau wohlwollend um die anvertrauten Hausgäste, die das Leben der Pfarrersleute teilten.

Pfarrer Hess informierte die Eltern Biedermann regelmäßig über die Fortschritte und das Verhalten ihres Sohnes.[152] Auch tauschte man sich über die private Weiterbildung des Schülers und über das Spitalwesen aus[153]. Schließlich stellte Hess Rechnungen über die für Alois gemachten Auslagen auf[154]. Zwei Monate nach

---

[150] HESS, Natur, S. 11.

[151] Siehe die Anmerkungen zur Predigt, HESS, Natur, S. 16–19. Hess verweist auf die Schrift des Kirchenrates Pfarrer JOHANN JAKOB FRIKART (1769–1845), Über Behandlung der Dissidenten. Ein Vortrag in der jährlichen Klassversammlung in Zofingen am 2. Juni 1836, Zofingen o. J., der der Frage nachgeht, inwieweit die Staatsgewalt gegen die Sektierer einschreiten darf. Seine Antwort lautet: „Die Staatsgewalt ist vollkommen berechtigt, sofort da einzuschreiten, wo der Staat gefährdet wird. Als Beschützerin der Kirche kann sie, wie in allem Andern, nicht weiter gehen, als die Verfassung sie berechtigt"; aaO., S. 14. Zu Frikart siehe HBLS 3, S. 340.

[152] E. Biedermann hatte anscheinend um ausführlichere Mitteilungen gebeten. Daraufhin antwortete ihm Hess: „Man sagt, *die* Weiber seien die besten, von denen man am wenigsten spreche. Wenden Sie dieß auf Aloÿs an, und wundern Sie sich daher nicht, wenn ich vielleicht weniger als Sie wünschten, von ihm schreibe. Es geht bei ihm immer alles seinen ordentlichen Gang fort, wie es eben sein soll, und so finde ich wenig über ihn zu bemerken, obschon ich nie unterlasse, ihn zu beobachten"; Brief vom 2.6.1835: B.I.k.30.

[153] Der Briefwechsel zwischen J. Hess und E. Biedermann liegt im Nachlaß von A. E. Biedermann: B.I.k.23–34.

[154] Die anfallenden Kosten und Ausgaben listete Pfarrer Hess sehr sorgfältig auf und teilte solche Rechnungen für den Verbrauch von Schreibmaterial, Kleidung, Lichter, Schulgeld, Literatur u.ä. etwa in halbjährlichen Intervallen dem Vater Biedermann mit. Siehe B.I.k.23, Rechnung 25.4.-12.7.1834: Summe Franken 155; B.I.k.25, Rechnung vom 11.11.1834: Summe ca. Franken 310; B.I.k.31, Rechnung vom 4. Juli (4.1.-30.6.1835): Summe Fr. 315; B.I.k.33, Rechnung vom 27.12.1835: Summe Franken 361. Eine Woche Kost und Logis kostete acht Franken, ebensoviel das monatliche Schulgeld. Für eine Hose waren ca. 5 Franken zu zahlen.

Biedermanns Einzug äußerte sich der Spitalpfarrer zum ersten Mal über seinen Zögling. Ähnlich wie seine Frau war er mit Biedermanns Verhalten sehr zufrieden, und er bereute es bisher nicht, ihn in sein Haus aufgenommen zu haben. Hess erlebte Biedermann als aufgeweckten und fröhlichen Fünfzehnjährigen. Bei all seiner Fröhlichkeit und Munterkeit schlage er niemals über die Stränge, sondern wisse, ein rechtes Maß zu halten[155]. Seine Heiterkeit, die der Vater schmerzlich in Winterthur vermißte[156], und sein Scherzen wirkten sich wohltuend auf die Hausgemeinschaft aus[157]. Besonders wurde Biedermanns freundliche Offenheit geschätzt[158]. Dabei verband Biedermann eine noch ausgeprägte Kindlichkeit mit erstaunlicher Verständigkeit. Seine Charaktereigenschaften ließen Hess hoffen, daß Biedermann später als erfolgreicher Lehrer werde wirken können[159], denn er verbinde Verstand und Gemüt in schöner Harmonie und zeige ein Talent zur Satire. Dadurch sei er selbst sehr glücklich und könne anderen mit entsprechender Haltung und Offenheit begegnen. Der andere Pensionsgast, Jakob Wirz, sei dagegen ein verschlossener Charakter, eben wie alle Baselbieter[160]. Doch solle Alois den Verkehr mit ihm als eine willkommene Übung auffassen, mit den verschiedensten Charakteren geduldig umgehen zu lernen. Ansonsten sei Wirz ein anständiger Mensch, der keinen Anlaß zu einer „eigentlichen Klage" gebe[161].

Über Alois' Ausbildung am Pädagogium teilte Hess dem Vater die Beurteilungen der Lehrer , wie sie in der Lehrerkonferenz formuliert wurden, mit und gab seine Eindrücke über das Pädagogium weiter[162]. Ferner diskutierten die beiden Möglichkeiten, die Anlagen des Pädagogisten zielstrebig zu fördern: Hess wollte das angefangene Hebräisch mit zwei Lektionen pro Woche weiterführen[163].

Biedermann fühlte sich im Hause der Familie Hess – nach anfänglichem Heim-

---

[155] Hess an E. Biedermann, 12.7.1834: B.I.k.23.

[156] E. Biedermann an Biedermann, 9.8.1834: B.I.f.10.

[157] Hess an E. Biedermann, 6.10.1834: B.I.k.24.

[158] Hess an E. Biedermann, 11.11.1834: B.I.k.25.

[159] Hess an E. Biedermann, 28.12.1834: B.I.k.26.

[160] Hess an E. Biedermann, 6.10.1834: B.I.k.24. Zu ihm fühle sich Biedermann nicht sehr hingezogen, denn der „etwas verschrobene, mißtrauische, dummstolze Baselbieter Charakter will ihm nicht behagen"; Hess an E. Biedermann, 8.4.1835: B.I.k.29.

[161] Hess an E. Biedermann, 8.4.1835: B.I.k.29.

[162] Nach dem Herbstexamen 1834, dem Hess beigewohnt hatte, schrieb er an E. Biedermann, daß er sich bei diesem Anlaß „aufs neue von der Vorzüglichkeit der Anstalt, wie es in der Schweiz vielleicht keine hat, und von der Trefflichkeit der Lehrer überzeugt" habe; Hess an E. Biedermann: 11.11.1834: B.I.k.25.

[163] „Es ist wirklich ein Mangel bei unserm Pädagogium, daß das Hebräische darin nicht betrieben wird. Denn alle Elementarkenntnisse gehören auf die Schule und nicht auf die Universität"; Hess an E. Biedermann, 6.10.1834, B.I.k.24. E. Biedermann ließ sich auch von Hess beraten, wenn Buchanschaffungen für den Sohn geplant waren. Beispielsweise empfahl Hess als Neujahrsgeschenk „Reichards Atlas der alten Welt" oder ein „Conversationslexikon" für den Handgebrauch, für das sich der Vater dann entschied, B.I.k.25f. Anders als in anderen Regionen war in Basel Neujahr der traditionelle Geschenktag.

weh[164]– wohl und nahm regen Anteil am gemeinsamen Leben[165]. In seinen Briefen wird deutlich, daß er nicht nur Kost und Logis am Barfüsserplatz gefunden hat, sondern eine Familie, die seine fröhliche Offenheit und seine intellektuellen Fähigkeiten zu schätzen und zu fördern wußte, die dem jungen Gast das Gefühl des Willkommenseins und der inneren Anteilnahme entgegenbrachte.

2. Das Pädagogium

Der Eintritt Biedermanns in das Pädagogium erfolgte am 1. Mai 1834[166]. Die seit Oktober 1817 wieder eingerichtete Lehranstalt und die Universität befanden sich in diesem Jahr in einer Phase der Neuorientierung und der Vorbereitung einer Umstrukturierung. Das Lehrangebot und die Schwerpunkte des Lehrstoffes mußten überdacht und den Erfordernissen der Zeit angepaßt werden.

Nach langen Diskussionen, die sich um die Frage drehten, wie die vorhandenen Bildungsanstalten den verschiedenen Interessen und Bedürfnissen gerecht werden können[167], formulierte der „Rathschlag und Gesetzentwurf" die Notwendigkeit eines differenzierten Bildungsangebotes. Zu diesem Zweck sollten einerseits eine humanistische und zum anderen eine mehr berufsspezifische, „realistische" Ausbildung angeboten werden[168], wobei sich diese an den Erfordernissen des Handels und der Naturwissenschaften orientierte. Beide Ausbildungsgänge sollten in der Universität fortgesetzt werden, denn die auf dem Pädagogium erlernten Kenntnisse würden nicht ausreichen, um an einer ausländischen Universität studieren zu können. Die Basler Universität habe darum die propädeutische Ausbildung bis zum vollendeten zwanzigsten Lebensjahr weiterzuführen[169]. Der „Rathschlag und Gesetzesentwurf" wurde vom Großen Rat wohlwollend aufgenommen. Am 9. April

---

[164] Siehe die Notiz in den Tagebuchblättern (Mai 1834), S. 3.

[165] Am 30.8.1835, schrieb Biedermann seinen Eltern, daß Frau Hess mit einem Mädchen niedergekommen sei. Er sei ganz begeistert und spiele „Kindswärterin" (B.I.b.24). Es handelt sich um Sophie Hess, die am 23.8.1835 geboren wurde.

[166] Das „Gesetz über die öffentlichen Lehranstalten in Basel" von 1817, dritter Teil, § 3, schrieb vor, neue Zöglinge seien nur nach dem Frühjahrsexamen aufzunehmen.

[167] Mit dieser Frage wurde der „Rathschlag und Gesetzesentwurf betreffend die Organisation der Universität und des Pädagogiums", Basel 1835, eingeleitet.

[168] Rathschlag, S. 7. Im „Gesetz über die öffentlichen Lehranstalten" von 1817 war im dritten Teil eine Vereinigung der humanistischen und der realistischen Richtung festgeschrieben worden, welche sich aber als unzweckmäßig erwiesen hatte.

[169] Der „Rathschlag" wendet sich mit aller Vehemenz gegen die Stimmen, die eine Schließung der Universität forderten. Als weiteren Grund für die Aufrechterhaltung der Universität nennt die Kommission schließlich auch einen ökonomischen: Nicht jeder Basler Bürger könne seinem Sohn die mindestens vierjährige Ausbildung in einer deutschen Universitätsstadt ermöglichen. Damit auch minderbemittelte Basler studieren können, sei die hiesige Lehranstalt unbedingt notwendig. Der „Rathschlag" formuliert die Überzeugung, „daß wissenschaftliche Bildung und Regsamkeit einem kleinen Staate nicht nur zur Ehre und Zierde gereiche, sondern auch in vielerlei Fällen von bedeutendem Nutzen für denselben sey"; Rathschlag, S. 9–13 (12).

1835 verabschiedete im Namen des Großen Rats Amtsbürgermeister Karl Burckhardt das „Gesetz über Einrichtung des Pädagogiums und der Universität"[170].

Die Lehrerkonferenz des Pädagogiums verhandelte erst in ihrer Sitzung vom 24.
April 1834 unter Leitung von Johann Rudolf Merian[171] Biedermanns Gesuch um
Aufnahme und beschloß: „Adolf Biedermann von Winterthur, der mit sehr guten
Zeugnissen von der dortigen Schule versehen ist, wird erst den Lehrern zur Prüfung zugewiesen"[172]. Die Aufnahmeprüfungen verliefen zufriedenstellend, so daß
in der nächsten Sitzung der Lehrerkonferenz am 30. Mai 1834 nach Anhörung der
Prüfungsberichte beschlossen wurde, Biedermann in die erste humanistische Klasse
des Pädagogiums zuzulassen[173]. Während des Semesters schlug Pfarrer Hess vor,
seinen Zögling nach dem Herbstexamen in die zweite Klasse zu befördern, da er in
der ersten Klasse unterfordert sei[174]. Da die Wintermonate mehr Zeit zum Lernen
böten, könnte Biedermann zweifelsohne das bisher versäumte Pensum der zweiten
Klasse eigenständig nachholen. Dieser Vorschlag stieß sowohl bei den Lehrern als
auch bei Vater Biedermann auf Ablehnung. Letzterer begrüßte vielmehr den Eintritt in die erste Klasse und ermahnte seinen Sohn zu konzentriertem Arbeiten[175].
Biedermann selber beurteilte seine in Winterthur gewonnenen Kenntnisse als
durchaus solide: Vor allem in Geschichte, in deutscher Sprache und Literatur habe
er „ziemliche Kenntnisse" mitgebracht, immerhin mehr als die neuen Kommilitonen[176]. Diese fanden „heilsame Ergänzung durch gründlichen philologischen Unterricht"[177]. Lücken bot die grammatische Grundlage der Sprachen. Größten
Nachholbedarf hatte er im Französischen, den er mit Hilfe eines welschen Studenten deckte. Als Gegenleistung erteilte Biedermann seinem „Nachhilfelehrer"
Deutschunterricht.

Biedermann genoß den Unterricht im Pädagogium, der im Gebäude des ehe-

---

[170] Dieses nennt als Lehrfächer für die dreiklassige humanistische Abteilung: griechische (6
Stunden), lateinische (8), deutsche (3) und französische (2–3) Sprache und Literatur, Geschichte
(2–4), Mathematik (2–4), Naturwissenschaften (erst ab 3. Klasse 2 Stunden Physik) und philosophische Vorkenntnisse (ab 3. Klasse 2). In der zweiklassigen technischen (realistischen) Abteilung
werden unterrichtet: deutsche (3) und französische (5–6) sowie englische oder italienische Sprache und Literatur, Geschichte (4), Mathematik (5) und Naturwissenschaften (7 Stunden Physik,
Chemie, Naturgeschichte, Mechanik und Technologie), besonders mit Anwendung auf das Gewerbe, und schließlich Anthropologie (2 Stunden Psychologie). Das Wochenpensum lag bei Humanisten und Realisten somit bei 28–29 Stunden. Zur Anzahl der Wochenstunden siehe Burckhardt-Biedermann, Geschichte, S. 225. Der Kursus einer Klasse zerfiel in zwei Semester, an dessen Ende eine ordentliche Prüfung stattfand. Die Zöglinge hatten ein monatliches Schulgeld in
Höhe von acht Franken zu entrichten, eine Reduktion war möglich.
[171] Zur Person siehe unten S. 91.
[172] Lehrerkonferenz des Pädagogiums 1820 Juli 29 – 1850 April 18; StABS: Protokolle T 3/1.
Unter dem Namen „Adolf" taucht Alois Biedermann immer wieder in den Akten des Pädagogiums auf.
[173] „Adolf Biedermann aus Winterthur wird nach Berichten der Lehrer, die ihn geprüft in die
1te Hum. Classe aufgenommen"; StABS: Protkolle T 3/1.
[174] Hess an E. Biedermann, 12.7.1834: B.I.k.23.
[175] E. Biedermann an Biedermann, 8.5.1834: B.I.f.3.
[176] Biedermann, Tagebuch, S. 2.
[177] Biedermann, Curriculum vitae, S. 2.

maligen Augustinerklosters, dem sogenannten „Oberen Collegium" der Universität, gegeben wurde. Der spätmittelalterliche Gebäudekomplex mit Kreuzgang, Garten und Brunnen imponierte dem jungen Pädagogisten[178]. Die Nähe zur Universität wurde auf vielfältige Weise deutlich: Die Schüler hatten in relativ großer Eigenverantwortung zu arbeiten; das Pädagogium stand ferner unter der Leitung der Kuratel, der Aufsichtsbehörde über die Universität. Schließlich nahmen die Pädagogisten eine universitäre Terminologie auf: Sie sprachen von „Hörsälen" und „Collegien"[179]. Dies kam der Einstellung Biedermanns sehr entgegen, da die Lehrer in Winterthur seine Klasse wegen besonderer Leistungen fast als Studenten behandelt hatten und dadurch ein gewisses Selbstbewußtsein weckten, das für die Knaben wohl zu früh kam[180]. An den Vater schrieb er nach den ersten zwei Schulwochen, daß er sich „einheimisch" fühle, und erzählte begeistert vom Kreuzgang des Schulgebäudes. In den zehnminütigen Pausen zwischen den Unterrichtsstunden jagten die Schüler im Kreuzgang umher und kämpften: Die Realisten, die in der Überzahl seien, besetzten die Türen, und die Humanisten stürmten sie. Eine andere Pausenbeschäftigung sei das gegenseitige Vorlesen aus dem Zürcher „Schweizerischen Merkur"[181]. Dies sei für ihn ein Zeichen der Basler Toleranz; deren Grenze würde jedoch darin offenbar, daß es unter den Knaben kein gröberes Schimpfwort als „Liestler" gebe[182].

Das Leben des Schülers wurde durch einen recht festen wöchentlichen Zeitplan strukturiert: Morgens zwischen halb fünf und fünf Uhr stand Biedermann auf, gefrühstückt wurde um dreiviertel sechs. Die Zeit bis acht Uhr diente der Vorbereitung auf den Unterricht[183], von acht bis um zwölf Uhr besuchte er das Pädagogium. Am Montag- und Mittwochnachmittag wurde von Viertel nach eins bis um

---

[178] Abbildungen des Oberen Kollegiums in: C. H. BAER, Die Kunstdenkmäler des Kantons Basel-Stadt, Bd. 3: Die Kirchen, Klöster und Kapellen, Basel 1941, S. 173; 185; 187 und bei WAGNER, Alumneum, S. 7.

[179] KAEGI, Burckhardt, Bd. 1, S. 325.

[180] Biedermann, Tagebuch, S. 2.

[181] Der „Schweizerische Merkur" war eine belletristische Monatszeitschrift, die 1832 mit zwei Heften erschien und heftige, radikale Angriffe auf das konservative Basel enthielt; siehe die „Bibliographie der Schweizer Presse unter Einschluß des Fürstentums Liechtenstein", bearb. von Fritz Blaser, Teil 1, Basel 1956, S. 652. Ihr folgten 1833 die „Schweizerblätter oder schweizerischer Merkur", welche als literarisch belehrend mit freisinnigem Einschlag charakterisiert werden, so Bibliographie, aaO., 2. Teilband, Basel 1958, S. 897. Schließlich nannte sich das Blatt ab 1835 nur noch „Schweizerblätter", von denen zwei Nummern erschienen.

[182] Biedermann an E. Biedermann, 20.5.1834: B.I.b.4. „Liestler" bezieht sich auf die Bewohner der neuen Kantonshauptstadt von Basel-Landschaft: Liestal.

[183] Biedermann an E. Biedermann, 3.5.1834: B.I.b.3. Sein Stundenplan mit 28 Wochenstunden gestaltete sich im ersten Semester folgendermaßen:

Zeit	8	9	10	11	12	13	14	15	16
Montag	Lat	Ma	Ge	Gr				Lat	
Dienstag	Lat	Ge	Ma	Gr					
Mittwoch	Lat	Ge	De	Gr				Ma	
Donnerstag	Lat	Ma	Fr	Gr				Ge	Lat
Freitag	Lat	De	Fr	Gr					
Samstag	Lat	Fr	De	Gr					

sechs Uhr gearbeitet. Um drei Uhr „trank" man im Pfarrhaus zu Abend. Danach war freies Turnen[184]. Dienstags gab es von zwei bis um vier Uhr Schule und danach „gesetzliches Turnen". Der Donnerstag gestaltete sich wie der Montag, nur daß von sechs bis acht Uhr obligatorisch Turnen angeboten wurde. Am Freitag erhielt er um zwei Uhr eine Stunde Schulunterricht. Am Abend ging es um halb sechs zum Germanisten Professor Wilhelm Wackernagel[185].

3. Der Mentor und Deutschlehrer Wilhelm Wackernagel

Wilhelm Wackernagel[186] lehrte erst ein Jahr in Basel, als er Biedermanns Deutschlehrer wurde. Der junge Germanist aus der Schule Karl Lachmanns[187] hatte im Frühjahr 1833 einen Ruf nach Basel erhalten, woraufhin er seine Heimatstadt Berlin verließ. In Preußen wurde er als Demagoge verdächtigt und konnte spätestens Anfang des Jahres 1833 nicht mehr damit rechnen, dort seinen Fähigkeiten entsprechend angestellt zu werden. Ein letzter Versuch, in Bonn eine Stelle an der Bibliothek zu erhalten, scheiterte, und Wackernagel bewarb sich in Zürich und Basel. Als Zürich zu lange mit der Berufung zögerte, sagte Wackernagel in Basel zu und wurde am Pädagogium als Lehrer für Deutsch angestellt[188]. Seine Anstellung war in Basel anfangs keineswegs unumstritten. Insbesondere die lokalpatriotische Haltung, es solle doch ein Einheimischer berufen werden, stellte sich dem Wun-

---

[184] Biedermann an E. Biedermann, 31.5.1835: B.I.b.19. Am 30.11.1834 informierte Biedermann seinen Vater, daß nach dem Abendessen normalerweise nicht mehr gearbeitet, sondern oft „Dame geschoben" werde. Nach dem Mittagessen wurde die Pause häufig mit Turnen ausgefüllt. Der Turnplatz war im Winter eine Kapelle im Münster (B.I.b.12). Zum Turnen siehe unten S. 98–103. Ein weiterer Bericht über den Tagesablauf findet sich in einem Brief an den Vater vom 30.11.1835: B.I.b.28.

[185] Zur Person siehe unten S. 78–84.

[186] Wackernagel wurde am 23. April 1806 in Berlin als Sohn des aus Jena stammenden Buchdruckers und späteren Kriminalkommissars Johann Wilhelm Wackernagel (1765–1815) und der Agnes Sophie geb. Schulze (gestorben 1818) aus Altona geboren. Die Familie lebte in sehr bescheidenen Verhältnissen. Zur Frühzeit Wackernagels siehe die Darstellung des Sohnes: RUDOLF WACKERNAGEL, Wilhelm Wackernagel. Jugendjahre 1806–1833, Basel 1885. Weitere biographische Angaben bieten JACOB WACKERNAGEL, Zur Erinnerung an die Basler Zeit von Wilhelm Wackernagel, 19. April 1833 bis 21. Dezember 1869, Basel 1933; EDUARD HIS, Basler Gelehrte des 19. Jahrhunderts, Basel 1941, S. 113–124; HBLS 7, S. 342; SAMUEL VÖGELIN, Lebensskizze, in: W. Wackernagel, Kleinere Schriften, Bd. 3, Leipzig 1874, S. 434–442, beigefügt ist das von J. G. WACKERNAGEL und L. SIEBER zusammengestellte chronologische Verzeichnis der Schriften und Vorlesungen Wackernagels, S. 442–449. Weitere Literatur und Schriften Wackernagels bietet KARL GOEDECKE, Grundrisz zur Geschichte der deutschen Dichtung aus den Quellen, Bd. 14, Vom Weltfrieden bis zur französischen Revolution, Dresden ²1929, S. 815–836. Die Leichenrede von I. Stockmeyer vom 23.12.1869 findet sich im Sammelband „Zur Erinnerung an Wilhelm Wackernagel", Basel 1870, dem außerdem ein Lebenslauf, Worte am Grab von K. R. Hagenbach und von Stud. theol. Arnold Salis beigefügt sind. Stockmeyer legte dieser Rede den gleichen Text (Johannes 14,18) wie der Rede zum Tode Brömmels 1856 zugrunde.

[187] Ein Briefwechsel (1825–1848) zwischen Wackernagel und Lachmann (1793–1851) befindet sich im StABS: PA 82 B 8. Zur wissenschaftlichen Bedeutung Lachmanns siehe NIPPERDEY, Geschichte, S. 509.

[188] R. WACKERNAGEL, Wackernagel, S. 168–187.

sche, frische wissenschaftliche Kräfte nach Basel zu holen, entgegen[189]. Nach zwei Gutachten über Wackernagel von Karl Lachmann und Jacob Grimm war die wissenschaftliche Eignung Wackernagels durch die führenden Autoritäten der Germanistik aller Zweifel enthoben, und am 11. März 1833 entschied sich der Erziehungsrat einstimmig für den Berliner, dessen Anstellung zuerst nur für das Pädagogium galt. Die Regenz der Universität verlieh ihm jedoch schon im Mai 1833 die venia legendi, damit er an der Universität unterrichten könne. Zwei Jahre später wurde Wackernagel schließlich zum ordentlichen Professor berufen. Seine Antrittsvorlesung im Mai 1833 behandelte das Thema „Die Verdienste der Schweizer um die deutsche Literatur"[190]. Sie war der Auftakt für zahlreiche Arbeiten über Basel und die Schweiz.

Wackernagel setzte sich als Professor engagiert für seine Studenten ein und förderte sie. Darum zeigte er großes Interesse an den literarischen Treffen mit seinen Schülern, zumal die Initiative von ihnen selber ausgegangen war. Die Pädagogisten wollten ihrem Projekt einer wöchentlichen Zeitschrift, in der Gedichte, Aufsätze über Literatur aller Sprachen und über Historie sowie Prosa publiziert werden sollten, eine zufriedenstellende und kritisch begleitete Richtung geben. Das Blatt, das von sieben Schülern der ersten und zweiten Klasse der humanistischen Abteilung herausgegeben wurde, trug den Titel „Euterpe"[191]. Am 25. August 1834 erschien die erste Nummer[192]. Ein Redaktor hatte die Beiträge auf einen halben Bogen zu schreiben, der dann zirkulierte. Jeder der sieben Schüler mußte mindestens einen literarischen Beitrag im Monat liefern[193]. Innerhalb der Gruppe kam es aber nach ei-

---

[189] Die Opposition vertrat vor allem der spätere Antistes Jacob Burckhardt (1785–1858), der auch als einziger in der Kuratel gegen Wackernagel und für seinen Basler Amtsbruder Samuel Preiswerk (1799–1871) stimmte. Zu Preiswerk siehe: MICHAEL RAITH, Samuel Preiswerk, in: Der Reformation verpflichtet. Gestalten und Gestalter in Stadt und Landschaft Basel aus fünf Jahrhunderten, Basel 1979, S. 91–96.

[190] WILHELM WACKERNAGEL, Die Verdienste der Schweizer um die deutsche Litteratur. Academische Antrittsrede, Basel 1833.

[191] „Euterpe" ist die Muse der Tonkunst und des lyrischen Gesangs. Siehe auch die Ausführungen bei KAEGI, Burckhardt, S. 396f. Einer der Teilnehmer, Johann Jakob Oeri, beschrieb 35 Jahre später diese Gruppe: „Dieser Freundeskreis, bestehend aus sieben Jünglingen, führte gewissermaßen ein geistiges Familienleben. Man stand mit einander in ununterbrochenem Verkehr, man offenbarte sich die innersten Gedanken, Hoffnungen und Wünsche, man ermunterte, kritisirte, bewunderte sich gegenseitig, und vor Allem theilte man sich die poetischen Ergüsse mit, die dem innern Drange eines Jeden entquollen; denn so verschieden im Uebrigen die Talente, Neigungen und Liebhabereien der Einzelnen waren, – singen wollten sie Alle in dieser Frühlingszeit ihres Lebens, und so sang denn Jeder in seiner Weise, ohne sich lange zu prüfen, ob ihm Gesang gegeben sei, oder ob er wider seine Natur sich ihn herausgenommen habe"; JOHANN JAKOB OERI, Theodor Meyer-Merian. Ein Lebensbild, Basel 1870, S. 6. Die Gruppe bestand aus: Alois E. Biedermann, Johann Jakob Boßhardt, Jacob und Theophil Burckhardt, Theodor Meyer, Johann Jakob Oeri sowie Christoph Johannes Riggenbach. Angaben zu den Genannten in Kapitel 3. Siehe auch J. BURCKHARDT, Briefe, S. 56; 66f.; 72f.

[192] Biedermann an E. Biedermann, 24.8.1834: B.I.b.9.

[193] Biedermann schrieb neben den Gedichten beispielsweise einen historischen Roman „Die Zürcher vor Winterthur"; Biedermann an E. Biedermann, 28.2.1835: B.I.b.15. Dieser „Aufsatz", wie ihn A. E. Biedermann auch nennt (ebd.), ist nicht mehr vorhanden. Biedermann las die je-

niger Zeit zu Spannungen, und das ganze Unternehmen drohte zu scheitern[194]. Das lag daran, daß in der „Euterpe" immer mehr Repliken und Dupliken erschienen, der Federkrieg überhandnahm und darüber die eigentlichen Ziele vergessen wurden. Am 1. Mai 1835 gingen Johannes Riggenbach und Alois E. Biedermann zu Wackernagel, um mit ihm das Problem zu besprechen[195]. Biedermann hatte zuvor mit Pfarrer Hess die Angelegenheit erörtert, der ihm riet, das Unternehmen unter die Leitung eines Lehrers zu stellen. Wackernagel erklärte sich bereit, die Schüler zu begleiten. Das „Kränzchen" wurde zu einem elementaren Bildungsmittel der Schüler[196]. Wackernagels Bestreben war, im Unterricht der Poetik mehr zu „betrachten" denn zu lehren. Von grundlegender Bedeutung erachtete er die Kenntnis der vorhandenen poetischen Erzeugnisse, um durch sie die Gesetze der Poetik kennenzulernen. Eigene poetische Versuche dienten vorläufig allein der Ausbildung der Sprache[197].

Zweieinhalb Stunden waren die Schüler mit ihrem Deutschlehrer Wackernagel zusammen[198]. Es wurde vor allem Poesie besprochen. Zuerst ging Wackernagel die von den Schülern verfaßten Gedichte durch, um sie anschließend im Plenum diskutieren zu lassen. Dabei lieferte Wackernagel keine langen ästhetischen Betrachtungen, sondern nur kurze Notizen und Anmerkungen. Durch knappe Fingerzeige und Andeutungen versuchte er, seine Schüler nach und nach zur Entwicklung ihres eigenen ästhetischen Empfindens anzuregen[199]. In der nächsten Sitzung wurden die korrigierten Dichtungen vorgetragen, und was gefiel, nahm man in eine Sammlung auf. In der übrigen Zeit wurden nach Wackernagels Auswahl Romane, Dramen, Gedichte, Volkslieder, Märchen, Abhandlungen und eigene Aufsätze gelesen. Die Sitzungen wurden protokolliert[200].

Biedermann verfaßte für die „Euterpe" vor allem Gedichte, die er seinem Vater mitteilte oder in den „Alpenrosen", einem Schweizer Almanach, oder in den „Weihnachtsgaben" veröffentlichte[201]. Sein Nachlaß enthält zudem kleine Ge-

---

weils neu geschriebenen Kapitel in den Sitzungen der „Euterpe" vor, wobei fraglich bleibt, ob die Arbeit überhaupt fertiggestellt wurde.

[194] Biedermann, Tagebuch, S. 5.

[195] Biedermann an E. Biedermann, 17.6.1835: B.I.b.20.

[196] OERI, Meyer-Merian, S. 7.

[197] WILHELM WACKERNAGEL, Poetik, Rhetorik und Stilistik. Academische Vorlesungen, hrsg. von Ludwig Sieber, Halle 1873, S. 15f. Wackernagel verfaßte das Werk schon 1835.

[198] Eine Beschreibung der Zusammenkünfte bei OERI, Meyer-Merian, S. 7–9.

[199] Biedermann, Tagebuch, S. 6.

[200] Die Protokolle sind nicht überliefert. Im Herbst 1835 wechselte der gemeinsame Abend von Freitag auf Mittwoch; siehe Biedermann an E. Biedermann, 30.11.1835: B.I.b.28.

[201] Gedichte von Biedermann in den „Alpenrosen" 1838, S. 97–103: „Die Geister", „Die Bergkapelle" und „Besteigung der Jungfrau"; im Jahrgang 1839, S. 199f., ist abgedruckt: „Das Kind". Die „Weihnachtsgabe zum Besten der Wasserbeschädigten in der Schweiz", hrsg. von A. E. Fröhlich, K. R. Hagenbach und K. H. W. Wackernagel, Basel 1839, S. 83–88, enthält eine „Elegie" Biedermanns. In der „Weihnachtsgabe für Hamburg, hrsg. von A. E. Fröhlich, K. R. Hagenbach und W. Wackernagel", Basel 1842, sind unter dem Kürzel „A..n" zwei Gedichte Biedermanns publiziert: „Wirksame Hülfe" (S. 128f.) und „Sonette" (S. 177f.). Die genannten Gedichte befinden sich handschriftlich im Nachlaß Biedermanns (A.III.a).

dichtsammlungen von ihm selber sowie von Riggenbach und Meyer[202]. In ihnen werden die Bedeutung und der Einfluß der Natur, der Schweizer Berge und vor allem auch die erzieherischen Ideale und Ermahnungen des Vaters deutlich[203]. Und in einem Rückblick bekannte er: „Von Anfang an aber war mir die Poesie das Theuerste, sie vermittelte mir viele schöne Stunden und erfreuliche Erinnerungen"[204]. Doch mit der Zeit kam es in der Gruppe heranwachsender Jungen zu spürbaren Veränderungen: Die Produktion der poetischen Werke floß spärlicher. Der Ausgangs- oder Anknüpfungspunkt des Dichtens hatte sich geändert: Nicht mehr die Natur oder sittliche Gegenstände waren Grund und Inhalt der Gedichte, sondern persönliche Gefühle pubertierender Jünglinge[205]. So schwand die Bereitschaft, die eigenen Gedanken vorzustellen.

Vater Biedermann lobte die literarische Beschäftigung als ideale Ergänzung zu den sonstigen Aktivitäten wie Turnen und Schwimmen. Denn solche musischen Betätigungen seien für die Schüler im Blick auf ihren zukünftigen Beruf gewiß zweckmäßiger als ein zu frühes und lächerlich anmaßendes Einmischen in die Politik[206].

Die literarischen Abende bei Wackernagel bildeten für Alois und seine Freunde den Höhepunkt der Woche. Das Erlebnis der gemeinsamen Auseinandersetzung über Fragen der Poesie sowie die gemeinsame Verbesserung des Sprachvermögens und der Stilistik begeisterte und befriedigte die aufgeweckten geistigen Ansprüche der Pädagogisten. Diesem Bedürfnis konnte eine Persönlichkeit wie die ihres Lehrers Wackernagel überzeugend begegnen, es aufnehmen und behutsam auf einen vielversprechenden Weg führen. Seine jugendliche Art, gepaart mit einem freundlichen Ernst und wissenschaftlicher Autorität, beeindruckte und prägte die Schüler.

Die Hochachtung, die Wackernagel von seinen Schülern und Kollegen entgegengebracht wurde[207], hat vielschichtige Gründe. Am eindrücklichsten scheinen auf seine Zeitgenossen der unbestechliche Gerechtigkeitssinn und die überaus scharfsichtige Kritik des hochgewachsenen blonden Professors gewirkt zu haben, die mit einer zuvorkommenden Güte und Wärme einhergingen. Sein Pflichtge-

---

[202] Biedermann-Nachlaß A.III.a.

[203] Biedermann an E. Biedermann, 28.2.1835: B.I.b.15.

[204] Biedermann, Tagebuch, S. 5.

[205] Biedermann beschrieb die Entwicklung etwa vier Jahre später mit den Worten: „Doch ward auch nicht immer vorgelesen, was gedichtet wurde; besonders als nach und nach Gefühle als wirkende Kräfte der Poesie auftraten, solange sie nicht in Wahrheit von Natur schöpferisch auf die Poesie einwirkten, nicht wahren affectirt worden, wie das so häufig geschieht, nun aber da sie in Wirklichkeit auftraten, sich verschämt zurückhielten und nur im Stillen ihre lyrischen Früchte trugen, die nicht vor aller Augen kamen. Besonders legten die oft schwankenden Verhältnisse zwischen einzelnen solche Zurückhaltung auf"; Biedermann, Tagebuch, S. 6.

[206] E. Biedermann an Biedermann, 1.9.1834: B.I.f.11.

[207] In einer handschriftlichen Beschreibung der Universität Basel widmete sich der spätere Regierungsrat Gottlieb Bischoff (1820–1885) ausführlich Wilhelm Wackernagel und zeichnete ein anschauliches und respektvolles Bild. Dabei hebt er vor allem Wackernagels Kenntnisse des Altdeutschen, seine Gründlichkeit und das brillante Gedächtnis hervor. Kritisch äußerte er sich über Wackernagels Neigung, die neueste Literatur nicht zu berücksichtigen; Gottlieb Bischoff, Die Universität Basel, 1842: UBBS Nachlaß G. Bischoff, S. 44–46.

fühl, seine tiefen Kenntnisse der Sprache und Literatur wie auch sein weit gestreutes Interesse zeichneten ihn aus. Neben seinen akademischen Pflichten förderte er die Beschäftigung mit der Basler Geschichte und das kirchliche Leben. Ferner lagen ihm andere wohltätige Zwecke und Vereinigungen nahe. Der Gesellschaft für das Gute und Gemeinnützige etwa präsidierte er im Jahr 1842[208]. Wackernagel war auch Mitglied der Basler Freimaurerloge zur „Freundschaft und Beständigkeit"[209] und setzte sich für die Gründung einer „Anstalt zur Hoffnung für blödsinnige Kinder" ein, die er in einer leitenden Funktion betreute[210].

Biedermann erlebte in Wackernagels Unterricht schwerpunktmäßig die Ausbildung des Sprachvermögens[211]. In den ersten Semestern mußte sich Biedermann unter Wackernagels Anleitung vor allem Übungen zur Deklination, Konjugation und Wortbildung widmen. Regelmäßige Leseübungen und wöchentliche Aufsätze verbesserten die Aussprache und den schriftlichen Ausdruck. Neben die Laut- und Wortlehre trat im zweiten Jahr die Syntax unter Einsatz des Wackernagelschen „Deutschen Lesebuches"[212]. Dieses Unterrichtswerk lag auch dem Lehrstoff des letzten Jahres zugrunde: Hier verlagerte sich das Hauptgewicht des Unterrichts auf die Geschichte der deutschen Literatur. Ende des Sommersemesters 1836 stand die Klasse Biedermanns bei der epischen Poesie des 13. Jahrhunderts[213].

Nachdem Wackernagel diese Klasse ein Jahr lang unterrichtet hatte, urteilte er, daß diese kaum über das Mittelmaß hinausgehe. Der engagierte Lehrer vermißte

---

[208] Seine Verbindungen zu Basel waren fest geworden: Berufungen an die Universitäten von Wien und München schlug er aus. Siehe dazu die Akten im StABS: PA 82 A 1; hier vor allem den Brief des Wiener Ministeriums des Kultus und Unterrichtes vom 30. 10. 1849.

[209] Sie bezeichnete als ihr Anliegen „Freundschaftsbünde unter ernsten Männern herbeizuführen und ihre Glieder in gemeinnützigem Wirken außerhalb der Werkstätte anzuspornen"; siehe dazu „Zum 28. Januar 1883. Festgabe der Basler Loge zur ,Freudschaft und Beständigkeit' bei Anlass der Feier ihres 75jährigen Bestandes", Bern 1883, S. 40 und außerdem die Freigebigkeit für die Armen zu fördern und den Materialismus zu bekämpfen und wahre Toleranz zu üben (S. 45). Im Privatarchiv Wackernagel befindet sich eine Sammlung von Schriften von und zur Freimaurerei aus dem Besitz von W. Wackernagel; StABS PA 82 A 10. Siehe auch Winfried Dotzauer, Freimaurergesellschaften am Rhein. Aufgeklärte Sozietäten auf dem linken Rheinufer vom Ausgang des Ancien Régime bis zum Ende der Napoleonischen Herrschaft, Wiesbaden 1977; Richard van Dülmen, Die Gesellschaft der Aufklärer. Zur bürgerlichen Emanzipation und aufklärerischen Kultur in Deutschland, Frankfurt am Main 1986; Im Hof, Jahrhundert, S. 163–172.

[210] Finanzielle Gründe veranlaßten 1845 seinen Rücktritt aus der Loge; Festgabe, S. 40. Neben der obengenannten Anstalt bemühte sich Wackernagel vor allem auch um die Bibliothek für arme Jugendliche und die Arbeiterbevölkerung und präsidierte seit 1838 die Kommission der Jugend- und Bürgerbibliothek.

[211] Zum Folgenden siehe die Semesterberichte des Pädagogiums; StABS: Erziehungsakten U 24 (1834–1837).

[212] Deutsches Lesebuch, Teil 1: Altdeutsches Lesebuch: Poesie und Prosa vom 4. bis zum 15. Jahrhundert, 1835. In seiner „Poetik" widmete sich Wackernagel auch ausführlich der Homiletik, vor allem den Fragen des Predigtaufbaus und der Gebete vor und nach der Predigt, da zahlreiche Theologen seine Vorlesungen besuchten; Wackernagel, Poetik, S. 286–305.

[213] Eine Nachschrift der Vorlesung von Theodor Meyer-Merian befindet sich im StABS: PA 303 B 15. Als Teil 4 des deutschen Lesebuchs liegt eine „Geschichte der deutschen Litteratur bis zum dreissigjährigen Kriege. Ein Handbuch", Basel 1872 vor; hierzu siehe die bibliographischen Angaben bei Goedecke, Grundrisz, Bd. 14, S. 828.

eine „eifrige und allseitige Strebsamkeit" der ihm anvertrauten Schüler[214]. Nach dem Sommersemester 1835 klingt seine Beurteilung der Klasse schon viel positiver: Wackernagel hob das anständige und freundliche Verhältnis zwischen Lehrer und Schülern hervor. Auch nach der Abschlußprüfung Ostern 1837 sprach der Deutschlehrer positiv von der Klasse und betonte, daß gerade die schwächeren Schüler, er nennt einen Freund Biedermanns, Johann Jakob Oeri, sich besonders angestrengt hätten, und schließt mit den Worten: „Und so war diese Classe nach wie vor die Freude des Lehrers."[215] Neben die Bemerkungen über das absolvierte Pensum des Semesters und über das Verhalten der Klasse treten in den Semesterberichten Beurteilungen einzelner Schüler. Anhand dieser Zeugnisse zeigt sich sehr eindrücklich, daß die Beziehung zwischen Wackernagel und Biedermann durch einen regen gedanklichen Austausch geprägt war. Da Biedermann sich immer wieder im Deutschunterricht auszeichnete, honorierte sein Lehrer die hervorragenden Leistungen mit den entsprechenden Worten und nahm sich des vielversprechenden Schülers an. Er bescheinigte dem jungen Winterthurer nach dem ersten Semester Geschmack und Gewandtheit im Ausdruck, den er nicht ohne Glück auch in poetischen Arbeiten zeige[216]. Die Beurteilungen Wackernagels blieben durchgehend überaus wohlwollend, und den Höhepunkt bildeten seine Ausführungen am Ende des Wintersemesters 1835/36, als er von Biedermann als der Zierde der Klasse und bald der ganzen Anstalt spricht. Dabei betonte er nicht nur die intellektuellen Fähigkeiten, sondern lobte ausdrücklich die Reife sowie den Charakter und die Fähigkeiten seines Schülers, mit denen er einmal ein ausgezeichneter Dichter werden könne[217]. Bei der „Collocation", der Festsetzung der Klassenbesten, erschien Biedermann nach dem Wintersemester 1834/35 auf dem ersten Platz[218], den er sich nach dem vierten Platz im Herbstexamen 1834 erarbeitet hatte[219]. Primus blieb er

---

[214] Semesterberichte Wintersemester 1834/35; StABS: Erziehungsakten U 24. Das Protokoll der Lehrerkonferenz hielt am 30.1.1835 fest, daß die Schüler der ersten Klasse „noch in jeder Beziehung viel zu wünschen übrig" lassen; StABS: Protokolle T 3/1.

[215] Ebd. Das Urteil deckt sich mit dem der Lehrerkonferenz vom 25.11.1836; StABS: Protokolle T 3/1.

[216] „Theodor Meyers und Biedermanns, mit unter auch Oeris Aufsätze sind die einzigen die von Geschmack und Gewandtheit im Ausdrucke zeugen; die beiden ersteren haben sich mehrere Mahl nicht ohne Glück auch in poetischen Arbeiten versucht"; ebd. Angaben zu Oeri und Meyer finden sich weiter unten. Von Biedermanns Interesse an der deutschen Sprache und an den Arbeiten seines Lehrers zeugt eine Aussage Oeris: „Wie verschlang doch besonders Biedermann die eben damals erscheinenden Wackernagel'schen Lesebücher!"; OERI, Erinnerungen, S. 35.

[217] „Die Zierde aber der Classe und bald wohl der ganzen Anstalt ist Biedermann, ein Mensch von Kopf und Herz, freudig in Wissbegierde, leicht fassend, reif genug das Empfangene selbständig und selbstthätig weiter zu bilden, und (wenn ich aus anderweitigem näheren Verkehr mit ihm auch das noch erwähnen darf) begabt mit allem was ein Jüngling braucht, um damit ein ausgezeichneter Dichter zu werden"; ebd. Siehe auch Hess an E. Biedermann, 4.7.1835: B.I.k.31.

[218] Siehe Lehrerkonferenz, Sitzung am 30.4.1835 (Collocationskonferenz); StABS: Protokolle T 3/1.

[219] Nach dem Examen war Biedermann ermahnt worden, seine Fähigkeiten besser zu nutzen. Siehe Collocationskonferenz vom 30.10.1834; StABS: Protokolle T 3/1. In den Collocationskonferenzen vom 29.10.1835, 21.4.1836, 27.10.1836 und 27.4.1837 wurde Biedermann auf Platz eins gesetzt.

bis zum Ende des Pädagogiums und wurde mit dem Zeugnis Nr. 1 und einer Prämie auf die Universität entlassen[220].

Den Schülern des Pädagogiums kam die jugendliche Art ihres Lehrers entgegen, denn er verstand auch Spaß und Heiterkeit und nahm sich viel Zeit für ihre Belange, Interessen und Anliegen.[221] Manch einem seiner Schüler, der wie Biedermann vom Elternhaus entfernt lebte, zeigte sich Wilhelm Wackernagel als väterlicher Begleiter und Berater. Er wurde für Biedermann und andere zur prägenden Gestalt der Jugendzeit. Neben diesem Lehrer und väterlichen Freund verblaßte die Bedeutung der anderen Lehrer.

4. Lehrkräfte und Unterricht

In den autobiographischen Zeugnissen Biedermanns finden sich neben der ausführlichen Würdigung Wackernagels nur sehr wenige Bemerkungen zu seinen Lehrern am Pädagogium. Lobend berichtet er einmal von Friedrich Brömmel, bei dem er einen guten Geschichtsunterricht besuche. Ausführlicher hingegen setzte sich Biedermann mit seinem Philosophielehrer Friedrich Fischer auseinander, da er bei ihm über das Pädagogium hinaus auch Hörer an der Universität wurde.

Der erste Lehrer aber, den Biedermann seinen Eltern gegenüber erwähnte, war Johann Rudolf Burckhardt (1801–1889), bei dem er beim Eintritt ins Pädagogium ein Examen im Fach Griechisch ablegen mußte[222]. Seit dem Sommersemester 1831 unterrichtete Burckhardt die unterste Klasse der Humanisten.

Burckhardt hatte sich nach Studien an den philosophischen Fakultäten Basel und Neuenburg 1816 an der Basler theologischen Fakultät immatrikuliert. Nach dem Examen besuchte er die Universität Halle, nahm aber während eines anschließenden Aufenthaltes in Berlin Abstand von einer pastoralen Laufbahn. Es war vor allem die Person Philipp August Böckhs (1785–1867)[223], die ihn endgültig zur Philologie überwechseln ließ. Im Mai 1825 wurde Burckhardt als Präzeptor für Griechisch und Latein ans Basler Gymnasium berufen. Seine Wanderjahre waren damit beendet, und er widmete sich bis zu seinem Tod gewissenhaft und engagiert dem Unterricht am Gymnasium und am weiterführenden Pädagogium. Seine Bemühungen um einen Unterricht, in dem weniger das bloße Auswendiglernen vorgefertigter Formeln gefragt war, sondern vielmehr das selbständige, kreative Entfalten und

---

[220] Der Freund Johannes Riggenbach hatte im Jahr zuvor, 1836, als erster abgeschlossen und als Prämie „Plinius, Historia Naturalis" erhalten; Biedermann an E. Biedermann, 2.5.1836: B.I.b.35.

[221] So der Student Salis anläßlich der Bestattung Wackernagels, in: Zur Erinnerung an Wilhelm Wackernagel, S. 31–33.

[222] Zur Person siehe Matrikel der Universität Basel, Bd. 5, S. 516, Nr. 2374.

[223] Böckh war Professor in Heidelberg und Berlin. Er vertrat die historistische Richtung der Altertumswissenschaften. Sein Augenmerk richtete sich auf das Ganze der menschlichen Welt. Er gilt als Begründer der wissenschaftlichen griechischen Epigraphie; Nipperdey, Geschichte, S. 508f.; 521f.

Entwickeln von Gedanken, würdigte die philosophische Fakultät 1840 mit der Verleihung eines Dr. phil. honoris causa[224].

In seinem ersten Jahr las Biedermann in Burckhardts Griechischstunden die „Anabasis" von Xenophon. Die Klasse gelangte bis zum dritten Zug des dritten Buches. Seine halbjährlichen Beurteilungen Biedermanns ließen den Vater mit gemischten Gefühlen reagieren. Burckhardt lobte einerseits die Fähigkeiten seines Schülers, welche in der Klasse herausragend seien, doch blieben häusliche Arbeiten hinter den Erwartungen zurück[225]. Nach dem Wintersemester 1834/35 hob Burckhardt lobend hervor, daß die früher gerügten Ungenauigkeiten nun einer wesentlich gründlicheren Arbeitsweise gewichen seien[226].

Auch der in der zweiten und dritten Klasse unterrichtende Griechischlehrer, Wilhelm Vischer, rügte gewisse Flüchtigkeiten bei Alois Biedermann. Er las mit seinen Schülern im Sommer 1835 die ersten 84 Paragraphen aus Xenophons „Denkwürdigkeiten des Sokrates" und aus Herodot. Im Winter 1835/36 wurden Schülerübersetzungen sowie deutsch-griechische Grammatik besprochen. Die Herodot-Lektüre wurde fortgesetzt. Schließlich wandte man sich noch Platons „Laches" zu[227].

Vischer (1808–1874)[228], ein Urenkel Isaak Iselins, promovierte nach Studien in Basel, Genf und Bonn 1831 in Jena zum Doktor der Philosophie, wurde 1833 als

---

[224] Seine Leistungen als Lehrer und Rektor stellte sehr wohlwollend ACHILLES BURCKHARDT, Rektor Johann Rudolf Burckhardt. Lebensskizze, o. O. [1889], dar. Als Veröffentlichungen liegen vor: Einige Andeutungen über den zu frühen Besuch des Welschlandes, Basel 1841; Über die Mitwirkung der Eltern zu einer gedeihlichen Schulzucht, Basel 1852; Würdigung der Klage über die Unbescheidenheit und Anmaßlichkeit der heutigen Jugend, Basel 1861.

[225] „Biedermann ist wohl der beste Kopf in der Klasse und beweist in den Lehrstunden Streben und Aufmerksamkeit. Die Leichtigkeit, mit welcher er arbeitet, scheint ihn aber nicht selten zu verleiten, sich die Arbeit gar zu leicht zu machen, so daß seine häuslichen Ausarbeitungen gewöhnlich nicht so gut ausfallen, als man sie zu erwarten berechtigt ist"; Semesterberichte Sommersemester 1834; StABS: Erziehungsakten U 24 und Hess an E. Biedermann, Brief vom 11.11.1834: B.I.k.25.

[226] „Biedermann wird die guten Hoffnungen, die man von seinen Anlagen haben kann, immer mehr rechtfertigen. Die früher an ihm gerügte Ungenauigkeit verschwindet allmälig, und wenn gleich namentlich seine schriftlichen Arbeiten noch da und dort Strudeleien aufweisen, so ist er doch im Ganzen zu einer weit gründlicheren Behandlung seiner Aufgabe vorgeschritten und verdient auch hinsichtlich seiner Aufmerksamkeit und ganzen Betragens in der Klasse alles Lob"; Semesterberichte Wintersemester 1834/35; StABS: Erziehungsakten U 24.

[227] Folgende Beurteilungen formulierte Vischer: „Biedermann hat Regsamkeit und leichte Fassungsgabe, auch ordentliche Kenntnisse, ist aber flüchtig" (Sommer 1835). „A. Biedermann, ein fähiger, lebendiger Kopf, der zwar hie und da noch etwas flüchtig ist, aber im Allgemeinen das Lob des Fleisses, des Eifers und eines durchaus untadeligen Betragens verdient" (Winter 1835/36). „A. Biedermann der beste Schüler an Anlagen, Fleiß und Betragen, wurde leider durch häusliche Verhältnisse beinahe das ganze Halbjahr dem Unterricht entzogen" (Sommer 1836); Semesterberichte; StABS: Erziehungsakten U 24. Vischers Bemerkung bezieht sich auf Krankheit und Tod Emanuel Biedermanns.

[228] EDUARD VISCHER, Wilhelm Vischer. Gelehrter und Ratsherr 1808–1874 im Spiegel seiner Korrespondenz mit Rudolf Rauchenstein, Basel 1958; His, Gelehrte, S. 125–135; KAEGI, Burckhardt, S. 332–338; AUGUST VON GONZENBACH, Lebensbild des Prof. Dr. Wilhelm Vischer in Basel, Leipzig 1878.

Griechischlehrer ans Pädagogium berufen[229], zwei Jahre später Extraordinarius an der Universität und 1836 persönlicher Ordinarius. Im Jahr 1868 gab er sein akademisches Lehramt ab, um gänzlich als Mitglied des Kleinen Rates in die Politik zu wechseln. Als Erziehungsrat war er maßgeblich an der Berufung seines Nachfolgers Friedrich Nietzsche im Jahr 1868 beteiligt. Auch die Berufung Franz Camille Overbecks (1837–1905) 1870 gehörte zu seinen Leistungen.

Mit Vischer trat Biedermann derjenige Lehrer entgegen, der die Stadt Basel verkörperte[230]. Neben seinen deutschen Kollegen stand er für das geistige Erbe Basels. Biedermann erhielt bei ihm einen altphilologischen Unterricht, der grundsätzlich historisch, methodisch im Sinne Niebuhrs und Welckers konzipiert war. Doch mußte Biedermann auch erfahren, daß Vischer sehr umständlich lehrte und es oft vor lauter Formgenauigkeit versäumte, den Schülern das wahrhaft Klassische des Autors zu zeigen, für das er selber aber ein sehr feines Gespür besaß. Erschwerend kam sein schlechtes Gehör hinzu, das eine Kommunikation während des Unterrichts erheblich beeinträchtigte. Neben den philologischen Kollegien las er auch griechische Staatsaltertümer. Hier widmete er sich namentlich den Verfassungen der bedeutenden griechischen Staaten. Ferner bot er eine ertragreiche Geschichte der alten Philosophie an[231]. Seine publizierten Arbeiten sind überwiegend Abhandlungen zur politischen Geschichte Griechenlands gewesen.

Die andere klassische Sprache, das Lateinische, lernte Biedermann im ersten Jahr beim Ordinarius für Neues Testament, Johann Georg Müller (1800–1875)[232]. Dieser hatte sich nach dem Tode Emanuel Merians mit Johann Jakob Herzog[233] um das ausgeschriebene Lektorat beworben[234]. Die von den Interessenten anzufertigende Abhandlung stand unter dem Thema „In welchem Verhältnis stehen die christliche Glaubens- und Sittenlehre zueinander?" Hagenbach und de Wette urteilten günstiger über Müllers Arbeit, und ihr Verfasser wurde berufen. Von 1831 bis 1835 wirkte er als Lektor und las über Religions- und Dogmengeschichte, Exegese des Neuen Testaments, unterrichtete aber weiter am Pädagogium lateinische Sprache und Literatur. Als er 1835 ordentlicher Professor wurde, behandelte er Neues Testament vor allem in philologischer Ausrichtung, neutestamentliche Grammatik und helle-

---

[229] Das Schreiben, das Vischer vikariatsweise zum Lehrer der oberen Klassen des Pädagogiums ernennt, datiert auf den 29.12.1832 und befindet sich im StABS: Erziehungsakten U 10.

[230] Kaegi, Burckhardt, S. 336f.

[231] Bischoff, Universität, S. 41.

[232] Zur Person siehe Thomas K. Kuhn, Johann Georg Müller, in: BBKL 6, Sp. 268–271; Jakob Kündig, J. G. Müller, in: RE³ 13, S. 526–529; Kaegi, Burckhardt, S. 456–460; Matrikel der Universität Basel, Bd. 5, S. 525, Nr. 2403 und die Autobiographie: Johann Georg Müller, Abriß meines Lebenslaufes, o. O. 1875. Zu Müllers Wirken als Professor siehe S. 122.

[233] Herzog (1805–1882) wirkte in Lausanne als Professor für Kirchengeschichte, in Halle lehrte er Neues Testament (1847–1854) und in Erlangen Historische Theologie. Er wurde bekannt als der Begründer der Realencyclopädie für protestantische Theologie und Kirche; siehe Anton Emil Friedrich Sieffert, Johann Jakob Herzog, in: RE³ 7, S. 782–787.

[234] Der Versuch, den Hallenser Professor Friedrich August Gottreu Tholuck (1799–1877) nach Basel zu berufen, war gescheitert, da die Besoldung in Basel zu niedrig war. Siehe zur Geschichte der Stellenbesetzung A. Staehelin, Geschichte (1818–1835), S. 40.

nistische Literatur. Einem etwas größeren Kreis wurde Müller lediglich durch seine „Geschichte der amerikanischen Urreligionen" bekannt, die 1855 in Basel erschien.

Biedermann las bei Müller Livius. Das Urteil des Lehrers über seinen jungen Schüler aus Winterthur entspricht dem des Griechischlehrers Burckhardt. Auch Müller lobte die hervorragenden Anlagen, bemerkte aber, daß Biedermann durch eine intensivere Hausarbeit den ersten Platz hätte erwerben können[235]. Im nächsten Semester entsprach Biedermann wiederum nicht ganz den Erwartungen Müllers. Zwar holte er einiges an Lernstoff auf, hätte aber weiter vorankommen können[236].

In der zweiten Klasse wechselte auch im Lateinischen der Lehrer. An die Stelle Müllers trat nun der zweiundvierzigjährige Sachse Franz Dorotheus Gerlach[237], der zugleich auch Professor für lateinische Sprache an der Universität war. Gerlach hatte sich bald nach seiner Berufung 1820 als Professor für lateinische Sprache durch seine neuhumanistischen Bildungsreformen einen Namen gemacht: Von den einen wurde er deswegen mit Hochachtung geehrt, anderen hingegen erschienen die Bildungsideale, die er in seiner programmatischen Schrift „Verschiedene Ansichten über höhere Bildung"[238] darlegte, als sehr problematisch. Die Veröffentlichung dieser Schrift, „das Geburtsdatum des Neuhumanismus in Basel"[239], löste einige Spannungen zwischen den Vertretern des Neuhumanismus und der pietistisch-kirchlichen Kreise aus[240].

In diesen bildungspolitischen Auseinandersetzungen festigte Gerlach seine Position und wurde bald das eigentliche Haupt des Pädagogiums. Seine Lehrtätigkeit, die außer der lateinischen Sprache auch althistorische Vorlesungen beinhaltete,

---

[235] „Biedermann hat sehr gute Fähigkeiten, und in vielen Dingen Vorkenntnisse vor den andern, nur nicht in der Grammatik, wie das gewöhnlich der Fall ist bei denen, welche aus einer gewöhnlichen Stadtschule oder aus einem Institut eintreten. Dennoch würde mehr eigenes Streben ihm den ersten Platz erworben haben"; Semesterberichte Sommersemester 1834; StABS: Erziehungsakten U 24.

[236] „Biedermann besitzt die meisten Anlagen, auch wohl den meisten Geist, er hat sich auch in demjenigen, was ihm noch im Vergleich mit seinen Mitschülern fehlte, so weit nachgemacht, daß er nicht hinter ihnen ist. Aber bei mehr Ernst, Achtung und Liebe zur Sache wäre es ihm leicht gewesen, sich viel mehr vor den andern aus zu zeichnen"; Semesterberichte Wintersemester 1834/35: Erziehungsakten U 25.

[237] Franz Dorotheus Gerlach wurde am 18.7.1793 in Wolfsbehringen bei Gotha geboren. Seine Schulausbildung erhielt er in Gotha auf dem Gymnasium illustre, das Studium der Theologie und Altertumswissenschaften absolvierte er in Göttingen, wo er 1815 zum Dr. phil. promovierte. Nach einer kurzen Tätigkeit als Kollaborator in Gotha berief ihn die Kantonsschule in Aarau 1817. Zwei Jahre wirkte er dort, bevor ihn das Pädagogium in Basel zum Lehrer wählte. Am 31. Oktober 1876 verstarb er in Basel; His, Basler Gelehrte, S. 51–57; Kaegi, Burckhardt, S. 328–332; Theophil Wilhelm Ecklin, Zur Erinnerung an Franz Dorotheus Gerlach, Basel 1876.

[238] Einladungsschrift zur Eröffnung der Sommervorlesungen (des Pädagogiums), Basel 1832.

[239] So A. Staehelin, Geschichte (1818–1835), S. 151.

[240] Siehe die Entgegnung der Pfarrerschaft „Ein Wort über Bildung und ihre höheren Zwecke. Veranlaßt durch die Schrift: Verschiedene Ansichten über höhere Bildung. (Basel 1822.) und dem Druck übergeben von E. E. Ministerium zu Basel", Basel [1822]; verfaßt hatte die Schrift der Pfarrer zu St. Peter, Simon Emanuel La Roche (1786–1861). Diese apologetische Schrift blieb argumentativ schwach.

wurde indes im Laufe der Zeit auch immer häufiger mit solchen kritischen Stimmen bedacht, die sich an Gerlachs Erscheinungsbild und Auftreten stießen. Denn im persönlichen Miteinander wirkte Gerlach oft abstoßend, weil er Schülern sehr derb oder mit „philologischer Grobheit" begegnete, die Schüler fürchteten ihn deswegen[241]. Die „moralische Hauptstütze der Universität" hatte als Dozent seinen Stoff mit so großer Leichtigkeit in der Hand, daß man von ihm sagen konnte, die Sphäre der alten Geschichte sei zu seiner zweiten Natur geworden[242]. Doch kam es ganz darauf an, ob Gerlach der zu verhandelnde Lehrstoff interessierte, denn nur dann durften die Schüler einen ansprechenden Vortrag erwarten[243].

Biedermann hörte Gerlach in der zweiten und dritten Klasse. Hier versuchte der Lehrer, den individuellen Fähigkeiten der Schüler gerecht zu werden, und ihm lag daran, jeden nach Maßgabe seiner Kenntnisse zu beschäftigen[244]. Der Hauptschriftsteller, mit dem sich Biedermann in den beiden Jahren beschäftigte, war Cicero. Er mußte die Reden „pro Sulla" und „pro Ligario" zunächst statarisch, später dann rascher lesen. Dabei sollten Biedermann und seine Mitschüler sowohl die Eigentümlichkeiten der Ciceronischen Schreibart als auch die Unterschiede zwischen oratorischer und historischer Prosa erkennen lernen[245]. Zu Cicero traten bisweilen die Autoren Vergil oder Tacitus hinzu. An die jeweiligen Erklärungen im Unterricht schlossen sich die Hausarbeiten an; vor allem in den Ferienarbeiten wurden schriftliche Erklärungen der Schüler verlangt. In der obersten Klasse wurden schließlich Erörterungen zu frei gewählten Themen in lateinischer Sprache gefordert.

Biedermann erfüllte Gerlachs Erwartungen zunehmend. Nach dem ersten Halbjahr bemängelte der Lehrer noch, daß Biedermann keinen Sinn für die grammatischen Fragen habe und nachlässig arbeite[246]. Diese Beurteilung überraschte den Schüler, wie er dem Vater mitteilte[247]. Pfarrer Hess nahm die Kritik Gerlachs zum

---

[241] Biedermann schrieb an seinen Vater, daß er vor dem neuen Lehrer Befürchtungen gehabt habe, die sich jedoch als unbegründet herausgestellt hätten; Biedermann an E. Biedermann, 31.5.1835: B.I.b.19.

[242] Bischoff, Universität, S. 41f.

[243] Bischoff, Universität, S. 42. Seinen wissenschaftlichen Schwerpunkt bildete die Erforschung der Geschichte Roms, dem er durch die Veröffentlichung einer Geschichte der Römer Ausdruck verlieh. Dieses Werk, das er zusammen mit seinem einstigen Schüler, dem Rechts- und Altertumsforscher Johann Jakob Bachofen (1815–1887), 1851 veröffentlichte, blieb ein Fragment, weil Gerlach in seiner zäh konservativen Denkweise an der Wahrheit der Tradition über die römische Geschichte festhielt. Einer kritischen Geschichtsschreibung Niebuhrs oder schließlich Theodor Mommsens (1817–1903), der seit 1854 seine quellenkritische Geschichte der Römer erscheinen ließ, konnte sich Gerlach nicht zuwenden. Vielmehr wandte er sich gegen die „Ausschreitungen maßloser Kritik". Sein Werk genügte in einer Zeit der methodischen Neuorientierung den Ansprüchen einer kritischen Geschichtsschreibung nicht mehr.

[244] „Uebersicht des von Ostern 1836 bis dahin 1837 im Pädagogium ertheilten Unterrichts", in: Einladungsschrift zur Promotionsfeier des Pädagogiums und zur Eröffnung des Jahreskurses 1837, Basel 1837, S. 8.

[245] Ebd.

[246] „Biedermann der fähigste, büsst die Folgen eines verfehlten Elementarunterrichtes, hat keinen Sinn für grammatische Fragen, u. arbeitet nachlässig. – Die Classe ist im allgemeinen schwach, und muss sich ihren Rang erst noch verdienen"; Hess an E. Biedermann, 6.11.1835: B.I.k.32.

[247] Biedermann an E. Biedermann, 30.11.1835: B.I.b.28.

Anlaß, den Vorwurf der Nachlässigkeit zu entkräften, indem er dem besorgten Vater schrieb: „Es hat in der neüesten Zeit ein solches Streben nach Gründlichkeit in der Wissenschaft Platz gegriffen, welches oft in Kleinlichkeit übergeht, u. worüber oft das Große u. Wesentliche übersehen wird. So z.B. geht man beim Unterricht der Sprachen weniger darauf aus, ein Sprachwerk im Ganzen aufzufassen, auf den Geist des Schriftstellers einzudringen, als daß man bei der Form stehen bleibt, u. sich über alle grammatischen Kleinigkeiten Rechenschaft zu geben sucht. So viel ich nun den Aloys kenne, ist er mehr dazu geboren, ein Schriftwerk in seinem Geiste, im Großen u. Ganzen, als in Einzelheiten aufzufassen; Wortklauberei u. Sylbenstecherei ist nicht seine Sache. Und ich halte dieses eben nicht für eine schlimme Sache. Daß er aber sichs nicht desto weniger Ernst sein lasse, davon ist mir sein ununterbrochener häuslicher Fleiß ein Beweis, bei dem ihm jede Minute heilig ist, u. der ihn oft morgens 1/2 5 Uhr schon aus dem Bette treibt."[248] Das folgende Zeugnis fiel günstiger aus und bescheinigte dem Schüler, daß er ernst arbeite und seine frühere Flüchtigkeit abgelegt habe[249]. Biedermann stand auch im Lateinischen bis zum Ende der Zeit am Pädagogium an erster Stelle und durfte die lateinische Rede bei der Promotionsfeier am 1. Mai 1837 im großen Saal des oberen Kollegiums halten.

Biedermann äußert sich außer in den genannten beiden kurzen Briefnotizen nirgends über Gerlach. Doch scheint es, als habe der Lehrer seinen Schüler so zielstrebig motivieren und fördern können, daß er sich nach den anfänglichen Schwierigkeiten als Primus der Klasse etablierte. Hierbei wird zu berücksichtigen sein, daß Gerlach sein Fach nicht nur philologisch verstand[250], sondern dem historisch interessierten Schüler durch eine intensive Einbeziehung der Geschichte sehr entgegenkam.

Das Studium der Geschichte gehörte zu den bevorzugten Forschungsgebieten Biedermanns. Neben dem Angebot des Geschichtsunterrichts durch Friedrich Brömmel bemühte er sich auch privatim um die Kenntnis geschichtlicher Zusammenhänge und Entwicklungen. Es war üblich, im Freundeskreis der „Euterpe" oder in den Studentenzeitungen historische Aufsätze zu verfassen. Als er im Winter 1835 eine historische Arbeit anfertigen wollte, gab ihm der Vater den Hinweis, Johann Gottfried Ludwigs „Chronick bis 1629" zu lesen[251].

Der Geschichtsunterricht Brömmels stellte Biedermann zufrieden, obwohl der Lehrer nicht als besonders eindrucksvoll beschrieben wurde[252]. Der Niedersachse

---

[248] Hess an E. Biedermann, 6.11.1835: B.I.k.32.
[249] Gerlach: „Biedermann hat frühere Flüchtigkeit abgelegt, u. treibt ernst und verständig seine Studien. Zu Klarheit der Leistungen u. Reife des Urtheils ist er unzweifelhaft der erste"; Hess an E. Biedermann, 19.4.1836: B.I.k.34.
[250] Das zeigen auch die zahlreichen historischen Arbeiten Gerlachs.
[251] Das Werk erschien in erster Auflage 1629.
[252] Im Brief vom 30.11.1834 (B.I.b.12) an den Vater nennt Alois Brömmel einen trefflichen Lehrer.

Friedrich Brömmel (1791–1856)[253] verdankte seine Berufung nach Basel der Empfehlung des Hallenser Alttestamentlers Wilhelm Gesenius, den de Wette um einen
Hinweis gebeten hatte. Bei einer Kandidatenausscheidung setzte sich Brömmel gegen vier Mitbewerber durch und wurde am 1. November 1823 als der fähigste und
würdigste Anwärter gewählt[254]. Schüler Brömmels beklagten indes, ihm fehle der
originelle Geist, um die Masse des historischen Stoffes beherrschen zu können. Seinem Vortrag gehe die „Gewalt der Seele" ab, die einen herausragenden Historiker
auszeichne, denn nur mit ihr könnten die großen geschichtlichen Ereignisse und
die in ihnen schlummernden Empfindungen den Hörern nahegebracht werden,
nur so erfülle der Historiker eine Objektivität in einem höheren Sinne[255]. Brömmel
aber verfüge nicht über diesen Universalblick. Dazu komme, daß die Darbietung
des Stoffes unter einem zu bedächtigen Vorwärtsschreiten und einer plötzlich verlangsamenden Aussprache leide[256].

Biedermann hörte bei ihm im Sommersemester „Einleitung in das wissenschaftliche Studium der Geschichte"[257], „Ethno- und Topographie Afrikas", „Geschichte Asiens und Afrikas", im Wintersemester 1834/35: „Geschichte der Griechen.
Vom Zeitalter des Perikles an", „Geschichte der Macedonier und der anderen aus
dem Reiche Alexander des Großen hervorgegangenen Staaten", „Geschichte der
Römer bis zur Umwandlung der Republik in eine Monarchie". Im folgenden
Sommersemester setzte Brömmel die römische Geschichte unter dem Thema „Allgemeine Geschichte ab der Umwandlung des römischen Reiches in eine Monarchie bis zum Vertrag von Verdun (843)" fort. Es folgte im Winter die „Fortsetzung der Geschichte des Mittelalters bis zur Errichtung des lateinischen Kaisertums
zu Konstantinopel (im 13. Jahrhundert)". Die letzte Humanistenklasse hörte
schließlich die Geschichte bis „zum Sinken des Papstthums im vierzehnten Jahrhundert"[258]. Seine didaktischen Methoden waren in allen Klassen dieselben: Er
diktierte jede Stunde etwa vier Zeilen. Darüber erzählte er anschließend im freien
Vortrag. Die Schüler hatten zu Hause von einer Lektion auf die andere eine knappe
Zusammenfassung der Erzählung zu formulieren. Das Ziel des Unterrichts war,
„eine Einsicht in den ursachlichen Zusammenhang der Menschen- und Völkerschicksale zu geben, wenigstens vorzubereiten"[259].

Die Sympathie, die Biedermann seinem Lehrer entgegenbrachte, beruhte auf
Gegenseitigkeit, denn Brömmels Beurteilungen Biedermanns lauteten durchweg

---

[253] Zur Biographie siehe Immanuel Stockmeyer, Leichenrede vom 3. Februar 1856; A.
STAEHELIN, Geschichte (1818–1835), S. 90–93, 181; KAEGI, Burckhardt, S. 338–343.

[254] A. STAEHELIN, Geschichte (1815–1835), S. 90f.

[255] Bischoff, Universität, S. 38f.

[256] Bischoff, Universität, S. 39. Wissenschaftlich trat Brömmel kaum in Erscheinung, er publizierte nur wenig. Allein seine „Genealogischen Tabellen zur Geschichte des Mittelalters bis zum
Jahre 1273 mit sorgfältiger Angabe der Zeit und des Besitzes", Basel 1846, haben ihren Autor
überdauert.

[257] Zu den Veranstaltungen siehe die Semesterberichte StABS: Erziehungsakten U 24.

[258] Uebersicht, S. 3.

[259] Ebd.

positiv. Seit dem ersten Halbjahrszeugnis wurden Biedermanns Fähigkeiten und Kenntnisse immer an erster Stelle genannt[260].

Im folgenden sollen nun drei der vier übrigen Lehrer knapper skizziert werden. Da ist an erster Stelle der Mathematiklehrer Johann Rudolf Merian (1797–1871)[261] zu nennen, der Biedermann durch alle drei Klassen in Arithmetik[262], Algebra[263] und Geometrie[264] einführte. Sein Vortrag war klar und ruhig und bewies tiefe Kenntnisse. Merian konnte dem Schüler, der Schritt halten wollte, alles sehr gut beibringen[265]. Merian attestierte Biedermann anfangs zwar gute Fähigkeiten, doch wie so manch anderer Lehrer vermißte er bei ihm den letzten Einsatz: Es fehle an mehr Leben, um zu den Besten gezählt werden zu können[266]. Biedermann wurde aber bald einer der beiden besten Mathematiker der Klasse.

Das Fach Physik, welches erst in der dritten Klasse der humanistischen Abteilung erteilt wurde, vertrat der 1835 berufene Württemberger Professor Christian Friedrich Schönbein[267]. Im ersten Halbjahr behandelte Schönbein die Erscheinungen der Kohäsion, der Adhäsion und der Schwere, sowie Statik, Hydrostatik und Aerostatik. Im zweiten Semester widmete sich der Unterricht der Lehre von den „Imponderabilien"[268], der Wärme, Elektrizität, dem Magnetismus und dem Elektro-

---

[260] Semesterberichte 1834; StABS: Erziehungsakten U 24. Die beiden letzten Beurteilungen lauteten: „Biedermann sehr ausgezeichnet; vortreffliche Anlage, starke Aufmerksamkeit, sehr regelmäßiger Privatfleiß" und schließlich „Biedermann verbindet mit einem sehr glücklichen Gedächtnisse gewandte Urteilskraft, Ordnung mit großer Leichtigkeit im Darbieten".

[261] Der Basler Merian widmete sich zuerst einer kaufmännischen Ausbildung in Basel und Marseille, studierte anschließend Naturwissenschaften in Göttingen und Paris. In Göttingen wurde er 1827 zum Dr. phil. promoviert. 1830 berief ihn die Universität Basel zum ordentlichen Professor der Mathematik. Elf Jahre später trat er zurück, um sich ganz der Politik zu widmen; His, Basler Staatsmänner, S. 120f.; A. Staehelin, Geschichte (1818–1835), S. 80f.; 182; Kaegi, Burckhardt, S. 372f.

[262] Hier behandelte Merian vor allem die Theorie der gewöhnlichen Brüche, der Dezimalbrüche und der einfachen und zusammengesetzten Proportionen; Uebersicht, S. 3.

[263] Die Algebra umfaßte die vier Grundoperationen, die Gleichungen vom ersten Grad (später auch vom zweiten Grad) mit einer und mehreren unbekannten Größen; ebd.

[264] Hier trug Merian die ersten vier Bücher Legendres vor: Adrien-Marie Legendre, Die Elemente der Geometrie, und der ebenen und sphärischen Trigonometrie. Aus dem Französischen übersetzt und mit Anmerkungen versehen von August Leopold Crelle, Berlin 1822, ²1833, ⁶1873. Die Schüler mußten die neu gelernten Sätze in der kommenden Stunde schriftlich wiederholen. In der zweiten Klasse wurde zuerst Stereometrie nach Legendre, sodann Trigonometrie in Verbindung mit der Theorie der Exponentialgrößen und der Logarithmen unterrichtet. Den Schluß der zweiten Klasse bildete eine Einleitung in die Geometrie zweier Dimensionen mit Anwendung auf die Lehre der Kegelschnitte. In der Abschlußklasse wandte man sich der angewandten Mathematik zu, nämlich der Optik und der Astronomie; vgl. hierzu Uebersicht, S. 4. Die Mathematik war das einzige der „naturwissenschaftlichen" Fächer, das in allen drei Humanistenklassen unterrichtet wurde. Chemie wurde nur in der realistischen Abteilung des Pädagogiums erteilt.

[265] So das Urteil Bischoffs, Universität, S. 37.

[266] Siehe die Semesterberichte; StABS: Erziehungsakten U 24.

[267] Schönbein zählte zu den herausragenden Gelehrten der Basler Universität, mit dessen Name sich die Entdeckung des Ozons, des Kollodiums und der Schießbaumwolle (Nitrozellulose) verband; His, Gelehrte, S. 86–94.

[268] Die unwägbaren Stoffe wie Licht und Wärme wurden Inponderabilien genannt.

magnetismus[269]. Auch in der Physik gehörte Biedermann zu den ersten der Klasse[270].

Über den Französischunterricht und seinen Lehrer äußerte sich Biedermann an keiner Stelle seiner autobiographischen Aufzeichnungen ausführlicher. Allein die Nennung des Namens des Französischlehrers übermittelte Alois seinem Vater[271]. Das könnte wegen der Bekanntheit und des Ansehens des Französischlehrers auf den ersten Blick erstaunen, denn dies war kein anderer als der Waadtländer Alexandre Vinet (1797–1847)[272], der „Kirchenvater des neueren Protestantismus in der welschen Schweiz"[273].

Alexandre-Rodolphe Vinet wurde im Juli 1817 als Französischlehrer nach Basel an das Pädagogium und das Gymnasium berufen. 1819 schloß er seine theologischen Studien ab und wirkte in Basel und vor allem in seiner waadtländischen Heimat als Prediger und Theologe. Dort gilt er nach Calvin als bedeutendste theologische Gestalt des französisch-schweizerischen Protestantismus[274]. Vor allem in der welschen Schweiz ergriff Vinet vehement das Wort in der Frage des Verhältnisses von Kirche und Staat. Seine Anliegen waren die Auflösung des Staatskirchentums und die Errichtung einer „Église libre"[275].

In Basel aber schien seine Popularität und Anziehungskraft als Lehrer Anfang der dreißiger Jahre nachgelassen zu haben: Seine Lehrveranstaltungen an der Universität kamen vom Wintersemester 1831/32 bis zum Wintersemester 1834/35 nicht zustande[276]. Dennoch wurde er 1835 zum ordentlichen Professor für französische Sprache und Literatur befördert. Diesen Lehrstuhl versah er nur zwei Jahre, denn er folgte 1837 einem Ruf an die Akademie seines Heimatkantons als Professor für Praktische Theologie.

Vinet war gesundheitlich sehr labil und wurde wegen Krankheit häufig im Unterricht vertreten. Seine Krankheit führte ihn auch in tiefe Depressionen. Unter diesen Umständen stellt sich die Frage, ob sich zwischen Vinet und seinen Pädagogisten überhaupt ein engeres Verhältnis entwickeln konnte. Auf Biedermann scheint Vinet nicht besonders gewirkt zu haben. Wäre das Verhältnis anders gewe-

---

[269] Siehe Uebersicht S. 4f.

[270] So Schönbein im Semesterbericht; StABS: Erziehungsakten U 24.

[271] Brief an den Vater 27.12.1834: B.I.b.13.

[272] OTTO ERICH STRASSER, Alexandre Vinet. Sein Kampf um ein Leben der Freiheit, Erlenbach-Zürich 1946; ROBERT LEUENBERGER, Alexandre Vinet (1797–1847). Die reformierte Sicht einer freien Kirche im freien Staat, in: Gegen die Gottvergessenheit. Schweizer Theologen im 19. und 20. Jahrhundert, hrsg. von Stephan Leimgruber und Max Schoch, Basel/Freiburg/Wien 1990, S. 57–67; DERS., Alexandre Vinet, in: Grosse Schweizer und Schweizerinnen. Erbe als Auftrag, hrsg. von Erwin Jaeckle und Eduard Stäuble, Stäfa 1990, S. 287–294; KAEGI, Burckhardt, S. 343–355; HIS, Gelehrte, S. 61–68.

[273] KAEGI, Burckhardt, S. 343.

[274] LEUENBERGER, Vinet, S. 57.

[275] Vinets grundlegende Schrift zu diesem Thema erschien unter dem Titel „Essai sur la manifestation des convictions religieuses et sur la séparation de l'église et de l'état envisagée comme conséquence nécessaire et comme garantie du principe", Paris 1842; siehe hierzu LEUENBERGER, Vinet, S. 61.

[276] So A. STAEHELIN, Geschichte (1818–1835), S. 97.

sen, so könnte das Ausbleiben der sonst üblichen Mitteilungen an den Vater oder an das Tagebuch nicht erklärt werden.

Alexandre Vinet lehrte anhand einer Auswahl aus der dreibändigen „Chrestomathie française", die er verfaßt hatte[277]. Dabei ging er teils statarisch, teils kursorisch vor, und einzelne Stücke wurden memoriert. Die Schüler hatten ferner Themen abzuhandeln, die vorher durch den Dozenten besprochen wurden. In der dritten Klasse las Vinet schließlich auch eine kleine Übersicht der französischen Literaturgeschichte bis zum Anfang des achtzehnten Jahrhunderts, die im dritten Band der Chrestomathie abgedruckt ist[278].

Das letzte Lehrer-Porträt wendet sich nun dem Lehrer zu, der am Ende der Schulzeit für Biedermann wichtig wurde, der geradezu den Übergang zur Universität markiert. Es ist der Lehrer, den Biedermann gleichermaßen intensiv in der letzten Humanistenklasse als auch in den ersten Studiensemestern hörte: der Philosoph Friedrich Fischer[279]. Der württembergische Pfarrerssohn wurde am Silvestertag 1801 in Honau (Württemberg) geboren. Nach seinem Studium in Tübingen war er ein Jahr lang Vikar bei seinem Vater, 1826 ernannte ihn das Tübinger Stift zum „Repetenten". Im gleichen Jahr erschien auch seine theologische Dissertation[280]. Sein Forschungsinteresse verlagerte sich aber in den nächsten Jahren auf das Gebiet der Philosophie. 1829 begann er, im Stift Vorlesungen über Religionsphilosophie zu halten. Ein Jahr später berief ihn die Tübinger Universität aufgrund der Schrift „Über den Begriff der Philosophie, mit besonderer Rücksicht auf seine Gestaltung im absoluten Idealismus"[281] zum Privatdozenten. Wie der Untertitel schon andeutet, setzte sich Fischer mit dem deutschen Idealismus auseinander, mit den Philosophen, die „das große Wort in der deutschen Philosophie führen", nämlich Fichte (1762–1814), Schelling (1775–1854) und Hegel (1770–1831)[282]. Dabei ging er nicht zimperlich mit den genannten Vertretern des Idealismus um, sondern spottete über deren Erkenntnistheorien. Immerhin gestand Fischer ihnen zu, daß sie die Verengung der philosophischen Fragestellungen auf die Erkenntnistheorie, die ihren Anfang bei Descartes nahm, durchbrachen. Doch ob der idealistische Umschlag der Erkenntnistheorie in eine Theorie des Universums gelungen sei, ob die Genesis des Bewußtseins sich als Kosmogonie verstehen dürfe, das bezweifelte Fischer und

---

[277] Das Werk erschien 1829–1830 in Basel in drei Bänden unter dem Titel „Chrestomathie française, ou choix de morceaux tirés des meilleurs écrivains français".

[278] Siehe Uebersicht, S. 6.

[279] Fischer (1801–1853) ist heute weithin vergessen, Philosophiegeschichten neueren Datums erwähnen seinen Namen nicht mehr. Zu seinem Leben und Werk siehe KARL PRANTL, Friedrich Fischer, in: ADB 7, S. 66 f.; ferner Bischoff, Universität, S. 32–35.

[280] Sie trägt den Titel „Zur Einleitung in die Dogmatik der Evangelisch-Protestantischen Kirche oder über Religion, Offenbarung und Symbol, ein Beitrag zu endlicher Beilegung des Streits zwischen Rationalismus und Supranaturalismus", Tübingen 1828.

[281] Die Schrift erschien 1830 bei Osiander in Tübingen.

[282] FISCHER, Begriff, S. 1. Es sind folgende Schriften des Idealismus, denen er sich zuwendet: Johann Gottlieb Fichte, Über den Begriff der Wissenschaftslehre, 1794; Friedrich Wilhelm Schelling, Vorlesungen über die Methode des akademischen Studiums, 1803 und Georg Wilhelm Hegel, Enzyklopädie der Wissenschaften, 1817.

zeichnete mit spitzer Feder eine Karikatur des philosophisch-idealistischen Bemü-
hens um Erkenntnis[283]. Sein empiristischer Ansatz definierte die Philosophie als die
Wissenschaft, „welche die nothwendigen und allgemeingültigen Verhältnisse und
Erscheinungsformen des Universums als wesentliche zu begreifen hat"[284]. Darum
konnte er Philosophie auch „Weltweisheit" nennen.

Der Menschengeist nähert sich dieser Weltweisheit auf dreifache Weise durch
Erkenntnis, Gefühl und Begehren nach den Regeln des Wahren, des Schönen und
des Guten. Daraus leite sich eine Dreigliederung der Weltweisheit in die Naturphilosophie, Ästhetik und Ethik ab, von denen weitere differenzierte Äste abgingen.
Über dieser dreifachen Beziehung des Ichs zur Welt stehe aber – sie unter sich fassend – die Beziehung zum Absoluten, die Religion. Die ist schließlich Gegenstand
der höchsten philosophischen Disziplin, der Religionsphilosophie[285].

Fischers philosophischer Ansatz verdankte wesentliche Grundzüge dem Thüringer Philosophen Gottlob Ernst Schulze (1761–1833)[286], in der Philosophiegeschichte nach einem seiner Werke „Aenesidemus" genannt[287]. Schulze, der sich vor
allem mit Kant auseinandersetzte und dessen Transzendentalphilosophie vom
Standpunkt eines gemäßigten Skeptizismus aus kritisierte, behauptete: Die kritische Methode stelle sich eine Aufgabe, deren Lösung ihren eigenen Resultaten
nach unmöglich ist. Denn wenn die Kritik die Bedingungen der Erfahrung sucht,
so sind diese Bedingungen nicht Gegenstand der Erfahrung; und gerade das erklärt
die Analytik für unerlaubt. Darum leugnete Schulze die Möglichkeit, an Hand des
Kantschen Systems eine Erkenntnis der Wirklichkeit zu gewinnen. Er selber betonte mit Nachdruck den Unterschied zwischen der unmittelbaren (Sinnesempfin-
dungen) und der mittelbaren (Vorstellungen) Erkenntnis. Davon ausgehend formulierte er die philosophische Logik als das Verfahren, das der Einrichtung des Verstandes angemessen sei, wenn ein Ding oder eine Klasse von Dingen zu einem systematischen Ganzen verbunden wird.

Es war dieser gemäßigte Skeptizismus, der Fischer auf Schulze aufmerksam wer-

---

[283] „So sehen wir unsere Philosophen in einer Welt von lauter Bilder wandeln, selbst in Bild
und Vorstellung verwandelt, beschäftigt den geheimnißvollen Grund dieses Bilderspiels einander
zu deuten und zu enträtseln, und allerley Scharfsinniges und Tiefes durcheinander redend; dem
schlichten Menschenverstande dagegen, der die Wirklichkeit mit der Hand greifen zu können
vermeint und gar nicht begreift, wie die Philosophen die Wirklichkeit erst suchen gehen, sich wie
Künstlichträumende darstellend, welche beschäftigt sind, einander ihre Träume zu deuten"; FI-
SCHER, Begriff, S. 25f. Diese Stellung zu Kant und dem deutschen Idealismus vertrat er auch als
Professor in Basel; Bischoff, Universität, S. 33f. Siehe dazu unten S. 172–176.
[284] FISCHER, Begriff, S. 112f.
[285] FISCHER, Begriff, S. 114.
[286] Professor der Philosophie in Helmstedt (1788–1820) und Göttingen (1810–1833), war
Lehrer Schopenhauers und beeinflußte mit seiner Kantkritik den Neukantianismus der Marburger Schule (H. Cohen).
[287] „Aenesidemus oder über die Fundamente der von dem Herrn Prof. Reinhold in Jena gelie-
ferten Elementar=Philosophie. Nebst einer Vertheidigung des Skepticismus gegen die Anmaa-
ßungen der Vernunftkritik", [Helmstedt] 1792; siehe dazu WILHELM WINDELBAND, Lehrbuch der
Geschichte der Philosophie, Tübingen [17]1980, S. 496f.

den ließ und seinen eigenen Empirismus[288] anregte. In Fischers „Lehrbuch der Logik für academische Vorlesungen und Gymnasialvorträge"[289] kam dieser Ansatz zum Tragen. Dieses Lehrbuch legte er dem philosophischen Unterricht am Pädagogium zugrunde.

Fischer war 1832 zum außerordentlichen Professor, 1835 zum ordentlichen Professor der Philosophie in Basel berufen worden und galt als beliebter, zuvorkommender und freundlicher Lehrer, der zeitweilig auch Redaktor der „Baseler Zeitung" war. Nach einigen Jahren in Basel verursachten körperliche Leiden tiefe Depressionen, denen er sich durch Selbsttötung im Januar 1853 entzog.

G. Bischoff beschrieb in seiner Darstellung der Basler Universität Fischer und sein Wirken in auffallend ausführlicher Weise und stellte ihn als ersten und würdigen Vertreter der philosophischen Fakultät vor. Fischer falle zwar nicht durch ein eigenständiges philosophisches System auf, würde aber seine Aufgabe, in die Philosophie einzuführen, hervorragend wahrnehmen. Es gelinge Fischer – auch ohne ein die Freiheit hemmendes System – „unter der Hand" zu einem systematischen und methodischen Verfahren anzuleiten. Dabei bediente er sich weniger rein logischer Kategorien, sondern bevorzugte das Konkrete, Anschauliche. Dieses könne er durch eine scharfsinnige Beobachtungs- und Kombinationsgabe manchmal auf geniale Weise ausführen. Kommen Fischer aber Denkformen aus der Metaphysik in die Hände, werden diese arg mißhandelt. Die Metaphysik ist denn auch in den Augen Fischers ein Hirngespinst, das er aus der Philosophie vertreiben wolle.

Am Pädagogium hatte er die zweite Realisten- und die dritte Humanistenklasse zu unterrichten. Letztere hörte bei Fischer Logik, erstere hingegen Psychologie[290]. In der Übersicht des Lehrprogramms am Pädagogium skizzierte Fischer seinen philosophisch-empiristischen Ansatz ganz knapp: Er trage im Unterricht keine transzendenten Spekulationen vor, „sondern nur die in der allgemeinen Erfahrung unbewußt und unbemerkt vorliegende Wirklichkeit". Im Verlauf dieses Vortrags verwandelten sich die natürlichen, psychologischen und logischen Begriffe in wissenschaftliche. Die Resultate dieser „katechetischen Entwicklung" wurden in kurzen Diktaten sofort schriftlich fixiert.

---

[288] Bischoff nennt als typische Stichworte Fischers „Empirie" und „gesunden Menschenverstand"; siehe G. Bischoff, Universität, S. 33.

[289] Stuttgart 1832. Fischer sah sich veranlaßt, eine Logik zu veröffentlichen, da Fries nicht konstruktiv auf seine, in den „Heidelberger Jahrbüchern" formulierte Kritik an der Friesschen Logik eingegangen war. Fischer ging es darum, partielle Verbesserungen und Fortentwicklungen der Logik zu präsentieren. Bei seiner Auseinandersetzung stellt er zahlreiche Entwürfe der Logik vor: CARL FRIEDRICH BACHMANN, System der Logik, Leipzig 1828; FRIEDRICH C. CALKER, Propaedeutik der Philosophie, 1. Heft: Methodologie der Philosophie, Bonn 1821; JOHANN JACOB FRIES, Grundriß der Logik. Ein Lehrbuch zum Gebrauch für Schulen und Universitäten, Heidelberg ³1827; WILHELM TRAUGOTT KRUG, System der theoretischen Philosophie, 1. Teil, Königsberg ⁴1833; GOTTLOB ERNST SCHULZE, Grundsätze der allgemeinen Logik, Göttingen ⁵1831; HEINRICH CHRISTOPH W. SIGWART, Handbuch zu Vorlesungen über die Logik, Tübingen ³1835; AUGUST DETLEF CH. TWESTEN, Grundriß der analytischen Logik. Für seine Vorlesungen entworfen, Kiel 1834.

[290] Uebersicht, S. 5f.

Der Logikunterricht war so strukturiert, daß in einer ersten Einheit die verschiedenen Denkoperationen, Denkgesetze, Begriffe und deren Verhältnisse, ferner die Lehre von den Urteilen und ihren Verhältnissen vorgetragen wurden. Im zweiten Halbjahr folgten die Syllogistik mit besonderer Berücksichtigung der Verhältnisschlüsse und die wissenschaftliche Methodenlehre[291].

In den wenigen Philosophiestunden, die Biedermann beim dicken, rotwangigen Fischer[292], wie die Studenten ihn nannten, absolvierte, wurden seine bisher noch schlummernden philosophischen Interessen geweckt. Seine philosophische Neugier schlug sich auch in den Zensuren nieder. Fischer erkannte in Biedermann den talentvollsten Schüler der Klasse, der dem Unterricht überaus konsequent folgte. Sein tiefer Blick und sein weises Urteil höben ihn aus der Klasse hervor, urteilte der Lehrer. Eine kritische Anmerkung erlaubte sich Fischer nach diesen positiven Ausführungen schließlich noch: Biedermann arbeite zwar mit lebendigem Geist, doch mit etwas „behaglichem" Interesse[293].

Die vorgestellten Zensuren und Beurteilungen der Lehrer zeigen, daß Biedermann als überdurchschnittlich begabter Schüler die Vorbereitung auf das Universitätsstudium erfolgreich und problemlos absolvierte. Nachlässigkeiten und mangelnder Einsatz des Winterthurer Schülers wurden vom Vater[294], von Pfarrer Hess und von seinen Lehrern sofort gerügt. Der Ehrgeiz, die rasch erlangte Stellung des Primus zu halten, wird für zusätzlichen Arbeitswillen gesorgt haben[295]. Diese zunehmende Arbeitsdisziplin und Biedermanns vielfältige Interessen schlossen jedoch nicht einen lebendigen Verkehr und Umgang mit seinen Freunden aus. Nein, vielmehr wußte Biedermann die schulischen Anforderungen mit den Vergnügungen der Freizeit zu verbinden. Darum war er bei den Klassenkameraden gut gelitten, und man akzeptierte weitgehend seine herausragenden Fähigkeiten, auch wenn es mit einzelnen, wie Jacob Burckhardt oder Mitgliedern des Zofingervereins, zu Auseinandersetzungen kam. Sein lebenslanger Freund Johann Jakob Oeri beschrieb in seinen „Persönlichen Erinnerungen" voller freundschaftlichem Respekt die Ankunft des Winterthurers in Basel: Biedermann war schon vor seiner Ankunft in Basel ein guter Ruf vorausgeeilt. Man erwartete einen vielversprechenden Schüler. Dieser Ruf bestätigte sich, so Oeri, sehr bald. Was man nicht ahnen konnte, war die Tatsache, daß sich hinter dem begabten und fleißigen jungen Mann „kein naseweiser Pedant, kein Puritaner und Rigorist" verbarg, sondern einer, der immer zum Scherz und Spaß bereit war[296].

---

[291] Ebd.

[292] Biedermann, Tagebuch, S. 48; J. Burckhardt, Briefe, S. 54; 56; 268.

[293] Semesterberichte Wintersemester 1836/37; StABS: Erziehungsakten U 24.

[294] Siehe die Ermahnungen des Vaters in den Briefen B.I.f.16; B.I.f.21.

[295] Der Vater ermahnte den Sohn, sich nicht überholen zu lassen; Brief vom 9.5.1835: B.I.f.24. Auch verwies der Vater darauf, daß sich der Sohn besonders anstrengen müsse, da er sich im Falle einer Prüfung in Zürich auf die äußerste Strenge der Lehrer gefaßt machen müsse. Den Zürchern sei nämlich das Studium in Basel ein Greuel, den sie den Schüler oder Studenten büßen lassen würden; E. Biedermann an Biedermann, 3.11.1835: B.I.f.30.

[296] Oeri, Erinnerungen, S. 31.

5. Die Promotion zur Universität

Die Entlassung der Pädagogisten nach Beendigung der dritten Klasse fand in einem feierlichen Rahmen statt. An die sogenannte Promotion zur Universität wurden die Bürger der Stadt eingeladen. Ihnen präsentierte man die erfolgreichen Absolventen des Pädagogiums. Als unerläßliche und reizvolle Programmpunkte galten die beiden Reden, die die erfolgreichsten Schüler zu halten hatten. Eine Ansprache erfolgte in deutscher, die andere in lateinischer Sprache. Es galt als Auszeichnung, bei dieser Feier im Mittelpunkt zu stehen.

Am 1. Mai 1837 erhielt Biedermann die Zugangsberechtigung für die Universität. Als Primus seines Jahrganges durfte er die lateinische Rede halten, die ihn nicht wenig Mühe und Anstrengung kostete[297]. Seinem in glänzendem Latein gehaltenen Vortrag mit angehängter sapphischer Ode gab er den Titel „De imaginibus"[298]. Biedermann wählte dieses Thema, um seinen Altersgenossen und den jüngeren Pädagogisten Hinweise zur Formung der Tugenden und des Charakters zu geben. Der Redner fragte danach, auf welche Weise sich der Heranwachsende bilden könne, welche Leit- und Vorbilder sich ihm anböten. Diese Frage beantwortete Biedermann, indem er in einem ersten längeren Teil seiner Rede den Nutzen der biographischen Geschichtsschreibung beschrieb. Er unterscheidet die „Vita" von einer offiziellen Geschichtsschreibung. Anhand letzterer könne man nur schwerlich den Charakter und die Tugenden heranbilden. Hierfür seien vielmehr die Viten berühmter Männer dienlich, die nicht nur die großen weltgeschichtlichen Taten beschrieben, sondern gerade auch deren Fehler zu nennen wüßten. Biedermann illustriert diesen Gedanken mit folgendem Vergleich: Werke der Kunst lösten oft, würden sie nur aus der Ferne betrachtet, große Bewunderung aus. Tritt der Betrachter jedoch näher an sie heran, erscheinen sie oft viel weniger kunstvoll gestaltet. Dies gelte auch für die Lebensläufe berühmter Personen, deren Glanz dann verblasse, wenn man sich ihren häuslichen Verhältnissen zuwende. Diesen Bereich angemessen zu beschreiben, das ist die subtile Aufgabe des Biographen. Freilich geht es nicht darum, jedes Detail vor dem Leser auszubreiten, wie es leider im gegenwärtigen „Jahrhundert der Buchstaben" allzu oft geschehe. Nein, vielmehr habe der Autor einer Vita mit viel Geschick und Weisheit eine hilfreiche Selektion vorzunehmen, wenn er das Tugend- und Fehlerhafte im Leben eines Menschen schildert. So dienen gerade die Unvollkommenheiten der großen Männer dazu, den Heranwachsenden auf mögliche Gefährdungen aufmerksam zu machen. Durch das Studium von Lebensläufen kann man die Seele, erläutert der geschichtsbegeisterte Biedermann, die „Werkstatt der größten Dinge", in Bewegung setzen, um so dem Guten und dem „Deo optimo maximo" mit all seinen Kräften zu dienen. Sich auf diesen Weg, auf den Weg der Tugend zu begeben, ist für Biedermann eine Erfolg versprechende Art der Bildung. Die Römer indes, erläutert Biedermann, motivierten ihr tugendhaftes Handeln anders. Sie ließen sich durch die „imago"[299] eines Vorfahren

---

[297] Biedermann, Tagebuch, S. 2.
[298] Nachlaß Biedermann, A.III.b.1. Die Rede umfaßt acht handgeschriebene Seiten. Ich danke Herrn Studienrat Wilhelm Tittel für seine altertumswissenschaftlichen Hinweise.

zum Handeln anregen. In den römischen Häusern befanden sich im Atrium als Schmuck „imagines" der Vorfahren. Diese „imagines" waren Masken, meist aus Wachs oder Marmor gefertigt, denen die Persönlichkeit des Dargestellten zueigen blieb[300]. In der Verehrung dieser Masken versuchte man, den Vorfahren nachzueifern, an ihre Leistungen und Verdienste anzuknüpfen.

Der Vergleich zwischen „vita" und „imago" fällt für Biedermann aus drei Gründen zugunsten der „vita" aus. Man verfüge erstens nicht mehr über entsprechende Bilder, und zweitens pflege man keine Bilderverehrung mehr. Ferner gibt es wesentlich kräftigere Anreize, sich in der Tugend zu bilden. Denn nicht Wachs oder Abbild setzten die Kraft frei, sondern allein die Erinnerung an Taten. Und drittens schließlich beschränkte sich die Verwendung der „imago" elitär auf den römischen Adel. Lebensläufe hingegen seien allen zugänglich.

Den anwesenden jungen Männern gab Biedermann abschließend einige konkrete Ratschläge. All jene, die sich auf die wissenschaftliche Laufbahn vorbereiten, sollten vorwiegend Lebensläufe solcher Männer studieren, die auch den akademischen Weg eingeschlagen haben. Anhand ihrer Beschreibungen könne genügend Tatkraft und Durchhaltevermögen errungen werden, um auch Rückschläge verkraften zu können. Wenn sich Gefühle des Scheiterns, der Scham und der Konfusion ausbreiteten, fahre alle Hoffnung, aller Fleiß und jegliche Sorgfalt hin, so daß das Leben Schaden nehmen könne. Doch gehörte es sich nicht für einen Heranwachsenden zu verzweifeln. Aus den Lebensläufen anderer könne er nämlich erneut Möglichkeiten erkennen, das Leben zu gestalten. Ferner würde er erfahren, daß selbst die herausragenden historischen Gestalten bescheiden begonnen hätten. Wenn andere auch mehr Begabungen besäßen, so könne dies durch strebsamen Fleiß ausgeglichen werden. Ermutigend schließt Biedermann seine Rede mit dem Hinweis: Die Natur hat vielen der berühmtesten Männer weniger Fähigkeiten gegeben, als gemeinhin angenommen wird.

6. Biedermanns Freizeitgestaltung

Neben den schulischen Verpflichtungen pflegte Biedermann eine rege Freizeitgestaltung. Hier standen neben den poetischen Versuchen vor allem sportliche Aktivitäten im Vordergrund. So begann er im Sommer 1834, in der Basler Badeanstalt schwimmen zu lernen[301], wurde Mitglied im Turnverein und unternahm zahlreiche Sommer- und Turnerfahrten. Im Sommer 1834 reiste er mit dem Vater und vier Winterthurer Freunden von Winterthur über den Gotthard nach Airolo, Bellinzona, Splügen, über die Via mala nach Chur und Sargans[302]. Auch im Sommer 1835 brach Biedermann mit Johann Jakob Wirz, seinem Hausgenossen, wieder zu

---

[299] JOACHIM MARQUARDT, Das Privatleben der Römer. Erster Teil, (Nachdruck Leipzig ²1886) Darmstadt 1990, S. 240–245.

[300] MARQUARDT, Privatleben, S. 243.

[301] Biedermann an E. Biedermann, 6.6.1834: B.I.b.5: Biedermann wurde an einem Gurt durch das Wasser geschickt.

[302] Biedermann, Tagebuchblätter, 1834.

einer Schweizerreise auf, die ihn ins Berner Oberland und auf den Rigi führte[303].
Im folgenden Jahr wanderte er über Lörrach ins badische Wiesental und weiter in
den Schwarzwald.

Sein Interesse an den alemannischen Nachbarn zeigte Biedermann auch durch
die Lektüre von Johann Peter Hebels (1760–1826)[304] Werken[305]. Ferner las er ausgiebig Goethe und Schiller. Sein Lesehunger war zeitweilig so groß, daß der Vater
angesichts knapper finanzieller Mittel mahnen mußte, den Kauf von belletristischer
Literatur einzustellen[306].

Ende 1835 mischten sich deutlich negative Töne in Biedermanns Berichte aus
Basel. Seinen Eltern schrieb er in einem Jahresrückblick, die „rauschenden Freuden" des Turnens und Studentenlebens hätten für ihn zum großen Teil ihren Reiz
verloren. Drastisch formulierte er: „Das Studentenwesen ekelt mich ganz an".[307]
Möglicherweise wurden diese Verstimmungen auch durch körperliche Beschwer-
den hervorgerufen. Biedermann mußte nämlich im Winter das Turnen einstellen,
weil ihm die Hände „aufgingen". Darum trug er den ganzen Tag Handschuhe[308].
Wenig später klagte er auch über Ohren- und Zahnschmerzen sowie über die Fa-
milienkrankheit „Erhitzung des Blutes", womit wohl ein Bluthochdruck gemeint
ist. Dagegen trank er viel Wasser und ließ das Abendessen ausfallen[309].

Seit 1836 begann Biedermann, sich zusammen mit Johannes Riggenbach und
Jacob Burckhardt in die gotische Baukunst zu vertiefen. Darum marschierte das
Trio auch zur Fasnacht 1836 in einem Tag nach Freiburg im Breisgau, um das
Münster zu besichtigen[310].

Den eindeutigen Schwerpunkt seiner Freizeitgestaltung bildete aber das Turnen,
und Biedermann litt sehr darunter, wenn er aus gesundheitlichen Gründen pausie-
ren mußte. Im Sommer 1834 trat er in den Basler Turnverein ein, dessen Präsident
er fünf Jahre später werden sollte[311].

Die Anfänge der Turnbewegung in der Schweiz hängen mit der Einführung des
Sport-, Schwimm- und Turnunterrichtes in den deutschen Schulen durch die patriotischen Berliner Lehrer Friedrich Ludwig Jahn (1778–1852), den „Turnvater",

---

[303] Biedermann an E. Biedermann, 8.7.1835: B.I.b.21.

[304] Zu Hebel siehe ELSE BOCKELMANN, Johann Peter Hebel. Alemannische Gedichte, in: KnLL
7, S. 495f. und GERT SAUTERMEISTER, Johann Peter Hebel. Schatzkästlein des Rheinischen Hausfreundes in: aaO., S. 496–498.

[305] E. Biedermann an Biedermann, 17.12.1835: B.I.f.32.

[306] Ebd.

[307] Biedermann an E. Biedermann, 29.12.1835: B.I.b.30. Der Vater antwortete zustimmend,
daß es ihm lieb sei, wenn sich der Sohn von dem „burschikosen Treiben der gewöhnlichen Studenten" distanziere. Alois solle sich zur „geistigen Veredelung" enger an Riggenbach, Oeri und
Meyer orientieren; E. Biedermann an Biedermann, 4.1.1836: B.I.f.34.

[308] Biedermann an E. Biedermann, 30.11.1835: B.I.b.28.

[309] Biedermann an E. Biedermann, 30.1.1836: B.I.b.31.

[310] Biedermann, Tagebuchblätter, 1836. In einem Brief an den Vater beschreibt Biedermann
die Wanderroute. Der Weg führte sie in zwölf Stunden von Basel über Eimeldingen, Schliengen,
Heitersheim, Müllheim, Wolfenweiler nach Freiburg. Sie besichtigten das Münster mehrmals;
Biedermann an E. Biedermann, 29.2.1836: B.I.b.32.

[311] Biedermann, Tagebuchblätter, 1839.

und Karl Friedrich Friesen (1785–1814) in den Jahren 1809–1811 zusammen. In der Zeit der „Befreiungskriege" entwickelten sich die Turner neben den Deutschen Gesellschaften und den Burschenschaften zu den Trägergruppen des nationalen und freiheitlichen Protestes[312]. Jahn und Friesen erstrebten eine pädagogisch-moralische Körper- und Gemeinschaftserziehung, die nationalpolitischen Zielen dienen sollte. Darum kommt der Turnbewegung der Charakter einer vormilitärischen Ausbildungseinrichtung zu, die den jungen Männern die körperliche und geistige Kraft zur Verwirklichung des „teutschen Traumes" vermitteln wollte[313]. Ihr Ziel war eine selbstbewußte deutsche Nation mit demokratisch-egalitärer Prägung[314]. Dieser patriotische Geist erfaßte innerhalb kürzester Zeit weite Teile der deutschen Jugend und mündete im Sommer 1815 in der Gründung der ersten Burschenschaft in Jena mit ihrem Programm: Ehre, Freiheit und Vaterland. Jahns Einfluß auf die Burschenschaften führte zur Separation der radikalen „Altteuschen". Sie sahen in Luther einen republikanischen Helden, verbanden seine Lehre von der Freiheit des Christenmenschen mit liberal-demokratischen Ideen[315]. Mit den patriotisch-freiheitlichen Ideen einher gingen – und auch hier wirkte Jahn prägend – ein primitiver Antisemitismus sowie Haßgefühle gegen die Welschen[316]. Hier liegen eindeutig und offenkundig die Gründe, warum in der aufkommenden schweizerischen Turn- und Studentenbewegung ohne Unterlaß betont wurde, eigene, schweizerische Wege zu gehen. Denn sobald die Turnbewegung sich als Instrument zur Verwirklichung des eidgenössischen Gedankens verstand, mußte sie unmißverständlich von den „Teutschtümeleien", den Ressentiments und Haßtiraden Jahnscher Prägung gegenüber den Welschen Abstand nehmen. Diese sich von Deutschland distanzierende Haltung läßt sich auch bei Biedermann erkennen. Wohl durch das Engagement des Vaters in der King's German Legion veranlaßt und durch des Vaters Wertschätzung für Deutschland gefördert, es sei nur an die Überlegungen bezüglich der Ausbildung des Sohnes in Hannover erinnert, vertrat der junge Biedermann einen Patriotismus für die „ganze deutsche Nation". Im Basler Pädagogium entwickelte er dann aber einen engeren für die Schweiz. Die Begeisterung für den deutschen Patriotismus erfuhr er anfangs als Triebfeder seines dichterischen Schaffens, wie sie sich in der fragmentarischen Tragödie über Kaiser Otto III. äußerte[317].

---

[312] NIPPERDEY, Geschichte, S. 279.

[313] Siehe zum „teutschen" Traum JOHANNES WILLMS, Nationalismus ohne Nation. Deutsche Geschichte 1789–1914, Düsseldorf 1983, S. 105–129.

[314] NIPPERDEY, Geschichte, S. 279, bemerkt zu Recht, daß es sich bei den Turnern nicht um eine „lebensreformerische Sekte", sondern vielmehr um die „Vorform einer politischen Partei" handle.

[315] WILLMS, Nationalismus, S. 115.

[316] Nach WILLMS, Nationalismus, S. 121, wirkte sich der „brutale, zivilisationsfeindliche und damit humanitätsfeindliche Radikalismus Jahns" höchst problematisch auf die Entwicklung der Burschenschaften und der Turnbewegung aus: „Jahn reicherte den deutschen Nationalismus in der Stunde seiner Geburt mit jenem Gift an, das sich später in der Hochzeit nationalistischen Wahns über ganz Europa verbreiten sollte."

[317] In seinem Tagebuch, S. 7, notierte er: „Allein mittlerweile trat nicht nur die hauptsächlich

Die Turnbewegung in der Schweiz setzte einige Jahre später als in Deutschland ein. 1819 wurde der Bürgerturnverein gegründet. Aber es war in Basel erst die Gesellschaft für das Gute und Gemeinnützige (GGG), die sich als erste Institution entschlossen für die körperliche Ausbildung der männlichen Jugend einsetzte[318]. In einer Rede zum 50jährigen Bestehen der GGG hatte 1827 deren Vorsitzender ausgeführt, daß die geistige und körperliche Kraft und Gewandtheit mehr, als manche glauben mögen, miteinander in enger Verbindung stünden. Ein Jahr zuvor hatte die GGG gegen den Widerstand reaktionärer Kreise eine „Kommission zu Veranstaltung körperlicher Übungen" eingesetzt. Diese Kommission erteilte auf einem Platz im Klingental erstmals Turnunterricht für Knaben[319]. Ziel der Kommission war es, in der Erziehung einen verständigen Geist und einen gesunden, kräftigen Körper heranzubilden[320]. War bis dahin das Turnen auf die wärmere Jahreszeit beschränkt geblieben, konnte seit 1832 auch in den Wintermonaten in einem Saalbau geturnt werden[321]. Zum Turnunterricht trat seit 1829 dann auch der militärische Vorunterricht, der nun nicht mehr nur in steifem Marschieren, sondern auch in „Jägermanövern" bestand. Das mit dem militärischen verbundene patriotische Interesse äußerte sich schließlich im Zusammenschluß der Turnvereine zum gesamtschweizerischen Volksverein im Jahr 1832. Damit war der Turnverein nach den Schützen, die sich 1824 zusammengeschlossen hatten, der zweite Verein, der das Bekenntnis zum gemeinsamen Vaterland über das spezifische Vereinsziel stellte[322]. So wurden die Jahresversammlungen der Naturforscher und Historiker sowie die eidgenössischen Schützen- und Turnfeste zu den Gelegenheiten, an denen der wachsende Kult des Vaterlandes die Kantone einerseits und die verschiedenen gesellschaftlichen Schichten andererseits verband[323].

---

begeisternde Triebfeder, der Patriotismus für die ganze deutsche Nation gegen die engern für die Schweiz zurück."

[318] WALTER STAEHELIN, GGG. Der Zeit voraus, dem Staat voraus. Zur Zweihundertjahrfeier der Gesellschaft für das Gute und Gemeinnützige Basel, Basel 1977, S. 21–28; siehe auch ERNST STRUPLER, Die Anfänge der modernen Leibesübungen in der Schweiz bis 1833, Winterthur 1955, S. 99–121.

[319] W. STAEHELIN, Zeit, S. 21, nennt für die Anfänge eine Anzahl von 63 Jungen. Diese Zahl habe sich aber sehr bald verdoppelt und verdreifacht. Im Jahre 1830 schrieb die Kommission in einem Bericht: „Wir erlauben uns endlich den Wunsch auszusprechen, daß auch die körperliche Ausbildung der weiblichen Jugend, deren dringende Nothwendigkeit jüngst von erfahrener Hand und auf beherzigenswerthe Art in einem Baslerischen Blatte dargestellt worden ist, nicht länger außer Acht gelassen werden möchte"; aaO., S. 22.

[320] W. STAEHELIN, Zeit, S. 21f. Siehe auch „Einige Worte über den Nutzen und die Nothwendigkeit des Turnens, gesprochen in der Versammlung des schweizerischen Turnvereins zu Basel, den 22 April 1835", Basel o. J.; StABS: PA 412 A 10a. Ferner betonte auch KARL RUDOLF HAGENBACH in seiner „Encyklopädie und Methodologie der theologischen Wissenschaften", Leipzig ⁸1869, S. 49, Anm. 6, den Nutzen des Turnens. Er empfiehlt es den Predigern. Damit reagierte er auf einen Hinweis der EKZ 1863, in der angeblich die „Unverträglichkeit des Turnens mit christlicher Gesinnung" erklärt wurde.

[321] Biedermann turnte im Winter in einer Kapelle im Basler Münster. Biedermann an E. Biedermann, 30.11.1834: B.I.b.12.

[322] IM HOF, Mythos, S. 118.

[323] Ebd.

In Basel ging mit den Bemühungen um das Turnen die Förderung des Schwimmens, Eislaufens und Wanderns einher. Als Biedermann nach Basel kam, fand er funktionierende Einrichtungen vor, die sich langsam, nach regem Widerstand hatten etablieren können. Für die Entwicklung Biedermanns dürfen seine sportlichen Aktivitäten nicht zu gering veranschlagt werden. Er selber erwähnte in seinen Aufzeichnungen immer wieder den Stellenwert, den für ihn die körperliche Ertüchtigung und die damit verbundene freundschaftliche Gemeinschaft besessen haben. Ja, er kann auch im Sinne des genannten Vortrags, den er vermutlich selbst gehört hat, von der heilsamen Wirkung des Turnens sprechen. So notierte Biedermann in seinem Tagebuch: „Was mich gleich von Anfang lebhaft in Anspruch nahm und meinem mächtigen Trieb nach Lebens- und Kraftäußerung, der sonst leicht sich hätte auf Abwegen verirren können, eine heilsame Richtung gab, war das Turnen.“[324]

Als Biedermann im Sommer 1834 in den Turnverein eintrat, lag dieser ziemlich danieder. Doch durch seinen Einsatz könne er sich, obwohl er damals der Jüngste gewesen sei, zu den Erhaltern des Turnvereins zählen, betont Biedermann. In herausragender Weise aber gelte Daniel Ecklin[325] als unermüdlicher Förderer, der in diesen Jahren „fortwährend mit eben so viel Kraft und Eifer als Einsicht“ an der Spitze des Vereins stand[326]. Biedermann bildete mit ihm zusammen und einigen wenigen anderen den Stamm des Vereins für „künftige bessere Zeiten“. Das im folgenden Jahr in Basel stattfindende schweizerische Turnfest habe ihm eine neue Welt eröffnet[327]. Für das Turnen in Basel bedeutete die dreitägige Veranstaltung einen gewaltigen Aufschwung, der bis etwa 1838 anhielt. Die Jahre 1835 bis 1838 beschreibt Biedermann als Blütezeit des Vereins.

Auf den Turnfesten in Zürich (1836) kam die Basler Sektion, deren Ruf nicht der beste war, zu Ehren und Ansehen. Das positive Erscheinungsbild festigte sich auf den folgenden Turnfesten in Schaffhausen (1837) und Chur (1839). Ein Problem für den Verein bestand jedoch darin, daß die verdienten Kräfte langsam ausschieden und die Qualität des jüngeren Nachwuchses in den Augen Biedermanns zu wünschen übrig ließ. Als Ecklin zu Neujahr 1839 den Verein verließ, erlebte sich Biedermann mit einigen Freunden geradezu als „Reliquie aus alter Zeit vereinzelt unter neuem Aufwuchs“[328]. Er bemängelte an den neu Hinzugekommenen, daß sie nicht nach der höheren Richtung strebten, sondern allein wegen der

---

[324] Biedermann, Tagebuch, S. 2.

[325] Biedermann, Tagebuch, S. 2f. Zu Daniel Ecklin siehe Ulrich Beringer, Geschichte des Zofingervereins. Kulturbilder aus dem schweizerischen Studentenleben des neunzehnten Jahrhunderts, Bd. 2, Basel 1907, S. 535, sowie die „Gedächtnisrede und Personalien bei der Beerdigung des Herrn Dr. Daniel Ecklin, den 29.6.1881 von Zwingli Wirth, Oberthelfer“, Basel o. J.

[326] Biedermann, Tagebuch, S. 2f.

[327] Siehe hierzu im Nachlaß Biedermanns (B.I.a.6) die Kopie des Aufsatzes über das Basler Turnfest von 1835, der von den beiden Studenten der Theologie Albrecht Haller und Alphons von Greyerz, Bern, verfaßt wurde. Er erschien in der „Allgemeinen Schweizer-Zeitung“ am 30. April 1835, S. 213f. In diesem Aufsatz werden die überaus große Gastfreundschaft und der echte „eidgenössische Geist“ der Stadt lobend hervorgehoben. Basel habe entgegen den Urteilen vergangener Zeiten doch ein Herz für das Vaterland (S. 214).

[328] Biedermann, Tagebuch, S. 3.

nützlichen Leibesübung turnten. Biedermann scheint hier die mangelnden Ideale eines eidgenössischen Patriotismus einzuklagen. Jene Turner seien aber nicht das schlimmste Übel des Vereins geworden. Nein, vielmehr böten jene Anlaß zum Ärgernis, die zwar Vereinsmitglieder, aber nicht Turner im eigentlichen Sinne seien. Ihr Anliegen und ihr Bestreben seien es, sich durch Opposition und Berufung auf die Satzungen bemerkbar zu machen. Biedermann beklagte, daß nun nur noch wenige bereit seien, den Blick zu erweitern und durch Darlegung des eigenen Eifers anderen von dem, was man sich selber Wohltätiges durchs Turnen angeeignet habe, wie Kraft, Gewandtheit, Entschlossenheit und Mut, mitzuteilen. Dies sei aber im Blick auf das Vaterland wichtig, leiste man doch diesem gemeinsam einen unmittelbaren Dienst. Dieser ernüchternden Analyse des Vereins setzte Biedermann die Hoffnung entgegen, daß nach einer kleinen Zeit des Verfalls wieder tatkräftige Jüngere den Verein reaktivieren würden[329].

In seinen Briefen berichtete Biedermann vom Turnen und vor allem von den zahlreichen Turnerreisen, die ihn durch die Schweiz führten und zahlreiche Kontakte knüpfen ließen. Ertüchtigung und athletische Leistungsfähigkeit haben für Biedermann zeit seines Lebens große Bedeutung behalten. Später trat als weitere sportliche Betätigung noch das Fechten[330] hinzu.

7. Ertrag

Wenn man auf Biedermanns erste drei Jahre in Basel zurückschaut, so ist diese Zeit von „Abschied" und „Neuanfang" geprägt. Zwischen diesen beiden Erfahrungen spielte sich Biedermanns Leben ab. Als fünfzehnjähriger Schüler mußte er sein Elternhaus verlassen, was ihm offenkundig schwerfiel. Die Stadt Basel konfrontierte ihn mit vielen neuen Herausforderungen. Es galt auf der einen Seite, sich im Haus der Familie Hess einzuleben, sich auf die neuen Lehrer einstellen zu lernen und einen Freundeskreis aufzubauen. Auf der anderen Seite stand der enge schriftliche Kontakt mit den Eltern, denen er anfangs häufiger, nach erfolgreichem Einleben weniger aus seinem Leben in Basel mitteilte. Biedermann entzog sich zunehmend der Verpflichtung zu schreiben und damit auch der Aufsicht des Vaters. Die vom Vater auferlegte Mitteilungspflicht konnte ihren überwachenden Charakter nicht leugnen. Die Sommerferien 1834 verbrachte Biedermann dennoch gerne wieder mit dem Vater. Es sollte die letzte gemeinsame Schweizerreise sein.

Biedermann fand sich schnell in der unbekannten Umgebung zurecht und wurde von seinen Mitschülern bald akzeptiert. Die Freundschaft zu Johannes Riggenbach sowie das gute Verhältnis zur Familie Hess bekamen eine ganz eigene Qualität, als am 17. Oktober 1836 Biedermanns Vater starb. Biedermann begleitete den Sterbenskranken in seinen letzten Lebensmonaten intensiv und verbrachte einige Wochen in Winterthur. Nach dem Tod des Vaters stellten sich freilich neue Herausfor-

---

[329] Ebd.
[330] Das Fechten erwähnt Biedermann in einem Brief an die Mutter am 9.12.1837: B.I.c.17; Meyer, Studentenjahre, S. 10.

derungen für ihn. Biedermann selber wußte um die gestiegene Verantwortung der
Mutter und der Schwester gegenüber. Die Rolle des Vaters übernahmen nun mehrere Personen. Rein gesetzlich war jetzt der Vormund Heinrich Biedermann für
ihn zuständig. In Basel selber vertraute sich Biedermann Wackernagel, Hess und
dem ein Jahr älteren Riggenbach an, der eine Art Vorbild für ihn wurde.

Biedermann bereute es nicht, nach Basel gekommen zu sein. Vielmehr wird
schon bald eine deutliche Sympathie für die Stadt spürbar. Dem Halbkanton Basel-
Land hingegen stand er recht kritisch gegenüber; erinnert sei nur, mit welcher Begeisterung er das Schimpfwort „Liestler" dem Vater mitteilte oder von dem „etwas
verschrobenen, mißtrauischen, dummstolzen Baselbieter Charakter" sprach, der
ihm nicht behagte. Hier macht sich noch der Einfluß des Vaters geltend, der sich
immer wieder gegen revolutionäre Bestrebungen ausgesprochen hatte. Der konservativen Verurteilung des radikalen Liberalismus seines Vaters stimmte Biedermann
zu dieser Zeit noch ohne Zögern zu und projizierte anscheinend die Zürcher Verhältnisse auf Basel-Land. Eine Änderung seiner politischen Ansichten sollte in den
nächsten Jahren noch mehrfach erfolgen. Die Sympathie für die Aristokratie Basels,
die sich in Berlin als Neigung zur monarchischen Verfassung zeigte, wurde zu Beginn der vierziger Jahre durch die Begeisterung für republikanische und liberale
Ideen abgelöst. Die Vorliebe für Basel mußte jener für Baselland weichen. Soweit
war es aber noch nicht, als Biedermann 1837 auf die Universität wechselte, um
Theologie zu studieren. Dieser Schritt scheint schon im Winter 1834 festgestanden
zu haben. Ob es sich seinerzeit noch primär um den Wunsch des Vaters handelte
oder nicht, bleibt unergründbar; manchmal scheint es, als würde der Sohn anstelle
des Vaters Theologe. Dieser hatte schmerzlich erfahren müssen, den falschen beruflichen Weg eingeschlagen zu haben. Das wollte der Vater bei seinem Sohn verhindern. Darum ermahnte er den Sohn kontinuierlich zu fleißiger Arbeit und zu or-
dentlichem Lebenswandel. Um seinen Ermahnungen Nachdruck zu verleihen, il-
lustrierte er sie gerne mit negativen Beispielen aus dem Bekanntenkreis. Zwischen
väterlicher Fürsorge sowie väterlichen Erwartungen bestand nur ein sehr schmaler
Grat, und der Sohn wußte genau, daß er Primus werden müsse, um den Anforderungen gerecht zu werden. Dies war für Biedermann ein elementares Anliegen; er
wollte seinem Vater zeigen, wozu er fähig sei. Wenn die Leistungen nämlich nicht
den väterlichen Ansprüchen genügten, drohte dieser mit Strafen, etwa mit dem
Verbot, das Theater zu besuchen. In solchen Momenten schaltete sich Pfarrer Hess
als weniger rigoroser Vermittler ein.

Den Leistungsanspruch seines Vaters verinnerlichte Biedermann dermaßen, daß
dadurch seine Lebensgestaltung maßgebend geprägt wurde. Er verlangte von sich,
aber auch von den Menschen, mit denen er zusammen war, sehr viel. Im Umgang
mit anderen wird er trotz seiner von vielen Freunden geschätzten Charaktereigenschaften nicht immer ein leicht zu nehmender Zeitgenosse gewesen sein.

Mit der Immatrikulation Alois E. Biedermanns an der Universität Basel als Student der Theologie sollte ein lange gehegter Wunsch des verstorbenen Vaters in Erfüllung gehen. Schon früh, als er die intellektuellen Fähigkeiten des Sohnes glaubte
abschätzen zu können, hatte er diesen auf eine akademische Ausbildung hin unter-

richtet. Die stete Förderung durch intensive geistige Auseinandersetzungen und die
behutsame Wahl der Freunde verfolgten gewissenhaft das Ziel, dem Sohn fundierte
Grundlagen für eine wissenschaftliche Ausbildung – wenn möglich für das Studium
der Theologie – zu vermitteln.

Auch wenn manche Freunde dem Vater im Blick auf eine gesicherte finanzielle
Zukunft nur das Studium der Rechte oder der Medizin empfehlen mochten[331], so
verfolgte E. Biedermann beharrlich sein Ziel, dem Sohn eine theologische Ausbildung zu verschaffen, die es ihm ermögliche, Geistlicher zu werden. Dieses Begehren wurde zunehmend durch die Zeitereignisse gefestigt: Die gesellschaftlichen
und politischen Auf- und Umbrüche seiner Zeit beunruhigten Emanuel Biedermann zutiefst, und er erhoffte sich von der Kirche und ihren gründlich ausgebildeten Dienern die Vermittlung von religiöser und sittlicher Orientierung, die aber
auch für einen rationalistisch denkenden und aufgeklärten Geist akzeptabel sein
müsse[332]. Zu den irritierenden Wahrnehmungen der politisch-gesellschaftlichen
Veränderungen traten der Rückblick auf ein entbehrungsreiches Leben und seit
Mitte der dreißiger Jahre die Erfahrungen einer zunehmend lebensbedrohenden
Erkrankung. Diese existentiellen Verunsicherungen ließen ihn um religiöse Antworten und um Hoffnung ringen. In einem Brief an den Sohn, den er zwei Wochen nach seinem 57. Geburtstag schrieb, wird deutlich, wie sehr ihn die Wirrnisse
seines Lebens nach Ruhe und Ordnung suchen ließen. Dankbar hält er fest, daß er
die vergangenen fünf Jahre seines Lebens als eine Art Entschädigung für all die früheren „verlorenen" Jahre genossen habe, da er nun endlich in geordneten Verhältnissen habe leben dürfen. Mit väterlichem Stolz könne er jetzt die Entwicklung der
beiden Kinder verfolgen[333]. Dafür dankte er Gott, dem „allgütigen Vater", und
bat, den nahenden Tod schon vor Augen, darum, das Glück der Kinder noch einige
Jahre genießen zu dürfen. Aus dieser bewegenden Dankbarkeit und Zuversicht
heraus sind auch die Gedanken zu verstehen, die er seinem Sohn am Vorabend des
16. Geburtstages anvertraute: „Unsere Zeit hat wackere, kräftige und für das wahr
menschliche glühende Männer ebenso nöthig als die von Luther u. Zwingli."[334]
Ein Jahr später führte er diese Überlegungen angesichts seiner fortschreitenden Erkrankung aus: „Lieber Aloys, ich fahre nun mit den Worten meines Abschieds
‚Bleibe fröhlich und fleissig und fromm' fort. Wandle stets vor Gott, und bleibe deinem selbst gewählten so schönen Berufe treu; wir leben jetzt in Zeiten, in denen es
von höchster Wichtigkeit ist, daß nur solche Jünglinge sich demselben widmen,
welche nicht blos nach irdischem Gewinn streben, sondern mit ächt christlichem
Eifer darin Gutes zu stiften und dem so sehr überhandnehmenden Bösen entgegen
zu arbeiten, sich zur schönen Lebensaufgabe machen. Du wirst dabei nicht zu irdi-

---

[331] E. Biedermann an Biedermann, 1.1.1835: B.I.f.18.

[332] E. Biedermann betonte immer wieder seine Vorbehalte gegenüber pietistischer Religiosität.

[333] Der 57. Geburtstag war am 17. Mai 1836; E. Biedermann an Biedermann, 30.5.1836:
B.I.f.41. Daß es ihm zunehmend schlechter gehe, hatte der Vater einige Tage zuvor dem Sohn
mitgeteilt; Brief vom 26.5.1836: B.I.f.40.

[334] E. Biedermann an Biedermann, 1.3.1835: B.I.f.21.

schen Glücksgütern gelangen, allein auf einem Felde arbeiten, dessen Früchte dich erst im künftigen beßern Leben recht lohnend erfreüen werden. Trachte zuerst immer nach dem Reiche Gottes und seiner Gerechtigkeit, so wird dir das übrige nöthige von selbst hinzu gethan werden."[335]

Doch nicht allein der Vater hegte den Wunsch des Theologiestudiums, auch der Sohn entdeckte bereits in Winterthur seine Neigungen, sich mit theologischen Fragen zu beschäftigen, wie seine Erinnerungen an den Religionsunterricht zeigen. Der schon in Winterthur begonnene und in Basel bei Hess fortgesetzte Hebräischunterricht deutet ebenfalls darauf hin, daß die Möglichkeit einer theologischen Ausbildung bereits während der Zeit auf dem Gymnasium mit dem Vater erwogen wurde[336]. Zwei Monate vor dem Tod des Vaters betonte Biedermann, der Vater habe in ihm den Entschluß, Theologie zu studieren, vollends zur Reife gebracht und gefestigt. Durch ihn habe er erfahren können, wie nur die Religion dem Menschen bis an sein Ende unwandelbar treu bleibe und „als wahre Freundin erst in der Noth recht fühlbar zur Seite steht und erhebt". Darum solle die Theologie, die dieses Höchste des Lebens zum Gegenstand hat, in seinen Studien die Hauptsache sein, „wenn auch nicht das einzige und ausschließliche"[337]. Denn die Religion sei ja nicht vom Leben isoliert, sondern in dieses verwoben. Diesen Gedanken führte er am Beispiel seines Freundes Jacob Burckhardt aus: Der Dichterfreund Burckhardt lasse in seinen Gedichten zweifelsohne einen tiefen religiösen Sinn erkennen. Dennoch sei er von einem pietistischen Verwandten aufgefordert worden, auch einmal ein „geistliches Lied" zu dichten. Dieses Ansinnen habe Burckhardt beinahe alles Dichten verleidet. So könne, konstatierte A. E. Biedermann, vom christlichen Dichter nur verlangt werden, daß die Religion den Grund seines Herzens und Lebens bilde. Folglich werde die Religion von selbst auch die Basis der dichterischen Erzeugnisse bilden und überall durchscheinen. Die von Gott geschenkte Dichtergabe sei aber nicht immer unmittelbar als Dienerin der Religion anzuwenden. Es werde keinen rechten Dichter geben, der bloß geistliche Gedichte verfertigt, „denn ein Gedicht ist der Abdruck des Herzens". Er hoffe nun, der Vater habe die Mahnung, das jugendliche Talent in den Dienst der Religion zu stellen, in diesem Sinne verstanden. Alois Biedermann schließt diese Ausführungen mit dem geradezu monastisch klingenden Gedanken: „Nicht der ist der frömmste, der betet, sondern der betet und arbeitet."[338] Damit nimmt Biedermann einen zentralen pädagogischen Grundsatz seines ehemaligen Schuldirektors Krüsi in Trogen auf[339].

Zur Frage, wie sich Biedermanns Teilnahme am kirchlichen Leben Basels gestaltete, schweigen die Quellen. Wahrscheinlich ist aber, daß Pfarrer Hess seinen Zögling zu regelmäßigem Gottesdienstbesuch anhielt.

---

[335] E. Biedermann an Biedermann, 9.5.1836: B.I.f.39.

[336] Curriculum Vitae, S. 2; hier spricht Biedermann von einem „geraden ebnem Weg", der ihn dem Studium der Theologie zuführte.

[337] Biedermann an E. Biedermann, 25.8.1836: B.I.b.40.

[338] Ebd.; siehe hierzu auch unten die Ausführungen über Biedermanns Vortrag „Warum und wie soll man Dichter lesen?", S. 151–153.

[339] Siehe oben S. 35, Anm. 168.

Schon eineinhalb Jahre vor Eintritt in die Universität begann E. Biedermann, dem Sohn den Weg in die Alma mater zu ebnen, und versuchte, hilfreiche Beziehungen zu knüpfen. Im Rahmen des regelmäßigen Briefwechsels mit Pfarrer Hess bat er den Spitalpfarrer um Fürsprache für seinen Sohn bei Professor Hagenbach. Diesem Wunsch wollte Hess gerne entsprechen, sobald der Zögling das Studium der Theologie aufnehmen werde, denn er war überzeugt, daß Hagenbach ein hervorragender Lehrer sei. Doch nicht nur sein Freund Hagenbach garantiere eine gute Einführung in die Theologie, sondern auch dessen Kollegen de Wette und Müller[340].

---

[340] „Ohne parteiisch zu werden, glaube ich auch wirklich, daß Aloÿs seine theologische Laufbahn nirgends besser beginnen könne, als in Basel, wo er in de Wette, Hagenbach und Prof. Müller drei treffliche Lehrer besitzen wird, die er anderwerts, so vereint, u. so schön zusammenwirkend, schwerlich finden würde"; Hess an E. Biedermann, 6.11.1835: B.I.k.32.

3. Kapitel

Das Studium in Basel 1837–1839

I. Die Basler Universität und ihre theologische Fakultät

1. Die Krise der Universität und ihre Reorganisation

Hess' positive Einschätzung der Theologischen Fakultät und der Universität Basel überhaupt ist keineswegs unumstritten[1]. Der Spitalpfarrer stand mit seiner Beurteilung im Jahr der Reorganisation der Universität auf der Seite derer, die sich für die Aufrechterhaltung der traditionsreichen Hochschule einsetzten. Infolge der Kantonstrennung war die Universität zu einem kontrovers diskutierten politischen und gesellschaftlichen Thema geworden. Die grundsätzliche Frage lautete: Kann es sich der kleine Halbkanton überhaupt leisten, eine Universität zu unterhalten? Eine erste erhebliche finanzielle Aufwendung war nötig geworden, als der eidgenössische Schiedsspruch festhielt, daß das Universitätsgut in die Teilungsmasse falle. Da eine Realteilung des Universitätsgutes jedoch abgelehnt wurde, war die Landschaft mit Geld zu entschädigen[2].

Weiter überlegte man, welchem Zweck eine Basler Universität künftig dienen und wie die Attraktivität der Hochschule gesteigert werden könne. De Wette problematisierte diese Grundsatzfrage in seiner Rektoratsrede „Einige Betrachtungen über den Geist unserer Zeit" im Jahr 1834[3]. Ausgehend von der Frage „Und wie konnte man Basel empfindlicher strafen, als wenn man in ihm die Pflanzstätte der Bildung zerstörte?"[4] verfolgt de Wette die Erscheinungen des Zeitgeistes. Er zeichnet die für Basel bedrohliche Situation innerhalb der Eidgenossenschaft nach und

---

[1] Zum Folgenden EDGAR BONJOUR, Die Universität Basel von den Anfängen bis zur Gegenwart 1460–1960, Basel ²1971, S. 369–418.

[2] Der Kanton Basel-Stadt zahlte an Basel-Landschaft 331451,55 Franken. ANDREAS STAEHELIN, Geschichte der Universität Basel 1818–1835, Basel 1959, S. 145–147. Die drohende Realteilung hatte vor allem die traditionsbewußten Stadtbasler erregt. Siehe das „Gutachten an den E. Großen Rath betreffend den Bestand des Universitätsvermögens und die künftige Stellung desselben" vom 7.12.1835; StABS: Universitätsarchiv A 10. In der „Rede bei der öffentlichen Feier der Wiederherstellung der Universität am 1. October 1835 im Chor der Münster-Kirche, Basel o. J.", S. 6, rechnete DE WETTE nochmals mit dem eidgenössischen Schiedsgericht ab und sprach vom „ungeschichtlichen Geist dieser neugebackenen revolutionären Jurisprudenz".

[3] DE WETTE hielt diese akademische Rede am 12. September 1834. Sie erschien gedruckt in Basel o. J.

[4] DE WETTE, Betrachtungen, S. 5.

bespricht im mittleren Teil die verschiedenen Geisteshaltungen wie zum Beispiel den Rationalismus, die Orthodoxie und den Liberalismus sowohl in politischer als auch in philosophisch-theologischer Perspektive. Am Ende seiner Rede streicht er nachdrücklich die Notwendigkeit der Basler Bildungsanstalten heraus. Dabei hält er „aus Liebe zu Basel und aus klarer Erkenntniß seiner Bedürfnisse" fest, daß die Frage nach der Fortdauer und der neuen Einrichtung der Universität „eine wahre Lebensfrage für Basel ist"[5].

De Wettes Rede und weitere Bemühungen für den Erhalt der Universität blieben nicht ohne Folgen. Die Bürgerschaft der Stadt engagierte sich zunehmend für die Beibehaltung der Universität. Ein Beispiel ist die Gründung der „Freiwilligen Akademischen Gesellschaft" im Jahre 1835[6], deren Anliegen die Förderung und der Ausbau der wissenschaftlichen Anstalten war[7]. Die verschiedenen Bemühungen und Versuche, das Überleben der Universität sicherzustellen, mündeten auf politischer Ebene in die Arbeit einer vom Erziehungsrat berufenen Kommission. Diese erhielt den Auftrag, einen „Rathschlag und Gesetzesentwurf" für die Reorganisation der Universität zu entwerfen. Die Kommission, der als Vertreter der Theologischen Fakultät de Wette angehörte[8], legte ihre Vorschläge am 2. März 1835 dem Großen Rat vor. Schon einen Monat später wurde das „Gesetz über Errichtung des Pädagogiums und der Universität" verabschiedet[9]. Das neue Gesetz formulierte einen doppelten Zweck der Universität: Erstens diene die Universität der Weiterbildung junger Männer bis „zur Erlangung derjenigen wissenschaftlichen und Altersreife, mit welcher sie fremde Anstalten mit Erfolg benützen können". Zweitens nütze die Anstalt der „Verbreitung derjenigen allgemein menschlichen Kenntnisse, welche den Geist des Bürgers ausbilden, oder im Berufsleben nützlich sein können"[10]. Um diesem Anliegen nachzukommen, teilte man die Universität in vier einander nebengeordnete Abteilungen oder Fakultäten (§ 16)[11].

---

[5] De Wette, Betrachtungen, S. 24.

[6] Carl Felix Burckhardt, Geschichte der Freiwilligen Akademischen Gesellschaft der Stadt Basel während der ersten 50 Jahre ihres Bestehens, Basel 1885; Jacob Wackernagel, Stadt und Universität Basel, Basel 1930; Andreas Staehelin, Geschichte 1815–1835, S. 148.

[7] Der Paragraph eins der am 17. September 1835 verabschiedeten Statuten des Vereins proklamiert: „Die Freiwillige Akademische Gesellschaft der Stadt Basel hat den Zweck, wissenschaftliche Bildung im Allgemeinen zu befördern, insbesondere aber die in der Stadt Basel bestehenden höhern Lehranstalten, sowie auch die Kunst- und wissenschaftlichen Sammlungen zu unterstützen"; zitiert bei C. F. Burckhardt, Geschichte, S. 10. Im Gründungsjahr hatte der Verein 96 Mitglieder, 1842 waren es 87, 1884 war die Zahl auf 540 gestiegen.

[8] Die anderen Mitglieder waren: Andreas Heusler, Christoph Burckhardt-Hess, Peter Merian, Johann Jakob Bischoff; vgl. Bonjour, Universität, S. 403.

[9] Gesetz über Errichtung des Pädagogiums und der Universität vom 9.4.1835.

[10] Gesetz § 14.

[11] Es handelt sich um folgende Fakultäten: theologische, philosophische, juristische und medizinische Fakultät. Da Biedermann nur Hörer der philosophischen und der theologischen Fakultät war, können die beiden übrigen im folgenden vernachlässigt werden. Der philosophischen Fakultät kommt dem Gesetz zufolge die Aufgabe zu, Studenten und Bürgern der Stadt Unterricht in den Wissenschaften zu erteilen, welche erstens die Grundlagen für andere Studien bieten, zweitens in den Kreis allgemein menschlicher Bildung gehören und drittens in der Anwendung auf die

In seiner genannten Rede anläßlich der öffentlichen Feier der Wiederherstellung der Universität am 1. Oktober 1835 im Chor des Münsters[12] blickte de Wette auf eine erfolgreiche Arbeit der Kommission zurück und stellte die Bedeutung der Universität im Blick auf die besondere geographische und politische Lage der Stadt heraus. Zufrieden konstatierte er, daß der Geist der Abneigung und der Ablehnung nun dem Geist der Annahme und der Zustimmung gewichen sei[13]. Weiter führte er aus: „Es ist der Geist der Erhaltung, der bescheidenen Mäßigung, der weisen Fürsorge für geistige Bildung; ein Geist, der die Bedürfnisse der Zeit und Basels in seiner jetzigen Stellung begriffen hat."[14]

2. Die theologische Fakultät

Das erneuerte und zeitgemäße Erscheinungsbild verdankte die theologische Fakultät vor allem de Wettes Weitblick und Organisationstalent. Seine Berufung im Jahr 1822 erwies sich sowohl für die Fakultät als auch für die Universität als Glücksfall[15], denn durch ihn wurde der verlorengegangene gute Ruf der traditionsreichen Fakultät wiederhergestellt[16]. Der aus Berlin vertriebene Professor setzte sich von Anfang an über verkrustete Traditionen im Lehrbetrieb hinweg und stand dogmatisch in offener Opposition zu seinen beiden älteren Kollegen Johann Rudolf Buxtorf (1747–1831)[17] und Emanuel Merian (1765–1829)[18], die „eine abgestorbene Zeit repräsentirten"[19]. Beide hatten sich im Vorfeld der Berufung gegen eine Professur de Wettes ausgesprochen. Seine ersten Bemühungen um eine Reform des theologischen Studiums widmeten sich der Frage, ob und wie die historische Theologie, die Kirchen- und Dogmengeschichte in Basel gelehrt werden könne[20].

Industrie von Wichtigkeit sind (§ 17). Ihre neun Lehrstühle definiert § 18: 1. theoretische und praktische Philosophie, 2. Mathematik, 3. Physik und Chemie, Naturgeschichte, 5. Griechisch, 6. Lateinisch, 7. Deutsch, 8. Französisch und 9. Geschichte.

[12] Siehe oben Anm. 2.

[13] De Wette, Feier, S. 5

[14] De Wette, Feier, S. 11.

[15] Zur Berufungsgeschichte siehe Ernst Jenny, Wie De Wette nach Basel kam, in: Basler Jahrbuch 1941, S. 51–78; Karl R. Hagenbach, Die theologische Schule Basels und ihre Lehrer von der Stiftung der Hochschule 1460 bis zu de Wettes Tod 1849, Basel 1860, S. 57–61; A. Staehelin, Geschichte (1818–1835), S. 33–35; Ernst Staehelin, Dewettiana. Forschungen und Texte zu Wilhelm Martin Leberecht de Wettes Leben und Werk, Basel 1956.

[16] Nach Hagenbach, Schule, S. 61, gewann die Fakultät durch de Wette „den europäischen Ruf auf's Neue".

[17] Zu Buxtorf siehe Hagenbach, Schule, S. 55, Andreas Staehelin, Geschichte der Universität Basel 1632–1818, Basel 1957, S. 546; ders., Geschichte (1818–1835), S. 173; Ernst Staehelin, Johann Ludwig Frey, Johannes Grynaeus und das Frey-Grynaeische Institut in Basel. Rektoratsprogramm der Universität Basel für das Jahr 1947, Basel 1947, S. 143–152. Zum Geschlecht Buxtorf siehe Ernst Bertheau, Buxtorf, in: RE³ 3, S. 612–617.

[18] Zu Merian siehe Hagenbach, Schule, S. 56f.; A. Staehelin, Geschichte (1818–1835), S. 173; Karl Gauss, Basilea Reformata. Die Gemeinden der Kirche Basel Stadt und Land und ihre Pfarrer seit der Reformation bis zur Gegenwart, Basel 1930, S. 109.

[19] Hagenbach, Schule, S. 57.

[20] Das Folgende nach A. Staehelin, Geschichte (1815–1835), S. 34–38.

Gegen den Widerstand seiner Fakultätskollegen wünschte de Wette eine vierte Professur, und zwar für historische Theologie. Erst eine gemeinsame Sitzung der Fakultät mit der Kuratel[21] im Februar 1823 brachte das Ergebnis, de Wettes Wunsch Folge zu leisten. Als die Berufung des Heidelberger Vermittlungstheologen Carl Ullmann (1796–1865)[22] im Kleinen Rat ohne Angabe von Gründen scheiterte, forderte de Wette den in Berlin studierenden Basler Karl Rudolf Hagenbach auf, sich in Basel für das Fach Kirchengeschichte zu habilitieren. Schon im Juli 1823 erhielt Hagenbach die venia legendi und begann im folgenden Wintersemester seine Lehrtätigkeit mit einer Vorlesung über die Kirchengeschichte seit der Reformation. Eine weitere Verjüngung der Fakultät erfolgte Anfang 1829 durch die Berufung Johann Jakob Stähelins (1797–1875) zum außerordentlichen Professor für Altes Testament. Schließlich erhielt 1831 Johann Georg Müller als Lektor, 1835 als ordentlicher Professor den Lehrstuhl für Neues Testament.

Die theologische Fakultät deckte in dieser Zusammensetzung jedoch nicht alle theologischen Richtungen und religiösen Bedürfnisse innerhalb Basels ab. Vor allem die in Basel stark vertretene pietistische und positive Glaubensrichtung forderte die Berufung eines Dozenten, der die angehenden Geistlichen zu einer „gläubigen Erkenntnis des Wortes Gottes" hinführen und sie in einer „wahrhaft biblischen Theologie" unterrichten könne. Dieses Anliegen wurde mit Nachdruck vertreten, da die Zöglinge der Basler Mission auch am Unterricht der theologischen Fakultät teilnahmen[23]. Zu diesem Zweck wurde am 11. März 1836 eine Versammlung einberufen, deren Ziel es war, einen Verein zur Finanzierung einer Stiftungsprofessur zu gründen. Dieser „Verein zur Beförderung christlich-theologischer Wissenschaft und christlichen Lebens" setzte sich zur Aufgabe, gründliche theologische Studien und ein „lebhaftes christliches" Leben zu fördern. Der zu berufende Professor habe in diesem Sinne, so der Entwurf der Statuten, „wahre Wissenschaftlichkeit mit der Begeisterung des Glaubens und mit entschiedener Christusliebe" zu verbinden[24]. Die lange Tradition der engen Beziehungen zwischen Württemberg und Basel aufnehmend, suchte der Verein einen geeigneten Kandidaten im schwäbischen Pietismus und fand ihn in der Person des Mergentheimer Stadtpfarrers und Oberlehrers

---

[21] Die Kuratel ist die unmittelbare Aufsichtsbehörde der Universität, die über die Handhabung der Gesetze, den Studienablauf und über die Durchführung der vom Erziehungsrat verabschiedeten Bestimmungen wacht; A. STAEHELIN, Geschichte (1815–1835), S. 12.

[22] HANS PFISTERER, Carl Ullmann (1796–1865). Sein Weg zur Vermittlungstheologie, Karlsruhe 1977.

[23] Während des Dekanates von Hagenbach 1831 hatten sich beispielsweise sieben Zöglinge der Missionsanstalt immatrikuliert; A. STAEHELIN, Geschichte (1818–1835), S. 188; WILHELM SCHLATTER, Geschichte der Basler Mission 1815–1915, Bd. 1: Die Heimatgeschichte der Basler Mission, Basel 1916, S. 122.

[24] Das Archiv des Vereins befindet sich im StABS: Universitätsarchiv VIII 11; Statuten siehe Signatur VIII 11, 1d. BERNHARD RIGGENBACH, Johann Tobias Beck. Ein Schriftgelehrter zum Himmelreich gelehrt, Basel 1888, S. 163–185; HANS HAUZENBERGER, Der „Verein zur Beförderung christlich-theologischer Wissenschaft und christlichen Lebens" und seine Stiftungsprofessur in Basel, in: Basileia – Festschrift für Eduard Buess, hrsg. von Hans Dürr und Christoph Ramstein, Basel 1993, S. 127–144 (127–130).

Johann Tobias Beck (1804–1878), der 1836 schließlich an die Universität Basel berufen wurde.

In dieser Formation präsentierte sich die theologische Fakultät, als Biedermann das Studium begann[25]. Seit 1839 ergänzte noch kurzfristig der Privatdozent Daniel Schenkel (1813–1885) das Kollegium.

Die Aufgabe der Theologischen Fakultät formulierte Paragraph 21 des Universitätsgesetzes von 1835[26]: „Durch die Theologische Fakultät soll den sich dem geistlichen Stande widmenden Jünglingen ein vollständiger Lehrkurs der theologischen Studien gegeben werden, womit praktische Uebungen verbunden werden sollen."[27] Dieser Lehrkurs beinhaltete die Disziplinen: Theologische Enzyklopädie, hebräische Sprache, Exegese des Alten und Neuen Testaments mit den dazugehörigen Hilfswissenschaften, Kirchen- und Dogmengeschichte, Dogmatik, „Christliche Moral" und Praktische Theologie mit homiletischen und katechetischen Übungen. Der Fakultät wurden drei gesetzliche Lehrstühle zugesprochen. Die Inhaber der ersten beiden Ordinariate hatten wöchentlich 8–12, der Inhaber des dritten 6–10 Stunden zu lesen[28]. Beim Eintritt Biedermanns besetzten Wilhelm Martin Leberecht de Wette, Karl Rudolf Hagenbach und Johann Georg Müller diese Lehrstühle. Den vierten Lehrstuhl für Altes Testament und alttestamentliche Hilfswissenschaften hatte Johann Jakob Stähelin inne, der seine Lehrtätigkeit ohne Besoldung versah[29]. Die übrigen Disziplinen waren unter den Lehrkräften folgendermaßen aufgeteilt: De Wette trug aus den Bereichen Altes und Neues Testament, Dogmatik, Ethik und Praktische Theologie vor. Hagenbach widmete sich vor allem der Kirchen- und Dogmengeschichte sowie der Symbolik. Aber auch er las Exegese verschiedener neutestamentlicher Briefe und der Apostelgeschichte sowie neutestamentliche Grammatik. Ferner bot er Enzyklopädie und Methodologie, Homiletik, Katechetik und Liturgik sowie Dogmatik an. Müller vertrat Neues Testament und Religionsgeschichte.

Die Anzahl der ordentlich immatrikulierten Theologiestudenten läßt sich anhand der Verzeichnisse der Theologiestudenten zum Generalexamen eruieren[30]. Diese halbjährliche, am Ende des Semesters stattfindende Prüfung hatten alle Stu-

---

[25] Siehe „Personalkarten für Dozenten"; StABS: Universitätsarchiv F 6, 2; ferner den „Basler Akademikerkatalog" in der UBBS.

[26] Dieses Gesetz löste die Fassungen aus den Jahren 1813 und 1818 ab. Im Jahr 1813 hatte die theologische Fakultät eine grundlegende Umgestaltung erfahren. Die Bestimmungen vom 12.10.1813 hielten erstmals eindeutig fest, daß die angestellten Professoren „die öffentlich einzig rechtmäßigen Lehrer in der Theologie" seien (§ 1); siehe dazu EBERHARD VISCHER, Die Lehrstühle und der Unterricht an der theologischen Fakultät Basels seit der Reformation, Basel 1910, S. 90f.

[27] So auch DE WETTE in seiner Festrede 1835, S. 13: „Die theologische Facultät, welcher das Gesetz drei Lehrstühle gelassen und die an einem freiwilligen trefflichen Mitarbeiter ein viertes ordentliches Mitglied gewonnen hat, ist in Stand gesetzt und darauf angewiesen, die theologische Ausbildung bis ans Ende zu führen und selbst noch den Candidaten des Predigtamts, die sich ihr anvertrauen wollen, Anleitung zur praktischen Weiterbildung zu geben."

[28] Zu den Lehrveranstaltungen während Biedermanns Basler Studium siehe die entsprechenden Vorlesungsverzeichnisse.

[29] A. STAEHELIN, Geschichte (1815–1835), S. 39.

[30] Verzeichnis der Theologiestudierenden zum Generalexamen; StABS: Kirchenarchiv N 15.

diosi Theologiae abzulegen, die gebürtig aus der Stadt und dem Kanton Basel kamen, diejenigen Auswärtigen, welche Zuwendungen oder Stipendien erhielten, und alle jene, welche in Basel das Kandidaten-Examen abzulegen beabsichtigten. Den übrigen Studenten wurde empfohlen, das „Examen generale" als Standortbestimmung ihrer Kenntnisse zu nutzen[31]. Für diese Prüfung wurden vom Dekan Listen angefertigt, die über die Dauer der Einschreibung und über die im zu Ende gehenden Semester belegten Vorlesungen des jeweiligen Studenten Auskunft geben. Gemäß dieser Listen wurden zwanzig bis dreißig Studenten pro Semester im Generalexamen geprüft. Zu diesen Prüflingen kamen noch die Missionszöglinge hinzu.

3. Die Professoren der Theologie

a) Wilhelm Martin Leberecht de Wette

Das führende Haupt innerhalb der theologischen Fakultät war beim Studienbeginn Biedermanns unumstritten Wilhelm Martin Leberecht de Wette (1780–1849)[32]. Durch Weitsicht und organisatorische Begabung hatte er sich innerhalb der Basler Bevölkerung bei der Reorganisation der Universität und bei der Besetzung theologischer Lehrstühle ein solches Ansehen auch bei denen verschafft, die ihn auf theologischem Gebiet hart attackierten. Ferner zollte man ihm wegen seiner geschickten Förderung des akademisch-theologischen Nachwuchses, es sei neben anderen an Hagenbach, Schenkel, Biedermann und J. Riggenbach erinnert, anerkennend Respekt. Dabei hatte seine Berufung 1822 in Basel heftige Auseinan-

---

Zu den Immatrikulationen an der Theologischen Fakultät bis 1835 siehe A. STAEHELIN, Geschichte (1815–1835), S. 188.

[31] So § 1 der „Ordnung der Prüfungen bei der theologischen Fakultät und dem theologischen Convent zu Basel", 1829.

[32] Der aus dem thüringischen Ulla, bei Weimar gelegen, stammende de Wette hatte seit 1796 das Gymnasium in Weimar besucht. Er immatrikulierte sich 1799 in Jena als Student der Jurisprudenz, wechselte aber bald in die philosophische und theologische Fakultät, wo er die Philosophen Schelling, Hegel und Fries hörte und von den Theologen Johann Jakob Griesbach (1745–1812), Heinrich Eberhard Gottlob Paulus (1761–1851) und Johann Philipp Gabler (1753–1826) geprägt wurde. Den philosophischen Doktorgrad erhielt de Wette 1805 für seine lateinische Dissertation über den Pentateuch, die den Auftakt für zahlreiche historisch-kritische Untersuchungen des Alten und Neuen Testaments darstellte. Der Titel der Untersuchung lautet „Dissertatio critico-exegetica qua Deuteronomium a prioribus Pentateuchi libris diversum, alius cuiusdam recentioris auctoris opus esse monstratur", Jena [1805]. In dieser Arbeit geht de Wette über die zeitgenössische Kritik hinaus und weist nach, daß das Deuteronomium nicht mosaisch sei, sondern aus einer viel jüngeren Zeit stamme, was er insbesondere an der Einheit der Kultstätte festmachte. Zu de Wette als Exeget siehe RUDOLF SMEND, De Wette und das Verhältnis zwischen historischer Bibelkritik und philosophischem System im 19. Jahrhundert, in: ThZ 14 (1958), S. 107–119; DERS., W. M. L. de Wettes Arbeit am Alten und Neuen Testament, Basel 1958; DERS., Deutsche Alttestamentler in drei Jahrhunderten, Göttingen 1989, S. 38–52; BO REICKE, W. M. L. de Wette's Contributions to Biblical Theology, in: NTS 29 (1983), S. 293–305; HANS-JOACHIM KRAUS, Geschichte der historisch-kritischen Erforschung des Alten Testaments, Neukirchen-Vluyn ⁴1988, S. 174–180. Zur Biographie de Wettes siehe JOHN W. ROGERSON, W. M. L. de Wette. Founder of Modern Biblical Criticism. An Intellectual Biography, Sheffield 1992.

dersetzungen ausgelöst. Nicht etwa de Wettes lutherische Theologie war Grund des Anstoßes[33], sondern seine weitgehende Kritik der biblischen, vor allem der alttestamentlichen Schriften sowie seine durch den Philosophen Jakob Friedrich Fries (1773–1843) geprägte dogmatische Konzeption. Man fürchtete, der freisinnige deutsche Theologieprofessor würde in Basel eine entschieden antipietistische Richtung verfolgen. Zu diesen religiösen und theologischen Bedenken zahlreicher Basler traten politische Vorbehalte: Ging de Wette doch der Ruf voraus, politisch einen radikalen Liberalismus zu vertreten. Seine Entlassung[34] als Berliner Theologieprofessor 1819 durch die preußischen Behörden ließ das Mißtrauen bei manchem politisch konservativen Basler als sehr begründet erscheinen. Natürlich war auch in Basel de Wettes Trostbrief[35] an die Mutter des Theologiestudenten Karl Ludwig Sand (1795–1820) bekannt geworden. Sand hatte den Dichter August von Kotzebue (1761–1819) am 23. März 1819 ermordet[36]. Dieser Brief bot dem preußischen Ministerium für Kultus und Schule unter Karl Freiherr von Altenstein[37] – den Karlsbader Beschlüssen folgend – den willkommenen Anlaß, de Wette die Lehrbefugnis zu entziehen, war er doch schon zuvor wiederholt vor die Kommission zitiert worden, die die angeblichen „demagogischen" Umtriebe untersuchte.

Die Bedenken auf politischem Gebiet konnte de Wette in Basel bald ausräumen, da er sich politisch zunehmend konservativ gab[38]. Hingegen blieben die religiösen Reserven hartnäckiger bestehen[39], obwohl de Wette auch hier manches vorschnelle

---

[33] Die Basler Kirche hatte durch die engen Kontakte zu Württemberg schon häufiger lutherische Theologen in ihrer Mitte gehabt. Die Missionsanstalt etwa stand unter der Leitung lutherischer Theologen. Hagenbach weist darauf hin, daß die Abendmahlsgemeinschaft in Basel zwischen Reformierten und Lutheranern schon vor der Union in Baden (1821) vollzogen wurde; HAGENBACH, Schule, S. 58.

[34] MAX LENZ, „Zur Entlassung de Wettes", in: Philotesia. Paul Kleinert zum LXX. Geburtstag dargebracht von Adolf von Harnack u. a., Berlin 1907, S. 337–388; sowie ROGERSON, de Wette, S. 149–159.

[35] Der Brief ist abgedruckt bei E. STAEHELIN, Dewettiana, S. 85–87.

[36] THOMAS NIPPERDEY, Deutsche Geschichte 1800–1866. Bürgerwelt und starker Staat, München 1983, S. 281–283.

[37] Karl Freiherr von Altenstein (1770–1840) wirkte von 1817–1838 als Kultusminister. Zu seiner Kirchenpolitik siehe KLAUS WAPPLER, Karl von Altenstein und das Ministerium der geistlichen, Unterrichts- und Medizinalangelegenheiten, in: Die Geschichte der Evangelischen Kirche der Union. Ein Handbuch, Bd. 1: Die Anfänge der Union unter landesherrlichem Kirchenregiment (1817–1850), hrsg. von dems. und Rudolf Mau, Leipzig 1992, S. 115–125. Die Mitteilung der Entlassung ist abgedruckt bei E. STAEHELIN, Dewettiana, S. 90.

[38] HAGENBACH, Schule, S. 58.

[39] Ernst Wilhelm Hengstenberg (1802–1868), der 1823 bis 1824 in Basel weilte, berichtete nach seiner Ankunft in Basel 1823 in einem Brief, „in theologischer Hinsicht" stehe es in Basel nicht zum besten. Die Geistlichkeit sei „überorthodox und sehr intolerant". Einige Pfarrer sprächen „von Nichts als von den Anfechtungen des Teufels und dgl." und behaupteten, „der wahre Christ sei über die Vaterlandsliebe erhaben". Zu de Wette führt er aus: „Allen diesen Leuten ist de Wette, der bei Vielen in großem Ansehn steht, ein Pfahl im Fleische. Sie behaupten, er sei gar kein Christ, wie ich dies aus dem Munde Mehrerer vernommen habe, und suchen ihn auf alle Weise zu verleumden." In einem späteren Brief schreibt Hengstenberg: „De Wettes Gegner wagen es nicht, offen vor ihn hinzutreten, weil sie sich dazu zu schwach fühlen; sie schleichen im Finstern und suchen ihn zu verleumden, oder entweihen die Kanzel durch ihre Polemik. Im Ganzen kann de

Urteil korrigieren konnte[40]. Rasch zeigte sich nämlich, daß de Wette theoretisch zwar keineswegs mit dem Pietismus übereinkommen, die praktische „Reich-Gottes-Arbeit" aber würdigen konnte[41]. So fand sich de Wette im Streit der theologischen Richtungen zwischen allen Fronten wieder, was ihm einerseits die Möglichkeit zur Vermittlung eröffnete, andererseits auf Dauer an seinen Kräften zehrte[42].

De Wette wird als Exeget hauptsächlich als wegweisender Pentateuchkritiker genannt. Der Pentateuch sei, so de Wette, eine Sammlung von einzelnen unabhängigen „Aufsätzen", die ein Sammler in eine falsche Verbindung gebracht habe[43]. Das erkenntnisleitende Prinzip de Wettes in allen seinen exegetischen Arbeiten ist, danach zu fragen, was die Bibel sei, wie sie geworden sei. Er will zu einem Verständnis der biblischen Literatur in ihren jeweiligen geschichtlichen Verhältnissen und Eigentümlichkeiten hinführen. Denn nur im Licht der Geschichte, des vielfältig differenzierten Lebens der Vergangenheit, könne der alttestamentliche Text seine Gestalt gewinnen[44]. Auf diesem Weg ergebe sich nach de Wette ein neues Verständnis der alttestamentlichen Religion[45]. Verfolgt man die Geschichte der exegetischen Arbeit de Wettes, so ist eine Entwicklung von einem destruktiv-kritischen hin zu einem konstruktiv-kritischen Ansatz zu erkennen[46]. Der ältere de Wette nahm ver-

---

Wette's Hiersein nur wohlthätig wirken"; zitiert bei JOHANNES BACHMANN, Ernst Wilhelm Hengstenberg. Sein Leben und Wirken nach gedruckten und ungedruckten Quellen, Bd. 1, Gütersloh 1876, S. 134.

[40] Alexandre Vinet beispielsweise übersetzte de Wettes erste Predigt zu Pfingsten 1822 „Über die Prüfung der Geister" ins Französische (De l'épreuve des esprits) und ermöglichte de Wette damit den ersten Zugang in die sogenannten „frommen Kreise". Aus Zürich erscholl scharfe Kritik: Man warf de Wette vor, er wolle sich mit der Basler Orthodoxie „accommodiren". In einem Brief an einen Freund in Zürich erklärte de Wette, er habe mit dieser Predigt versöhnend wirken wollen, denn reformieren könne er erst später. KARL R. HAGENBACH, Wilhelm Martin Leberecht de Wette. Eine akademische Gedächtnisrede mit Anmerkungen und Beilagen, Leipzig 1850, S. 86f.; ROGERSON, De Wette, S. 192–194.

[41] In seinem Buch „Das Wesen des christlichen Glaubens vom Standpunkte des Glaubens", Basel 1846, S. 379, führt de Wette sehr wohlwollend die Vorzüge der Pietisten, Momiers und Methodisten aus: Sie seien die besten Christen wegen ihrer Entschiedenheit, ihres Eifers und Ernstes sowie ihrer Gemeinschaft. Freilich fügt er kritisch Buchstabenglauben, Sektengeist, Mangel an Kunstsinn und die beschränkte Art ihres Wohltuns an (S. 379). ANDREAS LINDT, C. F. Spittler und W. M. L. de Wette. Zur Begegnung von Erweckungsfrömmigkeit und Universitätstheologie im Basel des 19. Jahrhunderts, in: Gottesreich und Menschenreich. Ernst Staehelin zum 80. Geburtstag, hrsg. von Max Geiger, Basel/Stuttgart 1969, S. 361–384; ferner HELMUT BURKHARDT, C. F. Spittler und der Basler Theologe W. M. L. de Wette, in: Zur Initiative befreit. C. F. Spittler und unser Auftrag heute, hrsg. von Reinhard Frische, Gießen 1994, S. 35–75.

[42] Zu diesen Bedrängnissen traten familiäre Probleme. Noch im Jahr seiner Basler Berufung verließen ihn Frau und Tochter; E. STAEHELIN, Dewettiana, S. 122; ROGERSON, De Wette, S. 194f.

[43] W. M. L. DE WETTE, Beiträge zur Einleitung in das Alte Testament. Bd. 2: Kritik der israelitischen Geschichte. Teil 1: Kritik der Mosaischen Geschichte, Halle 1807, S. 26.

[44] KRAUS, Geschichte, S. 177.

[45] Diese Konzeption „religionsgeschichtlicher Theologie historischer Kritik" stellt de Wettes originellen Entwurf dar, der für die weitere Erforschung des Alten Testaments wegweisend wurde; KRAUS, Geschichte, S. 179.

[46] Zur wissenschaftlichen Entwicklung de Wettes siehe SMEND, Verhältnis, S. 110.

mehrt Hypothesen zu Hilfe, um exegetische Probleme zu lösen[47]. Als Voraussetzung seiner exegetischen Arbeit nennt de Wette die Befreiung von den Fesseln einer falschen Inspirationslehre, die er als Professor seinen Studenten zu vermitteln suche. Sein Lehrziel galt der Vorbereitung einer Schriftauffassung, die zwischen dem ewigen Wahrheitsgehalt des göttlichen Wortes und deren geschichtlichen Formen, zwischen vergänglicher Schale und unvergänglichem Kern wohl zu unterscheiden wisse[48].

In der Basler Zeit läßt seine Beschäftigung mit dem Alten Testament stark nach. Vorlesungen über Schriften des Neuen Testaments machen beinahe das Dreifache gegenüber den alttestamentlichen Lehrveranstaltungen aus[49]. So verwundert es auch nicht, daß der Student Biedermann bei de Wette nur einmal Altes Testament hörte: Im Sommersemester 1838 belegte Biedermann bei ihm die Vorlesung über „Ausgewählte Stellen aus Salomos Sprüchen"[50]. Hingegen besuchte er vier Vorlesungen über Bücher des Neuen Testaments[51].

Neben die Behandlung des Neuen Testaments in der Lehre traten zahlreiche, heute weithin vergessene Werke über neutestamentliche Schriften, unter denen das „Kurzgefaßte exegetische Handbuch zum Neuen Testament"[52] weiteste Verbreitung fand. In de Wettes neutestamentlichen Werken erfolgte die Kritik des Neuen Testaments wesentlich zurückhaltender und vorsichtiger, als dies anfänglich in der Erforschung des Alten Testaments der Fall war. Die grundlegende historische Kritik, die de Wette im Bereich des Alten Testaments wegweisend initiiert hatte, fand schließlich in der neutestamentlichen Exegese in Ferdinand Christian Baur ihren Meister. Mit Baur und der neueren Tübinger Schule[53] begann eine neue Epoche der neutestamentlichen Wissenschaft. De Wette konnte sich den geschichtsphilosophischen Voraussetzungen der Tübinger nicht anschließen, vielmehr setzte er sich kritisch mit ihnen auseinander. Neben die Bewunderung des Scharfsinns und der Gelehrsamkeit Baurs traten jedoch grundsätzliche Bedenken. De Wette vermißte in Baurs historisch-kritischen Arbeiten die Unbefangenheit und die Gründlichkeit

---

[47] Ebd. Das Ergebnis seiner frühen alttestamentlichen Arbeit ist das „Lehrbuch der historisch-kritischen Einleitung in die kanonischen und apokryphischen Bücher des Alten Testaments". Das Werk erschien in erster Auflage Berlin 1817. Die siebte Auflage (1852) besorgte de Wettes Basler Kollege Johann Jakob Stähelin.

[48] So DANIEL SCHENKEL, W. M. L. de Wette und die Bedeutung seiner Theologie für unsere Zeit. Zum Andenken an den Verewigten, Schaffhausen 1849, S. 8.

[49] SMEND, Arbeit, S. 139.

[50] Verzeichnis der Theologiestudierenden zum Generalexamen, StABS: Kirchenarchiv N 15.

[51] Im Wintersemester 1837/38 belegte Biedermann Apostelgeschichte; im Sommersemester 1838 den Römerbrief; im Wintersemester 1838/39 Korintherbriefe und schließlich im Sommersemester 1839 die Vorlesung über Kolosser, Thessalonicher und Philipper; siehe das Verzeichnis der Theologiestudierenden zum Generalexamen; StABS:Kirchenarchiv N 15

[52] ROGERSON, De Wette, S. 240–247.

[53] Zu Baur und zur neueren Tübinger Schule siehe HORTON HARRIS, The Tübingen School, Oxford 1975; ULRICH KÖPF, Theologische Wissenschaft und Frömmigkeit im Konflikt: Ferdinand Christian Baur und seine Schüler, in: Berichte zur Wissenschaftsgeschichte 11 (1988), S. 169–177; Bibliographie zur Geschichte der Universität Tübingen, bearb. von Friedrich Seck, Gisela Krause, Ernestine Stöhr, Tübingen 1980, S. 119–121; 304–307.

der Forschung. Ferner bemängelte er die hastige Eile, mit der überall positive Ergebnisse gesucht würden[54]. Den exegetischen Arbeiten der „junghegelschen Schule" maß er keinen bleibenden Wert zu[55]. Freilich setzte sich seine eigene neutestamentliche Arbeit letztendlich auch nicht durch. Ihr haftete doch zu sehr der Charakter der Halbherzigkeit und Vorsicht an, was wiederum Baur heftig kritisierte.

De Wette erscheint nach dieser Skizzierung geradezu als Paradigma jener wissenschaftlichen Haltung, die sich zwar grundsätzlich zur Kritik der biblischen Schriften bekennt, aber der wahren christlichen Frömmigkeit keinen Abbruch tun will.

Die systematische Theologie de Wettes[56] basiert erkenntnistheoretisch auf der Philosophie seines Freundes Jakob Friedrich Fries[57], die dieser vor allem in den beiden Werken „Wissen, Glauben und Ahndung"[58] und „Neue Kritik der Vernunft"[59] formulierte. Fries, der ebenso wie Friedrich Schleiermacher aus der Tradition der Herrnhuter Brüdergemeine stammte[60], entwickelte in erstgenannter Schrift in Auseinandersetzung mit Kant drei verschiedene Arten der Überzeugung, die de Wette in seiner theologischen Arbeit derart rezipierte, daß ihm der Vorwurf überzogener Abhängigkeit gemacht wurde. De Wette galt die Trennung der Wahrnehmungsweisen Wissen, Glauben und Ahndung als das hermeneutische Prinzip für die Theologie, weil damit eine historisch-kritische Ansicht der Religion mit einer idealistisch-ästhetischen verbunden werden könne, die sowohl den Supranaturalismus als auch den Rationalismus überwinde[61].

Aufgrund dieser religionsphilosophischen Voraussetzung definierte de Wette die Dogmatik als eine von der philosophischen Reflexion geleitete Zusammenstellung der ganzen christlichen Glaubenslehre. Dabei komme es erstens auf eine historische

[54] Schenkel, De Wette, S. 14.

[55] Schenkel, De Wette, S. 15.

[56] Schenkel, De Wette, S. 36–111; Ferdinand C. Baur, Kirchengeschichte des neunzehnten Jahrhunderts, hrsg. von Eduard Zeller, Tübingen 1862, S. 212–217; Wilhelm Gass, Geschichte der protestantischen Dogmatik, Bd. 4: Die Aufklärung und der Rationalismus. Die Dogmatik der philosophischen Schulen. Schleiermacher und seine Zeit, Berlin 1867, S. 513–526; Horst Stephan und Martin Schmidt, Geschichte der evangelischen Theologie in Deutschland seit dem Idealismus, Berlin/New York ³1973, S. 102–111, Karl Barth, Die protestantische Theologie im 19. Jahrhundert, Zürich ⁵1985, S. 433–441; Jan Rohls, Liberale Romantik. Wilhelm Martin Leberecht de Wette (1780–1849), in: Profile des neuzeitlichen Protestantismus, Bd. 1: Aufklärung, Idealismus, Vormärz, hrsg. von Friedrich Wilhelm Graf, Gütersloh 1990, S. 233–250.

[57] Ernst Ludwig Theodor Henke, Jakob Friedrich Fries aus seinem Nachlaß dargestellt, Leipzig 1867; Josef Hasenfuss, Die Religionsphilosophie bei J. F. Fries, Würzburg 1935; Karl-Heinz Bloching, J. F. Fries' Philosophie als Theorie der Subjektivität, Diss. phil., Münster 1971; Otto Pfleiderer, Geschichte der Religionsphilosophie von Spinoza bis auf die Gegenwart, Berlin ³1893, S. 465–478. Zu Fries' negativer Stellung zum Judentum siehe Friedrich Battenberg, Das Europäische Zeitalter der Juden. Zur Entwicklung einer Minderheit in der nichtjüdischen Umwelt Europas, Teil 2, Darmstadt 1990, S. 131; Helmut Berding, Moderner Antisemitismus in Deutschland, Frankfurt am Main 1988, S. 61 f.

[58] Erschien Jena 1805.

[59] Erschien Heidelberg 1807, drei Bände umfassend.

[60] Hermann Glockner, Die europäische Philosophie von den Anfängen bis zur Gegenwart, Stuttgart ⁵1980, S. 812.

[61] Schenkel, De Wette, S. 36.

Auffassung der Glaubenslehre an, zweitens auf die methodische Behandlung und Anordnung des historischen Stoffes. Schließlich sei drittens die philosophische Kritik beziehungsweise ihre Zurückführung auf allgemeine Gesetze der menschlichen Natur zu betonen[62]. Als Grundsatz der systematisch-theologischen Arbeit de Wettes gilt die Annahme, daß die vernünftige Ansicht von Religion mit der gläubigen nicht im Widerspruch stehen könne, denn es gebe eine innere Übereinstimmung zwischen Vernunft und Glauben. De Wette will in vermittlungstheologischer Absicht „den Gewinn der Verstandesuntersuchung in der Theologie bewahrt wissen und doch die Rechte des Glaubens geltend machen"[63]. Hier wird deutlich, daß de Wette weitgehend, durch Fries vermittelt, auf dem Boden der Philosophie Kants steht. Die Grundlagen seiner Dogmatik machen die ewigen religiösen Ideen aus, die auf historischem Wege gefunden werden. Die dogmatische Aufgabe stellt sich nun als organische Zusammenführung dieser Ideen[64]. Dabei wandte sich de Wette gegen die dogmatischen Versuche rationalistischer oder orthodoxer Provenienz und setzte diesen seine symbolische Auffassung entgegen. Diese falle, so de Wette, mit der historischen zusammen; seine Auffassung suche in jeder Geschichte den Ausdruck und das Abbild des Geistes in seiner zeitlichen Tätigkeit[65]. Das Leben Jesu beispielsweise möchte er, wie Schenkel es charakterisiert, „als ein symbolisches Gedicht betrachten, nur nicht von einem individuellen menschlichen Geiste, sondern vom objektiven Menschen- und Gottesgeiste, der in der Geschichte lebt und wirkt, gedichtet"[66].

Aufs Ganze gesehen bleibt de Wettes ästhetisch-rationalistischer Versuch einer eigenständigen theologischen Synthese unbefriedigend[67]. Sein Verdienst besteht jedoch ohne Zweifel darin, daß er sich den Herausforderungen der Moderne stellte, sich bemühte, den Wissenschaften angemessen zu begegnen, um das seiner Ansicht nach Wahre der neuen Weltanschauung in sein System zu integrieren. Dabei bleibt aber das positive Christentum Ausgangs- und Zielpunkt aller „höhern Cultur- und

---

[62] Rudolf Otto, Kantisch-Fries'sche Religionsphilosophie und ihre Anwendung auf die Theologie. Zur Einleitung in die Glaubenslehre für Studenten der Theologie, Tübingen 1909, S. 167.

[63] Schenkel, De Wette, S. 37.

[64] Nach de Wette müssen die Dogmen so ausgelegt werden, daß der „ideal-ästhetische Gehalt derselben [...] aus der bildlichen Hülle des Verstandesbegriffs gelöst und der ästhetischen Anschauung anheimgegeben werden". Mit diesem Ansatz glaubt de Wette, „den Weg entdeckt zu haben, auf welchem ‚die rein historische und philosophische Ansicht, das Resultat der freiesten Forschung sich vereinigen lasse mit der symbolischen öffentlichen Beibehaltung des anerkannten Lehrbegriffs, ohne in Willkür zu verfallen und ohne die Hinterlist des alten Priesterthums zu üben'"; Schenkel, De Wette, S. 46.

[65] Schenkel, De Wette, S. 44.

[66] Schenkel, De Wette, S. 45.

[67] Otto, Religionsphilosophie, S. 168. Vor allem wird, wie Barth, Geschichte, S. 439, zeigt, nicht deutlich, in welcher Weise sich historischer Rationalismus und Offenbarungsgläubigkeit kombinieren lassen, wie der Übergang oder Sprung von der Vernunft zur Offenbarung gelingen soll. Diese Unsicherheit in der Synthese des Systems kritisiert auch Biedermann in seiner Darstellung der Theologie de Wettes; siehe dazu in Kapitel 6 dieser Arbeit die „Beschreibung der theologischen Fakultät", S. 355–357.

Geistesentwicklung"[68]. Zudem ist – bei all seiner kritischen Auseinandersetzung mit D. F. Strauß – nicht zu vergessen, daß de Wettes historisch-kritischer Ansatz und seine Bemühungen um den Mythosbegriff der Kritik Straußens ein gutes Stück vorgearbeitet haben[69].

b) Karl Rudolf Hagenbach

Der Student der Theologie Karl (Carl) Rudolf Hagenbach (1801–1874)[70] war der oben erwähnten Aufforderung de Wettes, in Basel die venia legendi für Kirchengeschichte zu erwerben, umgehend gefolgt. Schon im Juli 1823 erhielt Hagenbach die Lehrbefugnis und begann seine akademische Tätigkeit im Wintersemester 1823/24 als Lektor[71]. Die Beförderung zum ordentlichen Professor, die de Wette zielstrebig betrieben hatte, um einen Wechsel Hagenbachs in eine besser dotierte Pfarrstelle zu verhindern, erfolgte 1829[72].

Der junge Kirchenhistoriker stammte aus einer alten Basler Familie, deren Ahnen aus dem Elsaß zugewandert waren. Der Vater, Carl Friedrich Hagenbach (1771–1849), wirkte als Professor der Medizin und der Botanik an der Basler Universität. Ihm dankte der Sohn in einer autobiographischen Skizze[73] für die intellektuelle und sittliche, seiner Mutter Sara Dorothea, geborene Freyburger (1773–1837) für die religiöse Jugenderziehung, die sich vor allem an den Liedern des Sachsen Christian Fürchtegott Gellert (1715–1769) orientiert hatte[74]. Nach dem Studienbeginn in Basel wechselte Hagenbach im Oktober 1820 rheinabwärts an die zwei Jahre zuvor gegründete preußische Universität zu Bonn. Die dortige evangelisch-theologische Fakultät wurde geprägt durch hervorragende Vertreter der Vermittlungstheologie[75], die den Grundstein für Hagenbachs Orientierung und Standort im Wettstreit der theologischen Richtungen legten. Hagenbach wechselte zum Abschluß seiner Studien von der preußischen Rheinprovinz in die Metropole Preußens. Hier fand Hagenbach in Neander und Schleiermacher seine Berliner

---

[68] SCHENKEL, De Wette, S. 54.

[69] CHRISTIAN HARTLICH und WALTER SACHS, Der Ursprung des Mythosbegriffes in der modernen Bibelwissenschaft, Tübingen 1952, S. 120.

[70] GEORG FINSLER, Zur Erinnerung an Karl Rudolf Hagenbach, Zürich 1874; RUDOLF STÄHELIN, Karl Rudolf Hagenbach, Basel 1875; DERS., Karl Rudolf Hagenbach, in: RE³ 7, S. 335–338; CHRISTOPH FRIEDRICH EPPLER, Karl Rudolf Hagenbach. Eine Friedensgestalt aus der streitenden Kirche der Gegenwart, Gütersloh 1875; ERNST STAEHELIN, Karl Rudolf Hagenbach, in: NDB 7, S. 486f.; KURT GUGGISBERG, Karl Rudolf Hagenbachs Darstellung und Deutung der Reformation, in: Gottesreich und Menschenreich. Ernst Staehelin zum 80. Geburtstag, hrsg. von Max Geiger 1969, S. 467–494.

[71] Seine Dissertation trägt den Titel „Observationes historico-hermeneuticae circa Origenis adamantini methodum interpretandae sacrae Scripturae", Basel 1823.

[72] Über die Stufen der akademischen Karriere informiert A. STAEHELIN, Geschichte (1818–1835), S. 37f.

[73] K. R. HAGENBACH, Autobiographie, StABS Pa 838.

[74] Gellerts Liedersammlung „Geistliche Lieder und Oden", 1757, war weit verbreitet.

[75] Von diesen sprachen ihn neben dem kirchlich-orthodoxen Karl Heinrich Sack (1789–1875) insbesondere Friedrich Lücke und Johann Karl Ludwig Gieseler an.

Lehrer, derer er zeitlebens dankbar gedachte. Den beiden Genannten und de Wette verdankte er nach eigenen Angaben sein „theologisches Leben"[76]. Geprägt von diesen Lehrern wandte sich Hagenbach einerseits gegen die Kirchengeschichtsschreibung pietistischer Autoren, andererseits gegen die Schule F. C. Baurs. Es mache gerade Neanders Bedeutung aus, daß er sich nicht auf den hegelianisch-spekulativen Grund der Tübinger Schule stellte, sondern sich eigenständig, nicht durch die – in den Augen Hagenbachs – „trübe und erborgte Brille einer Schule" um die geschichtlichen Tatsachen bemühe. Neben der überaus positiven Würdigung seines Lehrers spart Hagenbach jedoch nicht mit kritischen Anmerkungen. Dabei bemängelt er insbesondere das Fehlen der weltlichen Seite in Neanders frömmigkeitsgeschichtlich ausgerichteten kirchengeschichtlichen Darstellungen[77].

Als Kirchenhistoriker ging es Hagenbach selber darum, das eigentliche Erbe Schleiermachers als das gesicherte und bleibende Resultat seines theologischen Forschens, Gestaltens und Wirkens zu betrachten und zu würdigen. Dafür sei Basel ohne Frage der angemessene und rechte Ort, denn auch in der Schweiz habe der Einfluß des bedeutenden Berliner Theologen weitreichende Folgen für das kirchliche und kulturelle Leben gehabt. Waren doch zahlreiche schweizerische Theologiestudenten seit den zwanziger Jahren in die preußische Metropole gepilgert, um den großen Schleiermacher zu hören[78]. Schleiermachers entscheidender theologischer Beitrag bestehe in der Betonung der Religion als eigenständiger Erscheinung des menschlichen Lebens, welche vom Phänomen des Wissens geschieden sei. Von diesem Grundsatz her könne auch der Gegensatz von Supranaturalismus und Rationalismus sowie die Verengung der Theologie auf moralische Handlungsanweisungen überwunden werden. Schließlich sei hervorzuheben, daß Schleiermacher die religiösen Fragen nicht mit solchen der Spekulation vermischte, um eine neue Scholastik zu vermeiden. So besteht nach Hagenbach bei ihm nicht die Gefahr – wie etwa bei Marheineke oder bei Daub –, die Orthodoxie auf philosophischem Weg zu rekonstruieren[79].

Literarisch wurde Hagenbach durch seine siebenbändige Darstellung der Kirchengeschichte[80] und seine Dogmengeschichte[81] sowie vor allem durch die „Encyclopädie und Methodologie der Theologischen Wissenschaften" bekannt[82].

---

[76] KARL R. HAGENBACH, Neander's Verdienste um die Kirchengeschichte. Eine akademische Gedächtnisrede gehalten am 4. November 1850, o. O. 1850, S. 52f.; DERS., Festrede, gehalten am Vorabend der Säcularfeier von Schleiermachers Geburtstag in der Aula der Universität in Basel, Zürich 1868.

[77] HAGENBACH, Verdienste, S. 50f.

[78] HAGENBACH, Festrede, S. 4.

[79] HAGENBACH, Festrede, S. 26f.

[80] Kirchengeschichte von der ältesten Zeit bis zum 19. Jahrhundert, 7. Bde., Leipzig 1869–1872.

[81] Lehrbuch der Dogmengeschichte, Leipzig 1840, [6]1888.

[82] Die „Encyclopädie" erschien in Leipzig zuerst 1833 und zuletzt [12]1889.

c) Johann Jakob Stähelin

Die Herkunft aus einer wohlhabenden Basler Kaufmannsfamilie ermöglichte es Johann Jakob Stähelin (1797–1875)[83], seit 1835 unentgeltlich als ordentlicher Professor für Altes Testament zu lehren. Seine akademische Laufbahn hatte er nach seinem Theologiestudium in Basel und Tübingen als Lektor für Hebraistik begonnen. Ein weiterer Aufenthalt im Ausland zur Vertiefung der Hebräischkenntnisse – es war an Paris gedacht – scheiterte durch den rasch aufeinanderfolgenden Tod seiner drei Geschwister. Die Eltern wollten den letzten verbleibenden Sohn in ihrer Nähe wissen. Da Stähelin sich nicht zum Pfarramt berufen fühlte, strebte er das akademische Lehramt an. Deshalb mußte eine Möglichkeit gefunden werden, um dennoch die gewünschte Perfektion und Vertiefung der hebräischen Sprache zu erlangen. Man suchte nach einem Privatlehrer, der diesem Anspruch Genüge leisten könnte, und fand diesen in dem jungen Bonner Theologen Ernst Wilhelm Hengstenberg. Hengstenberg zögerte eine Weile, die Stelle anzunehmen. Er befürchtete, ein Aufenthalt in Basel könne der Karriere in preußischen Diensten Abbruch tun, da Basel als Zufluchtsort der sogenannten Demagogen und des „allerpöbelhafteste[n] Liberalismus"[84] in Preußen keinen guten Ruf besaß. Schließlich traf er 1823 in Basel ein[85]. Außer dem Privatunterricht im Hause Stähelin verpflichtete sich Hengstenberg, in den oberen Klassen der Missionsanstalt zu lehren.

Stähelin unterrichtete neben de Wette Altes Testament, wobei er sich vor allem der propädeutischen Arbeit widmete. Als Wissenschaftler trat er nicht besonders hervor[86]. Als Gründe dafür werden sein Mangel an schriftstellerischer Gewandtheit sowie die unzureichende Gliederung des Stoffes und der Beweisführung angegeben. In der Leichenrede wird Stähelin beschrieben als einer, der an Geist und Gemüt nicht vielseitig begabt gewesen sei: Er habe wenig Empfänglichkeit für Manches, „was im Familienkreise, in Kunst und Wissenschaft, im religiösen Leben und Streben Andere" ergreife und bewege. Aber wenn ihn etwas berührte und interessierte, habe er sich mit behendigem Pflichtgefühl und treuer Beharrlichkeit diesem hingegeben[87].

---

[83] Thomas K. Kuhn, Johann Jakob Stähelin, in: BBKL 10, Sp. 1108f.

[84] Zu Hengstenbergs Aufenthalt in Basel siehe Bachmann, Hengstenberg, Bd. 1, S. 113–171. Das Zitat stammt von Barthold Georg Niebuhr, zitiert bei Bachmann, aaO., S. 116.

[85] Die ersten Eindrücke aus Basel schilderte Hengstenberg in einem Brief: „So gut es mir in mancher Hinsicht hier gefällt, so möchte ich doch um keinen Preis mich für immer in der Schweiz niederlassen, und ich könnte eben nicht sagen, daß ich an den Schweizern besondern Gefallen fände. Besonders ist mir ihr Pochen auf die Heldenthaten ihrer Vorfahren in Ermangelung eigener Kraft äußerst zuwider. Dabei ermangeln sie im Durchschnitt einer tüchtigen Bildung und eines regen Sinnes für das Schöne, und kleinliche Eifersucht zwischen den einzelnen Kantonen hat den Gemeingeist fast ertödtet"; Bachmann, Hengstenberg, Bd. 1, S. 133.

[86] Nur Stähelins Arbeiten zum Pentateuch haben größere Beachtung gefunden. Ernst Stähelin, Johann Jakob Stähelin, in: RE[3] 18, S. 732–735.

[87] So in „Zur Erinnerung an Herrn J. J. Stähelin, Dr. theol. und deren Professor an der Universität Basel", Basel 1875, S. 7.

Seine theologische Stellung läßt sich nicht auf einen Begriff bringen[88]. Geht man von seinen kritischen Schriften aus, so kommen rationalistische Züge zum Vorschein. Ansonsten überwiegt ein gemäßigter und der theologischen Wissenschaft gegenüber offener Supranaturalismus. Die Grundzüge seines Denkens waren durch den württembergischen Pietismus beeinflußt worden[89].

d) Johann Georg Müller

Im Jahre 1835 erfolgte Johann Georg Müllers[90] Beförderung zum ordentlichen Professor, der schwerpunktmäßig neutestamentliche Einleitungs- und Erklärungswissenschaften zu dozieren hatte. Müllers Beschäftigung mit dem Neuen Testament schloß die Kenntnisnahme und Interpretation der dem Neuen Testament nahestehenden Schriften, etwa eines Philo oder Josephus, ein[91]. Die dahinter stehende religionsgeschichtliche Methode wird vollends durch die Betrachtung seiner weiteren Forschungs- und Lehrinteressen deutlich: Müller war einer der frühen führenden Vertreter der vergleichenden Religionswissenschaften. Die Vorlesung über die polytheistischen Religionen gehörte zu seinen am besten besuchten Veranstaltungen.

Als Lehrer des Neuen Testamentes folgte er nicht den Ergebnissen der neueren Tübinger Schule. Er gestand ihr zwar zu, sie habe einige Einseitigkeiten der Vermittlungstheologie vor Strauß zu Recht angefochten, jedoch sehe er die Gefahr, daß – folge man einem Strauß – das positive historische Christentum dem Pantheismus übergeben werden müsse[92]. Sein didaktisches Ziel war, seine Studenten zu solch einer freien Forschung anzuleiten, welche immer wieder neu die Gründe des Für und Wider erörtere.

e) Daniel Schenkel

Schenkel (1813–1885)[93] wirkte nur kurze Zeit als Privatdozent und als Nachfolger de Wettes in Basel. Als seinen maßgebenden theologischen Lehrer sah er zeitle-

---

[88] Jacob Burckhardt schrieb am 28.8.1838 an den Freund Johannes Riggenbach über den alttestamentlichen Lehrer: „Das kläglichste Justemilieu zwischen Supranaturalismus und Rationalismus, der Prophet, ist mir ein schauerliches Warnungsbeispiel, wo die Theologen bisweilen hingerathen, die gerne vornehm aufgeklärt und doch daneben orthodox sein möchten"; Jacob Burckhardt, Briefe. Vollständige und kritische Ausgabe, hrsg. von Max Burckhardt, Bd. 1, Basel 1949, S. 84. Im Mai 1838 schon hatte sich Burckhardt über Stähelin lustig gemacht, siehe den Brief an Riggenbach vom 8.5.1838, aaO., S. 70f.; 73.

[89] In der Leichenrede wird sogar bemerkt, daß er seine „einseitige Vorliebe dafür" nicht geleugnet hätte (S. 4), was auch nicht verwunderlich ist, stand die Mutter doch der Herrnhuter Brüdergemeine nahe. Der Kontakt zu den Basler Positiven zeigt sich auch daran, daß die Leichenrede in der Pilgermissionsbuchhandlung auf St. Chrischona veröffentlicht wurde.

[90] Zur Literatur siehe oben S. 86, Anm. 232.

[91] Zu den Publikationen Müllers siehe Thomas K. Kuhn, Johann Georg Müller, in: BBKL 6, Sp. 270.

[92] Johann Georg Müller, Abriß meines Lebenslaufes, Basel 1875.

[93] Wilhelm Gass, Daniel Schenkel, in: RE³ 17, S. 555–559; Rainer Reuter, Daniel Schenkel, in: BBKL 9, Sp. 150–153.

bens de Wette an, der schon früh seine Talente erkannte und ihn förderte. Nach einem Studienaufenthalt in Göttingen, wo er bei Gieseler und Lücke hörte, habilitierte er sich 1838 in Basel mit einer Arbeit über die urchristliche Gemeinde in Korinth[94]. Schon im Jahre 1841 verließ Schenkel Basel und folgte dem Ruf nach Schaffhausen, wo er erster Prediger und Mitglied im Kirchenrat wurde. 1850 kehrte er zurück und übernahm den Lehrstuhl seines Lehrers. Jedoch blieb dies nur ein kurzes Gastspiel, denn Ullmann hatte sich dafür eingesetzt, den jungen Schweizer Theologieprofessor als Gesinnungsgenossen nach Heidelberg zu berufen. Von 1851 bis zu seinem Tod wirkte er an der badischen Universität. Theologisch der Vermittlungstheologie nahestehend, gilt Schenkel als der „Theologe des Gewissens", denn für ihn war der Ausgangspunkt aller Theologie das Gewissen, das Sein Gottes in uns.

f) Johann Tobias Beck

Der Württemberger Beck[95] war auf die theologische Stiftungsprofessur nach Basel berufen worden, um die theologisch positive Glaubensrichtung innerhalb der Theologischen Fakultät zu vertreten[96]. Faktisch war das Ziel, der Vermittlungstheologie de Wettes ein bibeltheologisches Gegengewicht entgegenzusetzen, was aber einer Freundschaft mit de Wette nicht im Wege stand. Beck las in den dreizehn Semestern seiner Basler Zeit über Themen der exegetischen, systematischen und praktischen Theologie[97]. Durch die Teilnahme der Missionszöglinge galten viele seiner Lehrveranstaltungen mit 30–40 Hörern als gut besucht. Über sein Verständnis von theologischer Wissenschaft gab er in seiner Antrittsrede „Über die wissenschaftliche Behandlung der christlichen Lehre" vom 7. November 1836 Auskunft.

II. Biedermanns Studium in Basel

1. Immatrikulation und Stipendien

Am 2. Mai 1837 konnte Biedermann seiner Mutter mitteilen: „Jetzt bin ich eigentlicher Student, aber ein ganz neu gebackener. [...] Jetzt bin ich Student und kann nun studieren was ich will."[98] Biedermann hatte sich 1837 – unter Wahrung der halbmonatigen Einschreibungsfrist[99] – während des Rektorates von Gerlach in die Rektoratsmatrikel[100] eingeschrieben. Die Voraussetzungen für die Immatriku-

---

[94] Dissertatio critico-historica de ecclesia Corinthia primaeva factionibus turbata, Basel 1838.
[95] Zur Literatur siehe Bibliographie zur Geschichte der Universität Tübingen, S. 308–310; KYUNG PAE SIK, Eschatologie bei Johann Tobias Beck, Diss. theol., Tübingen 1988 (Ms.).
[96] Siehe oben S. 111f.
[97] Siehe die Vorlesungsverzeichnisse der Universität Basel.
[98] B.I.c.10.
[99] Siehe die „Statuten der Universität zu Basel vom 4. Oktober 1824"; StABS: Universitätsarchiv A 4.
[100] Rektoratsmatrikel in der UBBS: AN II 5ᵃ. Es ist kein Datum der Einschreibung vermerkt,

lation[101] waren ohne Beanstandung erfüllt worden[102]. Die neu in die Universität aufgenommenen Studenten hatten bei der Einschreibung ein Gelübde abzulegen, in welchem sie unter anderem versprachen, den Nutzen des Staates und der Universität vor Augen zu haben, den Professoren mit Achtung zu begegnen, ferner dem Dekan und Rektor Gehorsam zu leisten. Außerdem mußten sowohl in den Fiskus des Rektors als auch in den der Bibliothek je zwei Franken gezahlt werden sowie ein Franken bei der Einschreibung in die Fakultätsmatrikel. Nach diesem Prozedere galten die Studierenden als „akademische Bürger"[103]. Zu den Immatrikulationsgebühren kamen jährlich sechs Batzen an den Pedell[104] der Universität und die Kolleggelder, die pro Wochenstunde abgerechnet wurden. Biedermann hatte im Sommersemester 1837 neun Franken zu bezahlen. Wegen dieser Art der Berechnung belegten viele Studierenden möglichst wenige Stunden[105].

Jene Studenten, die nicht aus einem begüterten Elternhaus kamen oder die – wie Biedermann – Kost und Logis in Basel nehmen mußten, versuchten, eines der Stipendien, welche von der Kuratel vergeben wurden, zu bekommen. Ohne diese zahlreichen Stipendien und Stiftungen wäre es vielen Studenten nicht möglich gewesen, ein Studium zu absolvieren. Zu diesen hätte sicher auch Biedermann gehört. Denn schon zu Lebzeiten des Vaters wurde Biedermann angehalten, sparsam zu leben[106]. Den größten Teil der schulischen Ausbildung hatte der Vater finanziert[107]. Nach dem Tod des Vaters lebte die Mutter von einer bescheidenen Pension, die eine Unterstützung des Sohnes nicht mehr zuließ. Die erwähnten Rechnungen von Pfarrer Hess, die er an Emanuel Biedermann sandte, geben ein Bild davon, welche beachtlichen Unkosten die universitäre Ausbildung verursachte[108]. Der junge Student mußte sich also um ein Stipendium bemühen. Im Herbst 1836 bewarb er sich um das Stipendium Falknerianum[109]. Die Stiftung des Diakons an St.

---

doch dürfte es sich um das Frühjahr oder den Frühsommer 1837 handeln. 1837 immatrikulierten sich 29 Studenten, 1836: 23, 1838: 33, 1839: 31 Studenten.

[101] Universitätsarchiv B 1 (V) fol. 989f. und B 1 (VI) fol. 204: StABS.

[102] Zur Immatrikulation waren Sitten- und Studienzeugnisse vorzulegen. Siehe „Verhältnisse und Pflichten der Studierenden" in den Statuten der Universität Basel.

[103] Siehe „Verhältnisse und Pflichten der Studierenden". Diese Ordnung regelte auch die Ableistung des Militärdienstes: Studierende der theologischen Fakultät und alle Auswärtigen waren befreit.

[104] So nannte man den Hochschuldiener oder Hausmeister.

[105] Biedermann an seine Mutter: „Jetzt habe ich sehr wenig Stunden, so daß ich jetzt bloß 9 Thaler zahle, denn es richtet sich ganz nach der Stundenzahl"; Brief vom 2.5.1837: B.I.c.10.

[106] E. Biedermann an Biedermann, 18.12.1835: B.I.f.33: Biedermann wurde aufgefordert, die Ausgaben aufs wenigste zu beschränken, da die Arzt- und Apothekerkosten sowie verringerte Einnahmen zu einem finanziellen Engpaß geführt hätten.

[107] Welche Unterstützung Biedermann nach dem Tode des Vaters und während des Studiums aus Winterthur erhielt, kann nicht mehr im einzelnen ermittelt werden. Siehe aber die Angaben in den Briefen B.I.g.4, 9, 14.

[108] Siehe dazu oben S. 73, Anm. 154.

[109] Siehe den von Brömmel notierten Eintrag im „Catalogus studiosorum qui stipendia et bursalia desiderarunt ab A. 1746 adet 1881"; StABS: Universitätsarchiv L 8: „Biedermann, Schüler der obersten Klasse des Pädagog. sucht ein Stipend" (S. 74). Ferner siehe „Stipendium des Ulrich Falkner"; StABS: Universitätsarchiv VII 2, 14.

Peter, Hans Ulrich Falkner (1570–1642)[110], betrug tausend Franken. Von den Zinsen sollten pro Quartal als Stipendium zwölf Franken und fünfzig Batzen ausgeschüttet werden. Die Stiftungsurkunde nennt als mögliche Nutznießer dieses Stipendiums „einen Studiosum Theologiae bis er zu einem beständigen Dienst berufen werde". Vorzugsweise seien Mitglieder der Geschlechter Falkner, Merian[111] oder Wix[112] zu berücksichtigen[113]. Biedermann erhielt diese recht geringe Studienbeihilfe vom ersten Quartal 1837 bis zum dritten Quartal 1839[114]. Das studentische Budget wurde seit dem zweiten Quartal 1838 durch ein weiteres Stipendium vergrößert: Aus der Stiftung Luttenburgicum[115] erhielt Biedermann bis zum Ende September 1839 pro Quartal dreizehn Franken[116].

Die Summe der beiden Stipendien deckte jedoch nur ein Viertel der Kosten ab, die allein durch Kost und Logis anfielen. Der wesentliche Anteil der Finanzierung des Studiums muß also von privater beziehungsweise familiärer Seite erfolgt sein. Hier kommt an erster Stelle Biedermanns Winterthurer Vormund Heinrich Biedermann in Frage[117]. Als weitere pekuniäre Quelle erwähnte Alois die Möglichkeit, als Vorturner das Budget aufzubessern. Im Winter 1837 stellte er der Mutter in Aussicht, bis zum Sommer fünfzig Franken beisammen zu haben, wenn er Vorturner werden könne. Mit diesem Geld beabsichtigte er, seine Sommerreise zu zahlen[118].

---

[110] GAUSS, Basilea, S. 69.

[111] H. U. Falkners Mutter Chrischona war eine geborene Merian; siehe GAUSS, ebd.

[112] Falkners Ehefrau Euphrosyne stammte aus der Familie Wix; GAUSS, ebd.

[113] Siehe unter Falknerianum in den Stipendienverzeichnissen der Universität Basel 1818–1870; StABS: Erziehungsakten B 21.

[114] Ebd. Der Mutter teilte Biedermann die Zuteilung des Stipendiums mit: „[…] zwar ist das noch wenig, aber so bald ein größeres frei ist, so kann ichs erhalten"; Biedermann an V. Biedermann, 28. 2. 1837: B.I.c.8. Daraus scheint aber nichts geworden zu sein. Möglicherweise ist dies der Grund dafür, daß er ein weiteres kleineres Stipendium erhielt. Als Auswärtiger hatte er sicher wenig Chancen, eine der besser dotierten Beihilfen zu bekommen. Wesentlich großzügigere Unterstützung erhielt beispielsweise sein Freund Johann Jakob Oeri mit 58 Franken pro Quartal aus dem Wettsteinianum. Aber auch Theodor Meyer erhielt nur 12 Franken aus dem Fuchsianum. Vgl. hierzu die Stipendienverzeichnisse, a.a.O. Ferner „Index Stipendiorum academicorum"; StABS: Universitätsarchiv L 7.

[115] Das „Verzeichnis der academischen Stipendien"; StABS: Universitätsarchiv A 4, definierte den Verwendungszweck: Das Stipendium sieht als Empfänger „einen geborenen Basler, der in der heiligen Schrift zu studiren Willens ist und gradum magisterii schon erlangt, oder auf das längste in einem Jahr erlangen kann. Mit Vorzug eines von des Testators Geschlecht, der von Vater oder Mutter ein Luttenburg wäre". Es könnte sich hier um das Vermächtnis von Heinrich Lauterburg (Luterburg) (1525–1603) handeln, der eine beträchtliche Summe für gemeinnützige Zwecke zur Verfügung stellte; HBLS 4, S. 634.

[116] Stipendienverzeichnis 1818–1870; StABS: Erziehungsakten B 21.

[117] Der Brief des Sohnes an die Mutter vom 29.12.1836 (B.I.c.6) enthält den Hinweis, daß sich Vetter Biedermann um die finanziellen Belange des Sohnes kümmern werde, was er auch tat.

[118] Biedermann an V. Biedermann, 28.2.1837: B.I.c.8.

2. Der Studienbeginn

Biedermann begann sein Studium in Basel mit der Absicht, das Examen in Zürich abzulegen. Der Mutter teilte er mit: „Da ich in 1 1/2 Jahren auf Zürich will aber bloß um ein Examen zu machen, so will ich einstweilen noch die Theologie sein lassen; dagegen noch recht die alten Sprachen und die andern Fächer nehmen, in denen ich das Examen zu machen habe. Erst nachher will ich mich ausschließlich mit Theologie befassen."[119] Doch scheint diese Argumentation eher einen vordergründigen Charakter besessen zu haben. Seinen „Tagebuchblättern" vertraute Biedermann nämlich ohne viel Umschweife an, daß er zur Theologie und zum Hebräisch wenig Lust habe[120]. Die neuerworbene akademische Freiheit nutzte er, um sich intensiv – seinen Neigungen und Interessen entsprechend – philologischen, philosophischen und kunstgeschichtlichen Studien zuzuwenden[121]. Theologische Vorlesungen scheint er anfänglich überhaupt nicht besucht zu haben[122]. Verzeichnet ist der Student hingegen als Teilnehmer einiger Veranstaltungen der philosophischen Fakultät: Hier hörte er die dreistündige Vorlesung „Geschichte der neuern Philosophie seit Cartesius" bei Friedrich Fischer, vierstündig „Geschichte der deutschen Literatur seit Goethe" bei Wackernagel; dessen Übung „Vergleichende Grammatik des Deutschen, Griechischen und Lateinischen" gehörte ebenso wie Vischers „Philippische Reden des Demosthenes" und Gerlachs „Lateinische Stil- und Interpretierübungen" zu seinem Semesterprogramm[123]. Der Kunst und Kunstgeschichte widmete er sich zusammen mit seinen Freunden Christoph Johannes Riggenbach und Jacob Burckhardt[124].

Fischers philosophiegeschichtliche Vorlesung aus dem Sommer 1837 ist in der Nachschrift Jacob Burckhardts erhalten[125]. Diesem studentischen Manuskript zufolge widmete sich Fischer speziell der Frage nach Kritik und Erkenntnisvermögen. Dabei benötigte Fischer fast ein Drittel der Zeit, um die Philosophie Kants philosophiegeschichtlich vorzubereiten, welche dann das Zentrum der Vorlesung bildete. Der württembergische Philosophieprofessor führte seine Studenten von Descartes über Leibniz weiter zu Locke und Kant. Fischer hob dessen prägende Wirkung in den praktischen Gebieten der Moral, des Naturrechts und der Religion hervor. In drei abschließenden Kapiteln widmete sich Fischer Fichte, Schelling und Hegel,

---

[119] Biedermann an V. Biedermann, 2.5.1837: B.I.c.10.

[120] Biedermann, Tagebuchblätter (Mai 1837), S. 4.

[121] In seinen „Erinnerungen" schreibt Biedermann: „Nicht dass irgend religiöse Skrupeln mich zurückgehalten hätten; vielmehr waren es nur die humanistischen Studien, Literatur und Kunst, die mich vom Pädagogium her in der ersten goldenen Zeit der akademischen Freiheit noch vollauf in Beschlag nahmen"; in: A. E. BIEDERMANN, Ausgewählte Vorträge und Aufsätze, Berlin 1885, S. 385.

[122] Sein Name findet sich nicht in den Semesterberichten der Theologieprofessoren; StABS Erziehungsakten X 34: Semesterberichte der Universität.

[123] StABS: Erziehungsakten X 34 und Kirchenarchiv N 15.

[124] Biedermann, Tagebuchblätter (Mai 1837), S. 4.

[125] Siehe StABS PA 207, 14g. Die Nachschrift umfaßt 186 Seiten; hierzu WERNER KAEGI, Jacob Burckhardt, Eine Biographie, Bd. 1, Frühe Jugend und baslerisches Erbe, Basel 1947, S. 464–468.

wobei er sich dem Mittleren am nächsten wußte. Das Schlußkapitel über Hegel scheint weder Fischer noch Burckhardt sonderlich gelegen zu haben. Das Manuskript bringt Hegels Philosophie in Form einer ironischen Paraphrase; hier schon äußerte sich Burckhardts Abneigung gegenüber Hegels Denken und Sprache[126].

Daß Fischer selber kaum eine gute Seite an Hegel gelassen haben wird, bestätigt auch Biedermann: Der Basler Philosoph habe die spekulative Philosophie mit dem Ziel der Abschreckung vorgeführt. Aber auch Kant sei Fischer nicht wirklich gerecht geworden, dessen Bedeutung habe er den Studenten nicht nahegebracht. Hegel schließlich sei am schlechtesten weggekommen[127].

3. Die Sommerreisen 1837

Aus der Vielzahl der kürzeren und längeren Turnerreisen[128], deren Merkmal die materielle Bescheidenheit und Sparsamkeit war, ragt die Sommerreise des Jahres 1837 hervor[129]. In seinem ersten Sommer als Student tat sich Biedermann mit den Freunden Burckhardt, Meyer, Oeri und Riggenbach zusammen, um nach Italien zu wandern.

Sommerreisen in die Berge waren bei den Basler Studenten sehr beliebt. Biedermann berichtete rückblickend in seinen Reiseerinnerungen aus dem Jahr 1883 über diese Gewohnheiten der Studenten: „Wenn es da für den Basler Studenten

---

[126] Kaegi, Burckhardt, S. 467; Gottlieb Bischoff, Die Universität Basel, 1842: UBBS Nachlaß G. Bischoff, weist darauf hin, daß „die Behandlung der modernen Philosophen in der Geschichte der Philosophie […] als wahre Karricaturen erscheinen, so daß man sich nur wundern muß, wie Fischer einen Menschen, der so pudelnärrisches Zeug hervorbringt, wie er z.B. Hegel sagen läßt, denn doch mitunter auch wieder einen genialen Denker nennen mag" (S. 34).

[127] Biedermann, Erinnerungen, S. 386.

[128] Im März 1837 wanderte Biedermann von Basel über Waldshut nach Schaffhausen zum Turnfest, im Juni auf den Weißenstein und im Juli in den Schwarzwald über Kandern auf den Belchen; Biedermann, Tagebuchblätter (1837), S. 4.

[129] Siehe hierzu im Nachlaß Biedermann das handschriftliche Ms. „Aus einer Reise nach Italien" (1838). Diese Novelle Biedermanns bezieht sich auf die Reise im Sommer 1837 und wurde in der Zeitschrift „Der Wanderer in der Schweiz. Eine malerische Zeitschrift herausgegeben von mehreren Freunden des Vaterlandes" 1839 in der Rubrik „Des Wanderers Mittheilungen aus dem Auslande" veröffentlicht, S. 115f.; 118–120; 123f.; 127f.; 131f.; 135f.; 139f. Wichtig für die Chronologie der Reise sind Biedermanns Notizen in seinen Tagebuchblättern. An Biedermanns Erzählung schließt sich im „Wanderer" ein Beitrag Jacob Burckhardts mit dem Titel „Bilder aus Italien" an; „Wanderer", S. 143ff.; wieder abgedruckt in: Ders., Gesamtausgabe, Bd. 1: Frühe Schriften, hrsg. von Hans Trog und Emil Dürr, Basel 1930, S. 1–53. Eine gemeinsam verfaßte Novelle der Reiseteilnehmer wurde im „Wanderer" 1838 abgedruckt: „Fünf Tage jenseits der Alpen", S. 115f.; 119–123; 127f.; 131f.; 135f.; 143f.; 147f.; 151; 154f.; 159f.; 162–164. Die Vorarbeiten und die Reisenotizen von Riggenbach befinden sich in StBW: BRH 345/2. Diese Veröffentlichungen dienten der Aufbesserung des bescheidenen Reisebudgets. Des weiteren siehe zur Reise den Artikel „Versuch einer Reconstruction des von Herrn Professor A. E. Biederman sel. am 14. December 1883 vor der Section Uto gehaltenen Vortrages: ‚Reiseerinnerungen'; Separatabdruck aus der Schweizerischen Alpenzeitung für die Freunde des Verewigten, Zürich 1885" (Nachlaß Biedermann C.II.a) sowie Kaegi, Burckhardt, S. 514–518; Otto Markwart, Jacob Burckhardt. Persönlichkeit und Leben, Bd. 1: Persönlichkeit und Jugendjahre, Basel 1920, S. 216–223.

galt, beim Beginn der Ferien den Bergen entgegen zu reisen, da war allerdings der
Weg weit und, da er selbstverständlich zu Fusse mit dem Tornister auf dem Rücken
angetreten wurde, das Ziel nicht ohne manchen schweren Schweisstropfen zu erringen. Indessen schön war es doch. Da ging es zuerst in die lauschigen grünen
Thäler des Baselbiets hinauf und dann auf die Höhen des Jura, wo man zuerst als
Belohnung der ersten Mühe die grossartigen Schneehäupter im Hintergrunde über
dem breiten Zwischenlande emporragen sah. Unterwegs wurde etwa noch am Zo-
finger-Feste frische Studentenlust gekostet, dann abermals zum Stabe gegriffen und
immer rascher und muthiger dem eigentlichen Ziele zugestrebt: mochte auch die
Landstrasse mitunter staubig und langweilig sein, immer höher wurden die Berg-
kämme, und endlich stand man am Vierwaldstätter-See. Dann ging es wohl auf den
Rigi; allein lockender, weil kühner, war der damals noch ganz weglose Pilatus, wo
das Chriesi-Loch[130] noch ohne künstliche Hülfsmittel in seinem naturwüchsigen
Zustande durchklettert werden musste. Und wie reich war nun die Auswahl: stand
man doch wie vor einer wohlbesetzten Tafel und hatte nur zuzugreifen."[131]

Die Reise im Sommer 1837 führte die fünfköpfige Gruppe von Luzern, wo sie
am 26. Juli eingetroffen war, auf den Pilatus, weiter nach Beckenried und Ander-
matt. Dort trafen sie am 29. Juli ein. Von dort ging es über den Gotthard nach Airolo und – allen Vorsätzen der Sparsamkeit zum Trotz – per Lohnkutscher weiter
durch das Tal des Ticino über Bellinzona bis nach Locarno, wo sie am 30. Juli anka-
men. Als das Basler Quartett – Oeri war inzwischen heimgekehrt – auf dem See-
weg von Brissago nach Luvino reiste, um von dort weiter nach Lugano zu ziehen,
wurde es wegen fehlender Pässe angehalten und wieder zurückgeschickt[132]. Auf
dem Heimweg in die Schweiz wurde die Gruppe auf dem Lago Maggiore von einem Sturm überrascht und mußte auf italienischem Gebiet bei Maccagno das Schiff
verlassen. Kurz vor dem Grenzübertritt in die Schweiz griff sie ein „königlich-kai-
serlich-österreichisch-lombardisch-venetianisches Fragezeichen in der Person eines Ricettore" auf und führte sie ab[133]. Doch auch dieses Intermezzo endete glücklich, und die Basler Studenten erreichten am 1. August wieder Schweizer Boden.
Biedermann reiste nun noch für einige Tage mit Riggenbach auf die Bechburg, um
sich dort zu erholen[134].

---

[130] Riggenbach, Reisenotizen, S. 2: „Nun, wir gelangten endlich ins Chriesiloch, das seinen
Namen von den Kirschensteinen hat, welche die Vögel hintragen. Leider vergaß ich sie ganz, wie
ich darin war, die andern haben je einen oder zwei Steine gesehen. Jetzt ging aber die größere Gefahr erst an; man sah nun nicht mehr so gut und hatte darum einige Angst. Das Chriesiloch ist
nämlich 3–4 Mannslängen hoch, ziemlich steil, einem Kamin nicht unähnlich; und darin fehlen
die Stufen und Zacken oft streckenweise ganz; weil wir aber nicht sahen, wie tief man fallen könnte, so kamen wir ohne besondere Angst, wenn auch langsam hinauf. Wie man den Kopf hinaus
streckte, so sah man ins Heitere, d. h. in einen Abgrund aber darüber hinweg sah man den Esel vor
sich".
[131] BIEDERMANN, Reiseerinnerungen, S. 4.
[132] Siehe die detaillierten Schilderungen in den genannten Reiseberichten.
[133] BIEDERMANN, Reiseerinnerungen, S. 9.
[134] Siehe auch die Beschreibung Biedermanns in einem Brief an die Mutter vom 16.8.1837:
B.I.c.14. Die Neu-Bechburg liegt bei Oensingen und zählt zu den wenigen noch erhaltenen mit-

Die nächste größere Unternehmung stand Anfang Oktober an. Die Herbstreise führte Biedermann, Burckhardt und Riggenbach nach Straßburg und Freiburg im Breisgau. Von dort begab sich Biedermann alleine durch das Höllental nach Stühlingen und weiter nach Winterthur.

Die erlebnisreichen Sommermonate und der Oktober mündeten für Biedermann und Riggenbach in die Erfahrung bisher unbekannter Gefühle. War ihm, so notiert Biedermann in seinen Tagebuchblättern, alles Liebesbedürfnis in der Freundschaft aufgegangen, so erlebte er im Oktober 1837 ein „allererstes Aufblitzen von Liebesempfindung gegen ein Mädchen" mit Namen Elise[135], das er an einem Abend „beim frohen Winzerfest" zum ersten und letzten Mal sah. Dieser „lebhafte Eindruck" wurde in zahlreichen Gedichten verarbeitet: „Sie selbst trat bald wieder in den Hintergrund, sie hatte nur die Anregung und den ersten Anknüpfungspunkt gegeben für ein neues Leben des Strebens und Sehnens, das bald wie unbestimmte Ferne Sättigung suchend sich verlor."[136] Auch bei seinem Freund Riggenbach erwachten ähnliche Gefühle: Dieser nämlich lernte in dieser Zeit seine spätere Frau, Margaretha „Gretli" Holzach (1819–1893)[137] kennen und lieben. Die beiden Studenten steigerten sich infolge ihrer ersten amourösen Anwandlungen in einen Wetteifer der Liebeslieder[138], deren Charakter Biedermann so beschrieb: Riggenbachs Liedern war die „Wahrheit und Tiefe der Empfindung leicht abzufühlen [...], während die meinigen, mehr bloß γυμναστικῶς in den Freuden und Leiden der Liebe sich bewegend, kälter waren kälter liessen"[139].

4. Wintersemester 1837/38 bis zum Sommer 1839

a) Das Wintersemester 1837/38

Im folgenden Wintersemester nahm Biedermann nun tatsächlich das Studium der Theologie auf. Der philosophischen Fakultät blieb er in reduziertem Maße treu: Er hörte „Psychologie" bei Fischer und bei seinem Mentor Wackernagel „Poetik, Rhetorik, Stylistik"[140]. Seine ersten theologischen Lehrveranstaltungen waren Apostelgeschichte bei de Wette, Hebräische Geschichte und Archäologie bei Stähelin. Bei Hagenbach hörte er den ersten Teil der Kirchengeschichte sowie eine

---

telalterlichen Wehrbauten im Kanton Solothurn, die 1313 erstmalig urkundlich erwähnt wurde. 1835 gelangte die arg beschädigte Burganlage für 1200 Franken in den Besitz der Familie Riggenbach. Im Laufe der Jahre beherbergte die kontinuierlich restaurierte Burg zahlreiche illustre Gäste, wie etwa Johannes Brahms und Clara Schumann. Siehe dazu Fritz Hauswirth, Burgen und Schlösser der Schweiz, Bd. 7: Basel-Landschaft, Basel-Stadt, Solothurn, Kreuzlingen 1971, S. 101–103.

[135] Biedermann, Tagebuchblätter (1837), S. 4.

[136] Biedermann, Tagebuch, S. 106.

[137] Gustav Adolf Wanner, Die Holzach. Geschichte einer alten Schweizer Familie, Basel/Frankfurt am Main 1982, S. 159.

[138] Biedermann, Tagebuchblätter (1837), S. 4.

[139] Biedermann, Tagebuch, S. 106.

[140] Die Vorlesung wurde postum von Ludwig Sieber herausgegeben: W. Wackernagel, Poetik, Rhetorik und Stilistik. Academische Vorlesungen, Halle 1873 (³1906).

einführende Vorlesung über Methodologie und Enzyklopädie. Dazu belegte er noch zwei Übungen: Bei de Wette waren es die „Übungen im mündlichen Vortrag" und bei Stähelin „Leichtere Stellen aus dem Alten Testament cursorisch erklärt".

b) Hagenbachs Enzyklopädie

Hagenbachs Vorlesung über die „Encyclopädie und Methodologie der theologischen Wissenschaften" blieb Biedermann in guter Erinnerung; sie gehörte zu den Basler Lehrveranstaltungen, derer er dankbar gedachte, weil sie ihm seine ersten grundlegenden theologischen „Weichenstellungen" ermöglichte[141]. Hagenbach legte der Vorlesung sein 1833 veröffentlichtes Lehrbuch zugrunde[142]. Der Vortragende dürfte sich zu dieser Zeit schon mit der Überarbeitung seines Werkes beschäftigt haben. In der Vorrede zur zweiten Auflage betont Hagenbach, daß er „durch die Schule der Erfahrung gegangen, mehr positiven Boden gewonnen habe"[143]. Hier deutet er seine Auseinandersetzung mit den sich zuspitzenden Kämpfen zwischen den einzelnen theologischen Richtungen an, die auch Konsequenzen für den Bereich der theologischen Enzyklopädie hatten. Denn jede Richtung war innerhalb weniger Jahre durch eine entsprechende Veröffentlichung auf dem Büchermarkt vertreten[144]. Hagenbach setzte sich insbesondere mit dem Philosophen und Hegelschüler Karl Rosenkranz (1805–1879)[145] auseinander, der in seiner 1831 publizierten „Encyklopädie der theologischen Wissenschaften" Hegels Philosophie für den Aufbau der theologischen Disziplinen nutzbar zu machen suchte. Als Ergebnis legte Rosenkranz eine Dreigliederung der Theologie in spekulative, historische und praktische Disziplinen vor[146].

Anstoß zu einem verstärkten Bemühen um die enzyklopädische Darstellung der theologischen Wissenschaften hatte Schleiermacher mit seiner epochemachenden „Kurzen Darstellung des theologischen Studiums zum Behuf einleitender Vorlesungen" gegeben, welche 1811 in erster Auflage erschien[147]. Hagenbach hielt

---

[141] BIEDERMANN, Erinnerungen, S. 385.

[142] KARL R. HAGENBACH, Encyklopädie und Methodologie der Theologischen Wissenschaften, Leipzig 1833. Im folgenden verwende ich, wenn nicht anders vermerkt, die achte Auflage von 1869.

[143] HAGENBACH, Encyklopädie, Vorrede zur zweiten Auflage.

[144] HAGENBACH, Enzyklopädie, S. 105–107.

[145] RICHARD JONAS, Karl Rosenkranz, Leipzig 1906; ERWIN METZKE, Karl Rosenkranz und Hegel. Ein Beitrag zur Geschichte der Philosophie des sogenannten Hegelianismus im 19. Jahrhundert, Leipzig 1929.

[146] Vgl. dazu HAGENBACH, Encyklopädie, S. 106; zu Rosenkranz und zur kritischen Aufnahme seines Werkes, siehe FRIEDRICH W. GRAF, Kritik und Pseudo-Spekulation. David Friedrich Strauß als Dogmatiker im Kontext der positionellen Theologie seiner Zeit, München 1982, S. 132–148.

[147] Eine erweiterte zweite Auflage erschien 1830; 1910 folgte die 3. (kritische) Auflage, deren photomechanischer Nachdruck in Darmstadt 1993 herauskam. SCHLEIERMACHER zog in dieser Programmschrift Konsequenzen aus der Feststellung, daß die Theologie wesentlich aus den Bedürfnissen der Kirche herausgewachsen sei und durch diese Bedürfnisse geprägt werde. Auch wenn dieses Kompendium anfänglich kaum beachtet wurde – erstaunlicherweise nahm als erster

Schleiermachers Werk jedoch für den Zweck der Einleitung und Einführung in die wissenschaftliche Theologie für nicht geeignet, da es den Studienanfänger vor unüberwindliche Schwierigkeiten stelle. Hagenbachs Entwurf hingegen wollte den Erfordernissen der elementaren Einführung genügen. Dabei hatte der Verfasser auch ganz konkret die nächste Umgebung seiner akademischen Tätigkeit im Blick[148]. Eine weiterere Auseinandersetzung mit seinem Berliner Lehrer vollzog sich an der Frage, wie denn die Theologie einzuteilen sei[149].

Methodisch ging Hagenbach erstens vom geschichtlich Gegebenen aus, um das weitere Ziel der Wissenschaft im Blick auf ihre ideale und prinzipielle Seite zu begreifen[150]. Zweitens will er in die Methodologie, die er als angewandte Enzyklopädie bezeichnet, einführen, da Enzyklopädie und Methodologie (Hodegetik) einander bedingen[151].

Im ersten „allgemeinen Teil" beschreibt Hagenbach nun das Verhältnis der Enzyklopädie zu den anderen Wissenschaften und zu den verschiedenen theologischen Richtungen. Dabei geht er von einem Religionsverständnis aus, das sich an Schleiermacher anlehnt und als bestimmter Zustand des Gefühls respektive des Herzens beschrieben wird[152]. Für den akademischen Unterricht und die Ausbildung der Theologiestudenten folgt daraus, daß die Zeit des Studiums auch als Zeit

---

der katholische Tübinger Theologe JOHANN SEBASTIAN DREY (1777–1851) den neuen Wissenschaftsbegriff Schleiermachers positiv auf – wurde es im Verlauf des 19. Jahrhunderts zu dem Werk, mit dem sich jeder theologische Methodiker oder Enzyklopädist auseinanderzusetzen hatte. Vgl. hierzu HEINRICH SCHOLZ, Einleitung, in: Schleiermacher, Kurze Darstellung, ⁵1982, S. XVII; XXV; J. S. DREY, Kurze Einleitung in das Studium der Theologie, Tübingen 1819; zu Drey JOSEF RUPRECHT GEISELMANN, Johann Sebastian Drey, in: LThK² 3, Sp. 573f., ABRAHAM PETER KUSTERMANN, Johann Sebastian Drey, in: LThK³ 3, Sp. 373f. und die Bibliographie zur Geschichte der Universität Tübingen, S. 343f.

[148] Dies sei das Lehramt an einer kleinen Universität, „im täglichen Verkehr zunächst mit schweizerischen Jünglingen", mit deren „concreten und naturwüchsigen Weise die Dinge anzufassen und zu verarbeiten" er vertraut sei; HAGENBACH, Encyklopädie, Vorrede zur 2. Auflage, S. VI.

[149] Schleiermacher hatte sich bekanntlich für eine Dreiteilung entschieden: Seine „Darstellung" ordnet die theologischen Disziplinen der philosophischen, historischen und praktischen Theologie zu. Anders verfährt Hagenbach, der das Studium der positiven Theologie in die vier Hauptgebiete der exegetischen, historischen, systematischen und praktischen Theologie aufteilte, also der Exegese einen eigenständigen Rang einräumte. Der Begriff der „positiven Theologie" wird hier nicht als Zugehörigkeitsbeschreibung zu einer theologischen Richtung verwendet, sondern als wissenschaftstheoretischer. Die Theologie als positive Wissenschaft hat „ihren wissenschaftlichen Bestimmungsgrund nicht in sich selbst, wie das reine Wissen, sondern außerhalb in einem gegebenen, durch empirische Verhältnisse bedingten Lebensgebiete, d.h. in der christlichen Kirche und ihrer zeitlichen Erscheinung"; HAGENBACH, Encyklopädie, § 22, S. 49 und 1. Auflage § 19, S. 45–48. Siehe auch SCHLEIERMACHER, Darstellung, § 1. Gegen das Zusammenlegen der Exegese mit der Historischen Theologie wirft Hagenbach ein: „Das Zusammenwerfen beider ist unpraktisch, methodologisch verwirrend und allem Sprachgebrauch entgegen" (S. 112). Siehe auch die vorsichtigeren Formulierungen im Blick auf Schleiermacher in der ersten Auflage, S. 119–121.

[150] HAGENBACH, Encyklopädie, S. 1.

[151] HAGENBACH, Encyklopädie, § 3.

[152] HAGENBACH, Encyklopädie, § 12.

der Charakterbildung zu nutzen sei[153]. Der zweite, „besondere Teil" behandelt die theologischen Disziplinen. Ausgehend von der exegetischen Theologie gelangte Hagenbach über die historische zur systematischen und zur praktischen Theologie. Als grundlegende Aufgaben der Kirchengeschichte benennt Hagenbach drei Bereiche: Einmal sind die historischen Tatsachen aus den Quellen und Dokumenten zu eruieren. Dies ist die historische Kritik. Zum zweiten sind diese Tatsachen unbefangen im Blick auf ihre Kausalität zu beurteilen; die Geschichte ist als ein lebendiges Ganzes darzustellen. Hier spricht Hagenbach von der historischen Pragmatik. Und schließlich hebt er das lebendige Interesse am Christentum hervor und den seine vielfältigen, positiven und negativen Erscheinungen würdigenden Sinn. Diesen Aspekt faßt Hagenbach unter den Begriffen „religiöse Weihe" und „Begeisterung" zusammen[154].

Ein Blick auf das Werk als Ganzes zeigt, daß Hagenbach es von seinem vermittlungstheologischen Standpunkt aus verstand, seinen Studenten erste Orientierungshilfen im Pluralismus der theologischen Meinungen zu geben und ihnen den ersten Überblick über die Voraussetzungen für das Amt des Pfarrers oder Religionslehrers zu verschaffen. Ferner führte er anschaulich in Geschichte, Fragestellung und Methoden der einzelnen theologischen Disziplinen ein. Dadurch wurde den Studenten die Möglichkeit eröffnet, sich einen durchdachten und zielgerichteten Studienplan anzulegen. Biedermann urteilte vor seinem Examen auf sein Studium zurückblickend, daß ihm zum Theologiestudium „alle Lust und Freudigkeit" wiedergekommen sei, als er durch die Enzyklopädie Hagenbachs in das Fach eingeführt wurde[155]. Festzuhalten bleibt ferner Biedermanns Rezeption der Hagenbachschen Methode, vom historisch Gegebenen hin zum Prinzip und zur Idee zu schreiten. Diese Spur läßt sich bis in die „Christliche Dogmatik" verfolgen.

c) Die Semester 1838–1839

Im Sommersemester 1838 hörte Biedermann bei de Wette dreistündig den „Römerbrief", einstündig „ausgewählte Stellen aus Salomos Sprüchen" und belegte homiletische Übungen[156]. Unter Hagenbachs Anleitung widmete er sich dem zweiten Teil der Kirchengeschichte und „Stücken aus älteren Homileten". Die drei Veranstaltungen von Müller, die Biedermann besuchte, waren „Hebräische Dog-

---

[153] HAGENBACH, Encyklopädie, S. 46 f., formuliert als Grundsatz, daß nicht allein das Maß des Wissens, „sondern zugleich das Maß der religiös-sittlichen Gesinnung und innern geistigen Durchbildung den Werth eines Religionslehrers bestimmen, und daß folglich die Bildung des theologischen Charakters auf der Grundlage einer vorangegangenen christlichen Erziehung eine eben so wichtige Aufgabe ist, als die Mittheilung von Kenntnissen und die Aneignung von Fertigkeiten".

[154] HAGENBACH, Encyklopädie, § 66, S. 222

[155] Biedermann, Curriculum vitae, S. 2.

[156] In den Tagebuchblättern erwähnt Biedermann nur den „Römerbrief". Die alttestamentliche Vorlesung befindet sich als Mitschrift Jacob Burckhardts im StABS: PA 207, 13g; vgl. KAEGI, Burckhardt, S. 450.

mengeschichte"[157], Lukasevangelium und „Neutestamentliche Grammatik". Seinen philosophischen Interessen konnte Biedermann in Fischers „Naturgeschichte der Seele" nachgehen. Im folgenden Semester belegte Biedermann bei de Wette „Korintherbriefe" und „System der christlichen Glaubenslehre", ferner bei Hagenbach den zweiten Teil der „Dogmengeschichte mit Symbolik". Neben der Dogmatik-Vorlesung in diesem Semester erwähnt Biedermann in seinem stichwortartigen Tagebuch schließlich noch Fischers Vorlesung der „Religionsphilosophie"[158]. An anderer Stelle mißt Biedermann dieser Vorlesung eine herausragende Bedeutung bei. In ihr habe er entscheidende theologische und religionsphilosophische Einsichten gewonnen[159].

Im letzten Basler Semester vor der Abreise nach Berlin hörte Biedermann nochmals bei de Wette Exegetica: Kolosser-, Thessalonicher- und Philipperbrief. Dazu kam eine Vorlesung beim neu berufenen Privatdozenten Daniel Schenkel über Schleiermachers Glaubenslehre.

5. Biedermanns private Studien

Neben die akademischen Vorlesungen, die bloß rezeptiv und ohne weitere selbständige Vor- und Nacharbeit besucht wurden[160], traten Biedermanns private Bemühungen um die Erarbeitung des theologischen Stoffes. Hier lag nach seinen eigenen Angaben der Schwerpunkt der Ausbildung. Dafür werden vier Gründe maßgeblich gewesen sein: Einmal gaben die Kolleggebühren Anlaß, sich in der Auswahl der Lehrveranstaltungen zu beschränken. Zum zweiten boten in Basel nicht alle Professoren Vorlesungen an, deren Besuch von besonderem Gewinn war. Vor allem Müllers und Stähelins Vorlesungen wurden von den Studierenden nicht so häufig frequentiert. Drittens konnte Biedermann nur auf dem Weg des Selbststudiums bestimmte Fragestellungen erarbeiten, wie etwa die Entwürfe der spekulativen Theologie, die seine Basler theologischen Lehrer nicht vermittelten. Schließlich entsprach es dem Naturell Biedermanns, intensiv und höchst eigenständig weite Felder der theologischen Wissenschaft zu erkunden. Dabei konnte er sich auf die methodische Vorbildung des Pädagogiums und auf die methodischen Hinweise Hagenbachs stützen.

Sich an Schleiermacher anschließend, empfahl Hagenbach den Theologiestudenten, gleich in der Anfangsphase des Studiums mit der Philosophie zu beginnen, damit der Student zuerst in ihr Kenntnisse erlange, ehe er zur Theologie, vor allem zum Kern der Theologie, der Dogmatik, komme. Dabei gehe es vor allem darum, daß der denkende Geist sich über sich selber klar werde, um von da über die Gesetzmäßigkeiten des Denkens weiter zur Erkenntnis des organischen Zusammenhangs

---

[157] Die Vorlesung befindet sich als Nachschrift Jacob Burckhardts im StABS: PA 207; vgl. KAEGI, Burckhardt, S. 459.

[158] Biedermann, Tagebuchblätter, 1838.

[159] Biedermann, Tagebuch, S. 10; DERS., Erinnerungen, S 386; siehe unten S. 166.

[160] Biedermann, Curriculum, S. 3. Siehe auch Semesterberichte 1832–1842; StABS: Erziehungsakten X 34, Universität.

der Wissenschaften zu gelangen. Das heißt, nicht Philosophiegeschichte soll in erster Linie gelernt werden, sondern das Philosophieren selber[161]. Betrachtet man diese Hinweise einmal genauer, so ist es keineswegs erstaunlich, daß Biedermann sein Theologiestudium ohne eigentliche theologische Bemühungen begann.

Hagenbach empfahl aber nicht allein philosophische Studien als „Vorbereitungs-wissenschaften" der Theologie. Da die „einzig sichere Grundlage einer gesunden, christlich-protestantischen Theologie" nach Hagenbach die „classisch-humanistische Bildung ist und bleibt"[162], hätten sich die Studierenden gründlich mit den klassischen Sprachen und mit der Geschichte zu beschäftigen[163]. Dazu ergänzend habe noch eine künstlerische Vorbildung zu treten, „die Gewöhnung an eine ideale (poetische) Auffassung des Lebens überhaupt und die Uebung in freier Production, vorzüglich auf dem Gebiete der Sprache"[164].

Ein Blick in Biedermanns Tagebuchblätter zeigt, daß er diesen Anforderungen alleine und im Kreise seiner Freunde nachzukommen suchte. Die stichwortartigen Einträge belegen, daß sich der junge Winterthurer neben den oben behandelten poetischen Versuchen der Kunst und ihrer Geschichte widmete. Mit der theoretischen Beschäftigung einher gingen Reisen nach Freiburg im Breisgau und nach Straßburg, wo die Münsterkirchen besichtigt wurden. Die zuerst belegten Vorlesungen deuten zudem darauf hin, daß Biedermann die im Pädagogium gewonnenen Kenntnisse auf der Universität vertiefen wollte. Deshalb besuchte er weiter Veranstaltungen bei Wackernagel und Gerlach[165]. Diese klassisch-humanistischen Studien ergänzte die Beschäftigung mit der Astronomie.

Zur Struktur seines theologischen Studiums bemerkte Biedermann in seinem Lebenslauf: „Es war eine Eigenthümlichkeit meines Studiums, die sich schon in Basel geltend gemacht, nun aber besonders in Berlin dominierend hervortrat, daß es in zwei oft wenig miteinander vermittelte Theile auseinanderfiel: einmal in die Collegien, die ich hörte und dann in die Selbstthätigkeit des Privatstudiums[166], das höchstens von jenen angeregt, und auch dieß nicht immer, jedenfalls im Verlauf nicht weiter mit ihnen zusammenhing, sondern ganz selbständig nebenher ging. Und zwar warf ich mich gewöhnlich ein Semester lang fast ausschließlich auf Ein theologisches Fach, und suchte mich in diesem durch eigene Arbeit einzubürgern und mir ein eigenes Urtheil darin zu gewinnen."[167] Die inhaltlichen Schwerpunkte, die der Basler Student setzte, ergaben sich aus wohlüberlegten methodischen Gründen und aus persönlichen Interessen: Es ist kein Zufall, daß die Erforschung

---

[161] HAGENBACH, Encyklopädie, S. 66 f.

[162] HAGENBACH, Encyklopädie, S. 56 f.

[163] HAGENBACH, Encyklopädie, S. 57–62.

[164] HAGENBACH, Encyklopädie, S. 62. So auch W. M. L. DE WETTE, Auffo[r]derung zum Studium der Hebräischen Sprache und Litteratur, Jena/Leipzig 1805, S. 6 -9.

[165] Biedermann, Curriculum vitae, S. 2.

[166] Zum Privatfleiß notiert HAGENBACH, Encyklopädie, S. 45: „An den öffentlichen Unterricht muß sich der Privatfleiß anschließen, der nicht nur auf die sorgfältigste Vorbereitung auf den zu hörenden Vortrag und auf genaue Wiederholung des Gehörten sich allein beschränken darf, sondern der sich auch in selbstständiger Forschung und in freithätigen Uebungen zu bewähren hat."

[167] Biedermann, Curriculum vitae, S. 5.

der neutestamentlichen Texte als Grundlage für das weitere Theologisieren am Anfang seiner Studien stand. In Hagenbachs einführender Enzyklopädie-Vorlesung
hatte Biedermann gelernt, daß die positive Theologie auf der gegebenen Tatsache
der Offenbarung oder Religionsstiftung ruhe. Darum geht diese Theologie auf den
geschichtlichen Ursprung, auf die „Stiftungs= oder Offenbarungsurkunden" zurück, um von dieser Quelle aus „den Strom der geschichtlichen Entwicklung weiter hinab bis auf unsre Zeiten" zu verfolgen. Hernach sammelt sie „das durch die
Geschichte Gegebene und Fortgebildete in das geistige Bild der Gegenwart und
leitet endlich aus dem klar gewordenen Zusammenhange des Ganzen die Grundsätze für die Wirksamkeit, aus der Theorie die Praxis ab".[168]

In Basel studierte Biedermann alttestamentliche Exegese „durch zufälliges Zusammentreffen verschiedener Umstände veranlaßt meist privatim", er las so die Bücher Genesis, Jesaja und Psalmen[169]. Im Neuen Testament beschäftigte er sich –
durch einige von de Wettes Vorlesungen über verschiedene paulinische Briefe angeregt – mit den „historischen" synoptischen Büchern und dem Johannesevangelium. Dabei ging er zunächst von der Grundlage eines genauen grammatischen und
historischen Verständnisses aus. Von da aus suchte er unter „Bewahrung der (innern
Freiheit und) eignen Unabhängigkeit vom Buchstaben der Schrift ihren innern religiösen Gehalt"[170]. Dabei galt es die schriftstellerische Form, das Verhältnis der
einzelnen Autoren zueinander und den Charakter des Inhalts im Auge zu behalten[171]. Hierbei bekam die Kritik David Friedrich Straußens elementare Bedeutung,
der er sich weitgehend anschloß. Gegen Ende der ersten Basler Zeit traten im Anschluß an Schleiermacher, Hegel und Strauß verstärkt dogmatische und damit einhergehend philosophische Fragestellungen in den Vordergrund. Diese erste Phase
der theologischen Entwicklung soll im folgenden Kapitel beschrieben werden.

6. Die Basler Freunde

In den ersten Basler Jahren entstanden langwährende Freundschaften Biedermanns. Hier ist vor allem seine Verbindung zu Christoph Johannes Riggenbach,
Theodor Meyer und Johann Jakob Oeri zu nennen[172]. Hinzu kam die Freundschaft
mit Jacob Burckhardt, die jedoch aus dem Rahmen fällt, weil sie von kurzer Dauer
und von zahlreichen Spannungen gekennzeichnet war. Über das Verhältnis der beiden ist aus der Sicht von Burckhardts Biographen schon einiges mitgeteilt worden[173]. Ob diese Interpretationen jedoch Burckhardts schwierigen Charakter ange-

---

[168] HAGENBACH, Encyklopädie, S. 109f.
[169] Biedermann, Curriculum vitae, S. 2.
[170] Biedermann, Curriculum vitae, S. 3.
[171] Ebd.
[172] Zum weiteren Freudeskreis gehörte auch Emanuel Scherb, der als späterer Redakteur der
liberalen Basler „National-Zeitung" mehrmals wegen angeblich „verleumderischer Artikel" im
Gefängnis saß. Siehe dazu OTTO ZUMSTEIN, Beiträge zur Basler Parteigeschichte 1848–1910, Diss.
phil., Basel 1936, S. 7f.
[173] KAEGI, Burckhardt, S. 482–487.

messen berücksichtigen, der auch zu Konflikten mit den anderen Freunden Biedermanns führte, scheint fraglich. Sowohl Riggenbach als auch Meyer, ja sogar Oeri spürten, daß Burckhardt nicht eigentlich in ihre Runde paßte[174]. Als problematisch erwies sich Burckhardts Eifersucht. Diese veranlaßte ihn, sich nicht fest mit einer Person zu verbinden, sondern sich je nach Situation und Gegebenheit dem einen oder anderen näher anzuschließen. Biedermann hielt in seinem Tagebuch pointiert fest, daß Burckhardt durch seine affektierte Art und seine zur Natur gewordene Eifersucht störend wirke. Es gab zwar immer wieder Phasen der Aussöhnung, die auch Biedermann förderte[175], doch eine tragfähige Basis für eine tiefere Freundschaft stellte sich nicht ein. Spätere Versuche, sich Biedermann und seinen Freunden zu nähern, scheiterten, sie waren – so die Beurteilung Biedermanns – zu leidenschaftlich, zu wenig natürlich[176].

Freilich hatte es zu Beginn des Studiums eine Zeit gegeben, in der sich Biedermann und Burckhardt näherstanden und viel Zeit miteinander verbrachten, zusammen reisten und sich kunstgeschichtlichen Studien hingaben. Eindrücklich berichtete Burckhardt dem gemeinsamen Freund Riggenbach in Berlin von einer „heiligen, mit Alois durchplauderten Nacht"[177]. Je mehr jedoch Biedermann von weiteren Freunden anerkannt und akzeptiert wurde, je mehr Einfluß er im Zofingerund im Turnverein bekam, desto mehr zog sich Burckhardt zurück. Hinzu kamen ohne Frage die verschiedenen geistigen Interessen. Biedermanns beginnender Begeisterung für Strauß und Hegel mochte und konnte Burckhardt nicht folgen. So blieb die engere Beziehung zwischen ihnen eine Episode, deren Bedeutung für die Entwicklung der beiden nicht überschätzt werden darf[178].

a) Christoph Johannes Riggenbach

Anders verhält es sich mit anderen Basler Freundschaften, die sich als dauerhaft und prägend erwiesen. Für die philosophische und theologische Entwicklung Bie-

---

[174] Biedermann, Tagebuch, S. 7.

[175] So Meyer an Riggenbach, Brief vom 29.11.1838, StBW: „Deine Ermahnung wegen des Friedens mit Köbi kam gottlob etwas zu spät, es ist alles wieder gut: aber ich weiß daß er zuerst im Sinn hatte, wenn nicht mit uns ganz zu brechen, doch ein mehr als gleichgültiges Verhältniß vorwalten zu lassen. Bied. glaub ich hat viel dazu beigetragen, daß das alte, ja ein besseres Verhältniß wieder aufgekommen; er [Burckhardt] begegnet uns mit auffallender Gefälligkeit und ich wäre mehr als parteiisch wenn ich ihm noch wollte abhold seyn."

[176] Biedermann, Tagebuch, S. 8. Vgl. dazu auch die Beurteilungen der Lehrer im StABS: Semesterberichte, Erziehungsakten U 24: Wackernagel urteilte nach dem Wintersemester 1834/35: „Jac. Burckhardt ist viel zu selbstgefällig und empfindlich allem Tadel, als daß auch er sich diese Mühe hätte geben mögen." Der Philosoph Friedrich Fischer klagte über das nachlässige Wesen Jacob Burckhardts. Die Professoren Vinet und Gerlach urteilten wie Fischer und rügten zudem sein anmaßendes Wesen; siehe Lehrerkonferenz des Pädagogiums vom 26.1. und 26.2.1836 , StABS: Protokolle T 3/1.

[177] Brief an J. Riggenbach vom 12.12.1838, in: J. BURCKHARDT, Briefe, S. 96.

[178] Burckhardt blieb wohl zeit seines Lebens nicht gut auf Biedermann zu sprechen. Als der Basler Historiker Paul Burckhardt (1873–1957) als Student bei Jacob Burckhardt einen ersten Besuch machen wollte, gab ihm seine Familie den Rat, Biedermann nicht zu erwähnen. Diesen Hinweis verdanke ich Herrn Max Burckhardt (†), Basel.

dermanns hatte die Freundschaft zu Riggenbach herausragenden Stellenwert. Ihre Verbindung war geprägt durch eine gemeinsame philosophische und theologische Entdeckungsreise, die von grundlegend verschiedenen Voraussetzungen ausging. Riggenbach und seinem Verhältnis zu Biedermann gilt besondere Aufmerksamkeit, da beide – nach dem Abschluß ihrer Studien – zuerst gemeinsam, seit Mitte des neunzehnten Jahrhunderts indes mit entgegengesetzten theologischen Interessen die schweizerische Theologie und Kirchenpolitik prägten. Sie wurden wortführende Vertreter der beiden maßgeblichen theologischen Richtungen. Biedermann entwickelte seinen Standpunkt einer spekulativ begründeten „freien Theologie" kontinuierlich weiter. Riggenbach hingegen vollzog während seines Pfarramtes einen theologischen Richtungswechsel ins positive, pietistisch geprägte Lager. Dennoch blieb die Freundschaft – trotz mancher auch persönlicher Differenzen – bestehen, wovon die erhaltenen Briefe Riggenbachs bis zum Neujahr 1872 zeugen. Zudem traten die beiden durch Heirat zweier Schwestern in verwandtschaftliche Beziehung[179]. Biedermann selber beschrieb sein Verhältnis zu Riggenbach in seinem Tagebuch auf eindrückliche Weise: „Wie ich mit R.[iggenbach] näher zusammenkam, weiß ich nicht mehr, es gab sich von selbst. Bald waren wir aufs engste verbunden, wir schienen einander, von ganz entgegengesetzter Natur, ergänzen zu sollen und zu können. Er ernsten, gefaßten tiefen Wesens, von unglaublichem Temperament, theilte auch mir größern Ernst mit; ich dagegen zog ihn, der allzu eingezogen in seinem häuslichen Kreis lebte, allmälig aus diesem zu größerem Freiheitssinn hervor, der sich bald auf körperlichem und geistigem Gebiet wirksam zeigte. Ich mußte ihn antreiben er mich zurückhalten, wo es galt etwas neues zu beginnen, umgekehrt er mich in der Fortführung zur Ausdauer antreiben, ich ihn vor allzu großer Vertiefung zurückhalten. Wir hatten unsere Aufgabe gegeneinander erkannt und die innigste Liebe knüpfte unser Band immer enger."[180]

Riggenbach (1818–1890) entstammte einer alten Basler Familie. Sein Vater, Johannes Riggenbach (1790–1859)[181], ein Bankier, ermöglichte dem Sohn eine solide Ausbildung an den Basler Schulen. Riggenbach schilderte die häusliche Atmosphäre als ein Leben in den „Schranken einer bürgerlichen Rechtschaffenheit", das frei von pietistischer Färbung gewesen sei[182]. Biedermann jedoch empfand die häusliche Umgebung Riggenbachs als eng und hielt sich selber zugute, dem Freund zu einem freiheitlicheren Denken verholfen zu haben[183]. Grund dieser geistigen Enge sei die Verwurzelung in der populären Basler Orthodoxie gewesen. Diese drücke sich, so Riggenbach, in festem Schriftglauben aus und in der Überzeugung, die christliche Religion sei das höchste allgemeine Lebensinteresse[184].

---

[179] Sowohl Biedermann als auch Riggenbach heirateten Töchter der Basler Familie Holzach; Wanner, Holzach, S. 159.

[180] Biedermann, Tagebuch, S. 7 f.

[181] HBLS 5, S. 632 f.

[182] Johannes Riggenbach, Curriculum vitae, S. 1; StABS: Kirchenarchiv N 16.

[183] Biedermann, Tagebuch, S. 7.

[184] Riggenbach, Curriculum vitae, S. 1.

Längere Zeit galt Riggenbach unter seinen Freunden als Vertreter und Apologet der orthodoxen Richtung. Biedermann erinnerte sich an die erste Begegnung auf religiösem Gebiet mit ihm: Riggenbach habe gerade im Begriff gestanden, Supranaturalist zu werden[185]. Darum sahen sowohl seine Lehrer, allen voran Wackernagel, als auch seine Freunde in ihm den zukünftigen Studenten der Theologie. Um so mehr rief die 1838 erfolgte Immatrikulation als Student der Medizin Verwunderung hervor. Ein „unreligiöser Widerspruch" in seinem Wesen habe ihn zu diesem Schritt getrieben, schrieb Riggenbach 1842 in seinem „Curriculum vitae" zuhanden des theologischen Konvents[186]. Weiter begründete er seinen überraschenden Schritt damit, daß er zwar dem Verstande nach orthodox gewesen sei, aber diese Orthodoxie ihn noch nicht ganz durchdrungen habe. Vom Studium der Theologie würde ihn die Irritation über den Widerspruch zwischen orthodoxer und moderner Dogmatik abhalten. Vor allem störte ihn, daß im orthodoxen Denken die Kunst nicht zu ihrem Recht komme. Er selber begeisterte sich enthusiastisch für die Kunst und kam dabei mit dem „unkünstlerischen ja kunstfeindlichen Pietismus" in Konflikt. Die negativen Erfahrungen ließen ihn von einer pastoralen Laufbahn Abstand nehmen. Die theologische Existenz konnte er sich nur als Rationalist vorstellen, doch davor hatte er einen „Abscheu"[187]. Als Alternativen zum Theologiestudium boten sich nun außer der Medizin das Studium der Rechte oder die Philologie an. Zuerst wandte er sich der Medizin zu: das hieß für ihn, mit einigen Barbieren der Stadt zusammen Vorlesungen zu hören. Schon bald erkannte er, daß er nicht zum Mediziner geboren sei, und widmete sich vor allem der Lektüre griechischer Literaturwerke. Den Entschluß, der Medizin den Rücken zuzukehren, brachte das unbefriedigende Studium einer medizinischen Enzyklopädie vollends zur Reife[188].

Sein Weg zur Theologie verlief nun über die Stationen Philologie und Philosophie. Es war Friedrich Fischer, dessen Vorlesungen sein Interesse für philosophische Themen weckten und ihn in die Genese und die Umbildungen der Denkweise seit dem 17. Jahrhundert einführten. Zwei Aspekte der philosophischen Arbeit Fischers überzeugten Riggenbach: einmal seine Kunst, die scheinbar ordnungslose Reihe der Systeme als eine stetige Entwicklung darzustellen, ferner der Gedanke, daß alle großen, die Zeit bewegenden Ideen eigentlich philosophisch seien[189]. Mit dem vorläufigen Ende der Philosophiegeschichte konnte Riggenbach sich nicht anfreunden. Im Gefolge seines Lehrers Fischer sah er in diesem Ende einen „abstrusen Idealismus" und – was ihn vehement ärgerte – einen Pantheismus, „der vielmehr Gottlosigkeit und Selbstvergötterung sei". Darum sei, wolle man die Not-

---

[185] Biedermann, Tagebuch, S. 9.

[186] Die Examenskandidaten hatten vor den theologischen Schlußexamina einen Lebenslauf abzuliefern, in dem neben den biographischen Angaben vor allem Rechenschaft über den theologischen Bildungsgang geleistet werden sollte; so die „Ordnung der Prüfungen bei der theologischen Fakultät und dem theologischen Convent zu Basel, 1829", zweiter Teil „Candidaten-Prüfungen", § 11, Absatz 3.

[187] Riggenbach, Curriculum vitae, S. 1 f.

[188] Riggenbach, Curriculum vitae, S. 2.

[189] Riggenbach, Curriculum vitae, S. 3.

wendigkeit dieser Entwicklung anerkennen, der „rechte Prophet doch noch zu erwarten"[190].

Riggenbachs Studienortwechsel nach Berlin im Jahr 1838 war ursprünglich aufgrund seiner philologischen Interessen geplant gewesen[191]. In die Vorbereitungen dieser Reise fiel nun die Entscheidung, Theologie zu studieren[192]. Den ersten Schritt der Überwindung des orthodoxen Bibelverständnisses konnte er unter Anleitung von J. G. Müller tun. In dessen Vorlesung über polytheistische Religionen lernte er die Bibel nicht mehr als ältestes Religionsdokument zu verstehen. Riggenbachs dadurch gebrochenes Verhältnis zum Alten Testament und die daraus resultierenden hermeneutischen Konsequenzen übertrug er aber nicht auf das Neue Testament. Es zeigte sich vielmehr, daß Riggenbach den Weg Schleiermachers wählte und das Neue vom Alten Testament löste, um ersteres weit über letzteres zu stellen[193]. Sein Weg in die Theologie führte weiter über die Lektüre von Herders „Ideen zur Philosophie der Geschichte der Menschheit"[194], über Schleiermachers Dogmatik und „Weihnachtsfeier". Schließlich waren es noch de Wettes „Theodor"[195] und Hagenbachs „Encyklopädie", die ihm vorläufige Orientierung auf dem Feld der Theologie boten.

Im Frühjahr 1838 bezog Riggenbach die Berliner Friedrich-Wilhelms-Universität. Für den theologischen Neuling war nach den Basler Erfahrungen der theologische Pluralismus in Berlin eine gewaltige Herausforderung[196]. Der besorgte Freund Biedermann befürchtete, daß der eben erst von seiner Orthodoxie befreite

---

[190] Riggenbach, Curriculum vitae, S. 3.

[191] Die Berliner Universität vereinte maßgebende Philologen wie Philipp August Boeckh (Böckh) (1785–1867), Karl Lachmann (1793–1851) und August Immanuel Bekker (1785–1871).

[192] Riggenbach, Curriculum vitae, S. 3.

[193] KRAUS, Geschichte, S. 170–173. Seinen dogmatischen Ansichten blieb Riggenbach dennoch weitgehend treu: „Ein persönlicher Gott und dessen Vorsehung ins Einzelste hinein stand mir unerschütterlich fest in meiner Betrachtung des Weltganzen; auch die Gottheit Christi glaubte ich noch, selbst in der Form der jungfräulichen Empfängnis. Nur wußte ich mit vielen der Weissagungen, die mir ursprünglich nicht zu passen schienen, nichts anzufangen, ferner war ich in Verlegenheit über den heiligen Geist und über die Trinitätslehre im allgemeinen und die orthodoxe Versöhnungslehre war mir eine Unmöglichkeit"; Riggenbach, Curriculum vitae, S. 3.

[194] Erschienen 1784–1791 in Leipzig.

[195] W. M. L. DE WETTE, Theodor oder des Zweiflers Weihe. Bildungsgeschichte eines evangelischen Geistlichen, 2 Bde., Berlin 1822. Theologische Vorlesungen hatte Riggenbach in Basel außer der über hebräische Archäologie bei J. J. Stähelin nicht besucht.

[196] Die Vielzahl der besuchten Lehrveranstaltungen spiegelt die Unsicherheit Riggenbachs wider, sich im Widerstreit der Richtungen zurechtzufinden. Er hörte u.a. beim Nachfolger Schleiermachers August Detlef Christian Twesten Auslegung der Korintherbriefe, bei Franz Simon Ferdinand Benary Hiob und Einleitung ins Alte Testament, bei Johann August Wilhelm Neander Kirchen- und Dogmengeschichte. Hermann Olshausen, dessen „Kommentar über sämtliche Schriften des neuen Testaments", Königsberg 1830ff., Riggenbach studierte, und der neuorthodoxe Ernst Wilhelm Hengstenberg wurden ihm „widerwärtig" (Curriculum vitae, S. 10). Des weiteren war er Hörer der beiden Lutheraner Friedrich Gottlob Uhlemann, seit 1835 außerordentlicher Professor in Berlin, und dem getauften Juden Friedrich Adolph Philippi, die ihn aber beide wenig anzogen. Schließlich nennt Riggenbach noch die Hegelianer Georg Andreas Gabler, der den Lehrstuhl Hegels erhalten hatte, und Philipp Konrad Marheineke, den er mit Freude, aber

Kommilitone im Spannungsfeld der Berliner theologischen Fakultät die Orientierung verlieren könnte, vertraute aber schließlich doch ganz der tief religiösen Verfassung Riggenbachs[197]. Seine prägenden theologischen Lehrer in Berlin wurden Neander[198] und besonders Vatke, der ihm einen Weg der Versöhnung von Theologie und Philosophie wies[199].

Das Studium führte ihn zu einer gründlichen Auseinandersetzung mit Schleiermachers Gefühlstheologie, in deren Verlauf ihm die Begründung der Religion aus dem Gefühl immer unhaltbarer erschien[200]. Zudem bot Schleiermachers Ansatz keine Hilfe im Blick auf andere Religionen und im Kampf gegen den Pantheismus, da Schleiermacher nicht weniger pantheistisch sei als die Spekulation Hegels. Riggenbach näherte sich immer mehr einer rationalistischen Auffassung, auch wenn ihn diese nicht gänzlich befriedigen konnte, da er in der reformatorischen Grundüberzeugung und Gewißheit lebte, daß nicht die Werke, sondern der Glaube selig mache[201]. Einen entscheidenden Schritt weiter kam Riggenbach durch sein eigenes Hegelstudium und durch die Lektüre von Straußens „Leben Jesu". Seine theologische Ansicht verschob sich nun immer mehr in Richtung Hegelscher Spekulation. Dies geschah etwa gleichzeitig und in einem regen brieflichen Gedankenaustausch mit dem noch in Basel weilenden Biedermann[202].

---

auch mit Verdruß über die oft mangelhafte altorthodoxe Exegese hörte (S. 13). Zur theologischen Fakultät siehe unten S. 217–224.

[197] „Kaum von seiner Orthodoxie losgerissen, in oft fast ängstlichem Streben nach Wahrheit und Befriedigung, wobei er oft sehnliche Rückblicke auf das verlassene Gebiet zurückthat, war es allerdings mißlich für ihn, nach Berlin zu gehen, wo alle Richtungen bis in ihre Extreme repräsentirt waren, er konnte sich dem einen oder andern Extrem in die Arme werfen. Doch vertraute ich fest auf sein tief religiöses Gemüth und seinen besonnenen prüfenden festen Sinn"; Biedermann, Tagebuch, S. 10.

[198] Zu den frommen Kreisen der Berliner Erweckungsbewegung erhielt er Zugang durch Baron Ernst von Kottwitz, den er mehrmals besuchte. Siehe hierzu A. SCHULTZE, Baron Ernst von Kottwitz, in: MIM 23 (1903), S. 49–60; 89–127; 137–151; 177–196, vor allem über Riggenbach, S. 149–151. Schulze hatte Einblick in den Nachlaß Riggenbachs nehmen können. Falsch ist hingegen die Behauptung von PETER MASER, Hans Ernst von Kottwitz. Studien zur Erweckungsbewegung des frühen 19. Jahrhunderts in Schlesien und Berlin, Göttingen 1990, S. 277, Riggenbach habe von Kottwitz Briefe erhalten. Maser übernimmt hier eine Fehlinformation von FRIEDRICH W. KANTZENBACH, Baron H. E. von Kottwitz und die Erweckungsbewegung in Schlesien, Berlin und Pommern. Briefwechsel, eingeleitet und hrsg., Ulm 1963, S. 245, der Schulzes Hinweis (S. 51) mißversteht: Riggenbach schrieb an seine Familie über Kottwitz, hat aber keine Briefe von diesem erhalten. Der Basler Briefempfänger ist immer Christoph E. Riggenbach (1810–1863), der Basler Architekt. Die beiden Genannten entstammen zwei Familienzweigen, die im 17. Jahrhundert auseinandergingen; Stammbaum Riggenbach: StABS.

[199] Riggenbach, Curriculum vitae, S. 11.

[200] Riggenbach, Curriculum vitae, S. 7.

[201] Riggenbach, Curriculum Vitae, S. 6. „Schwand mir so ein Glaubensatz nach dem andren dahin, und sah ich mich immer mehr zu dem Resultate des Rationalismus hinausgetrieben, daß man ein guter Mensch sein könne ohne eine bestimmte Glaubenslehre aufzunehmen, so konnte ich mich dahin doch nicht beruhigen"; ebd.

[202] Dieser philosophische Briefwechsel zwischen der Spree und dem Rhein, der einen tiefen Einblick in die denkerische Entwicklung der beiden philosophierenden Theologen erlauben wür-

Als Biedermann mit Riggenbach zusammen in Berlin studierte, verlief ihr Weg beinahe parallel. Allein begeisterte sich Riggenbach nicht in dem Maße wie Biedermann für David F. Strauß, fand aber ebenso wie dieser in Vatke seinen Lehrer. Durch Vatke und seine eigenen Hegelstudien nahm Riggenbach eine scheinbar ausgeprägte Hegelsche Position an, nach der die Inhalte der christlichen Religion und der spekulativen Philosophie identisch seien. Daß dieser philosophische Ansatz indes auf Dauer nicht das theologische Denken Riggenbachs prägen würde, erwies seine Wende etwa elf Jahre später[203].

Doch so weit war es in Berlin noch nicht gekommen. Hier hatte die Hegelsche Spekulation im Denken Riggenbachs den Sieg über den Schleiermacherschen Ansatz davongetragen: Hegel schien ihm die objektive Seite der Religion, die Vorstellung und den Begriff gründlicher zu würdigen und für die moderne Denkweise zu vermitteln. Später jedoch, so betonte er, sei ihm die „tiefere Einheit" von Hegel und Schleiermacher deutlich geworden.

Im Herbst 1840 wechselte Riggenbach an die rheinische Universität Bonn, wo zur selben Zeit Albrecht Benjamin Ritschl (1822–1889) studierte. Hier widmete sich der Basler insbesondere der Praktischen Theologie und versuchte, seine philosophische Ansicht zu festigen. Die Bonner theologische Fakultät stand in den dreißiger und vierziger Jahren ganz im Zeichen von Carl Immanuel Nitzsch (1787–1868)[204]. Dieser, zwar ein Hegel-Kenner, bekannte sich aber zu Schleiermacher als seinem theologischen Lehrer[205]. So wundert es nicht, daß es vor allem Nitzsch war, mit dem Riggenbach auf dem dogmatischem Gebiet in „ständigem Kriege" stand. Als Gegengewicht zu dessen vermittlungstheologischer Dogmatik las er in den Bonner Semestern den ersten Band von Straußens „Dogmatik"[206].

---

de, ist anscheinend nicht mehr vorhanden. Riggenbach gibt aber in seinem Lebenslauf ausführlich Rechenschaft über die Grundzüge seines Denkens.

[203] Die durch Vatke rezipierte Spekulation hatte Riggenbach tiefer in die paulinischen Gedanken von Sünde, Gnade, Glaube und Wiedergeburt eingeführt; Riggenbach, Curriculum vitae, S. 12. Bemerkenswert ist, daß Riggenbach seine theologische Wendung auch mit seinem veränderten Verständnis der Begriffe „Sünde", „Gnade" und „Glaube" begründete; Riggenbach an Biedermann, 9.12.1850: B.II.717 und 5.3.1851: B.II.718.

[204] Otto Ritschl, Albrecht Ritschls Leben, Bd. 1: 1822–1864, Freiburg im Breisgau 1892, S. 23. Zu Nitzsch siehe ferner Volker Drehsen, Kirchentheologische Vermittlung. Carl Immanuel Nitzsch (1787–1868), in: Profile des neuzeitlichen Protestantismus, Bd. 1: Aufklärung, Idealismus, Vormärz, hrsg. von Friedrich Wilhelm Graf, Gütersloh 1990, S. 287–318; Willibald Beyschlag, Karl Immanuel Nitzsch. Eine Lichtgestalt der neueren deutsch-evangelischen Kirchengeschichte, Berlin 1872.

[205] Ritschl, Ritschl, S. 24, spricht von Nitzsch als einem lebhaften Gegner der Hegelschen Richtung. Zum Verhältnis von Nitzsch zur Hegel-Schule, insbesondere zu Strauß siehe Gustav A. Krieg, Dialektik im Dialog. C. I. Nitzsch' Entgegnung auf die „Christliche Glaubenslehre" von D. F. Strauß, in: Standfester Glaube, Festgaben zum 65. Geburtstag von Johann Friedrich Gerhard Goeters, Köln 1991, S. 315–332.

[206] Diesen Band schaffte Riggenbach im November 1840 an; er steht nun im Theologischen Seminar Basel, versehen mit einigen Anmerkungen und einem Namensregister.

Bevor er zum Examen in seine Heimatstadt zurückkehrte, hielt er sich für drei Monate in Paris auf. 1842 schließlich wurde er zusammen mit seinen Freunden Biedermann und Oeri ordiniert.

b) Johann Jakob Oeri

Der zweite und älteste Student im engeren Freundeskreis war Johann Jakob Oeri (1817–1897)[207]. Auch mit ihm verband Biedermann eine lebenslange Freundschaft. Oeri wurde als Sohn des Pfarrers Johann Jakob Oeri (1759–1829)[208] und dessen zweiter Frau Maria Magdalena, geborene Schorndorff (gestorben 1830)[209] in Wil, Kanton Zürich, geboren. Seine Mutter war die Schwester der Mutter Jacob Burckhardts. Oeri nennt seine Mutter an erster Stelle, wenn er über die Anfänge seiner religiösen Erziehung berichtet, denn sie hatte sich sehr für religiöse Fragen interessiert und viel theologisiert. Dabei bewegte sie sich in ihrem religiösen Denken in den Kreisen und Traditionen der Erweckungsbewegung. Sie hatte in ihrer Jugend Johann Caspar Lavater (1741–1801) und Heinrich Jung-Stilling (1740–1817) kennen- und verehren gelernt[210]. Ihren Glauben versuchte sie auch anhand der Lieder Christian Fürchtegott Gellerts dem Sohn weiterzugeben. Wie ernst ihr dieses Anliegen war, bezeugt eine von Oeri überlieferte Aussage der Mutter. Im Blick auf den Rationalismus habe sie einmal ihrem Sohn gesagt, sie würde ihn lieber begraben sehen, als ihn dem Rationalismus oder ähnlichen Grundsätzen huldigen zu lassen[211]. Diese frühen Erfahrungen der mütterlichen Frömmigkeit hinterließen deutliche Spuren in der geistigen und theologischen Entwicklung des Sohnes. Oeri verhielt sich im Kreis seiner Freunde immer sehr zurückhaltend, ja manchmal erscheint er geradezu als der ängstlichste der Freunde[212]. Zu seiner Ausgeglichenheit und Gutmütigkeit trat auch eine gewisse geistige Trägheit. Wenn es darum ging, sich auf neuen philosophisch-theologischen Pfaden zu bewegen, blieb er lieber den altvertrauten Wegen treu[213]. Oeris Stärken lagen eher im Bereich des Praktischen.

---

[207] Oeri schrieb selber Jakob statt Jacob, darum verwende ich diese Schreibweise.

[208] Zürcher Pfarrbuch, S. 458. Zur Geschichte des Geschlechts Oeri siehe EMIL USTERI, Zur Geschichte der Oeri von Zürich und Basel, in: Zürcher Taschenbuch auf das Jahr 1978, S. 46–118 und 1979, S. 51–86.

[209] Zum Geschlecht der Schorndorff siehe KAEGI, Burckhardt, S. 27–31. Zum Elternhaus der Mutter a.a.O., S. 73–75; zu Oeri siehe weiter LUISE VÖCHTING-OERI, Aus dem Jugendleben von Johann Jakob Oeri (1817–1897), in: Zürcher Taschenbuch auf das Jahr 1969, Zürich 1969, S. 108–120.

[210] Ihre Mutter galt nach den Worten des Enkels Johann Jakob Oeri als eine der gebildetsten Frauen im damaligen Basel, die allen geistigen und geistlichen Bewegungen ihrer Zeit Aufmerksamkeit und Interesse entgegenbrachte; so Oeri, in: „Aus meinem Leben", handschriftl. Ms. in Privatbesitz und StABS: PA 81.

[211] Oeri, Curriculum Vitae, S. 1: StABS: Kirchenarchiv 16.

[212] So etwa in der Schilderung Riggenbachs, Reisetagebuch Italien: StBW.

[213] Riggenbach beschrieb dies einmal in einem Brief an Theodor Meyer: „Oeri steht lustig zur Philosophie; er hört bei Vatke, sagt nie, daß er etwas nicht verstanden habe, hört schweigend zu, wenn wir mit Andern disputieren, und ist bei alle dem durchaus der Alte." Oeris theoretische

Nach dem rasch aufeinander folgenden Tode von Vater und Mutter wurde Oeri in Basel im Hause des Obersthelfers Jacob Burckhardt aufgezogen. In Basel durchlief Oeri Gymnasium und Pädagogium, welche er bis auf das Fach Mathematik – hier wurde er wegen Unfähigkeit im Pädagogium suspendiert – durchschnittlich absolvierte. Es folgte im Sommer 1837 die Immatrikulation als Student der Theologie in Basel. Auch er begann wie seine Freunde das theologische Studium mit philosophischen und philologischen Studien[214] und ging von der Idee aus, daß das Christentum alle anderen Religionen überbiete und somit eine herausragende Rolle unter den Religionen einnehme. Hinzu trat die sich immer deutlicher herausbildende Betonung eines christlichen Gemeindegefühls: Das Institut Kirche und der öffentliche Gottesdienst wurden ihm von Tag zu Tag verehrungswürdiger. Deshalb war er allem Separatismus, ob philosophischer oder pietistischer Provenienz, abgeneigt[215].

Zusammen mit dem Freund Biedermann wechselte Oeri an die Berliner Universität, wo er sich vor allem von Neander ansprechen ließ. Ihn erwähnte Oeri häufig in seiner Bildungsgeschichte und berichtet in seinen Briefen begeistert davon, wie sehr ihn der akademische Lehrer durch seine Lebensführung und seine christliche Praxis beeinflusse und forme: Neander gelte ihm nämlich als die „personificierte Liebe"[216].

Überzeugungen leuchteten Riggenbach weniger ein als dessen praktische. Theoretisch sei er sehr duldsam gewesen. Aber er besitze, so Riggenbach, „noch immer die gleiche guthmütige Schlauheit, die Miene als ob er kein Wässerchen trübte [...] ich bin ihm in der That sehr gut, muß mich nur bisweilen in Acht nehmen, daß ich nicht zu närrisch mit ihm thue"; Riggenbach an Meyer, 23.2.1840: StBW.

[214] Er schrieb über Fischer: „Er bereitet zu derselben [der Philosophie] vor durch eine geläuterte, von altem Sauerteig gründlich gesäuberte Logik, die das Denken nicht lehren, sondern in seiner Naturgesetzmäßigkeit erklären will"; Oeri, Curriculum vitae, S. 3. Aus Berlin heißt es in einem Brief: „Die Philosophen sind hier meist Hegelianer und auch unter den andern hat keiner den angenehmen, einnehmenden und zugleich gediegenden Vortrag unseres Fischer"; Oeri an Luise Burckhardt aus Berlin, 26.12.1839: Oeri-Archiv II, 1009.

[215] Oeri, Curriculum vitae, S. 6.

[216] Am 20.1.1840 schrieb Oeri an Meyer: „Er [Neander] ist mir gegenwärtig der liebste Lehrer, denn in ihm ist, wie gewiß selten bei einem Menschen, theoretisches und praktisches Christenthum vereint, was er lehrt, das thut er auch, er ist die personificierte Liebe, daneben höchst billig und tolerant gegen Andere; die Hegelianer hat er freilich auf dem Strich, aber er ist fern davon sie zu verdammen. Wenn ich dir vielleicht früher zu dem Verdacht von Intoleranz Anlaß gab, so kann ich dich versichern, daß mich wenigstens jetzt dieser Vorwurf nicht mehr trifft: Obgleich ich in meinen religiösen Überzeugungen mich nicht einen Fingerbreit geändert, sondern darin zugleich mehr bestärkt werde, so hab' ich mir doch zu gleicher Zeit eine Ansicht über die Geschichte und über den Entwicklungsgang der Menschheit gebildet, der mich über Vieles beruhigt und mich von selbst zur Toleranz hinleitet: Denn ich bin überzeugt, daß alle die verschiedenen hervortretenden Richtungen nothwendig zu der Entwicklung der Menschheit gehören und daß jede einzelne allemal, durch die Vorsehung zu rechter Zeit ins Leben eingeführt wird"; StBW. An die Schwester Jacob Burckhardts, Luise, die er später heiraten sollte, schrieb Oeri am 26.12.1839, daß ihm Neander von Tag zu Tag besser gefalle: „Ich habe noch selten so viel wahres, ächtes Christenthum, so viel Nüchternheit (im guten Sinn des Wortes) und so große Gelehrsamkeit vereinigt gesehen. So fromm er ist, so haßt er doch zu meiner größten Freude von ganzem Herzen den Pietismus, weil er ihn für eine der dem Christenthum gefährlichsten Richtungen hält: Einem meiner

Wie sein Freund Riggenbach lernte auch Oeri Strauß in Berlin literarisch kennen, der ihn indes nicht überzeugte. Oeri reagierte vielmehr mit Zurückhaltung
und Unverständnis. Die Gründe dafür sind vielschichtig. Sein Charakter, den Oeri
selbst als schüchtern beschrieb, neigte nicht dazu, sich wie Biedermann begeistert
und begeisternd einer Sache zu nähern. Im Geflecht der Freunde war er der ruhen-
de Pol, das gediegene Element, er besaß eine „tiefe Gemütlichkeit", wie Wackernagel bemerkte[217]. Er erreichte zudem nicht die intellektuellen Fähigkeiten der
Freunde Riggenbach und Biedermann. Dennoch blieb er für die beiden zeitlebens
Gesprächspartner und Freund. Zwischen den pulsierenden Persönlichkeiten Riggenbach und Biedermann sorgte er zusammen mit Meyer für das ausgleichende
Moment. Diese Stellung erlaubte es ihm auch, der Historiker dieses Freundeskrei-
ses zu werden: Er widmete Biedermann, Riggenbach und Meyer liebevolle Nekrologe.

Zu diesen Aspekten der Persönlichkeit treten nun freilich die philosophischen
und theologischen Grundlagen. Oeri emanzipierte sich nicht in dem notwendigen
Maße von seinen religiösen Voraussetzungen, um sich der Strauß'schen Theologie
wirklich öffnen zu können. Den Boden einer traditionellen Theologie, den Gedanken eines persönlichen Gottes wollte er nicht verlassen[218]. Dennoch billigte er
der spekulativen Richtung wahre Momente zu[219]. Oeri widerstrebte der Radikalismus von Strauß, diese enorme zerstörende kritische Kraft, die kaum etwas Positives
aufstelle. Was für das „Leben Jesu" gelte, lasse sich auch auf die Dogmatik übertragen. Diese „Lehrruine" gehöre nach Oeri zu den Wehen des heutigen politischen
Radikalismus[220]. Zwischen einem krassen Buchstabenglauben und Strauß liegen
nach Oeri zahlreiche Varianten: In dieser vermittlungstheologischen Position, nach
welcher sich die eigentliche innere Wahrheit im Gefühl offenbare, fand Oeri seine
Heimat. Diese Distanznahme zur Hegelschen Spekulation mußte nun auch Konse-

---

Bekannten sagt er ganz kurz: ‚Nicht wahr, Sie haben in der Schweiz viele Pietisten und Momiers?
[...] Das ist eine gefährliche Richtung, die soll nichts gelten!' [...] Erst vorhin sah ich Neander [...]
auf der Straße: Es ist komisch, wie das kleine Männchen in den langen Poststiefeln, jeden Augenblick in Gefahr überfahren zu werden, in den bekanntesten Gegenden der Stadt, die er schon 1000
und 1000 Male durchmessen, jedesmal an den Gassenecken zuerst gewissenhaft – ängstlich den
Namen der betreffenden Straße liest, ehe er sie zu betreten wagt"; Oeri-Archiv II, 1009.

[217] Siehe Semesterbericht 1836, StABS: Erziehungsakten U 24.

[218] Hierzu führte er aus: „Nie werde ich mich mit einer Philosophie befreunden können, welche die Unsterblichkeit läugnet und den persönlichen Gott in dem Welt – und Menschengeiste
aufgehen läßt. Schon rächt sich dieser Übermuth: Denn während sie den Menschengeist dadurch
zu ehren und zu erhöhen meint, daß sie ihn an die Stelle Gottes setzt, liegt es ja gerade im Geiste
unserer Zeit, auch ausgezeichnete menschliche Persönlichkeiten aus der heiligen wie aus der Pro-
fangeschichte wegzuweisen, und so dem Weltgeiste höchstens die Fähigkeit zuzutrauen, solche
Gestalten zu erdichten, nicht aber sie in Wirklichkeit zu bilden"; Oeri, Curriculum vitae, S. 10f.

[219] „Ungerecht will ich gegen diese Richtung nicht sein: Sie wurde lange vorbereitet, und
auch sie hat gewiß wahre Momente, die sich einst als ihre Resultate werden geltend machen. Vielleicht hat sie die Aufgabe, einen noch nicht weit verbreiteten krassen Deismus und Anthropomor-
phismus aus unserer Zeit zu verbannen und sie einem geistigen Theismus entgegenzuführen";
Oeri, Curriculum vitae, S. 11.

[220] Oeri, Curriculum vitae, S. 10.

quenzen haben für die Beurteilung von Vatke. Dieser wurde von Oeri zum Teil positiv gewürdigt. Doch kündigte er dem Lehrer dann die Gefolgschaft auf, sobald die Spekulation bei der Interpretation des Neuen Testamentes überhand nahm, wenn Paulus zum leibhaftigen Hegelianer gemacht wurde[221].

Vor der Rückkehr nach Basel suchte Oeri wie vor ihm schon Riggenbach im Sommer 1841 die Bonner Universität auf, deren friedliche Atmosphäre ihn anzog[222]. Oeris Ordination erfolgte nach bestandenem Examen 1842 in Basel; anschließend wurde er Vikar in Winterthur und Pfarrer in Lausen (Basel-Land).

c) Theodor Meyer

Die Freundschaft zwischen Oeri und dem dritten Freund, Theodor Meyer (1818–1867), begann schon 1829 auf dem Basler Petersplatz, wo Meyer Oeri an einem Abend zum Mitspielen aufforderte[223]. Beide besuchten auf dem Gymnasium dieselbe Klasse. Meyer entstammte einem alten Basler Geschlecht, den „Meyer zum Pfeil", und wuchs in einem Kaufmannshaus auf. Oeri erlebte den Freund als einen auffallenden Knaben nicht gewöhnlichen Schlages, der in vielerlei Hinsicht Selbständigkeit und Überlegenheit verriet, die seine Altersgenossen nicht immer leicht ertragen konnten[224]. Zu seiner geistigen Regsamkeit und reichen Phantasie gesellte sich die Neigung zur Satire.

Die Zeit des Studiums brachte es mit sich, daß die Freunde verschiedene Wege gingen. Meyer, ursprünglich auch zum Theologen bestimmt, immatrikulierte sich 1837 zuerst an der philosophischen Fakultät, wechselte aber bald zur medizinischen über. Dazu hatten ihn seine naturwissenschaftlichen Interessen und Vorkenntnisse bewogen[225]. Die medizinische Fakultät[226] an der Basler Universität konnte aufgrund ihrer mangelnden Angebote den jungen Studenten nicht lange befriedigen: Elementare Vorlesungen – wie über die Anatomie – fanden nicht statt[227]. Darum zog er im Herbst 1839 nach Freiburg im Breisgau. Doch auf Dauer vermochte auch

---

[221] Ebd.

[222] „In Bonn, in dessen theologischer Fakultät gerade umgekehrt die Einigkeit im Geist durch das Band des Friedens herrscht, sind auch die Studierenden weit weniger polemisch gestimmt, ja ein von Berlin kommender wird gewöhnlich mit großen beinahe mißtrauischen Augen angesehen"; Oeri, Curriculum vitae, S. 11.

[223] Johann Jakob Oeri, Theodor Meyer-Merian. Ein Lebensbild, Basel 1870, S. 1.

[224] Oeri, Meyer, S. 2 f., urteilte, „an Klarheit des Verstandes, Festigkeit des Willen, Keckheit im Reden und Thun kamen ihm wenige gleich".

[225] In Meyers Tagebuch, StABS: PA 303 B. 24, das im Februar 1843 beginnt, befindet sich auf den Seiten 9–17 ein „Entwurf eines Curriculum vitae", der ursprünglich zum Vortrag bei der Doktorpromotion bestimmt gewesen war.

[226] Siehe hierzu A. Staehelin, Geschichte (1818–1834) S. 57–70. Zum Medizinstudium im 19. Jahrhundert siehe Hans Günter Wenig, Medizinische Ausbildung im 19. Jahrhundert, Diss. med., Bonn 1969.

[227] Theodor Meyer, Meine Studentenjahre 1838, StABS: PA 303 B. 21, S. 10, wo er bemerkt, daß es um die medizinischen Vorlesungen schlimm stehe. Im Privatarchiv Meyers (StABS: PA 303) befindet sich unter anderem „Eine Reise nach Berlin 1840" (B 22) und eine Sammlung von Nekrologen anläßlich seines Todes (C 8).

die badische Universität seine Ansprüche und Wünsche nicht zu erfüllen. So folgte Meyer seinen Freunden schon nach einem Jahr nach Berlin.

Die Freundschaft mit Riggenbach, Oeri und Biedermann litt nicht unter der räumlichen Entfernung. Für den geistigen Austausch der drei Geisteswissenschaftler erwies sich die Auseinandersetzung mit einem Mediziner zudem als anregend und hilfreich[228].

Meyer betont die tiefe Vertrautheit der Freunde untereinander[229]. Diese solidarische, freundschaftliche Basis erlaubte leidenschaftliches Streiten um Standpunkte und Meinungen, das immer wieder aufbrach und auch nach dem Studium nicht beendet war, wie etwa eine Auseinandersetzung über Philosophie und Theologie oder über die Vereinbarkeit von Hegelscher Philosophie und Pfarramt zwischen dem Winterthurer Vikar Oeri und dem Basler Assistenzarzt Meyer aus dem Juni 1843 zeigt[230]. Diese Frage stellte sich im Hinblick auf die Freunde Riggenbach und Biedermann, von denen ersterer seit dem Herbst 1842 als Pfarrer im basellandschaftlichen Bennwil wirkte und letzterer im Mai 1843 in Lausen nicht gewählt worden war[231].

Konnten zwar die inhaltlichen Auseinandersetzungen nicht die Freundschaften gefährden, so wurde aus anderen Gründen eine ungute Spannung zwischen den Freunden offensichtlich: Wie im Jahre 1837 wollten Oeri, Burckhardt, Meyer und Biedermann auch im Sommer 1838 eine Italienreise unternehmen, die sie bis Mailand führen sollte. Oeri und Burckhardt aber steigerten sich während der gemeinsamen Vorbereitung in ein schwärmerisches Italien-Fieber und wollten unbedingt weiter in den Süden ziehen bis Padua, Genua und Livorno. Zuerst stieg Bieder-

---

[228] „Man möchte glauben daß meine von den Freunden verschiednen Studien uns entfremdet hätten, aber nur um so inniger schlossen wir uns an einander, wenn wir uns eine Zeit lang nicht gesehen, nur um so eifriger benutzten wir gemeinsame Feierstunden, seis zu traulichem Gespräch im warmen Zimmer, seis zu einem Spaziergang vor den Stadtthoren. Der Mediciner vertrug sich ganz gut mit den Theologen, diese mochten ihrerseits das Weltkind wohl leiden. Wohl gab es manchen lustigen Conflict, doch schloß er stets mit Lachen"; Meyer, Studentenjahre, S. 6f.

[229] „So kannten wir also einander ziemlich genau, nicht nur in geistiger, und moralischer, auch in körperlicher Hinsicht, denn wir theilten uns nicht nur dem Geiste nach mit, wir übten auch den Leib gemeinsam, turnten mit einander und offenbarten uns auch hier gegenseitig"; Meyer, Studentenjahre, S. 7.

[230] In seinem Tagebuch hielt Meyer einen Auszug eines Briefes an Oeri vom 22.6.1843 fest: „Wenn du mir übrigens rundweg alle Philosophie absprichst, so kennst du entweder mich nicht, oder verstehst unter Philosophie etwas andres als ich: Philosophie ist mir keines Wegs ausschließlich an eine bestimmte systematische Form gebunden; wenn dich das Wort abstößt, so laß mich's umschreiben. Philosophie heiß ich das Resultat zu dem der göttliche Geist in seiner Offenbarung und seinem Wirken im Menschen gelangt, sei es nun in diesem oder jenem Gebiet, und diese unumschränkte Oberherrlichkeit des reinen Geistes nun ist was ich unbedingt verwahre und vertheidige; der gegenüber ich alles andre als Tirannei ansehe und jeden andren der etwas andrem huldigt als in Knechtschaft und Beschränktheit begriffen erkenne und erkennen muß. […] Erlaube, ich finde es übrigens nicht nur nicht tolerant, sondern sogar höchst arrogant, wenn du dir zu behaupten anmaßt, ich glaube im Grunde jetzt gar nichts und weise dich, in oben ausgesprochnem Sinn damit entschieden ab" (S. 18).

[231] Biedermann, Tagebuchblätter, 1843.

mann aus dem Projekt aus[232], ihm folgte Meyer. Beiden war es nicht möglich, diese erweiterte Fahrt zu finanzieren, und sie beschlossen deshalb, nicht mitzureisen. Oeri hingegen verfügte über soviel Geld, wie er brauchte, und auch Burckhardt stand ein ausreichendes Budget zur Verfügung[233].

Meyer pflegte zuerst mit Oeri und Riggenbach näheren Umgang. Die Freundschaft zu Biedermann intensivierte sich, als Riggenbach nach Berlin gezogen war. Meyer schätzte Riggenbach sehr und brachte ihm Hochachtung und Sympathie entgegen. In den Jahren 1837–1838 nahm er dem Urteil Meyers zufolge die zentrale Rolle in der Gruppe ein: Riggenbach sei der gediegenste unter den Freunden, ein Vorbild in wissenschaftlicher und charakterlicher Hinsicht[234]. Biedermann und Meyer hegten neben den dichterischen auch sportliche Interessen. In der Entwicklung ihrer Freundschaft nehmen die gemeinsam verbrachten Ferientage und ihre Reise zum Turnfest in Chur im Sommer 1838 eine wesentliche Stellung ein[235].

Auf den Wegen der Sommerreise dominierte das Gespräch über philosophische und theologische Themen neben den Diskussionen über das Turnen. Meyer notierte im Anschluß an die Reisebeschreibung, er habe Gespräche mit den Freunden über die Philosophie und ihre Systeme geführt. Diese Unterredungen stimmten ihn nachdenklich, doch habe er dieser philosophischen und theologischen Gedankenflüge nicht Herr werden können. In seinen Notizen aus den Studienjahren hält er fest: „So gab ich denn auch Lehrgeld und durchrannte, wenigstens dem Gefühl nach, fast alle Stufen und Systeme: war bald Materialist, bald Idealist, bald Nominalist, bald Realist, bald Pantheist, bald Monotheist und sodann wieder bald Katholik bald Reformierter. Hatt ich etwas erfaßt, so war ich stolz darauf und fast übermüthig, denn ich wähnte das Rechte gefunden zu haben."[236] Dieser leidenschaftlichen, jugendlichen Art der Rezeption philosophischer Denkmodelle verdankte er, wie er sich selbst zugestand, einen Zuwachs an Liberalität[237]. Die Erfahrung der Begrenztheit der einzelnen Systeme und deren Ergänzungsbedürftigkeit ließen ihn einen „höheren Standpunkt", das heißt eine kritischere Position einnehmen[238].

Diese Auseinandersetzungen theologischer und philosophischer Art stellten ein wesentliches Element ihrer Freundschaft dar, wobei religiöse Fragestellungen im Vordergrund standen. In religiöser Hinsicht vertrat er, in den Augen Biedermanns, den Standpunkt der in Basel üblichen Orthodoxie, in der er erzogen worden war[239].

---

[232] „Ja Alois Biedermann zog sich sogar aus den eingegangnen Verpflichtungen zurück, wurde aber, da er sonst so eng mit uns verbunden war, doch immer als halb betheiligt angesehen"; Meyer, Studentenjahre, S. 13 f.

[233] Meyer, Studentenjahre, S. 16.

[234] Meyer, Studentenjahre, S. 15.

[235] Meyer, Studentenjahre, S. 17. Dort findet sich eine Reisebeschreibung. Siehe auch Biedermann, Tagebuchblätter, 1838 und sein Tagebuch, S. 11.

[236] Meyer, Studentenjahre, S. 19.

[237] Dies bestätigt auch Biedermann, Tagebuch, S. 12, der ihm in Leben und Tat „Toleranz gegen alle anders Denkenden, bei denen er nur einen Grund von Religion sah", bescheinigte.

[238] „Nachher war ich dann des Kampfes froh, denn ich faßte Manches von höherem Standpunkte auf und gewann besonders an Liberalität"; Meyer, Studentenjahre, S. 20.

[239] Biedermann, Tagebuch, S. 11 f.

Den Streit der Theologen über die verschiedenen Systeme verfolgte er angeblich nur kopfschüttelnd. Denn er war der Meinung, dieses Spekulieren und Philosophieren biete der religiösen Innerlichkeit weniger als die biblischen Schriften[240].

Der junge Mediziner Meyer, den ein Freund als gedrungene kräftige Gestalt mit geistvollem Auge und einem Munde, der zuweilen ein sarkastisches Lächeln zeige, beschrieb, habe ein Angesicht, „aus welchem ebenso sehr Geist und scharfe Beobachtung, als Biederkeit und treuherziger Edelsinn leuchtete"[241]. Zudem verfügte er über ein cholerisches Temperament, das er durch gewissenhafte Selbstbeherrschung im Griff zu halten versuchte. Biedermann erwähnte in einem Artikel zum Gedächtnis Meyers folgende Charakteristika des verstorbenen Freundes: Meyer habe trockene Nüchternheit in den praktischen Dingen gezeigt, nenne aber einen gewissen Witz sein eigen[242].

7. *Biedermann im Zofingerverein*

Die Mitgliedschaft in der Basler Sektion des Zofingervereins (1837–1839) bedeutet für die persönliche und geistige Entwicklung Biedermanns eine nicht zu unterschätzende Förderung. Der Verein war ein Ort regen geistigen Austausches, der Vermittlung patriotischer Gesinnung und religiöser Anschauungen. Für Biedermann – wie für viele andere Studenten – gehört der Zofingerverein zu den prägenden Elementen ihrer Studentenzeit[243].

Der Zofingerverein beruhte auf einem ausgeprägten patriotischen Bewußtsein schweizerischer Eigenständigkeit und entstand zur selben Zeit wie die deutschen Burschenschaften. Die Statuten des Vereins betonten die Bedeutung der geistigen Förderung, der körperlichen Stärkung und der Überwindung der konfessionellen Grenzen. Der Gedanke der Zusammengehörigkeit von Geisteskraft und körperlicher Ertüchtigung begeisterte Biedermann, und er lebte ihn zeit seines Lebens.

Das Anliegen des Zofingervereins war, ein eigenständiges Stück studentischer Kultur zu bieten, das sich von den deutschen Bräuchen deutlich abhebe. Den Burschenschaften[244] stand man sehr kritisch gegenüber, da in ihnen Juden sowie – was der Idee der Zofinger völlig widersprach – die „ewigen Feinde des deutschen Na-

---

[240] OERI, Meyer, S. 66.

[241] So zitiert bei OERI, Meyer, S. 21.

[242] So beschreibt BIEDERMANN den verstorbenen Freund, in: Theodor Meyer, in: NZZ 28. 12.1867/29.12.1867. FRIEDRICH OSER, Theodor Meyer-Merian. Literarische Skizze, Basel 1868.

[243] Zur Geschichte des Zofingervereins siehe ULRICH BERINGER, Geschichte des Zofingervereins. Kulturbilder aus dem schweizerischen Studentenleben des neunzehnten Jahrhunderts, 2 Bde., Basel 1895–1907; ULRICH IM HOF, Der Zofingerverein als vaterländische Vereinigung der Schweizer Studierenden (1819–1847), in: Der Schweizerische Zofingerverein 1819–1969. Eine Darstellung hrsg. vom Schweizerischen Zofingerverein und vom Schweizerischen Altzofingerverein, Bern 1969, S. 23–51.

[244] Zur politischen Bedeutung der Burschenschaften siehe NIPPERDEY, Geschichte, S. 279–283.

mens, die Welschen und Franzosen" nicht geduldet wurden.[245]. Hatte sich der Zofingerverein doch das patriotische Ziel gesetzt, die Einheit des Vaterlandes zu fördern. Der Zofinger Heinrich Nüscheler[246] von Zürich schrieb in der „Monatschronik" 1824 zur Bestimmung des Vereins, daß diese „keine andere seyn kann, als Anknüpfung von freundschaftlichen Banden zwischen solchen, die einst auf das öffentliche Leben grössern oder kleinern Einfluss ausüben werden – in einem Alter, das noch nicht angesteckt von trennenden Vorurtheilen, für Freundschaft so empfänglich ist: Anregung zur Vaterlandsliebe, zum edlen Streben nach allem Großen und Schönen in Leben und Wissenschaft: dass das Bewusstseyn der innern Einheit unsers Vaterlandes, ungeachtet der äussern Verschiedenheit in Verfassung, Sprache und Religion, in dem Herzen des Jünglings schon sich entwickele und dermassen erstarke, dass es einst im reiferen Alter die mannigfaltigen Versuchungen zur Trennung zu überwinden vermöge"[247]. Der Zofingerverein wollte einen deutlichen Trennungsstrich zu den Burschenschaften ziehen; eher weist er Parallelen zur Helvetischen Gesellschaft auf[248].

Die dreißiger Jahre des 19. Jahrhunderts gelten in der Geschichtsschreibung des Vereins als das „goldene Zeitalter"[249]. In diesem Dezennium prägten Mitglieder den Verein, die später zu den wissenschaftlichen Größen des Landes gehörten, wie etwa J. Burckhardt, A. E. Biedermann, D. Schenkel, C. J. Riggenbach und andere[250].

Im Frühling 1836 bewarb sich Biedermann um Aufnahme in den Verein. Sein Ansuchen wurde aber abgelehnt[251]. Dies war keineswegs ein Einzelfall. Die Aufnahme in den Zofingerverein ging nicht immer problemlos vonstatten. Der Charakter des Bewerbers wurde jeweils überprüft, die Eignung des Kandidaten in den lokalen Versammlungen diskutiert. In der Sitzung vom 17. März wurde über die Anträge von Biedermanns Zimmernachbarn bei Hess, Johann Jakob Wirz[252], und von Biedermann entschieden. Wirz wurde einstimmig aufgenommen. Zu Bieder-

---

[245] So in der Verfassung der Burschenschaft Jena, 1815; § 79; zitiert bei IM HOF, Zofingerverein, S. 33f.

[246] Siehe BERINGER, Geschichte, Bd. 1, S. 421. Nüscheler war Redaktor der Monatschronik gewesen.

[247] Zitiert bei BERINGER, Geschichte, Bd. 1, S. 237. Zur Frage nach „Theologie und Konfession im Zofingerverein" in dessen Frühzeit siehe PETER KUSSMAUL, Zur Charakteristik der ersten Zofinger, in: Der schweizerische Zofingerverein 1819–1969. Eine Darstellung hrsg. vom Schweizerischen Zofingerverein und vom Schweizerischen Altzofingerverein, Bern 1969, S. 161–166.

[248] So IM HOF, Zofingerverein, S. 34f. BERINGER, Geschichte Bd. 1, S. 27 betont hingegen eher die Parallelen.

[249] So überschreibt BERINGER, Geschichte Bd. 2, S. 102–192, den 2. Teil seiner Darstellung.

[250] Siehe dazu ANDREAS LINDT, Zofingerideale, christliches Bewußtsein und reformierte Theologie 1819–1918, in: Der schweizerische Zofingerverein 1819–1969. Eine Darstellung hrsg. vom Schweizerischen Zofingerverein und vom Schweizerischen Altzofingerverein, Bern 1969, S. 194–212.

[251] Siehe das Protokoll der Basler Zofinger vom 4.3.1834: „Es wurde angezeigt, daß in nächster Sitzung ein Ansuchen von Biedermann und Wirz werde vorgelesen werden"; StABS: PA 412, E 7, 10d.

[252] Wirz ist bei BERINGER, Geschichte Bd. 2, nicht verzeichnet.

manns Antrag notierte der Protokollant: „Biedermann hingegen discip. Päd. [Päd-
agogist], dessen Freunde die ungünstige Gesinnung der Gegner nicht nieder zu
schlagen vermochten, fiel durch nach einer ziemlich lebhaften Meinungsäußerung
der beiden Parteien."[253] Biedermanns Annahme, der eigentliche Grund der Ablehnung sei die „Schikane" einiger Mitglieder gewesen[254], ist sicherlich zutreffend,
denn die inneren Verhältnisse der Basler Sektion entsprachen keineswegs der Vorstellung eines „goldenen Zeitalters". Zuerst hatten die geringen Studentenzahlen
in Basel die Sektion in Gefahr gebracht, denn statt der üblichen vierzig bis fünfzig
Zofinger versammelten sich in den frühen dreißiger Jahren bloß noch fünfundzwanzig Mitglieder. Die Mehrzahl der Mitglieder stellten die Theologen. Bei einer
Durchmischung der kantonalen Herkunft bildete die Sektion kein typisch stadtbas-
lerisches Gepräge heraus. Ein weiteres Problem erwuchs dem Verein in Basel, als
immer deutlicher Disharmonien zwischen den Mitgliedern hervortraten. Es heißt,
daß es nicht einmal zwei Freundespaare in der Sektion gegeben habe. Theodor
Meyer trat am 22. November 1836 aus dem Verein aus, da ihm die Zustände nicht
mehr behagten. Biedermann sprach von einem „unerquicklichen Zustand" des
Vereins um 1835/36, der den Weiterbestand fraglich werden ließ[255]. Doch besserte
sich das Erscheinungsbild des Vereins. Eine zweite Bewerbung glückte, und Biedermann trat im Herbst 1837 ein[256]. Ihm folgten wenig später die als „antizofingisch"
geltenden Freunde Riggenbach und Burckhardt[257].

---

[253] StABS: PA 412, E 7, 10d.

[254] So Biedermann in seinem Tagebuch, S. 3. In einem Brief an den Vater vom 17.6.1835:
B.I.b.20, schreibt Biedermann, daß er noch der Zeit harre, da er in den Zofingerverein eintreten
werde. Er wolle dann mehr „poetische Regsamkeit" in den Verein bringen. Die Basler Sektion
bestehe aber eher aus prosaischen Menschen. Seine poetischen Freunde Meyer und Oeri hätten,
da nur zu zweit, zu wenig Einfluß in der Sektion.

[255] Biedermann, Tagebuch, S. 3; BERINGER, Geschichte Bd. 2, S. 433–441. Vor allem ging es
wohl um die inhaltliche Ausrichtung des Vereins. Es gab unterschiedliche Meinungen über das
Maß der wissenschaftlichen Arbeiten, manche befürchteten, der Verein würde zu einem wissenschaftlichen „Thee-Zirkel" werden, andere sahen hingegen eine „ästhetische Tyrannei" auf sich
zukommen; zukunftsweisende Projekte und große Änderungen seien nicht das Ziel der Sektion;
so der Jahresbericht 1837/38, StABS: PA 412 C 10, 6.

[256] Am 9.12.1837 trat Biedermann ein, er schied aus am 10.5.1839; siehe die Mitgliederlisten
im StABS: PA 412, B 4, 1. Siehe auch das Protokoll der Basler Section des Zofingervereins Nr. IV
Ende April 1835 bis Anfang September 1839 im StABS: PA 412, E 7, 10d: „Aloys Biedermann
Stud. Theol. wird einstimmig als Mitglied aufgenommen" (9.12.1837). Der Präsident Theodor
Gsell schrieb dazu im Jahresbericht 1837–38, S. 12. „Aufgenommen: Biedermann: früher abgewiesen, jetzt sich wieder meldend, damit er ein durch wissenschaftliches Streben veredeltes
Freundschaftsband mit der vaterländisch gebildeten Jugend schließen, und dazu beitragen könne,
das jetzt zerrissene Volk durch Einigkeit zusammen zu führen. Der Verein: die vielleicht kleinlichen Gründe der früheren Ablehung nicht mehr geltend machend, empfing ihn einstimmig in seiner Mitte"; siehe Jahresberichte: StABS: PA 412, C 10, 6.

[257] Siehe die Mitgliederlisten, StABS: PA 412, B 4, 1. Alle genannten Freunde Biedermanns
waren Mitglieder: Th. Meyer vom 6.6. 1835 bis 22.11.1836 und vom 18.8.1838 bis März 1840; J.
J. Oeri vom 27.6.1835 bis 13.9.1839; J. Burckhardt vom 20.1.1838 bis 13.9.1839; J. Riggenbach
vom 20.1.1838 bis März 1838.

Basel galt als die Sektion, in der am konsequentesten die wissenschaftliche Richtung des Vereins vertreten wurde unter starker Hervorhebung des eristisch-dialektischen Moments[258]. Es wurden zahlreiche Aufsätze angefertigt und freie Vorträge gehalten[259]. Sowohl Aufsätze als auch Vorträge[260] wurden mündlich, manchmal sogar in Form von Rezensionen schriftlich diskutiert[261]. Biedermann hielt 1839 einen Vortrag über das Thema: „Warum und wie soll man Dichter lesen?"[262] Der Anlaß, diese Frage aufzunehmen, ging mit dem Bemühen um die Entwicklung einer programmatischen Perspektive für den Verein einher. Von daher sind Biedermanns Ausführungen als grundsätzlicher Diskussionsbeitrag im Streit um die inhaltlichen Schwerpunktse des Vereins zu verstehen. Biedermann gehörte zu jenen Zofingern, die auf wissenschaftliche Betätigung drängten und sich vor allem um Philosophie und Literatur bemühen wollten. Diese beiden Fächer sollten keinem Vereinsmitglied unbekannt bleiben. Diesen Anspruch begründete Biedermann autobiographisch, indem er darauf verwies, daß man sich nun im Verein schon länger mit Philosophie beschäftige, „wofür wahrlich keiner dankbarer ist als ich"[263]. In seinem Vortrag will der Referent die Gründe darstellen, warum die Poesie nicht vernachlässigt werden dürfe. Dabei gehe es darum, den Platz der Poesie in der Welt vernünftiger Menschen zu sichern und die Stellung der Kunst neben der Wissenschaft zu behaupten[264]. Die theoretische Grundlegung seiner Ausführungen verdankte Biedermann seinem verehrten Lehrer Wackernagel, auf den er sich weitgehend bezog. Biedermann knüpfte an die Gedanken Wackernagels aus der „Einleitung in die Poetik" an, in der der Basler Germanist sich über das Verhältnis der göttlichen und menschlichen Eigenschaften im Blick auf die Künstler äußert: „Die drey hauptsächlichen Eigenschaften Gottes, Güte, Allweisheit und Allmacht erscheinen auch im Menschen-

---

[258] BERINGER, Geschichte Bd. 2, S. 435f. Im Jahresbericht 1837/38 der Basler Sektion wird zum Thema „Wissenschaft" notiert, diese helfe, die vaterländischen Ideen zu begreifen. Man habe zwölf Aufsätze, fünf Kritiken und eine Antikritik gehört; siehe Jahresberichte; StABS: PA 412, C 10, 6.

[259] Darüber geben die Protokollbücher im StABS, PA 412 Auskunft.

[260] Der Jahresbericht 1837/38 verzeichnet u.a. folgende Vorträge: Schlatter: Über die Emanzipation der Weiber; J.J. Oeri: Beschreibung des Zofingerfestes; Georg Scherb: Über die bürgerlichen Strafen; W.E. von Gonzenbach: Über Menzel als Kritiker; Theodor Gsell: Geschichte der Wahlfreiheit; der Vortrag dauerte 2,5 Stunden, sowie: Idee der Wahlfreiheit; Heinrich Ammann: Vortheile und Nachtheile der Entdeckung von Amerika; C. Johannes Riggenbach: Ideen zur Philosophie der Geschichte; dies sei eine vorzügliche Arbeit im Herderschen Geiste gewesen, notiert der Jahresbericht. Jacob Burckhardts Vortrag stand unter dem Thema „Einige Worte über die Alterthümer in der Schweiz". Seine Intention war es, vor allem die Zofinger zu ermahnen, mindestens das Bestehende nicht zugrunde gehen zu lassen.

[261] Das Protokoll der Basler Sektion verzeichnet unter dem 5.11.1838 folgenden Eintrag: „Die Sitzung eröffnete ein freiwilliger Aufsatz Biedermann's ‚Beschreibung des Allgemeinen Zofingerfestes von 1838' die den subjektiven Standpunkt und die individuellen Beziehungen nur zu sehr von der objectiven Wahrheit und Umsicht entfernte, die aber als sorgfältige Privatarbeit, allen Dank verdient."

[262] Der Vortrag befindet sich handschriftlich im Nachlaß Biedermann: A.III.b.5. Im Privatarchiv T. Meyers befindet sich eine Mitschrift der Vorlesung.

[263] Dichter, S. 1.

[264] Dichter, S. 2.

geiste, der nach Gottes Bilde geschaffen ist. Aber im Menschen sind sie nicht mehr in der göttlichen Fülle vorhanden, sond. aus Kraft zum blossen Verlangen verringert. Wie Gott allgütig ist, so hat auch der Mensch einen Drang nach dem Guten, Abscheu vor dem Bösen, *Sittlichkeit*. Gott ist allweise, der Mensch strebt nach Weisheit und Erkenntniss, er hat *Wissenschaft*, wie endlich Gott allmächtig ist, so hat auch der Mensch wenigstens den Drang, Vollkommenes zu schaffen, er hat *Kunstsinn*. So stellen sich den drey göttlichen Eigenschaften, Güte, Allweisheit und Allmacht die drey menschlichen gegenüber. Sittlichkeit, Wissenschaft, Kunst, jene schaffen das *Gute*, das *wahre*, das *schöne*."[265] Mit diesen grundlegenden Vorgaben seines Referates verband Biedermann die Forderungen Karl Follens (1796–1840), die Bereiche von Wissensvermittlung und von Bildung der geistigen Produktivität zusammen zu fördern: „Es ist aber endlich Zeit, dass die Pädagogik ihre grosse Aufgabe löse, beyde Richtungen zusammenzufassen und sie zu sich selbst so wie zu einander ins rechte Ebenmass zu setzen."[266] Dabei gilt es freilich zu beachten, so Biedermann, jeder könne zwar nach erkennendem Kunstsinn streben, der schaffende Kunstsinn hingegen sei nicht jedermann gegeben. Suche man nun eine Verbindung zwischen Künsten und Wissenschaften, so zeichne sich die Dichtkunst durch ihre besondere Nähe zu den Wissenschaften aus. Denn vom Dichter sei gefordert, den ästhetischen Trieb nicht dem Zufall zu überlassen, da er sonst brachliege, sondern ihn auf reflektierte Bahnen zu leiten. Weiter stellt Biedermann die grundsätzliche Frage, ob denn die Phantasie weniger wert sei als der Verstand. Seine Antwort lautet: Wenn die Phantasie verlorengeht, steht der Verstand wie mit beschnittenen Flügeln da[267]. Der Verstand bedürfe demnach unbedingt der Phantasie, um nicht stillzustehen, Phantasie und Verstand entwickelten ein produktives Miteinander. Darum habe man die Pflicht, etwas für die Phantasie zu tun und den ästhetischen Trieb zu bilden[268]. Diesem Anliegen diene vorzüglich das Lesen poetischer Literatur.

Was geschieht aber, wenn die Reaktion auf ein Gedicht lautet: Das ist nichts für mich! Es stellt sich die Frage: „Wie soll man Dichter lesen?" Hierauf antwortete Biedermann: Das grundlegende methodische Mittel ist so zu gestalten, daß die Reproduktion des Lesers auf gleiche Weise geschehe wie die innere Produktion des Dichters „mit den gleichen Zwecken und der Anwendung der gleichen Kräfte in gleichem Verhältniß, wenn auch nicht in gleichem Maaß"[269]. Dabei habe sich der Leser den Zweck des Dichters zu vergegenwärtigen: Dessen Aufgabe bestehe darin, die schöne Anschauung seiner Einbildungskraft auch in entsprechender Form zur äußeren Anschauung zu bringen. Die geforderte Form bestimme sich durch Regelmäßigkeit und Einheit in der Mannigfaltigkeit. Formal drücke sich dies durch rhythmische Gliederung der Worte, durch das Metrum aus. Bei der Lektüre der Poesie lasse sich nun der Leser nur davon leiten, erst einmal dieses Schöne auf-

---

[265] Dichter, S. 3.
[266] Zitiert bei Biedermann, Dichter, S. 5. Zu Follen siehe A. STAEHELIN, Geschichte (1818–1835), S. 177; ERNST ROSE, Karl Theodor Christian Follen, in: NDB 5, S. 286f.
[267] Biedermann, Dichter, S. 8.
[268] Ebd.
[269] Biedermann, Dichter, S. 9.

zufassen, und er soll darauf verzichten, sich von Nebenaspekten leiten zu lassen, wie etwa nach sittlichen oder philosophischen Tendenzen fragen zu wollen. Diesen Gedanken verdeutlichte Biedermann am Beispiel Goethes: „Denn von allen wenigstens deutschen Dichtern hat Göthe am reinsten nur das Schöne gefasst und wiedergegeben ohne Nebenzweck."[270]

Die poetische Konzeption werde von drei Kräften getragen: Einbildungskraft, Gefühl und Verstand. Dabei sei die eigentlich produktive Kraft, ohne deren Tätigkeit nichts hervorgebracht wird, die Einbildungskraft. In diesem Sinne sei sie die positive Funktion. Als negative Tätigkeiten bezeichnet Biedermann hingegen Gefühl und Verstand, da sie auf die Einbildungskraft einschränkend und formgebend wirken. Mit diesen drei Tätigkeiten des dichterischen Produzierens habe sich schließlich die Fassungskraft des Lesers zu verbinden. Diese ist durch beständiges Üben stetig vorwärts zu entwickeln und zu kräftigen. Entscheidend für den Prozeß des Lesens sei aber, daß sich der Leser mit unbefangener Einbildungskraft dem Gedicht hingebe; dann werde sich auch der dichterische Gehalt erschließen lassen. Ziel der Ausführungen ist nun die Abwehr eines sogenannten wissenschaftlichen Kritizismus, der eine unbefangene Aufnahme des Schönen im dichterischen Werk verhindere[271].

Zusammenfassend kann der Vortrag Biedermanns als Appell an seine Kommilitonen verstanden werden, sich in den Fragen der Poetik und damit der Ästhetik geduldig auszubilden[272].

Unverkennbar wurde im Zofingerverein ein religiöser Aufschwung spürbar, und zwar im Sinne einer „civil religion"[273]. Der Pluralismus der Bekenntnisse zeigte die Mitgliedschaft von Katholiken und Protestanten, Rationalisten und Pietisten sowie religiösen Indifferentisten[274]. Zwar wies die Mehrheit der Zofinger die Beschäftigung mit religiösen Fragen privaten Zirkeln zu, doch galt als Common Sense der Zofinger, daß „eine religiöse Regeneration des Schweizervolkes in jeder Beziehung von den vortheilhaftesten Folgen begleitet sein würde"[275]. Ferner prägte der zunehmende Einfluß der deutschen Philosophie das Vereinsleben, und besonders die idealistischen Entwürfe wurden diskutiert. In den deutschsprachigen Sektionen wurden sie zum bestimmenden geistigen Moment[276]. Die welschen Sektionen hin-

---

[270] Biedermann, Dichter, S. 10.

[271] Biedermann, Dichter, S. 14.

[272] Der Jahresbericht der Basler Zofinger Sektion hielt im Anschluß an den Vortrag fest: Der Vortrag sei angenehm und leicht gewesen, mit guten Winken versehen. Biedermann habe vor allem gegen das verständige Zergliedern eines Gedichtes polemisiert. Die mündliche Kritik habe nur einzelne spezielle Punkte berührt; StABS: PA 412, C 10, 6.

[273] Zum Verhältnis von patriotischer Bewegung und Religion siehe ULRICH GÄBLER, Die Schweizer – ein „Auserwähltes Volk"?, in: Reformiertes Erbe. Festschrift für Gottfried W. Locher zu seinem 80. Geburtstag, Bd. 1. hrsg. von Heiko A. Oberman u.a., Zürich 1992 (Zwing. Bd. 19, T. 1).

[274] BERINGER, Geschichte Bd. 2, S. 118.

[275] BERINGER, Geschichte Bd. 2, S. 119.

[276] BERINGER, Geschichte Bd. 2, S. 119f., beschreibt den Einfluß folgendermaßen: „Dieser Einfluss gab sich namentlich darin kund, dass viele Zofinger in apriorischen Konstruktionen des

gegen verwahrten sich gegen diese philosophischen Einflüsse und verlegten sich mehr auf Probleme der Praxis. Die Basler Sektion zeigte, wie oben von Biedermann geäußert, ihr philosophisches Interesse dadurch, daß sie beispielsweise 1837/ 38 ein Vierteljahr lang über die Frage der Wahlfreiheit disputierte. Die Beschäftigung mit philosophischen Themen bot Biedermann und manchem anderen Zofinger eine Art Brücke an, um von der Seite der Abneigung der Philosophie hinüber auf die Seite des begeisterten Philosophierens zu wechseln. Ihn prägten die Erfahrungen des philosophischen Diskurses im Zofingerverein grundlegend, wie er in einem Schreiben an die Berner Sektion vom 3. März 1838 betonte: Er danke es dem Zofingerverein, daß seine frühere Abneigung gegen alle Philosophie sich verloren habe[277].

Schließlich wird im Blick auf das geistige Leben des Zofingervereins das Interesse am Individuum offensichtlich. Der Einfluß Schleiermachers ist unverkennbar, vor allem der seiner „Monologen"[278], in denen er seine philosophisch-theologische Vorstellung der Individualität – gewissermaßen als Gegenstück zu seinen „Reden" – entwickelte. Die Individualität steht in dieser Schrift für das Lebens- und Weltverständnis Schleiermachers[279], welche dem zofingischen Anliegen nahekommt: Jedes Mitglied war bestrebt, seine eigene Persönlichkeit in Wissenschaft und Gesellschaft möglichst frei auszubilden und ungezwungen einzubringen. Damit ging das Bestreben einher, an Liberalität zu gewinnen, wie das Beispiel Theodor Meyers zeigte. Ein Freund Biedermanns, der Zürcher David Fries[280], galt als feuriger Ver-

---

Zofingervereins sich gefielen; dass oft und gern das philosophische Rüstzeug angezogen wurde, um die Erscheinungen des Vereinslebens zu beleuchten, oder um die Nothwendigkeit einer Neuerung zu begründen, und dass man überall aus den zeitlichen Erscheinungen die ewigen Ideen herauszuschälen sich bemühte. In ihrem Idealismus träumten Einzelne davon, durch populäre Darstellung der höchsten Probleme die philosophische Denkweise zum Gemeingut des Volkes machen zu können. Die Fortgeschrittenern führten ihre Zofingerbrüder in die Gedankenwelt Kants, Fichtes, Hegels und Schellings ein; Geschichts- und Rechtsphilosophie, Ethik und Politik besonders erfreuten sich aufmerksamer Pflege."

[277] So zitiert bei BERINGER, Geschichte Bd. 2, S. 120. Der regelmäßige Schriftverkehr zwischen den einzelnen Sektionen und zwischen einzelnen Mitgliedern respektive Studenten brachte diesen bezüglich ihrer geistigen Weiterbildung und Entwicklung einen erheblichen Gewinn. Die Briefwechsel sind darum ein wesentlicher Teil der Ausbildung.

[278] FRIEDRICH DANIEL ERNST SCHLEIERMACHER, Monologen. Eine Neujahrausgabe, (anonym) Berlin 1800, mit einem Vorwort des Verfasser ²1810.

[279] MARTIN REDEKER, Friedrich Schleiermacher, Leben und Werk, Berlin 1968, S. 80–86. Redeker führt aus, daß die Individualität der Selbstanschauung Schleiermachers Organ und Symbol des Unendlichen sei, der Ort, „wo das Unendliche als Einheit und Totalität der letzten inneren Einheit des menschlichen Ich begegnet", S. 80f. Diese Individualität ist nach Schleiermacher das Ich des freien Handelns und des schöpferischen Geistes. Der Individualitätsgedanke Schleiermachers trägt christliche, ja pietistische Wurzeln. Diesem christlichen Geiste entsprechend ist das Individuum nicht nur sich selbst gehörig, sondern anderen Individuen zugeordnet in der Haltung von Aufgeschlossensein für die Individualtiät des anderen. Damit kommt bei Schleiermacher der Begriff der Menschheit ins Spiel. Diese wird konkretisiert im vaterländischen Staat als der sittlichen Gemeinschaft und des höheren Lebens (S. 83f.). Hier spätestens konnten die Zofinger mit ihren vaterländischen Idealen mühelos anknüpfen.

[280] Zürcher Pfarrerbuch, S. 282f.; BERINGER, Geschichte Bd. 2, S. 537; siehe oben S. 40.

fechter der Geltung der Individualität. In einem Brief an die Berner aus dem Jahre 1839 forderte er die selbständige Ausbildung der Individualität. Er lehnte den Egoismus entschieden ab und strebte vielmehr einer allumfassenden Harmonie entgegen: „Ich bin Mensch und Christ und Schweizer und Student und Zofinger und Zürcher, mit Wissen keines mehr als die andern, aber auch keines ohne die andern."[281]

Doch blieb das Streben nach allgemeiner Harmonie der Individualitäten leider allzuoft bloß erwünschtes Ideal. Die Realität sah – gerade in Basel – häufig ganz anders aus. Hier hatten sich zwei Fraktionen gebildet, deren Gegensatz sich vor allem in persönlichen Animositäten äußerte. Als ein neuer Präsident der Basler Sektion zu wählen war, standen sich Biedermann und der St. Galler W. Eugen von Gonzenbach[282], ein Student der Rechte, als Kandidaten gegenüber. Biedermann beschreibt die beiden Gruppen folgendermaßen: Ein Teil der Basler Sektion lasse sich auf den Zofingerfesten von der ursprünglichen Idee des Vereins begeistern. Diese Idee präge auch die anderen lebendigen Sektionen. Diese Meinung, die auch Biedermann vertrat, hegte Mißtrauen gegenüber jenen, die sich um den amtierenden Präsidenten Theodor Gsell[283] und um Eugen von Gonzenbach scharten. Jene nämlich hatten den Zofingergeist nicht auf den Festen oder in blühenden Sektionen kennengelernt. Schlimmer aber war, daß sie auch kein Interesse daran zeigten, sondern sich immer wieder erlaubten, über die Zusammenkünfte zu spotten. Ihr Ziel sei es, einen Basler Verein zu führen, der sich zwar literarisch und gelehrt gibt, aber ohne Bezug auf die Treffen in Zofingen bleibt. So aber – lautete die Kritik – werde die Sektion vom Verein getrennt. Gegen diese Separation erhob Biedermann Einspruch.

Die Wahl des Basler Präsidenten am 13. November 1838 bedeutete darum mehr als nur die Vergabe der leitenden Vereinsfunktion. Es ging um den zukünftigen Weg der Sektion. Biedermann notierte in seinem Tagebuch, daß in der Wahlsitzung „äußerste Gespanntheit" geherrscht habe. Die Mehrheit stimmte für Biedermann[284]. Der neu gewählte Präsident hatte sich nicht um das Amt gerissen, da er „das ruhige Leben des Privaten" vorzog. Weiter berichtete Biedermann: „[…] zumal ich zu dergleichen Geschäften, besonders juristischen Aufgaben gegenüber weder Lust noch sonderlich Geschick hatte, so war ich doch über den Entscheid froh; zwar überzeugte ich mich nach und nach, daß es Gonzenbach mit dem was er wollte ernst war, aber eben, was er wollte, war eben ein ganz andrer Zof.[inger] V.[erein] als er in meinem Ideal war. und im Haupt soll sich die Tendenz der ganzen Section aussprechen." Das hohe Ziel des Präsidenten war es nun, allem Parteiwesen ein Ende zu machen: „Dieß zwar gelang, aber fortwährende Reibungen

---

281 BERINGER, Geschichte Bd. 2, S. 121.

282 Gonzenbach studierte von 1837–1839 in Basel und von 1839–1842 in Zürich. Er wurde Großrat und Stiftsarchivar in St. Gallen; BERINGER, Geschichte Bd. 2, S. 539; HBLS 3, S. 601.

283 Zu Gsell siehe BERINGER, Geschichte Bd. 2., S. 539.

284 Biedermann wurde mit neun von fünfzehn Stimmen gewählt. Die übrigen sechs fielen auf Gonzenbach; siehe das Protokoll der Basel Sektion vom 13.11.1838. Der Verein zählte 22 Mitglieder.

entgegengesetzter Individualitäten waren nicht zu vermeiden."[285] Eine Woche nach seiner Wahl hielt er seine Antrittsrede, die er nicht bloß, weil es so üblich und vorgeschrieben sei, gehalten habe, sondern vielmehr sei er durch einen inneren Drang dazu bewegt worden. In einem freien, „dialektischen" Vortrag, so das Protokoll, wandte er sich an die verschiedenen Parteiungen, deren Existenz ja nicht mehr bezweifelt werden konnte. Er wollte sich als Präsident über sie stellen und wählte versöhnende Worte[286]. Inhaltlich möge die Basler Sektion, so der Appell des Präsidenten, den wissenschaftlichen Bestrebungen wieder mehr Aufmerksamkeit zuwenden[287].

Das Verhältnis zu von Gonzenbach entwickelte sich zu einem freundschaftlichen Einvernehmen. Der frühere Präsident Theodor Gsell verlor immer mehr an Ansehen und Respekt. Da die engagierten Mitglieder der beiden Richtungen im Frühling 1839 Basel verließen, hoffte Biedermann, es werde dann endlich Ruhe ohne kleinliche Zänkereien eintreten[288]. Trotz der Spannungen und der unguten Auseinandersetzungen hob Biedermann am Ende seiner Mitgliedschaft im Zofingerverein den Nutzen der Zugehörigkeit hervor. In seinem Tagebuch äußerte er sich dazu: „Einem Schweizerischen Studierenden, der weder an Feten- noch Zof[inger]verein Interesse hat, ist eine Reiche Welt, die ihm sonst in seiner Stellung offenstünde, gar nicht vorhanden. In diesen Vereinen erst erweitert sich das Gefühl über sich selbst hinaus zum Bewußtsein seiner wesenhaften Angehörigkeit an das Vaterland, eines engen Zusammenhangs mit unsresgleichen unter seinen Söhnen; und daraus geht unendlich viel und zwar die edelste Anregung hervor zu einem auf das Gesamtwohl gerichteten Streben in der Gegenwart als Vorbereitung für die Zukunft zum wirklichen Dienste."[289]

Zofinger- und Turnverein gehören bei Biedermann in den ersten Basler Jahren eng zusammen. Dem Turnverein stand Biedermann seit dem Neujahr 1839 als Vereins-Präsident vor. Im Verlauf der Zeit wurde es Biedermanns persönliches Anliegen, beide Vereine zu verschmelzen. Denn sowohl der Zofinger- als auch der Turnverein dienten dem gleichen Zweck, der unter den Begriffen Vaterland und Freundschaft zusammengefaßt werden kann. Beide Vereine stünden sich gewissermaßen in ihrer Entwicklung im Wege, argumentierte Biedermann. Beispielsweise könne sich das „höhere zofingische Element des Turn Vereins" nicht wie eigentlich nötig ausdehnen. Darum seien beide Vereine so zu vereinigen, daß neben dem Turnen die Zofinger-Sitzungen wie bisher bestehenbleiben[290]. Später reduzierte Biedermann seine Idee auf die Zusammenlegung von Turner- und Zofin-

---

[285] Biedermann, Tagebuch, S. 4f.
[286] Siehe das Protokoll des Zofingervereins vom 20. November 1838.
[287] Siehe die Antrittsrede Biedermanns.
[288] Biedermann, Tagebuch, S. 5.
[289] Biedermann, Tagebuch, S. 5.
[290] Die Forderung der Verschmelzung der beiden Vereine äußerte Biedermann in einem Schreiben vom 27.8.1838 an die Zürcher Sektion, welches protokolliert ist im Jahresbericht 1837/39; StABS: PA 412, C 10, 6.

gerfest[291]. Möglicherweise hatte er diese Idee mit seinem Freund Fries auf dem Turnfest in Chur verhandelt. Diese Diskussion wurde in den Sektionen und im Zentralausschuß bis in die frühen vierziger Jahre geführt[292].

---

[291] BERINGER, Geschichte Bd. 2, S. 339. In seiner Antrittsrede als Präsident der Basler Sektion erklärte er, daß er seine Idee von der Verschmelzung der beiden Vereine (siehe das Protokoll vom 26.8.1838) aufgegeben habe und überhaupt sei eine „Praeponderanz" des Turnens nicht zu befürchten. Es soll nur nebenbei davon die Rede sein als etwas, was jedem nicht genügend zu empfehlen sei; siehe das Protokoll der Basler Zofinger 20.11.1838.

[292] BERINGER, Geschichte Bd. 2, S. 338–351.

4. Kapitel

Biedermanns theologische Entwicklung bis zum Sommer 1839

I. Die theologisch-philosophische Grundlegung bis 1838

1. Die exegetische Ausbildung

Die Untersuchung der ersten exegetischen Bemühungen Biedermanns wirft die Frage auf, wie sich die theologische, insbesondere die neutestamentlich-exegetische Landschaft Mitte der dreißiger Jahre darstellte. Welche Fragestellungen und Probleme bewegten die theologische Wissenschaft wenige Jahre nach dem Tod der führenden geistigen Häupter Hegel, Schleiermacher und auch Goethe? Dabei ist der gesamtwissenschaftliche Kontext in aller Kürze zu berücksichtigen. Zu Anfang der dreißiger Jahre setzte als Aufstand gegen die Hegelsche Naturphilosophie ein Siegeszug der exakten Naturwissenschaften ein[1]. Diese „realistische Bildungsbewegung" hängt sozialgeschichtlich mit der ersten Welle der Industrialisierung zusammen und äußerte sich als Mentalitätsumschwung, der weg von einem „idealistisch-klassizistischen Bildungs- und Kulturideal zu einem neuen Realismus führte"[2]. Langsam bildeten sich einheitliche naturwissenschaftliche Methoden heraus, und die Integration von Human- und Naturwissenschaften nahm zu. Für die Theologie hatte dies zur Folge, daß sich das theologische Interesse von dem Problem „Glaube und Verstand" auf jenes von „Glaube und Geschichte" verlagerte, wobei vermehrt mit Methoden der sogenannten „positiven" Wissenschaften geforscht wurde. Man begann vor allem historisch und philologisch zu arbeiten[3].

Die Exegese wurde im wesentlichen durch zwei grundsätzliche Denkweisen bestimmt. Die radikale Richtung des Rationalismus, vertreten etwa durch Hermann Samuel Reimarus (1694–1768), hatte sich nicht durchsetzen können. Die Auffassung, die Evangelisten hätten in ihren Erzählungen bewußt getäuscht oder gar betrogen, wurde allgemein abgelehnt, doch vertraten einige Exegeten den sogenannten „Rationalismus vulgaris". Das Haupt dieser Schule, der Heidelberger Heinrich

---

[1] THOMAS NIPPERDEY, Deutsche Geschichte 1800–1866. Bürgerwelt und starker Staat, München 1983, S. 484–488; HEINRICH HERMELINK, Das Christentum in der Menschheitsgeschichte von der französischen Revolution bis zur Gegenwart, Bd. 2: Liberalismus und Konservatismus 1835–1870, Stuttgart/Tübingen 1953, S. 33–40.

[2] HERBERT SCHNÄDELBACH, Philosophie in Deutschland 1831–1933, Frankfurt am Main 1983, S. 102f.

[3] NIPPERDEY, Geschichte, S. 431.

Eberhard Gottlob Paulus[4], bemühte sich, die christliche Tradition allgemein verständlich zu machen, und erklärte in seinen neutestamentlichen Werken, daß nur das für wahr und geschichtlich zu halten sei, was nach philosophischen Begriffen möglich sei. Umgekehrt vertrat Paulus den Standpunkt, daß die Vernunft nicht gegen die Offenbarung sein könne. Die Historizität der Wunder lehnte er ab. Da man aber nicht wie der radikale Rationalismus die Wundererzählungen als Lügen und absichtliche Täuschungen verwerfen wollte, mußten andere Erklärungen gefunden werden, um den Schleier des scheinbar Ungeschichtlichen und Unnatürlichen zu lüften. Paulus bediente sich einer „psychologisch-pragmatischen Erklärung" und entdeckte sogenannte „Mittelursachen", welche von den Augenzeugen und Autoren des Neuen Testamentes übersehen worden seien. Diese Mittelursachen müßten erkannt werden. Dadurch ließe sich ein Wunder als natürlicher Vorgang erklären.

Die Gegenposition zum Rationalismus behauptete der Supranaturalismus[5], wobei es zwischen beiden durchaus Berührungspunkte gab. Der Supranaturalismus ging von der Annahme aus, daß die christliche Wahrheit nicht allein mit den Mitteln menschlicher Vernunft zu erlangen sei, sondern einer übernatürlichen Offenbarung bedürfe, die man in der „Heiligen Schrift", der man den Charakter göttlicher Inspiration beimaß, zu finden meinte. Diese an sich moderne theologische Position, welche sich in Auseinandersetzung mit der Aufklärung und Kant herausgebildet hatte, berief sich in ihrer Argumentation auf sogenannte „Augenzeugen", um den neutestamentlichen Texten eine besondere Autorität zu verleihen[6]. Der Rationalismus dagegen hatte es schwer, die Wunder natürlich zu erklären. Daß die „Weinvermehrung zu Kana" auf ein Gastgeschenk Jesu zurückzuführen sei, überzeugte nur wenige. Gemeinsam war der schillernden Fraktion der supranaturalen Theologen die Ansicht einer Parallelität von natürlicher und übernatürlicher Geschichte. Mit diesem Ansatz konnten die biblischen Schriften ohne weiteres als historische und wahre Aussagen gelesen werden. Allerdings spielten dabei rationale Erwägungen eine entscheidende Rolle. Denn mit Verstandesargumenten wurde die Glaubwürdigkeit der Schrift begründet, um dann aus deren eigenem Offenba-

---

[4] FRIEDRICH WILHELM GRAF, Frühliberaler Rationalismus. Heinrich Eberhard Gottlob Paulus (1761–1851), in: Profile des neuzeitlichen Protestantismus, Bd. 1: Aufklärung, Idealismus, Vormärz, hrsg. von dems., Gütersloh 1990, S. 128–155; MARTIN OHST, Denkglaube- zum Religionsbegriff der späten Aufklärung (H. E. G. Paulus), in: Gott im Selbstbewußtsein der Moderne. Zum neuzeitlichen Begriff der Religion, hrsg. von Ulrich Barth und Wilhelm Gräb, Gütersloh 1993, S. 35–49.

[5] FRIEDRICH WILHELM GRAF, Protestantische Theologie und die Formierung der bürgerlichen Gesellschaft, in: Profile des neuzeitlichen Protestantismus, Bd. 1, aaO., S. 27f. Zum Streit zwischen Rationalismus und Supranaturalismus siehe KARL RUDOLF HAGENBACH, Encyklopädie und Methodologie der Theologischen Wissenschaften, Leipzig [8]1869, S. 81–93.

[6] Siehe etwa das Urteil von HERMANN OLSHAUSEN im § 2 seines „Biblischen Commentars über sämmtliche Schriften des Neuen Testaments", Bd. 2, Königsberg [2]1834, S. 9, schreibt er im Kapitel „Von der Ächtheit des Evangeliums Johannes": „Das Evangelium des Johannes hat rücksichtlich seiner Ächtheit stärkere Gewährleistungen in der Geschichte, als irgend eine Schrift des N. T., und man kann sagen des ganzen Alterthums."

rungsanspruch die Wahrheit ihres Inhalts abzuleiten. Da die beiden vorgestellten Versuche, die Frage nach dem Verhältnis von Wunder und Historizität, von Wundererzählung und Wahrheit zu klären, nicht überzeugten, versuchte man seit Beginn des 19. Jahrhunderts, zunehmend einen Kompromiß zwischen der rationalistischen und der supranaturalen Ansicht zu finden[7].

Die Suche nach einer angemessenen und tragfähigen exegetischen Methode spielte sich freilich nicht ohne Anleihen bei der zeitgenössischen Philosophie ab. Die philosophische Grundlage des jeweiligen Theologen bestimmte weitgehend das Maß des kritischen Umgangs mit den biblischen Texten. Gerade jene ersten Theologen, die aus dem Kreise Hegels kamen, zeigten kein besonderes Interesse an kritischer Textanalyse. In der rechten Hegelschen Schule – vertreten durch Marheineke, Daub und Göschel – herrschte vielmehr ein „unklares speculatives Gähren mit entschiedener Vorliebe für die Orthodoxie"[8] und deren buchstabengetreue Schriftinterpretation. Auch die meisten Schüler Schleiermachers hatten bald die „zersetzende und reinigende Skepsis des Lehrers" vergessen[9]. In den Fragen der Kritik herrschte Halbheit, Unsicherheit und verlegenes Vermittlungsstreben[10]. Für gewaltigen Aufruhr sorgten 1835 allein zwei Werke, die eine neue exegetische Epoche einläuteten. Zum einen war es Wilhelm Vatkes „Religion des Alten Testaments", ein Werk, das in seiner Wirkung auf den akademischen Bereich beschränkt blieb[11]. Hingegen erreichte die andere Publikation, das „Leben Jesu" von Strauß, weitreichende Publizität[12].

In dieser sowohl unübersichtlichen als auch unbefriedigenden exegetischen und theologischen Situation begann Biedermann seinen wissenschaftlichen Weg zu suchen. Obwohl er früh von rationalistischem und antipietistischem Denken geprägt worden war, befriedigte ihn der Rationalismus im Sinne von Paulus nicht; wohl nahm er indes die Kommentare Hermann Olshausens (1796–1839)[13], der der Er-

---

[7] Zu den politischen und gesellschaftlichen Implikationen des Rationalismus und Supranaturalismus siehe GRAF, Theologie, S. 28 f.

[8] CARL SCHWARZ, Zur Geschichte der neuesten Theologie, Leipzig ³1864, S. 95.

[9] Ebd.

[10] ADOLF HILGENFELD, Die Evangelien-Forschung nach ihrem Verlaufe und gegenwärtigen Stande, in: ZWTh 4 (1861), S. 66, spricht im Blick auf die genannte Entwicklung von einer „rückschreitenden Bewegung".

[11] WILHELM VATKE, Die biblische Theologie, wissenschaftlich dargestellt, Bd. 1: Die Religion des Alten Testamentes nach den kanonischen Büchern entwickelt. Erster Theil, Berlin 1835. Zu Vatke siehe unten S. 237–242.

[12] DAVID FRIEDRICH STRAUSS, Das Leben Jesu, kritisch bearbeitet, 2 Bde., Tübingen 1835–1836.

[13] OLSHAUSEN verfaßte zahlreiche vielgelesene Kommentare zu biblischen Büchern. Siehe seine Reihe „Biblischer Commentar über sämmtliche Schriften des Neuen Testaments zunächst für Prediger und Studierende", Königsberg 1830, für die er die Bde. 1–4 verfaßte. Olshausen relativierte die Bedeutung der historisch-grammatischen Bibelauslegung. Entscheidend für seine Hermeneutik ist die Feststellung, wahres religiöses Leben sei die Bedingung des Verständnisses einer religiösen Schrift. Diese Auslegungsmethode nennt Olshausen die „biblische Interpretation". Ihm geht es darum, den in jeder geistigen Schrift innewohnenden, tieferen Sinn zu erfassen. Mit WACH können drei Bedingungen Olshausens benannt werden, die ein tieferes Schriftverständnis erst er-

weckungsbewegung nahestand, zur Kenntnis[14]. Biedermann ging dabei von seiner Erfahrung aus, viele biblische Berichte nicht als historisch ansehen zu können. Die rationalistischen und supranaturalistischen Interpretationen überzeugten ihn nicht, da sie seine Zweifel nicht beseitigten. Unter de Wettes Anleitung und durch die begeisterte Lektüre von Strauß' „Leben Jesu" wurde Biedermann zum Anhänger der „mythischen Schule"[15].

Bei de Wette lernte Biedermann, nach dem Verhältnis von Mythos und historischer Faktizität zu fragen. Damit hing die weitergehende Fragestellung zusammen, inwiefern im Medium mythischer Ausdrucksformen Tatsachen enthalten sein können. Anhand dieses methodischen Zuganges zu den biblischen Texten konnte Biedermann an sein – wie er immer wieder betonte – rationalistisches Vorverständnis anknüpfen und zu einer tieferen Interpretation gelangen. Grundlegend wurde für den Studenten die Prämisse seines Lehrers, wonach der Mythos eine eigentümliche und eigenständige Erscheinungsform des menschlichen religiösen Geistes sei. Für Biedermann, der kurze Zeit später begann, sich intensiv mit Strauß auseinanderzusetzen, besitzt die Definition de Wettes, daß der Mythos als religiöse Ausdrucksform notwendige religiös-ästhetische[16] Ideen in einer unzulänglichen bildhaften Vorstellungsweise zum Ausdruck bringe[17], grundlegenden Charakter. An diese Voraussetzung konnte sich mühelos seine Rezeption Straußens und später Hegels anschließen, denn hier wird schon der Begriff der „Notwendigkeit" artikuliert und implizit die Unterscheidung von „Idee" und „Vorstellung" vorbereitet. Gegen die Anhänger der Spekulation fügte de Wette aber hinzu, daß Religion nur im Gefühl lebendig werden könne[18].

Mit diesem Ergebnis gab sich Biedermann längerfristig nicht zufrieden. Noch in diesem Sinne konzipierte er aber seine ersten exegetischen Studien, die ihn geradewegs in die stürmischen Auseinandersetzungen um die Frage nach der Historizität

---

möglichen: erstens genügende Tiefe und Empfänglichkeit der individuellen Geistigkeit, zweitens intensive Beschäftigung mit dem Gegenstand und drittens schließlich eine durch das Schriftstudium hervorgerufene innere Verwandlung. Siehe hierzu ANTON FRIEDRICH LUDWIG PELT, Hermann Olshausen, in: RE³ 14, S. 366–368; FERDINAND CHRISTIAN BAUR, Kirchengeschichte des neunzehnten Jahrhunderts, Tübingen 1862, S. 416f.; HORST STEPHAN, Geschichte der evangelischen Theologie, Berlin 1938, S. 106f.; zur Hermeneutik Olshausens siehe JOACHIM WACH, Das Verstehen. Grundzüge einer Geschichte der hermeneutischen Theorie im 19. Jahrhundert, Bd. 2: Die theologische Hermeneutik von Schleiermacher bis Hofmann, Tübingen 1929, S. 173–185.

[14] H. Olshausen stand in Verbindung mit Hans Ernst von Kottwitz und mit der Basler Christentumsgesellschaft; PETER MASER, Hans Ernst von Kottwitz. Studien zur Erweckungsbewegung des frühen 19. Jahrhunderts in Schlesien und Berlin, Göttingen 1990, S. 136.

[15] Zum Mythosbegriff siehe HEINZ GOCKEL, Mythologie als Ontologie. Zum Mythosbegriff im 19. Jahrhundert, in: Mythos und Mythologie in der Literatur des 19. Jahrhunderts, hrsg. von Helmut Koopmann, Frankfurt am Main 1979, S. 25–58.

[16] Unter „ästhetisch" versteht de Wette im Anschluß an Fries und Kant ein Urteil, bei dem die Unterordnung eines Besonderen unter ein Allgemeines nicht auf Grund einer festgelegten Regel erfolgt, sondern auf Grund des Gefühls.

[17] CHRISTIAN HARTLICH und WALTER SACHS, Der Ursprung des Mythosbegriffes in der modernen Bibelwissenschaft Tübingen 1952, S. 102f.

[18] An diesen Gedanken wird Biedermanns frühestes Religionsverständnis anknüpfen.

der neutestamentlichen Berichte führten. Den Anstoß zu dieser Auseinandersetzung hatte 1835 der Tübinger David Friedrich Strauß[19] mit seinem Buch über das Leben Jesu geliefert. Die Jahre nach dem Erscheinen des epochalen Werks waren erfüllt von schier endlosen Auseinandersetzungen mit dem Tübinger Repetenten[20]. Diese Kontroverse machte auch nicht vor den Hörsälen der Basler Fakultät halt. Biedermann erlebte de Wette in diesem Zusammenhang als einen Lehrer, der ernsthaft und ohne vorschnelle Polemik die Ausführungen Straußens prüfte und sie kritisch rezipierte, wie auch das Vorwort seines 1836 erschienenen Matthäuskommentars verdeutlicht. De Wette geht explizit auf das „Leben Jesu" ein, das beinahe gleichzeitig mit seinem Kommentar erschienen war. In vielen Punkten gibt er seine Übereinstimmung mit Strauß zu erkennen[21] und wendet sich insbesondere „gegen die alte und neue Harmonistik" in der Evangelienforschung[22]. Weiter sah er sich einig mit Strauß in der Ablehnung des exegetischen Rationalismus[23]. Doch um nicht in Verruf zu geraten, Straußianer zu sein, fügt er den Gemeinsamkeiten abschließend vier kritische Anmerkungen bei. Erstens bemängelt er bei Strauß das Übergewicht der negativen Resultate. Damit zusammen hängt zweitens die Frage, welchen historischen Gehalt Strauß denn überhaupt als Grundlage des neutestamentlichen Mythos anerkennt. Drittens bemerkt de Wette den Bedeutungsverlust der Person Jesu; diese habe für Strauß nicht mehr den zentralen Stellenwert. Abschließend erklärt de Wette, daß er Strauß' „ächtem Glauben", diesem spekulativ gewonnenen „historischen Zerrbild", widersprechen müsse, denn er verstehe unter einem echten Glauben einen sittlichen, der auf der Grundlage der historisch-kirchlichen Gemeinschaft basiere[24]. Dem Entwurf von Strauß sei darum eine „ideal-symbolische"

---

[19]   Zu Strauß siehe biographisch THEOBALD ZIEGLER, David Friedrich Strauß, 2 Bde. Straßburg 1908; ADOLF HAUSRATH, David Friedrich Strauß und die Theologie seiner Zeit, 2 Bde., Heidelberg 1876–1878; JÖRG F. SANDBERGER, David Friedrich Strauß als theologischer Hegelianer, Göttingen 1972; FRIEDRICH WILHELM GRAF, Kritik und Pseudo-Spekulation. David Friedrich Strauß als Dogmatiker im Kontext der positionellen Theologie seiner Zeit, München 1982. Zum Streit um das Leben Jesu siehe ALBERT SCHWEITZER, Geschichte der Leben-Jesu-Forschung, Tübingen [9]1984, S. 106–154, 632–635; Bibliographie zur Geschichte der Universität Tübingen, bearb. von Friedrich Seck, Gisela Krause, Ernestine Stöhr, Tübingen 1980, S. 500–506.

[20]   Einige Hinweise auf die Polemik und die Fülle der verbreiteten Vorurteile Strauß gegenüber geben ULRICH KÖPF, Theologische Wissenschaft und Frömmigkeit im Konflikt: Ferdinand Christian Baur und seine Schüler, in: Berichte zur Wissenschaftsgeschichte 11 (1988), S. 174 f.; ferner EDWINA G. LAWLER, David Friedrich Strauss and His Critics. The Life of Jesus Debate in Early Nineteenth-Century German Journals, New York/Bern/Frankfurt am Main 1986.

[21]   Strauß seinerseits bezog sich in der Vorrede zur zweiten Auflage (1836) positiv auf de Wette. Er betont, daß er sich freue, „in DE WETTE'S Erklärung des Evangeliums Matthäi; ein Werk in welchem ich auf vielen Punkten meine Bemühungen von einem alten Meister biblischer Kritik auf eine Weise gewürdigt sehe, die mich über die absprechenden Urtheile so mancher Anderen trösten kann [...] Von Seiten eines Werkes, wie das DE WETTE'sche, war mir auch Abweichung und Widerspruch im höchsten Grade beachtenswerth, und ich habe, so weit es sich noch thun liess und ich einstimmen konnte, meine Arbeit bereits in einigen Stücken nach seinen Fingerzeigen berichtigt"; DAVID FRIEDRICH STRAUSS, Das Leben Jesu, Bd. 1, Tübingen [2]1837, S. VIII.

[22]   W. M. L. DE WETTE, Kurze Erklärung des Evangeliums Matthäi, Leipzig [3]1845, S. V.

[23]   DE WETTE, Erklärung, S. V f.

[24]   DE WETTE, Erklärung, S. VI f.

Deutung der Evangelien vorzuziehen. Doch bleibt es nicht bei dieser Kritik Straußens. Das Vorwort nimmt am Ende noch eine deutliche Kehrtwendung, indem sich de Wette gegen all jene wendet, die alles vom Glauben früherer Jahre festhalten wollen, und er insistiert darauf, daß der christliche Glaube nicht allein Schriftglaube sei, sondern Glaube an die Offenbarung in Jesus Christus, welche auf Tatsachen beruhe und auch ohne die biblischen Zeugnisse gewiß sei. Schließlich beklagt er enttäuscht die Rückkehr vieler jüngerer Theologen zur überkommenen Orthodoxie, welche sich durch Schutz und Förderung politischer Kräfte wieder ausbreite. Dennoch hoffte de Wette, der höhere „Weg der Weltbildung" werde sich schließlich Bahn brechen.

Biedermann lernte Strauß 1838 in einer der neutestamentlichen Vorlesungen de Wettes kennen, und er bestätigt in seinen autobiographischen Aufzeichnungen sowohl Nähe als auch Spannung zwischen de Wette und Strauß: Vor allem die Unbefangenheit, mit der de Wette dem Schwaben begegnet sei, hätte Respekt abgenötigt. Im Wesentlichen stimmten beide überein, wobei freilich de Wettes Kritik nicht so radikal gewesen sei und der Basler Professor Strauß' philosophischen Standpunkt nicht teilen konnte.

Die Nähe de Wettes zu Strauß sowie dessen unzulängliche und schwankende Vermittlung weckten Biedermanns Interesse für den streitbaren Schwaben. Der Student begann, Strauß' Werk gründlich zu studieren, verglich dessen Ausführungen mit den Ergebnissen anderer Exegeten und arbeitete sich immer tiefer in die Gedanken des Tübingers ein. Die anfängliche Rezeption Straußens scheint ohne große Brüche vonstatten gegangen zu sei. Biedermann selber betonte immer wieder, wie problemlos er an Strauß anknüpfen konnte[25]. Obwohl Biedermanns Schilderungen seiner anfänglichen Straußrezeption den Eindruck einer gewissen Stilisierung machen, scheinen sie dem tatsächlichen Entwicklungsgang zu entsprechen. Oeri bestätigt nämlich im Herbst 1838 in einem Brief an Riggenbach, Biedermann sei bezüglich des Christentums sehr spekulativ, weil er sich in der „letzten Zeit" sehr für Strauß begeistert habe[26]. Die Fortsetzung des Briefes erhellt die Umstände, die den wachsenden Enthusiasmus Biedermanns förderten. Neben den exegetischen Vorlesungen bei de Wette verglich er die beiden Antipoden Strauß und Olshausen miteinander. Dieser Vergleich habe, so Oeri, wesentlich dazu beigetragen, daß sich Biedermann auf die Seite Straußens geschlagen habe. Denn, so fährt Oeri fort, Straußens „kräftiges und entschiedenes Ideal" habe den „scharfsinnigen Geist" Biedermanns weit mehr angesprochen als der „pietistische, unschlüssige und sich selbst widersprechende Olshausen"[27]. Doch scheint es kurzschlüssig zu sein, hier nur die Verstandesebene zu betrachten. Zweifelsohne wird gerade auch die Radikalität von Strauß' „Leben Jesu", psychologisch gesehen, für Biedermann die Möglichkeit jugendlichen Protestes und damit der intellektuellen Emanzipation gebo-

---

[25] „Wie gesagt, Strauss war mir keine neue, überraschende Erscheinung, ich konnte ihn einfach in meinen Bildungsgang aufnehmen"; Biedermann, Curriculum vitae, S. 3.
[26] Oeri an Riggenbach, 29.11.1838: StBW.
[27] Ebd.

ten haben. Strauß wurde mit seinem „Jahrhundertbuch"[28] so etwas wie ein Idol, eine Identifikationsfigur für den jungen Theologiestudenten. Strauß nutzte konsequent die Instrumente der positiven Wissenschaften, um das seit der Aufklärung gestellte Thema des Lebens Jesu unter Verabschiedung der systematischen Fragestellung philologisch und historisch abzuhandeln. Was Biedermann anzog, war die intellektuelle Redlichkeit und Schärfe von Strauß, die den eigenen Idealen und Ansprüchen entsprach. Sie hob sich von den unbefriedigenden Vermittlungsversuchen de Wettes ab und attackierte den Biblizismus eines Olshausen.

Bei der Beurteilung dieser biographischen Phase Biedermanns ist der kirchliche und akademisch theologische Kontext zu berücksichtigen. Biedermann stieß auf Strauß in einer Zeit, in der sich widerstreitende theologische Positionen zunehmend radikalisierten[29]. Spätestens seit Strauß' „Leben Jesu" war die Zunft der Theologen, grob differenziert, mindestens in drei Gruppen aufgeteilt: Es gab die Anhänger Straußens, seine erklärten Gegner und solche, die wie de Wette vermittelnd wirkten. Biedermann fing in seinem ersten Studienjahr an, seine Position zu markieren, und orientierte sich aus den genannten Gründen an Strauß. Andere Positionen entsprachen nicht seinen denkerischen Voraussetzungen und auch nicht seinem Charakter. Wie anders ein Studienanfänger auf Strauß reagieren konnte und somit theologisch eine andere Position bezog, zeigt das Beispiel Oeris, der der vermittelnden Richtung zuzurechnen ist. Ihn forderten die aufgebrochenen historischen und philologischen Fragestellungen, die er womöglich in ihrer Tragweite gar nicht erkannte, nicht in dem Maße heraus wie Biedermann. Oeri ließ sich nicht von Strauß' Radikalität begeistern, sondern er hoffte vielmehr, Biedermann würde auch bald wieder zu einer gemäßigten theologischen Position gelangen[30]. Biedermann stand am Beginn des Prozesses, der ihn schließlich zu seiner eigenen theologischen Konzeption führen sollte. Damit entsprach er jenem bekannten Diktum Schleiermachers, der forderte: „Von jedem evangelischen Theologen ist zu verlangen, daß er im Bilden einer eignen Überzeugung begriffen sei über alle eigentlichen Örter des Lehrbegriffs"[31].

Im Verlauf des Jahres 1838 war Biedermann auf dem Gebiet der Exegese also zum Anhänger von David Friedrich Strauß geworden. Mit dieser anfänglichen Rezeption ist der erste Schritt auf dem theologischen Entwicklungsgang Biedermanns abgeschlossen. Noch in der Basler Zeit las er zu Pfingsten 1839 Strauß' „Zwei friedliche Blätter". Nach der Lektüre fragte er sich, warum dieser Theologe überhaupt verketzert werde[32]. Da Biedermann das „Leben Jesu" primär als historisch-

---

[28] Nipperdey, Geschichte, S. 430.

[29] Dietrich Rössler, Positionelle und kritische Theologie, in: ZThK 67 (1970), S. 215–231; Graf, Kritik, S. 29–34.

[30] Oeri an Riggenbach, 29.11.1838: StBW.

[31] Friedrich Schleiermacher, Kurze Darstellung des theologischen Studiums zum Behuf einleitender Vorlesungen, hrsg. von Heinrich Scholz, Darmstadt 1982, S. 83.

[32] Biedermann, Tagebuch, S. 18: „Heute las ich die friedlichen Blätter von Strauß. Man sieht wie seine Gedanken aus seiner innersten Seele fließen. Und den Mann verketzert man!" Biedermann bezieht sich auf: David Friedrich Strauss, Zwei friedliche Blätter, Altona 1839. Diese Zu-

kritisches Werk studierte, stand nun die Aufgabe an, religionsphilosophische und dogmatische Studien zu treiben. Von diesen Voraussetzungen her ist im folgenden der weitere Bildungsgang in religionsphilosophischer und theologischer Hinsicht zu beschreiben.

2. Die Rezeption der Religionsphilosophie David Friedrich Straußens

Die Chronologie der weiteren Entwicklung Biedermanns ist rasch skizziert. Seit dem Sommersemester 1838 korrespondierte Biedermann mit dem Freund C. Johannes Riggenbach in Berlin über die Hegelsche Philosophie, mit der Riggenbach in der preußischen Metropole in vielfacher Gestalt konfrontiert wurde. Einen Einblick in den Charakter der Briefe bietet eine Äußerung von Theodor Meyer. Als der gemeinsame Basler Freund einen Brief Riggenbachs an Biedermann gelesen hatte, schrieb er an Riggenbach, „mich hat's dabei – geschaudert, geklemmt etc., vor all der tief-philosophischen Weisheit"[33]. Dieser Briefwechsel diente dem ständigen Austausch der Ansichten und Meinungen und stellt insofern ein wesentliches Element ihrer philosophisch-theologischen Ausbildung dar[34].

Biedermann und Riggenbach fühlten sich zu Beginn ihrer theologischen Studien von Hegels Philosophie abgestoßen, die ihnen zu diesem Zeitpunkt auch nur vom Hörensagen in Stichworten bekannt war[35]. Ihr Einblick speiste sich zunächst allein aus den tendenziös polemischen Darstellungen der Basler Lehrer, die sich zu den Gegnern des spekulativen Hegelschen Ansatzes zählten. Sie warnten ihre Studenten, die nach Berlin zogen, gleichermaßen vor Hengstenberg wie vor den Hegelianern. Letztere interessierten Biedermann in seinen ersten Semestern noch nicht. Sein anfängliches Desinteresse und seine Zurückhaltung wurden durch Riggenbachs Mitteilungen aus Berlin bestärkt, da dieser sich sehr abfällig über den Hegelianismus äußerte und vor allem über jene Schüler Hegels klagte, deren langweiliger Formalismus und „dünkelhafte Gemüthlosigkeit" angeblich die Notwendigkeit der Religion erledigten[36]. Die negativen Urteile der Basler Lehrer wurden somit bestätigt. Biedermann selber distanzierte sich auch deswegen von der Hegel-

---

sammenstellung zweier früher veröffentlichter Aufsätze enthält „Ueber Justinus Kerner" sowie „Ueber Vergängliches und Bleibendes im Christenthum". Zeit seines Lebens blieb Biedermann ein kritischer Weggefährte des Schwaben. Fast vierzig Jahre später bezeugt er in seiner Zürcher Rektoratsrede über „Strauss und seine Bedeutung für die Theologie" seine Verbundenheit. Biedermann hielt diese Rede am 29. April 1875. Sie ist abgedruckt in: ALOIS E. BIEDERMANN, Ausgewählte Vorträge, hrsg. von Johannes Kradolfer, Berlin 1895, S. 211–230. Ferner siehe BIEDERMANN, Erinnerungen, S. 386f.

[33] Meyer an Riggenbach, 29.11.1838: StBW.

[34] Biedermann, Tagebuch, S. 10. Der Briefwechsel selbst ist verloren. Im März 1839 teilte Riggenbach Theodor Meyer mit: „Biedermann mußte ich einen langen philosophischen Brief schreiben, worin auch wenig ist, was Du gerne wirst lesen mögen"; StBW.

[35] Im Tagebuch, S. 10, hielt Biedermann fest: „Ich kannte die Hegelsche Philosophie noch mehr bloß aus der Ferne und konnte mich daher ganz nicht in sie hineinfinden."

[36] Biedermann, Tagebuch, S. 10.

schen Philosophie, weil ihm jedes „bestimmte philosophisches System" suspekt war[37].

Die Annäherung an die Philosophie Hegels erfolgte schließlich auf zwei nebeneinander herlaufenden Strängen. Zum einen konnte Riggenbach aus Berlin, auf Grund seiner zunehmenden Kenntnisse Hegels, differenzierter und damit einhergehend positiver referieren. Er übernahm somit die führende Rolle, da Biedermann in Basel auf diese Informationen angewiesen war. Doch von einem kontinuierlichen Rezeptionsprozeß kann nicht die Rede sein, denn Riggenbachs Zugang zur Hegelschen Philosophie erwies sich als sehr wankelmütig und bewegte sich zwischen enthusiastischer Begeisterung und scheuem Zurückschrecken, was mithin auch seine philosophische Korrespondenz beeinträchtigte[38]. Der andere Rezeptionsstrang verlief über Biedermanns Lektüre von Strauß, die ihm einen positiveren Zugang zu Hegel eröffnete.

Bevor Biedermann eigenständig Hegels Schriften studierte, hörte er bei de Wette im Wintersemester 1838/39 die Vorlesung „System der christlichen Glaubenslehre", in der der Professor sein dogmatisches System vorstellte. Diese Vorlesung löste bei Biedermann kein besonderes Interesse aus, möglicherweise fand er sie – wie auch Jacob Burckhardt – langweilig[39]. Hingegen faszinierten ihn die Ausführungen des Philosophen Fischer über die „Psychologische Naturgeschichte" und vor allem über die „Religionsphilosophie". Letztere führte ihn weiter – entgegen der Intention Fischers – auf die Philosophie Hegels zu. Im Januar 1839 endlich konnte Biedermann selbstbewußt seine theologische Position benennen und bezeichnete sich als „eifrigen Straußianer", der regen Anteil an der Zürcher „Straußengeschichte" nahm. Die Berufung des württembergischen Theologen nach Zürich[40], die der Zürcher Regierungsrat am 18. Februar 1839 bestätigt hatte, löste Begeisterung bei ihm aus, und er begann zu überlegen, ob er seinem Plan, Riggenbach nach Berlin zu folgen, unter diesen Umständen treu bleiben solle. Gerne wäre er nach Zürich gewechselt; die Vorstellung, bei dem verehrten Theologen studieren zu können, stellte andere Pläne in den Schatten[41]. Biedermann schrieb seiner Mutter nach dem Entscheid des Zürcher Regierungsrates, daß er von der großen Unruhe im Volk gehört habe, die die Berufung Straußens ausgelöst habe. Biedermann fürchtete weitergehenden Aufruhr und wünschte, Zürich hätte deswegen Abstand von einer Wahl Straußens genommen. Denn Strauß selber sei „ein sehr braver und durchaus achtungswerther Mann", dessen Lehre „nicht halb so schlimm und irreligiös ist, als

---

[37] Biedermann, Curriculum vitae, S. 8.

[38] Biedermann, Tagebuch, S. 10.

[39] Jacob Burckhardt, Briefe. Vollständige und kritische Ausgabe, hrsg. von Max Burckhardt, Bd. 1, Basel 1949, S. 101.

[40] Ziegler, Strauß, S. 288–324 und Hans Geisser, David Friedrich Strauß als verhinderter (Zürcher) Dogmatiker, in: ZThK 69 (1972), S. 214–258; ders., Versuch, die Geschichte des Dr. David Friedrich Strauß ihrer theologiekritischen Abzweckung getreu zu erzählen, in: Theologen und Theologie an der Universität Tübingen, hrsg. von Martin Brecht, Tübingen 1977, S. 344–378.

[41] Biedermann, Erinnerungen, S. 388.

man thut". Er beklagt die Unkenntnis der meisten seiner Gegner und geht mit den Zürcher Regierenden hart ins Gericht, denn diese hätten Strauß allein aus „schlechten und irreligiösen Absichten" heraus berufen. Den Sorgen der Mutter hielt er abschließend entgegen: „Meinetwegen bitte ich dich, ganz unbekümmert zu sein. Daß und besonders wie und warum man ihn berufen, bedaure ich sehr als ein trauriges Zeichen der Zeit; er selber aber, Strauß, ist mir ein sehr lieber Mann, mit dem ich in gar vielem, wenn auch nicht in allem übereinstimme. Laß dir darüber keine Sorgen kommen; es ist nichts halb so schlimmes und ich hoffe einst mit meiner Ansicht, segensreich christlich wirken zu können, wie es mir denn auch um Religion und Glauben noch nie so ernst war als jetzt."[42] Einen Monat später teilte er seiner Mutter mit, daß er an den Winterthurer Pfarrer Gottlieb Strauß geschrieben und eine sehr liebe Antwort und zwei gedruckte Predigten[43] erhalten habe, die ihm „sehr wohl gefallen"[44]. Möglicherweise hatten diese Schreiben auch die Berufung von D. F. Strauß zum Gegenstand.

Über das theologische Interesse hinaus beschäftigte Biedermann auch die politische Seite der Berufung von Strauß. Mit seinem Winterthurer Vormund, Heinrich Biedermann-Frey, diskutierte er das Für und Wider, war doch Biedermann-Frey ein konservativer Zürcher Kantonsrat und somit in die politische Entscheidungsfindung eingebunden. Der Vormund hatte gegen die Berufung gestimmt, da er einerseits Unzufriedenheit und Aufruhr im Volk befürchtete; andererseits sorgte er sich um das Weiterbestehen der Zürcher Landeskirche, die er vor allem als eine Institution zur Hebung und Förderung der Sittlichkeit ansah. Wenn ihr Einfluß nachließe, so wäre ein Verfall der Sitten nicht aufzuhalten. Biedermann-Freys Abstimmungsverhalten ist nicht allein auf theologische oder philosophische Vorbehalte zurückzuführen, da er von der Theologie Straußens und seiner philosophischen Herkunft kaum etwas wußte[45]. Vielmehr bedeutet seine Ablehnung Straußens eine Kritik an der liberal-demokratischen Regierung und ist Ausdruck eines weit verbreiteten Unbehagens, das sich angesichts einer sich verändernden gesellschaftlichen und wirtschaftlichen Lebenswirklichkeit breitmachte. Die Abwehr Straußens sah Biedermann-Frey nachträglich dadurch gerechtfertigt, daß der Württemberger die „Pension von 1000 Franken von einem Volke, dem er nichts genützt hat", annahm.

---

[42] Biedermann an V. Biedermann, 14.2.1839: B.I.c.29.

[43] Dabei dürfte es sich um folgende Publikationen handeln: GOTTLIEB STRAUSS, Die Segnungen eines furchtlosen Glaubens. Predigt, gehalten im Betsaale zu Winterthur, am 3. Februar 1839, 3. Auflage Winterthur o. J.; DERS., Sehet zu, wachet und betet! Predigt, gehalten im Betsaale zu Winterthur am 24. Februar 1839, Winterthur o. J.

[44] Biedermann an V. Biedermann, 26.3.1839: B.I.c.30. Der Brief an Strauß sowie dessen Antwort sind nicht erhalten.

[45] H. Biedermann-Frey an Biedermann, 14.3.1839: B.I.g.2. Diese unsichere Aussage verdeutlicht, wie wenig man „im Volke" Strauß und seine Theologie kannte. Zur Haltung Winterthurs während des „Straußenhandels" siehe EUGEN HERTER, Winterthur zur Zeit des „Straussenhandels" und des „Züriputsches" im Jahre 1839, in: Winterthurer Jahrbuch 1973, S. 77–98. Die Winterthurer Pfarrerschaft bezog bis auf eine Ausnahme Stellung gegen Strauß. Allein Pfarrer Gottlieb Strauß, mit dem A. E. Biedermann in Kontakt stand, äußerte sich seinem Namensvetter gegenüber positiv; HERTER, Winterthur, S. 79.

Infolge der Zürcher Auseinandersetzungen, die noch lange nach Straußens Abberufung das öffentliche Leben bestimmten, verfaßte Biedermann im Herbst 1839 einen Aufsatz – „ein Wort in Sachen der kirchlichen Freiheit"[46] – unter dem Titel „Über die Auferstehung". Diese Schrift ist verloren. In seinen „Erinnerungen" erwähnt Biedermann jedoch, er habe darin an der Auferstehungsgeschichte zu zeigen versucht, daß man trotz kritisch-mythischer Aufarbeitung neutestamentlicher Berichte sowohl ein wahrer Christ als auch ein wahrer Osterprediger sein könne[47]. Von einer Veröffentlichung hatte Biedermann auf Anraten eines Freundes Abstand genommen. Ob dies aus inhaltlichen oder taktischen Erwägungen geschah, läßt sich nicht mehr ermitteln. Eines wird indes erkennbar, auch wenn die „Erinnerungen" möglicherweise die Motivation des Aufsatzes verklären: Dieser Beitrag ist ein erster Versuch, den Nachweis zu führen, daß sich wissenschaftlich-kritische Theologie und das Pfarr- respektive Predigtamt nicht widersprechen müssen. Aus diesen Anfängen entwickelte sich im Laufe der Jahre Biedermanns theologisches Programm.

Die letzte Etappe der Entwicklungsgeschichte vor dem Umzug nach Berlin stellt das Sommersemester 1839 dar. Biedermann begann, sich mit Hegel zu beschäftigen, wobei nicht ersichtlich wird, ob er sich schon in dessen Schriften vertiefte. Ferner studierte er privatim sowie unter Daniel Schenkels Anleitung Schleiermacher. Im Verlauf des Semesters wuchs indes seine Zuversicht, in der Hegelschen Philosophie den entscheidenden methodischen Zugang zu einer wissenschaftlich verantworteten Theologie gefunden zu haben[48].

Nach dieser chronologischen Skizze soll nun im folgenden der philosophische Einfluß Straußens erörtert werden. Zwei grundlegende religionsphilosophische Aspekte in Strauß' „Leben Jesu" sprachen Biedermann an und ermöglichten einen ersten Zugang zu Hegel. Zum einen ist es die der „Phänomenologie" Hegels entnommene Unterscheidung der „religiösen Vorstellung" vom „philosophischen Begriff"[49]. Diese Hegelsche Differenzierung ermöglichte Strauß, der aktuellen und brisanten Frage nachzugehen, wie das Verhältnis von philosophischem Begriff und historischer Faktizität zu bestimmen sei: Kann die Philosophie die Tatsachen der urchristlichen Geschichte eruieren? Gehört überhaupt etwas vom historischen Charakter der Evangelien zum philosophischen Begriff und somit zur Wahrheit der christlichen Religion[50]? Bei der Beantwortung dieser Frage schieden sich die Geister innerhalb der Hegel-Schule[51]. Strauß urteilte, die spekulative Philosophie kön-

---

[46] Biedermann, Erinnerungen, S. 388. Der Aufsatz war nicht auffindbar.

[47] Ebd.

[48] Biedermann, Curriculum vitae, S. 10.

[49] Zur Religionsphilosophie Hegels siehe Walter Jaeschke, Die Vernunft in der Religion. Studien zur Grundlegung der Religionsphilosophie Hegels, Stuttgart/Bad Canstatt 1986; ferner Reinhard Leuze, Die Verklärung der Endlichkeit. Theologische Bibliothek XVI: G. W. F. Hegel, Vorlesungen über die Philosophie der Religion, in: ZeitSchrift für Kultur, Politik, Kirche. Reformatio 42 (1993), S. 174–182.

[50] Hartlich/Sachs, Geschichte, S. 123; Jaeschke, Vernunft, S. 386–393.

[51] Joachim Mehlhausen, Der Umschlag in der theologischen Hegelinterpretation – dargetan an B. Bauer in: Kirche und Theologie im 19. Jahrhundert, hrsg. von Georg Schwaiger, Göttingen

ne keinen methodischen Zugang bereitstellen, um etwas über die Faktizität der Evangelienberichte auszusagen. Die Religionsphilosophie könne nicht entscheiden, was in den Evangelien historisch sei und was nicht, denn ihre Frage gehe von der Wahrheit gewisser Begriffe aus. Der faktische Verlauf der Geschichte sei darum durch historische Kritik zu erhellen. Gegen die Hegelsche Philosophie wendet Strauß ein, sie setze die Geschichte zu etwas Gleichgültigem herab[52].

Damit wird deutlich, daß nicht allein von den Hegelschen Voraussetzungen her das methodische Verfahren im „Leben Jesu" erklärt werden kann. Methodische Voraussetzungen sind neben den Einflüssen der „mythischen Schule" (de Wette) die historisch-hermeneutischen Grundlagen, die Strauß von seinem Lehrer Baur vermittelt bekommen hatte[53].

Dieser doppelte Ausgangspunkt des „Leben Jesu" vermochte Biedermann in seinen Bann zu ziehen. Der spekulative Ansatz implizierte die Immanenz von Gott und Welt, womit die zweite – für Biedermann entscheidende – religionsphilosophische Grundlegung benannt ist, welche schließlich in der Auseinandersetzung

---

1975, S. 175f.; sowie JAESCHKE, Vernunft, S. 361–385. Strauß selber schlägt drei mögliche Antworten vor: „Auf die Frage, ob und in wie weit mit der Idee der Einheit göttlicher und menschlicher Natur die evangelische Geschichte als Geschichte gegeben sei, sind an und für sich drei Antworten möglich: daß nämlich mit jenem Begriffe entweder die ganze evangelische Geschichte; oder daß bloß ein Theil derselben; oder daß sie weder ganz noch theilweise von der Idee aus als historisch zu erhärten sei"; DAVID FRIEDRICH STRAUSS, Verschiedene Richtungen innerhalb der Hegel'schen Schule in Betreff der Christologie, in: Streitschriften zur Vertheidigung meiner Schrift über das Leben Jesu und zur Charakteristik der gegenwärtigen Theologie. Neue Ausgabe in einem Band, Tübingen 1841, S. 95.

[52] „Nämlich nicht, ob dasjenige, was die Evangelien berichten wirklich geschehen sei oder nicht, kann vom Standpunkte der Religionsphilosophie aus entschieden werden, sondern nur, ob es vermöge der Wahrheit gewisser Begriffe nothwendig geschehen sein müsse, oder nicht. Und in dieser Hinsicht ist nun meine Behauptung, daß vorerst aus der allgemeinen Stellung der Hegel'schen Philosophie die Behauptung der Nothwendigkeit eines solchen Geschehenseins auf keine Weise folge, sondern eben jene Stellung setze diese Geschichte, von welcher, als dem Unmittelbaren, ausgegangen wird, zu etwas Gleichgültigem herunter, welches so geschehen seyn könne, aber ebensogut auch nicht, und worüber die Entscheidung ruhig der historischen Kritik anheimzugeben sei"; so STRAUSS in seinem Aufsatz über „Allgemeines Verhältniß der Hegelschen Philosophie zur theologischen Kritik", in: Streitschriften, S. 68.

[53] Den doppelten Ausgangspunkt hebt auch C. SCHWARZ, Geschichte, S. 99, hervor: „Der Ausgangspunkt, das ist charakteristisch für dieses Werk, ist ein doppelter, einmal ein speculativer, dann ein historisch-kritischer. Aber beide unterstützen sich gegenseitig, und eben durch den festen Zusammenhang der beiden erhält das Werk seine Geschlossenheit und Gewalt." Auch HARTLICH/SACHS, Geschichte, S. 121f., wenden sich gegen eine zu enge Verbindung von spekulativer und historischer Methode: „Der Mythosbegriff, wie er der Strauss'schen Leben-Jesu-Kritik zugrunde liegt, ist frei von Hegelschen Voraussetzungen: Bei der Diagnostizierung einer evangelischen Geschichte als ,mythisch' zeigt sich Strauss in keiner Weise abhängig von Prämissen aus der Hegelschen Spekulation, sondern bringt Kriterien von rein kritischer Rationalität zur Anwendung, wie sie in der ,mythische Schule' seit Eichhorn zur Hand und von G. L. Bauer der Hermeneutik eingearbeitet, – Kriterien, die schließlich von de Wette um die Erkenntnis der geschichtserzeugenden Kraft einer mythischen Gesamtkonzeption bereichert weiter entwickelt worden waren." Siehe auch SANDBERGER, Strauß, S. 100, der betont, daß es für Strauß keinen Widerspruch bedeutet habe, daß er einerseits aus der mythischen Schule schöpfte und andererseits die Unterscheidung von Begriff und Vorstellung Hegel entnommen hatte.

mit Fischers Religionsphilosophie wichtig werden sollte. Von der Immanenzvorstellung aus konnte konsequent und logisch stringent dem Wunderglauben eine Absage erteilt werden. Die spekulative Weltbetrachtung nämlich ließ dem Wunderglauben keinen Raum. Die damit bei Strauß einhergehende historische Kritik leuchtete Biedermann ein und prägte seine historischen, philologischen und exegetischen Bemühungen.

Neben den methodischen Grundlegungen scheinen hauptsächlich Straußens theologische Gedanken der „Schlußabhandlung"[54] Biedermann beeinflußt zu haben. Hierbei ist jene epochemachende christologische Aussage, nach der sich die Idee nicht in einem Individuum, sondern allein in der Gattung der Menschen realisieren könne, ein wesentlicher Denkanstoß gewesen. Straußens Gedanke, die Menschheit sei die Vereinigung der menschlichen und göttlichen Natur und auf dieser Idee der Gottmenschheit als Idee der menschlichen Gattung beruhe das Wesen des Christentums, stellte für Biedermann eine grundsätzlich neue Bestimmung der Christologie sowie des Verhältnisses von Immanenz und Transzendenz dar.

Ein vorläufiges Fazit seiner einjährigen Beschäftigung mit Strauß zog Biedermann im Mai 1839. Darin wird seine ganze Verehrung des Tübinger Theologen ersichtlich. Biedermann beeindruckte, wie klar und wissenschaftlich redlich Strauß mit seinem „reinen Geist" vorgehe. Doch wie schon zu Beginn des Jahres betont er, daß er Strauß kritisch rezipieren wolle, da manchmal die Gefahr der „knechtischen Nachbeterei" bestünde[55]. In dieser Bemerkung Biedermanns schimmert der Wille durch, trotz der engen theologischen und philosophischen Beziehungen zu Strauß möglichst eigenständig zu bleiben. In der Auseinandersetzung mit rechten Hegelschülern, hier ist vornehmlich Göschel zu nennen[56], war ihm anscheinend deutlich

---

[54] STRAUSS, Leben Jesu, Bd. 2, S. 686–744.

[55] „Strauß hat sich mir in allem so als durch und durch klarer, seinen Gegenstand mit dem Begriff vollkommen beherrschender, in seinem ganzen Wesen reiner Geist, bewährt, daß ich auf der Hut sein muss, daß nicht meine Hochachtung gegen ihn zur knechtischen Nachbeterei verkehre. Doch davor bewahrt mich sein Beispiel selbst"; Biedermann, Tagebuch, S. 13, Eintrag vom 10.5.1839.

[56] Die Lektüre von Rechtshegelianern, wie etwa Karl Friedrich Göschel (1784–1861), hatte Biedermann nämlich abgestoßen. Für Biedermann war Göschel einer jener Erbhalter Hegels und Hauptvertreter der rechten Hegel-Schule, denen er blinde „Nachbeterei" vorwarf. Göschel kämpfte an zwei Fronten: Einmal gegen einen Vertreter der Erweckungsbewegung, Hans Ernst von Kottwitz (1757–1843), mit dem er ansonsten in einvernehmlichem Kontakt stand. Siehe hierzu ARNDT HAUBOLD, Karl Friedrich Göschel (1784–1861). Ein sächsisch-preußisches Lebensbild des Literaten, Juristen, Philosophen, Theologen zwischen Goethezeit und Bismarckära, Bielefeld 1989, S. 71–74. Der andere Gegner war David Friedrich Strauß. In seiner Schrift „Beiträge zur spekulativen Philosophie von Gott und dem Menschen und von dem Gott-Menschen", Berlin 1838, hat GÖSCHEL die Christologie D. F. Straußens unter der Überschrift „Die Christologie des neuesten Rationalismus", S. 51–102, einer Kritik unterzogen. Damit wäre aber nur ein Teil der Stoßrichtung der Schrift erhellt. Außer der Kritik sollte sie insbesondere eine Apologie der Hegelschen Philosophie bieten, da jene durch Strauß sowohl in der Erweckungsbewegung als auch in der Orthodoxie in Verruf gekommen war. Diese sich sammelnde anti-hegelsche Bewegung zog politische Konsequenzen nach sich, der hegelsche preußische Kultusminister von Altenstein war unter Druck geraten, nicht zuletzt durch den Einfluß des späteren Königs, Friedrich Wilhelm IV., der bekanntlich mit pietistischen Kreisen verbunden war. In dieser Situation bat von Altenstein Gö-

geworden, wie unproduktiv sich eine unreflektierte „Nachbeterei" präsentiert. Darum lehnt Biedermann sie mit markigen Worten ab und verurteilt ihr Verständnis der Spekulation: „Wenn die Hegelianer rechter Seite ein Dogma der alten Orthodoxie nach dem andern aus ihrem speculativen Proceß verklärt aber doch unversehrt hervorgehen lassen, so stehn mir anfangs alle Gedanken still; ich höre die Worte klingen und da so vernünftige Worte mitunter klingen, wie Begriff, so denke ich, da muß doch was mehr dahinter sein. Aber in der That, wie fromme Gläubige über so manchen dem Denken ewig unverdaulichen Stein, eine süße Brühe schütten, ihn verdaulicher zu machen, so thun dieß noch mehr diese Speculativen, jene erklären doch, der Stein sei wirklich fürs Denken unverdaulich, mußte aber doch angenommen werden; diese aber glauben ihn durch und durch appretirt zu haben; obgleich er nach wie vor sich gleich bleibt. Die Täuschung liegt auf der Hand und ist nicht schwer aufzudecken, sobald man sich von dem Erstaunen, daß hinter so vielsagendem Wort, so wenig Sinn stecken soll, erholt hat, wodurch man aber gleich in ein neues Erstaunen geräth, wie doch in aller Welt diese Männer ihre kurz vorher speculativ gewonnenen Resultate, sobald es zur Anwendung kommt, so durchaus und total vergessen, und ruhig ins pure Gegentheil verkehren können. Jene Resultate waren eben nicht selbst gewonnen, sondern bloß von außen angenommen, während der Mann mit der Substanz seines Denkens noch auf einem ganz andern Standpunkt steht, auf den er alsbald wieder zurücksinkt, wo es zur concreten Anwendung kommt. Es ist merkwürdig wie diese Leute, die kurz vorher in abstracto über Gott, sein Verhältniß zur Welt ganz vernünftig gesprochen, alsbald in concreter Anwendung in den crassesten Deismus zurücksinken und dieß in der Philosophie, die ja wesentlich den Gegensatz von abstractem und concretem, Begriff und Wirklichkeit, als einen nur für den niedern Standpunkt des Verstandes bestehenden aufhebt!"[57] Diese Stellungnahme Biedermanns expliziert sein Verständnis der Spekulation. Spekulation ist für ihn im Sinne Straußens ein kritischer Denkprozeß, der die Erkenntnisse der historischen Forschung aufnimmt und eine Befreiung des Denkens von religiösen und dogmatischen Voraussetzungen impliziert[58].

Von diesen geschilderten Prämissen her sind die weiteren Denkversuche und Auseinandersetzungen Biedermanns mit de Wette, Fischer, Schleiermacher und schließlich mit Hegel selber zu sehen. Die Lektüre des „Leben Jesu" und der ge-

---

schel um eine Apologie, die zugleich auch seine persönliche Verteidigung leisten solle. Göschel versuchte die Gunst der Stunde für eine Ehrenrettung Hegels und von Altensteins zu nutzen. Deutlich wird, daß sein Beitrag weniger der christologischen Debatte galt, sondern als ein Beitrag zur politischen Theologie zu verstehen ist, die sich der Monarchie verpflichtet wußte. WALTER JAESCHKE, Urmenschheit und Monarchie. Eine politische Christologie der Hegelschen Rechten, in: Hegel-Studien 14 (1979), S. 73–107; ferner daran anschließend HAUBOLD, Göschel, S. 77–80. Zu Göschel siehe JOHANNES FOCK, Karl Friedrich Göschel (1781–1861). Verteidiger der spekulativen Philosophie, Diss. phil. Kiel, Lengerich (Westf.) 1939. Es ist wahrscheinlich, daß Biedermann Göschels „Beiträge" im Zuge seiner Rezeption Straußens zur Kenntnis nahm.

[57] Biedermann, Tagebuch, S. 13.
[58] STRAUSS, Leben Jesu Bd. 1, S. VI.

dankliche briefliche Austausch mit Riggenbach dürfen somit als Grundstein für die weitere Entwicklung gelten.

3. Der Realismus der Gattung: Friedrich Fischer

Weitere philosophische Denkanstöße ganz anderer Art erhielt Biedermann von Friedrich Fischer. Auskünfte über seine religionsphilosophischen Gedanken bietet seine Tübinger Dissertation „Zur Einleitung in die Dogmatik der Evangelisch-Protestantischen Kirche oder über Religion, Offenbarung und Symbol, ein Beitrag zu endlicher Beilegung des Streits zwischen Rationalismus und Supranaturalismus"[59]. Biedermann betont mehrmals die herausragende Bedeutung der Vorlesung über Religionsphilosophie. Lobend unterstreicht er, Fischer habe darauf verzichtet, sich hinter einer theologischen Orthodoxie zu verschanzen[60]. Vielmehr habe er versucht, die Studenten mit dem analytischen Scharfsinn der altkirchlichen Dogmatiker vertraut zu machen. Dabei geht es Fischer nicht primär um die kritische Dekonstruktion der Dogmen. Denn die Dogmen entzieht er der „gewöhnlichen philosophischen Kritik", die erst prüft, ob der gemeinsame Glaube den „allgemein-menschlichen Vernunftideen oder den nothwendigen Denkgesetzen" widerspreche[61]. Von diesem „philosophischen Christentum" hebt sich bei Fischer die „christliche Philosophie" ab, die er als legitime „Versuche eigenthümlicher Weiterbildung des kirchlichen Dogmas" beschreibt[62]. Zur Aufgabe des Dogmatikers erklärt er die „Aneignung, Modifizirung und Entwicklung des kirchlichen Dogmas in individueller christlich-gebildeter Philosophie"[63].

Biedermann hörte bei Fischer insgesamt vier Vorlesungen[64]. Die philosophischen Ausführungen Fischers haben Biedermann vor allem in der vierstündigen

---

[59] Tübingen 1828. Ferner gehören im weiteren Sinne auch zu seiner Religionsphilosophie: FRIEDRICH FISCHER, Die Naturlehre der Seele für Gebildete dargestellt, 3 Teile, Basel 1834–1835; Lehrbuch der Psychologie für akademische Vorlesungen und Gymnasialvorträge, Basel 1838; Die Metaphysik, von empirischem Standpunkte aus dargestellt. Zur Verwirklichung der Aristotelischen Metaphysik, Basel 1847.

[60] Der positiven Erinnerung Biedermanns an die religionsphilosophische Vorlesung ein wenig entgegen stehen die Äußerungen Georg Bischoffs: „In der Religionsphilosophie kommt Fischer nicht über die psychologischen Fragen nach dem Sitz der Religion hinaus, die er ins Gefühl verlegt. Vom Inhalt der religiösen Vorstellung selbst kann er, da er sich das Gebiet der Metaphysik von vornherein abspricht, mit der objektiven Seite nicht viel anfangen, und wenn er sich gegen den Pantheismus – den er jedoch für eigentlich unwiderlegbar hält, und für den Theismus ereifert, so sieht man bei seinen Voraussetzungen eigentlich nicht ein, warum"; Gottlieb Bischoff, Die Universität Basel, 1842: UBBS Nachlaß G. Bischoff, S. 34f.

[61] FISCHER, Einleitung, S. 276. „Es bedarf, wollen wir hiemit nur sagen, in der Dogmatik keines eigenen Apparats zu solcher philosophischen Kritik nach allgemeingültigen Grundideen und Grundgesetzen des Menschgeistes, weil sie in jeder Darstellung von selbst und unmittelbar ausgeübt wird"; aaO., S. 277.

[62] FISCHER, Einleitung, S. 277.

[63] FISCHER, Einleitung, S. 279.

[64] Siehe die Übersicht im Anhang dieser Arbeit, S. 396.

Vorlesung über die „Psychologische Naturgeschichte der Menschen"[65] im Sommersemester 1838 und im folgenden Wintersemester die Grundanschauungen der neueren Naturphilosophie nahegebracht, die der Student als „die Triebräder der Speculation [...] in der Form concreter Anschauungen und Vorstellungen" festhält[66]. Fischer handhabe in seinen Ausführungen den empirischen Stoff mit einer „seltenen Schärfe des Denkens", erklärt Biedermann[67].

Als Summa seiner philosophischen Studien bei Fischer hielt Biedermann fest, daß er durch „eine Reihe sehr gehaltvoller, streng logisch geordneter, durch tiefe Blicke ausgezeichnete Vorträge" sich eine Weltanschauung angeeignet habe, „der das gesamte Dasein als eine continuirliche Stufenfolge von Entwicklungen Einer geistigen Grundkraft erscheint". Diese aber sei nichts anderes als die Entfaltung des göttlichen Wesens selbst[68]. Einem möglichen Vorwurf, hier dem Pantheismus zu erliegen, hält er theistisch sogleich entgegen, daß dieses göttliche Wesen in reiner, in sich konzentrierter Existenz über seiner Entfaltung in der Welt schwebend gedacht oder vielmehr vorgestellt werde. Fischer nämlich unterschied im Gefolge der Kantschen Erkenntnistheorie zwei Welten: Zum einen spricht er von der uns zugänglichen Erscheinungswelt, zum anderen existiere aber jenseits unserer Erkenntnismöglichkeiten die „intelligible Seite der Welt"[69]. Verbunden werden beide Welten durch die Freiheit. Die „intelligible Welt" definiert Fischer als die „Gesammtheit endlicher freier Kausalitäten, von welchen wir den Verlauf der Erscheinungswelt, als Ergebniß ihrer Wechselwirkung, ableiten"[70].

Fischer entwickelt diese Differenzierung im Kontext seiner Auseinandersetzung mit dem Begriff der „unmittelbaren Offenbarung Gottes". Diese ist im Bereich der Erscheinungswelt unmöglich, im Rahmen der „intelligiblen Welt" aber denkbar, und zwar als reale Einwirkung des göttlichen Wesens auf das „intelligible Wesen der Naturkausalitäten"[71].

Dieses Verständnis der Offenbarung und die damit verbundene Gottesvorstellung in ihrer Spannung von göttlicher Immanenz und Transzendenz überzeugte Biedermann längerfristig nicht. In seiner Auseinandersetzung mit der Hegelschen Philosophie und ihrer zunehmenden Rezeption wurde die Apologie jener Gottesvorstellung immer schwieriger und schließlich für Biedermann unhaltbar. Ein Ausweg schien sich in der Analogie zu Fischers Geistverständnis zu ergeben.

Fischer ging davon aus, daß jeder Mensch sich seine Ansicht vom Verhältnis zu Gott analog zu seiner Verhältnisbestimmung von Körper und Geist ausbilde[72]. Dar-

---

[65] Über diese Vorlesung teilte Oeri dem in Berlin weilenden Riggenbach mit: „Hier geht eine ganz neue Welt vor unsern Augen auf, wir sehen sie sich entfalten und wachsen von Stufe zu Stufe, bis wir zuletzt uns selber erblicken, als Resultat und Ziel und Ideal, wahrhaftig ein großer Gedanke!"; Oeri an Riggenbach, 11.6.1838: StBW.
[66] Biedermann, Curriculum vitae, S. 8.
[67] Biedermann, Curriculum vitae, S. 9.
[68] Ebd.
[69] FISCHER, Einleitung, S. 36.
[70] FISCHER, Einleitung, S. 37.
[71] FISCHER, Einleitung, S. 38.
[72] FISCHER, Naturlehre, 3. Teil, S. 464f.

an anknüpfend dachte Biedermann sich Gott einerseits als Weltseele, die der Welt immanent sei, sie unmittelbar trage und schaffe. Andererseits aber war Gott der Weltgeist, der sich als absolutes Selbstbewußtsein über die Welt erhebt. Bildlich formulierte Biedermann diesen Gedanken so, daß Gott mit den Füßen auf der Erde stehe und mit dem Haupt in den Himmel rage. Nun drängte sich dem jungen Theologiestudenten eine zentrale Frage auf: Sollte er sich auch das unmittelbare Wirken Gottes als Weltseele, als geistiges Bewußtsein durchleuchtet denken? Die bisher angenommene Analogie sprach dagegen. Der Gedanke des persönlichen Gottes indessen forderte es geradezu. In diesem Zwiespalt stehend, fand Biedermann keine Antwort, er blieb unentschlossen. Dieses Ergebnis konnte ihn keineswegs befriedigen, und Biedermann wurde bewußt, daß er einen philosophischen Weg finden müsse, um zu einer angemessen Bestimmung Gottes zu gelangen[73].

Biedermann glaubte, durch Fischer gedanklich sehr nahe an Hegel herangeführt worden zu sein. Der Student positionierte seine Religionsphilosophie in unmittelbarer Umgebung zu Hegel. Seinem Verständnis nach war sie nur „ein Minimum von der Hegelschen verschieden"[74]. Doch hier scheint eine Wunschvorstellung Biedermanns vorzuliegen. Einerseits stand er mit seinen Hegelstudien noch ganz am Anfang, so daß ein wirklicher Vergleich zwischen Fischer und Hegel noch nicht aus fundierten Kenntnissen Hegels schöpfen konnte. Zum anderen hat Biedermann Fischers philosophische Ausführungen im Sinne der Religionsphilosophie von Strauß interpretiert. Die Nähe Fischers zu Hegel macht Biedermann an der Gottesvorstellung fest. Fischer beschrieb das Verhältnis zwischen Gott und Mensch zwar als ein verschiedenes, doch nicht als geschiedenes, denn Gott wohne den menschlichen Geschöpfen inne, wie die Seele dem Körper. Doch im Unterschied zu Hegel bedeute dies nicht, daß sich das Unendliche im Endlichen verwirkliche. Bei Fischer erregt die „Gegenwart Gottes" allein „Zustände […] und Gefühlsreaktionen"[75]. So wird eine „Hegelsche" (Fehl-) Interpretation Fischers ersichtlich. Die Differenz zwischen Hegel und Fischer wird zudem dadurch unterstrichen, daß es letzterer als seine philosophische Aufgabe ansah, dem Idealismus und vor allem einer pantheistischen Spekulation Paroli zu bieten[76].

Doch worin bestand im Verständnis Biedermanns die Differenz zwischen den beiden Philosophen? Biedermann verweist in diesem Zusammenhang darauf, daß sich Fischers Hauptbegriff des „Realismus der Gattung" von Hegels „Realismus

---

[73] Ende 1841 hielt er zurückblickend in Hegelianischer Terminologie fest, daß diese philosophische Weltanschauung zumindest einen solchen Einfluß auf seine Theologie genommen habe, der zufolge er beabsichtigte, „aus dem Wesen des menschlichen Geistes, als qualitativ identisch mit dem göttlichen die religiöse Wahrheit, als Beziehung meiner als endlichen zum qualitativ Unendlichen mit philosophischer Bestimmtheit zu finden". Seine Zuversicht faßte er zusammen in dem Satz: „Ich hegte die feste Überzeugung, daß sich vom Göttlichen wirklich eine bestimmte Erkenntiß gewinnen lasse"; Biedermann, Curriculum vitae, S. 9.

[74] Biedermann, Tagebuch, S. 10.

[75] Fischer, Naturlehre, 3. Teil, S. 465.

[76] So vor allem in der Schrift „Über den Begriff der Philosophie, mit besonderer Rücksicht auf seine Gestaltung im absoluten Idealismus", Tübingen 1830.

des Begriffs" allein durch die vorstellungsmäßige Auffassung unterscheide. Oder anders ausgedrückt, Fischer denke in der Form der konkreten Anschauung und nicht in logischen Kategorien[77]. Mit dem Begriff „Realismus der Gattung" bezeichnet Fischer die philosophische Ansicht, wonach die wahrhafte Wirklichkeit auf seiten der Gattungen und der Arten zu finden sei[78]. Das Individuelle stelle darum nur eine zufällige und austauschbare Erscheinung dar. Fischer versucht, diesen Gedanken anhand der physischen und der intellektuellen Entwicklungsgeschichte der Menschheit zu beweisen. In der physischen Entwicklung zeige sich insofern eine allgemeine Kontinuität, als zwischen den menschlichen Geschlechtern durch die Generationen hindurch ein festes Zahlenverhältnis walte[79]. In der intellektuellen Genese der Menschheit sei ebenso offensichtlich, daß es ein gemeinschaftlicher Menschengeist sei, welcher die Individuen beherrsche und präge[80]. Daß diese Gemeinsamkeiten der Gattung, das Allgemeine, von den Zeitgenossen nicht erkannt würden, beruhe bloß auf einer unzureichenden Perspektive, denn die historische Rückschau, die Geschichtsschreibung zeige doch beispielhaft, wie das Individuelle hinter dem Allgemeinen verschwinde. Freilich dürfe nicht jeder Begriff zu einem wirklichen und realen Wesen erhoben werden, wie es bei Platon geschehen sei: Substanzen und Akzidenzien würden bei ihm durcheinandergeworfen[81]. Fischer hält einem solchen Verfahren entgegen,: die „substantielle und wesenhafte Wirklichkeit des Allgemeinen" beschränke „sich daher strenge auf die Gattungen und Arten der substantiellen, an und für sich existirenden Dinge."[82] Diese Gattungen und Arten schließlich finden sich in einer durch alles hindurchgehenden und in allem erscheinenden Wirklichkeit, die Fischer „das Seyn oder die Kraft" nennt[83].

Auch dieser letzte Gedanke dürfte Biedermann an Hegels alles durchwaltenden Geist erinnert haben. Seinem Lehrer Fischer war die augenscheinliche Nähe zum Hegelschen System durchaus bewußt, was im Schlußteil seiner Ausführungen deutlich wird. Hier wehrt er sich gegen eine vorschnelle Identifizierung. Er erkennt, daß in der neueren Philosophie, damit meint er Hegel, der Realismus des Allgemeinen wieder auflebe. Doch müsse er nun darauf achten, „daß nicht eine bei Hegel sich damit verbindende religionsphilosophische Ansicht auf unsere Rechnung gesetzt werde"[84]. Hegels Religionsphilosophie bleibe nämlich bei der höchsten Gattung, dem durch Alles hindurch lebenden Sein, jener obersten Naturkraft, und mache sie zur Gottheit. Hegels Gottheit werde hiermit ein völlig diesseitiges Wesen. Fischer aber will nicht die transzendente Existenz Gottes der Wirklichkeit der Welt opfern. Im Gegensatz zu Hegel konnte er der alles durchwaltenden Kraft

---

[77] Bischoff, Universität, S. 34. Zum Begriff „Realismus der Gattung" siehe den Abschnitt „Der Realismus im Allgemeinen", in: FISCHER, Naturlehre, 1. Teil, S. 117–130.
[78] FISCHER, Naturlehre, 1. Teil, S. 117.
[79] FISCHER, Naturlehre, 1. Teil, S. 117f.
[80] FISCHER, Naturlehre, 1. Teil, S. 118f.
[81] FISCHER, Naturlehre, 1. Teil, S. 122.
[82] FISCHER, Naturlehre, 1. Teil, S. 122f.
[83] FISCHER, Naturlehre, 1. Teil, S. 128.
[84] FISCHER, Naturlehre, 1. Teil, S. 129.

nicht die Hegelsche Unendlichkeit beimessen. Fischer verstand diese Kraft, das allgemeine Sein, vielmehr als ein Geschöpf Gottes, welches jeden Augenblick von der schöpferischen Allmacht ins Dasein gerufen werde[85].

Diese theistischen Gedanken erregten bei Biedermann, je mehr er durch die Vermittlung Straußens in die Hegelsche Gedankenwelt eindrang, zunehmend Widerspruch. Denn die Unzulänglichkeiten von Fischers philosophischem System traten immer deutlicher vor seine Augen, und er nahm sich vor, diese zu überwinden. In diesen Kontext gehört die erste tiefer gehende Begegnung mit Schleiermacher. Inwieweit sie durch Fischer ausgelöst wurde, ist nicht mehr rekonstruierbar, wohl aber wahrscheinlich[86].

4. Der erste Essay Biedermanns: „Innere und äußere Offenbarung[87]"

Unter dem Titel „Innere und äußere Offenbarung" liegt ein handschriftliches Manuskript Biedermanns aus dem November 1838 vor[88]. Auf sechzehn Seiten faßt Biedermann den erreichten Stand seiner theologischen Studien zusammen[89]. Hiermit liegt die früheste, explizit theologische und religionsphilosophische Arbeit Biedermanns vor, die er nach der Lektüre von Straußens „Leben Jesu" und während des philosophisch-theologischen Briefwechsels mit Riggenbach verfaßte, also in einer Zeit des Umbruchs, in der Periode der beginnenden Rezeption spekulativer Theologie.

Diese Situationsbeschreibung läßt fragen, aus welchen theologischen und religionsphilosophischen Quellen Biedermann für seine Standortbestimmung schöpfte. Auf den ersten Blick erinnern zahlreiche Gedanken an Schleiermacher. Wie Biedermann schon im November 1838 weitergehende Kenntnisse Schleiermachers erworben haben sollte, bleibt aber im dunkeln. Erste Zugänge zu Schleiermacher wird er zwar im Basler Pfarrhaus bei Johannes Hess, dem Basler Schleiermacher-Anhänger, gefunden haben, etwa im Zusammenhang mit der Lektüre der „Weihnachtsfeier", des weiteren durch die Vermittlung der Straußlektüre sowie durch de Wette und Fischer. Doch der Beginn der eigenständigen Rezeption des Berliner Theologen fällt, wie beschrieben, erst ins Frühjahr 1839.

Die bis zum Herbst 1838 belegten Lehrveranstaltungen legen die Vermutung nahe, daß Biedermann in seinem Essay auf Fischers Vorlesung über die „Naturlehre der Seele" zurückgreift. Tatsächlich bestätigt der Vergleich seiner Ausführungen mit Fischers Monographie „Naturlehre der Seele für Gebildete dargestellt" und dem daraus entstandenen Kompendium „Lehrbuch der Psychologie für akademi-

---

[85] FISCHER, Naturlehre, 1. Teil, S. 130.

[86] Fischer setzt sich in seiner Schrift „Einleitung" vor allem mit Kant, Schleiermacher und Twesten auseinander.

[87] Biedermann schreibt in der Überschrift seines Essays „Offenbahrung", im weiteren Text jedoch „Offenbarung".

[88] Nachlaß Biedermann: A.III.b.3.

[89] Der Aufsatz gehört zu jenen Aufzeichnungen, die Biedermann anfertigte, um sich über seinen theologischen Standpunkt Rechenschaft abzulegen; Biedermann, Curriculum vitae, S. 7.

sche Vorlesungen und Gymnasialvorträge", daß Biedermann im ersten Teil seiner Zusammenfassung dessen „psychologische" Grundkategorien aufnimmt. Diese Anlehnung an Fischer soll im folgenden exemplarisch belegt werden.

Biedermann beginnt seine Ausführungen mit einer Definition des Begriffes „Religion": Religion ist für ihn die Anerkenntnis[90] eines Verhältnisses zwischen sich und einem unendlichen Geist. Wichtig ist hier, daß Erkenntnis alleine nicht ausreichen würde, sondern Anerkenntnis gefordert ist. Von dieser Grundbestimmung der Religion ausgehend, fragt Biedermann im ersten Schritt nach der „Seite des Menschengeistes", der die Religion ursprünglich angehöre. Da Religion Anerkenntnis ist, muß ihr ein Bewußtsein zugrunde liegen, das entweder dem Bereich der Erkenntnis oder des Gefühls zugehörig ist. Erkenntnis definiert Biedermann weiter als gegenständliches, das Gefühl als zuständliches Bewußtsein[91]. Damit steht für ihn fest, daß Religion nicht aus Erkenntnis hervorgehen kann[92]. So bleibe allein das Gefühl. Damit beruhe die Religion auf dem Bewußtsein eines Zustandes. Das oben beschriebene Verhältnis ist ein solcher Zustand. Die Relation zwischen dem Menschen und der absoluten Macht, die den Namen Gott trage, wird – so Biedermann – mit Recht Abhängigkeitsgefühl genannt. Religion ist demnach die Anerkenntnis dieser Abhängigkeit[93].

In einem zweiten Gedankengang wendet Biedermann sich nun einer genaueren Bestimmung des menschlichen Bewußtseins zu. Das Gefühl verortet er zwischen den beiden Polen des Menschengeistes, zwischen Erkenntnis und Willen[94]. Mit dem Erkenntnisvermögen einher gehen aber Phantasie und Intelligenz[95]. Vor allem letztere wird üblicherweise als die endgültig entscheidende Instanz angesehen. Doch dagegen gibt Biedermann zu bedenken: Wo die Intelligenz mit dem Gefühl in Widerspruch gerate, da habe das Gefühl unbedingten Vorrang[96]. Es sei nämlich das Gefühl, welches den Verstand antreibe, zu erforschen, von wem man sich denn abhängig fühle. Dem Verstand mißt Biedermann zwei Aufgaben zu: Einerseits muß er sich stets gegenwärtig halten, daß seine konkreten Vorstellungen nicht mit dem wirklichen Objekt identisch sind, andererseits darf er nicht bei den Naturerscheinungen stehenbleiben und das Absolute leugnen, denn mit der Weltentwicklung

---

[90] FISCHER, Naturlehre, 3. Teil, S. 466.
[91] FISCHER, Lehrbuch, S. 108, spricht von „bewußter Zuständlichkeit".
[92] Biedermann, Offenbarung, S. 2.
[93] So definiert auch Friedrich Fischer das religiöse Gefühl als in unbedingter Abhängigkeit stehend. FISCHER, Naturlehre, 3. Teil, S. 464: „Das religiöse, wie das sittliche Gefühl unterscheiden sich von allen übrigen Arten des Gefühls durch den Charakter der Heiligkeit, d.h. durch den Zug unbedingter Abhängigkeit und Unterwerfung, der aus allen Schattirungen hervorsticht". Ähnlich heißt es auf S. 607: „Das religiöse Bewußtseyn ermangelt somit alles Gegenstandes und Inhalts, es ist rein formal, nichts als das unbedingte Abhängigkeitsbewußtseyn oder der Drang sich zu unterwerfen und anzubeten".
[94] FISCHER, Lehrbuch, § 283.
[95] FISCHER, Lehrbuch, § 263.
[96] FISCHER, Lehrbuch, S. 98.

wachse kontinuierlich die menschliche Erkenntnis Gottes, fügt Biedermann in he-
gelianischem Fortschrittsoptimismus an[97].

In diesen beiden ersten Gedankengängen führte Biedermann – im Sinne Fischers – seine Auffassung der psychologischen Grundkategorien aus, wobei er her-
vorhebt, daß die Religion nicht aus der Erkenntnis, sondern aus dem Gefühl, aus
der Anerkenntnis einer Abhängigkeit erwachse. In einem neuen Abschnitt wendet
sich Biedermann der Frage zu, was das Gefühl der Abhängigkeit impliziere.

Das Abhängigkeitsgefühl erfahren wir als ein unmittelbares, und zwar auf doppelte Weise[98]: als Gefühl der eigenen Schwäche und als Gefühl der Stärke und der
Sicherheit. Letzteres, das erhebende Gefühl, das sogar zum Selbstvertrauen werden
könne, setze eine unmittelbare Verbindung, ein inneres Verhältnis, mit dem göttlichen Wesen voraus, indem Gott sich in unserem Geist offenbare[99]. Biedermann
stellt im folgenden mit Hilfe der Analogie dar, wie der Verstand den Begriff Gottes
und unser Verhältnis zu ihm entwickelt. Ausgehend von der Spannung zwischen
Geist und Materie im menschlichen Sein, wo der Geist die körperliche Materie
durchwohnt und zugleich über ihm schwebt, beschreibt er, ganz im Sinne Fischers,
das Verhältnis Gottes zur Welt: Gott erfüllt als Geist seinen Körper, eben die Welt,
aber im Unterschied zum Menschen geschieht dies in freier Notwendigkeit als Naturnotwendigkeit. Genauso wie es beim Menschen kein Teilchen gibt, das nicht
geistig wäre, so ist auch kein Teilchen der Welt, von dem gelte, Gott sei nicht darin
enthalten. Gott durchwohnt frei und bewußt die Welt, ist ewig gleich und unverän-
derlich, während aller andere Geist in der Entwicklung zu ihm hin begriffen ist[100].

Diesen Zusammenhang von Mensch und Gott, der im Abhängigkeitsgefühl zum
Bewußtsein kommt, nennt Biedermann „innere Offenbarung"[101]. Der Begriff der
„inneren Offenbarung" erscheint in den Werken Fischers jedoch nicht und dürfte
Biedermann von de Wette vermittelt worden sein. Zwar hatte Biedermann diesen
bis zum Zeitpunkt der Abfassung seines Berichtes noch nicht als Dogmatiker gehört, möglicherweise aber gelesen. Ferner hatte Biedermann seinen Freund Riggenbach durch de Wettes Bildungsroman „Theodor"[102] für das Theologiestudium
gewinnen können[103]. Darin erscheint der Begriff der „inneren Offenbarung"[104].
Doch auch in anderen Schriften verwendet de Wette die Differenzierung von „innerer und äußerer Offenbarung"[105]. In seiner „Christlichen Sittenlehre" definiert

---

[97] Biedermann, Offenbarung, S. 4.
[98] FISCHER, Naturlehre, 3. Teil, S. 466f.
[99] FISCHER, Naturlehre, 3. Teil, S. 465f.
[100] Biedermann, Offenbarung, S. 6.
[101] Biedermann, Offenbarung, S. 7.
[102] W. M. L. DE WETTE, Theodor oder des Zweiflers Weihe. Bildungsgeschichte eines evangelischen Geistlichen, 2 Bde., Berlin ²1828.
[103] Biedermann, Tagebuch, S. 9, heißt es über Riggenbach: „Die letzten Bedenklichkeiten be-
seitigte ihm DeWettes Theodor, den er Herbst 1837 las".
[104] DE WETTE, Theodor, Bd. 1, S. 86–90, 102–106. Siehe auch RUDOLF OTTO, Kantisch-
Fries'sche Religionsphilosophie und ihre Anwendung auf die Theologie. Zur Einleitung in die
Glaubenslehre für Studenten der Theologie, Tübingen 1909, S. 142.
[105] OTTO, Religionsphilosophie, S. 172–174.

de Wette die „innere Offenbarung" als „einen göttlichen auf das Ewige gerichteten Trieb im Menschen"[106]. Die innere Offenbarung sei eine übernatürliche, „weil die ganze Natur des Geistes auf ihr ruht und von ihr abhängt, weil sie nicht als eine einzelne Erscheinung in das Gebiet derselben fällt, sondern der Grund aller andern geistigen Erscheinungen ist, und als das letzte und höchste über denselben allen steht"[107]. Doch, so fährt de Wette fort, durch diese Offenbarung allein komme noch keine Gotteserkenntnis für das ganze Menschengeschlecht und keine fortschreitende und zusammenhängende Entwicklung des menschlichen Verstandes zustande; diese geschehe einzig durch die Offenbarung in der Geschichte oder durch die „äußere Offenbarung". Diese vollziehe sich, wenn das Göttliche auf eine besondere, außerordentliche Weise im Menschlichen erscheint[108]. Das mit der äußeren Offenbarung untrennbar verbundene Merkmal ist die Wahrheit[109]. Von dieser Definition geht Biedermann in den folgenden Ausführungen über die „äußere Offenbarung" aus, wenn er für die Glaubensgemeinschaft die Notwendigkeit einer gemeinsamen äußeren Wirklichkeit beschreibt.

Bisher wurde von Biedermann der Bereich des Erkennens, des Wissens beschrieben. Nun bleibt noch die Ebene des Willens[110], welche für ihn wichtiger war, da der Wille unmittelbar mit dem Gefühl zusammenhängt: „Je stärker das religiöse Gefühl, also auch das Gewissen, desto weniger wird auch der Wille von ihm abweichen, und wenn wir glauben, daß jenes bei Christus den für einen Mensch höchst möglichen Grad gehabt, so glauben wir in Folge dessen nothwendig auch, daß sein freier Wille nie vom Gewissen abweiche, ohne daß er das sittliche Ideal erreicht, mit seiner Nothwendigkeit gut zu sein."[111] Dabei ist das Entscheidende, daß der Mensch auf seinem Weg zur Freiheit irren kann. Wäre Gott nun wie im Pantheismus[112] bloß die Lebenskraft und nicht schon von Ewigkeit her ihr Geist, würde der Mensch ohne Führung dastehen[113]. Die richtige Richtung finde der Mensch aber im Abhängigkeitsgefühl, im Gewissen. Das Gewissen, so definiert Biedermann, ist

---

[106] W. M. L. DE WETTE, Christliche Sittenlehre, 1. Teil: Die allgemeine Sittenlehre, Berlin 1819, S. 151.

[107] DE WETTE, Sittenlehre, S. 152. Siehe W. M. L. DE WETTE, Lehrbuch der christlichen Dogmatik in ihrer historischen Entwickelung dargestellt, Teil 1: Biblische Dogmatik Alten und Neuen Testaments oder kritische Darstellung der Religionslehre des Hebraismus, des Judenthums und Urchristenthums. Zum Gebrauch akademischer Vorlesungen, Berlin ³1831, § 34f. und §§ 42–44; zum ganzen Problem siehe S. 20–28. In seiner Schrift „Über Religion und Theologie. Erläuterungen zu seinem Lehrbuche der Dogmatik", Berlin ²1821, S. 93, faßt DE WETTE diese Differenz wie folgt zusammen: „So wie wir jede unmittelbare Gefühlserregung und religiöse Anschauung aus einer göttlichen Offenbarung ableiten, welche wir die innere nannten; so müssen wir auch jede Hervorhebung in das Mittelbare des Bewußtseyns und der Gemeinschaft auf eine göttliche Offenbarung zurückführen, welche, da sie sich in der Geschichte entwickelt, die äußere geschichtliche genannt wird".

[108] DE WETTE, Sittenlehre, S. 152f.

[109] DE WETTE, Sittenlehre, S. 153; zum Ganzen S. 148–201.

[110] FISCHER, Lehrbuch, § 328 und Naturlehre, 3. Teil, S. 467–478.

[111] Biedermann, Offenbarung, S. 11.

[112] FISCHER, Naturlehre, Teil 1, S. 113–116; Teil 3, S. 471f.

[113] Biedermann, Offenbarung, S. 7f.

das zum Bewußtsein gekommene Göttliche. Damit das Gewissen zum Bewußtsein kommen kann, bedarf es aber der Freiheit[114]. Mit diesen Überlegungen schließt Biedermann die Erörterung der „inneren Offenbarung" ab.

Im zweiten Teil seiner Ausführungen behandelt Biedermann die Frage der „äußeren Offenbarung". Die Notwendigkeit einer solchen sei nicht unumstritten, betont er. Darum will er sie erst einmal beweisen. Dazu verschiebt Biedermann den Schwerpunkt vom Individuum auf die menschliche Gemeinschaft. Die Menschen einer Gemeinschaft verfügen, so konstatiert Biedermann, über ein allgemeines Abhängigkeitsgefühl in etwa gleicher Ausprägung. Daneben existieren freilich noch individuelle Formen. Mit diesen verschiedenartigen individuellen Gestaltungen einher geht eine Vielzahl von Irrtümern. Trotz dieser Irrtümer würde aber der Geist am Ende mit Gewißheit und Freiheit wieder zu seinem Ausgangspunkt zurückkehren und damit der Gemeinschaft einen Vereinigungspunkt verschaffen. So käme eine religiöse Gemeinschaft zustande, die sich immer enger und wahrer verbände[115].

Die entscheidende Frage aber lautet nun: Wie kann überhaupt a priori eine äußere Offenbarung gedacht werden, mit der das geschichtliche Faktum zusammen zu denken ist? Der Anknüpfungspunkt zwischen Gott und dem Menschen findet sich dort, wo Gott sich dem Menschen kundtut, wo der Mensch sich Gottes bewußt wird. Eine über das Natürliche hinausgehende Offenbarung müßte nun bei einem auserwählten Menschen das Bewußtsein Gottes ungewöhnlich steigern: Dies hat sich in Christus ereignet. Wie aber verhält sich dieses Offenbarungsindividuum zu den anderen Menschen? Bei Jesus ist das Abhängigkeitsgefühl, das Bewußtsein der Gottgleichheit einerseits und der Gottunabhängigkeit andererseits, ungleich ausgeprägter als bei den Mitmenschen. Dadurch ergibt sich zugleich ein tieferes Wissen. Dieses darf sich aber nie ganz vom Standpunkt seiner Zeit entfernen, will es noch verstanden werden. So stand Jesus zwar höher, indem er – mit den Worten de Wettes gesprochen – dem religiösen Geist der Welt eine ganz neue Richtung gab, aber im Kontext seiner Zeit. Diese Sicht hat freilich Konsequenzen für die Frage nach der Autorität jesuanischer Worte, wie sich zeigen wird.

Bisher hat Biedermann den Träger der Offenbarung a priori aus dem Begriff der Offenbarung konstruiert. Damit ist aber noch nicht die Frage beantwortet, wie sich die äußere Offenbarung Anerkennung verschaffen kann. Die Antwort Biedermanns lautet, es sei „der gleiche Gott, der sich hier und dort offenbart, und als der gleiche sich offenbart und so muß der gleiche das gleiche erkennen und anerkennen."[116] Damit knüpft Biedermann an de Wettes Bestimmung der äußeren Offenbarung als Wahrheit an. Was allerdings geschieht, wenn sich die innere Offenbarung nicht in der äußeren finden kann, wenn vieles von dem, was von ihr berichtet

---

[114] Biedermann, Offenbarung, S. 8; FISCHER, Naturlehre, S. 473.
[115] Biedermann, Offenbarung, S. 9.
[116] Biedermann, Offenbarung, S. 11; siehe dazu OTTO, Religionsphilosophie, S. 143, wo Otto im Anschluß an de Wettes „Theodor" ausführt, daß die äußere Offenbarung „die innere zur Voraussetzung hat und an der inneren das Kriterium ihrer Gültigkeit hat, die aber doch neben ihr einen bedeutenden Eigenwert hat".

wird, dem Verstand widerspricht? „Dann kann uns eben jener a priori gewonnene Begriff von äußerer Offenbarung leiten im Herausfinden des Wahren."[117] Und daß der Offenbarungsträger eine außerordentliche Erscheinung sein mußte, ist für Biedermann selbstverständlich. Damit kommt Biedermann zu der Frage nach den neutestamentlichen Texten.

Zur Beantwortung dieser Fragestellung wechselt Biedermann Methode und Gewährsmann. Waren die bisherigen Ausführungen vorwiegend durch Fischers „Naturlehre" und „Psychologie" sowie durch de Wettes religionsphilosophische und dogmatische Erwägungen geprägt, tauchen im folgenden historisch-kritische Methoden de Wettes sowie solche hermeneutische Gedanken und Kategorien auf, wie sie vor allem von Strauß her bekannt sind. Insbesondere die Rezeption der letzteren zeigt sich im abschließenden Abschnitt des Aufsatzes.

Von diesem a priori gewonnenen Begriff der äußeren Offenbarung her müssen, so Biedermann, die Berichte über die Erscheinung Christi unter drei historisch-kritischen Gesichtspunkten geprüft werden: Erstens ist nach der Verfasserschaft der neutestamentlichen Zeugnisse zu fragen. Dann stellt sich die Frage des Zeitpunktes der Niederschrift und drittens schließlich jene nach den Quellen. Biedermann faßt seine historische und quellenkritische Sicht zusammen: Die Evangelien wurden ab dem dritten Jahrzehnt nach Jesu Tod von Gläubigen niedergeschrieben, die sich durch Christus ganz der Offenbarung hingegeben hatten und deren Erkenntnisse auf dem Boden ihrer Zeit standen. Dabei schrieben die Autoren auf Grund von Autopsie, Augenzeugenberichten und schöpften aus der mündlichen Tradition.

Damit verknüpft Biedermann die Frage nach den Wundererzählungen. In ihnen werde zweifellos vieles erzählt, was unglaublich vorkommen konnte. Welche Ursachen liegen aber der Ausbildung solcher Wundergeschichten zugrunde[118]? Biedermann nennt zwei Gründe: Zum einen wurde die großartige Erscheinung Christi anhand der religiösen Zeitvorstellungen interpretiert[119]. Zum anderen sind die regen Messiaserwartungen zur Zeit Jesu von Bedeutung. Ihretwegen müssen alle Vorstellungen, die Jesus mit dem Messias in Verbindung bringen, besonders geprüft werden. Die aus der jüdischen Orthodoxie stammenden Gläubigen waren überzeugt, daß sich in Jesus die Messiaserwartung erfüllt habe. Darum sei die Mythenbildung, wie sie vom Alten Testament her bekannt sei, nicht nur erklärlich, „sondern ganz nothwendig"[120].

Zum Schluß seines Aufsatzes kommt Biedermann zu einer für ihn entscheidenden und weiterführenden Fragestellung. Im Anschluß an Strauß fragt er nach dem Mythos und seiner Realisierung in Christus. Um zu wissenschaftlich legitimen Antworten zu gelangen, benennt er drei hermeneutische Kriterien[121]: Verdächtig erscheine erstens, „wovon nicht abzusehen, wie es irgend von Augenzeugen hätte überliefert

---

[117] Biedermann, Offenbarung, S. 11f.
[118] Vgl. STRAUSS, Leben, Bd. 2, S. 1–5.
[119] Vgl. STRAUSS, Leben, Bd. 1, 1835, S. 71f.
[120] Biedermann, Offenbarung, S. 13.
[121] Vgl. STRAUSS, Leben, Bd. 1, ²1837, § 15: „Kriterien des Mythischen in der evangelischen Erzählung".

werden können, was nur die Phantasie hatte sehen und überliefern können", zweitens „was sich deutlich als bloße Erfüllung jüdischer Vorstellungen nicht nur zu erkennen giebt, sondern auch deutlich als solche bezeichnet ist", und drittens „was nur nach der Zeitvorstellung möglich war, unsern religiösen Begriffen widerspricht"[122]. Im Blick auf die Frage nach dem Wunder bedeutet dies: Als Wunder gelte, was durch das Bewußtsein Gottes außergewöhnlich angeregt wird[123], wobei sich Biedermann auf solche Wunder beschränken will, die die Naturgesetzmäßigkeiten nicht außer Kraft setzen[124]. Die anderen Wunder des Neuen Testaments gingen nicht auf betrügerische Absichten der Schriftsteller zurück, wie es der radikale Rationalismus behauptet hatte, sondern seien das Ergebnis einer durch die außerordentliche Erscheinung Christi „nothwendig hervorgerufene menschliche Illusion"[125], die die neutestamentlichen Autoren in Wissen und Gewissen als Mythos weitergaben.

Schließlich bleibt noch zu klären, welchen Gewinn diese kritischen Bestrebungen Biedermann verschaffen. Zerstören sie nicht allen Glauben und somit den Segen des Christentums? Diese Anfrage war seit dem Erscheinen von Straußens radikaler Kritik nicht verstummt. Ihr hatte sich auch Biedermann zu stellen. Er verneinte sie und betonte, daß es der kritischen Arbeit um die Wahrheit gehe. Es gelte, den „wahren christlichen Christus aus dem jüdischen Christus im Sagenkleid" zu gewinnen[126]. Was aber wird bleiben, fragt sich Biedermann und antwortet: „Immerhin ein Christus groß und erhaben genug, das Christenthum zu gründen, göttlich genug um als göttliche Offenbarung, jedem zur Richtschnur des eigenen Gottesbewußtseins zu dienen. Und vollends von dem sittlichen Ideal geht gar nichts verloren."[127] Biedermann erklärt, so könne er ohne Beeinträchtigung des Verstandes glauben. Manch einer sträube sich nämlich allein deswegen gegen den Glauben, weil er es nicht verantworten mag, seinen Geist zu erniedrigen. Ein wahrer Glaube verletze eben nicht die Würde des vernünftigen Menschen, sondern lasse jenen vielmehr an der Würde der Göttlichkeit teilnehmen: So wird dieser Mensch „auch

---

[122] Biedermann, Offenbarung, S. 13.

[123] Biedermann, Offenbarung, S. 14.

[124] Wenn ein Wunder in wirklichem Widerspruch zu den Naturgesetzen stünde, was wäre damit gewonnen, fragt Biedermann. Das Wunder bestünde darin, daß „Gott einmal von seiner naturnothwendigen Wirkungsweise abginge und mit Freiheit gegen die selbst gesetzte Naturnothwendigkeit handelte. Da aber die höchste Stufe allen Handelns die zur Nothwendigkeit zurückgekehrte Freiheit ist, so würde Gott auf dieser Stufe noch nicht stehen. Ein Gott der Wunder in diesem Sinne thut, ist noch kein vollkommner Gott"; Biedermann, Offenbarung, S. 14.

[125] Biedermann, Offenbarung, S. 15.

[126] Biedermann, Offenbarung, S. 16. Hier knüpft Biedermann an den § 140 der Straußschen Schlußabhandlung an und nimmt dessen Gedanken vom „nothwendigen Übergang der Kritik ins Dogma" auf (S. 686–689). Es wird die Frage wichtig, wie denn der spekulative Theologe als Prediger der Gemeinde gegenüberstehen könne. Strauß zeigt vier Alternativen auf, von denen freilich für ihn nur die letzte akzeptabel ist. Der Prediger wird nach Strauß „sich in seiner Mittheilung an die Gemeinde zwar in den Formen der populären Vorstellung halten, aber so, dass er bei jeder Gelegenheit den geistigen Inhalt, der ihm die einzige Wahrheit der Sache ist, durchscheinen lässt, und so die allmählige Auflösung jener Formen auch im Bewusstsein der Gemeinde vorbereitet"; Strauss, Leben Jesu, Bd. 2, S. 742.

[127] Biedermann, Offenbarung, S. 16.

gegen den historischen Glauben an Christum nicht mehr ankämpfen, denn er findet in diesem nur reiner und ungetrübter, was er als göttlich erahnt"[128]. Biedermann wehrt sich gegen die Vorstellung, daß das Volk durch solche Überlegungen, wie er sie im Anschluß an Strauß anstelle, zwangsläufig vom orthodoxen Glauben zum Unglauben geführt werde. Könnte es nicht viel eher sein, daß sie sich zum rechten Glauben führen lassen, „wenn nur die es zu führen haben, selbst an dem rechten Glauben festhalten"[129]. In diesen Optimismus mischt sich die Einsicht, daß es schwer werde, diesen Schritt zu tun, da so viele daran scheiterten. Dennoch: „Es muß aber vorwärts."[130]

Die Darstellung des philosophischen und theologischen Standpunktes Biedermanns aus dem November 1838 zeigt, daß sich der Student gründlich in Themen eingearbeitet hatte, die durch Fischer, de Wette und Strauß aufgeworfen worden waren. Die Ausführungen bieten insofern den ersten eigenständigen theologischen Beitrag, als sie versuchen, den philosophisch-empiristischen und anti-spekulativen Ansatz von Friedrich Fischer mit den exegetischen sowie theologischen Gedanken de Wettes und Strauß' in einen Zusammenhang zu bringen. Die Unzulänglichkeit dieses Entwurfs wird indes durch die originelle Mischung der theologischen und philosophischen Ansätze ersichtlich. Noch war es Biedermann nicht gelungen, die Unterschiede zwischen seinen Gewährsmännern deutlich genug zu erkennen. Immerhin war Biedermann sich der Vorläufigkeit seines Entwurfs durchaus bewußt. Diese Erkenntnis wirkte insofern als kritisches Movens, als Biedermann im folgenden nach Wegen suchte, die Halbheiten und Inkonsequenzen seines Systems zu beheben[131]. Wie dieser Weg aussah, wird die Analyse des Tagebuches in Grundzügen zeigen. Weitere Hinweise werden sich durch die Analyse des Aufsatzes aus dem Sommer 1839 ergeben[132].

5. Die Frömmigkeit als Gefühl: Friedrich Daniel Ernst Schleiermacher

Gleichzeitig mit der Hegel-Lektüre studierte Biedermann im Sommersemester 1839 die Schleiermachersche Glaubenslehre[133] und dessen „Monologen"[134]. Diese Schriften beeindruckten Biedermann, und er vertiefte sich in Schleiermachers Bestimmung der Frömmigkeit als Gefühl der schlechthinnigen Abhängigkeit. Dieser Ansatz kam dem psychologisch-empiristischen Ansatz Fischers sehr nahe[135]. Jedoch

---

[128] Ebd.
[129] Ebd.
[130] Ebd.
[131] Biedermann, Curriculum vitae, S. 10.
[132] S. 185–197.
[133] Friedrich D. E. Schleiermacher, Der christliche Glaube nach den Grundsätzen der evangelischen Kirche im Zusammenhange dargestellt, Berlin 1821/1822. Wenn im folgenden nicht anders vermerkt, beziehe ich mich auf diese erste Auflage. Biedermann hat bei seinen Studien überwiegend die erste Auflage verwendet.
[134] Friedrich D. E. Schleiermacher, Monologen, Eine Neujahrsgabe. Die Erstausgabe, Berlin 1800, erschien anonym.
[135] Der Begriff der „Psychologie" bei Fischer ist als „Wissenschaft von den Gesetzen des Gei-

will Biedermann anders als Schleiermacher auf diesem Weg nicht den eigentlichen Stoff der Dogmatik gewinnen, sondern geht durch dieses Gefühl der schlechthinnigen Abhängigkeit hindurch, um den objektiven Inhalt der Religion zu erhalten. Diese Variation des Schleiermacherschen Gedankens war ihm durchaus bewußt[136]. Biedermanns Bestreben war es nun, von der Zergliederung des unmittelbaren Gefühls ausgehend, die ihm zugrunde liegende religiöse Objektivität zu erschließen. Das vermittelte und gegenständliche Wissen legte er dabei nicht zugrunde, da es immer die Gefahr des Irrtums impliziere. Absolute Gewißheit könne nur das „unmittelbare, zuständliche, das Gefühl" vermitteln.[137] Biedermann stellte nicht den durch die Zergliederung des Gefühls gewonnenen subjektiven Inhalt ins Zentrum der Dogmatik, sondern das aus dem Gefühl hergeleitete objektive Wissen von Gott.

Biedermann erkannte bald, daß diese Synthese seiner Grundanschauungen mit den Aussagen Schleiermachers von Inkonsequenzen und Halbheiten gezeichnet war und keine zufriedenstellende Lösung bot. Die Vorläufigkeit seines Entwurfes wurde ihm durch die weitere Beschäftigung mit Hegel zunehmend deutlicher.

6. Zusammenfassung

Biedermann konnte sich von de Wette und seiner mythischen Auslegung her D. F. Strauß derart nähern, daß einer grundsätzlichen Rezeption des „Leben Jesu" und seiner hermeneutischen Voraussetzungen nichts im Wege stand. Von einer ursprünglichen anti-hegelianischen Einstellung aus bewegte sich Biedermann einmal durch die Rezeption der kritischen Theologie in Straußens „Leben Jesu" und zum andern durch die empiristische Philosophie Fischers auf Hegel zu. Dazu kam die Bemühung, mit Hilfe der Schleiermacherschen Gefühlstheologie eine objektive Erkenntnis Gottes zu erlangen. Dieser Versuch scheiterte. So gewann am Ende der ersten Basler Zeit die Hegelsche Philosophie für den Studenten immer mehr an Bedeutung. Freilich, eine letzte Unsicherheit blieb, Biedermann stand – mit seinen Worten – „eben auf der Schwebe". Um wahrhaft festen philosophischen Boden zu erlangen, war der anvisierte Wechsel nach Berlin geradezu ideal. „Der Schmetter-

---

stigen" zu verstehen. Seit Beginn des neunzehnten Jahrhunderts löste sich als „charakteristische Veränderung in den allgemeinen wissenschaftlichen Verhältnissen" die Psychologie von der Philosophie; WILHELM WINDELBAND, Lehrbuch der Geschichte der Philosophie, Tübingen [17]1980, S. 547f. Der „empiristische" Ansatz in der Philosophie wandte sich gegen den Idealismus und bemühte sich um eine Feststellung der Tatsachen des Bewußtseins. Die „Erfahrung" wurde das Wissenschaftskriterium. FISCHER, Lehrbuch, S. Vf., formuliert dies folgendermaßen: „Die ächte Naturforschung erklärt die Wirklichkeit nur aus sich selbst, nämlich die besondern Wirklichkeiten aus den in ihnen erscheinenden, durch empirische Analyse auszumittelnden, allgemeinen Wirklichkeiten". Dazu SCHNÄDELBACH, Philosophie, S. 112: „Empirische Wissenschaft in empiristischer Interpretation, das bedeutet generell Ausgrenzung der Metaphysik, sofern unter ‚Metaphysik' mit Kant ein synthetisches erfahrungsunabhängiges Wissen gemeint ist."

[136] Im „Curriculum vitae", S. 9, hält Biedermann fest: „Das absolute Abhängigkeitsgefühl, von dem ich allerdings mit Schleiermacher in der Religion glaubte ausgehen zu müssen, nahm bei mir von vorn herein eine ganz andre Stellung ein."

[137] Ebd.

ling mußte nun in die entsprechende Atmosphäre kommen, um also bald die leichte Puppenhülle zu durchbrechen"[138], erklärte Biedermann rückblickend.

II. *Die theologisch-philosophischen Zeugnisse 1839*

Nachdem nun die verschiedenen geistigen Einflüsse, die für Biedermanns Werdegang bis ans Ende der Basler Zeit von Bedeutung waren, beschrieben sind, sollen im folgenden die Zeugnisse seines theologischen und philosophischen Denkens aus dem Jahr 1839 vorgestellt werden. Für diese Darstellung verfügen wir über Andeutungen in Briefen, über ein theologisches Essay, Tagebuchnotizen und eine Predigt.

1. *„Über Schleiermachers Ansicht von den göttlichen Eigenschaften"*

Im Sommersemester 1839 setzte sich Biedermann unter Anleitung des Basler Privatdozenten Daniel Schenkel mit Schleiermachers Glaubenslehre auseinander. Einher gingen eigenständige Studien über Schleiermacher und Hegel. Sein handschriftlicher, siebenseitiger Aufsatz „Über Schleiermachers Ansicht von den göttlichen Eigenschaften"[139] dürfte im Anschluß an diese Lehrveranstaltung und als erste Stellungnahme zum Verhältnis zwischen Schleiermacher und Hegel wiederum als eine Art Zwischenbilanz verfaßt worden sein[140]. Im wesentlichen handelt es sich um eine Auseinandersetzung mit Schleiermachers These: „Alle Eigenschaften, welche wir Gott beilegen, können nicht etwas besonderes in Gott bezeichnen, sondern nur etwas besonderes in der Art, wie wir unser absolutes Abhängigkeitsgefühl auf Gott beziehen."[141]

Biedermann kritisiert in seinem Essay diese These[142], der er Definitionen der Begriffe „Dogmatik" und „Religion" voranstellt. „Dogmatik" bestimmt er mit Schleiermacher als wissenschaftliche Darstellung einer historisch gegebenen Lehre[143], „Religion" definiert er, wie in seinem ersten Essay und in Anlehnung an Schleiermacher, als „bewußte" Beziehung zu Gott[144]. Die Qualität der Beziehung zu Gott macht das Bewußtsein dieser Beziehung aus. Diese ist für Biedermann immer erst Gefühl, das er nun aber mit Fischer als geistig gewordenen Zustand beschreibt[145]. Seine Definitionskette schließt Biedermann mit der Feststellung ab, daß somit die Religion zuerst als Gefühl existiere. Gegen dieses Diktum Schleierma-

---

[138] Biedermann, Curriculum vitae, S. 5.
[139] Biedermann-Nachlaß: A.III.b.6. Im Nachlaßverzeichnis der UBBS ist der Aufsatz fälschlicherweise als „Über Schleiermachers Ansicht von der göttlichen Erbschaft" katalogisiert.
[140] Der genaue Zeitpunkt der Abfassung läßt sich nicht eruieren.
[141] SCHLEIERMACHER, Glaubenslehre, 1821/1822, §64.
[142] Biedermann, Ansicht, S. 1.
[143] SCHLEIERMACHER, Glaubenslehre §1.
[144] Biedermann, Ansicht, S. 1.
[145] Hier knüpft Biedermann wieder an Fischers Definition des Gefühls an; siehe FISCHER, Lehrbuch, §284.

chers argumentiert er aber im folgenden anhand von Fischers Einwand, der besagt, wenn das Gefühl keinen Gegenstand besitze, bleibe es rein subjektiv. Biedermann wendet ein, es gebe nämlich immer ein Objektives als Grund unseres Zustandes. Mit Fischer gesprochen ist dies für Biedermann ein übernatürliches Element, das sich „als der unbedingte Herr des Menschengeistes bethätigt"[146]. An dieser Stelle seiner Ausführungen führt Biedermann den Begriff des Geistes ein[147]. Mit ihm setze die Erkenntnistätigkeit ein; das Bewußtsein trete aus der Passivität des bloßen Fühlens heraus, die Möglichkeit der Entscheidung sei somit gegeben. Diese gehe zum einen auf die Seite des Willens und zum anderen auf die Seite des Erkennens, welcher sich Biedermann alleine zuwendet[148].

Nachdem Biedermann eingangs von einer mit Schleiermacher übereinstimmenden Definition der Dogmatik und der Religion ausgegangen war, wendet er sich bei der Bestimmung der dogmatischen Aufgabe von Schleiermacher ab und benutzt eine dezidiert an Hegel geschulte Terminologie. Ausgehend von Hegels erkenntnistheoretischer Differenzierung zwischen „Vorstellung" und „Begriff" expliziert Biedermann sein dogmenhistorisches Verständnis. Im Verlauf dieser Geschichte ist es dadurch, daß religiöse „Vorstellungen" im Dogma zur Lehre erhoben wurden, zu Irrwegen gekommen. Die Dogmatik, die Biedermann im Sinne des Historismus als Dogmenkritik faßt, hat die Aufgabe, eine „wissenschaftliche, begriffsmäßige Darstellung" der in der kirchlichen Lehre tradierten Vorstellungen zu prüfen, um ferner durch den Prozeß des reinen Denkens ihren Begriff zu ermitteln[149]. Dabei könne freilich nicht, wie Schleiermacher meint, das objektive Abhängigkeitsgefühl zugrunde liegen. Biedermann streitet vehement ab, daß das Gefühl oder die Vorstellung Gegenstand wissenschaftlicher Betrachtung sein könne[150]. Für ihn ist durch die Beschäftigung mit Strauß und Hegel die Dogmatik, die positive Ergebnisse formulieren will, eine denkende Betrachtung des objektiv gegebenen Gegenstandes geworden, der die religiösen Gefühle motiviert. Damit ist Biedermann zu einer Bestimmung seiner Beziehung zu Gott vorgestoßen, wobei er zugleich einschränkend betont, solche dogmatischen Erkenntnisse besäßen immer nur vorläufigen, relativen Charakter. Optimistisch behauptet Biedermann somit eine kontinuierlich voranschreitende Reinigung der religiösen Vorstellungen, bis schließlich der reine Begriff erfaßbar wird.

Das objektive Verhältnis ist nun, den ersten Teil zusammenfassend, für Biedermann der dogmatische Gegenstand, den es denkend zu erfassen gilt. Von dieser Be-

---

[146] FISCHER, Naturlehre, 3. Teil, S. 464f.

[147] Biedermann betont in seinem Curriculum vitae, S. 4, daß es von Fischer zu Hegel nur ein kleiner Schritt gewesen sei. Folgender Gedanke Fischers bezüglich Gottes Präsenz im Menschen deutet diese behauptete Nähe an: „Es ist auch wohl bei einem richtigen Begriffe von dem Verhältniß Gottes zum Menschengeiste, wonach er zwar von dem Geschöpfe verschieden, aber nicht geschieden ist, sondern, wie die Seele dem Körper, so ihm wesentlich einwohnt, nicht anders zu erwarten, als daß die lebendige Gegenwart des Göttlichen Zustände hervorrufen und Gefühlsreaktionen erzeugen wird"; FISCHER, Naturlehre, S. 465.

[148] Biedermann, Ansicht, S. 1.

[149] Biedermann, Ansicht, S. 2.

[150] Biedermann, Ansicht, S. 3.

stimmung der Dogmatik her kritisiert Biedermann Schleiermachers These bezüglich der göttlichen Eigenschaften. Er wendet ein, auf Grund von Gefühlen könne nichts über Gottes Eigenschaften ausgesagt werden. Denn jene sind allein über die Bestimmung des Verhältnisses von Gott zur Welt, welche rein denkend vollzogen werden müsse, zu benennen[151]. Biedermann ist sich bewußt, daß Schleiermacher seine Behauptung aus lauter Scheu vor der Spekulation in der Dogmatik ablehnen würde. Doch wendet Biedermann ein, das Interesse der Spekulation in der Dogmatik beziehe sich allein auf solche Eigenschaften Gottes, die sich auf das Verhältnis Gottes zur Welt beziehen. Die Eigenschaften des göttlichen Wesens an sich nämlich blieben Gegenstand der Naturphilosophie. Es geht Biedermann also im Sinne der Hegelschen Spekulation darum, die verschiedenen Beziehungen Gottes zur Welt in einen organischen Zusammenhang zu stellen und sie aus der Idee Gottes abzuleiten.

Damit meint Biedermann, Schleiermachers These widerlegt zu haben, und erläuterte dabei seine dogmatische Methode. Die Auseinandersetzung mit Schleiermacher fand auf dem Boden der spekulativen Theologie statt. In diesem Zusammenhang grenzte sich Biedermann auch von Kant ab, da dieser auch die Gewißheit eines Objekts bezweifle.

Im Zusammenhang mit diesem Essay hielt Biedermann auch in seinem Tagebuch einige kritische Bemerkungen über Schleiermacher fest, die einige weitere Aspekte erhellen.

Bezüglich der Religion erklärt Biedermann: „Religion ist Gebet"[152]. Diese Beschreibung der Religion war für Biedermann im Sommer 1839 von besonderer Bedeutung, denn er schrieb dazu seine erste Predigt. Zu seiner Religionsbestimmung führte er weiter aus, daß das Gebet ein in sich Zurückziehen in das innerste eigene Sein vollziehe. Dort nämlich – so Biedermann – stehe der Mensch Gott unmittelbar gegenüber. Fischer zufolge ist das religiöse Gefühl die Reaktion der Gottheit im Selbstbewußtsein, „sie giebt sich darin zu fühlen, wie sie in dem Menschen ist und ihm wirklich einwohnt."[153] Im Gebet vollziehe der Mensch eben diesen Rückzug in das eigene Selbstbewußtsein, wo er Gott begegnet. In der Begegnung mit Gott komme es zu einer Wiedergeburt des Menschen, die für Biedermann die Quelle der Frömmigkeit ist. Seine Ausführungen haben ein erstaunlich gefühlstheologisches Gepräge, wobei nicht immer ersichtlich wird, inwiefern er sich auf Schleiermacher oder auf Fischer bezieht. Doch bei der Beschreibung der Frömmigkeit zeigt sich ein deutlicher Einfluß Schleiermachers. Nach Schleiermacher beruht die christliche Frömmigkeit[154] auf dem gefühlten Gegensatz zwischen der eigenen Unfähigkeit und der durch die Erlösung mitgeteilten Fähigkeit, das fromme Selbstbewußtsein zu verwirklichen. Diesen Gegensatz bezeichnet Biedermann als relativen.

---

[151] Biedermann, Ansicht, S. 10.

[152] Biedermann, Tagebuch S. 14.

[153] FISCHER, Lehrbuch, § 328.

[154] Zum Wesen der Frömmigkeit in Schleiermachers Glaubenslehre siehe FRIEDRICH BEISSER, Schleiermachers Lehre von Gott dargestellt nach seinen Reden und seiner Glaubenslehre, Göttingen 1970, S. 53–73.

Er beschreibt daran anschließend als Quelle und Ursprung der Frömmigkeit das unmittelbare und unvermittelte Sich-bewußt-sein. Das Gefühl aber ist ein doppeltes: Denn wie in unserem Leben gegen außen die beiden Gefühle von relativer Abhängigkeit und relativer Freiheit des Werdens und des Seins stets an- und ineinander vorkommen, so sind die beiden Gefühle von absoluter Abhängigkeit von Gott und absoluter Freiheit, auch wenn wir uns selbst zurückziehen, nicht von der Welt zu trennen. Nein, vielmehr eines ist nur in und durch das andere[155]. Gegen Schleiermacher wendet Biedermann ein, er habe unrecht, wenn er das Gefühl der Freiheit und der Abhängigkeit trenne und das absolute Freiheitsgefühl geradezu leugne[156]. Hier wird ersichtlich, daß Biedermann gegen Schleiermacher ein idealistisches Freiheitsverständnis aufbietet. Schleiermacher aber unterscheidet zwischen dem Verhältnis zu Gott und zur Welt. Für ihn kann es in beiden Fällen keine absolute Freiheit geben, da zum einen Gott und zum andern eine transzendent existierende Welt den Menschen begrenzten. Im Blick auf das Verhältnis zu Gott bedeutet für ihn eine relative Freiheit absolute Abhängigkeit. Gegenüber der Welt bedingt das Zusammenspiel von Freiheit und Abhängigkeit ihre Relativität. Gegen eine Form der idealistischen Philosophie behauptet Schleiermacher, daß die Welt „außer uns" ein reales Gegenüber bleibe[157].

Resümierend notierte Biedermann auch in diesen Aufzeichnungen als vorläufiges Resultat: „Als Gefühl bleibt die Religion noch rein subjectiv, und kann über das Subject nicht hin aus." Soll ein Fortschritt in der religiösen Erkenntnis beziehungsweise der Frömmigkeit vom „verschlossenen Keim" aus erfolgen, so kann dies nicht mehr fühlend, sondern allein denkend oder wollend geschehen[158]. So wird der Gegensatz zu Schleiermacher explizit: Erinnert sei an die entgegengesetzte Definition der Frömmigkeit bei Schleiermacher. Sie lautet: „Die Frömmigkeit an sich ist weder ein Wissen noch ein Thun, sondern eine Neigung und Bestimmtheit des Gefühls."[159] Aber auch in seinen philosophischen Schriften verneint Schleiermacher die Frage, ob es ein Wissen von Gott geben könne. Das Absolute begegnet nämlich nie an und für sich. Der Versuch der Spekulation, dieses An-und-für-sich zu bestimmen, muß nach Schleiermacher scheitern, da das Absolute immer nur in Abschattung ergriffen werden kann[160]. Damit steht sein Ansatz dem Bestreben Biedermanns entgegen, vom Göttlichen eine „bestimmte Erkenntniß" zu erlangen.

Diese hegelianische Ausprägung der Dogmatik erscheint in dem vorgestellten Essay und in den Tagebuchaufzeichnungen zum ersten Mal in dieser Eindeutigkeit.

---

[155] Biedermann, Tagebuch, S. 15.
[156] SCHLEIERMACHER, Glaubenslehre, S. 124–127.
[157] SCHLEIERMACHER, Glaubenslehre 1831, § 4, 3f. In der ersten Auflage wurde die Freiheitsthematik im entsprechenden § 9 nicht erörtert; hierzu BEISSER, Lehre, S. 63; MARTIN REDEKER, Friedrich Schleiermacher, Leben und Werk, Berlin 1968, S. 163f.
[158] Biedermann, Tagebuch, S. 15. Für Schleiermacher kann das Glaubensverhältnis von Gott und Mensch nicht durch Spekulation, Metaphysik oder transzendentalphilosophische Methode begründet werden; so REDEKER, Schleiermacher, S. 164.
[159] SCHLEIERMACHER, Glaubenslehre, § 8 (Lehrsatz).
[160] BEISSER, Lehre, S. 67.

Insofern ist vor allem der Aufsatz ein markantes Dokument der Biedermannschen Hegelrezeption, wobei nicht ermittelt werden kann, an Hand welcher Texte sich die Kenntnisnahme Hegels vollzogen hatte. Nach wie vor ist bemerkenswert, wie Biedermann theologische Gedanken unterschiedlichster Herkunft verarbeitete. Als Beispiel sei nur die Rezeption des Philosophen Friedrich Fischer in dem oben referierten Essay genannt. Doch stellt diese Annahme unterschiedlicher theologischer Positionen und deren Kritik ein unerläßliches Durchgangsstadium der eigenen theologischen Positionierung dar.

In diesem Zusammenhang ist schließlich noch der Frage nachzugehen, inwiefern Fischer die Kenntnisnahme Schleiermachers durch Biedermann beeinflußte. Es ist offensichtlich, daß bis zum Sommer 1839 eine Auseinandersetzung mit Schleiermacher erst in Grundsätzen, wohl vor allem in der Lehrveranstaltung Schenkels und durch die erste auszugsweise Lektüre der „Glaubenslehre" vollzogen wurde. Es kam aber noch zu keiner weitergehenden Beschäftigung. Zudem ist in der bisherigen Darstellung deutlich geworden, daß Biedermann seine Definitionen des Gefühls im Kontext von Religion durch Fischer vermittelt bekommen hatte. Daran konnte Biedermann anschließen, als er begann, sich mit Schleiermacher zu beschäftigen. So bereitete Fischer einerseits das Studium Schleiermachers vor. Doch ist andererseits auch ein gegenteiliger Aspekt zu berücksichtigen. In seiner Auseinandersetzung mit Fischer, der sich in seiner Habilitationschrift sehr gründlich mit Schleiermacher beschäftigte, erkannte Biedermann bald, daß die Reduktion der Religion auf das Gefühl und damit in den Bereich des Realen nicht ausreiche. Das Gefühl könne nur Ausgangs- beziehungsweise Durchgangspunkt sein. Diese Kritik an Fischer prägte schließlich die Kenntnisnahme Schleiermachers, und Biedermann meinte vielleicht allzu vorschnell, die Mängel, die er Fischer gegenüber geäußert hatte, charakterisierten auch das Schleiermachersche System. Damit wären die beiden Gründe genannt, warum Biedermann zwar von Schleiermacher angezogen werden konnte, aber sich noch nicht weitergehend mit ihm beschäftigte. Ein gründlicheres Studium Schleiermachers sollte erst in Berlin unter der Anleitung Vatkes erfolgen.

2. Theologisch-philosophische Tagebuchnotizen (Sommer 1839)

Die theologischen Ausführungen Biedermanns aus den Jahren 1838 bis zum Sommer 1839 werden eingerahmt von zwei Aussagen über seine Begeisterung für die Theologie und für das Christentum. Zu Beginn bekennt er seiner Mutter gegenüber im Juni 1838, „noch nie ist mir das Studium der Theologie lieber gewesen als jetzt"[161]. Ein knappes Jahr später teilt er ihr enthusiastisch und ergriffen mit: Religion und Christentum „sind mein heiligstes, dem ich mein ganzes Streben und Leben und all meine Kräfte widmen will, ob auf einem theologischen Lehrstuhl, wofür ich mich eigentlich mehr berufen fühle, oder als Prediger, wie es eben das

---

[161] Biedermann an V. Biedermann, 17.6.1838: B.I.c.22.

Geschick fügen mag"[162]. Unter diesem Vorzeichen der Leidenschaft für die Theologie stehen die ersten Erörterungen Biedermanns. Sie sind ein Ringen um einen verstandesgemäßen und lebendigen Glauben und werden im folgenden unter den Themen „Religion und Poesie", „Gottesbild" und „Christologie" vorgestellt.

Einen wesentlichen Stellenwert im Blick auf Biedermanns frühes Religionsverständnis nehmen seine Überlegungen zum Verhältnis von Religion und Poesie ein, wie in seinem Vortrag vor der Basler Sektion des Zofingervereins schon in Ansätzen zu erkennen war. Weitere, persönlichere Gedanken zu diesem Thema bietet das Tagebuch[163]. Biedermann befand sich in einer Lebensphase, in der er nicht mehr dichten konnte und sich danach sehnte, wieder poetisch produktiv werden zu können. Dafür machte er seine philosophische Haltung verantwortlich. Diese habe zwar nicht die Poesie vernichtet, aber dafür in sich aufgenommen. Diese Interpretation ist für Biedermann möglich, weil für ihn Religion und Poesie immer mehr zwei Ausdrucksformen eines einzigen Anliegens werden. Denn wo er „Funken wahrer Poesie" entdecke, da trete ihm „auch ein Lichtstrahl von Religion entgegen". Mit anderen Worten kann er das Verhältnis von Poesie und Religion so beschreiben: „Wo das Bewußtsein des Ewigen Göttlichen sich manifestirt, da und nur da sehe ich wie Religion so Poesie."[164] Ein Anknüpfungspunkt für seine Verhältnisbestimmung von Religion und Poesie ist die Verortung beider im Zusammenhang des Weltlichen. Für die Religion gibt es keine abgesteckten und isolierten Bezirke im Leben. Nicht erst wenn man sich aus dem äußeren Leben zurückziehe, erfahre man die Nähe Gottes, nein, überall und in jedem Augenblick sei Gott nahe. Dieses Verhältnis drücke sich aus in der paulinischen Wendung „Betet ohne Unterlaß" (1. Thessalonicher 5, 17). Dieses biblische Wort nahm im Frühsommer des Jahres 1839 eine zentrale Stelle im Denken Biedermanns ein. Über diesen Text wolle er, so nahm er sich vor, seine erste Predigt schreiben. Analog zur Beschreibung der Allgegenwart des Religiösen konstatiert Biedermann, daß es auch für die Poesie keine eigens ihr gewidmeten Stunden geben könne. Ziel und Aufgabe der Poesie seien es vielmehr, „das ganze Leben zu verklären"[165]. Wahre und rechte Poesie werde dabei nicht die Nüchternheit und Klarheit des Denkens umnebeln, sondern vor der „abgeschmackten Ausgeburt des phantastischen Philosophierens bewahren"[166].

Die hier deutlich werdende Nähe zur Romantik ist durch Biedermanns beginnende Lektüre von Novalis (1772–1801) begründet. Aus dessen Opus „Heinrich

---

[162] Biedermann an V. Biedermann, 25.5.1839: B.I.c.32. Daß Biedermann der wissenschaftlichen Theologie sein Hauptaugenmerk widmete, bemerkte auch Pfarrer Hess, der dem Vormund H. Biedermann-Frey mit kritischem Unterton mitteilte, daß er es lieber sehen würde, wenn der Student „weniger die Tiefe der Wissenschaft" zu erforschen trachte, „als vielmehr das praktische Feld des Predigers im Auge" behielte; Hess an H. Biedermann-Frey, 12.4.1839: B.I.g.2.
[163] Biedermann, Tagebuch, S. 15–17, 21f.
[164] Biedermann, Tagebuch, S. 16.
[165] Ebd.
[166] Ebd.

von Ofterdingen"[167] notierte sich Biedermann[168]: „Bei Verstand und Gemüth muß man sich wohl hüten, nicht eins über das andre zu vergessen. Es giebt viele, die nur die eine Seite kennend die andre geringschätzen. Aber beide kann man vereinigen und wird sich wohl dabei befinden. Schade, daß so wenige darauf denken, sich in ihrem Innern geschützt und frei bewegen zu können und durch eine gehörige Trennung sich den zweckmäßigsten und natürlichsten Gebrauch ihrer Geisteskräfte zu sichern[169]. – Begeisterung ohne Verstand ist unnütz und gefährlich, der Dichter wird wenig Wunder thun können, wenn er selbst über Wunder erstaunt[170]. – Die kühle, belebende Wärme eines dichterischen Gemüths ist gerade das Widerspiel von jener wilden Hitze eines kränklichen Herzens[171]. – Der junge Dichter kann nicht kühl und besonnen genug sein."[172] Dieser Gedanke aus Novalis' Roman deutet die Erhöhung und Verklärung der Poesie an, welchem sich Biedermann verpflichtet fühlte. Die Poesie soll hier aus der alten ungebrochenen Einheit von Sänger, Priester und Prophet hervorgehen.

Es stellt sich freilich die Frage, warum sich Biedermann in der ersten Jahreshälfte 1839 mit Novalis beschäftigte. Wenn man den geistigen Kontext Biedermanns bedenkt, wird ersichtlich, daß sich sein Wirken eindeutig zugunsten der reinen Verstandestätigkeiten entwickelte hatte. Es sei nur an die zunehmende Beschäftigung mit der Spekulation erinnert. Biedermann scheint diese Einseitigkeit problematisch geworden zu sein, denn immerhin hatte ihm Wackernagel eine vielversprechende dichterische Zukunft angekündigt. Die Beschäftigung mit Novalis und der Romantik bietet darum für Biedermann ein Gegengewicht zur Spekulation und zu einem wachsenden Intellektualismus. Ferner fand Biedermann bei diesem Dichter der Frühromantik die Verquickung von religiös-theologischen und poetisch-ästhetischen Elementen[173]. Mit einem Begriff Wilhelm Diltheys gesprochen, basieren die obigen Ausführungen Biedermanns zum Verhältnis von Poesie und Religion auf der „ästhetischen Weltanschauung" Novalis'[174].

Daß neben dem Einfluß Novalis' und seiner ästhetischen Weltanschauung auch Fischers philosophisch-empiristischer Ansatz Wirkung zeigte, belegt der diesen ersten Gedankengang abschließende programmatische Satz: „Das ewige göttliche aus der Erscheinungswelt heraus zu lesen, ist das gemeinsame Streben der Poesie wie

---

[167] Abgedruckt in „Novalis, Schriften. Die Werke Friedrich von Hardenbergs", hrsg. von Paul Kluckhohn und Richard Samuel, Bd. 1: Das dichterische Werk, Darmstadt ³1977, S. 182–334. Das Zitat bei Biedermann besteht aus mehreren einzelnen Stücken, die im folgenden gekennzeichnet werden. Siehe zu „Heinrich von Ofterdingen" Hans-Horst Henschen, in: KnLL 12, München 1991, S. 531–533.

[168] Biedermann, Tagebuch, S. 16f.

[169] Novalis, S. 280, 29–35.

[170] Novalis, S. 281, 9f.

[171] Novalis, S. 281, 18–20.

[172] Novalis, S. 281, 23f.

[173] Siehe Peter Uwe Hohendahl, Literarische Kultur im Zeitalter des Liberalismus 1830–1870, München 1985, S. 192.

[174] Ebd.

der Philosophie; jene thut es mit der Phantasie, diese mit dem Denken."[175] Einen
Monat später nahm Biedermann die Gedanken bezüglich des Verhältnisses von Religion, Philosophie und Poesie noch einmal auf. Dabei verquickte er diese Gedanken mit ersten Ausführungen zu seiner Gottesvorstellung und mit der Erörterung
zur Funktion von Religion. Ausgangspunkt seiner Darlegungen ist die Feststellung:
„Der poetische Productionstrieb lebt noch fort in mir, wenn auch die Kraft und die
Fähigkeit zu dichten hinter andre geistige Interessen zurücktreten muß"[176], womit
Religion und Philosophie gemeint sind. Und für den Fall, daß der poetische Pro-
duktionstrieb je wieder tätig werde, so prophezeit er, dann werde „es nur geschehen im Dienste der Idee"[177], welche sich spätestens seit der Kenntnisnahme von
Straußens „Schlußabhandlung" zur religionsphilosophischen Grundkategorie Bie-
dermanns heraus kristallisiert hatte: Die Idee wurde zum leitenden Stern in der Religion[178]. Den religiös-philosophischen Inhalt der Idee faßt Biedermann in dem
Axiom, daß Gott und die Unsterblichkeit nichts Jenseitiges seien: Vielmehr ist
Gott, so Biedermann, wahrhaftig in den Dingen als der Grund ihrer Existenz und
nicht als transzendenter Schöpfer im Sinne des Deismus zu denken. Mit dieser Kritik des Deismus einher geht eine Mißbilligung der „sogenannten neuen gläubigen
Theologen"[179], die Gott zwar näher holen und ihn als einen überall und jederzeit
schaffenden denken, aber ihn doch nicht unmittelbar immanent sein lassen können,
weil er sich ihrer Meinung gemäß „ja nach Gutdünken noch unmittelbarer offenbaren kann"[180]. Doch bleibe er bei jenen bloß örtlich und werde nicht wesentlich
immanent gedacht. Andere nehmen zwar die wesenhafte Immanenz in Anspruch,
böten damit aber nur ein Flickwerk von sich widersprechenden Aussagen. Dabei
werde das denkend Neue der Philosophie mit den Vorstellungen des alten Glaubens
verwoben. Dies sei für den Gebildeten ein willkommener Durchgangspunkt, um
vom unvermittelten hin zum denkend gerechtfertigten und explizierten Glauben
zu kommen. Wissenschaftlich werde sich diese Auffassung aber keineswegs halten
oder durchsetzen können[181].

Diese Gottesvorstellung birgt für Biedermann elementare Potentialitäten für die
Lebensbewältigung des Menschen. In geradezu leidenschaftlicher und ergriffener
Weise denkt Biedermann diesen Gedanken unter seelsorgerlichen Aspekten weiter.
Wenn der Mensch das Bewußtsein hat, in seinem Wesen Gott wirklich und ganz zu
finden, also die Überzeugung, das Absolute in sich zu tragen, dann wird dieses Be-
wußtsein in allen Lebenslagen vollkommenen Trost gewähren.

Autobiographisch begründet, führt Biedermann diesen Gedanken aus: Trost sei
vor allem in solchen Lebenssituationen nötig, da ein Mensch, der Schaffenskraft in

---

[175] Biedermann, Tagebuch, S. 17.
[176] Biedermann, Tagebuch, S. 21.
[177] Ebd.
[178] Ebd.
[179] Hier spielt Biedermann wohl auf J. T. Beck und H. Olshausen an, die ihm als positive
Theologen bekannt waren; Biedermann, Tagebuch, S. 14.
[180] Ebd.
[181] Ebd.

sich verspüre, durch die augenblicklichen Bedingungen an der Ausübung seiner Tätigkeiten gehindert werde. Für Biedermann war es zu einem existentiellen Problem geworden, nicht mehr so wie gewohnt schreiben und dichten zu können. Alle seine Ausführungen in diesem Zusammenhang deuten auf eine psychische Krise hin und lassen eine Depression Biedermanns vermuten. Biedermann, der bisher nicht in dieser Intensität die schmerzliche Erfahrung des Scheiterns gemacht hatte, versucht sich selber Rechenschaft darüber abzulegen, was ihm Trost bedeutet und vor allem, woher er Trost erwarten darf [182], obwohl er sich selber seine Probleme nicht wirklich eingestand. Darum formulierte er seine Ausführungen auch sehr unpersönlich. Optimistisch, mit einer gewissen jugendlichen Naivität und Überschwenglichkeit, behauptete er vielmehr, daß er sich selber vor solchen Schmerzen nicht zu fürchten habe. Es könne ihn nämlich keine äußere Macht so sehr einzwängen, daß ihm nicht soviel übrigbliebe, das „wirkliche Sein zur wirklichen Verwirklichung" zu führen.

Um angesichts der Leiden und Schrecken der Welt der Verzweiflung zu entgehen, verweist Biedermann darauf, der Mensch solle im Bewußtsein der Gotteinigkeit leben, denn dann könne er auch in Krisensituationen mit seiner ganzen Kraft seine höchste Aufgabe, die Verwirklichung des absoluten Seins, erfüllen. Für diese Aufgabe werde das Bewußtsein, Gott in sich zu tragen, Antrieb und vollkommener Lohn sein, ein solcher Mensch könne schließlich in Wahrheit glücklich sein. Wer sich auf diesen Weg begebe, der ist nach Biedermann der größte Mensch.

Diesen Gedanken expliziert Biedermann am Beispiel von Adelbert Chamissos (1781–1838) Gedicht „Salas y Gomez" aus dem Jahr 1829, das jener im Anschluß an eine Weltumsegelung verfaßte [183]. In diesem Terzinengedicht, das zu den bedeutendsten Werken Chamissos gezählt wird, setzt der Dichter der Tradition der bürgerlichen Robinsonade ein desillusionierendes Ende. Es bietet die angeblichen Aufzeichnungen eines Schiffbrüchigen über die leer verbrachte Zeit auf einer kleinen Insel. Gegen das Bild der romantischen Ausfahrt in die Ferne und den Traum von der Unendlichkeit wird hier ein resignierendes Bild geboten. Die auf einem öden Felsen im Südmeer sitzende romantische Gestalt erkennt, daß das Streben ins Unendliche Selbstbetrug ist. Chamisso erläutert anhand der ausweglosen Situation des Schiffbrüchigen „seine Moral eines gottgewollten Ausharrens in der Fatalität" [184]. Chamisso bricht mit diesem Gedicht endgültig mit der Romantik.

Der Gedanke Chamissos, sich mit dem selbstverschuldeten Schicksal einverstanden zu erklären, um sich im Erlernen der Geduld mit Gott auszusöhnen, korrespondiert mit Biedermanns Vorstellung, daß es keine solchen äußeren Bedrängnisse, keine solche „Abgerissenheit" von der Welt, wie sie der Schiffbrüchige erlebt,

---

[182] Biedermann, Tagebuch, S. 21.

[183] Abgedruckt in „Adelbert von Chamisso, Sämtliche Werke", Bd. 1: Prosa, Dramatisches, Gedichte, Nachlese der Gedichte, Darmstadt 1975, S. 468–476. Zum Gedicht „Salas y Gomez" siehe ALBRECHT KOSCHORKE, in: KnLL 3, München 1989, S. 861; ferner JOACHIM METZNER, Persönlichkeitszerstörung und Weltuntergang. Das Verhältnis von Wahnbildung und literarischer Imagination, Tübingen 1976, S. 84–87.

[184] KOSCHORKE, Chamisso, S. 861.

geben könne, die das Bewußtsein der Gotteinigkeit völlig zerstörten. Das Fazit dieser Überlegungen lautet für Biedermann in deutlicher Anspielung auf Psalm 23,4:
„Die Religion ist der einzige Trost und der einzige Stab in allen Lagen des Lebens;
dieser Satz hat für mich, wie kein andrer, die lebendigste Wahrheit."[185] Freilich ist
offensichtlich, daß hier die Begriffe „Gott" und „Religion" vertauscht werden, was
andererseits nicht verwunderlich ist, da ja die Religion als Gottesbewußtsein definiert wird. Um dieser psalmistischen Prädikation der Religion zustimmen zu können, ist es erforderlich, die Religion vernünftig aufzunehmen, um falsche religiöse
Vorstellungen auszuschließen[186]. Bliebe man auf der Stufe der irritierenden Vorstellungen, so besteht für Biedermann die Gefahr einer vorschnellen Distanzierung
vom Religiösen. Darum komme es darauf an, in den Dingen und vor allem in der
Religion das eigentliche Wesen zu erfassen. Programmatisch fügt Biedermann abschließend an: So kann in jeder noch so inadäquaten Vorstellung das wesenhaft
Wahre gefunden werden, und man werde nicht an der Wahrheit irre, auch wenn
der Irrtum noch so üppig wuchere[187].

Damit dürfte deutlich geworden sein, daß Biedermann die Religion zum Einzigen erklärt, was den Menschen in allen Lagen des Lebens halte. Ohne daß er es explizit formuliert, ist damit freilich allein die christliche Religion im Blick. Bemerkenswert bleibt indes die Allgemeinheit seiner Formulierungen. Biedermann
spricht von der Religion, erwähnt ihre Funktion, das Bewußtwerden der Gottes-
begegnung, aber weitere inhaltliche Aspekte führt er nicht aus. In dem ganzen bisher betrachteten Kontext wird etwa an keiner Stelle Bezug auf das Christusgeschehen genommen. Allein zur religiösen Praxis findet sich ein wieder sehr allgemein-
gültig formulierter Hinweis. Biedermann ermahnt, sich stets die Kraft der Religion
bewußt zu machen, denn „täglich haben wir im extensio aber nicht intensio Kleinen, ja stündlich, jeden Augenblick Anlaß genug zur Arbeit an der Zutageförde-
rung der uns zu Grunde liegenden Gottmenschlichkeit"[188]. Daraus resultiert die
Forderung, nie müßig zu gehen, „denn welchen Augenblick könnte er ausruhen
vor dieser Einen Arbeit seines Lebens?"[189]

Was er bisher in theologischen und philosophischen Gedanken ausdrückte, beabsichtigte Biedermann zu einem späteren Zeitpunkt in Form eines Kunstwerkes
darzustellen. Doch bevor man das religiöse Bewußtsein künstlerisch darbieten
kann, erklärt er, muß man die „Idee" des Religiösen theoretisch durch und durch
beherrschen[190]. Darum formuliert Biedermann als seine Lebensaufgabe: „O dieß
möcht ich den Menschen, sei es auf die oder diese Art, welche die fruchtbarste ist,
in Rede, Lehre oder Poesie so recht vollkommen darstellen können, daß es sich
Bahn breche durch die tausenderlei Irrthümer und so Viel als möglich das Glück zu

---

[185] Biedermann, Tagebuch, S. 21.
[186] Biedermann spricht davon, es in „Saft und Blut zu verwandeln"; Tagebuch, S. 22.
[187] Ebd.
[188] Ebd.
[189] Ebd.
[190] Biedermann, Tagebuch, S. 23.

finden den Weg lehren, das mich beseligt". Diesem Wunsch sollte weiterhin das Studium dienen[191].

Die ersten Reflexionen über die Christologie im Tagebuch stammen aus dem Juli 1839 und wurden durch einen Brief des Zürcher Freundes David Fries angeregt. Anscheinend pflegte Biedermann neben einem theologisch-philosophischen Briefwechsel mit Riggenbach einen solchen – in bescheidenerem Umfang – mit Fries. Der Zürcher nimmt in seinem Brief[192] Stellung zu Fragen der aktuellen Christologie-Diskussion: Er sei ganz zufrieden mit Strauß' Christologie, könne aber keine wesentlichen Unterschiede zwischen ihr und der Schleiermachers feststellen[193]. Fries, der Schüler des Zürcher Schleiermacherschülers und Biedermanns späterem Fakultätskollegen Alexander Schweizer (1808–1888)[194], äußerte sich jedoch skeptisch zum kritischen Verfahren Straußens: An der mythischen Erklärung vieler einzelner Erzählungen könne er keinen Gefallen finden[195]. Er folge lieber mit Schweizer der Schleiermacherschen Weise in der Erklärung. Bei Strauß würden Kritik und Christologie nicht zusammenpassen. Denn in der Christologie messe er Christi Person weit mehr Bedeutung zu, als es nach seiner Kritik möglich wäre. Denn nach dieser bleibe nur wenig mehr für die Person Christi übrig als die Möglichkeit der Anknüpfung.

Diese Kritik wollte Biedermann nicht in dieser Weise gelten lassen und setzte sich mit der Frage auseinander, was in den einzelnen Evangelien bezüglich der Person Jesu übrigbleibe, wo Möglichkeiten der Anknüpfung bestünden. Biedermann argumentiert im Gefolge von Strauß auf der historischen Ebene folgendermaßen[196]: Er unterscheidet zwei Gruppen innerhalb des frühen Christentums, durch die die Mythenbildung vollzogen wurde. Einmal nennt Biedermann die in der jüdischen Tradition gebildeten Christusanhänger. Sie interpretierten das Göttliche in Jesus durch das Zeugnis des Geistes im Blick auf den Messias. Die andere Gruppe steht für die alexandrinisch-hellenistische Denkweise: Sie erkannte in Jesus den fleischgewordenen Logos. Beide hatten nach Biedermann auf ihrem jeweiligen

---

[191] Ebd.

[192] Dieser Brief ist nicht erhalten, Aussagen können nur über Biedermanns Tagebuchaufzeichnungen rekonstruiert werden; Biedermann, Tagebuch, S. 24f.

[193] Zu den tatsächlichen christologischen Differenzen zwischen Schleiermacher und Strauß siehe David Friedrich Strauss, Schleiermacher und Daub in ihrer Bedeutung für die Theologie, in: ders., Charakteristiken und Kritiken, eine Sammlung zerstreuter Aufsätze aus dem Gebieten der Theologie, Anthropologie und Aesthetik, Leipzig 1839, S. 150–212; Dietz Lange, Historischer Jesus oder mythischer Christus. Untersuchungen zu dem Gegensatz zwischen Friedrich Schleiermacher und David Friedrich Strauß, Gütersloh 1975.

[194] Zu Schweizer siehe „Prof. Dr. theol Alexander Schweizer. Biographische Aufzeichnungen, von ihm selbst entworfen", hrsg. von Paul Schweizer, Zürich 1889; Paul Schweizer, Freisinnig-Positiv-Religiössozial. Zur Geschichte der Richtungen im Schweizerischen Protestantismus, Zürich 1972.

[195] Biedermann, Tagebuch, S. 24. Zu Schweizers Stellung siehe seine Abhandlung „Das Leben Jesu von Strauß im Verhältnisse zur Schleiermacher'schen Dignität des Religionsstifters", in: ThStKr 10 (1837), S. 459–510.

[196] Strauss, Leben, Bd. 1, S. 72–74.

Standpunkt recht. Denn wer dies leugne, behaupte, daß das Christentum auf einem Irrtum beruhe.

Diese Interpretationen der jüdisch und alexandrinisch-hellenistisch gebildeten Anhänger Jesu können nur eine vorläufige Antwort bleiben, deswegen fragt Biedermann, „Wer war also Christus, wenn jene auf ihrem Standpunkt ihn mit Recht für den Messias und λογος ansahen?"[197] Auch hier schließt sich Biedermann Strauß an: Jesus ist ein Mensch, in dem der göttliche Gattungscharakter der Menschheit zur Erscheinung gekommen ist. Und zwar so, daß auch jene, die ganz auf dem Boden der Transzendenz standen, in Jesus das Göttliche als gegenwärtig anerkennen mußten. Bei ihnen blieb nun aber aufgrund des transzendenten Vorverständnisses die Vorstellung, Jesus sei „ein auf ganz einzige Weise aus Gott hervorgegangenes Wesen"[198]. Weiter beantwortet Biedermann die gestellte Frage nicht, sondern verweist auf Strauß, bevor er in eine Auseinandersetzung mit Schleiermacher tritt: „Nicht mehr und nicht minder als die straußischen Ansichten von der Person Jesu entsprechen der historisch kritischen und philosophischen Betrachtung der evangelischen Geschichte"[199].

Was bei Schleiermacher über Strauß hinausgehe, sei – so Biedermann – philosophisch undenkbar und historisch völlig unnötig. Es stamme aus einem unwissenschaftlichen Verfahren, das Wesen einer historischen Person aus den Voraussetzungen a priori zu konstruieren, etwa nach dem Muster, da wir uns durch Christus erlöst fühlen, muß er so oder so beschaffen sein[200]. Biedermann verwirft diese leichtfertigen Schlüsse, da sie nicht genau genug nach dem Wie der Erlösung fragten. Er hält dagegen: „Wir fühlen uns erlöst durch Christum; das laß ich gelten, aber dem Gefühl ist es wesentlich unvermittelte Erkenntnis zu sein, auch da wo für das Denken der vermittelnden Glieder eine Menge sind; diese hat die Wissenschaft aufzudecken und in ihrem Zusammenhang darzustellen."[201] Das Ergebnis könnte zeigen, daß bei der Frage, wie die Erlösung durch Christus vermittelt sei, ein Christus, wie er historisch nachweisbar und philosophisch begreifbar ist, völlig genügte. Die darüber hinausgehende Feststellung Schleiermachers, wonach sich die letzte Vollkommenheit des Gottesbewußtseins, das Schleiermachersche Urbild, im historischen Jesus, in seiner individuellen Erscheinung manifestiert, erscheint als ganz unnötig[202].

An Biedermanns Ausführungen zum Religionsverständnis, zum Gottesbild sowie zur Christologie schließen sich anthropologische Überlegungen an. Als endgültige Bestimmung des menschlichen Lebens nennt Biedermann die Verwirklichung des absoluten Seins. Das Sein des Menschen sowie seine Natur seien als unmittelbares Geschöpf Gottes naturnotwendig gut. Der Begriff der Schöpfung – als

---

[197] Biedermann, Tagebuch, S. 24.
[198] Biedermann, Tagebuch, S. 25.
[199] Ebd.
[200] Anders hingegen Redeker, Schleiermacher, S. 190f., demzufolge Schleiermachers Aussagen eine solche Interpretation nicht zulassen.
[201] Biedermann, Tagebuch, S. 25.
[202] Redeker, Schleiermacher, S. 194f.

Selbstverwirklichung Gottes – beinhalte, daß das Geschöpf „nicht nur durch Gott sei, von Gott in seiner Vollkommenheit gewußt wurde, sondern Geist werde und sich selbst in der Vollkommenheit wisse"[203]. Diese Vollkommenheit erhalte erst dann wahrhafte Realität, wenn sie auch durch sich selbst und mit Bewußtsein werde. So wird sie nicht nur von Gott geschaffen, sondern sie ist an sich. Auf diesem Wege verbänden sich Geschöpf und Schöpfer im Geist wie Vater und Sohn im Heiligen Geist im Sinne der Hegelschen Trinitätslehre[204].

Als Teilergebnis und bleibende denkerische Herausforderung hält Biedermann fest: „Ich habe mir hauptsächlich das zur Klarheit durchzubilden, daß das Göttliche im Menschen, die Menschheit einerseits die Gattung ist, also jedem Individuum, das nicht durch äußere Einflüsse verkrüppelt ist, ganz innewohnt, ganz dasselbe ist nur noch nicht entwickelt, was auf der andern Seite als göttliches Ziel der Menschheit vorschwebt, dem wir alle uns nur mehr und minder nähern, das noch keiner erreicht hat, Jesum ausgenommen. Daß dieß Ziel nichts weiters enthält als jenen Grund, daß also wirklich unsre Aufgabe nur in der zu Tage Förderung des uns zu Grund liegenden besteht. Ferner wie dieß geschehen kann, und wie es sich mit der Aufgabe der Ausbildung der Individualität sich verträgt, wenn doch das zu Grunde liegende Eins ist."[205]

3. Die erste Predigt (Juli 1839)

a) Der erste Versuch

Die letzten Wochen des Sommersemesters 1839 standen ganz im Zeichen der bevorstehenden Reise nach Berlin. Das angestrebte Pensum seiner privaten Studien hatte Biedermann nicht abschließen können: Er bedauerte, seine begonnenen Studien über Jesaja nicht restlos beendigt zu haben. Ferner standen noch die Zusammenfassung der johanneischen Christologie und das Resultat der historisch-kritischen Analyse des vierten Evangeliums aus[206]. In unruhigen Zeiten der Reisevorbereitungen hatte Biedermann seine erste Predigt zu schreiben. Diese habe ihm viel zu schaffen gegeben, urteilte er rückblickend. Der lange schon ausgewählte Text[207] war dem 1. Thessalonicherbrief entnommen: „Betet ohne Unterlaß!" (5, 17). Für die Wahl des Textes dürften zwei Gründe eine Rolle gespielt haben. Einmal werden zeit- und arbeitsökonomische Erwägungen in Betracht gezogen worden sein: Biedermann hatte im Sommersemester 1839 bei de Wette eine Vorlesung über Galater-, Philipper-, Kolosser- und eben über die Thessalonicherbriefe gehört. Über den zweiten, wesentlich wichtigeren Grund gibt Biedermann selber Rechenschaft: Anhand dieses Textes „Betet ohne Unterlaß!" wolle er den Inbegriff seiner Reli-

---

[203] Biedermann, Tagebuch, S. 24.
[204] Für Hegel hängt der Trinitätsgedanke mit der Frage zusammen, wie Freiheit möglich sei. Hegels Begriff der Freiheit ist „Beisichsein im Anderssein"; JAESCHKE, Vernunft, S. 322f.
[205] Biedermann, Tagebuch, S. 23.
[206] Biedermann, Tagebuch, S. 25.
[207] Ebd.

gion, „daß das ganze Leben Ein Gebet sein müsse, daß heißt alles geschehen müsse mit Bewußtsein aus unserm Gattungscharacter heraus, den wir uns stets durch ununterbrochne Einkehr bei uns selbst als göttliches Geschöpf bewußt erhalten sollen", explizieren[208]. Von dieser Grundlegung aus sollte in der Predigt gegen die vor allem im supranaturalen Denken beheimatete Ansicht Stellung genommen werden, als würde durch das Gebet irgend etwas Äußeres oder irgend etwas anderes als die „Selbststärkung, die Erhöhung und Stärkung des Göttlichen in uns" bewirkt werden. Gott selber könne durch das Gebet weder bestimmt noch berührt werden. Das Gebet richtet sich in Biedermanns Perspektive nicht auf etwas außerhalb des Betenden selber Existierendes, sondern dient dem betenden Subjekt insofern, als es sich dadurch seiner ihm innewohnenden Göttlichkeit bewußt wird und dieses Bewußtsein zu stärken vermag. Damit hat er sich in die Nähe Schleiermachers und all derer begeben, denen ein Glaube an ein wunderbares Eingreifen Gottes infolge der Gebetserhörung nicht mehr möglich erschien[209]. Aber die Forderung des Apostels Paulus im 1. Thessalonicherbrief hat nach Schleiermacher trotzdem ihre Berechtigung, weil das menschliche Selbstbewußtsein niemals ohne das Bewußtsein der Bedürftigkeit sei, und so „gewiß also das Gottesbewußtsein nie ganz in uns ersterben soll, so wenig auch das Gebet"[210]. Diesem Standpunkt schloß sich der Basler Student an.

Als inhaltlichen Schwerpunkt der Predigt benennt Biedermann folgendes Problem: Ein Leben geschieht in Abwechslung, alles hat seine Zeit. – Was also ist das Gebet, wenn man die Bestimmung ernst nimmt: Betet ohne Unterlaß? Diese grundsätzliche Frage handelte er unter zwei Gesichtspunkten ab: Erstens: Was ist das Gebet? und zweitens: Was sind seine Wirkungen?

Im ersten Teil führt Biedermann aus, daß das Gebet von den sogenannten Ungläubigen wegen seiner Fruchtlosigkeit verworfen werde. Dem könne er zustimmen, denn der eigentliche Zweck des Gebetes sei ja ein ganz anderer. Es diene nämlich – und hier kommt der Inbegriff der Biedermannschen Religion zum Tragen – der Bewußterhaltung des unmittelbar göttlichen Geschöpfs im Menschen[211]. Der Mensch fühle, daß er der Welt und Gott angehöre. Diese Kongruenz habe Jesus in hervorragender Weise gezeigt. Beten – das ist nach dem Reich Gottes streben – bedeute darum, das menschliche Tun in der Welt aus dem göttlichen Bewußtsein hervorgehen zu lassen. Das Gebet solle als andere Seite unseren weltlichen Weg ohne Unterlaß begleiten.

Die Wirkungen, die im zweiten Teil behandelt werden, faßt Biedermann unter vier Stichworten zusammen. Das Gebet bewirke ein reines Herz, das Schauen Gottes, die Seligkeit der Gemeinschaft mit Gott und die Sündenvergebung. Obwohl die Wirkungen so bedeutend seien, stelle das Gebet ohne Unterlaß ein schwieriges Unterfangen dar. Ihm stehe nämlich die menschliche Selbstsucht entgegen. Das

---

[208] Biedermann, Tagebuch, S. 26.

[209] SCHLEIERMACHER, Glaubenslehre 1831, Bd. 2, S. 133–135 sowie §§ 146f.

[210] SCHLEIERMACHER, Glaubenslehre 1821/22, Bd. 2, S. 293. Siehe dazu 2. Auflage, Bd. 2, S. 376f.

[211] Biedermann, Tagebuch, S. 26.

Gebet nötige indes dazu, diese Ichbezogenheit unter dem Bewußtsein Gottes niederzuhalten. Das Bewußtsein Gottes könne gegen die Selbstsucht vornehmlich durch das Beispiel Jesu Christi gestärkt werden.

Soweit die Zusammenfassung des Anliegens und der Durchführung der Predigt. Biedermann berichtet im Anschluß an die Notizen zur Predigt, wie es ihm mit ihr ergangen sei. Dem vorübergehend auch bei Pfarrer Hess wohnenden Bündner Theologiestudenten und späteren Reformtheologen Jeremias Allemann[212] las er sie eines Abends nach dem Nachtessen vor. Seinem Urteil nach war sie in einem traditionellen Sinne „christlicher" ausgefallen, als erwartet. Manches aber, hier spielt Allemann auf die Ausführungen zur Gebetserhörung und zu den Wirkungen des Gebets an, laufe der Bibel stracks zuwider. Dieser Kritik stimmte Biedermann zu, wollte er doch diese noch zu verteidigende Differenz aus den verschiedenen Weltsichten der biblischen Autoren zur Zeit Christi herleiten[213]. Auch Pfarrer Hess bemerkte nach einem positiven allgemeinen Eindruck mit „schlauem Lächeln", daß hier über einige Dogmen leicht hinweggegangen sei. Frau Hess gab zu erkennen, sie habe sich selber befriedigt gefühlt, befürchte aber, andere könnten daran Anstoß nehmen. Vor allem die Verwerfung der Gebetserhörung in bezug auf äußere Dinge werde auf großen Widerstand stoßen. Sie scheint in verständnisvoller Weise dem eifrigen Studenten seinen jugendlichen Enthusiasmus für Strauß und dessen Ansichten zugute gehalten zu haben, in der Hoffnung, daß ihr Hausgenosse in Zukunft andere Töne anschlagen werde. Darum versprach sie ihm, sie wolle ihn in zehn Jahren an das in der Predigt Gesagte erinnern.

Der erste Hörer der Predigt, der entschiedene Ablehnung zeigte, war de Wette, Biedermanns erster Homiletiklehrer[214]. Dieser verweigerte seine Zustimmung und erklärte die Predigt als „natürliches Product" von Biedermanns theologischer Richtung. De Wette machte aus seiner Ablehnung der spekulativen Theologie keinen Hehl und warf dem Studenten vor, die Predigt diene keineswegs der Erbauung. Entgegen ihrem besinnlichen Charakter provoziere sie vielmehr durch ihre schroffen Verneinungen, „wo man doch apostolisch nicht verneinen könne", einen unnötigen Anstoß[215]. De Wette forderte eine Überarbeitung und gab dem Prediger noch einige Hinweise zur sachgemäßen Auslegung des Textes.

---

[212] ULRICH BERINGER, Geschichte des Zofingervereins. Kulturbilder aus dem schweizerischen Studentenleben, Bd. 2, Basel 1907, S. 527. Allemann (1811–1896, ordiniert 1841) war von 1841–1848 Pfarrer in Grüsch und gehörte zu den entschiedenen Reformern. JAKOB R. TRUOG, Die Pfarrer der evangelischen Gemeinden in Graubünden und seinen ehemaligen Untertanenlanden, Chur 1935, S. 92.

[213] Biedermann, Tagebuch, S. 26.

[214] Bei de Wette hatte Biedermann im Sommersemester 1839 „homiletische Übungen" belegt.

[215] Biedermann, Tagebuch, S. 27ᵃ. Da im Tagebuch zweimal die Seitenzahl „27" vergeben wurde, wird im folgenden zwischen „S. 27ᵃ" und „S. 27ᵇ" unterschieden.

b) Der zweite Versuch

Auf de Wettes Anregungen wollte sich Biedermann allerdings weiter nicht einlassen. Ihm ging es nämlich weniger um den Bibeltext als um den Inhalt der Predigt. So kehrte er das übliche homiletische Verfahren der Textpredigt um und suchte wie bei einer Themapredigt einen neuen Text. Er fand ihn in der Bergpredigt:
„Trachtet zuerst nach dem Reich Gottes und nach seiner Gerechtigkeit, so wird
euch das alles zufallen" (Matthäus 6, 33)[216]. Anhand dieses Textes konnte er den
Hauptgedanken seines ersten Entwurfes, „die ganze Religion des Menschen bestehe darin, jede seiner Handlungen in der Welt aus dem Bewußtsein seines innern
Menschen, des unmittelbaren Geschöpfes Gottes hervorgehen zu lassen", ausführen. Außer diesem Leitsatz wurde die Predigt völlig neu geschrieben. Mit dieser
neuen Fassung verband Biedermann die Hoffnung, daß jene Hörer und Hörerin-
nen Erhebung und Stärkung finden werden, die nicht „express Jagd auf verdächtige
Ansichten machen"[217]. Die Predigt spreche nämlich ohne polemischen Seitenblick
rein positiv das aus, was allen Auffassungsweisen als das Wahre zugrunde liege.

Zur Erinnerung notierte Biedermann den vollen Wortlaut seiner Predigt ins Tagebuch[218]. In einer auf das praktische Leben bezogenen Einleitung beschreibt Biedermann das menschliche Leben als eine Kette vielfältiger Verhältnisse und Zustände. Ein solches Leben führe in die Orientierungslosigkeit, man würde sich verlieren
und so zum „Spielball der Verhältnisse werden"[219]. Um dem zu entgehen, bedürfe
es eines erstrebenswerten Zieles. Das einzig wahre Ziel, das in unserem Wesen begründet sei, welchem das Leben nachzufolgen habe, werde besonders deutlich im
gewählten Predigttext ausgesprochen, den Biedermann in zwei Teilen auslegt. Zuerst erklärt er, inwiefern das Streben nach dem Reich Gottes das Ziel des Lebens
sei. Zweitens fragt er, wie sich die Menschen bei diesem Streben zum Vergänglichen verhalten sollen.

Nach dem Kanzelgebet[220] expliziert Biedermann seine zweiteilige Predigt. Zuerst beschreibt er die unterschiedlichen Lebensweisen der Menschen und ihr Gefühl, daß das innerweltliche Glück allein nicht das wahre sein könne. Biedermann

---

[216] Zu DE WETTES Exegese der Stelle siehe seine „Kurze Erklärung des Evangeliums Matthäi",
S. 89, wo er den sittlichen Charakter der Gerechtigkeit gegenüber der paulinischen Gerechtigkeit
betont. Was den Menschen als Unwesentliches, Untergeordnetes zufalle, werde nicht ohne das
Zutun der Menschen, „sondern durch ihre aus der rechten Gesinnung hervorgehende und darum
von Gott gesegnete Thätigkeit" geschehen.

[217] Biedermann, Tagebuch, S. 27ᵃ.

[218] Siehe S. 27ᵇ-33. Als Text gibt er zu Beginn der Predigt den lukanischen Paralleltext „Trachtet vielmehr nach seinem Reich, so wird euch das alles zufallen" (12, 31) als Predigttext an. Für
Matthäus 6, 33 spricht jedoch, daß Biedermann wenige Wochen später am 20. Juli in Biel seine erste Predigt über Matthäus 6, 33 hielt; siehe Tagebuchblätter, Juli 1839. Die Tagebuchnotiz scheint
darum eine Verwechslung zu sein.

[219] Biedermann, Tagebuch S. 27ᵇ.

[220] „Du aber allmächtiger Vater, der du nahe bist einem jeden unter uns, laß uns deine beseli-
gende Nähe empfinden, wecke in uns den Durst nach dem ewigen Leben, der nur in der Gemeinschaft gestillt wird, daß wir dich suchen, finden und nimmer von dir lassen mögen. AMEN"; Biedermann, Tagebuch, S. 27ᵇ.

zufolge erfährt der Mensch sich als Bürger des weltlichen und göttlichen Reiches und stellt die Frage, wie er zugleich in beiden zu Hause sein könne. Mit Paulus (Römer 7, 24f.) gibt Biedermann eine christologische Antwort: Durch Christus sind beide Reiche nicht mehr getrennt. Christus konnte dieses Wissen weitergeben, weil Gott ganz in ihm und er ganz in Gott gewesen sei[221]. Dennoch bleibe für den Menschen die Freiheit bestehen, von Gott weg in die Irre zu gehen.

Das „Trachten nach dem Reich Gottes" interpretiert er, seinem Religionsverständnis entsprechend, als Vergegenwärtigung des eigenen Innersten, um dort das Urbild Christi zu finden, welches in der Welt zu verwirklichen sei. Damit erhält Biedermanns Verständnis der Religion einen stark ethischen Zug. Das Leben für Gott und das Leben in der Welt sollen nämlich immer ein und dasselbe sein. Im Leben stelle sich darum die Aufgabe, Ebenbild Gottes zu werden.

Im zweiten und erheblich ausführlicheren Teil der Predigt ist das Verhältnis zwischen dem Streben nach dem Reich Gottes und den einzelnen weltlichen Dingen das Thema. Grundlegend für Biedermanns Interpretation ist die Zusage Jesu: „Denn euer himmlischer Vater weiß, daß ihr all dessen bedürft"[222]. Der Gott, der sich im Leben desjenigen kundgibt, der seinen Willen zu vollbringen trachte, dieser Gott ist im Verständnis Biedermanns in allen menschlichen Verhältnissen wirksam und bestimmt das menschliche Schicksal[223].

Im folgenden geht Biedermann den Einwänden gegen seine zuversichtlichen Aussagen nach. An Hand einiger Beispiele erläutert er die Theodizeeproblematik. Für ihn hängt die Beantwortung der Theodizeefrage ganz eng mit der individuellen Lebensausrichtung zusammen: Denn jene Frage stelle nur, wer sein Lebensziel innerhalb des vergänglichen Irdischen suche. Wer hingegen nach dem Reich Gottes strebe, der verliere sein Ziel nicht durch schicksalhafte Wechselfälle aus den Augen, „denn in jeder Lage des Lebens bleibt ihm Freiheit und Spielraum genug für die höchste Arbeit seines Lebens, Gottes Willen stets zu dem seinen zu machen"[224]. Die Welt, die den Frieden Gottes nicht geben könne, vermöge ihn auch nicht zu nehmen. Die daraus resultierende seelische Befindlichkeit zeichne sich aus durch ein Gefühl der Erhebung und der Demut gegen Gott und verzichte auf jeden Stolz gegen die Welt. Mit Ruhe, Zufriedenheit und Vertrauen erfüllten die Menschen ihre Aufgabe, sich immer näher an Christus anzuschließen[225]. Biedermann beendet seine Predigt mit dem Aufruf: „Darum laßt uns streben nach dem Reich Gottes, streben danach ohne Unterlaß, daß kein Augenblick uns überrasche, daß wir allein

---

[221] Die menschliche Natur, die in den Menschen so armselig, mangelhaft und unvollkommen erscheine, „hat er in ihrer Vollkommenheit wie sie Gott geschaffen, in ihrer ungetrübten Harmonie mit dem Willen Gottes vor den Augen der erstaunten Welt auseinander gelegt und so sich als den wahren reinen und sündlosen Sohn Gottes erwiesen"; Biedermann, Tagebuch, S. 29.

[222] Matthäus 6, 32b.

[223] Biedermann, Tagebuch, S. 30. Hier wird die Nähe zu de Wettes Exegese ersichtlich.

[224] Ebd.

[225] Biedermann, Tagebuch, S. 33.

und nicht mit Gott wären, und er wird mit uns sein und seinen Frieden leuchten lassen über uns in Glück und Unglück, im Leben und Sterben."[226]

4. Ertrag

In der Predigt wird eine tiefe Gottesbeziehung Biedermanns deutlich, die er ohne überschwengliches Pathos zum Ausdruck bringt. Sicherlich wird man fragen müssen, ob nicht manche Gegenüberstellungen allzu schematisch gestaltet sind, ob gewisse Antworten auf die Schicksalsfragen des Lebens so einfach zu geben sind. Trotz dieses Einwandes kann man nicht von einer oberflächlichen Behandlungsweise des Themas sprechen. Neben recht traditionellen Gedanken wird doch auch spürbar, daß gerade die Frage nach dem Gottesverhältnis in Zeiten der Not und der Verzweiflung nicht etwas rein Theoretisches für Biedermann war. Diesen Fragen wird er ohne Zweifel zusammen mit dem Vater nachgegangen sein, dessen Glauben sich an zahlreichen Schicksalsschlägen zu bewähren hatte. Aber auch infolge des väterlichen Todes werden die Themen, die die Predigt bespricht, aktuell gewesen sein.

Schließlich beziehen sich die Gedanken Biedermanns auf seine zentrale theologische Fragestellung, die ihn bis ins hohe Alter beschäftigen wird: Welche Rolle spielt die Religion, spielt der christliche Glaube in einer Welt wachsender Rationalität? Wie kann die in den Schleier historischer Zufälligkeit gekleidete christliche Wahrheit auch vor dem kritischen philosophischen Bewußtsein bestehen? Biedermann setzte sich seit Beginn seiner Studien mit diesen Herausforderungen auseinander, um zu philosophischen und theologischen Antworten zu kommen, die nicht der Vernunft widersprechen. Biedermanns bisheriger Studiengang zeigt, daß er diesem Anspruch mit tiefer Ernsthaftigkeit zu entsprechen suchte. Schrittweise, das jeweils Weiterführende aufnehmend, schaffte er sich jene ersten Grundlagen, von denen seine weitere philosophische und theologische Arbeit zehren wird. Biedermann nutzte das begrenzte Basler Lehrangebot, um sich von dieser Basis aus eigenständig in unbekannte theologische Ansätze einzuarbeiten. Hierbei erscheinen seine ersten theologischen Zeugnisse als wichtige Wegmarken. Sowohl in den beiden Essays als auch in der Predigt läßt Biedermann das Bemühen und die Fähigkeit erkennen, von seinen theologischen und philosophischen Lehrern ausgehend, eigenständige Synthesen zu formulieren. Dabei fällt die Bereitschaft auf, die eigenen wissenschaftlichen Ergebnisse einer immer wieder neuen Überprüfung und Korrektur zu unterziehen. Durch diesen Prozeß dringt Biedermann immer tiefer in philosophische und theologische Problemstellungen ein. Dabei ging es ihm schon als jungem Studenten darum, den christlichen Glauben unter den Bedingungen der Moderne verstehen zu lernen. Mit zunehmendem Engagement und wissenschaftlichem Pathos arbeitete er für einen existenzbestimmenden, gedachten Glauben, der gerade auch die Gebildeten unter seinen Verächtern erreichen möge. Wegbereiter dieses Denkens waren in Basel de Wette, aber vor allem der Philosoph Friedrich Fi-

---

[226] Ebd.

scher. Literarisch von entscheidender Bedeutung wurde schließlich das „Leben Jesu" von Strauß. Nach anfänglicher entschiedener Ablehnung wuchs durch Fischer und Strauß die Begeisterung für die Philosophie Hegels. Der Bezug zu Schleiermacher blieb noch oberflächlich.

Weitere Anregungen und Antworten auf seine Fragen sollte Biedermann das Studium in Berlin vermitteln.

5. Kapitel

Das Studium in Berlin 1839–1841

I. Zwischen Basel und Berlin

1. Abschied und Turnfest in Bern

Nach einem Aufenthalt von mehr als fünf Jahren verließ A. E. Biedermann Basel und zog am 15. Juli 1839 morgens um fünf Uhr aus dem ihm so vertraut und lieb gewordenen Pfarrhaus am Barfüßerplatz aus[1]. Mit den Freunden Meyer, Oeri und J. E. Gengenbach wanderte er ins Baselbiet[2]. Biedermann galt als konditionell sehr starker Wanderer und gönnte den Begleitern gewöhnlich nur kurze Pausen. Darum hieß es unter den Freunden, Biedermann besitze keine Seelenruhe. Dennoch genossen die Freunde die gemeinsamen Wanderungen, da Biedermann sehr unterhaltsam, ein beliebter Erzähler und Gesprächspartner war.

Am nächsten Tag marschierte Biedermann alleine über den Lauwilerberg und den Passwang zum Schloß Bechburg, dem Feriendomizil der Familie Riggenbach. Von dort brach er zu einer Wandertour auf, die ihm – nach eigenen Worten – die ersehnte Ruhe und Erholung nach den unruhigen letzten Tagen in Basel bescherte. Biedermann war in jenen Tagen psychisch sehr ausgeglichen, glücklich und sah der Zukunft hoffnungsvoll entgegen[3]. Seine Reise führte ihn am nächsten Tag weiter über Solothurn – das ihn angenehm überraschte – und Grenchen nach Biel, wo er bei Pfarrer Johann Conrad Appenzeller[4], einem alten Freund der Familie Biedermann, Unterkunft fand. Dieser lud ihn ein, am folgenden Sonntag zu predigen. Die beiden Tage bis zum Gottesdienst verbrachte Biedermann mit Spaziergängen, auf denen er die Predigt, die er schon in Basel angefertigt hatte, memorierte. Am Freitag stand noch ein gesellschaftliches Ereignis an: Mit Pfarrer Appenzeller spazierte

---

[1] Das „väterliche Haus" habe er in aller Fröhlichkeit verlassen und heiter, beinahe lustig von Frau Hess Abschied genommen, erklärt Biedermann, Tagebuch, S. 33. Die Eintragungen ins Tagebuch bis einschließlich S. 53 notierte Biedermann erst während seines Aufenthaltes in München zwischen dem 24.8. und dem 7.9.1839, das Weitere schrieb er in Berlin nieder; siehe Tagebuch, S. 53; 55.

[2] Zur Wanderausrüstung gibt JOHANN JAKOB OERI, Persönliche Erinnerungen an A. E. Biedermann, in: KBRS 1881, Nr. 11–19, S. 43, einen Hinweis.

[3] „Es trat vor meine Seele eine Zukunft, die ich mit allen Farben der Hoffnung ausmalen könnte, ohne daß die Sehnsucht danach zum ungeduldigen Verlangen ward, da in der Gegenwart keine Ursache lag, sie hinter mir zu wünschen"; Biedermann, Tagebuch, S. 34.

[4] Zur Person siehe oben S. 29.

er am Bieler See entlang nach Twann, um sich von dort auf die Sankt Petersinsel übersetzen zu lassen[5]. Dort erwartete sie Prinzessin Louise Wilhelmine Thekla zu Wied (1817–1867), eine Tochter des Fürsten Johann August Karl zu Wied (1779–1836) und der Fürstin Sophie Auguste (1796–1855), einer geborenen Prinzessin von Solms-Braunfels[6]. Biedermann wurde durch den Empfang sehr beeindruckt: „Endlich ward die Princessin herangetragen. In ihrem 17ten Jahr war sie an den unteren Theilen völlig gelähmt worden und litt von [an] heftigen Krampfanfällen. Im übrigen war sie kerngesund. Sie muß reizend schön gewesen sein, denn noch im 21 Jahr jetzt, obgleich sie bei fortwährend gutem Appetit und gänzlichem Mangel an Bewegung ganz unmäßig fett geworden ist, sind die Züge unendlicher Anmuth in ihrem Gesicht nicht zu verkennen. Uebrigens soll sie sehr geistreich ja Dichterin sein und ein Muster von Geduld und Frömmigkeit und Leutseligkeit. Unweit des achteckigen Pavillons wurde im Freien ein kleines Abendessen gehalten. Bald aber mußte an den Aufbruch gedacht werden. Denn bis die Princessin und alles mitgenommene Geräth ans Ufer geschafft war, währte es Stunden. In drei Booten, da auch die zahlreiche Familie von Neuschatel mitkam, verließ man das Boot [die Insel]."[7] Mit einer leichten Kutsche, einer Chaise, fuhren Biedermann und Appenzeller zurück nach Biel. Begeistert von der landschaftlichen Schönheit der Insel und ihrer Umgebung wünschte sich Biedermann, auch einmal einen Sommer lang in solcher Einsamkeit zu leben.

An einem trüben Sonntagmorgen badete Biedermann noch vor dem Gottesdienst im Bieler See. Dann kleidete er sich in den Ornat, der vor allem aus einem „schwarzen spanischen Mäntelchen" bestand und ihn schmunzeln ließ[8]. Da er viel zu früh fertig geworden war, ein durchaus charakteristischer Zug Biedermanns, las er bis zum Beginn des Gottesdienstes noch in Justinus Kerners romantischem Roman „Reiseschatten"[9], sozusagen als Vorbereitung auf die eigene bevorstehende Reise nach Berlin. Auf diesen satirischen Roman dürfte Biedermann durch die Lektüre der „Zwei friedlichen Blätter" von Strauß aufmerksam geworden sein, da diese einen Aufsatz über den Arzt und Dichter Justinus Kerner (1786–1862)[10] ent-

[5] Zur Sankt Petersinsel siehe HBLS 6, S. 77f. Die Insel galt als beliebtes Reiseziel, sowohl Rousseau als auch Goethe und andere besuchten sie.

[6] Thekla zu Wied unternahm 1837 einen längeren Kuraufenthalt in der Schweiz. Sie reiste zuerst inkognito unter dem Namen Thekla von Seeburg, doch bald schon wurde ihre wahre Identität offenbar. Ich danke Herrn B. Gondorf im Fürstlich Wiedischen Archiv, Neuwied, für seine Auskünfte. Zu den Reichsfürsten zu Wied siehe GÜNTER FRANZ, Wied, in: BWDG 3, München 1975, Sp. 3143.

[7] Biedermann, Tagebuch, S. 35.

[8] Der kirchliche Ornat war im deutschen Kantonsteil Berns „ein Kanzelrock mit Ringkragen", in Biel „blos Mantel und Beffchen"; siehe GEORG FINSLER, Kirchliche Statistik der reformirten Schweiz, Zürich 1854, S. 121.

[9] JUSTINUS KERNER, Reiseschatten. Von dem Schattenspieler Luchs, in: Die Dichtungen von Justinus Kerner. Neue vollständige Sammlung in Einem Bande, Stuttgart/Tübingen 1834, S. 265–512. Kerner schildert eine Reise mit den zentralen Orten: Hamburg, Berlin, Wien, Augsburg, Nürnberg und Böhmen.

[10] Kerner, der Mittelpunkt der schwäbischen Dichterschule, interessierte sich sehr für übersinnliche Kräfte und beschäftigte sich mit dem Somnambulismus und dem Mesmerismus. Siehe

hielten[11]. Als es zu läuten begann, sei er nach eigenem Empfinden ganz ruhig auf die Kanzel gestiegen. Das fremde, zahlreich erschienene Publikum versetzte ihn nicht in Aufregung, im Gegenteil, in großer Freiheit und Unbefangenheit habe er die Predigt vortragen können. Die gute Kenntnis der Predigt verleitete ihn jedoch, zu schnell zu sprechen[12].

Am nächsten Tag ging es zurück nach Solothurn. Dort wurden die angereisten Basler Turner empfangen. Mit ihnen fuhr Biedermann am 22. Juli nach Bern zum „Eidgenössischen Turnfest". Beeindruckt schildert Biedermann dieses Zusammentreffen der schweizerischen Turner: „In engen staubumhüllten Reihen rückte man gegen einander, bis die Fahnen dicht voreinander standen. Da lösten sich die Züge und alles eilte durcheinander, die Freunde zu suchen und mit warmer Umarmung zu grüßen, die ferner stehenden Bekannten oder die noch Unbekannten mit biederm Handschlag. Lang bewegte sich so das bunte Gewühl an einer Stelle. Nach und nach ordnete man sich nach den Stimmen zum Gesang, hintennach die Stimminvaliden, unter denen auch ich mit meinen ersten Freunden. Wir bildeten das ganze Fest über absichtlich die letzte Reihe. Endlich setzt sich der stattliche Zug in Bewegung. Es waren 180 aus dem Kern des Theiles der schweizerischen Jugend, auf dem vornehmlich die Hoffnung für die Zukunft beruht, ein Anblick, der uns selbst das Gefühl mächtig erhob, und auch einem fremden Zuschauer das Herz höher konnte schlagen machen. Mit mächtigem Gesang ward die Stadt durchzogen; jedes Fenster war voll willkommener Zuschauer."[13]

Biedermann fand in Bern Quartier bei dem Württemberger Professor Matthias Schneckenburger (1804–1848)[14], dem Kirchenhistoriker und Systematiker an der Universität. Mit ihm diskutierte Biedermann über Strauß, den Schneckenburger aus der gemeinsamen Zeit als Repetenten am Tübinger Stift persönlich kannte[15]. Schneckenburger versicherte Biedermann, daß er Strauß sehr schätzen gelernt habe. Diese Aussage stand freilich im Gegensatz zu Schneckenburgers Position im Streit um Straußens Berufung nach Zürich. Immerhin hatte er ein, wie Bieder-

---

dazu HORTON HARRIS, David Friedrich Strauss and his Theology, Cambridge 1973, S. 14–16. Bibliographie zur Geschichte der Universität Tübingen, bearb. von Friedrich Seck, Gisela Krause, Ernestine Stöhr, Tübingen 1980, S. 551.

[11] DAVID FRIEDRICH STRAUSS, Zwei friedliche Blätter, Altona 1839.

[12] Biedermann, Tagebuch, S. 36. Die Angabe bei OERI, Erinnerungen, S. 50, bezüglich des Predigttextes (Lukas 9, 62) ist falsch. Zudem irrt Oeri, wenn er behauptet, Biedermann hätte zum zweiten Mal gepredigt. Es war die erste Predigt. Siehe Tagebuchblätter (20.7.1839), S. 6: „erste Predigt über Mt 6, 33". Oeri bietet in seiner Darstellung einige Ungenauigkeiten.

[13] Biedermann, Tagebuch, S. 38. Zum Turnfest siehe JOHANNES NIGGELER, Geschichte des eidgenössischen Turnvereins, Biel 1882, S. 18 f.; 118 f. Zu den Statuten des Schweizerischen Turnvereins siehe aaO., S. 141.

[14] BERNHARD HUNDESHAGEN, M. Schneckenburger, in: RE³ 17, S. 666–670.

[15] THEOBALD ZIEGLER, David Friedrich Strauß. Erster Teil, 1808–1839, Straßburg 1908, S. 49 f., berichtet, daß gerade die ehemaligen Blaubeurer Studenten Schneckenburger gerne gehört hätten. In dessen Vorlesung über evangelisches Kirchenrecht habe man den Einfluß der Hegelschen Rechtsphilosophie gespürt. Zudem habe er auf den Einfluß der neueren Philosophie auf die Theologie, vor allem auf Hegel hingewiesen.

mann es höhnisch nennt, „Gratulationsschreiben"[16] des „Berner Pastoralvereins"
an den Zürcher Antistes mit unterzeichnet, in dem der Dank für den aufopferungs-
vollen Einsatz gegen Strauß ausgesprochen wird[17].

Die folgenden drei Tage standen ganz im Zeichen des Turnens. Nach einem Tag
des gemeinsamen Turnens schritt man am 24. Juli zum Wetturnen in Disziplinen
wie Barren, Reck, Pferd, Hochsprung, Stangenspringen (Stabhochsprung) und
Grabenspringen (Weitsprung). Trotz einer kleinen Verletzung konnte Biedermann
den Wettbewerb erfolgreich beenden. In der Schlußabrechnung belegte er immerhin den zweiten Platz. Mit den patriotischen Worten „Gedenke St. Jakobs!"[18] überreichte ihm Regierungsrat Bernhard Rudolf Fetscherin (1796–1855)[19] als Sieges-
prämie einen Reisesack. Auf den Plätzen drei und vier folgten Charles Archinard
(1819–1905)[20] und Theodor Meyer. Den Berner Zofinger Archinard hatte Biedermann erst während des Turnfestes kennen- und schätzengelernt. Er fühlte sich sogleich zu ihm hingezogen. Mit leidenschaftlichen, homoerotischen Worten beschreibt Biedermann diese erste Begegnung: „Sein Gesicht sein ganzes Wesen zog
mich vom ersten Augenblick unwiderstehlich zu ihm hin. Wir hatten uns kaum gesehen, als wir uns schon aufs engste zusammen gefunden. Sein dunkles Auge, das

---

[16] Biedermann, Tagebuch, S. 39.

[17] Das Schreiben beginnt: „Die religiöse Bewegung in der Zürcher'schen Kirche, wo sich ein
ganzes christliches Volk zum Zeugniß für seinen Glauben erhebt wie Ein Mann, muß in allen
Schwesterkirchen des gemeinsamen Vaterlandes die lebendigste Theilnahme und freudigste Bewunderung erwecken. Diese Theilnahme zu bezeugen fühlen auch die unterzeichneten Mitglieder des Berner Pastoralvereins sich gedrungen in brüderlicher Liebe und in der Gemeinschaft des
Geistes und des Glaubens, welchen unsere Väter unter dem Beistande Gottes erstritten und mit ihrem Blute besiegelt haben." Der Brief ist an den Zürcher Antistes Johann Jakob Füssli (1792–
1860) adressiert, einen engagierten Gegner von Strauß. Die Berner danken dem Antistes für seine
„ausgezeichnete Stellung und Wirksamkeit" bei den Auseinandersetzungen um Strauß. Sie betonen zwar auch die Erfordernis der Lehrfreiheit, sehen Strauß jedoch nicht mehr auf dem Boden
des christlichen Glaubens. Darum sei er zurecht als Professor abgewiesen worden. Außer einigen
Pfarrern unterzeichneten die drei Vermittlungstheologen Samuel Lutz, Karl B. Hundeshagen und
Schneckenburger, der orthodox-pietistische Auguste Schaffter und der Schleiermacherschüler
Ferdinand F. Zyro den Brief. Siehe das Schreiben des „Berner Pastoralvereins" an Johann Jakob
Füssli vom 15.3.1839, in: „Proteste gegen die Berufung von Dr. D. F. Strauss 1839"; StAZü: T 58.
Zur Berner theologischen Fakultät siehe KURT GUGGISBERG, Bernische Kirchengeschichte, Bern
1958, S. 638–641. Zu Füssli siehe „Zürcher Pfarrbuch 1519–1952", hrsg. von Emanuel Dejung
und Willy Wuhrmann, Zürich 1953, S. 286.

[18] Dieser Ausruf spielt auf die Schlacht der Eidgenossen gegen die Armagnaken 1444 an und
soll an die Tapferkeit der Schweizer erinnern. St. Jakob gehört heute zu Basel.

[19] HBLS 3, S. 144f.; J. STERCHI, Bernhard Rudolf Fetscherin, in: Sammlung Bernischer Biographien, Bd. 2, Bern 1896, S. 585–592.

[20] ULRICH BERINGER, Geschichte des Zofingervereins. Kulturbilder aus dem schweizerischen
Studentenleben, Bd. 2: Der Zofingerverein während der Regenerationszeit 1830–1847, Basel
1907, S. 528. Archinard wurde 1819 in Wesserling/Elsaß geboren, studierte in Bern und Lausan-
ne, wurde 1844 ordiniert, Pfarrer in Wesserling und 1864–1872 Direktor an der Kantonsschule in
Lausanne, bis 1886 ebenda Professor; in Cahilly sur Lausanne am 19.12.1905 verstorben; HBLS 1,
S. 417. CHARLES ARCHINARD publizierte: Histoire de l'Église du canton de Vaud, depuis son origi-
ne jusqu'aux temps actuels, Lausanne 1881; Histoire de l'instruction publique dans le canton
Vaud, Lausanne 1870; Tableaux de statistique agricole du canton de Genève, Genève 1883.

gewöhnlich jugendlich frisch und kek blickte, bald mich mit dem Ausdruck der wärmsten Liebe, des sanftesten Gemüthes ansah, wirkte wie ein Zauber auf mich. Dieses Auge unter der stolzen Stirn, das lockige schwarze Haar, der schlanke aber kräftige Wuchs, alles zusammen bildete ein Muster ungeschwächter jugendlicher Kraft und Schönheit. Er ist der erste welschen Blutes, den ich liebe. Seit wir am Reck zusammengetroffen, ließen wir nicht von einander ab."[21]

Das Turnfest wurde von einem langen, lauten und punschhaltigen Fest[22] gekrönt, das erst in den frühen Morgenstunden sein Ende fand. Der angebrochene Tag diente dem Packen und Abschied nehmen. Für Biedermann bedeutete dies, nicht nur die Freunde zu verabschieden, sondern auch einen Lebensabschnitt. An jenem Morgen endete für ihn die erste Basler Epoche, die „schöne Jugendperiode". Vor ihm lag der Aufbruch in eine neue, unbekannte und große Stadt. Basel und auch Bern hatten ihn so positiv beeindruckt, daß er gerne geblieben wäre[23]. Er war unsicher geworden, ob die Fremde den Verlust ersetzen könne. Eine innere, für ihn typische Zerrissenheit plagte ihn. Auf der einen Seite sagte ihm der Verstand, daß der Hauptzweck der Jugend die Ausbildung sei, weswegen er die Schweiz verlassen müsse. Andererseits berührte ihn schmerzlich, daß das, was er suchte, nur im Ausland und nicht in der Heimat zu finden sei. Nach der gescheiterten Berufung von Strauß mußte er in die Fremde ziehen, um hegelsche Luft atmen zu können. Hätte ihn nicht sein Freund Riggenbach in Berlin erwartet, wäre Biedermann wohl in der Schweiz geblieben[24]. Schwermütig machte sich Biedermann auf den Weg. Tief bewegt nahm er Abschied, vor allem von Charles Archinard, den er nach „fester Umarmung und heißem Kuß" zurückließ. Biedermann verspürte Heimweh beim Abschied in Bern, weil er den Sinn und die Richtigkeit seiner Entscheidung – nach Berlin zu gehen – unter dem Eindruck der vergangenen Tage in Frage stellte[25].

Mit fünf Churer Turnern reisten Fries, Meyer und Biedermann in zwei Kutschen nach Thun. Von dort ging es nach kurzem Aufenthalt ohne die Churer nach Gwatt und am nächsten Morgen weiter ins Kandertal, wo ihnen ein „Chaischen" entgegenkam, in dem „pomadig ein dicker rotwangiger Herr" saß, der behaglich eine Zigarre rauchte: Es war ihr Philosophieprofessor Fischer. Die vier Studenten wanderten über Frutigen nach Kandersteg. Von dort ging es mit einem Bergführer

---

[21] Biedermann, Tagebuch, S. 42.

[22] Es wurde während des Turnfestes sehr viel Wein getrunken. Wein gehörte auch bei den Wanderungen zur Grundverpflegung.

[23] „Ich fühlte, es war der Abschied nicht nur von einem Fest, sondern von einer schönen Jugendperiode; ich wußte, es wars nicht nur für mich sondern für mehrere meiner liebsten Freunde, für Jünglinge deren Sinn ich hatte kennen und schätzen lernen. Mir wars als würde eine Welt, eine schöne Welt hinter mir zugeschlossen, deren schönes, edles alles, wie um mir das Scheiden schwer zu machen sich zum Schluße noch in seinem schönsten Glanz vor mir gezeigt, in der ich wieder von neuem so gern hätte leben mögen, da ich solche in ihr frisch auftauchen sah, die alles versprechen, mit denen zu wetteifern schön und jede edle Kraft des Geistes anfeuernd sein müßte"; Biedermann, Tagebuch, S. 46.

[24] Der Wunsch, in der Schweiz zu bleiben, zeigt sich am dringlichsten, als begründete Aussicht bestand, Strauß werde in Zürich unterrichten.

[25] Biedermann, Tagebuch, S. 47.

in Richtung Lötsch-, Aletsch- und Tschingelgletscher, um nach Lauterbrunnen abzusteigen. Am nächsten Tag führte der Weg über die Kleine und Große Scheidegg nach Meiringen. In mehreren Etappen wanderte man über Engelberg zum Rigi und weiter über Zug nach Zürich, wo Biedermann zwei Tage bei Fries wohnte. Schließlich marschierte er nach Winterthur[26]. Dort traf Biedermann am 6. August ein.

2. *Ferientage in Winterthur*

In Winterthur ergab sich, daß Pfarrer Johann Rudolf Ziegler dem heimgekehrten Studenten anbot, am Sonntag, dem 18. August, in der Stadtkirche die Morgenpredigt zu halten[27]. Diese Gelegenheit ließ sich Biedermann nicht entgehen, zumal er der erste noch nicht ordinierte Prediger war, der am Sonntagmorgen die Kanzel der Stadtkirche betreten durfte[28].

Biedermann hielt jene Predigt, die er von Basel über Biel und die Gletscher[29] des Berner Oberlandes mit nach Winterthur gebracht hatte. Freilich war die Situation an jenem Sonntagmorgen nicht mit derjenigen in Biel zu vergleichen. Wegen der Predigt sorgte sich Biedermann nicht, hatte er sie doch mit Erfolg in Biel gehalten. Doch bedrückte ihn der Umstand, daß die ganze Stadt in Erwartung und die Kirche darum wie an Festtagen gefüllt war[30]. Diese Anteilnahme ist auf die Erinnerung an den verstorbenen Vater Biedermann zurückzuführen, dessen Name in der Stadt noch in gutem Rufe stand. Zudem sollte das erste Auftreten Biedermanns in der Heimatstadt Aufschluß darüber geben, was in Zukunft von dem angehenden Theologen zu erwarten sei. Man rechnete schließlich mit seiner Rückkehr nach Abschluß der Studien. Trotz dieser besonderen Herausforderung habe er selbstbewußt und mit ruhigem Eifer begeistert für die Sache gepredigt. Nach dem Gottesdienst seien seine Stimme und Artikulation lobend hervorgehoben worden, was ihn sehr beruhigte, war er doch in Sorge gewesen, ob seine Stimme für einen Redner auch tauge. Wichtiger sei ihm freilich gewesen, daß die Predigthörer sich angesprochen fühlten, obwohl sie die theologischen Ansichten des Predigers sehr kritisch vernahmen. Die Mutter erzählte ihrem Sohn, sie habe beim Herausgehen eine Frau sagen hören: „Gottlob, das ist einmal kein Strauß!" Diese Aussage amüsierte Biedermann, und er wunderte sich darüber, was von angeblichen und wirklichen Fachleuten über Strauß verbreitet werde, welches Schreckbild man von ihm zeichne.

---

[26] Die detaillierte Beschreibung im Tagebuch, S. 48–54.

[27] Zum folgenden siehe Biedermann, Tagebuch, S. 54.

[28] Biedermann probierte als erster die bloß provisorisch aufgestellte Kanzel aus. Ein neuer Platz für die Kanzel mußte gefunden werden, da durch die Versetzung der Orgel die Kanzel nicht am alten Ort bleiben konnte.

[29] Während der Gletscherüberquerung amüsierte Biedermann folgender Gedanke: „Ich dachte mit Lachen an meine Predigt im Tornister, vielleicht die erste und die letzte, die den Spaziergang über diesen Gletscher machte"; Tagebuch, S. 52.

[30] Biedermann an Friedrich Holzach, November 1839: B.II.223.

Außer der Predigt ließ ein weiteres Ereignis den Urlaub in Winterthur in einem besonderen Licht erstrahlen. Biedermann verkehrte in diesen Tagen beinahe täglich im Hause seines Vormunds Heinrich Biedermann. Der Grund für die häufigen Besuche lag ein gutes halbes Jahr zurück. Am Christabend 1838 hatte er im Hause „Zur Geduld" die fünf Jahre jüngere Tochter des Vormunds, Elise Biedermann, kennengelernt[31], in die er sich verliebte[32]. Seine Gefühle offenbarte er ihr nicht, doch sollten sie in den kommenden Jahren noch starken Einfluß auf sein Leben nehmen[33].

3. Die Reise nach Berlin

Am 22. August brach Biedermann nach Berlin auf[34]. Die Reise gestaltete er als kunsthistorische und kulturelle Bildungstour. Sein Weg führte ihn über St. Gallen nach Rorschach an den Bodensee. Dort setzte er nach Lindau über. In der Kutsche ging es weiter über Kempten nach Kaufbeuren und München, wo er am 24. August eintraf. In München hatte sich Biedermann mit dem Freund Riggenbach verabredet, der am 6. September, am Tage des Züriputsches[35], eintreffen sollte. Die Tage in München verbrachte Biedermann mit zahlreichen Besuchen in der Pinakothek, der Glyptothek, im Theater, er sah die „Iphigenie auf Tauris" und den „Taugenichts von Paris". Ferner besichtigte er Kirchen und Schlösser. Außerdem besuchte er Freunde[36], zeichnete und war sowohl auf dem Turnplatz als auch im Kaffeehaus zu Gast[37].

---

[31] Elise Biedermann wurde am 13. Juli 1823 geboren. Sie verstarb 1911. Siehe JAKOB R. BIEDERMANN, Stammbaum der Nachkommen von Georg Heinrich Biedermann (1796–1876) und Elise Frey (1802–1896), Winterthur 1978, o. S.

[32] Biedermann, Tagebuchblätter (Weihnachten 1838), S. 5.

[33] Biedermann, Tagebuch, S. 46.

[34] Eine vergleichbare Deutschlandreise bei JOSEF MATZERATH, Albert Schwegler (1819–1857), Sigmaringen 1993, S. 80–85.

[35] Am 6. September 1839 zogen zahlreiche Bauern von der Zürcher Landschaft unter Pfarrer Bernhard Hirzel (1807–1847) aus Pfäffikon, einem der Hauptagitatoren gegen Strauß, in die Stadt. Dort gab es blutige Zusammenstöße zwischen Regierungstruppen und den Bauern. Es kam zum Sturz der liberalen Regierung, und die neue konservative Führung übernahm die Regierungsgeschäfte. Die Unruhen standen noch in Verbindung mit der inzwischen widerrufenen Berufung von D. F. Strauß nach Zürich. RUDOLF PFISTER, Kirchengeschichte der Schweiz, Bd. 3: Von 1720–1950, Zürich 1985, S. 252f., dort weitere Literatur; ferner HANS GEISSER, David Friedrich Strauß als verhinderter (Zürcher) Dogmatiker, in: ZThK 69 (1972), S. 219–223, zur Literatur siehe S. 215f. Geißer, S. 221, betont unter Berufung auf Alexander Schweizer, daß Strauß nur Anlaß der Krise gewesen sei: „Unartikuliertes Mißbehagen demokratischer Kräfte des Landes angesichts sozialer Veränderungen im Gefolge der beginnenden Industrialisierung und angesichts neu entstandener städtischer Machtstrukturen verband sich mit kaschierten Interessen ehedem Privilegierter und neuerdings ökonomisch Avancierter." Siehe auch „Professor Dr. theol. ALEXANDER SCHWEIZER. Biographische Aufzeichnungen, von ihm selbst entworfen, hrsg. von Dr. Paul Schweizer, Zürich 1889, S. 52–72.

[36] Detaillierte Auskünfte über die Tage in München geben das Tagebuch, S. 55, sowie die Tagebuchblätter (22.8.-10.9.1839), S. 6.

[37] RALF ZERBACK, Unter der Kuratel des Staates. Die Stadt zwischen dem Gemeindeedikt von

Am 11. September wurde die Reise in Richtung Salzburg fortgesetzt, von wo aus Berchtesgaden und der Königssee besichtigt wurden. Vier Tage später reiste Biedermann mit Riggenbach nach St. Gilgen und Bad Ischl; per Dampfschiff erreichte man Ebensee, und mit einem Wagen kamen sie nach Linz. Von dort ging es wieder per Dampfschiff weiter nach Nußdorf, mit dem Fiaker nach Wien, wo sie am 18. September Quartier im „Schwarzen Bock" nahmen. In Wien blieb Biedermann knapp zwei Wochen. Auch hier nahm er rege am kulturellen Leben teil, insbesondere natürlich an schauspielerischen und musikalischen Aufführungen[38]. Er hörte Johann Strauß (Vater) und sah den „Figaro". Doch besuchte er auch eine Synagoge und einen reformierten Gottesdienst. Sein Interesse für Wien wurde indes durch eine ernsthafte Erkrankung gebremst, die ihn mehrere Tage ans Bett fesselte. Ein befürchtetes Nervenfieber stellte sich glücklicherweise als Diarrhöe heraus.

Von Wien ging es am 2. Oktober in der Eisenbahn nach Brünn (Brno), weiter im Stellwagen nach Zwittau (Svitavy), Königgrätz (Hradec Králoré) und Prag, wo Biedermann vier Tage verbrachte. Auch hier interessierte ihn neben den kunsthistorischen Schätzen der Stadt das Judenquartier. In einem Wagen und einem Elbe-Kahn führte die Reise weiter nach Bad Schandau und durch die Sächsische Schweiz, bis Biedermann am 10. Oktober Dresden erreichte. Vier Tage später fuhr er mit der Eisenbahn nach Leipzig. Am nächsten Tag traf Biedermann in Potsdam ein, wo ihn zahlreiche Schweizer Studenten erwarteten. In der Nacht des 15. Oktober 1839 erreichte Biedermann nach einer fünfundzwanzig Tage dauernden Reise Berlin. Wenige Tage später folgten auch Johann Jakob Oeri, Jacob Burckhardt[39] und mit ihnen noch weitere Schweizer.

II. *In der preußischen Metropole (1839–1841)*

1. *Berlin – eine Stadt im Wandel*

Berlin stand seit dem Ende der Napoleonischen Kriege unter dem Zeichen des Aufbruchs zu neuen Dimensionen und Strukturen[40], die Stadt vollzog einen inne-

---

1818 und der Gemeindeordnung von 1869, in: Geschichte der Stadt München, hrsg. von Richard Bauer, München 1992, S. 283–297. München galt als Stadt der Brauereien. Im Jahr 1842 waren 38 Brauereien ansässig, die den wichtigsten Wirtschaftszweig der Stadt darstellten.

[38] Biedermann, Tagebuch, S. 56 und Tagebuchblätter (17.9.-1.10.1839), S. 6.

[39] Siehe J. J. Oeri an Daniel Oeri, 6.11.1839: Oeri-Archiv.

[40] So ILJA MIECK, Von der Reformzeit zur Revolution (1806–1847), in: Geschichte Berlins, Bd. 1: Von der Frühgeschichte bis zur Industrialisierung, hrsg. von Wolfgang Ribbe, München 1987, S. 478. ANDREAS REICH, Friedrich Schleiermacher als Pfarrer an der Berliner Dreifaltigkeitskirche 1809–1834, Berlin/New York 1992, S. 1–20; GERHARD GRAF, Gottesbild und Politik. Eine Studie zur Frömmigkeit in Preußen während der Befreiungskriege 1813–1815, Göttingen 1993. ADOLPH STRECKFUSS, Berlin im 19. Jahrhundert, 4 Bde., Berlin 1867–1869; LUDWIG GEIGER, Berlin 1688–1840. Geschichte des geistigen Lebens der preußischen Hauptstadt, Bd. 2: 1786–1840, Berlin 1895, Nachdruck Aalen 1987; THOMAS NIPPERDEY, Deutsche Geschichte 1800–1866. Bürgerwelt und starker Staat, München 1983; WALTER BUSSMANN, Zwischen Preußen und Deutschland Berlin. Friedrich Wilhelm IV. Eine Biographie, Berlin 1990.

ren und äußeren Wandel. Die Einwohnerzahl Berlins hatte seit 1816 (197717) durch rege Zuwanderung bis 1840 (328692) um 66 Prozent zugenommen und stellte die Verwaltung vor erhebliche soziale und wirtschaftliche Herausforderungen. Im Zuge der sich rasch entfaltenden Industrialisierung gewannen die Probleme des Pauperismus, der Wohnungsnot und des damit verbundenen Elends rasch an Bedeutung.

Äußerlich veränderte sich Berlin durch zahlreiche Neubauten. Neben Mietskasernen, in denen manche Wohnungen mit mehreren Familien, mit bis zu 15 Personen überbelegt waren[41], wurden große Fabrikanlagen errichtet. Die rege Bautätigkeit erstreckte sich auch auf die repräsentativen Bauten, die etwa unter der Leitung des Baumeisters und preußischen Oberlandesbaudirektors Karl Friedrich Schinkel (1781–1841) errichtet wurden.

Ob Biedermann sich mit den Problemen der großstädtischen Rand- und Elendsbezirke vertraut gemacht hat, muß bezweifelt werden, denn er äußert sich in seinen erhaltenen Briefen nirgends dazu. Vielmehr schreibt er: „Berlin läßt sich freundlich an, die besten Aussichten für einen sehr angenehmen Winter. Ich fand alles besser, als ichs aus den verschiednen Schilderungen geglaubt hatte erwarten zu dürfen."[42] Das Essen sei viel besser, als er es nach den Schilderungen in Basel habe hoffen können, so akklimatisiere er sich rasch. Sicherlich wird er wie sein Freund Oeri geurteilt haben, daß Berlin für das landschaftlich verwöhnte Auge wenig biete. Naturschönheiten waren in der brandenburgischen Sandwüste nicht zu finden[43]. Sein Interesse galt der Universität, dem Theater und anderen kulturellen Veranstaltungen der Stadt. Die Teilnahme am politischen Leben beschränkte sich auf Ereignisse wie den Thronwechsel nach dem Tode Friedrich Wilhelms III. oder die Ablösung des langjährigen Kultusministers Karl Freiherr von Stein zum Altenstein durch Albrecht Friedrich Eichhorn (1779–1856).

Biedermann zeigte sich durch den Tod des alten Monarchen tief bewegt, obwohl in Berlin an den Amtsantritt des Thronfolgers Friedrich Wilhelm IV. viele Hoffnungen geknüpft wurden[44]. Aus zwei Briefen an den Basler Freund Meyer spricht Ergriffenheit. Anlaß dafür waren einige eidgenössisch patriotische Gedichte Meyers gewesen, zu denen Biedermann Stellung nahm. Jene Gedichte und den Tod des Königs vor Augen, erwiderte Biedermann dem Mediziner Meyer, daß er in der

---

[41] J. Burckhardt beschreibt die Armut und die Wohnungsverhältnisse im Gegensatz zu Biedermann sehr ausführlich, wobei seine Informationen zum Teil auf mündlichen Informationen beruhen. Anscheinend zeigte er Interesse an den sozialen Fragen: „Es giebt Zimmer, wo zwei, ja selbst vier Partheien wohnen; dann spannt man Seile über's Kreuz, damit jeder weiß, in welchen Winkel er gehört"; JACOB BURCKHARDT, Briefe. Vollständige und kritische Ausgabe, hrsg. von Max Burckhardt, Bd. 1, Basel 1949, S. 147–151 (148).

[42] Biedermann, Tagebuch, S. 57.

[43] J. J. Oeri an Daniel Oeri, 14.12.1839: Oeri-Archiv. Ihn erfreuten vor allem die zahlreichen Kaufmannsläden in der Stadt. Äußerst negativ urteilte Jacob Burckhardt über Berlin. Seine Eindrücke schilderte er in einem Brief an Dorothea Hartmann-Brodtbeck am 22.3.1840: „Auch ist Berlin ein ganz widerwärtiger Ort; eine langweilige, große Stadt in einer unabsehbaren, sandigen Ebene"; J. BURCKHARDT, Briefe, Bd. 1, S. 147.

[44] Zum Tode Friedrich Wilhelms III. siehe BUSSMANN, Preußen, S. 110–152.

letzten Zeit gut preußisch gefühlt habe. Er sei zwar ein treuer Schweizer und vergesse nicht die Gesinnung, die ihm der Zofingerverein eingepflanzt habe, doch vermisse er in der Eidgenossenschaft einen wesentlichen Aspekt, der ihm in Preußen imponiere. Die Preußen könnten ihr Vaterland auf andere Art und Weise lieben, da es in einer Person – dem König – repräsentiert werde. Die schweizerischen Republikaner hingegen seien entweder – zwar nicht im schlimmsten Sinn des Wortes – Egoisten oder allein von einer Idee des Vaterlandes beseelt. Eine persönliche und menschliche Anhänglichkeit sei aber nur durch einen Monarchen möglich. Auch wenn ein Herrscher, wie der verstorbene Friedrich Wilhelm III., nicht zu den großen Geistern zähle, so biete er immerhin die Möglichkeit der Identifikation. Wenn darüber hinaus der König über hervorragende geistige Eigenschaften verfüge, wie man sie bei Friedrich Wilhelm IV. vermute, dann dürfe man Gutes erwarten[45].

Einen weiteren Grund, sich mit dem preußischen System anzufreunden, hatte ihm jener Zürcher Großratsbeschluß geliefert, demzufolge sich die theologische Lehrfreiheit in den Schranken des biblischen Christentums zu bewegen habe. Diese Unvernunft provozierte geradezu antirepublikanische Gefühle: „Wenn nun aber gegenwärtig zunächst die Wissenschaft das ist, in dem ich mich am meisten zu Hause und heimisch finde (und dieß kann mir doch keiner verargen) so muß mir auch nothwendig, so lang ich nicht in andre Verhältnisse des Lebens eintrete, die Sympathie mit einer constitutionellen monarchischen Verfassung näher liegen."[46]

Biedermann hatte jedoch neben den erwartungsvollen Stimmen auch jene vernommen, die die politische Zukunft des Staates nüchterner beurteilten. In den Straßen Berlins geisterte das Wort „Absolutismus" umher. Es war bekannt, daß sich Friedrich Wilhelm IV. gegen hegelianische Strömungen in der Politik wehrte. Politisch und kirchlich schlug er einen anderen Kurs ein, der die erweckten und pietistischen Kreise Berlins förderte. Daran änderten auch die anfänglichen liberalen Reformen nichts, wie etwa die Berufung der Gebrüder Grimm und die Rehabilitation Ernst Moritz Arndts (1769–1860)[47].

Die kirchliche Landschaft gestaltete sich gegen Ende der dreißiger und zu Anfang der vierziger Jahre unter dem Einfluß des Neupietismus und der Erweckungsbewegung[48]. Durch Friedrich Wilhelm IV. wurde jene Frömmigkeitsrichtung in

---

[45] Biedermann an Meyer, 21.6.1840: B.II.351.

[46] Biedermann an Meyer, 22.7.1840: B.II.352.

[47] „Die frohen Tage der Erwartung" (so Treitschke) beschreibt BUSSMANN, Preußen, S. 121 f.

[48] GERHARD RUHBACH, Die Erweckungsbewegung und ihre kirchliche Formation, in: Die Geschichte der Evangelischen Kirche der Union. Ein Handbuch, Bd. 1: Die Anfänge der Union unter landesherrlichem Kirchenregiment (1817–1850), hrsg. von Johann Friedrich Gerhard Goeters und Rudolf Mau, Leipzig 1992, S. 159–174; JOACHIM MEHLHAUSEN, Rationalismus und Vermittlungstheologie. Unionstheologie und Hegelianismus an den preußischen Fakultäten, in: aaO., S. 175–210; DERS., Friedrich Wilhelm IV. Ein Laientheologe auf dem preußischen Königsthron, in: Vom Amt des Laien in Kirche und Theologie. Festschrift für Gerhard Krause zum 70. Geburtstag, hrsg. von Henning Schröer und Gerhard Müller, Berlin/New York 1982, S. 185–214; WALTER WENDLAND, Siebenhundert Jahre Kirchengeschichte Berlins, Berlin 1930; BUSSMANN, Preußen, S. 130–152; HORST ORPHAL, Daniel Amadeus Neander als Bischof von Berlin 1830–1869, in: JBBKG 51 (1979), S. 55–89; FRIEDRICH GUSTAV LISCO, Zustände des sittlichen und kirchlichen

den kirchenleitenden Gremien zunehmend privilegiert[49]. Kirchlichkeit entpuppte sich immer eindeutiger als Angelegenheit des bürgerlichen Mittelstandes. Doch je mehr die pietistische und orthodoxe Frömmigkeit durch die Prediger und kirchenleitenden Gremien in der Kirche an Bedeutung zunahm, desto mehr entfremdete sich das Bürgertum von der Kirche[50]. Unter den Predigern[51] der Berliner Kirchen ragten jene hervor, die sich dieser Frömmigkeitsrichtung angehörig fühlten. Männer wie Hans Ernst Freiherr von Kottwitz (1757–1843)[52] stehen für die Erweckungsbewegung in Berlin. Ihm standen die Prediger Strauß, Goßner, Arndt und von Gerlach nahe. Hofprediger Gerhard Friedrich Abraham Strauß (1786–1863), der zugleich Dozent an der Universität war, galt als einer der Vertreter des Neupietismus. Als eine der markantesten Persönlichkeiten der Berliner Erweckungsbewegung wirkte Johann Evangelista Goßner (1773–1858)[53], der seine Predigten spontan hielt. Der frühere katholische Priester wirkte seit 1829 an der Bethlehemskirche, dem Zentrum der Berliner Erweckung. Friedrich Arndt (1802–1881)[54], erster Pfarrer an der „Parochialkirche" hingegen glänzte mit rhetorisch ausgefeilten Predigten. Schließlich wirkte Karl Friedrich Otto von Gerlach (1801–1849)[55] als Pfarrer im Armutsviertel Berlins an der Elisabethkirche. Die ihn umgebende soziale Not ließ ihn ein neues Gemeindekonzept und ein reges Vereinswesen entwickeln. In Berlin galt von Gerlach als der deutsche John Wesley. Die Prediger der Erweckung hatten den größten Einfluß in Berlin und waren zahlenmäßig am stärksten

---

Lebens in Berlin. Ein Synodalbericht, Berlin 1868.

[49] J. F. G. GOETERS, Die kirchlichen Vorstellungen König Friedrich Wilhelms IV. und das Ministerium Eichhorn, in: Geschichte der Evangelischen Kirche der Union, aaO., S. 271–283.

[50] WENDLAND, Kirchengeschichte, S. 287. Gegen die Pietisten polemisierte Saß, deren Bemühungen seien „äußerst gefährlich für den gesunden Zustand des Volkes werden". Die Berliner „Bourgeoisie in ihrer Nüchternheit ist im Durchschnitt noch ziemlich unempfindlich für den Pietismus geblieben, sie hält entweder an einer derben Orthodoxie oder an bequemen Nationalismus fest, aber in den höheren und in den tieferen Sphären unserer Gesellschaft hat der Pietismus seine breiten Wurzeln geschlagen. In den höheren Sphären wird er begünstigt durch die körperliche und geistige Verweichlichung, welche in ihnen herrscht, durch die Erschöpfung aller Lebensgenüsse, welche in ihnen eintreten, durch trostlose Verzweiflung an der menschlichen Vernunft, deren Größe und Tiefe nirgends erkannt wurde, oder durch eine widerliche Heuchelei, welche unter der Maske der Frömmigkeit ganz anderen als himmlischen Interessen nachstrebt. In den unteren Kreisen unserer Gesellschaft verschafft sich der Pietismus eine Stütze an der Selbstverzweiflung, welche die Folge der Entsagung, der Untertänigkeit, des Elendes geworden, und doch mehr durch den materiellen Einfluß, welchen er mit großer Umsicht auf diese Kreise auszuüben bemüht ist. [...] Die Verirrungen und Parteiintrigen des Pietismus sind eine der düstersten und widerlichsten Seiten des Berliner Gesellschaftszustandes"; FRIEDRICH SASS, Berlin in seiner neuesten Zeit und Entwicklung 1846, neu hrsg. von Detlef Heikamp, Berlin 1983, S. 112.

[51] In Preußen gab es 1848 5783 Pfarrer (1820: 5714). Die Pfarrerlaufbahn galt als attraktiv. HANS-ULRICH WEHLER, Deutsche Gesellschaftsgeschichte, Bd. 2, München 1987, S. 461.

[52] Zur Person siehe PETER MASER, Hans Ernst von Kottwitz. Studien zur Erweckungsbewegung des frühen 19. Jahrhunderts in Schlesien und Berlin, Göttingen 1990.

[53] OTTO FISCHER, Evangelisches Pfarrerbuch für die Mark Brandenburg, Berlin 1941, S. 258.

[54] FISCHER, Pfarrerbuch, S. 15.

[55] FISCHER, Pfarrerbuch, S. 245; WENDLAND, Kirchengeschichte, S. 296f.; Geschichte der Evangelischen Kirche der Union, Bd. 1, S. 428.

vertreten[56]. Freilich gab es auch Pfarrer, die man zu den Rationalisten zählte, und ferner die Schüler Schleiermachers. Doch die kirchenpolitischen Bedingungen drängten sie in den Hintergrund. Rationalisten mußten mit rüden Attacken von seiten der Hengstenbergschen „Evangelischen Kirchenzeitung" rechnen. Eine wesentliche Stärkung aller orthodoxen Bestrebungen bedeutete 1840 die Berufung des konservativen Juristen Friedrich Julius Stahl (1802–1861)[57] an die Universität als Professor für Rechtsphilosophie sowie Staats- und Kirchenrecht.

Mit dem gewaltigen Bevölkerungszuwachs gingen zwangsläufig große Probleme in der Versorgung der Kirchengemeindeglieder einher. 1843 waren 92,95 Prozent der Berliner Bevölkerung evangelisch, 4,66 Prozent katholisch sowie 2,37 Prozent jüdisch[58]. Von regulärem Konfirmandenunterricht oder seelsorgerlicher Begleitung konnte keine Rede mehr sein. Die Pfarrer mußten sich auf die Durchführung der zahlreichen Kasualien beschränken. Als Beispiel sei die Sophienkirche genannt: Die beiden dort amtierenden Pfarrer hatten 1841 allein 653 Einsegnungen zu vollziehen.

Biedermann kam in eine Großstadt, die an der Schwelle zu einer neuen Epoche stand.

2. Die Friedrich-Wilhelms-Universität

Der Zusammenbruch des alten Preußen lag noch nicht lange zurück. Die Niederlage gegen Napoleon 1806 und die damit einhergehende Abtretung ehemals preußischer Gebiete waren tiefgreifende und schmerzliche Einschnitte in der preußischen Geschichte[59]. Preußen hatte durch den Verlust zahlreicher Hochschulen empfindliche Defizite im Bereich des Bildungswesens auszugleichen. Diese politische Aufgabe stellte sich in einer Zeit, da das Land durch Krieg und Besatzung wirtschaftlich ausgeblutet war[60]. Dennoch wurde das Zeitalter der napoleonischen Herrschaft in Deutschland sowohl in Preußen als auch in den Rheinbundstaaten eine Epoche der großen Reformen. In jenen Jahren wurden die Grundlagen für einen modernen Staat und eine moderne Gesellschaft gelegt. Nach dem Zusammenbruch des Ancien Régime hatten sich die Anforderungen an den Staat geändert. Die Vorstellungen der bürgerlichen Gesellschaft mit ihren Idealen von Freiheit und Gleichheit einerseits, mit Konkurrenz- und Leistungsdenken andererseits erforderten entsprechende Voraussetzungen und Gegebenheiten, um diesem spannungsvollen Gefüge Raum bieten zu können. Diesem umwälzenden Prozeß mußte sich Preußen stellen, als es wirtschaftlich und politisch ums Überleben kämpfte.

In diesem Zusammenhang sind vor allem die Bildungsreformen wichtig. Hier wird besonders deutlich, daß die preußischen Reformen unter dem prägenden

---

[56] WENDLAND, Kirchengeschichte, S. 292.
[57] WALTER BUSSMANN, Julius Stahl, in: Gestalten der Kirchengeschichte, Bd. 9.1: Die neueste Zeit I, hrsg. von Martin Greschat, Stuttgart/Berlin/Köln 1993, S. 325–343.
[58] MIECK, Reformzeit, S. 492–494.
[59] MIECK, Reformzeit, S. 407–441.
[60] Zum Folgenden siehe NIPPERDEY, Geschichte, S. 22–65.

Einfluß der Philosophie standen. Die Philosophie als idealistisch-moralische Bewegung ist ein Kernstück der Modernisierung. Sie beruft sich auf Kant, wird von Fichte fortgeführt, rezipiert die Erziehungslehre Pestalozzis, um so als „deutsche Bildungsidee" zum Fundament der Reformen zu werden[61]. Ziel der Bildungsreformen war das Bestreben, die Untertanen mit den Notwendigkeiten und Anforderungen eines modernen Staates vertraut zu machen. Schule, ja überhaupt die Bildung sollte staatlichen Zwecken dienen.

Das Universitätswesen des späten 18. Jahrhunderts funktionierte weitgehend nicht mehr, von einer ansprechenden und weiterführenden Ausbildung auf jenen veralteten Instituten konnte keine Rede mehr sein. Die Reform der Universitäten wurde durch den wachsenden Einfluß der neuhumanistischen und idealistischen Bewegung als dringend notwendiges Projekt erkannt. Der Mentor dieser Bewegung, Johann Gottlieb Fichte (1762–1814), entwickelte ein idealistisches Bildungssystem, in dessen Mitte die Entfaltung des Individuums mit all seinen spezifischen Anlagen stand. Der Einzelne sollte auf diesem Wege die Idee der Humanität verwirklichen. Mit diesen Gedanken einher ging ein neuer Wissenschaftsbegriff, der in den Diskussionen über eine neu zu gründende Berliner Universität entfaltet wurde. Wilhelm von Humboldt (1767–1835) erklärte: Wissenschaft bedeute, Wahrheit zu suchen und zu finden. Forschung und Lehre seien darum die beiden grundlegenden Elemente des universitären Wesens[62]. Beide aber stehen unaufgebbar im Zusammenhang mit der Reflexion auf das Ganze der Welt. Die zweckfreie Wissenschaft ist an die Hochschule gebunden. Der Gedanke der Bildung nahm rasch religiöse Züge an, sie wurde zu einem neuen Lebensideal.

Es war nun Aufgabe des Staates, diese Idee durchzusetzen. Man begann, Schulen zu reformieren, und überlegte, wie in Preußen dem Ideal des freien Forschens und Lehrens entsprochen werden könne. Neben der preußischen Hauptuniversität Halle waren die westdeutschen und fränkischen Universitäten verlorengegangen. Diese Situation nötigte zum Nachdenken über eine universitäre Neugründung. Ausgangspunkt jener Überlegungen war die Forderung, der Staat müsse durch geistige Kraft ersetzen, was er an physischer verloren habe. Nach langen Debatten wurde endlich 1810 die Berliner Universität gegründet[63]. Der Universitätsbetrieb begann mit je drei theologischen und juristischen, ferner mit sechs medizinischen und zwölf philosophischen Professuren. Ihnen standen 250 Studenten gegenüber. Zu den ersten Vertretern der Theologischen Fakultät gehörten Schleiermacher, Marheineke und de Wette. Dieses Trio wurde 1813 durch Neander ergänzt. Der Ruf

---

[61] Zu den Bildungsreformen siehe NIPPERDEY, Geschichte, S. 56–65.

[62] NIPPERDEY, Geschichte, S. 58f.

[63] Zur Vor- und Gründungsgeschichte der Universität siehe RUDOLF KÖPKE, Die Gründung der Friedrich-Wilhelms-Universität zu Berlin, Berlin 1860; MAX LENZ, Geschichte der Königlichen Friedrich-Wilhelms-Universität zu Berlin, Bd. 1, Halle 1910, S. 220–304; WALTER ELLIGER, 150 Jahre Theologische Fakultät Berlin. Eine Darstellung ihrer Geschichte von 1810–1960 als Beitrag zu ihrem Jubiläum, Berlin 1960, S. 1–25; NIPPERDEY, Geschichte, S. 470–476. Einen Überblick über den Berliner Lehrkörper der Jahre 1810–1945 gibt JOHANNES ASEN, Gesamtverzeichnis des Lehrkörpers der Universität Berlin, Bd. 1: 1810–1945, Leipzig 1955.

dieser Gelehrten zog Theologiestudenten in großer Zahl an[64]. Als im Jahr 1818 schließlich noch Hegel an die philosophische Fakultät berufen wurde, erhob sich die Universität Berlin zum „Brennpunkt des geistigen Lebens"[65]. Hegel und Schleiermacher in Berlin zu hören, das sollte bis in die Anfänge der dreißiger Jahre für viele junge Theologen zu einer entscheidenden und prägenden Erfahrung werden. Freilich spürten jene Studierenden auch die Spannungen, die zwischen den beiden Koryphäen offen ausgetragen wurden.

Seit Ende der zwanziger Jahre traten zunehmend die Konflikte zwischen den pietistisch-orthodoxen und den hegelianisch geprägten Kreisen in den Vordergrund. Diese Auseinandersetzungen zwischen dem Kreis um Hengstenberg und dem der Hegelianer führten zu gravierenden Problemen in der Universität, vor allem in der theologischen Fakultät[66].

3. Die theologische Fakultät

Als Biedermann das Studium in Berlin aufnahm, bestand die theologische Fakultät aus den ordentlichen Professoren Marheineke, Neander, Strauß, Hengstenberg und Twesten[67]. Diese fünf vertraten ein derart breites Spektrum der zeitgenössischen Theologie, daß Konflikte unausweichlich waren. Das Kollegium hatte sich freilich seit den Anfängen der Fakultät erheblich verändert. Genoß die Fakultät wegen ihrer personellen Besetzung in ihren frühen Jahren einen hervorragenden Ruf, so darf auch für die Zeit der dreißiger und beginnenden vierziger Jahre mit den „Hallischen Jahrbüchern" festgehalten werden, daß zwar „namentlich Schleiermacher und de Wette in ihrem ganzen, vollen Werthe noch nicht wieder ersetzt sind, so finden sich doch neben der von der Wissenschaft und dem ursprünglichen Geiste

---

[64] Im Winter 1833/34 waren 363 (82) Studenten in der theologischen, 514 (135) in der juristischen, 408 (139) in der medizinischen und 392 (134) in der philosophischen Fakultät immatrikuliert, damit insgesamt 1677 (490). Die Zahlen in den Klammern geben die ausländischen Studenten an. 1838/1839 war die Zahl der Studenten auf 1772 angestiegen: „Mit den Studenten nahmen auch die Bierhäuser, besonders die mit dem starken sogenannten bairischen Bier, zu, worüber seitens der Universitätsbehörden große Klage geführt wurde"; GEIGER, Berlin, S. 588.

[65] CARL SCHWARZ, Zur Geschichte der neuesten Theologie, Leipzig ³1864, S. 56: „Hierher strömte damals in den zwanziger Jahren bis in die Mitte der dreißiger die Elite der theologischen Jugend, um die letzte Weihe der Wissenschaft, um eine Anregung für das ganze Leben zu empfangen."

[66] Siehe dazu MEHLHAUSEN, Rationalismus, S. 180–210.

[67] „Amtliches Verzeichniß des Personals und der Studierenden auf der Königl. Friedrich-Wilhelms-Universität zu Berlin. Auf das Winterhalbjahr von Michaelis 1839 bis Ostern 1840, Berlin 1839"; das als ordentliche Professoren Marheineke, Neander, Twesten, Strauß, Hengstenberg nennt. Ferner ergänzten den Lehrkörper die außerordentlichen Professoren für Altes Testament und orientalische Sprachen Friedrich Gottlob Uhlemann (1792–1864), ein Vertreter des Rationalismus, und sein Fachkollege, der Hegelianer Franz Simon Ferdinand Benary (1805–1880). Eine repristinatorische Theologie vertrat Friedrich Adolf Philippi (1809–1882). Schließlich sind noch zu nennen der Honorarprofessor für Homiletik Ludwig Friedrich Franz Theremin (1780–1846) und die Privatdozenten Wilhelm Heinrich Erbkam (1780–1846) und Wilhelm Piper (1811–1889).

der Universität abgefallenen, jetzt freilich dominirenden Richtung immer noch so respectable Kräfte vereinigt, daß eine sorgfältige Pflege der wissenschaftlichen Seite den gänzlichen Sturz in den Obscurantismus zur Zeit wohl noch verhindern könnte"[68]. In dieser Beurteilung der Junghegelianer zeigt sich beispielhaft, in welche Richtung die Kontroversen gingen: Die neu erwachende Orthodoxie, ein gestärkter Pietismus und eine links- oder junghegelianische Richtung standen sich feindlich gegenüber. Dazwischen agierten unauffällig Vertreter des Rationalismus und der Vermittlungstheologie. Die Junghegelianer erstreben mit „Terror der Vernunft", wie es Arnold Ruge ausdrückte, den Menschen durch radikales Denken zum Selbstsein zu befreien, ihn zu emanzipieren[69]. Doch trotz ihrer immanenten Kritik erklären die „Hallischen Jahrbücher" stolz, Berlin sei noch immer diejenige Universität, welche dem „Theologie Studierenden vorzugsweise den Weg zur concreten Wahrheit und in sich erfüllten Einheit der theologischen Wissenschaft" zeigen könne. Dabei habe der Studierende jedoch die Erfahrung zu machen, daß in Berlin mehr denn anderswo unter den Studenten ähnliche Abgrenzungen und Kontroversen erfolgten wie zwischen ihren Lehrern. „Diese Sectirerei ist unter den Theologen so eingerissen, daß fast jeder Docent eine ziemlich von allen andern geschiedene Zuhörerschaar hat, die, je mehr er selbst von seinen Collegen abweicht, um so sicherer dann nur in seinen Collegien zu finden ist."[70]

Die Aufgaben der Theologischen Fakultät halten die Statuten aus dem Jahr 1838 fest[71]. Nach Paragraph eins hat sie die Bestimmung, gemäß der Lehre der evangelischen Kirche die theologischen Wissenschaften zu vermitteln. Vor allem durch Vorlesungen und akademische Übungen sollen die Kandidaten der Theologie für den Dienst der Kirche ausgebildet werden. Dabei ist die Fakultät verpflichtet, das Lehrangebot so zu gestalten, daß jeder Studierende innert drei Jahren alle Hauptdisziplinen wenigstens zweimal hören könne[72].

Im folgenden sollen jene theologischen Ordinarien vorgestellt werden, die an der theologischen Fakultät während Biedermanns Berlinaufenthalt wirkten[73]. Der dienstälteste Lehrer war der Hildesheimer Philipp Konrad Marheineke (1780–

---

[68] „Hallische Jahrbücher für deutsche Wissenschaft und Kunst 1841", S. 102. Zu den „Hallischen Jahrbüchern" siehe FRIEDRICH W. GRAF, David Friedrich Strauß und die Hallischen Jahrbücher. Ein Beitrag zur Positionalität der theologischen Publizistik im 19. Jahrhundert, in: AKuG 60 (1978), S. 383–430; NIPPERDEY, Geschichte, S. 389. Die „Hallischen Jahrbücher", seit 1841 hießen sie „Deutsche Jahrbücher" und seit 1843 noch eine Zeitlang „Deutsch-französische Jahrbücher" wurden von Arnold Ruge (1803–1880) und Ernst Theodor Echtermeyer (1805–1844) herausgegeben. Die „Jahrbücher" galten als Hauptorgan der Junghegelianer.
[69] NIPPERDEY, Geschichte, S. 389.
[70] Hallische Jahrbücher 1841, S. 103.
[71] „Statuten der theologischen Facultät der Königlichen Friedrich-Wilhelms-Universität zu Berlin", Berlin 1838.
[72] § 38 der „Statuten". Die Hauptfächer der Theologie nennt § 43: Altes und Neues Testament, Systematik mit Dogmatik, Symbolik und Sittenlehre, sowie Kirchen- und Dogmengeschichte und praktische Theologie.
[73] Eine zeitgenössische Beschreibung bieten die „Hallischen Jahrbücher" 1841, Nrn. 26–31, S. 101–124.

1846), den die Studenten den „Kardinal" nannten[74]. In der Fakultät isoliert und ohne weitere Unterstützung der Ordinarien spielte er fakultätspolitisch keine bedeutende Rolle mehr. Marheineke hatte sich im Verlauf der zwanziger Jahre durch einen eigenen spekulativen Zugang zur Theologie zu einem Anhänger Hegels entwickelt[75] und dessen Gedanken in die Überarbeitung seiner Dogmatik[76] einfließen lassen[77]. Marheinekes Theologie wurde von dem Bestreben getragen, Dogmatik wissenschaftlich zu betreiben. Darunter verstand er eine Dogmatik, die philosophisch begründet, logisch stimmig und begrifflich nachvollziehbar ist[78]. Marheinekes Pochen auf den Begriff der Wissenschaftlichkeit gründet in den theologischen Grabenkämpfen seiner Zeit zwischen Rationalismus und Supranaturalismus, durch die sich vernünftiges Denken aus dem Bereich der Religion entfernt hatte. Eine zukünftige Theologie konnte für Marheineke indes nur eine denkende sein[79].

Die Zeitgenossen zählten Marheineke zu den rechten Hegelianern. Er selber zeigte seine philosophischen Wurzeln insofern, als er kurz nach Hegels Tod dem „Verein von Freunden des Verewigten" beitrat und 1832 Hegels Religionsphilosophie herausgab[80].

---

[74] Marheineke wurde 1805 außerordentlicher Professor der Philosophie in Berlin. Er erhielt zwei Jahre später einen Ruf als außerordentlicher Professor für Theologie nach Heidelberg. 1811 schließlich wurde er Professor für Dogmatik und Kirchengeschichte in Berlin. Zu Marheineke siehe VOLKER DREHSEN, Philipp Konrad Marheineke (1780–1846), in: TRE 22, S. 109–115; KURT HÜNERBEIN, Der Berliner Theologe Philipp Konrad Marheineke als Kirchenhistoriker, in: JBBKG 54 (1983), S. 74–96. Monographisch äußerten sich zu Marheineke ELISE IHLE, Philipp Konrad Marheineke. Der Einfluß der Philosophie auf sein theologisches System, Diss. phil., Leipzig 1938; EVA-MARIA RUPPRECHT, Kritikvergessene Spekulation. Das Religions- und Theologieverständnis der spekulativen Theologie Ph. K. Marheinekes, Frankfurt am Main/Berlin/Bern u. a. 1993.

[75] Diese Entwicklung förderte die Freundschaft mit dem Heidelberger spekulativen Theologen Carl Daub (1765–1836).

[76] Die Grundlehren der christlichen Dogmatik als Wissenschaft, Berlin ²1827.

[77] JÜRGEN GEBHARDT, Politik und Eschatologie. Studien zur Geschichte der Hegelschen Schule in den Jahren 1830–1840, München 1963, S. 49, spricht von einer „Bekehrung" jüngerer Wissenschaftler zu Hegel, die mehr oder weniger spontan erfolgte.

[78] CHRISTOF GESTRICH, Das Erbe Hegels in der Systematischen Theologie an der Berliner Universität im 19. Jahrhundert, in: 450 Jahre Evangelische Theologie in Berlin, hrsg. von Gerhard Besier und dems., Göttingen 1989, S. 163–182 (192).

[79] Hallische Jahrbücher 1841, S. 117: „Marheineke's Parole ist das Wissen; wissen soll von jetzt an der Theolog so gut als der Philosoph die absolute Wahrheit, weil es der absoluten Wahrheit Natur ist, gewußt zu werden, geglaubt gewesen zu sein." Auch wenn Marheineke gegenüber einem „forcirten Glauben" für Freiheit sorge, schränken die Hallischen Jahrbücher ein, sei Marheinekes Gedanke „noch nicht der wahrhaft concrete und allumfassende, weil derselbe der Kritik nicht genug seiner Aufmerksamkeit gewürdigt" habe (ebd.). Im Zusammenhang der Erörterung der Frage, warum in letzter Zeit viele Studierende nur sehr oberflächliche Kenntnisse von der Hegelschen Philosophie und ihrer Bedeutung für die Theologie hätten, stellt das Blatt jedoch fest: „Es ist merkwürdig, doch nicht unerklärlich, daß namentlich seit der letztern Zeit unter den Zuhörern der philosophischen Theologen Berlins viele Ausländer, vornehmlich Württemberger und Schweizer zu finden sind, welche weit herkommen, um an der Quelle zu schöpfen, während bei Eingebornen damit immer Besorgnisse verbunden sind"; aaO., S. 118.

[80] G. W. F. HEGEL, Vorlesungen über die Philosophie der Religion, hrsg. von Ph. K. Marheineke, Berlin 1832.

Die Zuweisung Marheinekes in das Lager der Hegelianer läßt sich bei präziser Erhebung seiner Hegelrezeption nicht halten[81], da er den Gottesbegriff Hegels mißverstanden und darum die von Hegel übernommene Begrifflichkeit ad absurdum geführt hatte. Oder anders formuliert, Marheineke nimmt zwar die Denkmuster und Begriffe Hegels auf, reproduziert aber durch seine Denkbedingungen unfreiwillig jene Aporien und Probleme, die er mit der Hegelschen Philosophie zu überwinden trachtete[82]. Dieses spannungsvolle Verhältnis Marheinekes zu Hegel läßt sich auch gegenüber dem Fakultätskollegen Schleiermacher erkennen. Trotz der heftigen Auseinandersetzungen, die Hegel und Schleiermacher sich an der Universität lieferten, näherte sich Marheineke im Blick auf den Religionsbegriff Schleiermacher. Damit deutet sich der Versuch an, zwischen Hegel und Schleiermacher zu vermitteln[83].

Das Auftreten Marheinekes auf dem Katheder beschreiben die „Hallischen Jahrbücher" als in hohem Grade würdevoll. Der Vortrag sei streng methodisch, wissenschaftlich, aber durch gelegentlich blitzende Pointen anziehend. Wer bei Marheineke zu hören gelernt habe, könne gute Kolleghefte mitnehmen und werde in methodischer Hinsicht hervorragend geschult[84].

Der „philosophischen Theologie" Marheinekes widersprach Johann August Wilhelm Neander (1789–1850)[85]. Der zweite Berliner Professor, der in der Anfangsphase der Fakultät im Jahre 1813 als Professor für Kirchengeschichte und Exegese berufen wurde[86], lehnte den Einfluß der Philosophie auf die Theologie ab[87].

---

[81] So die These von FALK WAGNER, Der Gedanke der Persönlichkeit Gottes bei Ph. Marheineke. Repristination eines vorkritischen Theismus, in: NZSTh 10 (1968), S. 85. Die ältere Literatur differenziert hier zu wenig, sie verwendet das Etikett des Hegelianers als despektierlichen Begriff.

[82] GESTRICH, Erbe, S. 197; RUPPRECHT, Spekulation, S. 311–321, die zusammenfassend dieses Problem erörtert.

[83] RUPPRECHT, Spekulation, S. 317; 321; sie beschreibt, S. 320, Marheineke als einen neuzeitlich-modernen Theologen, der die traditionell-dogmatischen Inhalte funktionalisierte, indem er ihre Rekonstruktion an seinem „als Faktizität vorausgesetzten Religionsbegriff fortlaufend" ausrichtete.

[84] Hallische Jahrbücher 1841, S. 118.

[85] KURT-VICTOR SELGE, August Neander – ein getaufter Hamburger Jude der Emanzipations- und Restaurationszeit als erster Berliner Kirchenhistoriker (1813–1850), in: 450 Jahre Evangelische Theologie in Berlin, aaO., S. 233–276 und die dort verzeichnete Literatur, S. 233; DERS., Die Berliner Kirchenhistoriker, in: Geschichtswissenschaft in Berlin im 19. und 20. Jahrhundert. Persönlichkeiten und Institutionen, hrsg. von Reimer Hansen und Wolfgang Ribbe, Berlin/ New York 1992, S. 409–419.

[86] „Niemals wieder konnte es in der späteren Universitätsgeschichte Berlins eine so mutige und gewagte Entscheidung bei der Besetzung eines kirchengeschichtlichen Lehrstuhls geben"; SELGE, Neander, S. 235.

[87] Vgl. die Beschreibung des Tübinger Fachkollegens FERDINAND C. BAUR, Kirchengeschichte des neunzehnten Jahrhunderts, hrsg. von Eduard Zeller, Tübingen 1862, S. 224. Siehe ferner das Urteil der „Hallischen Jahrbücher" (1841), S. 105–107, welches freilich durch positionelle Gegnerschaft bestimmt ist: Neander warne vor der spekulativen Theologie „als einer pantheistischen, allzu hoch hinauswollenden, fürwitzigen Richtung, welche, indem ihr die einfache, reine Wahrheit der Offenbarung Gottes in dem historischen und ewigen Gottmenschen nicht gutgenug sei, die concrete Wahrheit der historisch erschienenen, absoluten Religion in ein paar armselige Kategorien verflüchtigt, und nothwendig in stoischer Selbstvergötterung ihr trauriges Ende" habe (S. 107).

Als Vertreter des freiheitlichen Flügels der Berliner Erweckungsbewegung[88] vereinte Neander tiefe Frömmigkeit mit der Fähigkeit, Studenten zu begeistern. Der „Vater der neueren Kirchengeschichtschreibung"[89] zählt zu den bedeutendsten und interessantesten Figuren der Berliner theologischen Fakultät, obwohl seine kirchengeschichtlichen Darstellungen schon zu Lebzeiten heftig kritisiert wurden. Man beanstandete zu Recht eine gewisse Weltlosigkeit und mangelnde historische Kritik.

Im Gegensatz zu Marheineke ging Neander von der Prämisse aus, das Christentum sei nicht Doktrin, sondern Leben[90]. Sein Motto lautete: „Pectus est, quod theologum facit". Kirchengeschichte müsse darum als Geschichte der Frömmigkeit, als Geschichte des christlichen Lebens geschrieben werden. Dadurch erhält das Individuum entscheidende Bedeutung in der historischen Entwicklung. Die Betonung des einzelnen Lebens zeigt sich auch an Neanders Œuvre. Er publizierte zahlreiche biographische Schriften. Neander modifizierte damit den Schleiermacherschen Gedanken „Pectus est, quod religionum facit". Damit stand er innerhalb der theologischen Fakultät zwischen der Hengstenbergschen neuen Orthodoxie und den Begriffskapriolen der „Hegelianer".

Die neue Orthodoxie oder die „Repristinations-Theologie", die in der „Evangelischen Kirchenzeitung"[91] ihr weitreichendes Organ fand, führte der 1828 zum ordentlichen Professor berufene Westfale Ernst Wilhelm Hengstenberg (1802–1869)[92] an. Er hatte sich in seinen Bonner Promotionsthesen zwar noch als kritischer Exeget zu erkennen gegeben, wurde aber unter dem Einfluß der Berliner Erweckungsbewegung zu einem Vertreter einer „mechanistischen Inspirationslehre"[93]. In einem seiner Hauptwerke, der dreibändigen „Christologie des Alten Testaments"[94], ignoriert Hengstenberg vehement die reale Geschichtlichkeit des Alten Testaments. Er verteidigt die alttestamentliche Chronologie unter Aufwendung einfallsreicher Spekulationen auch in seiner „Geschichte des Reiches Gottes unter dem Alten Bunde"[95]. Hengstenbergs exegetische Auslegungen waren reine Vertei-

---

[88] SELGE, Neander, S. 235.

[89] GERHARD UHLHORN, Johann August Wilhelm Neander, in: RE³ 13, S. 679–687 (686, 21 f.).

[90] Siehe SCHWARZ, Geschichte, S. 43, der ausführt, daß Neanders kirchengeschichtliche Figuren „eine und dieselbe Physiognomie, den Typus milder, inniger, weltentsagender, fast mönchischer Frömmigkeit" haben.

[91] WOLFGANG KRAMER, Ernst Wilhelm Hengstenberg, die Evangelische Kirchenzeitung und der theologische Rationalismus, Diss. phil., Erlangen-Nürnberg 1972.

[92] JOHANNES BACHMANN, Ernst Wilhelm Hengstenberg. Sein Leben und Wirken, 3 Bde., Gütersloh 1876–1892; JOACHIM MEHLHAUSEN, Ernst Wilhelm Hengstenberg, in: TRE 15, S. 39–42; SCHWARZ, Geschichte, S. 58–67; HANS-JOACHIM KRAUS, Geschichte der historisch-kritischen Erforschung des Alten Testaments, Neukirchen-Vluyn ⁴1988, S. 222–226; RÜDIGER LIWAK, Das Alte Testament und die Theologische Fakultät in der Gründungszeit der Friedrich-Wilhelms-Universität Berlin, in: 450 Jahre Evangelische Theologie in Berlin, aaO., S. 163–182 und die „Hallischen Jahrbücher" 1841, S. 110 f., 113 f.

[93] SCHWARZ, Geschichte, S. 65.

[94] E. W. HENGSTENBERG, Christologie des Alten Testaments und Commentar über die Messianischen Weissagungen der Propheten, 3 Bde., Berlin 1829–1835

[95] 2 Bde., Berlin 1869–1871; siehe auch KRAUS, Geschichte, S. 222–226.

digungen der literarischen und geschichtlichen Authentizität der biblischen Schriften. Diesen Biblizismus verband Hengstenberg mit einer Kirchenpolitik, die rücksichtslos mit Andersdenkenden abrechnete, diese verleumdete und denunzierte[96]. Die Sprache Hengstenbergs in der „Evangelischen Kirchenzeitung" ist oft wütende Aggression[97].

Hengstenberg war der erste Professor, der in Berlin dauerhaft das Alte Testament vertreten hatte – sicher nicht zum Nutzen für die Fakultät. Adolf von Harnack ging mit Hengstenberg streng ins Gericht, als er schrieb: „Durch Hengstenberg, den Alttestamentlichen Theologen, wurde die Berliner Fakultät die Hochburg der Unwissenschaftlichkeit im Alten Testament und in Hengstenberg, dem Herausgeber der ‚Evangelischen Kirchenzeitung', sah sie den Chef der kirchlichen Reaktion in ihrer Mitte."[98] Diejenigen Berliner Privatdozenten, denen Hengstenberg nicht wohlgesonnen war, hatten kaum eine akademische Aufstiegschance. Eines der bekannteren Opfer der Hengstenbergschen Personalpolitik war sein Fachkollege Wilhelm Vatke. Durch Hengstenberg wurde weiter die ohnehin schon stark ausgeprägte Fraktionierung der Studenten massiv verschärft, denn jene, die in den Kirchendienst Preußens eintreten wollten, kamen nicht umhin, bei Hengstenberg zu hören.

Auffallenderweise verband sich diese neue Orthodoxie in Berlin mit pietistischen Kreisen. Das Ziel der Bewegung war, eine Synthese aus dem orthodoxen Ideal der Reinheit der Lehre und dem pietistischen Anliegen des innigen Gemütslebens zu schaffen. Der objektiven Rechtgläubigkeit sollte die subjektive Gläubigkeit beigefügt werden[99].

Eine eher vermittelnde und versöhnende Gestalt im Kreise der Berliner Theologieprofessoren war der Sauerländer Gerhard Friedrich Abraham Strauß[100], der als

---

[96] Dagegen polemisierten die „Hallischen Jahrbücher" 1841, S. 110.

[97] LIWAK, Testament, S. 180f.

[98] ADOLF VON HARNACK, Die Theologische Fakultät der Universität Berlin (1910), in: ders.; Aus Wissenschaft und Leben, Bd. 2, Gießen 1911, S. 161.

[99] SCHWARZ, Geschichte, S. 63. Siehe aber Hengstenbergs geänderte Haltung zum Pietismus, wie sie im Vorwort zum Jahrgang 1840 der „Evangelischen Kirchenzeitung" zum Ausdruck kommt. Nach den „Hallischen Jahrbüchern" 1841, S. 111, ist die Hengstenbergsche Orthodoxie „ein Product des modernen Geistes und Hengstenberg, ihr Bekenner, ist der rel.-theologische Romantiker, ist ein Renommist, d. i. eben ein Mensch, welcher nicht unbekannt damit, daß bereits ein neuer Geist, eine neue Sitte die Zeit eingenommen hat, gegen diese sich auflehnt, weil das Hangen an dem alten Brauch und Herkommen in der neuen Zeit originell, bedeutend macht. Dies ist der Hauptpunkt bei Hengstenberg, daß er diesen alten, steiforthodoxen Glauben will und so sich selbst verdankt". Doch dessen sind sich die Jahrbücher, S. 114 weiter gewiß: „Nie wird eine Partei, die eines solchen Advocaten bedarf, mag sie quantitativ auch noch so ausgedehnt sein, in dem großartigen, bereits zu Resultaten sich setzenden Proceß der modernen Theologie für die ächte Wissenschaft eine ernstliche Gefahr heraufführen."

[100] GUSTAV FRANK, Gerhard Friedrich Abraham Strauß, in: ADB 36, S. 532–534. Die „Hallischen Jahrbücher" 1841, S. 123, urteilten: „Es wäre ungerecht, wenn man Strauß glänzende Rednertalente absprechen wollte, aber sowohl zu seinen Vorträgen über Homiletik, Katechetik, Pastorallehre, als zur erfolgreichen Leitung des Seminars geht ihm die modern-wissenschaftliche Bildung ab, und Schleiermacher's Urtheil, das noch im Munde der Studirenden lebt, wird wohl wahr bleiben. Strauß hat ohne Zweifel tüchtige Kenntnisse in der biblischen Geschichte und Geogra-

Ronsdorfer und Elberfelder Pfarrer bis 1822 im Bergischen Land wirkte, bevor er als Dom- und Hofprediger nach Berlin berufen wurde. Dort hatte man sich lange nicht auf einen Nachfolger de Wettes einigen können, und da einige angefragte Kandidaten ablehnten, blieb der Lehrstuhl längere Zeit unbesetzt. Gegen die Pläne Schleiermachers wurde das verwaiste Ordinariat in eine Professur für praktische Theologie umgewandelt, das schließlich der Dom- und Hofprediger erhielt. Strauß fand indes kein rechtes Verhältnis zur wissenschaftlichen Theologie, und innovative Impulse gingen nicht von ihm aus. Sein leidenschaftliches Interesse galt der praktischen Predigtarbeit, die er den angehenden Predigern zu vermitteln suchte. Theologisch gehörte Strauß, der aus einem pietistischen Elternhaus stammte, zur Berliner Erweckung. Seine Predigten erfreuten sich großer Beliebtheit, auch wenn sie manchmal übermäßig theatralisch und dramatisch wirkten. Hier zeigte sich der romantische Einfluß von Novalis auf seine Homiletik. Das andere praktisch-theologische Fach, die Katechetik, lehrte er als Wissenschaft von der Mitteilung des kirchlichen Wissens.

Straußens Berufung gilt als Indiz dafür, daß sich das Ideal der universitären Wissenschaftlichkeit, wie es in der Gründungszeit der Universität propagiert worden war, gewandelt hatte. Entgegen Schleiermachers Absichten tendierte das Kultusministerium nun zu einer praktisch-erzieherischen Ausrichtung des Studienbetriebs[101].

Als Nachfolger Schleiermachers dozierte August Detlev Christian Twesten (1789–1876)[102], der seine Berufung dem beharrlichen Eifer Neanders zu verdanken hatte. Der Holsteiner Twesten war über zwanzig Jahre Professor für Theologie und Philosophie in Kiel gewesen, bevor er nach Berlin berufen wurde, wo er als Professor für Neues Testament und Dogmatik im Sommer 1835 seine Vorlesungtätigkeit aufnahm. Die Berufung Twestens, gegen die sich Marheineke und Hengstenberg in seltener Eintracht gewehrt hatten, sollte ein Zeichen des Ausgleichs zwischen den immer weiter auseinandertretenden Richtungen innerhalb der Fakultät sein. Von Twesten erwartete das Kultusministerium, daß er theologisch vermittelnd wirke. Damit setzte in Berlin eine theologische Richtung ein, die für lange Zeit bestimmend sein sollte[103]. Twesten sollte in seinem Amt eine „wahrhaft evangelische

---

phie und überhaupt die speciellste und detailirteste Gelehrsamkeit in allen sich auf Kenntniß der heiligen Schrift beziehenden Sphären, weiß auch alle Formeln der altlutherischen Dogmatiker und englischen Apologeten gut zu handhaben und zu citiren, aber von der neuen Theologie scheint er nur geringe Notiz genommen zu haben."

[101] ELLIGER, Fakultät, S. 26.

[102] C. F. GEORG HEINRICI, August Detlev Christian Twesten, in: RE³ 20, S. 171–177; ELLIGER, Fakultät, S. 29–31; Hallische Jahrbücher 1841, S. 109f.

[103] Dazu merken die „Hallischen Jahrbücher" (1841), S. 109, bissig an: „Twesten ist von vornherein da, wohin er nach dem Vermittlungsproceß gelangt und auch hat gelangen wollen, beim überlieferten christlichen und näher kirchlichen Glauben. Die Bewegungen und Anstrengungen, welche er macht, sind mehr Scheinbewegungen, denn er ist am Ende durch sie nicht weiter gekommen, ja in einzelnen Fällen scheint er nicht einmal für dieses Verfahren Spielraum genug zu haben, denn manche Dogmen glaubt er mit in den Kauf geben zu können, als eben so preiswürdig, wie die angeblich verklärten, bloß weil sie mit dem Siegel der Alterthümlichkeit gestempelt

Frömmigkeit wie eine treue und aufrichtige Anhänglichkeit für das Prinzip der evangelischen Kirche mit einer gründlichen theologischen Gelehrsamkeit und einem freien, von jeder einseitigen Parteistellung entfremdeten wissenschaftlichen Geiste" verbinden[104]. Diesem Anspruch korrespondierte Twestens Anliegen, jeglicher subjektivistischen Willkür in der Theologie eine Verankerung in objektive Faktoren entgegenzusetzen[105]. Dabei berief er sich auf Schleiermachers Wesensbestimmung der Religion, weil sie am ehesten geeignet sei, die Selbständigkeit der Theologie und der theologischen Überzeugung gegen die Ansprüche der spekulativen Wissenschaft zu behaupten. Ebenso wie sein Lehrer Schleiermacher betonte der Holsteiner die enge Zusammengehörigkeit von wissenschaftlicher Theologie und kirchenleitenden Aufgaben.

Der Lehrkörper wurde 1839/40 durch eine Anzahl weiterer Dozenten verstärkt. Der Alttestamentler und Religionsphilosoph Johann Karl Wilhelm Vatke (1806–1882) vertrat den Standpunkt der hegelschen Spekulation. Er wurde für Biedermann zum prägenden Berliner Mentor, dem er zeitlebens verbunden blieb[106].

Die Atmosphäre innerhalb der Fakultät wurde durch das spannungsvolle Nebeneinander gegensätzlicher theologischer Schulen und Positionen bestimmt. In Berlin fand Biedermann darum ganz andere Verhältnisse als in Basel vor. Gerade dieses vielfältige Lehrangebot zog ihn und viele andere Schweizer Studenten an. Wie sich zeigen wird, hörte Biedermann zwar überwiegend bei den theologischen Hegelianern, konnte aber auch für G. F. A. Strauß sehr positive Worte finden.

III. Das Studium in Berlin

1. Das studentische Leben

Schon am Tag nach seiner Ankunft fand Biedermann zwei freundliche und stille Zimmer[107] in der Dorotheenstraße 19[108], die er mit Riggenbach bezog. Das Haus

---

sind." Positiv wird festgehalten, daß Twesten seine Darstellung klar und übersichtlich darbiete, ferner den reichhaltigen Stoff sinnvoll strukturiere und anordne.

[104] Zitiert in HEINRICI, Twesten, S. 175, 44–47.

[105] WERNER ELERT, Der Kampf um das Christentum. Geschichte der Beziehungen zwischen dem evangelischen Christentum in Deutschland und dem allgemeinen Denken seit Schleiermacher und Hegel, München 1921, S. 152.

[106] Siehe unten S. 237.

[107] Eine Skizze der beiden Zimmer mit der Einrichtung befindet sich im Brief an Meyer, 3.11.1839: B.II.349.

[108] Biedermann an Holzach, November 1839: B.II.223. Im Winter 1840 wohnte er vorübergehend in der Mittelstraße 8, 3. Stock; Tagebuchblätter (September 1840), S. 7. Im Sommersemester 1841 spätestens wohnte Biedermann wieder in der Dorotheenstraße 19, wo er sich zwei Zimmer mit David Fries teilte; siehe Tagebuchblätter (April 1841), S. 8. Die Dorotheenstraße ist eine Parallelstraße zu Unter den Linden, heute Clara-Zetkin-Straße, die den Tiergarten mit der Akademie der Künste und Wissenschaften verband. Siehe den Abdruck des Berlin-Stadtplans aus den 1850er Jahren, in: ROBERT J. HELLMAN, Berlin. The Red Room and white beer. The „Free" Hegelian radicals in the 1840s, Washington 1990, S. V.

hatte, weil es zahlreichen Schweizern Herberge bot, den Namen „Schweizerkaser-ne" erhalten. Die Räume lagen im Hinterhaus gegen einen großen und ruhigen Baumgarten[109]. Biedermann übernahm die Kammer von Johann Heinrich August Ebrard (1818–1888), dessen Nachfolger er einmal an der Zürcher Universität wer-den sollte[110]. Da die Kollegien wegen der Reformationsfeierlichkeiten erst am 4. November begannen[111], hatte der Neuankömmling einige Tage Zeit, sich in der ungewohnten Umgebung umzusehen. Berlin erinnerte und feierte in diesen Tagen den Übertritt des Brandenburgischen Kurfürsten Joachim II. zum Protestantismus im Jahre 1539[112].

Ein Student hatte sich spätestens acht Tage nach Eintreffen in Berlin zu immatri-kulieren[113]. Ausländische Studenten mußten zur Dokumentation der Unbeschol-tenheit Führungszeugnisse aus der Heimat vorlegen. Als nächster Schritt hatte wie-der innerhalb von acht Tagen die Immatrikulation in der Fakultät zu erfolgen. Durch die Einschreibung erhielten die Studenten das Aufenthaltsrecht in der Stadt. Darum waren die Studenten auch verpflichtet, sich mittels „Erkennungsmarken" gegebenenfalls auszuweisen[114].

Schnell entwickelten sich rege persönliche Kontakte unter den Studierenden. In Berlin war eine Gruppe von etwa vierzig bis fünfzig Schweizern versammelt, die Biedermann zum Teil durch die schweizerischen Zofinger- und Turnfeste kannte. Dem engeren Freundeskreis Biedermanns in Berlin gehörten Riggenbach, Al-phons von Greyerz (1813–1864)[115], Caspar Lebrecht Zwicky (1820–1906)[116] und

---

[109] Biedermann an Holzach, November 1839: B.II.223.

[110] Alois E. Biedermann, Erinnerungen, in: ders., Ausgewählte Vorträge und Aufsätze, Berlin 1885, S. 394. Zu Ebrard siehe G. F. Karl Müller, Johannes Heinrich August Ebrard, in: RE³ 5, 130–137. Theodor Odenwald, A. E. Biedermann in der neueren Theologie, Leipzig 1924, S. 109, Anm. 1, irrt mit seinem Hinweis, Ebrard sei in Berlin Biedermanns Zimmernachbar ge-worden. Ebrard verließ im Sommer 1839 Berlin, um das theologische Examen abzulegen.

[111] Biedermann an Meyer, 3.11.1839: B.II.349.

[112] Am 15. Februar 1539 war der Kurfürst von einer Bürgerversammlung gebeten worden, Ostern 1539 das Abendmahl in beiderlei Gestalt zuzulassen. Diesem Anliegen entsprach der Kur-fürst; siehe dazu Wendland, Kirchengeschichte Berlins, S. 15–17; Johannes Schultze, Die Mark Brandenburg, Bd. 4: Von der Reformation bis zum Westfälischen Frieden (1535–1648), Berlin 1964.

[113] Siehe die „Statuten der Universität vom 31. Oktober 1816", in: Paul Daude, Die Königli-che Friedrich-Wilhelms-Universität zu Berlin. Systematische Zusammenstellung der für dieselbe bestehenden gesetzlichen, statuarischen und reglementarischen Bestimmungen, Berlin 1887, S. 31–38: „Von den Studirenden", §3.

[114] Siehe dazu die Statuten, §§ 11,12. Nach §28 muß jeder Ausländer seinen Abgang dem Rektor und dem Dekan anzeigen und kann auf Wunsch ein gebührenpflichtiges Universitäts-zeugnis erhalten. Biedermann verzichtete auf dieses Zeugnis und verließ Berlin „laut Anzeige".

[115] Greyerz aus Bern studierte Theologie und Philologie in Bern, Berlin und Bonn; später Pfarrer und Lehrer in Burgdorf; J. Burckhardt, Briefe, S. 303.

[116] Zwicky wurde Pfarrer im Kanton Glarus, Schulinspektor und veröffentlichte unter dem Pseudonym Friedrich Bergmann; HBLS 7, S. 775–777. Autobiographie: Lebrecht Zwicky, Ju-genderinnerungen, Glarus 1906, S. 26, in der er von dem „Leseverein" berichtet: „Mit Riggen-bach, Biedermann und Aepli [Alfred Johannes, 1817–1913; HBLS 1, S. 140] hatte ich eine Art Le-severein. Das Hauptwerk, das wir zusammen bewältigten, war die eben erschienene Dogmatik von Strauß. Die zwei Erstgenannten, als korrekte Hegelianer tadelten an dem Werke den Rückfall

Oeri an. Der Kontakt zu Jacob Burckhardt gestaltete sich in der Fremde keineswegs problemloser, vielmehr kam es zum endgültigen Bruch[117]. Als 1841 der Zürcher Freund David Fries nach Berlin kam, nahm er die zentrale Rolle in Biedermanns Freundeskreis ein, zumal Riggenbach in Bonn weilte. Die ihm anfangs noch unbekannten Schweizer konnte Biedermann bei den wöchentlichen Treffen am Samstagabend kennenlernen. Oft traf man sich zusätzlich noch mittwochs. An diesen Abenden ging man gemeinsam in eine Kneipe, es wurde viel Bier getrunken und oft lautstark gesungen[118]. Aber auch Cafés, in Berlin Konditoreien genannt, wurden häufig besucht, denn diese galten „als Zentralpunkte der berlinischen Bildung, Öffentlichkeit und Mündlichkeit". Es waren Stätten, „wo die Berliner Genies ruhen und rasten und die Wissenschaft und Kunst häufig im hochgeschürzten Gewande einer leichtfertigen Dame erscheinen"[119]. Doch beglückten die geselligen Anlässe Biedermann auf längere Sicht nicht, wurden doch zunehmende Disharmonien spürbar und offensichtlich. Schuld an der Misere war der ausgeprägte Wunsch einiger Schweizer Kommilitonen nach individueller Belustigung, der der allgemeinen Geselligkeit im Wege stand[120]. Außer den Treffen in einem Gasthaus

---

zum Standpunkt Spinozas. Wir zwei andern hatten daneben noch ziemlich andere Ausstellungen daran zu machen." Hier irrt Zwicky, denn Riggenbach las die Glaubenslehre erst im November 1840; da weilte Zwicky schon in Bonn. Möglicherweise bezieht Zwicky sich auf die gemeinsame Lektüre mit Riggenbach in Bonn. In Berlin hatte er mit Biedermann Hegel gelesen.

[117] Im Herbst 1839 beschrieb Biedermann das Verhältnis noch recht positiv. Anfänglich hätte man besten Umgang gepflegt, Burckhardt sei Riggenbach und Biedermann wieder nähergekommen. Doch die auseinandergehenden Ansichten ließen eine enge und lebendige Verbindung nicht zu. Die gemeinsamen Erinnerungen aber verbänden; so Biedermann an Holzach, November 1839: B.II.223. Schon zu Beginn des Jahres 1840 notierte Biedermann, er treffe sich weniger mit Burckhardt. Am 11. September 1840 schließlich erfolgte die endgültige Entzweiung; Biedermann, Tagebuchblätter (11.9.1840), S. 7.

[118] Siehe dazu die Beschreibung des studentischen Lebens in den „Hallischen Jahrbüchern" 1841, S. 124: „Die berliner Universität ist eine moderne Universität. Das Interesse des genußvollen, heitern Lebens, welches auf den andern alten Universitäten, sonst freilich auch mehr als jetzt, als unzertrennlich von den Jahren des Studiums gilt, gehört hier nicht mehr gerade wesentlich zum Leben des Studenten, und findet keine allgemeine Vertretung mehr in einem Gemeinwesen der Studirenden. Man ist auf der berliner Universität nicht mehr Student, sondern man studirt Theologie sc., man studirt als Privatmann und amüsirt sich als Privatmann je nach den individuellen Verhältnissen und Umständen. Die Mehrzahl, zumal der Theologie Studirenden, da sie Fremde in Berlin bleiben, kommen mit dem socialen Leben der Residenz wenig in Berührung, kleinere oder größere, zum Behufe des bloßen Vergnügens etablirte Vereine sind von geringer Bedeutung und finden bei der vorgeschrittneren geistigen Bildung keinen erheblichen Anklang, und so ist der Studirende mehr auf sich selbst, wie er gegenübersteht einem reichen Schatze von gelehrter und philosophischer Bildung, hingewiesen, in dieser Welt, wo es ihm freisteht, seine jugendliche Thatkraft durch gründliche Besitznahme und Aneignung des occupirten Gebietes zu üben und zu bewähren." Siehe dazu auch R. STEVEN TURNER, Universitäten, in: Handbuch der deutschen Bildungsgeschichte, Bd. III: 1800–1870. Von der Neuordnung Deutschlands bis zur Gründung des Deutschen Reiches, hrsg. von Karl-Ernst Jeismann und Peter Lundgreen, München 1987, S. 242–244.

[119] So der zeitgenössische Bericht von SASS, Berlin, S. 41.

[120] Biedermann, Tagebuch, S. 59; Biedermann an Holzach, November 1839: B.II.223; Riggenbach an Meyer, 12.11.1839: StBW. J. J. Oeri an Daniel Oeri, 14.12.1839; 13.3.1840: Oeri-Archiv.

gehörte auch der gedankliche Austausch über Fragen des Studiums und der politischen Entwicklung in der Schweiz[121] zum studentischen Leben. Nach wie vor standen die Straußendebatte und die Vorkommnisse im Kanton Zürich auf der Tagesordnung. Informationen erhielten die Schweizer in Berlin durch ihre Briefwechsel mit Eltern, Vormündern und Freunden. Diese theologischen und politischen Diskussionen fanden meist am Sonntagabend in einem der Studentenzimmer statt. Oft traf man sich im Haus Dorotheenstraße 19, da außer Biedermann und Riggenbach dort noch weitere Studenten, die meisten stammten aus Bayern, wohnten[122]. Als ganz besonderer Treffpunkt galt das sogenannte „Speculative Café", in dem Biedermann sich mit anderen Hegelianern traf[123]. Gerade die Diskussionen mit den orthodox lutherischen Kommilitonen aus Bayern[124] und Norddeutschland[125] waren besonders anregend, stießen hier doch erheblich differente religiöse und kirchliche Ansichten aufeinander[126]. Freilich gab es auch innerhalb der schweizerischen Fraktion ein breites Meinungsspektrum von den Vertretern einer pietistischen sowie einer orthodoxen Haltung über die Vermittlungstheologen bis hin zu den Straußanhängern. Die vermittlungstheologische Richtung vertrat neben anderen Johann Ja-

---

[121] Zum Beispiel sprach man über die Kirchenverfassung in Preußen und in der Schweiz, ferner über die Grunddifferenzen der zwinglianischen reformierten und der lutherischen Denkweise; Biedermann, Tagebuch, S. 60.

[122] In der Dorotheenstraße befanden sich zahlreiche Studentenzimmer; siehe dazu KARL GEROK, Jugenderinnerungen, Bielefeld/Leipzig ³1876, S. 310. Gerok wohnte mit einigen Schwaben in dieser Straße.

[123] Biedermann, Tagebuchblätter (Juni/Juli 1841), S. 8. Beim sogenannten „Spekulativen Cafe" dürfte es sich um die Steheleysche Konditorei handeln, die am Gendarmenmarkt gegenüber dem Schauspielhaus lag. Sie war Sammelplatz der literarischen und künstlerischen Geister Berlins; in ihren Räumen erfuhr der Gast eine von „Literatur, Politik und Philosophie geschwängerte Atmosphäre"; siehe SASS, Berlin, S. 51–56; daran anschließend HELLMAN, Berlin, S. 18–21: The cafe „was an island of political freedom on a bleak ocean" (S. 18). Es trug den Namen „Rote Stube" und avancierte seit dem Aufkommen der Junghegelianer zum Treffpunkt radikaler politischer Geister.

[124] Biedermann, Tagebuchblätter, S. 7 (November 1839): hier werden die Namen Zahn, Schmidt und Wiesinger genannt, die alle aus Erlangen kamen. Bei Zahn (1817–1895) handelt es sich wohl um den späteren „Nestor der bairischen Kirchenmusik"; M. HEROLD, Johannes Christof Andreas Zahn, in: ADB 44, S. 666–668; SIEGFRIED HERMELINK, Johannes Zahn, in: RGG³ 6, Sp. 1864. Johann Tobias August Wiesinger (1818–1908) wurde Pfarrer u.a. in Bayreuth, habilitierte sich 1847 in Erlangen und wurde 1860 Professor in Göttingen; siehe GUNTER BERG, Leopold von Ranke als akademischer Lehrer. Studien zu seinen Vorlesungen und seinem Geschichtsdenken, Göttingen 1968, S. 241; FRIEDRICH MILDENBERGER, Geschichte der deutschen evangelischen Theologie im 19. und 20. Jahrhundert, Stuttgart 1981, S. 285. Bei Schmidt dürfte es sich um Karl Ernst Schmidt handeln; siehe auch das „Amtliche Verzeichniß des Personals und der Studierenden auf der Königlichen Friedrich-Wilhelms-Universität zu Berlin. Auf das Winterhalbejahr von Michaelis 1839 bis Ostern 1840", Berlin 1839, S. 31; 38f., und BIEDERMANN, Erinnerungen, S. 394.

[125] In den Tagebuchblättern (Juni/Juli 1841), S. 8, nennt Biedermann die Namen Bauer und Ritschl. Es handelt sich wohl um die beiden Studenten Theodor Julius Bauer, der aus Halle kam, und um Karl Wilhelm Ritschl, der ebenfalls zuvor in Halle studiert hatte. Siehe dazu das „Album Civium Universitatis Litterariae Berolinensis 1834–1842", unpaginiert; UAB.

[126] Biedermann, Tagebuch, S. 60.

kob Oeri[127], der Orthodoxie in rechtshegelianischer Prägung stand der Churer Student Philipp Schaff (1819–1893) nahe, der als Neanderschüler gilt. Ihm, der 1842 in Berlin Privatdozent und wenig später Professor in Mercersburg (Pennsylvania) wurde, bescheinigte Biedermann, daß er viel wisse, nur etwas zu viel Gedächtnis habe[128]. Das „linke" Spektrum der Hegelianer vertraten Biedermann, Riggenbach und zunehmend der Basler Theodor Gsell. Nicht immer empfand Biedermann die Diskussionen als angenehm. Vielmehr als Sisyphusarbeit bezeichnete er das Gespräch mit einem Kommilitonen, der zwar wissenschaftlichen Eifer besitze, wenn es darum gehe, Theologie und Philosophie zu trennen, der aber keinen mehr zeige, wenn theologische und philosophische Fragen erörtert würden. Biedermann erwähnt ferner das Beispiel eines Kommilitonen, der keinerlei Interesse an philosophischer Erkenntnis und Begründung habe, was für Biedermann unfaßbar war[129]. Dieser Student sehe zwar ein, daß er in den Diskussionen ohne philosophische Grundlegung nicht auskomme, und folge darum den anderen auf dieses Gebiet, ohne es eigentlich zu wollen. Außerdem sei sein Bewußtsein so „elastisch", auch das Krasseste zu ertragen, was der Glaube verlange. Schnell sei er dabei, anderslautende Meinungen als unchristlich zu verwerfen. Ihm fehle die Fähigkeit zu abstrahieren, von der Freiheit des Geistes finde man keine Spur. Diese Passage des Tagebuchs gehört zu den wenigen, welche etwas über die Gefühlsverfassung Biedermanns mitteilen. Ihn ärgerte maßlos, wenn er spürte, daß die Bereitschaft zu denken, sich der Freiheit des Denkens zu bedienen, bei einem Kommilitonen nicht vorhanden war. Für Biedermann gehörte dies unaufgebbar zur Existenz des Theologen.

Im allgemeinen zeichnen die Quellen ein ausgeglichenes und schaffenskräftiges Bild Biedermanns in den Berliner Semestern. Gelegentlich wird dieses Bild jedoch getrübt, wie etwa in einem Brief an Meyer aus dem Frühjahr 1840. Hier wird deutlich, daß Biedermann sich in einer „gleichmütigen Stimmung" befand, die an Apathie und Interesselosigkeit grenzte. Über die Gründe jenes Gemütszustandes gibt er keine weiteren unmittelbaren Auskünfte. Möglicherweise hängen diese depressiven Stimmungen mit einer Krankheit zusammen. Um diese Krankheit, die in immer neuen Hautausschlägen auf dem Rücken auftrat, zu kurieren, begab sich Biedermann im März und April 1841 heimlich, ohne den Freunden etwas zu sagen, nach Freiberg bei Chemnitz[130], um sich in der Wasseranstalt Doktor Mundes[131]

---

[127] Oeri an Riggenbach, 22.1.1841: Oeri-Archiv.

[128] ULRICH GÄBLER, Philipp Schaff in Chur, 1819–1834. Herkunft, Jugendjahre und geistiges Umfeld des späteren amerikanischen Theologen, in: Zwing. 18 (1989), S. 143–165; WERNER SOMMER, Philip Schaff (1819–1885). Apostel deutscher Theologie in Amerika, in: Gegen die Gottvergessenheit. Schweizer Theologen im 19. und 20. Jahrhundert, hrsg. von Stephan Leimgruber und Max Schoch, Basel/Freiburg im Breisgau/Wien 1990, S. 104–112.

[129] Biedermann, Tagebuch, S. 65.

[130] Handbuch der historischen Stätten Deutschlands, Bd. 8: Sachsen, hrsg. von Walter Schlesinger, Stuttgart 1965, S. 99–107.

[131] CARL MUNDE, Hydrotherapie oder die Kunst, die Krankheiten des menschlichen Körpers, ohne Hülfe von Arzneien, durch Diät, Wasser, Schwitzen, Luft und Bewegung zu heilen und durch eine vernünftige Lebensweise zu verhüten. Ein Handbuch für Nichtärzte, Leipzig 1841;

einer Kalt-Wasser-Kur zu unterziehen. Von ihr erhoffte er sich eine Reinigung seines „scharfen, unreinen Blutes"[132]. Der Zusammenhang von depressiven Zuständen und Krankheit zeigt sich in einem weiteren Brief. An den Basler Freund Holzach schrieb Biedermann, kurz bevor er nach Freiberg reiste, daß er in eine Apathie verfallen sei, die alle Ziele und Vorstellungen völlig entwertet hätte. In dieser Situation habe ihm schließlich die poetische Arbeit geholfen, an ihr sei er gesundet[133].

Die Anfälligkeit für Hauterkrankungen hatte sich schon in Basel gezeigt, als Biedermann im Winter wegen offener Hände auf das Turnen verzichten mußte; möglicherweise handelte es sich um eine Neurodermitis. Neu traten in Berlin Rheumaanfälle auf, die Biedermann verunsicherten und ebenfalls depressiv stimmten[134]. Wenn auch die Erfahrung von Krankheit für gelegentliche psychische Instabilitäten mitverantwortlich war, so traten weitere Ursachen hinzu. Als wesentliches Moment tauchen in jenen Berliner Semestern nämlich auch immer wieder Überlegungen bezüglich der eigenen beruflichen Zukunft auf. In der Korrespondenz mit seinem Vormund Heinrich Biedermann entwickelte er Pläne, Hoffnungen und Befürchtungen. Dabei rückt der Gedanke ins Zentrum, das Predigtamt mit einem akademischen Lehrstuhl tauschen zu wollen[135]. Dieser Wunsch entsprang nicht einer arroganten Selbstüberschätzung des Studenten, denn Biedermann merkte selber und bekam es von seinen Lehrern bestätigt, daß er über eine herausragende intellektuelle Begabung verfügte. Die persönlichen Voraussetzungen sollten also kein Problem sein.

Mit der Frage nach seiner weiteren beruflichen Laufbahn verband sich seit dem Sommer 1841 die Frage, wo er sein Examen ablegen solle. Gerade im Blick auf eine mögliche akademische Tätigkeit war diese Überlegung von großem Gewicht. Denn möglicherweise würden sich ihm als Schweizer durch ein Examen sowie durch ein Lizentiat in Deutschland auch an einer dortigen Universität akademische Perspektiven eröffnen. Als mögliche Examensorte werden Tübingen, Basel und Zürich genannt. Die Erwägung, in Tübingen das Examen abzulegen, dürfte ihren Grund in Ferdinand Christian Baur und seinen Schülern der jüngeren Tübinger

---

DERS., Memoiren eines Wasserarztes, 2 Bände, Dresden ²1847; DERS., Unsere Haut und ihre Beziehungen zu Kaltwasserkuren. Ein Führer zur Erhaltung und Wiederherstellung der Gesundheit ohne die Apotheke, namentlich auch bei dem Gebrauch einer Kaltwasserkur in irgend einer Anstalt, Leipzig 1884. Die Wasserheilmethode war sehr verbreitet und erfreute sich reger medizinischer Diskussion. Siehe dazu beispielsweise „Schmidt's Jahrbücher der in- und ausländischen gesammten Medicin", 1837, Bd. 16, S. 144; 1838, Bd. 20, S. 103–106; 1839, Bd. 23, S. 232f.; sowie C.A.W. RICHTER, Versuch zur wissenschaftlichen Begründung von Wasserkuren, Friedland 1838. Die Kaltwasserkuren gehen auf Vincenz Prießnitz (1799–1851) zurück. Auch der Erweckungsprediger Adolphe Monod (1802–1856) suchte 1842 Prießnitz im österreichisch-schlesischen Gräfenberg bei Freiwaldau auf, um durch Kaltwasserkuren gesundheitliche Stärkung zu erlangen; siehe dazu ULRICH GÄBLER, „Auferstehungszeit". Erweckungsprediger des 19. Jahrhunderts, München 1990, S. 79.

[132] Biedermann an Meyer, 31.3.1841: B.II.354.
[133] Biedermann an Holzach, [10.2.1841]: B.II.225.
[134] Biedermann, Tagebuchblätter (Januar 1841), S. 8.
[135] Siehe den Brief von H. Biedermann an A. E. Biedermann, 6.1.1841; B.I.g.9, in dem H. Biedermann auf das Problem eingeht, das ihm der Student im Brief zuvor benannte.

Schule haben. Biedermann dachte vor allem an Eduard Zeller (1814–1908) sowie an Friedrich Theodor Vischer (1807–1887)[136]. Durch Vatkes Vermittlung und durch die Lektüre David Friedrich Straußens waren Biedermann die Vertreter der Tübinger kritischen Schule vertraut geworden. Biedermann nahm schließlich aus nicht näher ausgeführten Gründen Abstand von seinen Plänen, sich an der schwäbischen Universität examinieren zu lassen, besuchte aber im September 1841 auf seiner Heimreise Tübingen.

Eine weitere Quelle psychischer Verunsicherung aus einem ganz anderen Lebensbereich erwähnt Biedermann in seinem Tagebuch am Silvesterabend 1839. Noch spürbar erschrocken und bedrückt notierte er, daß er am Vortag von „sinnlicher Lust", wie von einem bösen Dämon verfolgt worden sei, der ihn einer Versuchung sehr nahe führte, vor der er sich sehr sicher gefühlt hatte[137]. Hier scheint der beinahe einundzwanzigjährige Student in arge sexuelle Bedrängnis gekommen zu sein, die ihn anscheinend bisher nicht in diesem Maße berührt hatte. Welcher Art die Versuchung gewesen sein mag, läßt sich nur vermuten: Möglicherweise hatte Biedermann den unter Studenten üblichen Besuch eines Bordells in Erwägung gezogen[138]. Biedermann registrierte diese Begierde als Warnung, die „gottlob nicht äußere Wirklichkeit" aber doch in ihm innerlich Wirklichkeit geworden war[139].

Für Zerstreuung und Ausgleich war in Berlin ein reichhaltiges Angebot vorhanden, das auch bei einem finanziell schmalen studentischen Budget genutzt werden konnte. Neben den intensiven Studien gab es darum mehrere Beschäftigungen, denen Biedermann nachging. Da war zum einen der Bereich des Sports, wo das Turnen im Mittelpunkt stand. Die Bedingungen waren offensichtlich besser als in Basel, denn entsprechend ausgebaute Räumlichkeiten standen zur Verfügung. So konnte Biedermann mit etwa sechzehn bis zwanzig anderen Schweizern zweimal wöchentlich turnen[140]. Weiter übte sich Biedermann im Fechten und nahm zusammen mit Riggenbach und Oeri Reitstunden[141]. Er ritt im Tiergarten oder nach Grunewald, manchmal waren auch Ausritte in die nähere Umgebung Berlins vor-

---

[136] Zur Tübinger Schule siehe HORTON HARRIS, The Tübingen School, Oxford 1975; ULRICH KÖPF, Theologische Wissenschaft und Frömmigkeit im Konflikt: Ferdinand Christian Baur und seine Schüler, in: Berichte zur Wissenschaftsgeschichte 11 (1988), S. 169–177.

[137] Biedermann, Tagebuch, S. 63.

[138] In der Dorotheenstraße lag bis 1840 das berüchtigte Lokal „Der Onkel", das zur Zeit Friedrich Wilhelms II. öffentliches Ansehen besaß, später jedoch durch seine Nähe zur Universität zu einem „Zusammenschluß der Studenten und der im Anhange derselben befindlichen liederlichen Frauenzimmer [wurde]. Nachdem die Prostitution hier einmal ihren Sitz aufgeschlagen hatte, sank das Lokal immer mehr und wurde zuletzt der Haupttummelplatz der Berliner Dirnen"; SASS, Berlin, S. 63f.

[139] Biedermann, Tagebuch, S. 63. Später gab er ihr doch nach, siehe unten S. 271f.

[140] J. J. Oeri an Daniel Oeri, 14.12.1839: Oeri-Archiv; Biedermann an Holzach, November 1839: B.II.223; Biedermann an Meyer, [23.]12.1839: B.II.350.

[141] Biedermann, Tagebuchblätter (1840), S. 7; J. J. Oeri an Daniel Oeri, 13.6.1840: Oeri-Archiv. Reitstunden wurden von der Universität angeboten: „Unterricht im Reiten wird von dem Universitätsstallmeister Herrn Fürstenberg ertheilt, welcher ausserdem Sonnabends von 11–12 Uhr über das Extérieur des Pferdes Vorträge hält"; siehe „Verzeichniss der Vorlesungen" Wintersemester 1839/40.

gesehen[142]. Im Winter pflegte er das Schlittschuhlaufen auf einem See in Moabit[143]. Außerdem spielte man oft Ball oder ging in der Spree baden.

Auf kulturellem Gebiet gehörten Theaterbesuche zu den besonderen Leidenschaften Biedermanns. Er verehrte wie die meisten Berliner den Schauspieler Karl Seydelmann (1793–1843), der vor allem durch seine Faust-Interpretation bekannt wurde[144]. Biedermann erlebte Seydelmann in Lessings „Emilia Galotti"[145] und wurde zutiefst von ihm beeindruckt: „Seydelmanns Spiel ist durch und durch Kunst, bis ins einzelste einstudiert. Und so wahre, so enthüllende Natur."[146] Wenig später sah Biedermann Seydelmann auch als „Nathan". Von dem satanischen Element, das er als typisch für Seydelmanns Spiel erachtete, sei keine Spur erkennbar gewesen. Zu Lessings „Nathan der Weise" aber notierte er kritisch, das Stück selbst habe den großen Fehler, daß seine innere Bewegung recht unnatürlich aufgesetzt wirke: „Das Thema ließe sich wohl wahrer und leichter fassen, jedenfalls aber poetischer behandeln."[147] Im Frühjahr 1840 erlebte Biedermann schließlich auch die Aufführung des „Faust". Vor allem im letzten Berliner Semester besuchte Biedermann häufig das Theater[148].

Für die Lektüre schöner Literatur blieb nicht viel Zeit. Dennoch las er unter anderem Heinrich Heine (1797–1856), Chamissos Leben[149], Friedrich Rückert (1788–1866), Goethe, Anastasius Grün (1806–1876)[150], Jean Paul (1763–1825) und von Henrik Steffens (1773–1845) den Roman „Die vier Norweger"[151], ferner Johann Martin Usteri (1763–1827)[152] und Johann Peter Hebel[153]. Der Basler Freund Holzach empfahl Fichtes „Die Anweisung zum seligen Leben". Ob Biedermann der Empfehlung nachgekommen ist, bleibt unsicher. Wohl nahm er sich die Lektü-

---

[142] OERI, Erinnerungen, S. 52.

[143] Biedermann, Tagebuchblätter (1840), S. 7.

[144] Siehe dazu GEIGER, Berlin, S. 491. Zu Seydelmann siehe FERDINAND RÖSE, Über die scenische Darstellung des Goethe'schen Faust und Seydelmann's Auffassung des Mephistopheles, Berlin 1838; HEINRICH THEODOR RÖTSCHER, Seydelmann's Leben und Wirken, Berlin 1845 und FRIEDRICH ROSENTHAL, Schauspieler aus deutscher Vergangenheit, Zürich/Leipzig/Wien 1919, S. 75–92.

[145] Die Aufführung war am 20. November 1839; so Biedermann, Tagebuch, S. 59.

[146] Ebd.

[147] Ebd.

[148] Biedermann, Tagebuchblätter (August 1841), S. 8.

[149] Chamissos Leben und Briefe, 2 Bde., hrsg. von Julius Eduard Hitzig, Leipzig 1839–1840. Biedermann, Tagebuch, S. 65: „Was mich besonders an ihm fesselt die mir immer bestimmter entgegentretende Verwandschaft seines innern Lebens mit dem meines seligen Vaters. Hitzigs Charakteristik paßt Zug für Zug auf diesen."

[150] A. Grün ist das Pseudonym des österreichischen Dichters Anton Alexander Graf von Auersperg. Siehe HELMUT BACHMAIER, in: KnLL 6, S. 950–952.

[151] „Die vier Norweger. Ein Zyklus von sechs Novellen. 6 Teile, Breslau 1828". Steffens war norwegischer Philosoph und Naturforscher, ein Anhänger Schellings. Er wirkte als Professor in Halle, Breslau und Berlin (seit 1832); FRITZ PAUL, Henrik Steffens, in: KnLL 15, S. 917–920.

[152] Möglicherweise las Biedermann USTERIS „De Vikario. Ländliche Idylle in Zürcher Mundart", Berlin 1831. Siehe dazu ANNELIESE GERECKE, in: KnLL 16, S. 980f.

[153] Biedermann an Meyer, [23.]12.1839: B.II.350. Biedermann, Tagebuch, S. 59.

re vor.[154] Fichte verknüpft in seiner Schrift Philosophie und Religion aufs engste miteinander und expliziert seine Religionsphilosophie als Zusammenhang von liebendem Tun und philosophischer Erkenntnis: Im Zusammenfallen dieser beiden Tätigkeiten vollziehe sich die unmittelbare Schau Gottes.

Am kirchlichen Leben Berlins nahm Biedermann keinen Anteil, Gottesdienstbesuche waren äußerst selten[155]. Er hörte zwar gelegentlich einen der bekannteren Berliner Prediger, aber von regelmäßiger Teilnahme an Gottesdiensten kann keine Rede sein. In seinem Tagebuch hielt Biedermann darum auch nur einige knappe Bemerkungen über die Berliner Prediger fest, die er selber gehört hatte: Goßner beschrieb er als Vater, der vor seiner Gemeinde stehe. Er gehe ganz in seinem Gegenstand auf und formuliere ad hoc seine Gedanken. Seine besondere Gabe sei es, anschaulich zu reden, ohne anstößig zu wirken. Arndt hingegen zeichne sich durch einen einfachen, aber würdigen Vortrag aus. Seine Predigt über Philipper 1, 23 bezeichnete Biedermann als eine Musterpredigt. Sie sei ohne Polemik ausgekommen und sehr ergreifend gewesen, weil einleuchtend. Sie habe bei jedem Zuhörer das unmittelbare Bewußtsein von seiner Teilnahme am ewig Göttlichen angesprochen. Des weiteren hörte Biedermann Predigten von Friedrich Gustav Lisco (1791–1866)[156], Pfarrer an St. Gertraud. Auch unter von Gerlachs Kanzel in der Elisabethkirche hatte Biedermann gesessen, der sich gegen einen überspannten Individualismus aussprach[157]. Der Besuch der Predigten erfolgte bei vielen Studenten vor allem aus homiletischem Interesse. Wer nicht bei Strauß oder Theremin homiletische Übungen belegte – Marheineke lehnte solche überhaupt ab –, der versuchte, sich durch das Hören der Predigten homiletische Kompetenz anzueignen.

Zu den Höhepunkten des Berlinaufenthaltes zählten die Reisen Biedermanns in die nähere Umgebung und weiter durch Deutschland. Die längste und ausgiebigste Reise unternahm der Winterthurer Student im Sommer 1840 mit Oeri und Riggenbach[158]. Die Reise führte von Berlin nach Leipzig, wo sie den Basler Freund Theophil Burckhardt trafen. Weiter ging es über Dresden, Meißen, Naumburg, Weimar, Erfurt und Gotha nach Eisenach. Dort wurde Riggenbach nach Basel verabschiedet, Oeri und Biedermann besuchten die Wartburg. Zu Fuß reisten die beiden in Richtung Kassel und Wilhelmshöhe. Von dort fuhren sie über Minden nach Göttingen. In der alten Universitätsstadt hospitierten sie bei den Theologen Johann

---

[154] Johann Gottlieb Fichte, Die Anweisung zum seligen Leben, oder auch die Religionslehre, Berlin 1806. Biedermann an Holzach, 31.5.1840: B.II.224.

[155] Biedermann, Tagebuchblätter (November 1839), S. 7.

[156] Fischer, Pfarrerbuch, S. 509.

[157] In einem nicht mehr erhaltenen Brief an Pfarrer Hess in Basel charakterisierte Biedermann die Berliner Prediger Goßner, Arndt, Strauß, Theremin, Gerlach, Lisco und Hoßbach. Ob Biedermann alle Prediger persönlich gehört oder sich auf das Urteil anderer verlassen hat, ist nicht mit Sicherheit zu entscheiden. Hinzu trat ein Vergleich der Berliner kirchlichen Situation mit derjenigen in der Schweiz. Ferner behandelte Biedermann Fragen der Liturgie und das Problem, wie Dogmen in der Predigt zu behandeln seien; Biedermann, Tagebuch, S. 64.

[158] Biedermann verließ Berlin am 16. August 1840 und traf am 8. September dort wieder ein.

Karl Ludwig Gieseler (1792–1854)[159], Friedrich Lücke (1791–1855)[160] und dem Philosophen Johann Friedrich Herbart (1776–1841)[161]. Lücke statteten sie außerdem einen Hausbesuch ab. Am 1. September verließen sie Göttingen mit dem Ziel Goslar und kehrten über Wernigerode, Magdeburg und Potsdam nach Berlin zurück. Unterwegs hatten sie sich vor allem kunsthistorischen Besichtigungen gewidmet[162].

Soweit kann Biedermanns ausgefülltes und vielseitiges studentisches Leben skizziert werden. Schließlich bleibt noch die Frage, ob Biedermann auch persönlichen Anschluß außerhalb der studentischen Kreise fand. Seinen Tagebuchblättern zufolge verkehrte er seit Anfang 1840, vermittelt durch den befreundeten Basler Medizinstudenten Daniel Ecklin (1814–1881), im Hause der evangelischen Berliner Fabrikantenfamilie Johann Gottfried Gocht[163]. Die Tochter des Hauses, Pauline Gocht (1819–1910)[164], war mit dem Basler Seidenfabrikanten Achilles Lotz (1813–1875)[165], verlobt, den sie am 21. August 1841 heiratete. Biedermann war als Freund des Hauses Gast der Hochzeit. Oeri berichtet, ohne weitere Namen zu nennen, daß Biedermann regelmäßig einmal wöchentlich am Samstagabend bei Gochts zu

---

[159] Bei ihm hörte Biedermann eine kirchengeschichtliche und eine dogmatische Vorlesung. Zur Person siehe G. NATHANAEL BONWETSCH, Johann Karl Ludwig Gieseler, in: RE³ 6, S. 663f.

[160] Bei Lücke besuchte Biedermann Apologie und Religionsgeschichte. Zur Person siehe FERDINAND SANDER, Gottfried Christian Friedrich Lücke, in: RE³ 11, S. 674–679.

[161] Bei Herbart verfolgte Biedermann Naturphilosophie und Pädagogik. Siehe zu Herbart BIEDERMANN, Erinnerungen, S. 396. Zur Person siehe HERMANN GLOCKNER, Die europäische Philosophie von den Anfängen bis zur Gegenwart, Stuttgart ⁵1980, S. 818–827

[162] Biedermann, Tagebuch, S. 78–80; ders., Tagebuchblätter (September 1840), S. 7.

[163] Der „Adreß-Kalender für die Königlichen Haupt- und Residenzstädte Berlin und Potsdam auf das Jahr 1833", Berlin 1833 nennt unter der Rubrik „Bezirksvorsteher" einen Fabrikanten Gocht, wohnhaft in der Wilhelmstraße 21 (S. 242). Weitere Angaben über Gocht sind dort nicht zu finden. Ferner finden sich in „BOIKE's Allgemeiner Wohnungsanzeiger für Berlin, Charlottenburg und Umgebung auf das Jahr 1841", Berlin 1841, zwei Einträge unter Gocht (S. 123). Ein Eintrag erwähnt Gottfried Gocht, Inhaber einer Appretur-Anstalt für Baumwoll-Waren, in der Wilhelmstraße 21. G. Gocht ist als Hauseigentümer verzeichnet. Die beiden bisher genannten Einträge beziehen sich auf dieselbe Person: der Fabrikant Gocht war Inhaber der Appretur-Anstalt. Die Kirchenbücher im Evangelischen Zentralarchiv Berlin, Kirchenbuchstelle, notieren anläßlich der Trauung mit Caroline Louise, geborene Donath (gest. 1865) am 24.10.1811 den Beruf „Baumwollen-Waaren-Fabrikant", sowie anläßlich der Taufe des Sohnes Gustav 1813 „Bürger und Kaufmann", bei der Taufe der Tochter Pauline „Bürger, Eigenthümer und Baumwollenfabrikant", wohnhaft zuerst in der Wilhelmstraße 18, später 21. Im Haus Wilhelmstraße 21 befanden sich 17 Wohnparteien, darunter zahlreiche Weber (BOIKE, S. 209). Schließlich verzeichnet BOIKE noch einen „G. Gocht, Buchhalter", ebenfalls wohnhaft in der Wilhelmstraße 21. Bei ihm handelt es sich um den Sohn von Johann Gottfried Gocht, nämlich um Gustav Eduard Gocht (1813–1874), mit dem Biedermann befreundet war. Im „Adreßkalender für die Königlichen Haupt- und Residenzstädte Berlin und Potsdam auf das Jahr 1854", Berlin 1854, wird der Name Gocht nicht mehr nachgewiesen. Ich danke dem Evangelischen Zentralarchiv (Kirchenbuchstelle) in Berlin für hilfreiche Auskünfte.

[164] „Zum Andenken an Frau Pauline Lotz-Gocht, geb. den 9.2.1819 gest. den 10.10.1910" (StABS LA 1910 Oktober 10).

[165] Ahnentafel der Familie Lotz, Nachlaß Arnold Lotz, StABS: PA 355 E 2.

Gast war[166]. Man habe an diesen Abenden zusammen ein sogenanntes Viererschach gespielt[167]. Wegen dieser Schachabende ließ Biedermann die zur gleichen Zeit stattfindenden Treffen der Schweizer Studenten ausfallen. Damit hatte Biedermann Konsequenzen aus seiner Unzufriedenheit gezogen und sich von diesen Zusammenkünften distanziert. Zuerst konzentrierte sich der Kontakt auf Gustav Eduard Gocht[168], später kam er mit der ganzen Familie in ein engeres Verhältnis. So war er auch Gast anläßlich besonderer Feiertage, wie etwa zu Weihnachten[169].

2. Wintersemester 1839/40

a) Lehrveranstaltungen und private Studien

Neben theologischen Veranstaltungen besuchte Biedermann entsprechend seiner Gewohnheit auch solche der philosophischen Fakultät[170]. In seinem ersten Berliner Semester zog ihn Leopold Franz von Ranke (1795–1886)[171] an, dessen Vorlesung über die neueste Geschichte er belegte. Ranke, der 1825 als Extraordinarius nach Berlin berufen worden war, stieg 1833 zum Professor für Geschichte auf. Die „Hallischen Jahrbücher" urteilten im Mai 1841, Ranke stünde im Zenit der Anerkennung und des Ruhms[172].

Ranke ging in seinem historistischen Ansatz davon aus, daß die kritische historische Forschung der Gotteserkenntnis diene[173], was in der Formel deutlich wird: „Jede Epoche ist unmittelbar zu Gott". Damit verband Ranke einen ausgeprägten Glauben an die göttliche Vorsehung. Sein Interesse galt einer Synthese des empirisch Einzelnen, das Barthold G. Niebuhr vertrat, mit der Idee eines inneren Konnexes, die an Hegel erinnert[174]. Die Vorlesung über „Neueste Geschichte" las Ran-

---

[166] In der Leichenrede für Pauline Lotz-Gocht werden diese Besuche erwähnt: „Von Zeit zu Zeit kam dort [im väterlichen Haus] ein Freundeskreis zusammen, in welchem sich noch weitere junge Schweizer, namentlich die späteren Herren Prof. Biedermann und Riggenbach und Herr Dr. Meyer-Merian befanden" (S. 1). Später traf Pauline Lotz auch in Basel und Münchenstein mit Biedermann zusammen (S. 2).

[167] OERI, Erinnerungen, S. 52.

[168] Er wurde Baumeister an der Anhalter Eisenbahn und heiratete Theodora Luise Pauline, geb. Hörnlein, mit der er drei Kinder hatte.

[169] Erstaunlicherweise gibt es außer den Einträgen in den Tagebuchblättern keine weiteren Dokumente wie etwa Briefe der Familie Gocht an Biedermann. Allein in der Leichenrede von Pauline Lotz-Gocht finden sich Hinweise auf das gesellige Miteinander (S. 1).

[170] Zu den in Berlin von Biedermann besuchten Lehrveranstaltungen siehe die Übersicht im Anhang, S. 397f.

[171] BERG, Ranke; SILVIA BACKS, Dialektisches Denken in Rankes Geschichtsschreibung bis 1854, Köln/Wien 1985; MICHAEL-JOACHIM ZEMLIN, Geschichte zwischen Theorie und Theoria. Untersuchungen zur Geschichtsphilosophie Rankes, Diss. phil., Köln 1985.

[172] Hallische Jahrbücher (Nr. 108/109) 1841, S. 430–436 (430).

[173] HELMUT BERDING, Leopold von Ranke, in: Deutsche Historiker, hrsg. von Hans-Ulrich Wehler, Göttingen 1973, S. 8.

[174] Allerdings kannte Ranke Hegel nur rudimentär. Allein dessen Geschichtsphilosophie hatte er gelesen. Dennoch wehrte sich Ranke leidenschaftlich gegen Hegels Geschichtsdenken, denn dieses vergewaltige die Universalgeschichte. Hier stehen sich philosophische Konstruktion und

ke im Wintersemester 1839/40 fünfstündig[175]. Er behandelte im ersten Hauptteil die Zeit vom Siebenjährigen Krieg (1756–1763) bis zu Joseph II. (1765–1790), wobei die Entwicklung Kontinental-Europas, Englands und Nordamerikas erörtert wurde. Der zweite Teil behandelte die Französische Revolution von der Regierung Ludwigs XVI. (1774–1792) bis zum Wiener Kongreß 1815. Die Notizen Biedermanns zu dieser Vorlesung fließen dürftig. Im Tagebuch hält er lediglich einige allgemeine Bemerkungen zum Stil der Vorlesung fest. Danach sei der Vortrag „abscheulich capriciös" gewesen, wie ein fieberhafter Puls. Formal und inhaltlich seien zudem nicht immer alle seine Hoffnungen befriedigt worden. Der Student vermutete, Ranke gebe sich in der Einleitung in die allgemeine Geschichte wenig Mühe[176]. Ähnlich zurückhaltend werden auch die weiteren Lehrveranstaltungen der philosophischen Fakultät bewertet.

Bei Georg Andreas Gabler (1786–1853), der 1835 „als trockenster Hegelianer strikter Observanz" die Nachfolge Hegels angetreten hatte[177], belegte Biedermann „Anthropologie und Psychologie" und hörte als öffentliche Vorlesung „Phänomenologie"[178]. Gablers philosophisches Bemühen galt dem apologetischen Nachweis, daß sich die wahre Hegelsche Philosophie in frommer Übereinstimmung mit dem Christentum befinde. Erfolg hatte er damit aber keineswegs, man spottete vielmehr über die „altmodisch-verrostete verhängnisvolle Gabel"[179]. Seine Lehrveranstal-

---

empirische Geschichtswissenschaft gegenüber. Siehe zum Verhältnis Rankes zu Hegel ZEMLIN, Geschichte, S. 206–238. Die „Hallischen Jahrbücher", aaO., S. 431, betonen, daß es mit Rankes philosophischer Grundlegung nicht weit her sei.

[175] Zur Vorlesung siehe die Angaben bei BERG, Ranke, S. 92–97. Vorhandene studentische Nachschriften dieser Vorlesung sind bei BERG, aaO., S. 243, genannt. Die unvollständigen Hörerlisten, S. 222–242, verzeichnen Biedermann nicht. Ranke hat diese Vorlesung von 1833/34 bis 1866 zehnmal mit fast gleicher Gliederung gehalten.

[176] Biedermann, Tagebuch, S. 58. In einem Brief an Holzach in Basel erwähnt er nur die Lehrveranstaltung ohne weitere Bemerkung, Biedermann an Holzach, November 1839: B.II.223. Biedermanns Urteil deckt sich weitgehend mit den Beschreibungen der „Hallischen Jahrbücher" (1841), die zu seinem schriftlichen Stil und Ausdruck festhalten, „jener kleine, kurze, selbstgefällig hüpfende und tänzelnde, immer mit sich beschäftigte, rhetorisch hin und her coquettirende Stil, dem alle historische Würde und Haltung fehlt" (S. 433). Zum Kathedervortrag heißt es, „er giebt da eine mimisch-plastische Darstellung seines Stils. Stünden ihm mehr äußere Mittel zu Gebote und hätte er überhaupt mehr Kraft und Muskelhaftigkeit, er würde hier, wie in seinen Schriften, rhetorische Effecte hervorbringen können. Er spricht im Ganzen, namentlich zu Anfang, sehr leise, kaum hörbar, etwas singend; plötzlich erhebt sich die Stimme, wenn nämlich der Inhalt interessant wird, wenn es etwas Anekdotenartiges zu erzählen giebt, die Worte werden kurz und schnell vorgestoßen und abgerissen, bis sie zuletzt, wenn der eigentliche Hauptschlag, d.h. die Pointe erfolgt, in ein fast feierliches, geisterhaftes Raunen übergehen" (S. 434).

[177] Zur Person siehe KARL PRANTL, Georg Andreas Gabler, in: ADB 8, S. 293f.; GLOCKNER, Philosophie, S. 874.

[178] Vgl. die Angaben in Biedermann, Tagebuch, S. 58 mit den Tagebuchblättern; in letzteren nennt Biedermann als Vorlesungen bei Gabler im Wintersemester „Logik" und „Psychologie", im Sommersemester nochmals „Logik". In den Tagebuchblättern liegt eine Verwechslung Biedermanns vor: „Logik und Metaphysik" las Gabler im Sommersemester 1840. Siehe die Vorlesungsverzeichnisse 1839/1840 und 1840 sowie den „Anmeldungsbogen": UAT 55/18.

[179] So GLOCKNER, Philosophie, S. 874.

tungen waren nach erfolgversprechenden Anfängen bald kaum noch frequentiert. Biedermann urteilte dennoch recht positiv über Gabler: Der Vortragende beherrsche selbstbewußt seinen Stoff, sei klar und werfe nicht bloß mit Formeln um sich. Denn nichts sei peinlicher, als wenn sich der Professor erst während der Vorlesung zu einem eigenen Verständnis durcharbeite. Einschränkend fügte er jedoch hinzu, Gabler biete zuviel Einleitendes, um den Hörer auf den gewünschten Standpunkt zu befördern. Er sollte vielmehr in der Durchführung des Stoffes den Hörer dorthin bringen. Aber immerhin sei Gabler „äch philosophisch", das heißt klein, mager mit geistigem Körper[180]. Im folgenden Semester hörte Biedermann bei Gabler noch „Logik und Metaphysik".

Bei dem nur wenige Jahre älteren Berliner Johann Friedrich Leopold George (1811–1873)[181] besuchte Biedermann eine Vorlesung über die „Philosophie der Kirchengeschichte". George, seit 1834 Privatdozent an der philosophischen Fakultät[182], las auch fächerübergreifend Altes Testament und Systematische Theologie. Er hatte sich in seiner ersten Schrift „Die älteren jüdischen Feste"[183] als Schüler Schleiermachers erwiesen[184]. Zwei Jahre später veröffentlichte er als Antwort auf David F. Straußens „Leben Jesu" sein Werk über das Verhältnis von Mythos und Sage[185]. In diesem Werk wird deutlich, daß George sich von Schleiermacher ab und Hegel zugewendet hatte. Dennoch wurde er 1856 außerordentlicher Professor für Altes Testament, zwei Jahre später wechselte er nach Greifswald.

Biedermann blieb nach der Vorlesung ein zwiespältiger Eindruck. George mache viele unnütze und unverständliche Worte. Den Gedankengang könne man erst im Rückblick der Stunde erfassen, dann würde aber eine durchgehende Entwicklung ersichtlich. So gesehen, urteilt Biedermann zufrieden, gebe er über viele kirchengeschichtliche Erscheinungen die richtige philosophische Erklärung. Eine wesentliche Erfahrung dieser Vorlesung benannte Biedermann in seinem „Curriculum vitae": Jenes philosophisch-kirchenhistorische Kolleg habe ihn zwar mit den möglichen Fehlern eines willkürlichen Systematisierens bekannt gemacht, für vieles aber gute Blicke und tiefere Beziehungen eröffnet. Auf jeden Fall diente es als gute Repetition der Kirchengeschichte, da diese in übersichtlichen Gruppierungen präsentiert worden sei[186].

---

[180] Biedermann, Tagebuch, S. 58 und sein Brief an Holzach, November 1839: B.II.223.

[181] Zur Person HANS MARTIN SASS, Johann Friedrich Leopold George, in: NDB 6, S. 235f.; LENZ, Geschichte, Bd. 2/1, S. 484; ferner JOHANN EDUARD ERDMANN, Die deutsche Philosophie seit Hegels Tode. Faksimile-Neudruck der Berliner Ausgabe 1896 mit einer Einleitung von Hermann Lübbe, Stuttgart/Bad Cannstatt 1964, S. 825–835; JOHN W. ROGERSON, Old Testament Criticism in the Nineteenth Century. England and Germany, London 1984, S. 63–67.

[182] 1856 wurde er zum ordentlichen Professor für Altes Testament befördert; siehe ASEN, Lehrkörper, S. 56.

[183] J. F. L. GEORGE, Die älteren Jüdischen Feste. Mit einer Kritik der Gesetzgebung des Pentateuch, Berlin 1835.

[184] ROGERSON, Criticism, S. 63.

[185] J. F. L. GEORGE, Mythus und Sage. Versuch einer wissenschaftlichen Entwickelung dieser Begriffe und ihres Verhältnisses zum christlichen Glauben, Berlin 1837.

[186] Biedermann, Curriculum vitae, S. 5.

Die genannten Lehrveranstaltungen und ihre Vortragenden blieben ohne weiterreichenden Einfluß auf Biedermann; allein zu George entwickelte er einen persönlichen Kontakt[187]. Ihn beschrieb er als liebenswürdigen jungen Mann, der etwas hastig sei und nach Ausdrücken ringe. Doch verspreche er sich vor allem im näheren Umgang noch viel von ihm[188]. In späteren autobiographischen Zeugnissen aus der Berliner Zeit schweigt Biedermann jedoch über George.

In der Berliner Studienzeit sollte ein anderer Lehrer Biedermann die entscheidenden Anstöße und Anregungen geben: Wilhelm Vatke. Biedermann war sicher nicht wegen Vatke nach Berlin gezogen; vor seiner Berlinreise scheint ihm Vatke noch unbekannt gewesen zu sein. Es dürfte sich vielmehr um eine unmittelbare Entdeckung und spontane beiderseitige Zuneigung gehandelt haben, die für ihn eine zukunftsträchtige Verbindung bedeutete.

b) Die Entdeckung: Johann Karl Wilhelm Vatke

Mit Vatke fand Biedermann den Lehrer, den er gesucht hatte. Dieses eindeutige Bekenntnis notierte der Student am 10. März 1840 am Ende des Wintersemesters in sein Tagebuch[189]. Doch hatte er schon bald nach Semesterbeginn festgehalten, Vatke sei das Muster eines Professors, der ruhig und klar seine Gedanken vortrage[190]. Die Wertschätzung für den Berliner Lehrer deutet Biedermann während seines Lebens immer wieder an: Vatke führte in den Augen Biedermanns den Ansatz D. F. Straußens fort und wurde so sein theologisch und philosophisch prägender Lehrer. Darum widmete Biedermann ihm seine erste Schrift, und noch in seinen „Erinnerungen" aus dem Jahr 1881 wiederholte der zweiundsechzigjährige Zürcher Theologieprofessor, was er als Student empfunden hatte[191].

Bei Vatke entdeckte Biedermann jene Anknüpfungspunkte, die ihn theologisch und philosophisch ansprachen, denn es trat ihm ein Lehrer entgegen, der ausgehend von der Hegelschen Spekulation wissenschaftliche Theologie treiben wollte. Vatke ging den Fragen auf den Grund und gab sich nicht mit einfachen Antworten zufrieden. Dem Basler Freund und späteren Schwager Friedrich Holzach schrieb Biedermann darum begeistert, Vatke sei deshalb ein hervorragender Dozent, weil er klar und ruhig vor den Hörern die Begriffe philosophisch entwickle[192]. Zum tiefen Verständnis auf wissenschaftlicher Ebene gesellte sich eine beiderseitige persönliche Zuneigung und Hochachtung. Biedermann hoffte schon im November 1839, bald in persönlichen Kontakt mit dem verehrten Lehrer treten zu dürfen[193]. Aber

---

[187] Biedermann, Tagebuch, S. 60.

[188] Biedermann an Holzach, November 1839: B.II.223.

[189] „In diesem Mann hatte ich einen theologischen Lehrer gefunden, wie ich ihn mir wünschen mochte"; Biedermann, Tagebuch, S. 64. Vgl. dazu das ebenfalls positive Urteil Zwickys über Vatke; ZWICKY, Jugenderinnerungen, S. 22f.

[190] Biedermann, Tagebuch, S. 58; ferner Biedermann an Holzach, November 1839: B.II.223.

[191] BIEDERMANN, Erinnerungen, S. 391.

[192] Biedermann an Holzach, November 1839: B.II.223.

[193] Ebd.

nicht nur Biedermann sprach von Vatke mit lobenden Worten, sondern auch Vatke erkannte bald Begabung und Fähigkeiten des jungen Schweizers.

Seit 1837 amtierte Vatke ohne Gehalt als außerordentlicher Professor für Altes Testament und Religionsphilosophie an der Berliner Universität[194]. Er konnte sich diese unbezahlte Professur leisten, da er durch die Ehe mit der wohlhabenden Minna Döring finanziell unabhängig war. Seine akademische Laufbahn hatte er im Wintersemester 1830/31 als Privatdozent begonnen. Vatke entstammte einem Pfarrhaus aus der Umgebung von Helmstedt. Dort absolvierte er auch seine Schullaufbahn, bevor er in Halle die Lateinschule des Waisenhauses und ab 1824 die Universität besuchte. Hier wurden Wilhelm Gesenius (1786–1842) und Julius August Ludwig Wegscheider (1771–1849) seine Lehrer. Nach zwei Jahren wechselte er nach Göttingen, um dort Georg Heinrich August Ewald (1803–1875) und den Philosophen Gottlob Ernst Schulze zu hören. Ostern 1828 kam er nach Berlin und nahm nach anfänglicher Verständnislosigkeit mit wachsender Begeisterung die Philosophie Hegels auf: In ihr fand er a priori, was das Christentum und die Weltgeschichte a posteriori gäben. 1829 reichte Vatke seine Dissertation ein[195]. Mit der zunehmenden Hegelrezeption einher ging ein engerer Kontakt zu Marheineke, der den jungen Theologen nach seinen Möglichkeiten zu fördern suchte. In die frühen dreißiger Jahre fällt auch die Bekanntschaft Vatkes mit David Friedrich Strauß, die sich zu einer engen Freundschaft entwickeln sollte[196]. Strauß weilte im Wintersemester 1831/32 in Berlin und kam dort bald mit Vatke in persönlichen Umgang, mit dem er vor allem die Frage des Verhältnisses von Spekulation und historischer Kritik erörterte. Bis Ostern 1832 währte die gemeinsame Zeit in Berlin. Danach arbeiteten beide an ihren Büchern, die schließlich für Furore sorgen sollten. Freilich erregte Straußens „Leben Jesu" größeres Aufsehen als das gleichzeitig erscheinende Werk Vatkes, die „Biblische Theologie", deren erster Teil im Oktober 1835 herauskam. Dieses Werk war nicht nur sein Erstlingswerk, sondern begründete auch seinen wissenschaftlichen Ruf und stellte die Weichen für die weitere, wenig günstig verlaufende akademische Karriere[197]. Denn mit dem wachsenden Einfluß Hengstenbergs und seiner Anhänger wurde Vatke nach Erscheinen der „Biblischen

---

[194] Zur Biographie siehe Heinrich Benecke, Wilhelm Vatke in seinem Leben und in seinen Schriften dargestellt, Berlin 1883; ferner Michael Brömse, Studien zur „Biblischen Theologie" Wilhelm Vatkes, Diss. Kiel 1973; ders., W. Vatkes philosophische Theologie im Streit der Polemik und Apologie, in: Vergessene Theologen des 19. und frühen 20. Jahrhunderts. Studien zur Theologiegeschichte, hrsg. von Eilert Herms und Joachim Ringleben, Göttingen 1984, S.129–145; Lothar Perlitt, Vatke und Wellhausen. Geschichtsphilosophische Voraussetzungen und historiographische Motive für die Darstellung der Religion und Geschichte Israels durch Wilhelm Vatke und Julius Wellhausen, Berlin 1965; Hans-Joachim Kraus, Die Biblische Theologie. Ihre Geschichte und Problematik, Neukirchen-Vluyn 1970, S.93–96; ders., Geschichte der historisch-kritischen Erforschung des Alten Testaments, Neukirchen-Vluyn ⁴1988, S.194–199.

[195] Sie trägt den Titel „De Platonicae philosophicae ratione ad doctrinam Clementis Alexandrini".

[196] Siehe hierzu die Beschreibung Vatkes durch Strauß in einem Brief an Christian Märklin vom 6.2.1832, abgedruckt bei Jörg F. Sandberger, David Friedrich Strauß als theologischer Hegelianer, Göttingen 1972, S.197; siehe auch Benecke, Vatke, S.71–80.

[197] Brömse, Studien, S.18f.

Theologie" zunehmend bedrängt und in seiner akademischen Wirksamkeit gehindert. Bald erkannte man die geistige Verwandtschaft mit Strauß, so daß Vatke als „Strauß des Alten Testaments" bezeichnet und bekämpft wurde. Die überwiegend negative Aufnahme der „Biblischen Theologie" verhinderte eine weitere Verbreitung des Werkes[198]. Dabei gilt jedoch zu beachten, daß die wenigsten Besprechungen dem Werk im eigentlichen Sinne gerecht wurden. Vielmehr verurteilte man die religionsphilosophische Grundlegung im Zuge einer allgemeinen anti-hegelianischen Kampagne oder bezog sich allein auf partikulare historische Ergebnisse, die einer Vielzahl von Forschern zu weit gingen[199].

Als Alttestamentler sollte Biedermann den neuen Lehrer aber erst im folgenden Sommersemester kennenlernen. Die beiden ersten Lehrveranstaltungen, die der Basler Student bei Vatke belegte, waren die Vorlesungen „Einleitung in das N. T." und „Ueber Wesen und Ursprung der Sünde". Die neutestamentliche Veranstaltung fand montags bis freitags von elf bis zwölf Uhr privatim statt. Das Kolleg über die Sünde hingegen war öffentlich am Sonnabend von zehn bis zwölf Uhr[200]. Die neutestamentliche Vorlesung, die Biedermann als Abschluß seiner bisherigen kritischen Beschäftigung mit dem Neuen Testament hörte[201], beeindruckte ihn insofern, als dort Ergebnisse präsentiert wurden, die vor allem im Blick auf die Synoptiker seinen eigenen Resultaten entsprachen. Dies war für den Studenten ein weiterer Anlaß, mit Vatke das Gespräch zu suchen[202].

Die eigentliche Begeisterung für Vatke hatte sich indes während der Sünden-Vorlesung entzündet. Dieses Thema beschäftigte Vatke in jenen Tagen in besonderer Weise, da 1839 von Julius Müller (1801–1878) das Werk „Die christliche Lehre von der Sünde"[203] erschienen war, mit dem sich Vatke intensiv auseinandersetzte. Eine umfangreiche Besprechung des Buches von Müller publizierte Vatke in den

---

[198] Siehe hierzu Brömse, Studien, S. 30–72.

[199] Eine Wiederentdeckung der historischen Ebene der „Biblischen Theologie" leitete allerdings erst Julius Wellhausen (1844–1918) ein. Worum es in der „Biblischen Theologie" wirklich geht, zeigte dann 1958 Rudolf Smend, der Vatkes Werk als eine „große exegetische, kritische und historische Leistung" qualifizierte. Siehe R. Smend, De Wette und das Verhältnis zwischen historischer Bibelkritik und philosophischem System im 19. Jahrhundert, in: ThZ 14 (1958), S. 107–119 (113). Durch den Vergleich mit de Wettes Vorgehen erhellt Smend, S. 113, daß Vatke sich der positiven Kritik der Hegelschen Philosophie bediene, um so den langen Entwicklungsprozeß der alttestamentlichen Religion nachzuzeichnen. Nach Vatke habe die alttestamentliche Religion „nacheinander die Stufen des unmittelbaren Selbstbewußtseins, der Entfaltung zur Objektivität und der Vermittlung des Selbstbewußtseins mit dem objektiven Bewußtsein erlebt".

[200] Siehe hierzu im „Verzeichnis der Vorlesungen, welche von der Friedrich-Wilhelms-Universität zu Berlin im Winterhalbjahre 1839–1840 vom 21. Oktober an gehalten werden" die Rubrik „Gottesgelahrtheit".

[201] Siehe Biedermann, Curriculum vitae, S. 5.

[202] Biedermann, Tagebuch, S. 64.

[203] Breslau 1839. Erschien auch unter dem Titel „Vom Wesen und Grunde der Sünde. Eine theologische Untersuchung", Breslau 1839. Siehe dazu Joachim Ringleben, Hegels Theorie der Sünde. Die subjektivitäts-logische Konstruktion eines theologischen Begriffs, Berlin/New York 1977, S. 261–281.

„Hallischen Jahrbüchern" von 1840[204]. In ihrem ersten Teil legt Vatke die religions-philosophische Grundlage, von der aus im zweiten Teil Müllers Ausführungen be-urteilt werden. Seine eigene Position sollte schließlich zwei Jahre später unter dem Titel „Die menschliche Freiheit in ihrem Verhältnis zur Sünde und zur göttlichen Gnade"[205] dargelegt werden.

Damit steht die Vorlesung über die Sünde im Wintersemester 1839 unter dem Spannungsbogen von Müllers Buch und den Vorbereitungen einer eigenen Veröf-fentlichung. Im folgenden sollen nun einige grundsätzliche Bemerkungen Vatkes aus der Rezension vorgestellt werden, anhand derer auf den Inhalt der Vorlesung zurückgeschlossen werden kann[206].

Als methodische Voraussetzung formuliert Vatke gleich zu Beginn seiner Aus-führungen in den „Hallischen Jahrbüchern": „Die Untersuchung des Wesens der Sünde darf sich daher nicht bloß auf diese und auf ihren allgemeinen Boden, den Willen, die Freiheit beschränken, sondern muß auf die abstracteren Voraussetzun-gen zurückgehen und damit das ganze Gebiet des religiösen Bewußtseins und der philosophischen und theologischen Speculation berühren. Eine gründliche Mono-graphie über die Sünde gestattet uns daher auch einen tiefen Blick in die Gesinnung und die wissenschaftliche Ueberzeugung ihres Verfassers."[207] Eine explizierte Me-thodik scheint für Vatke unumgänglich, wenn die Untersuchung respektive das Verfahren als wissenschaftlich anerkannt werden soll. Das Fehlen einer Beschrei-bung der Form und der Methode bei Müller kritisiert Vatke heftig und deutet es als ein charakteristisches und signifikantes Zeichen der Vermittlungstheologie[208]. Auch wenn sich Müller als Vermittlungstheologe explizit gegen die Hegelsche Phi-losophie wende und den Bann des Hegelschen Pantheismus durchbrechen wolle, so könne nach Vatke nicht bezweifelt werden, daß auch Müller den herrschenden philosophischen Systemen einschließlich des Hegelschen Systems sehr viel verdan-ke[209].

Vatke versucht daher in seiner Buchbesprechung eine methodische Grundle-gung auf dem Boden der Hegelschen Religionsphilosophie zu formulieren, die er der „modern-scholastischen Methode" Müllers im Sinne des „fides praecedit intel-lectum" entgegensetzt[210]. Dabei will Vatke vor allem das Verhältnis des philosophi-schen Denkens zur Religion und zum christlichen Dogmensystem, also zum

---

[204] WILHELM VATKE, Beitrag zur Kritik der neueren philosophischen Theologie, in: Hallische Jahrbücher 1840, Sp. 5ff.
[205] Berlin 1841.
[206] Eine Mitschrift der Vorlesung ist mir nicht bekanntgeworden.
[207] VATKE, Beitrag, Sp. 6.
[208] Zu den Spielarten der Vermittlungstheologie und ihrer Bewertung siehe JÖRG ROTHER-MUNDT, Personale Synthese. Isaak Dorners dogmatische Methode, Göttingen 1968, S. 11–49.
[209] VATKE, Beitrag, Sp. 8, schildert Müllers Rezeption der Philosophie „als eine versuchte Ver-mittlung des christlich-religiösen Zeitgeistes mit der Speculation und zwar auf dem Grunde viel-facher, schon in die weiteren Kreise übergegangener philosophischer Elemente".
[210] Vatke beschreibt damit den Versuch Müllers, unmittelbar gegebene Vorstellungen mit be-grifflichen oder philosophischen Gedankenbestimmungen zu verknüpfen.

„überlieferten Glaubensinhalt in der Schrift- und Kirchenlehre" untersuchen[211]. Da es ja nur eine Wahrheit geben kann, Philosophie und Religion in ihrer wesentlichen Grundform, dem Denken und der Vernunft, übereinstimmen, „so muß ein nothwendiges und inneres Verhältniß beider Seiten stattfinden und die wahre Religion muß mit der wahren Philosophie eine höhere Einheit bilden. [...] Wie nun aber jene Einheit beider Seiten zu erreichen sei, darüber war und ist man verschiedener Ansicht"[212]. Für Vatke freilich besteht kein Zweifel daran, daß allein an Hand der spekulativen Methode im Sinne Hegels das Problem auf „wissenschaftlicher" Ebene gelöst werden kann. Dabei ist die logische Unterscheidung von unmittelbarer „Vorstellung" und dem im reinen Denken gewonnenen „Begriff" grundlegend. Die Vorstellung ist nach Vatke „die Abbreviatur des Denkens"[213], die erst einmal aufgeschlüsselt werden müsse, indem ihre Entstehungsgeschichte und die ihr zugrunde liegenden Denkvoraussetzungen analysiert werden. „Damit hört sie aber auch auf, feste Voraussetzung zu sein; sie ist vielmehr flüssiges Moment in der Totalität des Gedankenprocesses geworden."[214] Vatke wirft der älteren und der neueren scholastischen Richtung vor, gerade diesen dialektischen Prozeß nicht erkannt oder nur unzureichend gewürdigt zu haben. Diesen halbherzigen und unzureichenden Ansätzen hält Vatke entgegen, es könne nur dann zu einer gründlichen Vereinigung von Philosophie und Religion kommen, wenn die „relative Selbständigkeit" beider erkannt werde[215]. Diese Erkenntnis ist jedoch nur durch das spekulative Denken möglich, welches die Wahrheit reproduziere, „sofern es eine durch die absolute Intelligenz gesetzte Wirklichkeit schon vorfindet"[216].

Die Religion, die dem Bereich des anschauenden Bewußtseins angehört, tritt in Form der Vorstellung auf. Ihr allein ist eine Synthese verschiedener Vorstellungen möglich, welche in ein Verhältnis zueinander treten. Die philosophische Identität

---

[211] VATKE, Beitrag, Sp. 11 f.

[212] VATKE, Beitrag, Sp. 12. Als drei mögliche Ansichten und Methoden nennt Vatke den scholastischen, den rationalistischen und den spekulativen Weg. Der scholastische Weg setze die Einheit von Philosophie einfach voraus, um dann nach Maßgabe des „fides praecedit intellectum" nachzudenken. Hingegen weiß sich das Denken beim rationalistischen Ansatz als das Gewisse und Wahre und setzt sich in den Gegensatz zu den Glaubensinhalten, um durch die Kritik des Objektiven die Einheit zu erlangen. Der spekulative Weg schließlich sieht beide Seiten als relativ selbständig an, so daß die Einheit nur bei und in dem Unterschiede der Seiten zustande kommt. Den „scholastischen" Weg beschreite nun vor allem die „positive und religiöse" Philosophie, wobei aber die rechte Seite der Hegelianer „eng an diese Seite streift". Aber „die sogenannte linke Seite derselben Schule streift dagegen eng an das rationalistische Princip und hat es in manchen Punkten nicht wahrhaft überwunden; sie hat aber durch Aufheben des scholastischen Grundform sich den Weg zur freien Bewegung auf dem dritten wahrhaft speculativen Standpunkte gebahnt und wird denselben hoffentlich immer mehr erreichen" (Sp. 13).

[213] VATKE, Beitrag, Sp. 14.

[214] Ebd.

[215] „Der speculative Gedanke, in seiner wahren Allgemeinheit aufgefaßt, sprengt die Schranken des bloß subjectiven Denkens und setzt sich zugleich als das Reale, Objective. Das reine Denken ist von dem reinen Sein nicht verschieden, und die Dialektik des Gedankens ist nur insofern die wahre, als sie zugleich die objective Dialektik des Realen darstellt" (Sp. 14).

[216] VATKE, Beitrag, Sp. 15.

des konkreten Gedankens, des Begriffes und der Idee hingegen kann sie nicht erreichen. Das hat freilich Folgen für die Dogmatik: Auf der Ebene der Vorstellung lassen sich beispielsweise die Vorstellungen von göttlicher Allwissenheit und Allmacht
mit jenen der menschlichen Freiheit nicht ausgleichen. Sollen jene dogmatischen
eine entsprechende Würdigung erhalten, so gelingt dies nur über die „Einsicht in
den formellen Unterschied der religiös-dogmatischen Vorstellungen und der philosophischen Dialektik"[217]. Im Blick auf Schleiermachers Trennung von Dogmatik
und spekulativer Philosophie führt Vatke schließlich aus, daß die spekulative Betrachtung davon ausgehen müsse, eine Vereinigung der beiden Seiten könne nur
gelingen, wenn „jede Seite für sich betrachtet die andere an ihr hat, sie als Moment
schon enthält, und für sich allein gesetzt eine Abstraction von ihr sein würde".
Denn „die Religion enthält das Denken als substantiellen Inhalt und Grundform,
wodurch alle Weisen ihrer Erscheinung den Character der Allgemeinheit, Vernünftigkeit und Wahrheit an sich tragen; das philosophische Denken enthält die religiöse
Sphäre als Moment, sofern das concrete Denken die ganze Wirklichkeit umfaßt, also seinem Begriffe nach auch ein Denken der Religion, nicht bloß über die Religion ist". Eine Trennung von Form und Inhalt hingegen mache die Religionsphilosophie zur reinen, abstrakten Dialektik, die die bloße Metaphysik der Religion
darstelle, nicht aber die Religion selbst. Der erste Schritt des dialektischen Prozesses
ist, „den vollen Gedankengehalt der religiösen und dogmatischen Vorstellung her-
auszusetzen, und zwar durch Analyse der oben beschriebenen synthetischen Einheit der Vorstellung". Der volle Gedankengehalt muß im reinen Gedanken gefaßt
werden[218].

Damit ist in groben Strichen ein Bild der religionsphilosophischen Grundlegung
Vatkes gezeichnet. Mit dieser Form der Hegelschen Spekulation, die sich selber
zwischen dem rechten und dem linken Flügel stehend verstand, wurde Biedermann in der Vorlesung über die Sünde konfrontiert. Ähnlich wie bei seiner ersten
literarischen Begegnung mit D. F. Strauß entdeckt Biedermann hier einen in seinen
Augen überzeugenden Versuch, die Spannung zwischen supranaturalistisch-bibli-
schen und kirchlich-dogmatischen Vorstellungen einerseits sowie einem aufge-
klärt-rationalistisch geprägten Denken andererseits aufheben zu können. Ausgehend von der radikalen Kritik Straußens bietet Vatke eine konsequent durchgeführ-
te Theologisierung der Hegelschen Philosophie, die in ihrer Durchführung aufs
Ganze gesehen jedoch gemäßigter als bei Strauß erscheint.

Nachdem die Berufung Straußens in Zürich gescheitert war und sich damit Biedermanns Pläne, bei Strauß zu studieren, zerschlagen hatten, fand er in Vatke einen
überzeugenden Ersatz. Es scheint sogar, daß durch den intensiven persönlichen
Umgang mit Vatke die Bedeutung von Strauß im Denken Biedermanns relativiert
wurde.

---

[217] VATKE, Beitrag, Sp. 17.
[218] VATKE, Beitrag, Sp. 27.

c) Biedermann: „Das Verhältniß der ursprünglichen Vollkommenheit des Menschen zu seiner Sündhaftigkeit"

Im Zusammenhang mit der Vorlesung Vatkes entstand ein Manuskript Biedermanns, das die Frage nach dem „Verhältniß der ursprünglichen Vollkommenheit des Menschen zu seiner Sündhaftigkeit"[219] behandelt. Biedermann geht davon aus, daß die dogmatische Bestimmung des ursprünglichen Zustandes des Menschen, seiner Vollkommenheit und seiner Sündhaftigkeit auf der geschichtlichen Fassung des Sündenfalls basieren müsse, welche als bindende Autorität angenommen würde. Doch, wendet er ein, die Erzählung in Genesis 3 sei anerkanntermaßen ein Mythos, nicht Lehrsage, wie Schleiermacher fälschlicherweise behaupte[220]. Eine Lehrsage könne nämlich als Grundlage der dogmatischen Überlegung dienen. Der Mythos aber kommt deswegen als Grundlage nicht in Frage, da dem Urheber des Mythos nicht die Idee als solche, sondern bloß in geschichtlich konkreter Gestalt vorliege[221]. Erst wenn auf andere Weise die Idee als solche gewonnen werde, könne der Mythos daraufhin befragt werden, inwieweit die Idee aus ihm heraus gesprochen habe. In diesem Zusammenhang schimmert Vatkes Hinweis durch, wonach auf der Basis nebeneinander stehender Vorstellungen nicht die philosophische Identität des Gedankens erreicht werden könne. Dem Urheber der Lehrsage aber ist die Inkongruenz von Idee und geschichtlicher Gestaltung bewußt, da er von der Idee ausgehend die Gestaltung vornimmt. Methodisch sei schließlich so vorzugehen, daß die Idee rein aus ihrem Wesen der Sache, aus dem Begriff ohne Seitenblick auf eine mythologische Erzählung entwickelt werde[222].

Biedermann beginnt seinen Gedankengang mit der Feststellung, daß im religiösen Gefühl das menschliche absolute Sein nicht schlechthin zum Bewußtsein erwache, sondern immer nur in dem Umfang, wie es vom jeweiligen endlichen Sinn affiziert werde[223]. Je nach dem, wie weit das absolute Sein im endlichen Sinn verwirklicht ist, empfindet das Subjekt Befriedigung. Vollkommen befriedigt werde es, wenn vom jenseitigen Sinn abstrahiert und allein auf das menschlich objektive

---

[219] Das Manuskript umfaßt acht Seiten und befindet sich im Nachlaß Biedermanns: A.III.b.7. Der Titel nimmt einen Gedanken von D. F. Strauß auf, der in der „Schlußabhandlung" bei der Besprechung von Schleiermachers Christologie vom Verhältnis der Sündhaftigkeit und der schlechthinnigen Vollkommenheit ausgeht. Siehe DAVID FRIEDRICH STRAUSS, Das Leben Jesu, kritisch bearbeitet, Bd. 2, Tübingen 1836, S. 711.

[220] Zur Auslegungsgeschichte siehe MARTIN METZGER, Die Paradieseserzählung. Die Geschichte ihrer Auslegung von J. Clericus bis W. M. L. de Wette, Bonn 1959.

[221] Biedermann, Verhältniß, S. 1. Siehe dazu GEORG WILHELM FRIEDRICH HEGEL, Vorlesungen über die Philosophie der Religion, Bd. 2., Frankfurt am Main 1986, S. 75 f. Hegel spricht hier vom Mythos, „einer Parabel gleichsam", in welcher freilich bezüglich des Spekulativen, des Wahrhaften auf Grund der vorliegenden sinnlichen Darstellung, „unpassende Züge" vorkommen. RINGLEBEN, Theorie, S. 22 (Anm. 1), nennt weitere wichtige Texte Hegels zur Genesis 3; ferner aaO., S. 22–37 „Zur Behandlung des Mythus Gen. 3". Zum zweifachen Verständnis des Mythos bei Hegel, siehe aaO., S. 23.

[222] RINGLEBEN, Theorie, S. 24, weist darauf hin, daß die Interpretation des Mythos im Blick auf die Idee kritisch sein müsse, denn die mythische Ausdrucksform ist etwas Vorläufiges.

[223] Biedermann, Verhältniß, S. 2.

Sein reflektiert werde. Diese vollkommene Befriedigung ist vorerst Gefühl. Das Objektive nun, dessen man sich im Gefühl als subjektive vollkommene Befriedigung bewußt ist, nennt Biedermann die „vollkommene Güte unsers absoluten Seins"[224]. Ferner bestimmt er das absolute Sein als die ursprüngliche Vollkommenheit des Menschen, da die ursprüngliche Beschaffenheit mit dem absoluten Sein identisch sei. Damit ist für Biedermann das Vorhandensein der ursprünglichen Vollkommenheit „erwiesen". Diese Vollkommenheit umfaßt das absolute Sein des Menschen, das ist sein Gattungsbegriff[225]. Offen bleibt nun noch die Frage nach dem Inhalt der ursprünglichen Vollkommenheit und ob der Gattungsbegriff in seinem Heraustreten ins konkrete Sein in seiner Vollkommenheit teilweise aufgehoben werde oder nicht[226].

Zur Beantwortung dieser Frage wendet sich Biedermann wieder dem religiösen Sein und Wesen zu: Der Mensch fühlt sich in seinem endlichen Sein befriedigt, wenn es weitgehend mit dem absoluten Sein übereinstimmt. Wo dies aber weniger oder gar nicht der Fall ist, entsteht das Gefühl der „Unlust"[227]. Diese Unlust wird dadurch bestimmt, daß das endliche Sein nicht gut, nicht vollkommen ist. Das Bewußtsein davon nennt Biedermann „Sündenbewußtsein", das Objekt „Sünde"[228]. Was aber sind das Wesen und der Begriff der Sünde, des religiösen Gefühls der Unlust? Es tritt erst im weltlichen Sein hervor, dem Für-sich-werden des Absoluten in der Erscheinungswelt.

Das Absolute des Ganzen ist nach Biedermann die menschliche Natur, das Individuum ist allein die individualisierte Natur. Darum können die menschlichen Gefühle nichts enthalten, was nicht naturgegeben ist. Die Sünde ist dies nicht. Da der Mensch als Gattungsbegriff unmittelbares Geschöpf Gottes ist, muß er naturnotwendig gut sein[229]. Aber als Geschöpfe sind sie naturnotwendig nur für Gott gut, wobei die Naturnotwendigkeit den Zweck, sich frei umzuwandeln, impliziert[230].

---

[224] Ebd.

[225] Hegel weist in seiner Interpretation darauf hin, daß Adam eben nicht ein einzelner Mensch sei, an den das Verbot, vom Baume der Erkenntnis zu essen, ergangen sei, sondern er ist „der Mensch überhaupt". Der Mythos vom Sündenfall beschreibe „die Natur des Menschen selbst"; HEGEL, Vorlesungen über die Philosophie der Religion II, S. 75f.

[226] In diesem Zusammenhang weist Biedermann auf den Manichäismus und Pelagianismus als irrende Lösungswege hin. Dabei bezieht er sich direkt auf FRIEDRICH D. E. SCHLEIERMACHER, Der christliche Glaube 1821/22, hrsg. von Hermann Peiter, Studienausgabe, Bd. 1, Berlin/New York 1984, §85, S. 263.

[227] Der Begriff „Unlust" findet sich bei Schleiermacher, Glaube §84, S. 261 und §86, S. 264. Zu Schleiermachers Sündenlehre siehe MARTIN REDEKER, Friedrich Schleiermacher. Leben und Werk, Berlin 1968, S. 179–188.

[228] Biedermann, Verhältniß, S. 4. Im Gegensatz zu Schleiermacher, der die Begriffe des „sinnlichen Bewußtseins" und des „höheren Bewußtseins" verwendet, argumentiert Biedermann im Gefolge von Hegel mit den Begriffen „absolutes" und „endliches Sein".

[229] Biedermann, Verhältniß, S. 5.

[230] Siehe HEGEL, Vorlesungen über die Philosophie der Religionen II, S. 76, der im Blick auf den Sündenfall ausführt: „Die Erkenntnis, das Wissen ist dieses doppelseitige, gefährliche Geschenk: der Geist ist frei; dieser Freiheit ist das Gute wie das Böse anheimgestellt: es liegt darin ebenso die Willkür, das Böse zu tun; dies ist die negative Seite an jener affirmativen Seite der Frei-

Entscheidend ist, daß der Mensch für sich selbst gut sei, nicht nur gemacht sei und seine Vollkommenheit nicht nur von Gott gewußt werde, sondern auch der Mensch sich in seiner Vollkommenheit wisse, „sie mit Bewußtsein sei, d.h. wahrhaft und vollkommen sei, daß Geschöpf und Schöpfer sich in Einem Product vereinen und zusammenschließen"[231]. Dazu muß aber der Mensch von der Naturnotwendigkeit entbunden werden, sobald sein Geist zum Bewußtsein kommt. Er muß schließlich die wahre Freiheit erhalten[232].

So ist für Biedermann die Frage beantwortet, ob und wie – unbeschadet der ursprünglichen Vollkommenheit der menschlichen Natur – die Sünde existieren kann. Der absolute Sinn nämlich muß, um sich vollkommen realisieren zu können, als endlicher Sinn die Möglichkeit der Sünde implizieren. Mit diesem Gedanken sei, so Biedermann, auch die Frage erledigt, „ob Gott denn nicht das Böse von seiner Welt hätte fern halten können und warum er es nicht gethan"[233]. Offen jedoch bleibe bisher das Problem, ob allein von der Möglichkeit oder nicht auch von der Notwendigkeit der Sünde gesprochen werden muß[234]. Bei der Erörterung dieser Fragestellung ist jedoch auf den Ausgangspunkt der Überlegungen zu achten: Dieser könne nicht die vorfindlich empirische Wirklichkeit sein, erklärt Biedermann[235]. Darum muß die Sache an sich betrachtet werden. In der Sprache der Kirchenlehre heißt das, das Problem ist am „ersten Menschen" zu verhandeln, der ins Dasein tritt, ohne unter dem Einfluß der Erbsünde zu stehen[236]. Biedermann lehnt es im Gefolge Schleiermachers ab, die Sündhaftigkeit des „natürlich gebornen" Menschen auf den ersten Menschen, den Menschen an sich zu übertragen[237]. Denn wäre die menschliche Natur an sich sündhaft, so könnte sie „unmöglich der Sünde

---

heit. Der Mensch, heißt es, sei im Zustande der Unschuld gewesen: dies ist überhaupt der Zustand des natürlichen Bewußtseins; er muß aufgehoben werden, sobald das Bewußtsein des Geistes überhaupt eintritt. Das ist die ewige Geschichte und der Natur des Menschen."

[231] Biedermann, Verhältniß, S. 5. Hier wird der Einfluß Hegels besonders deutlich. Siehe dazu CHARLES TAYLOR, Hegel, Frankfurt am Main 1983, S. 643–645.

[232] Zur Freiheit bei Hegel siehe RINGLEBEN, Theorie, S. 126–129.

[233] Biedermann, Verhältniß, S. 6.

[234] Zum „Problem der ‚Notwendigkeit' von Sünde" siehe RINGLEBEN, Theorie, S. 123–134.

[235] Biedermann, Verhältniß, S. 6. Siehe auch SCHLEIERMACHER, Glaube § 92 und RINGLEBEN, Theorie, S. 90–96. Ringleben, S. 96, betont, daß die Funktion der Erbsündenlehre bei Hegel deutlich mache, daß es kein unschuldiges Bleiben des Menschen in der Unmittelbarkeit zu Gott gibt.

[236] Siehe hierzu SCHLEIERMACHER, Glaube, S. 283f., der die Vorstellung vom ersten Menschen „zur didaktischen Bestimmtheit" erhebt und das Zurückgehen auf den ersten Menschen für die Untersuchung als „höchst natürlich" benennt.

[237] In diesem Zusammenhang bezieht sich Biedermann, Verhältniß, S. 7, wörtlich auf SCHLEIERMACHER, Glaube, Leitsatz des § 94. Biedermann schreibt: „Haben wir *diese Sündhaftigkeit, die uns nur in den natürlich gebornen und in der Gemeinschaft mit andern lebenden Menschen wirklich gegeben ist, auch auf den ersten Menschen*, oder den Menschen an sich überzutragen, nicht. Wenn wir auch, sagt Schleiermacher § 94 das erstre thun, *so müssen wir uns doch hüten, die Sündenhaftigkeit in ihm als eine mit der menschlichen Natur überhaupt vorgegangnen Veränderung zu erklären*" (Zitat kursiv gesetzt). Den Gedankengang setzt Biedermann mit einem weiteren nicht gekennzeichneten Zitat Schleiermachers fort: „Daß nun Schleiermacher es problematisch stellt, wenn wir die Sündhaftigkeit auf den ersten Menschen übertragen wollen, daran thut er sehr wohl, denn auch andrerwärts sagt er (§ 89),

als Schuld weder der Gesamtheit, noch der Einzelnen bewußt werden"[238]. Wäre
die Sünde naturnotwendig, stünde sie im gleichen Verhältnis zu Gott wie das Gute.
Damit wäre aber ein direkter Widerspruch zu Gott gesetzt, der nur aufgelöst werden könne, wenn die volle Freiheit als unmittelbar von Gott gesetzt angenommen
wird[239].

Biedermanns Abhandlung zeigt den Einfluß Hegels und Schleiermachers, den
Biedermann teilweise wörtlich zitiert. Das anthropologische Thema bietet zugleich
auch die Möglichkeit für eine Auseinandersetzung mit Schleiermachers Christologie, mit der Frage nach der Menschlichkeit Christi. Der Aufsatz zeigt, daß sich Biedermann auf dem „Gang vom Schleiermacherschen auf den Hegelschen Standpunkt"[240] befindet. Dabei wird Vatke eine wesentliche Rolle gespielt haben. Die
Hegelsche Begrifflichkeit stammt noch nicht aus eigenen Hegel-Studien Biedermanns, sondern sekundär aus der Sünden-Vorlesung Vatkes. Denn Biedermann begann erst am Ende des Semesters mit dem Studium von Hegels „Wissenschaft der
Logik".

Zur Datierung und zum Anlaß dieses Aufsatzes können nur Vermutungen angestellt werden. Da Biedermann zu Beginn des Jahres 1840 mit der intensiven Hegel-
lektüre begann, scheint es unwahrscheinlich, daß Biedermann seine Aufzeichnungen erst danach, am Ende des Wintersemesters, also etwa im Januar oder Februar
1840 niederschrieb. Plausibler scheint, die Entstehung des Manuskriptes im Verlauf
des Semesters anzunehmen. Es könnte aus der begleitenden Arbeit hervorgegangen
sein. Damit wäre diese Abhandlung eine Fortsetzung und Vertiefung der in Basel
begonnenen Beschäftigung mit Schleiermacher. Möglicherweise diente das Papier
aber auch einer akademischen Diskussion, in der Biedermann eine Auseinandersetzung mit Schleiermacher zu einem Thema der Vorlesung bot[241]. Dann hätte Biedermann im Rahmen der Lehrveranstaltung Vatkes Schleiermacher vertiefend aus
Vatkescher Perspektive studiert. Diese Konstellation erhellt nun, was Biedermann
gut zwei Jahre später rückblickend in seinem „Curriculum vitae" formulierte: Unter Vatkes Anleitung sei er in das tiefere Verständnis des „Philosophen Schleiermachers" eingeführt worden, „der den Verehrern des Theologen nur zu oft verborgen
bleibt: dadurch wurde mir aber auch die Aussicht auf den Weg eröffnet an einer
wahren Vermittlung positiver Elemente von Schleiermacher und Hegel"[242].

Präzisere Angaben sind nicht möglich, da sich die autobiographischen Zeugnisse
über den Essay ausschweigen, was eher dafür spricht, daß es eine kleinere Gelegen-

---

daß die *Möglichkeit einer vollkommen gleichmäßigen Entwiklung, die also auch unsündlich wäre, nicht an
und für sich* könne abgeleugnet werden" (S. 269)
[238] Biedermann, Verhältniß, S. 8.
[239] Ebd.
[240] Siehe dazu seinen Brief an den Vormund Biedermann-Frey, den Biedermann im Tagebuch
Ende Dezember 1839, S. 59, nennt.
[241] Auf S. 2 seiner Niederschrift bezieht sich Biedermann in einer Klammerbemerkung („als
ich die Geschichte etwas rein subjectives nannte") auf eine Aussage, die so in seiner Abhandlung
„Verhältniß" nicht zu finden ist.
[242] Biedermann, Curriculum vitae, S. 11.

heitsarbeit war, die keiner besonderen Erwähnung bedurfte. Hingegen wird ersichtlich, wie eng sich Biedermann bei seinen Ausführungen methodisch an Vatke orientierte, um so eine philosophische und damit wissenschaftliche Erörterung der Fragestellung zu bieten. Am Ende des Wintersemesters hielt Biedermann nach einem Besuch bei Vatke in seinem Tagebuch fest: „Besuch bei Vatke. In diesem Mann hatte ich einen theologischen Lehrer gefunden, wie ich ihn mir wünschen mochte. Sein Publicum über die Sünde, war mir ein Muster der philosophischen Behandlung eines theologischen Gegenstandes. Ernst unvermischt und rein die philosophische Erörterung, dann die Auseinandersetzung des im unmittelbaren religiösen Bewußtsein über den Gegenstand sich vorfindenden; endlich die höhre Einheit beider in der Kritik der aus den Datis des religiösen Bewußtseins auf scholastisch-dogmatische Weise entstandenen Lehrbestimmung. Neues, oder vielmehr fremdes, hörte ich so zu sagen nie; Vatke entwickelte mir fast immer meine eigenen, mir meist nur unmittelbar zu Bewußtsein gekommenen Gedanken, die ich aber nun erst, nachdem ich nun auch ihre Entwicklung hatte, mein nennen könnte. In der Einleitung zum NT freute ich mich in meinen Ansichten über das Verhältnis der Synoptiker bestätigt zu finden. Ich nahm davon Veranlassung ihn zu sprechen. Er unterhielt sich mit fast burschikoser Munterkeit, ist ziemlich scharf im Urtheil und erzählt gern charakteristische Anecdoten von gelehrten Notabilitäten. Hier nur eine: ‚Er erzählte: Ich muß einmal gegen Jemanden hingeworfen haben: Marheinekes Dogmatik sei ein ledernes Buch. Ich mag mich selber dessen nicht mehr entsinnen. Dieß kam dem Hengstenberg zu Ohren. Nun sollte ich 1833 als Professor nach Königsberg. Als es im academischen Senat zur Sprache kam, meinte Neander: ja, ja! wahrscheinlich (dabei machte er einen sehr komischen Gestus: damit er fort kommt!). Hengstenberg sagte, ich müßte doch erst etwas geschrieben haben. Es lautete eben, ich schreibe an einem gar gefährlichen Buch. Marheineke wollte mich hier behalten und befördert wissen. Ach was, sagte Hengstenberg, sie brauchen sich gar nicht so für ihn zu verwenden, hat er doch Ihre Dogmatik ein ledernes Buch genannt. Marheineke aber war großartig, er sagt; es handelt sich jetzt nicht darum was Vatke über mein Buch gesagt hat, sondern ob er zu befördern sei.' − Ueber sein nahes Verhältniß zu Strauss während dessen hiesigem Aufenthalt mehreres zu vernehmen war interessant. Das Punctum Saliens der straußischen Christologie nannte er unspeculativ. Strauß[243] habe den Begriff des Geistes noch nicht vollkommen erfaßt. Das war mir ein neuer Stachel, die Speculation gründlich zu erfassen: Denn nur kein nur halbwegs speculativer Theolog werden!"[244]

---

[243] Biedermann verwendet zweierlei Schreibweisen: „Strauß" und „Strauss".

[244] Biedermann, Tagebuch, S. 64f. Eine weitere Beschreibung der Besuche bei Vatke bietet Riggenbach in einem Brief an Theodor Meyer, 23.2.1840: StBW: „So zB. saß ich nämlich bei Vatke, den ich öfter privatim besucht hatte, mit einer Anzahl Studierender zu Nacht. Vatke leitete die Unterhaltung äußerst geistvoll. Hingegen wurde von einigen der Jungen doch allerlei gesprochen, wovon schwächere Nerven vielleicht den Schlag gekriegt hätten. Ich aber habe daraus nur immer neue Belehrung und Hinweisung auf das Eine was Noth thut. Freilich wenn man mir prophezeit die philosophische Modekrankheit werde von der Bergluft leicht verweht werden, so kommt mir das oft etwas seltsam vor. Ich könnte dieß, wie ich die Sache jetzt ansehe, nur als ein er-

Für die Semesterferien des Frühjahrs 1840 ist schließlich Biedermanns erste Lektüre Vatkes belegt. Er las in den „Hallischen Jahrbüchern"[245] Vatkes Rezension des Buches „Der historische Christus und die Philosophie" von dem Hallenser Hegelianer und Philosophen Julius Schaller (1810–1868)[246]. Dieses in Auseinandersetzung mit Strauß' „Leben Jesu" verfaßte Werk kritisierte aus rechtshegelianischer Perspektive und gilt nach der Aussage Vatkes als erste „speculative Oppositionsschrift", in der die Spekulation größtenteils mit „gebührender Selbstständigkeit und Freimüthigkeit" erscheine[247]. Schaller nimmt, so Vatke, eine vermittelnde Stellung zwischen der freien Entwicklung des Denkens und dem Inhalt und der Form des Glaubens ein: „Sie kann auch im Allgemeinen ungefähr zum Maßstabe dienen, wie weit auf dem Standpunkte der Gegenwart eine Ausgleichung beider Seiten möglich und natürlich sei, und wie die strenge Wissenschaft anfange, ihren Charakter zu verleugnen und schwankend zu werden, wenn sie, um dem Glauben zu genügen, auch da vermitteln will, wo das Gebiet des eigentlichen Wissens überschritten wird."[248] Vatkes Schüler Biedermann rezipierte begeistert die Ausführungen: Sie seien das Beste, was ihm zur Beurteilung der straußischen Christologie begegnet war[249]. Darum notierte er sich auch einige „allgemeine Urtheile" daraus, die auf die Apologie der Methode von Strauß zielten. Die Kritiker hätten nicht hinreichend in Straußens Standpunkt den „speculativen Character" erkannt und damit ihre mangelhafte Einsicht in das „Wesen speculativer Einsicht" verraten[250].

d) *Apologie und Rezeption der Hegelschen Philosophie*

Der Basler Lehrer und Privatdozent Daniel Schenkel hatte Biedermann geraten, die Hegelianer „cum grano salis" zu hören. In der kurz nach Weihnachten 1839 an ihn gerichteten Antwort legte Biedermann seine geistige Entwicklung und seinen gegenwärtigen Standpunkt dar. Im selben Sinne schrieb er auch seinem Vormund[251].

Diese Empfehlung Schenkels bildete den Anstoß zu einer Selbstreflexion Biedermanns. Dabei wird deutlich, daß Biedermann ein eklektisches Studium Hegels ablehnt. Zudem will er nicht in einem philosophischen Formalismus „verknöchern […], der alles über einen Leisten schlägt und nicht mehr im Stand ist, alles in seiner

---

schrockenes Schlafwandern des Denkens betrachten, was mir der Theologie höchst unwürdig schiene".

[245] Hallische Jahrbücher 1838, Sp. 2257–2259; 2265–2304; 2311f.

[246] JULIUS SCHALLER, Der historische Christus und die Philosophie. Kritik der Grundidee des Werkes Das Leben Jesu von Dr. D. F. Strauß, Leipzig 1838. Schaller war Privatdozent und erlangte als Hegelianer nie einen Lehrstuhl. Er gilt als einer der maßgeblichen philosophischen Lehrer Albrecht Ritschls.

[247] VATKE, Schaller, Sp. 2258.

[248] VATKE, Schaller, Sp. 2312.

[249] Zu den christologischen Ausführungen siehe VATKE, Schaller, Sp. 2295–2304.

[250] Biedermann, Tagebuch, S. 66.

[251] Alle drei Briefe sind verloren, doch im Tagebuch, S. 59, bezeugt. Die Antwort Schenkels wird zudem inhaltlich festgehalten.

Eigenthümlichkeit mit unbefangenem Auge zu betrachten"[252]. Das kritische Ur-
teilsvermögen ist ihm ein wichtiges Anliegen, das er sich nicht nehmen lassen will,
sondern vielmehr schärfen möchte. Biedermann betont, daß er auf Grund seines
„unerschütterlichen Vertrauens in die Vollkommenheit Gottes" keine dogmatischen Bedenken gegen philosophische Kritik hege. In Anspielung auf Strauß gesteht er zwar gelegentliche Irrwege dieser Kritik ein, doch gibt er Schenkel zweierlei zu bedenken: Wer sich deswegen beunruhige, setze ein Zeichen des Mißtrauens
Gott gegenüber; außerdem beeinträchtige man dadurch nur die kritische Vernunft
und suche nach „unreifen Vermittlungsversuchen"[253]. Diese gelassene Grundhaltung prägte Biedermann. Deswegen werde seine Frömmigkeit von einigen Freunden manchmal als kalt und gleichgültig charakterisiert[254].

Nach diesen persönlichen Hinweisen stellt Biedermann die Frage, wie denn aus
der gerade beschriebenen Haltung heraus Theologie und insbesondere Dogmatik
zu treiben seien. Die unvermittelte Aufnahme dogmatischer Aussagen als fertige
gedankliche Einheiten lag ihm fern, denn wenn das Denken dem ihm innewohnenden Anspruch der Wahrhaftigkeit entsprechen wolle, dürfe es keine „unaufgelösten Knollen" enthalten[255]. Als Beispiel dafür nennt er die Forderung, den Inhalt
der Bibel, der Kirchengeschichte und der kirchlichen Dogmatik, so wie er sich unmittelbar darstelle, als wahr anzuerkennen und ihn erst nachher als solchen zu bestimmen. Sich davon aber freizuhalten, gehört für Biedermann zu den schwierig-
sten Aufgaben des Theologen. Doch führe die bloße Negation solcher unvermittel-
ter Voraussetzungen nicht weiter. Damit stellt sich aber die Frage, wie die Basis für
die Erkenntnis zu gewinnen sei.

Biedermann schildert Schenkel seinen bisherigen erkenntnistheoretischen Weg,
der von einer anfänglich positiven Beurteilung des Gefühls als Erkenntnisorgan zu
dem Resultat führte, daß bezüglich der Theologie der Inhalt eines Gefühls das Ergebnis einer Verstandesreflexion ist. Damit ist aber erkenntnistheoretisch die Unmittelbarkeit des Gefühls dahin. Diese Unausgeglichenheit entdeckte Biedermann
bei Schleiermacher und de Wette. Indem Biedermann hier explizit auf Schleiermacher und de Wette rekurriert, übt er auch implizit Kritik an de Wettes Schüler
Schenkel. In einem Bild verdeutlicht Biedermann seine Kritik: De Wette und
Schleiermacher stünden vor der „Schranke des Wissens" mit Achselzucken still, der
darüber hinaus liegende Garten werde zwar nicht betreten, aber die Hände würden
– so weit wie sie über die Hecken reichten – ausgebreitet[256]. Weiter berichtete er
Schenkel, wie er, veranlaßt durch Strauß und Fischer, begann, sich mit dem Hegelschen Standpunkt auseinanderzusetzen. Dabei wird ersichtlich, daß Biedermann
anfänglich unter dem Denken, dem absoluten Denken, in dem die Religion ihren
Grund habe, fälschlicherweise immer das subjektive Denken als Funktion des

---

[252] Biedermann, Tagebuch, S. 60.
[253] Ebd.
[254] Biedermann nennt keine Namen.
[255] Biedermann, Tagebuch, S. 61.
[256] Ebd.

menschlichen Geistes verstanden hatte. Außerdem hatte er Hegels „Begriff" und „Idee" im Sinne als etwas Beliebiges, Subjektives interpretiert.

Nach der Erkenntnis, wie wenig die Reflexion auf das Gefühl tauge, wandte Biedermann sich der Hegelschen Philosophie zu, um mit ihr „den Zugang zu jenem objectiv zugrunde liegenden" zu finden: Er machte sich den Hegelschen Gedanken zu eigen, daß alles, was ist, den „Begriff" darstelle[257]. In diesem Sinne interpretierte er die Aussage, Gott sei Schöpfer und Geist: „Die zahllosen Existenzen des Universums sind nur durch ihren Begriff, als Vorstellung desselben. Diese sind aber alle nur Begriffsmomente einer geistigen Einheit, eines Begriffs, der in sich vollendet und zusammengeschlossen ist, also sich selbst weiß."[258] „Gott" ist demnach für Biedermann im Hegelschen Sinne das Universum als die geistig in sich und durch sich seiende Einheit. „Welt" aber bedeutet die Zersplitterung der einzelnen Begriffe, die Momente der Einheit als Unzahl einzelner Existenzen. Der Mensch als Geschöpf ist folglich auch eine solche Existenz, ein Moment des absoluten Begriffs. Das heißt, der Begriff des Menschen ist, Geist zu sein. Damit faßt der Begriff alle Momente des absoluten Begriffs in sich, denn über das Moment, Geist zu sein, das heißt, sich selbst zu wissen, kann es nicht hinausgehen. Der Mensch drückt seinen Begriff, Geist zu sein, jedoch nicht allein durch seine Existenz aus. Er muß seinen Begriff zugleich objektiv darstellen und subjektiv wissen. Von dieser anthropologischen Ebene schließt Biedermann auf die Möglichkeit menschlicher Gotteserkenntnis: Da der Begriff alle Momente des absoluten Begriffs in sich schließt, kann der Mensch zur vollen Erkenntnis des Wesens Gottes gelangen, was die Vollendung seines Wesens bedeutet[259]. Von diesen Voraussetzungen aus entwickelte Biedermann seine christologische Ansicht. Der vollkommen realisierte Begriff des Menschen tritt uns in Gottes Sohn entgegen. Christus ist der volle Ausdruck des göttlichen Wesens in besonderer Existenz, der sich selbst als Begriff in objektiver Existenz weiß.

Seinen Standpunkt entwickelte Biedermann in Auseinandersetzung mit anderen, seiner Meinung nach unzulänglichen Positionen. In seinen weiteren Studien will Biedermann, so erklärt er Schenkel, dem absoluten Begriff in seinen einzelnen Momenten nachgehen. Biedermann tat dies, indem er im Januar 1840 begann, Hegels „Logik" und „Metaphysik" zu lesen[260].

Dieser Brief Biedermanns zeigt sehr anschaulich, wie der Student selber seine Entwicklung beurteilte. Ferner wird deutlich, daß das eigentliche intensive Studium der Hegelschen Philosophie anhand primärer Quellen erst in die Anfänge des

---

[257] Biedermann, Tagebuch, S. 62.
[258] Ebd.
[259] Ebd.
[260] „Wenn ich da die hegelsche Philosophie namentlich Logik und Metaphysik nur cum grano salis studiren wollte, dh. nur davon nippen wollte, so wäre das nur Trägheit von mir, die sich sträubte eine für nothwendig erkannte Arbeit nur obenhin und nicht gründlich zu übernehmen. Ich denke gleich mit dem neuen Jahr allen Ernstes die Logik zu beginnen. Denn bis jetzt bin ich in der That nur in wenigen Punkten über das bloß übersichtliche der Grundanschauung hinaus gekommen"; Biedermann, Tagebuch, S. 62f.

Jahres 1840 fällt. Immerhin hatte Biedermann terminologisch und inhaltlich schon grundsätzliche Teile des Hegelschen Systems rezipiert. Die immer stärker werdende Hinwendung zu Hegel wird fraglos mit den positiven Erfahrungen in Vatkes Vorlesungen zusammenhängen. Hier bekam der Student Beispiele solcher theologischer Hegelrezeption vorgeführt, welche nicht in einem von Biedermann verneinten verknöcherten Formalismus endeten.

Die Lektüre von Hegels „Wissenschaft der Logik"[261] prägte das Ende des Semesters. Zusammen mit Riggenbach und dem St. Galler Caspar Lebrecht Zwicky beschäftigte sich Biedermann von Neujahr 1840 bis zum Beginn der Semesterferien mit diesem schwierigen philosophischen Werk. Biedermann und seine beiden Kommilitonen hatten anfangs große Mühe, die Abhandlung zu verstehen, und sie überlegten manchmal, die Lektüre als bloßes opus operatum fortzuführen.

Trotz der Mühen las das Trio weiter: Während der Ferien wurde die „Phänomenologie des Geistes" gelesen[262]. Dieses Werk gilt als Einführung in die Hegelsche Philosophie und will den Leser von den Urteilen des gewöhnlichen Bewußtseins hin zur Wissenschaft leiten. Darum scheint es erstaunlich, daß sich Biedermann die „Phänomenologie" erst nach der „Logik" vornahm. Möglicherweise beruht die gewählte Reihenfolge auf einer Empfehlung Vatkes, gilt die „Phänomenologie" doch als besonders anspruchsvoll. Besondere Mühen bereiteten jene Textpassagen, in denen Hegel gegen andere philosophische Ansichten Stellung bezog[263]; hier fehlten philosophiegeschichtliche Kenntnisse. Die drei Studenten kritisierten indes, daß Hegel empirisches Material in seine Darstellung aufnahm. Ihrer Meinung nach trage dieses für die Entwicklung der Gedanken nichts aus. Insgesamt beurteilte Biedermann das Werk aber überaus positiv. Noch während der Lektüre sprach er die Hoffnung aus, daß die „Phänomenologie" „eine helle Leuchte" werden könne[264].

Zu Beginn der Semesterferien hatten sich Biedermann und Riggenbach mit einem Brief Theodor Meyers auseinanderzusetzen. Darin berichtete Meyer über Bemerkungen Wilhelm Wackernagels zum Hegelianismus seiner beiden früheren Schüler. Sowohl Riggenbach als auch Biedermann zeigten sich zutiefst betroffen, und vor allem letzterer antwortete Meyer in einem ausführlichen, teilweise apologetischen Brief[265]. Diese emotionale Reaktion Biedermanns widerspricht indes seiner Behauptung, Wackernagels Äußerungen hätten ihm mehr Spaß denn Ärger bereitet.

---

[261] Das Werk erschien in erster Auflage zweibändig 1812–1816 und setzt die „Phänomenologie des Geistes" fort, indem Hegel von der dort erreichten Stufe des absoluten Wissens eine Theorie des begreifenden Denkens (objektives Denken) zu entwickeln sucht. Nach TAYLOR, Hegel, S. 297, ist das Werk der „einzige wirkliche Anwärter auf die Rolle des strengen dialektischen Beweises". „Die ‚Logik' entwickelt also die grundlegende Formel vernünftiger Notwendigkeit, die sich selbst verkörpert und folglich im Universum offenbar ist" (S. 304).

[262] Zur Phänomenologie siehe TAYLOR, Hegel, S. 177–293, ferner ANDREAS GRAESER, Kommentar zur „Einleitung zur Phänomenologie des Geistes", Stuttgart 1988.

[263] Biedermann, Tagebuch, S. 65.

[264] Ebd.

[265] Zum Folgenden siehe Biedermann an Meyer, 22.2.1840: StBW.

Anscheinend hatte Wackernagel den nach Berlin ziehenden Studenten prophezeit, sie würden zwar in der Berliner Luft vom Hegelschen „Geist der Verschrobenheit" angesteckt, bei ihrer Rückkehr nach Basel aber wieder kuriert werden. Doch ließ sich Biedermann durch eine andere Äußerung Wackernagels noch mehr provozieren. Wackernagel hatte Meyer gegenüber erklärt, Biedermann sei anfälliger für die Hegelsche Philosophie als Riggenbach. Dies empfand Biedermann zwar als Kompliment, konnte es aber nicht gelten lassen. In diesem Ausspruch erkannte Biedermann die unglückliche Ansammlung unerfreulicher Vorurteile und wandte dagegen ein, Riggenbach habe sich eher vom Hegelschen Geist ansprechen lassen, da er selber weniger als der Freund in der Gefahr stehe, „unbewußt in den Fehler zu verfallen, leere Formeln für baare Münze nehmen"[266].

Biedermann wußte um den geistigen Hintergrund, vor dem Wackernagels Beurteilung zu verstehen war. Er kannte das Bild der Hegelschen Philosophie, das die Mehrheit der Basler Intellektuellen prägte, und faßt es zusammen: Der Hegelianer ist „ein Mensch, der alles in der Welt auf den Kopf gestellt an sieht, dazu Pantheist, oder gar Atheist"[267]. Doch findet Biedermann es „oft drollig", wenn er an solche Polemik denkt, da es in seinen Augen gar keinen „vernünftigen Theologen" mehr gebe, „der nicht vom Grundprincip dieser Philosophie ausginge"[268]. Einwände gegen die Philosophie, gegen die „schweren Anklagen in Betreff des Glaubens an Gott" beunruhigten ihn erst dann, wenn zu erkennen sei, daß sie von einem wirklichen Verständnis Hegels ausgingen. Solche Entgegnungen konnte sich Biedermann aber nicht vorstellen. Er glaubte vielmehr, daß sich in Kürze die Verhältnisse wandelten. Die Rollen von Anklägern und Angeklagten würden getauscht, und die „vernünftigen" Theologen Hegelscher Provenienz sprächen dann ihren wissenschaftlichen Gegnern die christliche Auffassung Gottes ab.

In dieser Auseinandersetzung läßt sich Biedermann zweimal zu Äußerungen hinreißen, die die Vertreter der orthodoxen und „gefühlsgläubigen" Richtungen mit dem Etikett „jüdisch" belegen. Biedermann verwendet in seiner Polemik die Bezeichnung „jüdisch" als Ausdruck eines „verflachten"[269], „dem Geist Christi und des Paulus widerlaufenden" Christentums. Er beabsichtigte damit eine ganze theologische Richtung zu disqualifizieren. In diesem despektierlichen Gebrauch des Terminus „jüdisch" wird ein negatives Bild des Judentums offenkundig, das im Zusammenhang mit folgender Aussage gesehen werden muß: „Denn das wenigstens weiß ich, daß keine der christlichen Grundlehren ihre volle Bedeutung für mich erhielt, eh ich sie im Geist der hegelschen Philosophie aufgefaßt und begriffen. Jetzt kann ich sagen und dazu stehn: es ist so, ich weiß es, daß und warum es so

---

[266] Ebd.

[267] Ebd.

[268] Ebd.

[269] DETLEV CLAUSSEN, Grenzen der Aufklärung. Zur gesellschaftlichen Geschichte des modernen Antisemitismus, Frankfurt am Main 1987, S. 100, weist darauf hin, daß im Gefolge von Fries u. a. alles Jüdische als „tot, leer und abstrakt" definiert wird. Demnach schließt sich Biedermann kritiklos dem zeitgenössischen antijüdischen Sprachgebrauch an. So auch HELMUT BERDING, Moderner Antisemitismus in Deutschland, Frankfurt am Main 1988, S. 62.

ist und sein muß."[270] Für Biedermann stand zu jener Zeit fest, christliche Grundlagen können auf der Ebene der Vernunft allein durch die Philosophie Hegels angemessen und hinreichend interpretiert werden. Jeder andere Zugang galt ihm als Rückschritt und einer vernünftigen sowie wissenschaftlichen Behandlung nicht angemessen. Eine andere Methode wird der Rolle des Christentums als „vollendeter Religion" nicht gerecht und gehört darum einer niedrigen Entwicklungsstufe an[271]. Diese bezeichnet Biedermann dem problematischen Hegelschen Entwicklungsgedanken folgend als „jüdisch".

Ironisch und polemisch ereifert sich Biedermann gegenüber einer Form des Christentums, die den Glauben im ausdrücklichen Gegensatz zum verständigen Wissen formuliert, wobei der Glauben hier als das Annehmen einer Lehre, die angeblich geoffenbart sei, definiert wird[272]. Diese erkenntnistheoretische Voraussetzung kann für Biedermann nicht die Basis des Christentums sein: „Pfui; so niedriger Vorstellungen vom Christenthum sollte man sich schämen, aber doch wird auch von diesen das Christenthum als die vollkommenste Religion behauptet. Also träfe die Blasphemie Gott, der sich dem Menschen nicht beßer offenbaren konnte oder gar wollte, während der Mensch durch sein Hinausgehn mit der Vernunft über den Glauben ja thatsächlich die Fähigkeit zu beßerm zeigte."[273]

Diese impulsiven Aussagen Biedermanns und seine überschwenglich positive Bewertung der Philosophie Hegels gehören in den Kontext der beschriebenen intensiven Auseinandersetzung mit dem Philosophen. Parallel dazu beabsichtigte Biedermann, an seine früheren poetischen Versuche anzuknüpfen, und plante, „den unendlich tiefen religiösen Gedanken des ersten Theologen dem Werth wie der Zeit nach […] in künstlerische Form zu bringen"[274]. Damit meinte er den Versuch, eine paulinische Theologie in Versform zu verfassen. Es scheint indes bei diesen Überlegungen geblieben zu sein[275].

---

[270] Biedermann an Meyer, 22.2.1840: StBW.

[271] Zu Hegels Verhältnis zum Judentum siehe KRAUS, Geschichte, S. 189–194; CLAUSSEN, Grenzen, S. 99–106; REINHARD SONNENSCHMIDT, Zum philosophischen Antisemitismus bei G. W. F. Hegel, in: ZRGG 44 (1992), S. 289–301.

[272] „Dem Wissen religiöser Wahrheiten das Glauben gegenüberstellen, als Annehmen einer Lehre als Wahrheit, weil sie da und da gelehrt, geoffenbart sei, mit ausdrücklichem Gegensatz gegen das Wissen, weil man sie nur annehmen, nicht begreifen könne – und diesen Glauben dann mit dem, zu identificiren, von dem allein Paulus die Theilnahme an der Seligkeit abhängig macht! Dieser Glaube des Paulus ist die all unser Handeln allein bestimmende Durchdringung unsers Lebens durch das Moment in unserm Geist, deßen wir als des allgemeinen göttlichen Geistes seis unmittelbar im relig. Gefühl, seis durch Unterrichtung, Bildung etc. vermittelt in Vorstellung, seis endlich in der eigentlichen Weise des Denkens, bewußt sind. Dieser Glaube ist per se dem Philosophen so gut wie dem Bauern, jedem, auf welcher Bildungsstufe er stehn mag, die conditio sine qua non zur Seligkeit, ja fällt unmittelbar mit ihr zusammen. Aber jener Glaube – er giebt sich selbst als eine Schranke kund, über die wer will der Vernunft verbieten, wenigstens den Versuch zu machen hin aus zu gehn? Und wenn sie nun wirklich behauptet es sei ihr gelungen? Und dieser Glaube sollte Grundpfeiler des Christenthums sein!"; Biedermann an Meyer, 22.2.1840, StBW.

[273] Ebd.

[274] Biedermann an Meyer, 8.3.1840: StBW.

[275] Weitergehende Arbeiten sind nicht bekannt.

3. Sommersemester 1840

a) Lehrveranstaltungen und private Studien

Der Sommer 1840 stand in Berlin im Zeichen des Todes Königs Friedrich Wilhelm III. Auch Biedermann setzte sich mit diesem politischen Ereignis auseinander und kommentierte es knapp in seinem Tagebuch: „7. Juni. Pfingsten. Abends starb der König, der letzte der noch im vorigen Jahrhundert den Thron bestiegen. Viel ist über ihn gegangen und er hat es mit Würde getragen. Wenn auch kein ausgezeichneter großer Geist, war er doch ein sehr achtungswerther, wohlwollender Regent. Die ungeheuchelte allgemeine Theilnahme, die sich über die ganze Zeit aussprach, ließ eine schöne Seite der monarchischen Verfassung hervortreten, der wir Republicaner entbehren müssen; das patriotische Bewußtsein, das nicht allein an das Vaterland im Allgemeinen, den Staat als Abstractum sich knüpft, sondern an eine Person, in der man seine eigene Idee vertreten sieht, gewinnt dadurch etwas viel innigeres menschlicheres, welches sich weniger als Stolz des Freyheitsgefühls, denn als treue Hingabe ausspricht. Der aber das doch erhebende Bewußtsein des Nationalgefühls darum nicht fehlt."[276]

Das Studium stand weiterhin im Mittelpunkt von Biedermanns Interessen. Im Sommersemester belegte Biedermann nur wenige Veranstaltungen. Neben einem Repetitorium für Hebräisch bei Franz Theodor Kugler (1808–1858)[277], das er mit Riggenbach besuchte[278], hörte er bei Georg Andreas Gabler „Logik und Metaphysik"[279] sowie bei Vatke „Die biblische Theologie des A. T., besonders der Christologie"[280]. Ferner hatte sich Biedermann für Neanders „Die Theologie des Paulus entwickelt genetisch und in Vergleichung mit der Theologie des N. T. überhaupt" eingeschrieben[281]. Die Vorlesung hörte er „jedoch ohne Befriedigung"[282].

In diesem Semester lag der Schwerpunkt des Studiums auf dem Alten Testament, wobei Vatkes „gehaltvolles Collegium" eine wichtige Rolle spielte[283]. Vatke gliederte seine Vorlesung in drei große Kapitel[284]: Zuerst erzählte er die Geschichte des Volkes Israel in seiner religiösen Entwicklung, danach folgte die Beschreibung der

---

[276] Biedermann, Tagebuch, S. 76.
[277] Kugler war seit 1833 Privatdozent für Kunstgeschichte, 1843 wechselte er in die preußische Verwaltung; war ein Freund Jacob Burckhardts; zur Person siehe J. BURCKHARDT, Briefe, S. 296.
[278] Biedermann, Tagebuchblätter (1840), S. 7.
[279] Gabler las privatim fünfmal wöchentlich von 8 bis 9 Uhr. Diese Vorlesung hinterließ keinen besonderen Eindruck, denn Biedermann erwähnt allein ihren Besuch.
[280] Diese Veranstaltung fand sechsmal wöchentlich von 11 bis 12 Uhr statt. Siehe das „Verzeichniss der Vorlesungen" 1840.
[281] Neander las mittwochs und donnertags von 13 bis 14 Uhr öffentlich. Siehe das „Verzeichniss der Vorlesungen" 1840.
[282] Biedermann, Curriculum vitae, S. 5. Im Tagebuch oder in den Tagebuchblättern wird diese Vorlesung gar nicht erwähnt, der „Anmeldungsbogen" indes belegt den Besuch: UAT 55/18.
[283] Biedermann, Curriculum vitae, S. 5.
[284] Siehe dazu die Angaben bei Biedermann, Curriculum vitae, S. 6.

Hauptmomente dieser Entwicklung, und schließlich führte Vatke die einzelnen dogmatischen Punkte durch die verschiedenen Stadien hindurch vor[285].

Parallel mit dieser Vorlesung ging das Privatstudium Biedermanns einher. Er las sämtliche historischen Bücher des Alten Testaments, die kleinen Propheten anhand von Ferdinand Hitzigs Kommentar[286] und widmete sich schwerpunktmäßig der kritischen Analyse des Pentateuch, besonders des Exodus nach Vatkes Anleitung. Die kritische Auffassung verglich er schließlich mit Hengstenbergs These von der Authentizität des Pentateuch[287]. Diese alttestamentlichen Studien mündeten in eine Arbeit über die Geschichte der hebräischen Religion, die Biedermann in den Herbstferien anfertigte. Dabei ging es ihm darum, „sowohl die kritischen als dogmatischen Ergebnisse zusammen zu fassen und für einstweilen auf diesem Gebiet abzuschließen"[288].

Nach Vatkes Kolleg über die Sünde stand nun seine alttestamentliche Vorlesung im Mittelpunkt von Biedermanns Interesse. Der Ausgangspunkt der Vorlesung war Vatkes „Biblische Theologie", die er 1835 veröffentlicht hatte[289]. In der Vorrede zu diesem Werk kündigte Vatke den Versuch an, die biblische Theologie in einer „von den bisherigen Behandlungsweisen abweichenden Form darzustellen"[290]. Das bedeutete für den vom Hegelschen Standpunkt[291] ausgehenden Alttestamentler, daß

---

[285] Ebd.

[286] FERDINAND HITZIG, Die zwölf kleinen Propheten. Kurzgefaßtes exegetisches Handbuch zum Alten Testament, Leipzig 1838. Hitzig, 1807 in Hauingen bei Lörrach geboren, verstarb 1875 in Heidelberg und wurde vor allem von Gesenius und Ewald geprägt, lehrte in Zürich und Heidelberg. Beim Streit um die Berufung von D. F. Strauß setzte er sich für dessen Berufung ein. Siehe ADOLF KAMPHAUSEN, Ferdinand Hitzig, in: RE³ 8, S. 157–162. Der zeitgenössische Alttestamentler Karl Heinrich Graf (1815–1869) urteilte über Hitzigs Kommentare: „Hitzig hat eine ungemein scharfsinnige Kombinationsgabe, und ich kenne nichts Interessanteres als seine Kommentare"; zitiert bei KRAUS, Geschichte, S. 246.

[287] Biedermann, Curriculum vitae, S. 6. Hengstenberg hielt in seinen Werken an der alttestamentlichen Chronologie fest und wies jede historische Kritik ab; dazu KRAUS, Geschichte, S. 222–226.

[288] Biedermann, Curriculum vitae, S. 6. Zu Biedermanns Arbeit siehe unten S. 257–261.

[289] WILHELM VATKE, Die biblische Theologie, wissenschaftlich dargestellt, Bd. 1: Die Religion des Alten Testamentes nach den kanonischen Büchern entwickelt. Erster Theil, Berlin 1835. Zur Auseinandersetzung um das Werk und seine Bedeutung siehe BRÖMSE, Studien; DERS., Vatke; ferner PERLITT, Vatke; JOACHIM MEHLHAUSEN, Dialektik, Selbstbewußtsein und Offenbarung. Die Grundlagen der spekulativen Orthodoxie Bruno Bauers in ihrem Zusammenhang mit der Geschichte der theologischen Hegelschule dargestellt, Diss. theol., Bonn 1965, S. 118–134; KRAUS, Geschichte, S. 194–199; JOACHIM WACH, Das Verstehen. Grundzüge einer Geschichte der hermeneutischen Theorie im 19. Jahrhundert, Bd. 2: Die theologische Hermeneutik von Schleiermacher bis Hofmann, Tübingen 1929, S. 263–268.

[290] VATKE, Theologie, S. V. Vatke versteht sein Werk als Abschluß und Höhepunkt eines dialektisch verlaufenden wissenschaftsgeschichtlichen Prozesses und entspricht damit dem Wissenschaftsbegriff Hegels; siehe dazu BRÖMSE, Studien, S. 78f. „Die biblische Theologie ist nach Vatke also eine vollgültige wissenschaftliche Disziplin, die zwar von historisch-kritischer Bibelwissenschaft und systematischer Theologie abhängt, die jedoch ihrerseits ebenso bestimmend auf diese beiden Disziplinen zurückwirkt"; aaO., S. 106.

[291] Zimmerli spricht von einem „entschlossene[n] Zugang zur Biblischen Theologie mit den Kategorien Hegelscher Philosophie"; siehe WALTHER ZIMMERLI, Biblische Theologie I: Altes Te-

der historische Verlauf der Religion ihrem Begriff nicht widersprechen dürfe und die Harmonie beider nachgewiesen werden müsse[292]. Die „Biblische Theologie" stellt nach Vatke „die Idee der Religion dar in der Form, wie sie das Grundbewußtsein des hebräischen Volkes und der urchristlichen Zeit war, oder, was dasselbe sagt, sie stellt die religiösen und ethischen Vorstellungen der heiligen Schrift dar in ihrer historischen Entwickelung und ihrem innern Zusammenhange"[293]. Dabei ist sie unabhängig von der Kirchenlehre und von dogmatischen Systemen, sie schöpft allein aus der Schrift[294]. Eine wesentliche Voraussetzung seines Zugangs, in dem der Einfluß Hegels offensichtlich wird, formuliert Vatke in Paragraph sechs, wo er die notwendige Unterscheidung des Begriffs und der Idee der Religion von ihren subjektiven Erscheinungsformen postuliert. Daran anschließend definiert Vatke den Begriff der Religion: „Die Religion ist ihrem Begriffe nach die Vermittelung des unendlichen Geistes in sich, ein geistiger Proceß, dessen Inhalt das ewige Wesen ist in der Bestimmung des Geistes oder der Selbstoffenbarung, und dessen Form in dem Unterscheiden des Geistes von sich selbst und dem Aufheben dieses Unterschiedes besteht"[295]. Die von Hegel übernommene Begrifflichkeit und seine dialektische Methode dient Vatke als „Durchdringungsmittel" des empirischen Materials[296]. Mittels dieser Methode will Vatke die historische oder dogmatische Einseitigkeit früherer Entwürfe überwinden.

Ursprünglich war das Werk von Vatke in drei Teilen geplant gewesen, die jeweils noch in einen „Allgemeinen" und einen „Besonderen" Teil untergliedert werden sollten. Zur Ausführung gelangte allein der „Allgemeine Teil" der ersten Abteilung[297], also nur ein Sechstel des Gesamtwerkes[298]. In diesem materialen Teil beschreibt Vatke[299] erstens den empirischen Boden der alttestamentlichen Religion, zweitens den alttestamentlichen Religionsbegriff, drittens das Verhältnis der alttestamentlichen Religion zu den vorangehenden Stufen der Religion und schließlich

---

stament, in: TRE 6, S. 426–455 (431 f.). BRÖMSE, Studien, S. 87, faßt dies folgendermaßen zusammen: „Im Ganzen zeigt sich, daß Vatke in allen Teilen seiner ‚Biblischen Theologie', einschließlich auch der historisch-kritischen Passagen, durchgehend die religions- und geschichtsphilosophische Systematik Hegels rezipiert. Dennoch erschöpft sich sein Werk nicht lediglich in einer einfachen Rezeption Hegels, sondern die Hegelsche Systematik bietet für Vatke nur die Grundlagen seiner eigenen Thesen".

[292] VATKE, Theologie, S. VI.
[293] VATKE, Theologie, Leitsatz zu § 2, S. 2.
[294] VATKE, Theologie, S. 10.
[295] VATKE, Theologie, Leitsatz § 7, S. 19.
[296] Troeltsch weist darauf hin, daß die Hegelsche Dialektik ein „Durchdringungsmittel" sei; Hinweis bei BRÖMSE, Studien, S. 84.
[297] „Entwickelung der Alttestamentlichen Religion nach den kanonischen Büchern des A.T."
[298] Dazu BRÖMSE, Studien, S. 107–110. Diesen fragmentarischen Charakter übersieht KRAUS, Biblische Theologie, S. 96, in seiner Kritik Vatkes. Zu der Diskussion über die Frage, warum Vatke das Werk nicht weiter fortgeführt habe, siehe BRÖMSE, Beiträge, S. 66–68 in Auseinandersetzung mit MEHLHAUSEN, Dialektik, S. 132. Brömse dürfte mit seiner Vermutung recht haben, Vatke habe vor allem aus taktischen Gründen von einer weiteren Veröffentlichung abgesehen, zudem fiel ihm eingestandenermaßen das Schreiben schwer.
[299] Siehe VATKE, Theologie, § 19, S. 171–174; dazu BRÖMSE, Studien, S. 120f.

die Hauptrichtungen, die sich aus dem Prinzip entwickelt haben. Den umfangreichsten Teil stellt in diesem Kontext die historisch-kritische Darstellung der israelitischen Religionsgeschichte dar[300], die Biedermann in seiner zusammenfassenden
Arbeit auch rezipieren wird[301].

Der Alttestamentler unterteilt den von ihm behandelten Zeitraum in acht Epochen[302]. Seine historisch-kritische Darstellung zeigt, daß Vatke seiner Zeit weit
voraus war[303]. Der von Hegel übernommene Begriff der „Entwicklung" systemati-
siert die Historiographie der alttestamentlichen Religionsgeschichte, die Vatke als
dialektisch verlaufenden stufenförmigen Entwicklungsprozeß auffaßt. Dabei differenziert sich die subjektive und historische Erscheinungsform der hebräischen Religion von dem objektiven Begriff, die Religion bewegt sich auf ihren Begriff zu[304].
Nach der kritischen Geschichte behandelt Vatke noch den „Allgemeinen Begriff
der Alttestamentlichen Religion"[305]. Dabei bezieht sich Vatke vor allem auf die in
Hegels „Vorlesungen über die Philosophie der Religion" im Abschnitt über die
„Religion der Erhabenheit" formulierte Sicht. Das heißt, auch für Vatke ist die hebräische Religion „Religion der geistigen Individualität" und damit endliche Religion.

Vatke geht in seiner historisch-kritischen Durchführung vom jungen de Wette
aus, radikalisiert jedoch die historisch-kritische Frage. Das Ergebnis der Kritik lautet: Die alttestamentlichen Gesetze, Kultvorschriften und Institutionen entspringen
nicht einem autoritativen Akt Jahwes am Anfang der Geschichte, sondern sind das
Ergebnis historischer Prozesse[306].

b) Biedermann: „Die Geschichte der hebräischen Religion"

Gegen Ende der Sommerferien 1840 schrieb Biedermann eine „Geschichte der
hebräischen Religion"[307] im Anschluß an Vatkes alttestamentliche Theologie. Auf
siebenundsechzig eng beschriebenen Seiten[308] entfaltet Biedermann seine Darstel-

---

[300] Sie umfaßt die §§ 20–28, S. 177–590.

[301] Zur Beurteilung der historisch-kritischen Arbeit Vatkes siehe PERLITT, Vatke, S. 104–125;
BRÖMSE, Studien, S. 121–153, hingegen versucht, das Verhältnis, „in dem Vatkes historisch-kritische Methodik zu seiner religionsphilosophisch-systematischen Begriffsbildung der alttestamentlichen Religion steht" zu beschreiben.

[302] Siehe VATKE, Theologie §§ 21–28; siehe dazu BRÖMSE, Studien, S. 121–128.

[303] BRÖMSE, Studien, S. 128, verweist darauf, daß Vatke das Bild der alttestamentlichen Religionsgeschichte im wesentlichen schon so zeichnet, „wie es später von Julius Wellhausen und der
literarkritischen Schule gezeichnet wurde".

[304] BRÖMSE, Studien, S. 130.

[305] VATKE, Theologie §§ 29–43.

[306] Vatke bietet mit seiner Kritik „die erste von aller Befangenheit in einem unmittelbaren Bi-
belglauben wirklich befreite, die Quellen nur als Geschichtsquellen und nicht als ‚heilige', d. h. nur
begrenzt antastbare Schrift behandelnde Gesamtdarstellung der alttestamentlichen Religion"; so
BRÖMSE, Studien, S. 122.

[307] Das Manuskript befindet sich im Nachlaß Biedermanns: A.III.b.8.

[308] Die Seiten haben A 5 Format.

lung in fünfunddreißig Paragraphen[309]. Die Gliederung und Durchführung schließt sich eng an Vatke an. Biedermann bemerkt allerdings, daß Vatkes Darstellung an einzelnen Punkten zu berichtigen sei. Die Gesamtdarstellung aber lasse sich nicht „zugleich mit den Ergebnissen der Kritik umstoßen"[310].

Biedermann beginnt seine Zusammenfassung mit methodischen Erwägungen.

---

[309] Die Behandlung des Exils scheint nicht mehr erfolgt zu sein, denn „§ 36 Das Exil" ist nur als Überschrift im vorliegenden Manuskript vorhanden. Die einzelnen Paragraphen sind in der Darstellung Biedermanns ohne Titel versehen. Biedermann bietet allein eine chronologische Gliederung. Die einzelnen Paragraphen überschreibe ich wie folgt:

§ 1 Einleitung
§ 2 Der Pentateuch
§ 3 Das Alter des Pentateuch
§ 4 Das Buch Josua
§ 5 Das Buch der Richter
§ 6 Die Bücher Samuelis
§ 7 Die Bücher der Könige
§ 8 Die Bücher der Chronik
§ 9 Die Propheten des 8. und 7. Jahrhunderts
§ 10 Die großen Propheten
§ 11 Psalmen und Sprichwörter
§ 12 Die Methode der Darstellung
Die mosaische Zeit
§ 13 Die Zeit des Mose
§ 14 Der Exodus
§ 15 Die Wirksamkeit des Mose
§ 16 Die Kritik der Moseerzählungen
§ 17 Mose und der Gottesname Elohim
§ 18 Moses Gottesvorstellung: Gott als geistliche Persönlichkeit
§ 19 Der religiöse Zustand des Volkes wie ihn Mose vorfand (Zusammenfassung)
Die Richterperiode
§ 20 Josua und die Landnahme
§ 21 Der Jehova-Kult
§ 22 Die heidnischen Elemente des Kultes
§ 23 Samuel
Die ersten Könige
§ 24 Saul
§ 25 David
§ 26 Die Kritik der Daviderzählungen
§ 27 Salomo
§ 28 Der Tempel
§ 29 Kritik der Salomoerzählungen
Zehntes und neuntes Jahrhundert
§ 30 Die Reichstrennung
§ 31 Das Verhältnis zwischen Juda und Israel
§ 32 Die Geschichte bis auf Hiskia
§ 33 Kultus, Priester, Propheten und religiöse Vorstellung dieser Epoche
Die assyrische Zeit. 8. und 7. Jahrhundert
§ 34 Die Geschichte von Hiskia bis auf die Eroberung Jerusalems durch Nebukadnezar
§ 35 Das religiöse Leben
§ 36 Das Exil.
[310] Biedermann, Geschichte, S. 2.

Im ersten Paragraphen führt er aus, daß die Bücher des Alten Testamentes die Geschichte des „hebräischen Volkes" von der Schöpfung bis ins nachexilische Zeitalter erzählen. Doch zeige eine historisch-kritische Prüfung der Texte, wie spät gerade die Berichte über die Anfänge der Geschichte verfaßt wurden. Darum müssen die alttestamentlichen Erzählungen auf ihre Historizität hin überprüft werden. Bei dieser kritischen Untersuchung zeige sich aber, so Biedermann, daß mit dem historischen Material auch sagenhafter und mythischer Stoff verwoben wurde. Deswegen sei es erforderlich, zu untersuchen, welche Ideen die mythische und sagenhafte Gestaltung der Historiographie prägten. Als methodisches Ergebnis hält Biedermann fest: „Es ist daher für eine Darstellung der hebräischen Geschichte unumgänglich nothwendig, erst eine Kritik der Quellen vorausgehn zu lassen, um so genau als möglich zu ermitteln, in welche Zeit die Abfassung der einzelnen Bücher fällt, und welchen Character sie an sich tragen."[311] Das bedeutet, alle möglichen inneren und äußeren Umstände müssen erst kritisch untersucht werden, bevor die alttestamentlichen Texte einer Geschichtsschreibung zugrunde gelegt werden können. Diesem kritischen Anspruch genügte, so die Meinung Biedermanns, als erster Vatke. De Wette gehörte seiner Ansicht nach zu jenen, denen Vatkes Destruktionen zu weit gehen[312].

Biedermann will in seinen Aufzeichungen keine ausführliche Kritik der betreffenden alttestamentlichen Bücher geben, sondern die „Hauptmomente der kritischen Operation und das Resultat in der Kürze" darstellen[313]. Dabei setzt er als Voraussetzung der Kritik die Forderung, „Gott, und alles was in Beziehung zu ihm steht, sein Verhältniß zu der Welt, zum Menschen, in der Offenbarung und der Religion, gemäß dem Gegenstand, dh. geistig, denkend, nicht äußerlich vorstellungsmäßig, aufzufassen und hieraus den Maaßstab für oder wider die Möglichkeit und Wirklichkeit eines erzählten Factums zu entnehmen"[314].

Im Gegensatz zu Hengstenberg beginnt Biedermann in Paragraph zwei mit einer literarkritischen Analyse des Pentateuchs. Wurden die fünf Bücher des Mose vorkritisch als das eine von Mose verfaßte Werk angesehen, so zeige nun die Kritik, daß der Pentateuch aus verschiedenen Teilen bestehe. Am leichtesten lassen sich diese verschiedenen Textschichten anhand der Genesis aufzeigen. Hierbei differenziert Biedermann eine „Grundschrift" von einer Reihe späterer Zusätze und Ergänzungen, die fast durchgängig von einem Überarbeiter stammen. Diese Grundschrift wird auch „Elohimsurkunde"[315] genannt, welche den roten Faden der Darstellung biete, die durch die „Jehovaurkunde" ergänzt werde. Beide „Urkunden" erhielten ihren Begriff durch ihren unterschiedlichen Gebrauch der Gottesnamen.

---

[311] Biedermann, Geschichte, S. 1; siehe bei VATKE, Theologie, § 20, S. 177–184.
[312] Biedermann, Geschichte, S. 2.
[313] Ebd.
[314] Ebd.
[315] Die Urkundenhypothese geht auf den Hildesheimer Pfarrer Henning Bernhard Witter (1711) zurück; siehe dazu WERNER H. SCHMIDT, Einführung in das Alte Testament, Berlin/ New York ³1985, S. 43–47; RUDOLF SMEND, Die Entstehung des Alten Testaments, Stuttgart/Berlin/ Köln/Mainz ³1984, S. 37.

Dieses Verhältnis ziehe sich weiter durch den ganzen Pentateuch, werde jedoch zunehmend komplizierter, da weitere Ergänzungen hinzutreten.

Einen dritten Überarbeiter nennt Biedermann „Leviten", denn ihm fallen die kultischen Verordnungen zu. Schließlich bleibt noch das Deuteronomium: „Das Deuteronomium ist bis auf weniges am Schluß von Einer Hand, und zwar wieder von einem andern Verfasser, der die Grundschrift in der Überarbeitung des Jehovisten kennt, nicht aber die Zusätze des (oder der) Leviten (denn es möchten leicht 2 gewesen sein, was aber für den Gesammtcharacter von wenig Belang ist)."[316]

Diese Schriften oder Urkunden werden von Biedermann folgendermaßen charakterisiert: Die „Grundschrift" bietet den mythischen Stoff in einfacher, objektiver Weise in einem mythischen Ganzen vereint[317] und gibt einfache Bestimmungen des öffentlichen Lebens sowie der religiös-sittlichen Bestimmungen des Dekalogs. Der Gottesnamen Jehova wird erst Mose offenbart. Die „Jehovistische" Überarbeitung zeigt mehr Reflexion anhand einiger Mythen wie etwa Exodus 33 oder Genesis 3[318]. Sie erklärt als erste die Differenz zwischen rein und unrein. Vor allem geht es ihr um die Ausrottung des Kanaanäischen Götzendienstes, weshalb sie einen einfachen Kult propagiert. Das ändert sich nun in der „Levitischen" Überarbeitung, wo ein bis ins einzelne festgelegter Kult in die mosaische Zeit zurückverlegt wird. Besondere Beachtung und Betonung erfahren die Priester und Leviten. Den Mittelpunkt dieser Schrift bilden der äußere Kultus und das Priesterwesen. Das Deuteronomium schließlich bestimmt Biedermann als Werk, das auf der Basis des „Jehovisten" weitere gesetzliche Ausführungen, besonders gegen den Götzendienst, formuliert[319].

Nach der Besprechung weiterer historischer Bücher des Alten Testament unter der Fragestellung, inwiefern diese auf Grund ihrer Entstehungszeit für die Geschichtsschreibung verwertbar sind[320], bündelt Biedermann seine Überlegungen, zieht aus dem Ergebnis der bisherigen kritischen Analyse die Konsequenzen und stellt für die Darstellung der israelitischen Geschichte vier Thesen auf. Erstens: Für die Anfangszeit der Geschichte Israels können die Bücher des Pentateuch und des Josua nicht unkritisch zugrunde gelegt werden. Zweitens: Die Quellen für die

---

[316] Biedermann, Geschichte, S. 3.

[317] Zu ihrer Datierung notiert Biedermann, Geschichte, S. 6f.: „Aus diesem schon geht hervor, daß wir mit der Zusammenfassung der Sagen und Abfassung der Grundschrift und der ersten Überarbeitung bis wenigstens in die 2te Hälfte des 8ten Jahrhunderts hinunterrücken müssen, wobei nicht ausgeschlossen bleibt, daß manche Elemente besonders der Grundschrift aus viel älterer Zeit sich herschreiben mögen. Von dem geschichtlichen Hervortreten dieses Theils des Pentateuch unter Josia (622) kann noch nicht die Rede sein, bis erst das Alter der übrigen Theile des Pent. erwiesen und dann in der Geschichte selber die Reform mit ihren Voraussetzungen und Folgen betrachtet wird".

[318] Diese Überarbeitung vollzog sich im Exil, parallel dazu vermutet Biedermann die Entstehung des Deuteronomiums.

[319] Biedermann, Geschichte, S. 4: „Das kritische Resultat, daß das Deuteronomium nur die Überarbeitung des Jehovisten kennt, die levitische Gesetzgebung nicht, ergibt sich aus der Vergleichung seiner Recapitulation der vorhergegangenen Geschichte und Gesetze".

[320] Siehe dazu Biedermann, Geschichte, S. 8–12.

Richterzeit sind schon authentischer, wobei die pragmatische Zielrichtung der
Texte beachtet werden muß. Drittens: Über die Zeit der Könige geben in äußeren
Angelegenheiten die Bücher der Könige zuverlässigen Bericht, aber nicht bezüglich des religiösen Lebens. Die Chronik ist als unhistorisch zu verwerfen, hingegen
bieten die Propheten reiches historisches Material. Viertens: Für die Zeit im Exil
und danach werden als gleichzeitige Quellen Jeremia und Ezechiel verwendet,
dann die späteren Propheten Haggai, Sacharja und die „echten Stücke" der Bücher
Esra und Nehemia, während das übrige schon wieder vom Standpunkt des Chroni-
sten aus geschrieben ist. Zur Darstellung des Kultus dienen der ganze Pentateuch
und die levitische Gesetzgebung[321].

Die sich nun anschließende historische Darstellung verarbeitet kritisch die Ergebnisse Vatkes und faßt sie zusammen. Das Manuskript bietet somit einen Überblick, der der Ergebnissicherung und der Vorbereitung auf das Examen diente[322].

c) Standortbestimmung

Außer in dieser zusammenfassenden Abhandlung über die „hebräische Religion" fixierte Biedermann seinen philosophischen und theologischen Standort in
Briefen, deren Inhalt er teilweise im Tagebuch festhielt.

Aus Zürich war am 12. April 1840 ein Brief von D. Fries eingetroffen, in dem
sich dieser nachdrücklich für seinen Lehrer Alexander Schweizer einsetzte[323]. Anscheinend hatte Biedermann brieflich Schweizers Theologie angegriffen, was sich
durchaus nahelegt, galt der Zürcher Systematiker doch als treuer Schüler Schleiermachers und Gegner Hegels in der Schweiz. Fries verwies auf Schweizers Charak-
terfestigkeit und seine gute Rolle im Streit der religiösen Parteien – es sei nur an die
Straußenaffäre und ihre Nachwehen erinnert. Fries entwickelte zwar kontinuierlich Interesse für Hegel, blieb dabei aber auf dem Standpunkt Schleiermachers und
Schweizers stehen. Gut zwei Wochen nach Erhalt des Briefes reagierte Biedermann
in einem mehrseitigen, inhaltlich sehr dichten Antwortschreiben, das zahlreiche
wichtige Gesichtspunkte im Denken Biedermanns erkennen läßt. Der Verfasser des
Briefes distanziert sich erheblich weiter als bisher von Schleiermacher und läßt erkennen, daß er sich selbständig mit Johann Tobias Beck beschäftigt hat, was sonst
nirgends vermerkt ist.

Biedermann wurde durch Fries herausgefordert, die Differenzen zwischen
Schleiermacher und Hegel zu benennen. Dabei achtet er darauf, als Anhänger Hegels nicht „zu vornehm auf Schleiermacher" herabzusehen. Doch widerspricht er
den Vorwürfen der Schüler Schleiermachers, wenn jene allzu großes Mißtrauen
gegen eine angeblich „unchristliche" Hegelsche Philosophie aussprechen[324]. Mit

---

[321] Biedermann, Geschichte, S. 13.

[322] Auf eine Darlegung des historischen Materials (§ 13–35) verzichte ich, da es für die Beschreibung von Biedermanns Entwicklung nichts austrägt.

[323] Über diesen Brief liegt nur eine knappe Bemerkung in Biedermanns Tagebuch, S. 66, vor.

[324] Biedermann, Tagebuch, S. 66. Möglicherweise spiegelt diese Bemerkung Biedermanns
Diskussionen unter den Studenten.

dem von Fries so verehrten Alexander Schweizer verbindet Biedermann das Bestreben, sich für die Fortentwicklung der theologischen Wissenschaft einzusetzen, was gelegentlich auch zu inhaltlichen Annäherungen zwischen Biedermann und Schweizer führen konnte[325]. Doch in das Lob von Fries, das einen unmittelbaren Schüler ehre, wie Biedermann zugibt, konnte er nicht einstimmen. Die von Schweizer fortgeführte Dialektik Schleiermachers anerkannte Biedermann nämlich nicht als wahre wissenschaftliche Dialektik. Zwischen dieser und der Hegelschen bestanden seines Erachtens erhebliche Unterschiede[326].

Nach dieser Positionsbestimmung warnt Biedermann den Freund davor, Hegel aus Unkenntnis voreilig zu verurteilen. Zugleich wendet er sich gegen einen Hinweis von Fries, wonach Biedermann seine eigenen Ansichten früher selber als „schleiermacherisch" bezeichnet habe. Diese Anmerkung traf indes durchaus zu. Gegen Ende seiner Basler Zeit hatte sich Biedermann doch in Grundzügen an Schleiermachers gefühlsorientierte Theologie angenähert. Davon will Biedermann nun aber nichts mehr wissen und weist diese Erinnerung mit einer überheblichen Bemerkung weit von sich: Er sei sich nämlich „sein eigener Schleiermacher" gewesen. Durch Schleiermacher habe er bloß die Anregung empfangen, den Ausgangspunkt der Religion im Gefühl zu suchen. Von Anfang an aber habe dies für ihn eine „total andre Stellung und andre Bedeutung" besessen, und er sei „im Gegentheil in ständiger Polemik gegen Schleiermacher" gewesen[327]. Rückblickend hält Biedermann fest, wenn Dogmen nichts anderes sein sollten als die wissenschaftliche Kategorisierung sämtlicher Bereiche des religiösen Gefühls, dann reiche ihm dies nicht aus. Diese Ansicht habe er stets als „mageres Surrogat" abgelehnt. Die dogmatische Lehre ist die wissenschaftliche Erkenntnis des zu Glaubenden, des Objektiven. Da Biedermann aber dieses Objektive nicht mehr durch die Offenbarung im alten orthodoxen Sinn als positiv gegeben ansehen konnte und der Spekulation noch nicht die Fähigkeit zutraute, die Offenbarung denkend zu reproduzieren, griff er nach dem Gefühl als der unmittelbaren Erscheinung des Religiösen im persönlichen Bewußtsein. Von diesem zergliederten Bewußtsein aus schloß er auf das Objektive. Dabei dürfe aber nicht die Zergliederung für das Dogma selbst gehalten werden[328]. Wenn Biedermann in der „Phänomenologie" seines theologischen Bewußtseins Fries gegenüber eine Stufe seiner Entwicklung „schleiermacherisch" nannte, dann meinte er damit die permanente Auseinandersetzung mit jenem, denn Schleierma-

---

[325] Zu den späteren Auseinandersetzungen siehe PAUL SCHWEIZER, Freisinnig-Positiv-Religiössozial. Ein Beitrag zur Geschichte der Richtungen im Schweizerischen Protestantismus, Zürich 1972.

[326] „Daß wir aber in das Lob der Weisheit, das du mit einem Eifer, der einen unmittelbaren Schüler ehrt und zieret, doch nicht so unbedingt einstimmen können, wirst du uns auch zu Gute halten. Eben jene dialectische Gewandtheit Schleiermachers, die Schweizer bewährt, liegt uns auch im practischen Leben, mag sie auch da weit mehr und oft sehr gut am Platz sein, ferner da sie uns in der Wissenschaft als nicht das wahre erscheint: die hegel'sche und schleichermacher'sche Dialectik sind etwas sehr verschiednes, die letzte kenn ich nun eigentlich fast nur aus ihrer Anwendung in der Glaubenslehre"; Biedermann, Tagebuch, S. 66.

[327] Biedermann, Tagebuch, S. 67.

[328] Ebd.

chers Verständnis der Dogmatik genügte ihm nicht. Eine gemeinsame Basis gesteht Biedermann dennoch zu: Für ihn ist ebenso wie für Schleiermacher die geistesgeschichtliche Stufe erreicht, auf der der Geist dem „Autoritätsglauben" entwachsen ist. Daran anschließend setzt er sich kritisch mit der vorhegelianischen Spekulation auseinander. Diese hatte noch nicht erkannt, daß als einzig adäquate Aufgabe der Wissenschaft von der christlichen Religion die volle Reproduktion der Offenbarung zu leisten sei. Vielmehr gibt sie die unmittelbare Erkenntnis des Objektiven ganz auf und entschädigt sich mit der „Zergliederung des Selbstbewußtseins"[329]. Hegel habe dieses Defizit überwunden, bei ihm werde deutlich, daß zwischen Gefühl und absolutem Wissen kein Widerspruch bestehe, denn am Ende werden sich beide als identisch erweisen. Daran anschließend beschreibt Biedermann die gegensätzliche Grundlegung der Dogmatik[330]. Dabei hebt er hervor, daß die Dogmatik im absoluten Begriff begründet sei und nur in einer adäquaten begrifflichen Weise entwickelt werden könne. Daraus folgt, „daß die Dogmatik, näher die christliche Dogmatik als das wissenschaftliche christliche Bewußtsein von Gott, den Gottesbegriff, wie er im Christenthum offenbar worden ist und im Verlauf dessen zeitlicher Entwicklung sich nach allen Seiten hin ausgebildet, zu entwickeln hat, also den Begriff des Gottes der nicht mehr wie im Judenthum in sprödem Gegensatz gegen das endliche Diesseitige verharrt, sondern darin eingegangen ist, indem er in einem wahren Menschen ebenso wahr in die Endlichkeit des Diesseits sich verwirklicht hat, welchem dadurch die Möglichkeit der Verklärung durch das Unendliche eröffnet ist, der endlich diese Endlichkeit zur Wirklichkeit erhebt, in dem er gleich wahrhaft in der Gemeinschaft der Gläubigen gegenwärtig ist; kurz den Begriff des 3einigen Gottes. Diesen hat die Dogmatik nach allen seinen Momenten zu entwickeln."[331]

Biedermann hoffte, den Freund auf diese Weise darauf aufmerksam gemacht zu haben, daß und wie Hegel und Schleiermacher bezüglich der Religion von Anfang an grundsätzlich getrennte Wege einschlagen. Er hatte das erste Halbjahr 1840 vor allem mit der Lektüre Hegels verbracht, aus Anlaß der Diskussion mit Fries aber erneut die Glaubenslehre Schleiermachers in Auszügen studiert. Sein Ziel war es, dieses Werk wieder in seiner Gesamtheit zur Kenntnis zu nehmen, denn Biedermann urteilte über die Glaubenslehre, sie sei „zwar ein ausgezeichnetes Buch wie wenige, das Wesen der Frömmigkeit, der Gefühlsform der Religion, ist aufs tiefste geläutertste dargestellt, zur Kritik der Dogmen sind eine Menge der beherzigenswerthesten Erörterungen gegeben: aber eine Dogmatik, eine Glaubenslehre ist es nicht"[332].

In einem weiteren Gedankengang erörtert Biedermann, wie die Vertreter einer

---

[329] Ebd.
[330] Schleiermachers Glaubenslehre bietet eine „wissenschaftliche Uebersicht über die Gesamtheit der Bestimmtheiten des Gefühls". Für die Hegelsche Philosophie hingegen behandelt die Dogmatik „das Bewußtsein des Menschen von Gott". Dies mag „nun ein bloßes Ahnen, oder Vorstellen oder Glauben, oder denkendes Erschaffen sein"; Biedermann, Tagebuch, S. 68.
[331] Ebd.
[332] Ebd.

positiv-orthodoxen Theologie Schleiermacher und Hegel rezipieren. Der Gegensatz von „Gefühl" und „Begriff" wird auch von den „Orthodoxen", der positiven theologischen Richtung, erkannt. Biedermann betont, daß sich gerade die Orthodoxen, entgegen ihrer grundsätzlichen Abneigung, auf Grund des „Gefühls" leichter zu Schleiermacher denn zur Hegelschen Spekulation wenden. Unter ihnen gebe es aber solche, Biedermann nennt sie die „Einsichtigeren", die wie Johann Tobias Beck[333] mittels Hegelscher Terminologie Schleiermacher widersprechen und betonen, die Frage, wie die religiöse Grundlage ins menschliche Bewußtsein gekommen sei, könne nur außerhalb des Selbstbewußtseins und über dieses hinaus geklärt werden. Das heißt entweder in der Spekulation, wenn ihr das absolute Wissen zugetraut wird, oder in der Offenbarung[334].

Diesen Zusammenhang erläutert Biedermann in einem kleinen geistesgeschichtlichen Exkurs. Das „gläubige Bewußtsein" lebte in der Überzeugung, das Material für die Wissenschaft des Glaubens von Gott durch Christus und die biblische Offenbarung erhalten zu haben. In der Offenbarung bekamen die Menschen die Kenntnis ihrer Selbst und ihres Verhältnisses zu Gott. Als Geschichte Gottes erkannten sie schließlich das Dogma, das als gegebene Wahrheit der Erkenntnis zu vermitteln sei. Zu einer entscheidenden Veränderung in der Geistesgeschichte kam es, als Wahrheiten nicht mehr als bloß gegeben akzeptiert wurden. Eine Reaktion auf diesen aufklärerischen Umbruch stellt der Rationalismus dar, welcher jenen dogmatischen Stoff verwarf, der vor der Reflexion des Verstandes nicht bestehen konnte. Das hatte eine zunehmende Reduktion des dogmatischen Stoffes bis hin zur Aufgabe einzelner Dogmen zur Folge. Schleiermacher stellte sich, beginnend mit seinen „Reden", die Aufgabe, die Religion aus dem gefährdeten und unsicheren Gebiet der Objektivität in die Subjektivität hinüberzuretten[335]. Doch damit, wendet Biedermann ein, könne sich freilich ein Offenbarungsglaube[336] nicht zufriedengeben, denn das bedeute eine unzulässige Einschränkung.

Der „alte Glaube" erkannte unumstößlich in der Offenbarung Christi die positiv gegebene objektive Wahrheit, Ausgangspunkt und Inhalt der Religion. Daraus schließt Biedermann, daß sich die Anhänger einer positiven Theologie doch dem Anliegen der Spekulation näher verwandt wissen müßten als demjenigen Schleier-

---

[333] Siehe JOHANN TOBIAS BECK, Einleitung in das System der christlichen Lehre oder propädeutische Entwicklung der christlichen Lehrwissenschaft, Stuttgart 1838, S. 56. Siehe dazu WACH, Verstehen II, S. 194, der die Auseinandersetzung Becks mit der Hegelschen Philosophie thematisiert. Auch Becks Biograph B. Riggenbach verweist darauf, daß Beck Werke Hegels und einiger Hegelianer wie Göschel gelesen habe. Ferner zeigt er, inwiefern Beck positiv die Hegelsche Philosophie rezipiert; siehe BERNHARD RIGGENBACH, Johann Tobias Beck. Ein Schriftgelehrter zum Himmelreich gelehrt, Basel 1888, S. 131–135.

[334] „Das heiß ich vernünftig gesprochen von einem Gläubigen, der zwar natürlich Schleiermacher seiner Inhaltsfülle wegen unendlich höher achtet als den Rationalismus, mit seinem Princip aber ebenso wenig, ja eigentlich noch weniger sich kann zufrieden geben, als mit dem Rationalismus, die Speculation aber, sich parallel und jenem gegenüber stellt, freilich um sie zuletzt nur um so bestimmter zu verwerfen"; Biedermann, Tagebuch, S. 69.

[335] Biedermann, Tagebuch, S. 69f.

[336] Biedermann nennt ihn den „alten Glauben"; Tagebuch, S. 70.

machers: Spekulative und Positive strebten immerhin bezüglich des objektiven Inhaltes das gleiche an. Warum kommt es aber zu den vehementen Anfeindungen der spekulativen Theologie durch die Positiven? Wiederum am Beispiel Becks beantwortet Biedermann diese Frage. Dieser beklage etwa, daß die Spekulation seinen Ergebnissen an entscheidenden Punkten widerspräche: Statt die Offenbarung Gottes in sich aufzunehmen und sich anzueignen, offenbare die Spekulation sich selbst und mache diese „Offenbarung" zu Gott. Darum verhalte sich der „alte Glaube" der Spekulation gegenüber „absolut verfeindet"[337]. Biedermann ist sich jedoch sicher, daß dieses gespannte Verhältnis bloß auf einem Mißverständnis der Spekulation beruhe, und hofft optimistisch auf die Überwindung der Gegensätze: „Also wird die Speculation und gerade in ihrem Gegensatz zu Schleiermacher den Glauben auf wahre Weise mit der Wissenschaft vermitteln und fortgebildet haben in welcher Vermittlung Schleiermacher allerdings auch ein nothwendiges Moment war."[338] Diese Beurteilung der theologischen Auseinandersetzungen durch Biedermann verdeutlicht, wie sehr er durch die Hegelsche Dialektik geprägt war. Von dieser geschichtsphilosophischen Basis aus konnte er gar nicht anders, als die genannten theologiegeschichtlichen Entwicklungen notwendig und teleologisch auf den spekulativ gewonnenen absoluten Begriff hinauslaufend zu interpretieren. Zugleich wird ersichtlich, wie die Hegelsche Basis seiner Argumentation den Blick für die grundsätzlichen hermeneutischen und erkenntnistheoretischen Differenzen verklärte. Es scheint, als würde Biedermann die Tiefe der Differenzen zwischen den einzelnen theologischen Strömungen und die daraus resultierenden Konsequenzen nicht scharf genug erkennen[339].

Mit den Erwägungen zur geistesgeschichtlichen Entwicklung sind Biedermanns Ausführungen noch nicht abgeschlossen, denn daran anschließend wendet er sich ausführlich der „Lehre von Gott" zu[340]. Ausgehend von der Hegelschen Prämisse, daß Gott als der absolute Begriff[341] sich in der Welt verwirkliche, außer und über der Welt keine Existenz und Wirklichkeit habe[342], fragt Biedermann danach, „wie nun der Begriff das Sein denkend sich vom absoluten Anfang durch seine immanente dialectische Natur bis zur Idee zum verwirklichten Begriff entfaltet"[343]. Die Beantwortung dieser Frage ist für Biedermann die Beschreibung der Schöpfung. In

---

[337] Ebd.

[338] Ebd.

[339] TAYLOR, Hegel, S. 646, urteilt: „Hegel hat es vermocht, eine überraschende Zahl orthodoxchristlicher Glaubensinhalte in seinem System neu zu interpretieren. Doch der normale Gläubige kann sich damals wie heute nicht des Gefühls erwehren, daß der Sinn seines Glaubens radikal, wenn nicht gar betrügerisch, abgeändert worden ist – trotz der Hegelschen Beteuerungen im Sinne der Orthodoxie."

[340] Biedermann, Tagebuch, S. 70–72 .

[341] Zu Hegels „Begriff" siehe TAYLOR, Hegel, S. 388–456 und ROLF-PETER HORSTMANN, Wahrheit aus dem Begriff. Eine Einführung in Hegel, Frankfurt am Main 1990, S. 55.

[342] Das Abstrakte „an sich", das Übersinnliche, Überweltliche, Transzendente, dem die religiöse Vorstellung reale Existenz zuschreibt, hat nach Biedermann keine Existenz für sich, denn das ist die Welt; Biedermann, Tagebuch, S. 70.

[343] Ebd.

die Sprache der religiösen Vorstellung übersetzt heißt es, Gott hat die Welt aus nichts erschaffen[344]. Dies ist Biedermanns erste Antwort, von der er glaubte, Fries könne ihr zustimmen. Doch Biedermann gibt sich mit dem erreichten Ergebnis nicht zufrieden. Zusätzlich faßt er die Beziehung Gottes als Geist ins Auge und führt dazu aus: „Als Weltschöpfer ist Gott noch nicht als Geist, sondern als Begriff, der allerdings an sich schon Geist ist, dh. die reale Möglichkeit und Nöthigkeit hat Geist zu werden. Erst im endlichen Geist existirt Gott wirklich als Geist."[345]

Nach diesen Ausführungen der Hegelschen Gotteslehre kommt Biedermann nochmals auf Schleiermacher zu sprechen und wendet ein, mit Schleiermachers Voraussetzungen lasse sich von Gott nur das sagen, was an Gottesbewußtsein im Selbstbewußtsein reflektiert werde[346]. Damit überwand Schleiermacher, der Philosoph im theologischen Gewand[347], zwar die traditionelle supranaturalistische Ansicht, welche Gott einen Platz in einer übersinnlichen Welt zuweise: „Was er aber sonst von Gott sagt, ist nur secundärer Bestandtheil seiner Lehre zur Kritik der verschiedenen Vorstellungen von Gott, deren Widersprüche er aufweist, deren Inhalt er auf die absolute Causalität zurückführt. Über diese Categorien aber hinaus zum Begriff Gottes als Geist ist er nicht gekommen."[348]

Die Spekulation indes stimme Schleiermachers Kritik an der traditionellen Gotteslehre zu, wenn dieser Gott keine aparte Existenz außerhalb seiner weltlichen Existenz zubillige. Doch könne sie nicht dabei stehenbleiben. Denn, so ergänzt Biedermann, Schleiermacher kenne vom dreieinigen Gott noch nicht alles, den wahren „Begriff" Gottes als den dreieinigen habe er nämlich gar nicht. Zum „Begriff" Gottes als konkretem Geist innerhalb der Trinität sei er nicht gekommen[349]. Doch sei eben gerade die Trinität dasjenige Moment, welches das spezifische Wesen des Christentums anderen Religionen gegenüber formuliere[350]. Zwar habe Schleiermacher insofern recht, als er behaupte[351], das wesentliche Unterscheidungsmerkmal des Christentums sei die Erlösung durch Jesus Christus, doch wen-

---

[344] „Die Schöpfung muß eine Schöpfung ex nihilo sein, d.h.: alle Realität muß aus der Idee emanieren [...] Somit stimmt das Schöpfungsdogma mit der spekulativen Wahrheit überein"; TAYLOR, Hegel, S. 642.

[345] Biedermann, Tagebuch, S. 70.

[346] Biedermann bezieht sich auf den Beitrag von DAVID FRIEDRICH STRAUSS, Schleiermacher und Daub, in: ders., Charakteristiken und Kritiken, eine Sammlung zerstreuter Aufsätze aus den Gebieten der Theologie, Anthropologie und Aesthetik, Leipzig 1839, S. 176–179.

[347] Biedermann, Tagebuch, S. 70.

[348] Biedermann, Tagebuch, S. 71.

[349] Die Trinitätslehre hat, so Biedermann, Tagebuch, S. 71, in der kirchlich-dogmatischen Bestimmung große Aufmerksamkeit erfahren, wobei ihre Durchführung auf der Ebene der Vorstellung bleibe und somit auch von Schleiermacher einer Kritik unterzogen werden müßte. Dafür verweist Biedermann auf FRIEDRICH D. E. SCHLEIERMACHER, Der christliche Glaube, Berlin ²1830, § 17, 2. In § 17 verhandelt Schleiermacher den zweifachen Wert dogmatischer Sätze; sie besitzen einen kirchlichen und einen wissenschaftlichen Wert.

[350] In Biedermanns Ausführungen wird im Hintergrund die Lektüre von Hegels „Phänomenologie des Geistes", und zwar des Kapitels „Die offenbare Religion" deutlich; siehe auch TAYLOR, Hegel, S. 642: „Das Trinitäts-Dogma ist für Hegels Absichten ideal."

[351] Biedermann verweist auf SCHLEIERMACHER, Glaube 1830, § 11 (Leitsatz).

det Biedermann ein, die Lehre der Erlösung sei „nicht der letzte Grund für alles andre, sondern selbst ein Mittelglied"[352]. Für Biedermann ist allein die Gotteslehre, die durch Christus offenbar wurde, das Eigentümliche des Christentums, die Grundlehre der Dogmatik, auf die alles zu beziehen ist. Wenn die Dogmatik Gott als dreieinigen behandelt, so wird sie ihn zuerst als Vater beschreiben, denn Gott der Vater ist der absolute Begriff rein an sich[353], der noch nicht in die Wirklichkeit und Existenz getreten ist[354]. Im „Reich des Sohnes"[355] tritt Gott in die Weltschöpfung ein. In Christus wird sich das absolute Anderssein seiner absoluten Identität mit Gott bewußt: „Damit war aber Gott nicht bloß als Sohn offenbar und wirklich, sondern zugleich auch als Geist, denn in Christus war ja damit auch das erste wirklich concrete Wissen Gottes von sich selbst und dieß ist ja doch der Begriff des Geistes. So wird also das christliche Bewußtsein von Gott, was die Dogmatik wissenschaftlich entfaltet, erst Gott als Vater als den absoluten Träger des Ganzen rein philosophisch, in der Weltschöpfung aber schon und in aller Offenbarung und dann in der vollen sich selbst bewußten Offenbarung in Christo den Sohn betrachten und durch diesen in denen, die im Glauben sich wahrhaft an ihn anschließend in der wahren Kirche, Gott als Geist wirklich in der Endlichkeit existierend wissen."[356]

Am Schluß seines Briefes räumt Biedermann ein, daß die Spekulation im Verdacht stehe, mit der Trinitätslehre ein unwürdiges Spiel zu treiben. Manches werde fälschlicherweise als trinitarisch deklariert, nur um den Anschein des Christlichen wahren zu können. Sicher sei dazu schon eine Menge Unsinniges hervorgebracht worden, doch ist sich Biedermann sicher, daß er in der Spekulation „nur die Offenbarung Gottes in Christo und im Christenthum, wie es der Wissenschaft ziemt", anstrebe nachzudenken[357]. Als letzten Hinweis bietet Biedermann seinem Freund Fries noch eine Literaturangabe. Falls er sich weiter mit der Verhältnisbestimmung

---

[352] Biedermann, Tagebuch, S. 71.

[353] Siehe dazu HEGEL, Vorlesungen über die Philosophie der Religion II, im dritten Teil den Abschnitt „Gott in seiner ewigen Idee an und für sich: Das Reich des Vaters", S. 218–240.

[354] Biedermann, Tagebuch, S. 71.

[355] Biedermann, Tagebuch, S. 72; siehe dazu HEGEL, Vorlesungen über die Philosophie der Religion II, im dritten Teil den Abschnitt „Die ewige Idee Gottes im Elemente des Bewußtseins und Vorstellens, oder die Differenz: Das Reich des Sohnes", S. 241–299.

[356] Biedermann, Tagebuch, S. 72; siehe dazu HEGEL, Vorlesungen über die Philosophie der Religion II, im dritten Teil den Abschnitt „Die Idee im Element der Gemeinde: Das Reich des Geistes", S. 299–344. WALTER JAESCHKE, Die Vernunft in der Religion. Studien zur Grundlegung der Religionsphilosophie Hegels, Stuttgart/Bad Canstatt 1986, S. 323, weist darauf hin, daß „Sohn Gottes" bei Hegel in einem dreifachen Sinn gebraucht wird: einmal als traditionelle Bezeichnung der Göttlichkeit Jesu, zweitens als theologische Bezeichnung der Welt und drittens im Sinne der Logoschristologie als „Bezeichnung des zweiten Moments der immanenten Trinität – des ‚Sohnes', der in ursprünglicher Identität mit dem ‚Vater' verbleibt".

[357] Biedermann, Tagebuch, S. 72; siehe dazu JAESCHKE, Vernunft, S. 322f.: „Der Trinitätsgedanke ist nicht einem eigentlich logischen, gar panlogistischen System erst in nachträglicher Theologisierung übergestülpt. Er bildet aber auch nicht eine bloß nachträgliche begriffliche Interpretation des vorausgesetzten und von der Philosophie nicht eingeholten Glaubens. Die kirchliche Trinitätslehre ist vielmehr ein der spekulativen Theologie verwandtes Unternehmen, aus analogen Problemstellungen hervorgegangen."

von Schleiermacher und Hegel beschäftigen wolle, biete der „ausgezeichnete Aufsatz von Strauss über Schleiermacher und Daub" wertvolle Hinweise[358].

Inhalt und Sprache dieses Briefes lassen eine fortgeschrittene Rezeption Hegelscher Begrifflichkeit und Denkstrukturen durch Biedermann erkennen. Die Hegel-Lektüre der ersten Monate des Jahres 1840 bildet den konstruktiven Grund für die Ausbildung erster systematisch theologischer Zusammenhänge. Dabei entwikkelt Biedermann einen leidenschaftlichen Ehrgeiz in der Auseinandersetzung mit den verschiedenen theologischen Systemen und Denkfiguren. Seine kenntnisreiche Argumentation scheint manche Kommilitonen überzeugt zu haben. Am Beispiel von Fries, der in engem Kontakt mit Biedermann stand und nach Riggenbachs Studienortswechsel sein Zimmernachbar wurde, läßt sich eine kontinuierliche Annäherung an Hegel zeigen, welche durchaus auf den Einfluß Biedermanns zurückgehen dürfte.

Im Sommer 1840 erarbeitete sich Biedermann durch eigene Lektüre und durch die Vermittlung Vatkes ein breites Spektrum der Hegelschen Philosophie[359]. In einem Brief an Theodor Meyer[360] versuchte er, dem nicht hegelianisch geprägten und nicht ausgesprochen theologisch-philosophisch denkenden Medizinstudenten die Zusammengehörigkeit von Jenseits und Diesseits zu erläutern. Sowohl in der Anlage des Briefes wie in seiner sprachlichen Ausführung zeigt Biedermann die Fähigkeit, sich auf die Voraussetzungen des Dialogpartners einlassen zu können. Anders als im Brief an Fries verwendet Biedermann hier kaum die ihm so vertraute theologische und philosophische Terminologie, sondern argumentiert auf einer wesentlich bildhafteren Ebene.

Meyer hatte behauptet, Welt und jenseitiger Gott seien abstrakt voneinander abzusetzen. Erst im Tode streife der Mensch die Endlichkeit ab und trete somit in ein qualitativ anderes Verhältnis zu Gott, erfahre das wahrhafte Glück[361]. In seiner Antwort stimmt Biedermann Meyer zunächst bei der Unterscheidung des „Irdischen und Vergänglichen, Nichtigen, von dem Ewigen allein wahrhaft bestehenden" zu. Denn ein Leben könne nur dann als wahres und glückliches gelten, wenn es das Ewige und Göttliche anstrebe[362]. Doch fügt Biedermann kritisch an, Meyer trenne

---

[358] Biedermann, Tagebuch, S. 72. In diesem Aufsatz „Schleiermacher und Daub" nennt STRAUSS Schleiermacher den „Kant der protestantischen Theologie", da er die theologische Scholastik zertrümmert habe (S. 205). Man müsse dessen Schule durchlaufen haben, um überhaupt Daub und Marheineke verstehen zu können (S. 207). Sowohl bei Schleiermacher als auch bei Daub fehle es an der wahren Vermittlung des Dogmas mit dem Begriff, des Geschichtlichen mit dem Ideellen (S. 208). Schleiermacher sei der Repräsentant der Subjektivität, Daub derjenige des Substantiellen (S. 209).

[359] In diesem Zusammenhang ist auch auf eine Bemerkung Biedermanns, Tagebuch, S. 72, zu verweisen, in der er eine bloß moralische Betrachtung der Religion, die sein Vormund Biedermann-Frey in einem nicht erhaltenen Brief vorgeschlagen hatte, ablehnt; ferner verneinte er eine allgemeine Lehrfassung, welche die meisten Christen zufriedenstellen würde.

[360] Biedermann, Tagebuch, S. 73.

[361] Der Brief scheint verloren. Möglicherweise ging der Brief an Riggenbach und blieb in dessen Besitz.

[362] Biedermann, Tagebuch, S. 73.

das Irdische und Göttliche räumlich und geistig. Darum könne Meyer auf das Jenseits nur hoffen. Schließlich fragt Biedermann, wie es bei einer solchen Trennung um Christus und um das Christentum stehe. Beide gehörten doch dann ganz allein dem Diesseits an, was nicht angehe. Seiner Meinung nach ist das ewige göttliche Wesen der Grund aller endlichen Existenz. Damit ist die endliche Welt andererseits die Erscheinung und Verwirklichung des Göttlichen. So ist für Biedermann „Gott kein Abstractum, kein inhaltsleeres Wort mehr, sondern vielmehr der aller concreteste inhaltsvollste, der alles, was wirklich Realität hat, in sich faßt"[363]. Das menschliche Leben, wenn es denn kein wertloses „Puppenspiel" sein will, muß nach diesem ewigen Grund fragen und suchen, sonst bleibt es ein mattes und nichtiges „Dämmerleben"[364]. Der Mensch soll nach Harmonie und Einheit mit Gott streben, das Gottvertrauen suchen und sich aus der Sphäre des Vergänglichen zurückziehen, und zwar so, daß er erkennbar Früchte bringt[365].

Gottvertrauen nennt Biedermann den immer neuen Versuch, bei allem Wechsel des Zeitlichen in der Welt Gottes Willen zu realisieren und dabei Beistand und Hilfe erwarten zu können. Zur damit implizierten Theodizeefrage behauptet Biedermann: „Gott hat das Leben, die Welt nicht mit der einen Hand freigegeben und mit der anderen behält er sich vor nachzuhelfen, wo es den Seinen gar zu ungerecht gehen sollte."[366] Darum können den Menschen auch die schlimmsten Katastrophen und Leiden treffen. Was aber unveräußerlich Bestand hat, ist die Gnade Gottes, die die Fülle der Seligkeit in sich fasse, „gegen welche zeitliches Glück und Unglück nur ein verschwindendes" ist[367].

Biedermann läßt hier einen stark ethischen Bezug und eine religiöse Tiefe erkennen, welche bisher in dieser Deutlichkeit noch nicht formuliert worden war. Die Gotteserkenntnis hat sich in den Dienst an und für die Welt zu stellen. Die naive Hoffnung, Gott werde die Welt so oder so am Ende zu ihrem Besten leiten, lehnt Biedermann entschieden ab. Worauf Biedermann seine Ausführungen gründet, erwähnt er selber nicht. Doch es wird einsichtig, daß seine Sicht von Gott und Welt, sein Ernstnehmen der irdischen Sphäre mit der Hegelschen Bedeutung des Weltlichen zusammenhängt, eben Ort der Entäußerung des göttlichen Geistes zu sein[368]. Damit wird die Welt nicht wie in manchen zeitgenössischen erweckten Kreisen zu einem Ort des Teufels und des Antichristen[369]. Nein, die Welt ist vielmehr ein not-

---

[363] Biedermann, Tagebuch, S. 74.

[364] Ebd.

[365] Nach Hegel ist die Bestimmung des endlichen Geistes, „Gott zu erkennen, damit sich Gott in dieser Erkenntnis des Menschen selbst erkennt"; siehe Otto Kaiser, Hegels Religionsphilosophie. Ein Versuch, sie aus dem ganzen seines Systems zu verstehen, in: NZSTh 28 (1986), S. 198–222 (209).

[366] Biedermann, Tagebuch, S. 75.

[367] Ebd. Zur Bedeutung der Erlösung und der Versöhnung des Menschen aus der Sicht Hegels siehe Ringleben, Theorie, S. 192–244; ferner Kaiser, Religionsphilosophie, S. 212–215.

[368] Siehe hierzu Kaiser, Religionsphilosophie, S. 207f., der den Hegelschen Gedanken herausarbeitet, daß Gott sich durch die Welt mit sich selbst vermittle, und ohne Welt wäre Gott nicht Gott.

[369] Gäbler, Auferstehungszeit, S. 170f.

wendiges Glied des dialektischen Prozesses, getragen vom ewig Göttlichen. Die Welt ist „erscheinende Existenz Gottes".

In diesen Äußerungen Biedermanns schimmert ein pantheistischer Zug seines Denkens durch, den Meyer kritisierte[370]. Biedermann wehrte sich empört gegen den Vorwurf des Freundes. Dies sei ein kurzschlüssiges Urteil, das sich einseitig auf die Negation der Gottesvorstellung beziehe und die positive Entwicklung des Gottesbegriffes außer acht lasse[371].

Bis zum Sommer 1840 hatte sich Biedermann seinen elementaren wissenschaftlichen Standpunkt erarbeitet, dem er zukünftig treu bleiben sollte. Immer deutlicher tritt sein Bestreben hervor, die historisch gewachsenen Dogmen und Vorstellungen der Kirchenlehre als solche ernstzunehmen, um nach ihren begrifflichen und ideellen Inhalten zu fragen. Biedermann strebte – im Sinne Hegels – eine Einheit von wissenschaftlicher Ansicht und orthodoxem Glauben an[372]. Es geht Biedermann also nicht um eine Verabschiedung der kirchlichen Lehren, wie es etwa in Teilen des Rationalismus geschah. Biedermann betont vielmehr immer wieder seine Skepsis gegenüber dieser Geisteshaltung, obwohl sie hinsichtlich der historischen Kritik Bedeutendes geleistet hatte. Eine angemessene Interpretation der Dogmen konnte der Rationalismus aber nicht bieten, da er nach der kritischen Analyse keine spekulative Synthese lieferte. Darum verbindet Biedermann mit den sogenannten Orthodoxen das Anliegen, den kirchlichen Dogmen als fundamentalen Texten der Glaubenstradition zu begegnen. Sein methodischer Zugang stand

---

[370] Meyer an Biedermann, Juli 1840: B.II.404.

[371] „Denn was solls mit dem Pantheismus, den du mir als etwas ganz unzweifelhaftes unwidersprochnes zuschreibst? Du weißt vielleicht, daß Fischer immer erzählte, wie Hegel und die Seinen es nicht an sich wollen kommen lassen, was doch auf der Hand liege, daß sie Pantheisten seien. Wir wissen nun aber warum, weil es einfach unwahr ist. Nach der gegen die Vorstellung negativen Seite hin scheint unsre Ansicht allerdings für die gewöhnliche Vorstellung von Gott eine pan- oder vielmehr atheistische zu sein, weil man sich nun aber an die negative Seite hängt, als wäre damit schon alles in Richtigkeit und als unsere positive Ansicht ‚von Gott, oder vielmehr, da von einem solchen nicht mehr die Rede, vom Göttlichen‘ einige vage pantheistische Vorstellungen angiebt, so ist dieß nicht nur etwa unrichtig oder übertrieben ausgedrückt, sondern von vornherein falsch und zeugt einfach von Unfähigkeit im Denken. Wer so zuerst zur Philosophie kommt und hört von überall solche Beschuldigungen gegen sie erheben, den mag das wohl anfangs etwas in Verwirrung und Besorgniß bringen; ist er einmal zur Klarheit durchgedrungen, so wird er gewiß dieser Beschuldigungen wegen ruhig und es bleibt ihm nur übrig, sich zu verwundern und zu erzürnen, ob dem wohlfeilen Un- und Mißverstand, der als gang und gäbe Münze vorgebracht worden. So gerade von Fischer; ich weiß nicht, versteht ers nicht besser oder findet ers am bequemsten so zu polemisieren"; Biedermann an Meyer, 2.7.1840: B.II.352. Der Vorwurf des Pantheismus wurde der Hegelschen Religionsphilosophie schon recht früh gemacht und war oft mit dem Vorwurf des Atheismus gekoppelt; siehe dazu JAESCHKE, Vernunft, S. 372–377, der darauf hinweist, daß der Pantheismus-Vorwurf zu Unrecht gemacht wurde, weil die spekulative Philosophie „die Substanz als absolute Subjektivität zu begreifen" suchte. Ferner werde unter dem Etikett des Pantheismus die Distanz dieses Hegelschen Gottesbegriffs zu jenem, in der kirchlich-dogmatischen Lehre verankerten markiert. Hegels Religionsphilosophie konnte nicht den Eindruck beseitigen, „die von ihr entwickelten Begriffe sollten die Ansprüche des religiösen Gemüts befriedigen" (S. 376). Siehe ferner VITTORIO HÖSLE, Hegels System. Der Idealismus der Subjektivität und das Problem der Intersubjektivität, Bd. 2: Philosophie der Natur und des Geistes, Hamburg 1987, S. 645.

[372] Biedermann, Tagebuch, S. 77.

allerdings in krassem Widerspruch zur Beteuerung der unmittelbaren Wahrheit der Dogmen durch die orthodoxe Richtung.

4. Wintersemester 1840/41

Bemerkenswerterweise fließen die Quellen für die Beschreibung des Wintersemesters erheblich spärlicher. Das Tagebuch bietet nur wenige Informationen, Briefe sind nicht sehr zahlreich vorhanden, und es liegt auch keine zusammenhängende theologische oder philosophische Abhandlung aus der Feder Biedermanns vor. Über die Gründe für das Abnehmen der Quellen können nur Vermutungen angestellt werden, mehrere Faktoren werden eine Rolle gespielt haben. Die Anzahl der Briefe ging sicher deswegen zurück, weil Theodor Meyer Ende Oktober nach Berlin kam. Doch müßte nicht durch den Aufenthalt Riggenbachs in Bonn ein gleichwertiger Ersatz vorliegen? Möglicherweise ist eine solche Korrespondenz wie der erste Basel-Berliner Briefwechsel zwischen Biedermann und Riggenbach verlorengegangen.

Warum Biedermann keine zusammenfassenden Darstellungen der Studien bei Vatke anfertigte, läßt sich folgendermaßen erklären. Bisher wurden Essays und Zusammenfassungen gewöhnlich in der Zeit zwischen den Semestern verfaßt. Wie aus seinen persönlichen Notizen hervorgeht, befand sich Biedermann in den Winterferien 1841 physisch und psychisch in einer schwierigen Lage. Gesundheitlich war er nicht auf der Höhe, und die Unsicherheit über seine berufliche Laufbahn bedrückte ihn. Ein weiterer Aspekt tritt hinzu. Es scheint, als wäre die Intensität des Studierens zurückgegangen, weil sich andere Bedürfnisse, die möglicherweise bis dahin zu kurz gekommen waren, Raum verschafften. Für die Entwicklung der Persönlichkeit besaß dieses Semester besondere Bedeutung. Biedermann notiert in seinen Tagebuchblättern vor allem Vorkommnisse aus dem Bereich der Freizeit und des gesellschaftlichen Lebens. Er habe viel gelesen, mit Oeri und Meyer Kaffee getrunken. Innerhalb dieser positiven Notizen fällt eine bedeutungsvolle negative auf: Im September 1840 kam es zur endgültigen „Entzweiung" zwischen Biedermann und Jacob Burckhardt[373]. Das studentische Leben wurde durch häufiges Turnen und zahlreiche Besuche bei Familie Gocht belebt. Ferner erwähnt Biedermann ein „fröhliches Pikenik"[374] in der Neujahrsnacht bei Gsell und häufiges Billardspiel[375]. Außerdem, so notiert Biedermann, habe Hofprediger Strauß am Dreikönigstag zu einer „Soirée" eingeladen. Die Fasnacht habe er mit Freunden verbracht und einen Maskenball besucht. Am 16. März brachten die Studenten Vatke ein nachträgliches Geburtstagsständchen; daran anschließend wurde auch Marheineke mit einem Lied geehrt.

---

[373] Biedermann, Tagebuchblätter (11.9.1840), S. 7; siehe oben S. 135f.

[374] Als „Picknick" oder „Pickenick" wurde ein „Zuschußmahl, ein gemeinschaftlicher Schmaus, wozu jeder Theilnehmer beiträgt"; genannt; siehe „Allgemeines verdeutschendes und erklärendes Fremdwörterbuch" von Joh. Christ. Aug. Heyse, neu bearbeitet von K. W. L. Heyse, Hannover ⁹1844, S. 580.

[375] Biedermann, Tagebuchblätter (Januar 1841), S. 8.

Ein anderes Ereignis war von persönlicher Bedeutung: Biedermann notierte, daß er den „Versuchungen der sinnlichen Lust", die ihn Ende 1839 erschreckt hatten[376], doch noch gefolgt war[377]. Greifbaren Ausdruck jener veränderten Umstände im Wintersemester 1841 gibt der Wechsel des Wohnortes: Biedermann zog für das Wintersemester in ein Zimmer der Mittelstraße 8, in den dritten Stock. Im kommenden Semester aber kehrte er in die Dorotheenstraße 19 zurück, wo er zusammen mit seinem Freund Fries wohnte.

a) Lehrveranstaltungen

Trotz aller genannten Tätigkeiten und Vorkommnisse belegte Biedermann auch im Wintersemester einige Lehrveranstaltungen. Bei der Wahl der Professoren wird durch Vatke und Marheineke ein Übergewicht der Hegelianer deutlich. Allein Strauß bot eine bescheidene Alternative. Bei Vatke hörte Biedermann die beiden Vorlesungen „Die Weissagungen Jesajas"[378] und „Die dogmatische Lehre von der Person Christi"[379]. Zum ersten Mal hatte sich Biedermann auch bei Marheineke eingeschrieben und verfolgte dessen Vorlesungen über „Die Symbolik nach der dritten Ausgabe seines Latein. Lehrbuchs"[380] und „Die theologische Moral mit Rücksicht auf Daub's System"[381]. „Homiletische Übungen" und eine Vorlesung über „Homiletik" schließlich hatte Biedermann bei Oberhofprediger Strauß belegt[382]. Der Nutzen dieser Übungen sprach sich rasch unter den Studierenden herum[383].

---

[376] Biedermann, Tagebuch, S. 63; siehe oben S. 230.

[377] Biedermann, Tagebuchblätter (21.3. und 2.6.1841), S. 8.

[378] Vatkes las sechsstündig von 10–11 Uhr. Zum gleichen Thema las auch Hengstenberg von 9–10 Uhr. Siehe dazu das „Verzeichniss der Vorlesungen" 1840–1841.

[379] Dies war eine öffentliche Veranstaltung, die samstags von 11 bis 13 Uhr stattfand.

[380] Die Vorlesung fand fünfmal wöchentlich von 8–9 Uhr statt.

[381] Marheineke las fünfmal in der Woche von 9–10 Uhr. CARL DAUB, System der theologischen Moral, Die theologische Moral im allgemeinen, Berlin 1840. Zu Daub siehe FALK WAGNER, Die vergessene spekulative Theologie. Zur Erinnerung an Carl Daub anlässlich seines 150. Todesjahres, Zürich 1987; MAXIMILIAN A. LANDERER, Karl Daub, in: RE[3] 4, S. 496–502; UWE SCHOTT, Karl Daub, in: TRE 8, S. 376–378; EWALD STÜBINGER, Spekulativer Idealismus. Carl Daub (1765–1836), in: Profile des neuzeitlichen Protestantismus, Bd. 1: Aufklärung, Idealismus, Vormärz, hrsg. von Friedrich Wilhelm Graf, Gütersloh 1990, S. 156–172.

[382] Sie fanden donnerstags 18–20 Uhr und freitags 19–20 Uhr statt.

[383] Dennoch fanden sich nach Angaben der „Hallischen Jahrbücher" 1841, S. 123, nur zwanzig bis dreißig Studierende ein. Die „Jahrbücher" vermuten, daß sich die Studenten unter den Kanzeln der hervorragenden Berliner Prediger homiletische Anleitungen holten. Ein Brief Johann Jakob Oeris an den in Bonn weilenden Riggenbach vermittelt neben den knappen Notizen Biedermanns ein anschauliches Bild des homiletischen Seminars. In Biedermann, Tagebuchblätter, Einträge unter 1840 und 1841 werden bloß wenige Angaben gemacht, welche aber mit Oeris Äußerungen übereinstimmen. Siehe dazu Oeri an Riggenbach, Brief vom 22.1.1841: StBW. Siehe aber auch BIEDERMANN, Erinnerungen, S. 394f. Die „Hallischen Jahrbücher" 1841, S. 123, beschreiben das Vorgehen von Strauß: „Strauß theilt alle Predigten ein in analytische, synthetisch-analytische und synthetische, von welchen Unterschieden jedoch die beiden ersten ziemlich zusammenfallen, so daß uns eigentlich doch nur der alte Unterschied von eigentlichen Predigten und Homilien übrig bleibt. Er steift sich freilich dagegen, die Homilien in diesem bestimmten Sinne zu fassen, da er gründlich beweist, daß von Anfang an alle Predigten Homilien geheißen haben, allein das ist für

Zuerst waren vereinzelt Studenten der Schweizer Kolonie – wie Oeri und Gsell – zu Strauß gegangen. Durch ihre positive Mundpropaganda ließen sich zunehmend mehr Studenten anlocken. Während der Sitzungen kam es bald zu kontroversen theologischen Diskussionen zwischen den einzelnen Schulen. Auch Biedermann wurde durch Freunde ermuntert, an Strauß' Seminar teilzunehmen. Er scharte sich nach Eintritt ins Seminar zu den Spekulativen, denen die „orthodoxen Deutschen" gegenüberstanden[384]. Der Seminarleiter Strauß lud die streitenden Studenten zu seinen ausgedehnten Spaziergängen ein, um mit ihnen diskutieren zu können. Biedermann nahm oft an diesen Fußmärschen teil[385]. Oeri berichtet: „Die freien Vorträge sind nun, was noch nie geschehen war, in förmliche philosophisch-theologische Boxereien umgestaltet, wo es sehr lebhaft hergeht, wie du dir denken kannst, wenn du hörst, daß es sich hier um das Verhältniß von Philosophie und Theologie, von Glauben und Wissen, von Vernunft und Offenbarung handelt. Die Vorträge, deren Resultat natürlich das ist, daß jeder bei seiner Meinung bleibt, sind nun beendigt und man wird jetzt an einzelne Dogmata kommen, an die Unsterblichkeit etc., wo man sich vielleicht besser versteht, da man am Dogma eine feste Basis hat. Der Spektakel ist alle Donnerstag von 6–8 Uhr Abends. Die erste Stunde wird einer Predigt und deren Recension gewidmet, wobei zu bemerken, daß Strauß immer unendlich besser ist, wenn er tadelt, als wenn er lobt. Er ist ein Mann von sehr vielem praktischen Sinn, vieler Humanität und großer Herzensgüte, was man nicht genug anerkennen kann, so wie seine Toleranz gegen alle und jede Ansichten. Sei-

---

uns Nebensache. Mehr Bedeutung hat, daß er durchaus keine synthetischen Predigten, d.h. solche, die einen Hauptgedanken aus dem vorliegenden Texte herausheben, als vom Texte und somit auch vom Geiste der heiligen Schrift zu leicht eigenen unbiblischen Gedanken führend, gelten lassen will [...] Seine analytisch-synthetische Methode, in der man übrigens durch mehrstündige Uebung dahin gebracht werden soll, daß man sogleich beim ersten Ueberblick aus jedweder vorgelegten Bibelstelle verschiedentliche Themata zugleich mit den gehörigen Divisionen und Subdivisionen vor Augen hat, unterscheidet sich nur formell von der rein analytischen, denn das Thema, welches gewonnen wird, ist doch nur eine äußerliche Zusammenfassung der einzelnen, nach Kant's zwölf Kategorieen zerlegten Sätze. An die rein analytischen Predigten ohne bestimmtes Thema, die höchste Gattung, dürfe sich so leicht Niemand wagen, sie wären nur Wenigen, hochbegabten Männern, wie Luther, gelungen. Außerdem stellt er noch Mosheim und Chrysostomus als die bleibenden Vorbilder für Kanzelredner hin."

[384] Biedermann, Tagebuchblätter (1840), S. 7, nennt zwei Namen: „Schwarz" und „Rau". Wahrscheinlich handelt es sich dabei um den im „Album Civium Universitatis Litterariae Berolinensis 1834–1842" (UAB) verzeichneten August Ferdinand Karl Schwartz, immatrikuliert 1838, Matrikel 28/839 aus Meseritz/Posen, abgegangen 1844 und Karl Julius Raue, immatrikuliert 1840, Matrikel 915/30 aus Rauen/Mark Brandenburg.

[385] Biedermann, Tagebuchblätter (1840), S. 7. Siehe auch BIEDERMANN, Erinnerungen, S. 395; Oeri schreibt dazu: „Also das Seminar. Auf dieses wurden zuerst Einzelne von uns durch bloßes Hospitieren aufmerksam, nach und nach fanden wir uns regelmäßig ein, endlich inskribierten wir (zuerst Gsell und ich), da wir die Übungen in freien Vorträgen, die da einheimisch sind, für sehr zuträglich erachteten. Gsell machte sich bald als Hegelianer bemerklich, ich mich als Vermittler. Strauß, der gegen alle Parteien Toleranz übt, hatte seine Herzensfreude an uns und lud sogleich ein, an seinen Spaziergängen theil zu nehmen. Durch unsere Erzählungen verlockten wir auch Biedermann und jetzt führen er und Gsell die Fahne des Hegelianismus gegenüber von allen möglichen andren Parteien, besonders aber einer orthodoxen und einer pietistischen"; Oeri an Riggenbach, Brief vom 22.1.1841: StBW.

ne Spaziergänge sind in praktischer Hinsicht recht lehrreich, wenn man nur von der
Breite seiner Reden abstrahieren gelernt hat. Mir wenigstens erscheint er immer
achtenswerther. [...] Strauß war übrigens ein Freund Dewettes, Hegels und Schleiermachers."[386]

Biedermann setzte nach den guten Erfahrungen im Sommersemester 1841 die
homiletische Ausbildung unter Strauß fort. Noch in seinen „Erinnerungen" berichtet er von seinem ersten Predigtversuch bei Strauß. Er hatte zusammen mit einem Kommilitonen zu predigen, dessen Art den allergrößten Gegensatz zu Biedermann bildete: Dieser habe in „überschwenglichem Redefluß, gefühlig ver-
schwommen und blumenreich" gepredigt[387]. Ein älterer holländischer Kollege habe sich aber gerade durch diese Predigt erbaut gefühlt, weniger durch Biedermann.
Strauß aber fand lobende Worte für Biedermanns gedankliche Ordnung und für
den Inhalt.

Die anderen Veranstaltungen des Wintersemesters nennt Biedermann bloß, zu
ihrem Inhalt sagt er nichts. Im folgenden soll nun – soweit dies möglich ist – ein
knapper Überblick über die Vorlesungen gegeben werden. Dabei werden die Ausführungen zu Marheineke den Schwerpunkt bilden, da mit ihm ein neuer theologischer Lehrer in Biedermanns Blickfeld trat.

Seine akademischen Vorträge hielt Marheineke nie frei, sondern las ein ausfor-
muliertes Manuskript vor. Darum konnte bald nach seinem Tod eine Auswahl von
Vorlesungen erscheinen[388]. Die von Biedermann gehörte Vorlesung über Symbolik
ist deshalb ohne wesentliche Änderungen im Druck zugänglich[389].

Die theologische Disziplin der Symbolik wurde der Sache nach von Gottlieb Jacob Planck (1751–1833)[390] begründet, der Begriff der Symbolik als wissenschaftliche Disziplin aber geht auf Marheineke zurück[391]. Sein Anliegen war es, „die Einheit des christlichen Glaubens in der Mannigfaltigkeit seines Bekenntnisses" zu su-

---

[386] Oeri an Riggenbach, Brief vom 22.1.1841: StBW.

[387] BIEDERMANN, Erinnerungen, S. 395.

[388] D. PHILIPP MARHEINEKE's theologische Vorlesungen, 4 Bde., hrsg. von Stephan Matthies
und Wilhelm Vatke, Berlin 1847–1849.

[389] Marheineke hatte im Vorlesungsverzeichnis angekündigt, in der Vorlesung über Symbolik
seinem lateinischen Lehrbuch zu folgen, was auch ein Vergleich zwischen Lehrbuch und publi-
ziertem Vorlesungsmanuskript bestätigt; siehe P. K. MARHEINECKE, Institutiones symbolicae doctrinarum catholicorum, protestantium, socinianorum, ecclesiae graece, minorumque societatum
christianarum summam et discrimina exhibentes, Berlin 1812, ³1835; siehe auch DERS., Christliche Symbolik oder comparative Darstellung des katholischen, lutherischen, reformirten, socinianischen und des Lehrbegriffes der griechischen Kirche; nebst einem Abriß der Lehre und Verfassung der kleineren occidentalischen Religions-Partheien, in: Vorlesungen, aaO. Bd. 3, Berlin
1848. Zu Marheinecke siehe oben S. 219, Anm. 74.

[390] Zur Person siehe PAUL TSCHACKERT, Gottlieb Jakob Planck, in: RE³ 15, S. 472–477; ferner
JONAS SCHMIDT, Gottlieb Jacob Planck, in: BBKL 7, Sp. 705–715.

[391] Siehe dazu KARL RUDOLF HAGENBACH, Encyklopädie und Methodologie der theologischen
Wissenschaften, Leipzig ⁸1869, S. 274–280. Wissenschaftsgeschichtliche Wurzeln reichen freilich
bis in die Reformationszeit zurück. „Als normativ-deskriptive Wissenschaft ist sie eine wesentlich
reformatorische und zunächst lutherische Angelegenheit"; siehe ERNST WOLF, Konfessionskunde,
in: RGG³ 3, Sp. 1749–1752 (1749).

chen[392]. Eine Einheit zwischen der katholischen Kirche, welche für Marheineke die Geschlossenheit repräsentierte, und der protestantischen Kirchen, welche für die Pluralität stünden, kann nur durch eine im Sinne Hegels verstandene Wissenschaft erreicht werden,[393] denn allein sie vermag den dialektischen Prozeß auf den Begriff zu bringen, sie allein kann zur Idee als solcher vordringen. Dabei werden nicht die Unterschiede egalisiert, sondern betont. Marheineke definiert die Symbolik als Wissenschaft von den verschiedenen Bekenntnissen des christlichen Glaubens[394]: Sie ist „das Wissen vom Dogma der verschiedenen Kirchen in ihren Glaubensbekenntnissen und eben damit Entwickelung ihres öffentlichen Lehrbegriffes"[395]. Dabei geht Marheineke von der Einheit der christlichen Religion aus[396], denn die christliche Kirche ist in ihrer Wahrheit nur diese eine universale. Zur Ausgestaltung der Mannigfaltigkeit kommt es durch die Bewegung der christlichen Religion durch das Bewußtsein. Die subjektive Fassung des Glaubens und die verschiedenen Auslegungen ringen um die Wahrheit. Marheinekes Ziel ist das begreifende Wissen der Wahrheit[397]. Über die subjektive Gestaltung des Glaubens hinaus gehen die Bekenntnisse, ihr Gegenstand bildet der „gegebene Glaube". Dabei ist es ein wesentliches Moment, daß der Glaube zum Gegenstand des Bewußtseins und der Erkenntnis wurde und eine bestimmte Form hat[398]. Ein Glaubensbekenntnis fällt darum zusammen mit der Konstitution einer Gemeinde. Marheineke bestimmt ein Symbol als „Glaubensform". Es ist die Wahrheit des Privatglaubens in der Form des öffentlichen und kirchlichen Lehrbegriffs. Dabei wirkt es als norma fidei wesentlich vereinigend, aber zugleich auch unterscheidend und trennend[399].

Für die theologische Disziplin der Symbolik im Sinne Marheinekes ergibt sich aus diesen Voraussetzungen, daß sie zwar historisch den Ursprung und die Entwicklung der verschiedenen Glaubensbekenntnisse zu beschreiben hat, dabei aber nicht stehenbleiben darf. Vielmehr ist sie gefordert, auch die jeweiligen dogmatischen Prinzipien der Konfessionen zu erforschen[400]. In diesem Zusammenhang kommen auch „kirchliche Geographie und Statistik" zu ihrem Recht[401].

---

[392] Siehe Marheineke, Symbolik, S. 1; zitiert bei Gestrich, Erbe, S. 194, Anm. 23; siehe zum folgenden aaO., S. 192–198.

[393] Zum „Lehrbegriff der römisch-katholischen und protestantischen Kirche" siehe Marheineke, Symbolik, S. 22–43.

[394] Marheineke, Symbolik, S. 1.

[395] Marheineke, Symbolik, S. 17.

[396] Von diesem „Gemeinsamen erst kann nun die Symbolik fortgehen zur Erkenntniß des Unterschiedes und dem Gegensatz in den einzelnen Lehren, die Differenzpuncte besonders hervorheben, also den Widerspruch besonders erkennen, in welchem geschichtlich die einzelnen dogmatischen Systeme der verschiedenen Kirchen mit einander stehen"; Marheineke, Symbolik, S. 19.

[397] Marheineke weist darauf hin, daß die konfessionellen Entwicklungen innerhalb des Christentums das von Jesus geschaffene Urchristentum rekonstruieren wollen; siehe Drehsen, Marheineke, S. 111. Diese Erkenntnis nahm entscheidenden Einfluß auf Marheinekes Ansatz der Symbolik.

[398] Marheineke, Symbolik, S. 11f.

[399] Marheineke, Symbolik, S. 15f.

[400] Marheineke, Symbolik, S. 17f., nennt die Symbolik „kirchliche Dogmatik" (S. 18).

[401] Marheineke, Symbolik, S. 20.

Die Vorlesung gliedert Marheineke in fünf Kapitel. Nach einer Einleitung folgt erstens die Beschreibung des Lehrbegriffes der römisch-katholischen und der protestantischen Kirchen. Im zweiten Kapitel wendet sich Marheineke den Unterschieden zwischen lutherischen und reformierten Kirchen zu, im folgenden dem sozianischen Lehrbegriff. Die beiden letzten Kapitel behandeln den Lehrbegriff der griechischen Kirche und kleinerer christlicher Konfessionen[402]. Damit sind die grundlegenden Voraussetzungen und der Rahmen der Vorlesung über die Symbolik skizziert.

Auch die zweite Vorlesung, die Biedermann bei Marheineke belegte, jene über christliche Moral, liegt gedruckt vor[403]. Marheineke faßt als Gegenstand der theologischen Moral die sittliche Wahrheit des Christentums, die christliche Sittenlehre, der er den Charakter der vollkommenen Offenbarung zuschreibt. Die Sittenlehre des Alten Bundes hingegen habe diesen Stellenwert noch nicht erreicht[404]. Der Inhalt der „biblischen christlichen Sittenlehre" ist im Willen Gottes, in seinen einzelnen Geboten und Vorschriften, in der Bibel gegeben. Doch liegt er da, obgleich auf Erkenntnissen beruhend, in der Form des unmittelbaren Inhalts vor, als reiner Wahrheitsgehalt an sich. Diese Wahrheit muß nun durch den dialektisch-spekulativen Prozeß als Wissen zur Gewißheit werden[405]. Dabei kommt es darauf an, die Form der Wissenschaft zu gewinnen, also von den Vorstellungen zum Begriff der christlichen Moral zu gelangen[406].

b) Private Studien

Privatim standen im Wintersemester dogmatische Studien im Mittelpunkt[407]. Biedermann verfolgte nicht den kontinuierlichen dogmengeschichtlichen Ent-

---

[402] Marheineke erwähnt Brüder-Unität, Mennoniten und Quäker.

[403] Es ist der Bd. 1 der postum hrsg. Vorlesungen: System der theologischen Moral, Berlin 1847. Siehe dazu WILHELM GASS, Geschichte der christlichen Ethik, Bd. 2, 2: Achtzehntes und neunzehntes Jahrhundert. Die philosophische und die theologische Ethik, Berlin 1887, S. 207–211.

[404] MARHEINEKE, System, S. 52.

[405] MARHEINEKE, System, S. 53–55.

[406] MARHEINEKE, System, S. 57. Gaß urteilt über Marheinekes „Moral": „Das System wird hiermit rational-philosophisch angelegt, die Ausführung ist reichhaltig. Hoher Sinn und Selbständigkeit des Denkens, Weite des Gesichtskreises sind diesen Vorlesungen nicht abzusprechen, auch werden zuweilen treffliche Episoden […] eingeschaltet. Allein die alte Klage kehrt zurück, das Ganze leidet unter der Vorherrschaft der erwähnten Begriffe, statt zu gewinnen; das speculative Princip als solches wird überschätzt, denn es soll die moralische Correctheit des Urtheils und der Bethätigung selber verbürgen"; GASS, Geschichte, S. 209.

[407] Allein in einem „theologischen Kränzchen" exegesierte Biedermann den Epheserbrief an Hand von GOTTLIEB CHRISTOPH ADOLF HARLESS' (1806–1879) „Commentar über den Brief Pauli an die Ephesier", Erlangen 1834. Harleß (1806–1879) gilt als Begründer einer konfessionell lutherischen Theologie und war der Führer der lutherischen Bewegung in Deutschland. ADOLF VON STÄHLIN, Gottlieb Christoph Adolf von Harleß, in: RE³ 7, S. 421–432; GOTTFRIED HORNIG, Lehre und Bekenntnis im Protestantismus, in: HDThG 3: Die Lehrentwicklung im Rahmen der Ökumenizität, hrsg. von Carl Andresen, Göttingen 1988, S. 182–184.

wicklungsgang der kirchlichen Dogmatik, sondern konzentrierte sich auf einige „Knotenpunkte"[408]. Dabei verfuhr er folgendermaßen: Beginnend mit den lutherischen Bekenntnisschriften[409], Karl Hases „Hutterus redivivus"[410] und de Wettes „kirchlicher Dogmatik"[411], stellte er ein System der orthodoxen Glaubenslehre lutherischer und reformierter Provenienz zusammen. In einem zweiten Schritt fragte Biedermann danach, welche Gestalt diese Orthodoxie im Supranaturalismus angenommen habe. Dabei benutzte er die „Vorlesungen über die Dogmatik" von Franz Volkmar Reinhard (1753–1812)[412], der als Hauptvertreter des norddeutschen Supranaturalismus gilt[413]. Für Reinhard stand fest, daß sich entweder die Offenbarung unter die Vernunft oder die Vernunft unter die Offenbarung zu ordnen habe. Etwas Drittes gebe es nicht. Dabei entschied er sich für letzteres[414]. Drittens untersuchte Biedermann den modernen „ästhetischen Rationalismus", der in die allgemeine Bildung eingegangene Elemente der Spekulation aufgenommen hatte. Unter dem ästhetischen Rationalismus verbirgt sich der dogmatische Ansatz Karl von Hases (1800–1890)[415]. In einem weiteren Schritt studierte er dann die „beiden in ihrem innern und äußern Bau so diagonal verschiedenen, in ihrer beiderseitigen Einseitigkeit sich durchgehend ergänzenden, beide aber aus einem nicht sehr verschiedenen speculativen Fundament erwachsenen Glaubenslehren von Schleiermacher und Marheineke"[416]. Dieses intensive Studium unterschiedlichster dogmatischer

---

[408] Siehe Biedermann, Curriculum vitae, S. 6.

[409] Möglicherweise verwendete Biedermann hier die „Libri symbolici ecclesiae evangelicae sive Concordia, recens. C. A. Hase", Leipzig 1827, ²1837. Dieses Werk wurde von Hagenbach in der ersten Auflage seiner Encyklopädie den Studenten empfohlen; siehe HAGENBACH, Encyklopädie, S. 278, (1. Aufl., S. 239). Für die reformierten Bekenntnisse galt JOHANN CHRISTIAN WILHELM AUGUSTIS Ausgabe „Corpus librorum symbolicorum, qui in ecclesia reformatorum auctoritatem publicam obtinuerunt", Elberfeld 1827, als verbreitete Quellensammlung.

[410] KARL F. HASE, Hutterus redivivus oder Dogmatik der Evangelisch-Lutherischen Kirche. Ein dogmatisches Repertorium für Studirende, Leipzig ³1836.

[411] Damit meint Biedermann DE WETTES „Lehrbuch der christlichen Dogmatik, in ihrer historischen Entwickelung dargestellt", Teil 2: Dogmatik der evangelisch-lutherischen Kirche nach den symbolischen Büchern und den älteren Dogmatikern, Berlin 1818, ²1821, ³1839.

[412] Erschienen Sulzbach ³1811, mit literarischen Zusätzen hrsg. von J. Berger, ⁵1824; Zur Person siehe DAVID ERDMANN, Franz Volkmar Reinhard, in: RE³ 16, S. 560–563; ERICH BEYREUTHER, Franz Volkmar Reinhard, in: RGG³ 5, Sp. 946.

[413] HORST STEPHAN, Geschichte der evangelischen Theologie, Berlin 1938, S. 62, Anm. 1. Möglicherweise studierte Biedermann Reinhard, weil Vatke ihn als Vertreter des Supranaturalismus in seiner Religionsphilosophie vorstellte; siehe VATKE, Religionsphilosophie, S. 218.

[414] Siehe BAUR, Geschichte, S. 180.

[415] Siehe dazu BERND JAEGER, Nationalliberale Geschichtstheologie. Karl August von Hase (1800–1890), in: Profile des neuzeitlichen Protestantismus, Bd. 2.1: Kaiserreich, hrsg. von Friedrich Wilhelm Graf, Gütersloh 1992, S. 118–145; MARTIN KÄHLER, Geschichte der protestantischen Dogmatik im 19. Jahrhundert, bearb. und hrsg. von Ernst Kähler, Wuppertal/Zürich 1989, S. 142: Nach Hase ist das Historische für den Glauben relativ gleichgültig. F. C. Baur urteilt über Hases Dogmatik, sie habe mit den Dogmatiken des Rationalismus gemein, mehr Dogmengeschichte denn Dogmatik zu sein; BAUR, Geschichte, S. 402. Ferner siehe ELERT, Kampf, S. 126–129.

[416] Biedermann, Curriculum vitae, S. 6f. MARHEINEKE, Die Grundlehren der christlichen Dogmatik als Wissenschaft, Berlin 1819, völlig neubearbeitet Berlin ²1827. Siehe dazu RUPP-

Ansätze mündete in die Lektüre des ersten Bandes der Glaubenslehre Straußens[417], mit der sich Biedermann gründlich und wohlwollend auseinandersetzte[418].

Am Ende dieser dogmatischen Studien formulierte Biedermann als Aufgabe für den Theologen, die ewige religiöse Wahrheit, die durch das Christentum ganz offenbart worden sei, mit dem Weltbewußtsein zu vermitteln[419]. Damit wehrt Biedermann die radikale Forderung ab, den christlichen Glauben durch die Philoso-

---

RECHT, Spekulation, S. 65–310. Biedermanns theologisches Vorbild D. F. Strauß unternahm einen vergleichbaren Gang durch die zeitgenössische Dogmatik. Auch er las Marheinekes und Schleiermachers Entwurf. Doch anders als Strauß läßt Biedermann nicht erkennen, welche Bedeutung für ihn die Rezeption der spekulativen Dogmatik Marheinekes hatte. Zur Bedeutung Marheinekes für Strauß siehe FRIEDRICH WILHELM GRAF, Kritik und Pseudo-Spekulation. David Friedrich Strauß als Dogmatiker im Kontext der positionellen Theologie seiner Zeit, München 1982, S. 55–57.

[417] D. F. STRAUSS. Die christliche Glaubenslehre in ihrer geschichtlichen Entwicklung und im Kampfe mit der modernen Wissenschaft dargestellt, Bd. 1, Tübingen/Stuttgart 1840. Zur Analyse der Glaubenslehre siehe GRAF, Kritik, vor allem S. 425–606.

[418] Im Blick auf Straußens Dogmatik teilte Biedermann-Frey dem Studenten mit, daß er nicht glauben solle, jenes Werk würde großes Aufsehen im Kanton Zürich erregen, denn es werde vom Volk nicht gelesen. Überhaupt sei der „Straußenhandel" in den Hintergrund des öffentlichen Interesses getreten, „um materiellen Wünschen Platz zu machen. Wir gehen in unserm Canton immer mehr der Demokratie entgegen und ein neuer Umsturz würde dieselbe vollständigst herbeyführen. Dawider muß eigentlich jetzt gekämpft werden." Die Zürcher Regierung gehe einen ruhigen und gemäßigten Gang, ruhiger, als die Radikalen wollen. Ferner stellte er mit Genugtuung fest, daß die Radikalen gescheitert seien, weil das Volk seine Ruhe wolle; H. Biedermann an Biedermann, 6.1.1841: B.I.g.9. Radikale und Straußianer würden nun eine Koalition bilden, wobei nicht Strauß der zusammenführende Beweggrund sei, sondern die Unzufriedenheit. „Viele der eifrigsten sogenannten Straußianer machen es sich dann auch zum Geschäft, auf die Geistlichkeit zu schimpfen und die Pfarrer mit den Titeln: Pfaffen, Lügner, Heuchler usw. zu beehren. Sie würden sich sehr irren, wenn Sie bey diesen sogenannten Straußianern (es gibt viele ehrenwerte Ausnahmen) in ihrer Mehrheit einen tiefen philosophischen Sinn voraussetzten würden. Ihr Begriff ist mehr oberflächlich. Weg mit den Wundern heißt es; sie sind Trug." Was sie nun aber dem Volke dafür geben wollen oder können, wissen sie nicht. „Eine neue Revolution wäre gewiss ein großes Unglück"; H. Biedermann an Biedermann, 21.7.1840: B.I.g.8. In diesem Brief hatte H. Biedermann auf eine wirtschaftliche Krise im Kanton hingewiesen, die vor allem Kaufleute, Fabrikanten treffe, nicht aber die Arbeiter. Zu den gesellschaftlichen Hintergründen siehe JÜRG HAEFELIN, Wilhelm Weitling. Biographie und Theorie. Der Zürcher Kommunistenprozeß von 1843, Bern/Frankfurt am Main/New York 1986, S. 161–185. Zur Diskussion um die Rezeption von Straußens Glaubenslehre siehe GRAF, Kritik, S. 36–44. Festzuhalten bleibt mit Graf indes, daß die Glaubenslehre im akademischen Bereich diskutiert und zur Kenntnis genommen wurde, in den populären Zeitschriften jedoch keine mit dem Streit um das „Leben Jesu" vergleichbare Diskussion mehr entfacht wurde. Das heißt für die Frage, wie und ob Strauß' Glaubenslehre gelesen wurde, daß sie auf mindestens drei Ebenen verhandelt werden muß. Zum einen theologiegeschichtlich als Frage nach dem Stellenwert der Glaubenslehre im Kontext der differenten Schultheologie. Hier interessiert besonders die Frage, inwieweit Strauß zeitgenössische dogmatische Entwürfe geprägt hat. Siehe dazu GRAF, Kritik, S. 40f. Andererseits ist aber über die Theologiegeschichte hinaus zu fragen, welchen Stellenwert die Glaubenslehre im populären Bewußtsein einnahm, inwiefern Biedermann-Freys Vermutung zu Recht besteht. Was für Biedermann-Frey spricht, ist drittens der Hinweis darauf, daß in der Diskussion über das „Leben Jesu" die grundsätzliche Fragestellung von Glauben und Kritik, von Tradition und Moderne in breiter Front aufbrach. Diese Eruption wiederholte sich beim Erscheinen der Glaubenslehre nicht.

[419] Das Folgende stützt sich auf Biedermann, Tagebuch, S. 81–84.

phie zu ersetzen[420]. Biedermann verlangt aber, daß von den Glaubenssätzen all das aufgegeben werde, was der Vernunft widerspreche. So kommt er zum Rationalismus und weiter zum Atheismus, die für ihn aber nur notwendige Zwischenstationen darstellen. Diesen Weg soll ein Theologe gehen, nur so kommt er, wie Biedermann meint, ans Ziel: „Und wenn er ans Ende seines religiösen Glaubens gekommen zu sein glaubt, wo alles aus sei, und er am Grabe des für ihn nun gestorbenen Gottes klagt um den entschwundenen schönen Glauben, der ihn früher beglückte, den er nun als Wahn aufgeben mußte, so ists doch nicht aus mit allem, er trägt was er aufgeben will, ja noch in sich, indem er darum klagt und je mehr er dieß thut, je schmerzlicher er den Verlust empfindet, desto mehr zeigt sich, daß er das als ein äußerliches aufgegebene und verlorene als ein innerliches als den Kern seines Selbsts noch in sich hat, daß dieß untrennbar von ihm ist: aus dem Grabe des sinnlichen, äußerlichen fleischlichen Glaubens aufersteht ihm der geistige Glaube."[421]

Diesen „gefährlichen Weg" darf der Theologe dem Laien jedoch nicht zumuten. Der Theologe hat dem Laien die Glaubenslehren in ihrer geistigen Form zu vermitteln, „die seinem Geist entspricht, was noch lange nicht die des philosophischen Begriffs zu sein braucht"[422]. Dabei hat der Theologe philosophisch vorzugehen. Weitergeben soll er aber religiöse und nicht philosophische Erkenntnis. Die Philosophie ist für Biedermann allein das Mittel, um in angemessener Form im Widerstreit von religiösen Formen und vernünftigem Weltbewußtsein religiöse Erkenntnis zu vermitteln.

Im Verlauf seiner Studien erhärtete sich Biedermanns Einsicht, daß der dogmatische Locus „de trinitate" „die Haupt- und Fundamentallehre des Christenthums", das hermeneutische Grundprinzip für alle anderen christlichen Lehren darstelle[423]. Gott muß in der christlichen Theologie, so Biedermann, als der Dreieinige gedacht werden. Die Vorstellung von Gott als Vater, dem jenseitigen, ewigen und ungeteilten Schöpfer entspreche nämlich der alttestamentlichen Gottesvorstellung. Damit sei noch nicht der volle Gehalt Gottes, wie ihn das Christentum verstehe, erreicht. Für Biedermann ist entscheidend, daß sich Gott in der Person des „Sohnes" in der Welt selbst objektivierte. Einschränkend fügt Biedermann indes an, daß der Ausdruck Sohn in der philosophischen Redeweise nicht mehr verwendet werden kann, als rede man von einem Individuum, denn „die ideale Welt, die in den einzelnen weltlichen Existenzen zur Wirklichkeit kommt, ist Gottes eigenes Wesen als Anderssein, Selbständigkeit"[424]. Die Welt gehört nach ihrer idealen Seite zum inneren Wesen Gottes. Mit dem jenseitigen Wesen Gottes schließt sie sich als Geist zu konkreter Einheit zusammen. Der Geist ist das im Besonderen, im einzelnen endlichen Geist sich selbst mit sich zusammenschließende und bewährende Allgemeine. Der Heilige Geist gehört im religiösen Selbstbewußtsein wesentlich dem menschlichen Geist an, ist nicht etwas Fremdes, das von außen über ihn gekommen ist, son-

---

[420] Solche Forderungen wurden etwa in Teilen der radikal-liberalen Bewegung Zürich laut.
[421] Biedermann, Tagebuch, S. 81.
[422] Ebd.
[423] Ebd.
[424] Biedermann, Tagebuch, S. 82.

dern sein eigenes Wesen[425]. „Ebenso ist der heilige Geist nicht von Gott abgetrenntes, von ihm nur gewirktes und gesandtes, vielmehr ist er erst das Zusammenfließende die Persönlichkeit Gottes vollendende Moment in ihm selbst. So ist er Geist Gottes und Mensch in realer Einheit."[426] Der Gedanke des Geistes nun aber setzt die Diesseitigkeit voraus, wobei Gott gewöhnlich als Jenseitiger gefaßt wird, als Voraussetzung, als der absolute Begriff. Gott wird von Biedermann im Gefolge der Hegelschen Philosophie[427] christlich als der dreieinige verstanden, der Geist und Persönlichkeit ist[428].

Mit diesem Verständnis lehnt Biedermann zwei Ansichten bezüglich des Heiligen Geistes ab: Die erste versteht ihn als Auswirkung des göttlichen Handelns, wobei alle menschliche Selbsttätigkeit ausgeschlossen werde. Die zweite hält den Heiligen Geist nur für eine bildliche Bezeichnung der erhöhten Selbsttätigkeit des Menschen, zu der Gott allerdings Rat und Mittel gebe[429]. Biedermann urteilt abschließend: „Diese beiden Ansichten sind daher einseitig und daher theilweise unwahr, die erstere hat aber immerhin das Verhältnis wahrer und tiefer namentlich religiöser gefaßt."[430]

c) Zukunftspläne

Gegen Ende des Wintersemesters dachte Biedermann intensiv über seinen nächsten Studienort und über das Examen nach. Seine Pläne mußte er mit dem Vormund Heinrich Biedermann absprechen. In seinem Weihnachtsschreiben hatte Biedermann dem Vormund gegenüber schon angedeutet, daß er das „praktische Feld des Predigers mit der Aussicht auf einen theologischen Lehrstuhl vertauschen"

---

[425] Biedermann, Tagebuch, S. 82f.

[426] Biedermann, Tagebuch, S. 83. Biedermann fährt fort: „Gern nimmt man nur das erste Moment im Begriff Gottes, das allerdings ein schlechthin jenseitiges ist, hält dies für den ganzen Gott und stellt ihn als fertigen Geist, als eine überweltliche Persönlichkeit vor. Allein da hat man eben nicht den ganzen Gott"; ebd.

[427] Biedermann stellt sich ausdrücklich in die Reihe der Hegelianer: „Wir fassen aber eben Gott auf christliche Weise als dreieinigen und da ist er eins Geist und Persönlichkeit"; ebd.

[428] „Also der heilige Geist ist uns einerseits von Seite des Menschen aus betrachtet, die höchste Form des Selbstbewußtseins wo der endliche Geist, der Mensch, sich nicht als diesen oder jenen einzelnen weiß, sondern als Träger des allgemein göttlichen, seine individuelle Persönlichkeit daher, mit Aufgabung aller selbstischen Zwecke nur den göttlichen Zweck als Organ weiht, daher die Wirkung des heiligen Geistes Heiligung. Andrerseits von der Seite Gottes aus betrachtet, ist der heilige Geist das sich selbst offenbaren Gottes im endlichen Subjekt. Jede dieser beiden Seiten für sich fest gehalten, wie es gewöhnlich geschieht, ist einseitig. Sie müssen beide zusammen genommen werden im concreten Begriff des Geistes, in dem alle 3 Momente der Allgemeinheit, Besonderheit und Einzelheit müssen zusammengenommen werden. Es muß aber von der Seite Gottes ausgegangen werden, denn das Allgemeine ist das über die Schranken übergreifende, und diese aufhebende, daher geht der Proceß im menschlichen Geist, durch den dieser der Endlichkeit enthoben zum Organ des allgemein Göttlichen wird von der Seite des Göttlichen aus"; Biedermann, Tagebuch, S. 83; siehe dazu die Ausführungen „Über die Persönlichkeit Gottes" in diesem Kapitel, S. 291–304.

[429] Biedermann, Tagebuch, S. 83.

[430] Ebd.

wolle[431]. Diesem Wunsch widersprach Biedermann-Frey heftig und teilte dem Studenten mit: „Ich habe mir sagen lassen, daß manche geschickte Männer auf ein Professorat 10 bis 20 Jahre umsonst warten müssen!"[432] So lange zu warten, erlaubte aber das übriggebliebene Familienvermögen nicht; schließlich mußte auch noch die Ausbildung der Schwester Verena Gertrud finanziert werden. Biedermann müsse selber für den Lebensunterhalt sorgen. Der Vormund sah sich nicht in der Lage, dem Zögling einen kompetenten Rat zu geben, empfahl ihm aber, zuerst eine feste Anstellung als Pfarrer anzustreben. Im Pfarramt solle er sich bemühen, schriftstellerisch bekannt zu werden. Dann habe er vielleicht Aussichten, auf eine Professur berufen zu werden. Freilich solle er bedenken, daß er Schweizer sei: „Schwerlich hat ein Schweizer Aussicht auf Anstellung an einer deutschen Hochschule; schwerlich ein Winterthurer in Zürich, Bern oder Basel. Es hat dort Zürcher, Berner und Basler. Der Nepotismus macht sich in Republiken am allermeisten geltend."[433] Außerdem müsse er berücksichtigen, daß in Berlin zwar der Hegelianismus prägend sei, in Bonn aber die Orthodoxie. Ein guter Prediger aber solle alle verschiedenen Ansichten kennen und würdigen. Vor allem möge er die Angelegenheit mit Vatke besprechen und sich beraten lassen.

Diese Mitteilungen wirkten zunächst ernüchternd auf Biedermann, doch wurde er sich seiner Sache zunehmend sicherer. Darum warf ihm der Vormund im folgenden Schreiben vor, er berücksichtige zu wenig den „Örtligeist" und das Privatinteresse[434]. Im Juli 1841 schließlich warb der Vormund nochmals für das Amt des Geistlichen, da es an jungen Pfarrern fehle[435].

Die ganze Tiefe und Dramatik des inneren Kampfes um seine Zukunft und sein theologisches Streben wird in einem Brief an den Basler Freund Holzach deutlich: „Du kennst im ganzen meine theologische Richtung, wie mich die Allmacht philosophischen Denkens in dem negativen Durchgangsprozeß durch die religiöse Vorstellung nicht ruhen läßt, aber gerade darin mir die festeste Gewähr und sicherste Aussicht eines positiven Resultats giebt, von wo aus ich nach der ernstesten Entzweiung und ohne diese zu vergessen dennoch hoffen konnte, dem gewöhnlichen religiösen Bewußtsein und seiner Vorstellung die Hand zur Versöhnung reichen zu können. Ohne dieß Resultat, welche Aussicht hätte ich denn für eine künftige Wirksamkeit als Theolog? Ja wohl die speculative Versöhnung gewinne ich schon, in der auch die Vorstellung aufgehoben dh. nicht bloß als absolute Wahrheit vernichtet, sondern auch als Moment bewahrt ist; und wahrhaftig von den abstracten Philosophen fand ich mich immer weit entfernt, denen das Land der unmittelbaren Religiosität und ihrer Vorstellung ein Fremdes geworden, ich fand mich immer in lebendigem Wechselverkehr mit ihr: aber – dieser Gedanke drängte sich mir immer mehr auf – ist dieß genug um als Geistlicher einst mit Freuden zu wirken auf dem praktischen Gebiet, als Geistlicher, der nicht bloß von Zeit zu Zeit von der Höhe

---

[431] H. Biedermann an Biedermann, 6.1.1841: B.I.g.9.
[432] Ebd.
[433] Ebd.
[434] H. Biedermann an Biedermann, 21.3.1841: B.I.g.10.
[435] H. Biedermann an Biedermann, 12.7.1841: B.I.g.11.

seines speculativen Bewußtseins zu Besuch herabsteigen kann, der im Thal der Vorstellung seine Wohnung aufschlagen, da heimisch werden, von da aus als seinem Centrum wirken muß, wenn sein Berufsleben ein lebendiges sein soll? Dieß erschien mir immer unmöglicher, mein bisheriges Ziel wird immer mehr entrückt. So kam ich mir mit meinem ganzen Streben ganz abhanden, da mir das feste Ziel wankend geworden und ich gerieth in eine Apathie gegen das was ich doch zu gleich noch als den Herzpuls meines Lebens wußte, ein Zustand den ich nicht sobald wieder erfahren möchte. Aber der Geist gewann wieder seine Rechte, die ich ihm nie angefochten, die ich nur zu verfechten und zu erringen in Gefahr gekommen war zu vernachlässigen. Durch! dachte ich und schäme dich, dich abziehn zu lassen, nachdem du die Mission des Geistes erkannt, sich durch sein Anderssein die Natur und das natürliche Bewußtsein durch zu arbeiten und sich selbst als Resultat zu gewinnen, und nachdem du diese höchste Seligkeit des sich selber findens doch auch schon gekostet hast. Also durch, sag ich mir nochmal. Du siehst es ist nicht andres als die Wiedergeburt auf dem Gebiete des Wissens, wie du es gut nennst, die sich mir wieder als mein Endziel darstellt. Die Sittlichkeit in der unmittelbaren Lebensbethätigung ist und bleibt immer die nächste die erste und letzte, das A und O. Aber könnte sie in ihrem vollen Umfang angestrebt werden, wenn man auf dem Gebiete des Geistes träge von dem absehen wollte, was man als seine immanente Bestimmung erkannt? Gewiß nicht? So muß beides bei mir Hand in Hand gehen; keines kann sich vom andern losreißen. In der Wiedergeburt des Denkens glaubt man aber in stetigem Fortschritt begriffen zu sein, während man in der sittlichen nur zu oft immer und immer wieder an sich Vergeß der ersten Elemente, die man schon längst im Rücken zu haben meinte, und Verstoß dagegen wahrnehmen muß, und doch kommt man mit jener nicht eben früher ans Ziel. Überhaupt davor ist gesorgt, daß man nicht wegen beendigter Arbeit zu früh Feierabend zu machen braucht."[436]

5. *Sommersemester 1841*

a) *Lehrveranstaltungen*

Im letzten Berliner Semester genoß Biedermann noch einmal ausgiebig das Theater und die Restaurationen[437]. Er war Riggenbach nicht – wie ursprünglich geplant – nach Bonn gefolgt[438], sondern wohnte wieder in der Dorotheenstraße 19, nun mit dem Freund Fries zusammen. Im Mittelpunkt seiner theologischen und philosophischen Bemühungen stand einerseits erneut Vatke, bei dem er fünfstündig „Allgemeine philosophische Theologie und Religionsgeschichte"[439] und „Die verschiedenen dogmatischen Standpunkte unserer Zeit" hörte.

---

[436] Biedermann an Holzach, [10.2.1841]: B.II.225.

[437] Biedermann, Tagebuchblätter (18.8.1841), S. 8.

[438] Biedermann an W. Wackernagel, 3.1.1841; Nachlaß W. Wackernagel; StABS: PA 82. Eine Antwort des Briefes ist nicht bekannt.

[439] Vatke las privatim jeweils von 9 bis 10 Uhr.

Bei seinen zahlreichen Besuchen im Haus Vatkes verfolgte Biedermann die Entstehung des Buches über die Freiheit[440]. Nach der Vorlesung über jenes Thema trat er mit Vatke noch einmal in eine angeregte Diskussion, die beiden dienlich war.

Ferner belegte er bei Neander die Vorlesung „Eine Uebersicht von dem ganzen Entwickelungsgange der christlichen Kirche bis auf die gegenwärtige Zeit", die der Kirchenhistoriker sechsstündig las. Theologische Erwägungen können bei der Wahl dieses Lehrers keine entscheidende Rolle gespielt haben. Die Gründe für den Besuch dieser Vorlesung sind auf einer anderen Ebene zu suchen: Zum einen dürfte es sich angeboten haben, anhand dieser Veranstaltung möglichst ökonomisch das kirchengeschichtliche Grundwissen zu repetieren. Zum anderen wird sich Biedermann an die Wertschätzung Neanders durch Hagenbach erinnert haben. Es lag nahe, im Blick auf ein Basler Examen auch bei Neander zu hören.

Schließlich war Biedermann in diesem Semester bei Marheineke in der Vorlesung „Praktische Theologie", die der Dozent nach seinem Lehrbuch[441] las. Als weitere praktisch-theologische Veranstaltung besuchte er weiterhin das homiletische Seminar bei Oberhofprediger Strauß, denn Hinweise zur praktischen Arbeit eines Pfarrers konnte Biedermann bei Marheineke nicht erwarten. Jener lehnte gar die unmittelbare Verwertung der Praktischen Theologie ab[442]. Vielmehr interpretierte er sie als wissenschaftliche Disziplin, die sich keineswegs direkt in kirchliche Angelegenheiten einzumischen habe. Die Praktische Theologie galt Marheineke als kritische Theorie, die insbesondere die gesellschaftliche Wirklichkeit von Religion reflektiere. Sie dürfe keineswegs auf Kirche und kirchliche Ämter reduziert werden[443]. Marheinekes Theologiebegriff, den er auf dem Boden der Hegelschen Philosophie entwickelte, enthält die Praktische Theologie als „konstituierendes Mo-

---

[440] W. Vatke, Die menschliche Freiheit in ihrem Verhältniß zur Sünde und zur göttlichen Gnade wissenschaftlich dargestellt, Berlin 1841. Siehe dazu Rainer Schanne, Sündenfall und Erbsünde in der spekulativen Theologie. Die Weiterbildung der protestantischen Erbsündenlehre unter dem Einfluß der idealistischen Lehre vom Bösen, Frankfurt/Bern 1976, S. 254–272; Traugott Koch, Erwählung IV: Dogmatisch, in: TRE 10, S. 197–205 (200–202).

[441] Marheineke, Entwurf der practischen Theologie, Berlin 1837. Dieses Werk gilt als die erste ausgeführte Praktische Theologie nach Schleiermachers „Kurzer Darstellung des theologischen Studiums". Doch hat der Entwurf nur in Einzelheiten gewirkt. Siehe dazu Walter Birnbaum, Theologische Wandlungen von Schleiermacher bis Karl Barth. Eine enzyklopädische Studie zur praktischen Theologie, Tübingen 1963, S. 43–46.

[442] Damit wandte sich Marheineke gegen Schleiermachers Theorie-Praxis-Modell. Zu Schleiermacher siehe Norbert Mette, Theorie der Praxis. Wissenschaftsgeschichtliche und methodologische Untersuchungen zur Theorie-Praxis-Problematik innerhalb der praktischen Theologie, Diss. theol., Münster 1976, S. 78–83. Marheinekes Ziel war eine Ableitung der Praktischen Theologie aus dem Begriff der christlichen Theologie. Damit hielt er gegen Schleiermacher an der Möglichkeit und Notwendigkeit einer zweckfreien theoretischen Theologie fest und hob hervor, daß es sich in der Praktischen Theologie keineswegs um Kunstgriffe, sondern um wissenschaftlich begründete Kenntnisse handeln müsse; Mette, aaO., S. 83–90.

[443] Siehe dazu Godwin Lämmermann, Praktische Theologie als kritische oder als empirisch-funktionale Handlungstheorie? Zur theologiegeschichtlichen Ortung und Weiterführung einer aktuellen Kontroverse, München 1981, S. 40–66. Lämmermann, S. 58, betont, daß Marheineke die Praktische Theologie um ihrer Kritikfähigkeit willen ganz von der Praxis abhebe und ins Denken verlagere.

ment"[444]. Denn Theologie als Selbstbewußtsein des Glaubens differenziert sich in die Bereiche des Praktischen und des Theoretischen. In beidem aber bleibt sie das Wissen des Glaubens von sich selbst.

Doch allein Vatkes religionsphilosophische Vorlesung scheint prägende Spuren bei Biedermann hinterlassen zu haben. Weder zu Neander noch zu Marheineke äußerte sich der Student ausführlicher[445]. Die beiden Vorlesungen Vatkes rundeten seine dogmatischen Studien ab[446]. Aber nicht nur deswegen sind diese Vorlesungen von herausragendem Stellenwert für Biedermann geworden, vielmehr festigte gerade die religionsphilosophische Vorlesung Biedermanns eigenen denkerischen Ansatz. Rückblickend bekennt Biedermann Ende 1841 in seinem „Curriculum vitae": „Solang Strauß mein hauptsächlichster Führer gewesen, war mein Hauptaugenmerk darauf gegangen, das Inadaequate in allen religiösen Vorstellungen aufzulösen und zu entfernen. Den zu Grunde liegenden absoluten Inhalt hatte mir noch oft genügt, unentwickelt in der Form des unmittelbaren Selbstbewußtseins zu besitzen. Die positive Ergänzung war nun, diesen Inhalt in der adaequaten Form des Gedankens zu entwickeln und in seinem Reichthum sich entfalten zu lassen. Hierzu gab mir Vatke Anleitung mit gleicher Meisterhaftigkeit, wie Strauß in der negativen Seite desselben Prozeß. Zugleich führte er mich – wie auch schon Strauß – in das tiefere Verständnis des Philosophen Schleiermacher ein, der den Verehrern des Theologen nur zu oft verborgen bleibt: dadurch wurde mir aber auch die Aussicht auf den Weg eröffnet an einer wahren Vermittlung positiver Elemente von Schleiermacher und Hegel. Sowohl seinen Vorträgen als auch seinem anregenden persönlichen Umgang verdanke ich die Konsolidierung und positive Erfüllung meiner dogmatischen Überzeugungen."[447]

b) Vatkes Religionsphilosophie

Im Sommer 1840 las Vatke vor 52 Hörern Religionsphilosophie[448] als eine von allen Voraussetzungen unabhängige, frei denkende Betrachtung der Religion, die

---

[444] DIETRICH RÖSSLER, Grundriß der Praktischen Theologie, Berlin/ New York 1986, S. 34.

[445] Biedermann, Curriculum vitae, S. 7, notiert allein die Aussage: „Ich hörte noch im Sommersemester 1841 allgemeine Kirchengeschichte bei Neander, praktische Theologie bei Marheineke und setzte die Uebungen im Seminar von Strauß fort."

[446] Biedermann, Curriculum vitae, S. 7.

[447] Biedermann, Curriculum vitae, S. 11.

[448] Siehe dazu „WILHELM VATKES Religionsphilosophie oder allgemeine philosophische Theologie", hrsg. von H. G. S. Preiss, Bonn 1888, S. VIIf. Preiss verarbeitete mehrere Vorlesungsmitschriften, konnte sich also nicht auf ein Manuskript Vatkes beziehen, S. X. Festzuhalten ist ferner, daß Vatke seine Vorlesungen immer wieder überarbeitete, ohne daß die jeweiligen Veränderungen ersichtlich wären. Dennoch kann davon ausgegangen werden, daß Vatkes Grundthesen und seine Gliederung im Wesentlichen gleich geblieben sind. Siehe die Anmerkungen von Preiss im Vorwort S. Xf. Der geistige Entwicklungsgang Vatkes kann ansatzweise durch einen Vergleich der „Religionsphilosophie" mit dem Buch „Freiheit" erhoben werden. Theologiegeschichtlich hat das Werk keine nennenswerte Wirkung entfaltet, auch in der Forschung scheint es in Vergessenheit geraten zu sein. Vatke wird, wenn überhaupt, als Exeget wahrgenommen. Auch OTTO PFLEIDERER, Geschichte der Religionsphilosophie von Spinoza bis auf die Gegenwart, Berlin 1893,

er darum auch Philosophie der Religion oder allgemeine philosophische Theologie nannte[449]. Vatke will seinen Studenten eine philosophische Behandlung der Religionswissenschaft bieten[450]. Ausgehend von der Verhältnisbestimmung zwischen Philosophie und Religion, in der er die Integrität der beiden festhält[451], beschreibt Vatke seine Methode. In der Auseinandersetzung mit den verschiedenen Arten des Philosophierens kommt er zu dem Ergebnis, von der ursprünglichen Einheit des Idealen mit dem Realen auszugehen, denn allein dieser Ansatz gewähre ihm eine Aussicht auf Sicherheit der Resultate[452].

Im ersten Teil der Religionsphilosophie behandelt Vatke rein philosophisch die erkenntnistheoretischen und metaphysischen Voraussetzungen[453]. Der zweite, umfassendere Teil wendet sich der „Darstellung der Religion und Theologie" zu[454]. Dabei ist zuerst die Religion phänomenologisch allgemein, dann in einer „philosophischen", das heißt wissenschaftlichen Geschichtsdarstellung in ihrer Entwicklung zu untersuchen[455]. Das Wesen der Religion bestimmt Vatke anhand dreier Momente: Zuerst fragt er spekulativ nach dem innersten Wesen aller Religionen, zweitens beschreibt er die psychologischen Erscheinungsformen der Religion im menschlichen Selbstbewußtsein, wie sie sich im Gefühl, in der Anschauung, der Vorstellung sowie im Denken und Wollen offenbaren, um schließlich das religiöse Selbstbewußtsein als solches zu untersuchen: Wie verhält sich die in die Wirklich-

---

geht nicht auf das Werk ein. Er erwähnt zwar Vatke im Kapitel über „Die nachhegelsche Spekulation", bevor er sich mit Biedermann auseinandersetzt, doch bezieht er sich allein auf Vatkes Buch über die Freiheit; aaO., S. 545–550. Siehe ferner MAX HEINZE, Religionsphilosophie, in: RE³ 16, S. 619, 46–53.

[449] Vatke hatte die Vorlesung unter dem Titel „Allgemeine philosophische Theologie und Religionsgeschichte" angekündigt.

[450] Der Begriff der „Philosophie" wird von Vatke synonym für „Wissenschaftlichkeit" verwendet. Die Philosophie ist die Wissenschaft in ihrer allgemeinen Form. Sie zielt auf die Einheit der Erkenntnisse ab, die durch methodisches Denken ein gewonnenes Wissen bilden; VATKE, Religionsphilosophie, S. 2.

[451] In diesem Zusammenhang setzt Vatke sich kritisch mit Spinoza, Schleiermacher, Hegel und Strauß auseinander. Ihnen wirft Vatke vor, die beiden Bereiche nicht deutlich genug auseinandergehalten zu haben. Darauf beruhe auch der Irrtum Straußens, der behauptet hatte, die Religion sei nur eine für die Erziehung geeignete Vorstufe. Mit E. Zeller hingegen, einem der „bedeutendsten Vertreter der Hegelschen Richtung", hält Vatke am bleibenden praktischen Gehalt der Religion fest; VATKE, Religionsphilosophie, S. 7–9 (9). Seinen Standpunkt faßt er mit den Worten zusammen: „Wir wollen die Religion in ihrer Selbständigkeit auffassen und durch die Philosophie nicht vernichten, sondern begreifen, wir wollen aber auch beide Seiten nicht gleichgiltig neben einander hergehen lassen, sondern die eine aus der andern bereichern und im besonderen die populär-religiösen Elemente durch die mehr methodische Erkenntnis des eigentlichen Wissens erläutern" (S. 10).

[452] VATKE, Religionsphilosophie, S. 14,

[453] VATKE, Religionsphilosophie, S. 16–122. Dabei gliedert er in die Abschnitte „Analytisch-heuristische Darstellung von der Erkenntnislehre" und „Synthetische Entwicklung der Prinzipien alles Seins und alles Wissens".

[454] VATKE, Religionsphilosophie, S. 123–659. Hier gliedert Vatke in einen allgemeinen und einen besonderen Teil. Ersterer umfaßt eine allgemeine Betrachtung der Religion, und der zweite bietet eine Beschreibung der einzelnen Religionen.

[455] VATKE, Religionsphilosophie, S. 123.

keit übergreifende Wirksamkeit der Frömmigkeit, was ist die Bestimmung des konkret religiösen Lebens[456]?

Religion definiert Vatke in ausdrücklicher Ablehnung der Schleiermacherschen
Auffassung als einen geistigen Prozeß, in dem sich eine innere Vermittlung des unendlichen und endlichen Geistes vollzieht: theoretisch verstanden als Manifestation
des Geistes, praktisch als Aufnahme des göttlichen Prinzips in menschlichem Willen und Gesinnung. Religion ist demnach ein göttlich-menschlicher Prozeß, in
dem beide Seiten zugleich tätig sind in der freien Selbstbestimmung und in der innigen Beziehung aufeinander[457]. Das Gefühl sei zwar ein wesentliches Element der
Religion, sofern es für jeden einzelnen den subjektiven Maßstab der Wahrheit und
Wirklichkeit des inneren geistigen Lebens darstelle. Doch drohe immer die Gefahr,
daß es sich abschließe und ein Gefühlsmoment auf Kosten der Anderen zu stark
werde[458].

Nach der Behandlung der Religion im Abschnitt „Elemente der Anschauung
und Vorstellung", wo Vatke über die Themen „Wunder", „Theophanie", „Symbol" und „Mythos" handelt, kommt er zur Religion im Blick auf das Denken. Zuerst setzt sich Vatke hier mit den gängigen Gottesbeweisen auseinander, um daran
anschließend die „Hauptformen religiöser Erkenntnis des Unbedingten" zu typi-
sieren, und zwar: Atheismus, Pantheismus, Deismus, Theismus, Rationalismus, Supranaturalismus und Theosophie[459].

Bevor Vatke zum letzten Abschnitt des allgemeinen Teils kommt, wendet er sich
der Religion in bezug auf Willen und Freiheit zu und konstatiert: Die Religion
richtet sich an den Willen des Menschen und will diesen dem göttlichen Willen gehorsam machen[460]. Daran anschließend legt Vatke die „wirkliche Religion als
Frömmigkeit" dar. Hier fragt er nach Offenbarung und Glaube, ferner nach inne-
rem und äußerem Kult sowie nach den ethischen Konsequenzen der Religion,
worunter freilich auch die Frage nach dem Verhältnis der Kirche zum Staat und
nach dem Reich Gottes verhandelt wird. Im Blick auf Biedermann ist Vatkes Definition des Glaubens von Bedeutung[461]. Der Glaube ist, wenn man ihn empirisch
betrachtet, zunächst einmal Wirkung der Tradition, in letzter Beziehung aber auch
Wirkung der Offenbarung und setzt so eine Manifestation des göttlichen Willens
voraus. Glaube ist die subjektive Form, durch die der Gesamtinhalt sowohl der Offenbarung als auch der verschiedenen Beziehungen des menschlichen Lebens auf
die Offenbarung für jedes Individuum das bestimmte subjektive Lebenselement

---

[456] VATKE, Religionsphilosophie, S. 124.
[457] VATKE, Religionsphilosophie, S. 128, 135.
[458] VATKE, Religionsphilosophie, S. 153f. In diesem Zusammenhang setzt sich Vatke auch mit
dem Pietismus auseinander. Dabei spricht er von einer „Gefühlsmystik" des älteren Pietismus und
kommentiert knapp und kritisch die Schrift CHRISTIAN MÄRKLINS „Darstellung und Kritik des
modernen Pietismus", Stuttgart 1839, eines Schülers F. C. Baurs; siehe DAVID FRIEDRICH STRAUSS,
Christian Märklin. Ein Lebens- und Charakterbild aus der Gegenwart, Mannheim 1851.
[459] VATKE, Religionsphilosophie, S. 203–221.
[460] VATKE, Religionsphilosophie, S. 221.
[461] VATKE, Religionsphilosophie, S. 245–250.

wird[462]. Neben einem solchermaßen verstandenen subjektiven Glauben kann denn auch ein „objektives" spekulativ-philosophisches Verständnis von Religion bestehen. In diesem Spannungsbogen wirkte Biedermann spätestens seit seinem Eintritt ins Pfarramt 1843, wo er als Gemeindepfarrer die spekulativ gewonnenen Einsichten mit dem an der „Vorstellung" haftenden Gemeindeglauben in Zusammenhang bringen mußte.

Im abschließenden „besondern Teil" stellt Vatke die einzelnen Religionen religionsgeschichtlich in drei Schritten vor: Beginnend mit den Naturreligionen, breitet er zweitens die „Religionen des endlichen Geistes oder der geistigen Subjektivitäten" aus, womit die griechische und römische Religion gemeint sind. Schließlich erörtert er die Religionen des Monotheismus: die Religion des Alten Testaments und des Judentums, das Christentum und den Islam[463]. In seiner Darstellung folgt Vatke zwar Hegels Dreiteilung der Religionen, doch distanziert er sich entschieden von dessen „gewaltsamer und unrichtiger" Klassifizierung der Religionen[464]. Vatke legt seiner Darstellung die Feststellung zugrunde, daß der Mittelpunkt aller Religion durch den Inhalt des menschlichen Selbstbewußtseins nach der theoretisch-praktischen Seite bestimmt werde. Mit der Entwicklung des Selbstbewußtseins einhergehend, verändere sich die Form der Religion[465]. Vatke will dieser Grundlegung entsprechend keine Konstruktion vornehmen, sondern auf den historischen Ursprung achten und die genetische Entwicklung jeder Religion selbst darstellen.

Nach der Beschreibung der Naturreligionen sowie der Religionen der Griechen und Römer folgt die Erörterung des Monotheismus. Die Basis der monotheistischen Religionen bildet nach Vatke die „Einheit des intelligenten, freien geistigen Prinzipes"[466]. Alle drei Religionen des Monotheismus zeigen zumindest strukturelle Übereinstimmungen: Sie lehren alle eine Schöpfung, Erhaltung und Regierung der Welt durch Gott. Bei der Bestimmung eines immanent göttlichen Wesens gehen sie freilich auseinander. Der Monotheismus, der zuerst in der Religion des Alten Testaments zutage tritt[467], gilt als „gewaltige That des Geistes"[468]. Hier wird ein Gottesbewußtsein offenbar, das eine alle anderen Götter ausschließende Einheit Gottes bildet. Diese Einheit wird freilich erst dann möglich, wenn das Wesen des Göttlichen ideal aufgefaßt wird. Damit wird ferner die Einheit der menschlichen mit der göttlichen Vernunft gesetzt[469]. Das Christentum nun, als zweite Religion des Monotheismus, wird von Vatke als „merkwürdigste und bedeutendste" Religion beschrieben[470]. Diese Charakterisierung begründet Vatke mit dem Hinweis,

---

[462] VATKE, Religionsphilosophie, S. 245.
[463] VATKE, Religionsphilosophie, S. 290–659.
[464] VATKE, Religionsphilosophie, S. 299–301.
[465] VATKE, Religionsphilosophie, S. 297f.
[466] VATKE, Religionsphilosophie, S. 307.
[467] „Die Religion des alten Testamentes und des späteren Judentums" bei VATKE, Religionsphilosophie, S. 475–516.
[468] VATKE, Religionsphilosophie, S. 475.
[469] VATKE, Religionsphilosophie, S. 475f.
[470] Über das Christentum VATKE, Religionsphilosophie, S. 516–640 (516).

das Christentum besitze immerhin eine Fülle tiefsinniger Elemente, die mit den Resultaten der „erhabendsten und schärfsten Spekulationen" übereinstimmten. Doch zeige es indes eine sehr große Anzahl von Widersprüchen, die in den verschiedenen Weisen christlicher Existenz immer weiter auseinandergehen. Schließlich gelte das Christentum aber als Religion der neueren Kulturvölker[471].

Als Kern des Christentums benennt Vatke die Idee der Gottessohnschaft. Die Menschwerdung Gottes bedeute, daß das göttliche Wesen sich nicht mit seiner einfachen Individualität begnügen konnte, es mußte seinen Unterschied selber setzen. Da die Menschwerdung Gottes in der menschlichen Natur möglich wurde, mußte auch die Gottesverehrung neu gefaßt werden. Denn mit Schleiermacher sei festzuhalten, durch die Änderung einer religiösen Hauptvorstellung werden auch die anderen Anschauungen wesentlich tangiert. Das Christentum habe deswegen durch die Umgestaltung des menschlichen Selbstbewußtseins seinen Anfang genommen, im Sinne „einer inneren sittlichen Wiedergeburt als einer Vorbereitung für eine neue Gestaltung des Gottesreiches"[472].

Innerhalb der geschichtlichen Entwicklung des Christentums seien, so Vatke, ebenfalls drei Entwicklungsstufen nachzuvollziehen: Zu Beginn habe sich das Christentum in der alten Welt auf der Basis des Bewußtseins der Völker des Altertums gegründet. Hierbei sei die Formulierung des bewußten Gegensatzes der Welt gegenüber konstitutiv gewesen. Mit dem Mittelalter tritt die christliche Religion auf ihre zweite Stufe. Hier erkennt Vatke neben der Einführung des christlichen Prinzips bei den germanischen, romanischen und slawischen Völkern eine zunehmende Verweltlichung des Geistes. Das heißt, der Geist entfremdet sich von seiner ursprünglichen idealen Einheit. Die „herrlichste Periode" der Christentumsgeschichte beginnt mit der Reformation. Hier wurde der erste Schritt zu einer wahrhaften Vergeistigung des Christentums vollzogen. Daneben entwickelte sich das Prinzip freier, selbständiger Fortbildung der christlichen Religion. Eine Steigerung bietet schließlich noch die Gegenwart Vatkes: „Die gegenwärtige Zeit freier wissenschaftlicher Erkenntnis ist daher in Beziehung auf die Entwicklung des Christentums die vollendetste."[473] Nun sei es auch an der Zeit, den verschiedenen Widersprüchen in der Entwicklung der Lehre auf der Ebene der Vernunft zu begegnen. Diese Herausforderung biete Anlaß und Antrieb, „zu einer von Grund aus neuen Auffassung und Gestaltung" der christlichen Lehre zu kommen, um die or-

---

[471] VATKE, Religionsphilosophie, S. 516.

[472] VATKE, Religionsphilosophie, S. 519: „Es [das Christentum] war demnach ursprünglich eine sittliche Erweckung zu neuem geistigen Leben und bediente sich des theoretischen Elements nur als einer Hilfe für die Entwicklung seiner praktischen Ideeen, musste jedoch, als es sich dem Juden- und Heidentum gegenüber selbständig darstellte, zu einer Lehre werden, und für die Ausgestaltung der Lehre wiederum bedurfte es auch einer wissenschaftlichen Form, bestimmter Begriffe, bestimmter Lehrweisen, wie wir solche denn bereits im apostolischen Zeitalter in verschiedenen Richtungen und Wendungen aufgestellt finden."

[473] Zur Geschichte des Christentums VATKE, Religionsphilosophie, S. 578–580 (580).

thodoxe Kirchenlehre zu überwinden. Diese sei der in sich vollendete Widerspruch, welcher jedoch als zu bewahrendes Mysterium verehrt werde[474].

Anhand dieser dogmatisch-spekulativen Überlegungen wird ersichtlich, welchen inhaltlichen Einfluß Vatke auf Biedermann nahm und warum der Student die religionsphilosophische Vorlesung als Abrundung seiner dogmatischen Studien bewertete. Vatke bot nämlich neben seinen eigenen Gedanken und Lösungen jeweils einen zusammenfassenden Überblick der dogmengeschichtlichen Entwicklung des zu verhandelnden Problems.

Bei der Erörterung der Trinität betont Vatke, daß der Begriff der Person und der Persönlichkeit Gottes unzutreffend sei und allein dem Bereich der Vorstellung angehöre[475]. Eine „richtige Auffassung" der Dreieinigkeit könne nur im Zusammenhang mit einer „richtigen Darlegung" der Person Christi erfolgen. In der Theologiegeschichte sei in Strauß' „Leben Jesu" endlich wieder die Vorstellung vom Gottmenschen einer gründlichen Kritik unterzogen worden. Doch habe Strauß diese Kritik ohne eine angemessene Anknüpfung an die biblische Lehre formuliert. Als forschungsgeschichtliches Ergebnis hält Vatke fest: So „ist denn hier und da zwar Einzelnes gegeben, aber die Lehre von der Dreieinigkeit und im Zusammenhange mit ihr die von der Person Christi von spekulativen Philosophen und Theologen noch immer nicht angemessen dargestellt"[476]. Vatke geht von dem Grundsatz aus, daß die Dreieinigkeit die Auffassung des göttlichen Wesens vom menschlichen Standpunkt aus sei. So sei auch der Begriff der „Person" als Notbehelf einzuschätzen. Drei Momente sind vom menschlichen Standpunkt aus notwendig: Erstens ist Gott als aller zeitlichen Entwicklung vorausgehende Einheit zu denken, zweitens gilt der Logos als Prinzip der Welt, und drittens bestimmt der Heilige Geist als Prinzip das menschliche Selbstbewußtsein[477]. Der Gottesbegriff, der sich durch diese drei Momente bestimmt, stellt den „wahrhaft konkreten Gott" dar, und eine solchermaßen verstandene Trinität heißt die höchste Wahrheit des Christentums. Die Person Christi nun hat Gott als Urwesen und den Logos als schöpferisches Prinzip zur Voraussetzung. Auf Grund dieser Voraussetzung erhebt er sich zur Geistigkeit, zum Selbstbewußtsein des Heiligen Geistes. Vatke betont, daß die Ebenbildlichkeit Gottes in jedem Menschen angelegt sei und die Basis für die weitere geistige Entwicklung bilde, so daß von außen nichts kommen könne. Das gelte freilich auch für Christus: Die Ebenbildlichkeit oder der Logos sei bei der Geburt nur Potenz. Zur Geistigkeit entwickle sich der Logos erst, wenn die Möglichkeit im Selbstbewußtsein realisiert werde. Dies sei bei Christus und allen anderen Menschen gleichermaßen der Fall: Eine fertige Gottheit mit ihren fertigen Eigenschaften sei eine widersinnige Vorstellung. Damit stellt Vatke den Gottessohn einerseits auf die gleiche Ebene wie die übrigen Menschen, denn ein göttliches Wesen sei erst der erhöhte

---

[474] VATKE, Religionsphilosophie, S. 581.
[475] VATKE, Religionsphilosophie, S. 592f. Siehe dazu die Ausführungen zu Biedermanns Abhandlung „Über die Persönlichkeit Gottes" unten S. 291–304.
[476] VATKE, Religionsphilosophie, S. 608f.
[477] VATKE, Religionsphilosophie, S. 610.

Christus[478]. Andererseits hebt Vatke aber doch die Unterschiede hervor. Das Hervorragendste in der Erscheinung Christi sieht er in dessen Erfülltsein durch den Heiligen Geist und in seiner „historischen Priorität". Zudem unterscheide ihn das Ursprüngliche seines Gottesbewußtseins und seine geistige Einwirkung von allen späteren Zeiten[479].

Sein hermeneutisches Prinzip deutet Vatke in einem kurzen Abschnitt über die Heilige Schrift an[480]: Eine wahrhaft freie Schriftauslegung kann nur dann erreicht werden, wenn die äußerlichen Erscheinungsformen des Urchristentums nicht mehr als allein gültige Anschauungsformen des Geistes gelten, sondern vielmehr als zeitgebundene und als kontextuell wertvolle Formen angesehen werden. Die Form der Heiligen Schrift darf nicht als ewig bindende Autorität gesetzt werden. Die freie Schriftauslegung hat für Vatke das Recht und die Pflicht, neue Formen des Geistes zu formulieren: „Ein neues Evangelium des Geistes ist es daher auch, wonach die Gebildeten der neueren Zeit sich sehnen."[481] Vatke will einen solchen Beitrag leisten, und er faßt am Ende des Kapitels über das Christentum seine Ausführungen optimistisch zusammen: Das heutige Christentum steht im Vergleich mit dem Urchristentum, auch wenn man alle zeitgenössischen Mängel und den relativen Unglauben in weiten Kreisen berücksichtigt, in einzelnen Lehren dem „wahren, freien Geiste des Evangeliums näher", als es frühere Jahrhunderte taten. „Dieser tröstliche Gedanke muss uns denn auch Mut geben, das Christentum als freie geistige und sittliche Entwicklung in uns aufzunehmen und als das Salz der Erde in uns wirken zu lassen, zumal in einer Zeit, wo ein Teil des Salzes dumm geworden ist. Der Geist strebt unaufhaltsam immer höheren Gestaltungen zu, und damit ist dem Ganzen und jedem Einzelnen sein Ziel und Wirkungsweise gegeben."[482]

Die Skizze des systematischen Ansatzes von Vatke erhellt den Ausgangspunkt für Biedermanns dogmatische und religionsphilosophische Anschauungen. Wichtig erscheint dabei, daß sich Vatke immer wieder in bestimmten Fragen von Hegel und Strauß absetzt, um eigene Lösungen anzubieten. Darin mag auch der ausgesprochene Reiz des Lehrers für Biedermann bestanden haben: Bei Vatke erfuhr er keine kritiklose Hegelsche Nachbeterei, sondern einen eigenständigen und durchdachten Entwurf auf einer spekulativ-hegelianischen Grundlage. Dieser Ansatz Vatkes entsprach dem kritischen und selbständigen Bestreben Biedermanns in geradezu idealer Weise.

---

[478] VATKE, Religionsphilosophie, S. 611 f.: „Eine spezifische Differenz Christi, der Person des historischen Christus von allen Gläubigen ist weder dogmatisch noch philosophisch möglich, weil die Prinzipien, die in beiden wirken, dieselben sind und Christus in allen Gläubigen Gestalt gewinnt" (S. 612).

[479] VATKE, Religionsphilosophie, S. 612.

[480] VATKE, Religionsphilosophie, S. 634 f.

[481] VATKE, Religionsphilosophie, S. 635.

[482] VATKE, Religionsphilosophie, S. 640. Daran anschließend wendet sich Vatke dem „Mohammedanismus" zu, S. 640–659.

c) Biedermann: „Ueber die Persönlichkeit Gottes"

In seinen privaten Studien widmete sich Biedermann den Briefen des Neuen Testaments und der Apokalypse anhand „der bewährtesten Commentare"[483]. Aber auch im Alten Testament arbeitete Biedermann weiter: Hier galt sein Interesse dem Buch Hiob. Den wissenschaftlichen Mittelpunkt stellte indes die Abhandlung Biedermanns „Ueber die Persönlichkeit Gottes" dar. Er verfaßte sie innert drei Wochen im Mai 1841 aus Anlaß der Rezension von Strauß' Dogmatik durch den Hegelianer Karl Rosenkranz[484]. Ein Jahr später erschien sie in den von Eduard Zeller herausgegebenen „Theologischen Jahrbüchern"[485].

Die näheren Umstände und Gründe der Abfassung lassen sich nicht eindeutig ermitteln. Der Anstoß dürfte bei einem der Treffen Biedermanns mit Vatke erfolgt sein. So ist anzunehmen, daß Biedermann seinen Artikel durch die Vermittlung Vatkes an Eduard Zeller schicken konnte. Vatke hielt nämlich große Stücke auf Biedermann[486].

Zwei weitere Gründe für die Anfertigung des Artikels sollen noch genannt werden. Zum einen bot das Thema Biedermann die Möglichkeit, grundsätzlich im Spektrum des Hegelianismus Position zu beziehen, das heißt am Ende seiner Berliner Zeit ein wissenschaftliches Zwischenergebnis zu formulieren. Zum anderen entsprach Biedermann dem Wunsch des Vormunds, er möge publizieren, um die Chancen für eine akademische Berufung zu erhöhen.

Biedermanns Abhandlung besteht aus zwei Teilen. Im ersten Teil setzt er sich explizit mit Rosenkranz' Kritik und dessen Auffassungen auseinander[487], im zweiten Teil versucht Biedermann im Anschluß an Strauß und Vatke einen eigenen Ansatz

---

[483] Biedermann, Curriculum vitae, S. 7. Biedermann meint möglicherweise HEINRICH EWALD, Commentarius in apocalypsin Johannis exegeticus et criticus, Leipzig 1828; GOTTFRIED CHRISTIAN FRIEDRICH LÜCKE, Commentar über die Schriften des Johannes, Bd. 4: Versuch einer vollständigen Einleitung in die Offenbarung Johannis, Bonn 1832.

[484] KARL ROSENKRANZ, Rezension: Die christliche Glaubenslehre in ihrer geschichtlichen Entwicklung und im Kampfe mit der modernen Wissenschaft dargestellt von David Friedrich Strauss, Bd. 1, in: Jahrbücher für wissenschaftliche Kritik 1841, Bd. 1, Nrn. 71–76, Sp. 561–624. Zu Rosenkranz siehe WERNER JUNG, Karl Rosenkranz, in: Metzler Philosophenlexikon, Stuttgart 1989, S. 662–664. Rosenkranz stand unter dem Einfluß Hegels, entfernte sich aber zunehmend von dessen dialektischem Prinzip. Zudem empfand er selbst stark das „Gefühl der Epigonilität", das er mit den Philosophen Michelet, Gabler, Hinrichs, Fichte und Weiße teilte. In einem Brief an einen Freund äußerte er 1840: „Ich habe es mit allen verdorben und bin doch zu furchtsam, allein zu stehen"; zitiert bei JUNG, Rosenkranz, S. 662. Siehe zum folgenden BIEDERMANN, Erinnerungen, S. 396–398.

[485] A. E. BIEDERMANN, Ueber die Persönlichkeit Gottes. Mit besonderer Berücksichtigung von Strauss' Glaubenslehre und Rosenkranz' Recension derselben, in: ThJb(T) 1 (1842), S. 205–263.

[486] Vatke gab dem Studenten wenig später im Sommer 1841 Empfehlungsschreiben für Zeller und Strauß mit, was dafür spricht, daß auch die Abhandlung wohlwollend von Vatke gefördert und zu Zeller nach Tübingen befördert wurde. In dem Referenzschreiben aus dem August 1841 äußerte Vatke gegenüber Eduard Zeller, Biedermann sei „ein Mann, welcher die Wissenschaft tüchtig kennt und einmal ein wichtiger Vertreter des kritischen und speculativen Elements in der Theologie werden wird"; BENECKE, Vatke, S. 380.

[487] BIEDERMANN, Persönlichkeit, S. 205–236.

zu formulieren[488]. Da Strauß seine Auffassung der absoluten Idee nur in Andeutungen wiedergab[489], will Biedermann über die bloße Kritik an Rosenkranz hinausgehend versuchen, eine positive Bestimmung der absoluten Idee zu gewinnen. Dabei bedient sich Biedermann der Hegelschen Terminologie in einer Deutlichkeit und Intensität, wie er es bisher noch nicht getan hatte. Daran zeigt sich, daß der Student einerseits mit der Begrifflichkeit des spekulativen Philosophen vertraut war und mit ihr umzugehen wußte, andererseits weist diese geprägte Sprache aber auf das Fehlen geistiger Reife hin, die eine eigene emanzipierte Sprache hervorbringt. So bleibt der Eindruck des Epigonenhaften, wobei freilich zu beachten ist, daß es sich hier um die erste Publikation eines zweiundzwanzigjährigen Studenten handelt. Das Problem der sprachlichen Abhängigkeit und Unselbständigkeit erkannte Biedermann in späteren Jahren freilich selber; und er erklärte, vom Inhalt seiner Aussagen müsse er sich nicht distanzieren, von der Sprache hingegen schon[490].

Die Frage nach der Persönlichkeit Gottes und ihre lebhafte Diskussion gehört in den weiteren Kontext des Streites über Recht oder Unrecht der spekulativen Religionsphilosophie[491]. Diese Debatte scheint auf den ersten Blick ergebnislos verlaufen zu sein. Doch betont Jaeschke zurecht, daß sie zumindest eine Klärung der Bedingungen einleitete, „unter denen die philosophische Rede von Gott sinnvoll sein kann"[492]. In dieser Diskussion wird deutlich, daß dem rechtshegelianischen Versuch, die traditionellen kirchlich-dogmatischen Vorstellungen der Persönlichkeit Gottes beizubehalten, das Anliegen entgegenstand, mittels der Hegelschen Religionsphilosophie den hinter den Vorstellungen zugrundeliegenden Begriff durch einen kritischen Denk- und Differenzierungsprozeß spekulativ zu ermitteln. Diesen Ansatz vertraten nun Theologen wie Vatke und Strauß. Ihnen schloß sich Biedermann an. Er hatte freilich erkannt, daß Strauß zwar ein Meister der Kritik sei, ihm aber im Gegensatz zu Vatke die positive systematische Kraft fehle. Dies wird nun auch in Biedermanns Aufsatz „Über die Persönlichkeit Gottes" deutlich.

Die Auseinandersetzung mit Rosenkranz eröffnet Biedermann polemisch. Vor allem die Philosophen seien in Sachen der Philosophie am unsichersten und am un-

---

[488] BIEDERMANN, Persönlichkeit, S. 236–263.

[489] So auch GRAF, Kritik, S. 551, der auf ein grundsätzliches Problem hinweist: Nirgends führt Strauß aus, „durch welche Terminologie die Sprache der Tradition substituiert werden soll".

[490] BIEDERMANN, Erinnerungen, S. 397f.

[491] Die Konjunktur der Frage hängt nach Graf damit zusammen, daß sie die Frage nach „der spezifischen Subjektqualität des endlichen Ich mit enthält"; so FRIEDRICH WILHELM GRAF, Der Untergang des Individuums. Ein Vorschlag zur historisch-systematischen Rekonstruktion der theologischen Hegel-Kritik, in: Die Flucht in den Begriff. Materialien zu Hegels Religionsphilosophie, hrsg. von dems. und Falk Wagner, Stuttgart 1982, S. 274–307, 284. Siehe dazu ferner JAESCHKE, Vernunft, S. 361–436; siehe auch FERDINAND C. BAUR, Die christliche Gnosis oder die christliche Religions-Philosophie in ihrer geschichtlichen Entwiklung, Tübingen 1835, S. 668–735; DERS., Kirchengeschichte, S. 348–407; PFLEIDERER, Geschichte, S. 407–443, 544–550; FALK WAGNER, Der Gedanke der Persönlichkeit Gottes bei Fichte und Hegel, Gütersloh 1971.

[492] JAESCHKE, Vernunft, S. 381. Herausgearbeitet wurden etwa die Fragwürdigkeit der Entgegensetzung von Gott und Welt und die Beschreibung Gottes mit unzulässigen Anthropomorphismen. Ferner gelang den Schülern Hegels, zum Teil den trinitarischen Gottesbegriff wieder zu betonen, was Schleiermacher oder auch Tholuck fremd geworden war.

klarsten. Nach diesem pauschalen Urteil wendet sich Biedermann den Gegnern der Spekulation zu. Diese bekämpften die Spekulation, weil ihnen das spekulative Denken fremd sei. Zudem urteilten sie meist aus mangelnder Kenntnis, was dazu führe, in der Spekulation „ein Unding, ein Gemisch von Spielerei und Unsinn" zu sehen. Die Gegner hantieren „auch in der Wissenschaft nur mit den unaufgelösten Stoffmassen der Vorstellung und deren Gegensätzen"[493]. Dagegen unternimmt die Spekulation in ihrer negativen Dialektik die Auflösung der Vorstellung. Doch bleibe die Frage, woher die Vorstellungen gekommen seien. Gibt es nicht eine innere Notwendigkeit ihrer Existenz und ihres Vergehens? Biedermann bejaht diese Frage, indem er auf das Innere, den reinen Gedanken verweist, der jeder Vorstellung innewohnt. Dieser bringe sich in wechselnden Formen zum Ausdruck. Positive Aufgabe der Spekulation sei nun, den reinen Gedanken in adäquater Weise zum Bewußtsein zu bringen. Doch kann dies Ziel nur durch einen kritisch-negativen Prozeß erreicht werden[494], der ohne falsche Vermittlungsversuche radikal durchgeführt werden muß, ohne daß ein Stück unaufgelöster Vorstellungen bestehenbleibe, das schließlich in den Gedankenprozeß wieder aufgenommen werde[495]. Mit dieser Gefahr ist zugleich auch die Kritik Biedermanns an den zahlreichen rechtshegelianischen Vermittlungsversuchen beschrieben. Auf dem Wege einer nur halbherzigen Durchführung der Kritik komme es leicht dazu, daß „spekulativ" mehr gerettet werde, „als die strengste Kirchenlehre je verlangt" habe[496]. Mit den Vertretern solch zweifelhafter Produkte mag Biedermann sich jedoch nicht auseinandersetzen: „Wenn aber gegen einen sonst besonnenen und tüchtigen Meister der Verdacht sich regt, es sei ihm etwas ähnliches begegnet, da mag es wohl der Mühe lohnen, durch genaue Analyse wahres und irriges zu scheiden und besonders den Ursprung des letzteren aus der nicht überwundenen Vorstellung aufzuweisen." Darum könne auch eine Kritik des Versuches von Rosenkranz, „der Speculation eine transcendente Persönlichkeit Gottes zu vindiciren" nicht nutzlos erscheinen[497]. Dabei geht es Biedermann im ersten Teil seiner Überlegungen aber vor allem um die Frage, inwiefern Rosenkranz mit seiner Kritik an Strauß überhaupt recht habe.

Rosenkranz stellte Strauß' Lehre[498] als „einen noch größtenteils im Spinozismus befangenen Pantheismus" dar, über den er konsequent spekulativ hinausgehen wolle[499]. Biedermann seinerseits will zeigen, daß gerade Rosenkranz keineswegs der Spekulation genüge, sondern unzulässigerweise in seinem System die Ebenen der Vorstellung und des Begriffs vermische. Biedermann kritisiert, daß Rosenkranz bloß ein unzusammenhängendes Bild seines Gegners zeichne[500]. Wenn Rosenkranz Strauß platten Spinozismus vorwerfe, stelle sich ihm die Aufgabe, einen alter-

---

[493] BIEDERMANN, Persönlichkeit, S. 205f.
[494] BIEDERMANN, Persönlichkeit, S. 206f.
[495] BIEDERMANN, Persönlichkeit, S. 208.
[496] BIEDERMANN, Persönlichkeit, S. 209.
[497] Ebd.
[498] Siehe dazu GRAF, Kritik, S. 549–573.
[499] BIEDERMANN, Persönlichkeit, S. 210.
[500] Ebd.

nativen Gedankengang zu bieten. Rosenkranz wolle im Gegensatz zu Strauß das Absolute nicht allein als Substanz, sondern auch als Subjekt fassen, denn die Subjektivität gelte als Form des Begriffs. An dieser Stelle fragt Biedermann, wie Rosenkranz ganz unvermittelt die Substanz mit der Persönlichkeit identifizieren könne[501]. Biedermann räumt zwar ein, daß die Substanz nicht wie bei Spinoza gänzlich unbestimmt bleiben dürfe[502], doch ob daraus die Subjektivität der Substanz geschlossen werden müsse, bleibe fraglich. Für Rosenkranz jedoch ist die Forderung der Subjektivität notwendig in der Entwicklung der Spekulation enthalten. Darin stimmt ihm Biedermann insofern zu, als er sich auf die reine Gedankenform der Substanz bezieht[503], und er betont, Strauß habe diesem Ansinnen freilich entsprochen. Was also will Rosenkranz mehr? „Er verlangt nämlich als unmittelbar in dem Bisherigen enthalten für Gott rein in sich, abgesehen von der Welt, concrete Subjektivität, selbstbewusste Persönlichkeit."[504]

Biedermann expliziert drei Momente, die wesentlich zur Persönlichkeit gehören[505]. Das erste Moment ist Gott als das reine Ansich, die Substanz, die sich bei näherer Betrachtung als System der reinen Gedankenbestimmungen oder als absoluter Begriff ergibt; das zweite nun ist die Besonderung, das Anderssein seiner selbst in der realen Welt; drittens schließlich ist es das zusammenschließende Moment, in welchem die Einheit des Allgemeinen mit seinem Anderen vollzogen wird. Um Gott also wirkliche Persönlichkeit zuschreiben zu können, muß man ihm ein Anderes geben[506]. Dies geschieht auf zweierlei Weise. Biedermann beschreibt zum einen jene Vorgehensweise, die Gott transzendent sich von sich unterscheiden und mit sich zusammenschließen läßt. Die andere Denkfigur fasse das Andere als Welt und lasse aus ihr Gott als absoluten Geist und als Person ewig in die Transzendenz zurückkehren. Diese beiden Ansichten aber sind im Verständnis Biedermanns eine auf die Ebene der Vorstellung abgesunkene Auffassung.

Konkret an Rosenkranz belegt Biedermann nun die Problematik der genannten Ansichten. Rosenkranz lasse das „absolute Tun", das auch „Gott" genannt werde, erstens an sich existieren; damit sei zweitens die Aufhebung seiner Selbst aber eine Verdoppelung seiner Existenz, die als Totalität „Welt" genannt wird. Drittens schließlich komme es zum Aufheben dieses Aufhebens, zur Rückkehr des gesetzten Andersseins in seinen Ursprung. Dieser Ursprung, den Rosenkranz den „Setzenden" nennt, habe im produktiven Anschauen des Anderen „ewige Ruhe mit sich", und das Universum bleibe ihm schlechthin durchsichtig[507]. Das Problem dieses

---

[501] „Aber eh' man sich's versieht, stellt sich der viel concretere Begriff von Subjektivität als Persönlichkeit ein, welcher nur auf der Basis einer realen Existenz möglich ist"; BIEDERMANN, Persönlichkeit, S. 212; siehe auch STRAUSS, Glaubenslehre, S. 513.

[502] STRAUSS, Glaubenslehre, S. 508.

[503] BIEDERMANN, Persönlichkeit, S. 216. Siehe HEGEL, Phänomenologie, S. 13f. RINGLEBEN, Theorie, S. 155, betont, die zentrale Einsicht Hegels bestehe in der Erkenntnis, daß „das Absolute, das mit dem wahren identisch, die Wahrheit ist, sowohl Substanz wie Subjekt sei".

[504] BIEDERMANN, Persönlichkeit, S. 216.

[505] Siehe dazu HEGEL, Phänomenologie, S. 499f.

[506] HEGEL, Phänomenologie, S. 14; RINGLEBEN, Theorie, S. 165.

[507] ROSENKRANZ, S. 620; zitiert bei BIEDERMANN, Persönlichkeit, S. 217.

Prozesses beruht auf seinem Ausgangspunkt: Das „absolute" Tun oder Gott genügt sich schon in der ersten Weise seiner Existenz vollkommen. Ihm fehlt kein Moment, das ihn zum Setzen des Anderen nötigen würde. Das ist ein Widerspruch in sich: Gott existiert als fertige Totalität, und gleichzeitig wird er in die Welt hineingezogen. Daraus resultiert eine doppelte Existenz Gottes[508]. Wenn die Welt aber das Dasein Gottes ist, kann es kein weiteres Dasein des göttlichen Wesens geben. Abgesehen von der Welt, von der Selbstentäußerung Gottes bleibt in der spekulativen Auffassung nur das reine Ansich Gottes[509]. Wird aber – wie im Theismus[510] – Gott zuerst als ein für sich existierender gesetzt, so kann die Welt nicht sein Dasein bedeuten. Dieser Kreis der Widersprüchlichkeiten entstehe im Ansatz von Rosenkranz, weil er unzulässigerweise die Ebene des Begriffs mit derjenigen der Vorstellung vermische.

Wenn die Persönlichkeit Gottes wirklich ist, muß auch seine Unterscheidung wirklich sein, erklärt Biedermann[511]. Die Unterscheidung des Ansich-Seienden ist nun aber nichts anderes als das Setzen der Welt, die Schöpfung. Erst auf Basis dieser Unterscheidung kommt es zu wirklicher Subjektivität, zu Persönlichkeit und Geist[512]. Biedermann faßt zusammenfassen: „Dem transcendenten Gott, wie er noch nicht absolute Totalität ist, noch nicht den wirklichen Unterschied, die Welt, zur concreten Einheit mit sich zusammengeschlossen hat, Persönlichkeit und Geist zuschreiben, und ihn dann erst die Welt schaffen lassen, ist nichts mehr und nichts minder als Personifikation, und somit, da wirklich die Form der Persönlichkeit zu Grunde liegt, für die Vorstellung das natürlichste, ihrem innersten Wesen entsprechende, am Philosophen aber nur ein Stück des alten Adam."[513]

Zum Gedanken von Rosenkranz, daß Gott in der Trinität sich absolut selbst genüge, tritt nun die Schöpfung hinzu. Wie sind beide zusammen zu denken? Die Erschaffung einer Welt zeige doch, daß Gott sich ohne diese Welt nicht selbst genügt, erklärt Biedermann[514]. Wenn man dem Gedanken der Schöpfung Raum verschaf-

---

[508] BIEDERMANN, Persönlichkeit, S. 218.

[509] BIEDERMANN, Persönlichkeit, S. 219.

[510] Zum Begriff des Theismus siehe BIEDERMANN, Erinnerungen, S. 398: „Die Bezeichnung ‚Theismus' heftete ich damals [1841] noch an die Persönlichkeit Gottes, während ich seither exakter und konsequenter jeden Gottesbegriff unter diesem Namen befasste, der nur überhaupt mit der Idee des ‚absoluten Geistes' Ernst machen will."

[511] RINGLEBEN, Theorie, S. 156, zeigt, daß in Hegels Philosophie die Subjektivität Gottes als die wirkliche Wahrheit ausgelegt wird. Der Gottesgedanke werde als „Selbstbewegung", als wirkliches Subjekt gedacht.

[512] BIEDERMANN, Persönlichkeit, S. 225.

[513] Ebd. In diesem Zusammenhang erwähnt Biedermann die Schrift des Hallenser Philosophen JOHANN EDUARD ERDMANN, Natur oder Schöpfung? Eine Frage an die Naturphilosophie und Religionsphilosophie, Leipzig 1840, die er als „artige, nette Construction der Trinität" bezeichnet; ebd. Zu Erdmann siehe STEPHAN BITTER, Johann Eduard Erdmann. Kirchliche Predigt und philosophische Spekulation in der Entwicklung eines theologischen Hegelianers, Rheinbach-Merzbach 1994.

[514] Siehe dazu HEGEL, Phänomenologie, S. 503; WOLFHART PANNENBERG, Die Bedeutung des Christentums in der Philosophie Hegels, in: ders., Gottesgedanke und menschliche Freiheit, Göttingen 1972, S. 103f.

fen wolle, dürfe „man Gott vor der Welt noch nicht als wirkliches sich Unterscheiden von sich und Zusammenschliessen mit sich, noch nicht als concretes Subjekt,
als Geist fassen"[515]. Wenn Gott als Totalität, als Einheit in sich der Welt immanent
ist, heißt dies für jene, daß sie dies ebenso ist, „eine in sich geschlossene Totalität mit
innerer Nothwendigkeit"[516]. Diese innere Notwendigkeit versteht sich zwar für
Gott von selbst, für die Welt aber ist es eine neue Bestimmung.

In diesem Zusammenhang kommt Biedermann auf das Problem zu sprechen,
wie auf Grund solcher Voraussetzungen von der Transzendenz Gottes gesprochen
werden könne. Wie kann supranaturalistisch ein Eingreifen Gottes vorgestellt werden? Denn wenn Gott immanent und so die Welt als notwendige Totalität gefaßt
wird, verliert der transzendente Gott seine Tätigkeit. Er wird das „todte leere être
suprême", das im Reich des reinen Gedankens sein Dasein fristet[517]. Damit sei aber
die ganze Vorstellung von Immanenz und Transzendenz aufgehoben.

Im letzten Abschnitt seines ersten Teiles wendet sich Biedermann der „Aufhebung des Andersseins" zu. Rosenkranz beharrt auf diesem Schritt des dialektischen
Prozesses, obwohl er in seinem System nicht notwendig wäre. Die Persönlichkeit
Gottes nämlich könne für sich ohne weltliche Vermittlung leben. Damit ist ein innerer Widerspruch gegeben, der auch nicht durch die Rede „von der ewigen
Rückkehr des Setzenden" aufgehoben werde. Für Biedermann lautet die entscheidende Frage, wie ist „die Rückkehr der gesetzten wirklichen Welt in den Setzenden oder dessen Rückkehr aus ihr zu denken"?

Im zweiten Teil entwickelt Biedermann, wie die absolute Idee in ihren Haupt-
momenten zu denken sei. Strauß hatte sich hier allein gegen die negative Seite hin
geäußert. Zwar grundsätzlich zustimmend, genügt Biedermann diese Negation
aber nicht. Die absolute Idee definiert Biedermann als das zusammenschließende
Moment, als die Totalität des göttlichen Lebens. Diese bestimmt sich im Allgemeinen als Einheit des absoluten Begriffs mit seiner Erscheinung, als Einheit von Subjekt und Objekt[518]. Davon zu unterscheiden ist der absolute Begriff, der sich im unendlichen System der reinen Gedanken zeige. In ihnen aber hat das System nur sich
selber, es gibt nichts außerhalb, was es nicht umfaßte. Das Objekt, das Moment des
Besonderen, beschreibt Biedermann als das existierende Universum vom abstrakten
Dasein bis hinauf zum Geist.

Das Allgemeine und das Besondere werden nicht durch etwas Drittes zusammengehalten. Vielmehr ist im Besonderen wie im Allgemeinen schon die Einheit
präsent[519]. Denn der absolute Begriff als Form der absoluten Substanz schließt
schon den ganzen Inhalt des Absoluten in sich, der im Universum zu unendlicher
Entfaltung gelangt. Darum ist das Besondere nicht etwas Neues und Anderes, sondern das Andere des ewigen Allgemeinen und trage ideell das Allgemeine in sich. In

---

[515] Biedermann, Persönlichkeit, S. 227.
[516] Biedermann, Persönlichkeit, S. 229.
[517] Ebd.
[518] Biedermann, Persönlichkeit, S. 236. Siehe dazu G. W. F. Hegel, Wissenschaft der Logik II,
Frankfurt am Main 1986, S. 548–573.
[519] Biedermann, Persönlichkeit, S. 237.

den Einzelheiten des Universums ist das Allgemeine, der absolute Begriff in Zeit und Raum enthalten. Hätte der absolute Begriff als solcher in seiner reinen Allgemeinheit existieren können, ohne zugleich seinen inneren Widerspruch aufzuheben, also das Besondere zu explizieren, „so wäre die Welt fortan, wo sie gewesen, auch geblieben, im Gedanken bis in alle Ewigkeit"[520].

In einem weiteren Gedankengang arbeitet Biedermann die Differenz zwischen dem reinen Allgemeinen und dem Besonderen des absoluten Begriffs und des Universums heraus. Die reine Idealität, das Allgemeine, bestimmt die Gedankenmomente als raum- und zeitlos und somit als ewig. Das Anderssein besteht also darin, daß im dialektischen Prozeß die Momente der reinen Idealität räumlich und zeitlich auseinandertreten und als für sich seiende Existenzen auftreten, die jedoch nicht als völlig selbständige Teilchen existieren. Vielmehr verbindet sie eine Einheit, welche „in der natürlichen Existenz sich in immer höhern umfassendern Gestalten des Organismus und des Lebens zur Erscheinung" bringe[521]. Dabei bleibt zu beachten: jene natürlichen Existenzen sind nur die Erscheinung des Allgemeinen, nicht dessen Wirklichkeit. Die Wirklichkeit des Allgemeinen, des absoluten Begriffs, ist allein der Geist: „Er ist die Einheit des reinen Gedankens und der natürlichen Existenz."[522] Dabei ist es entscheidend, wie das Verhältnis jener beiden Momente, die im Geist zur Einheit kommen, bestimmt wird.

Entsprechend der Hegelschen Dialektik erläutert Biedermann, wie der Geist durch die natürliche Existenz wieder zu sich kommt, wie der reine Gedanke zum Gedanken seiner selbst, zum Bewußtsein und Selbstbewußtsein wird[523]. Damit ist aber auch gegeben, daß im Geist die Natürlichkeit zu sich findet. Sie bildet im Geist ein Individuum. In dieser Individualität vollzieht sich das Allgemeine. Wenn das Individuum Geist, Person wird, erkennt es in sich das Allgemeine. Auf der Basis dieser natürlichen Individualität ruht die Persönlichkeit als konkretes Selbstbewußtsein. Die natürliche Individualität ist, wie es ihr Begriff schon sagt, eine endliche und beschränkte. Allein die einander ergänzenden Individuen, die Gattung, stellen das Dasein des Allgemeinen als höhere Totalität dar[524]. Somit ist auch die Persönlichkeit eine beschränkte. Darum stimmt Biedermann Strauß auch zu, wenn dieser dekla-

---

[520] BIEDERMANN, Persönlichkeit, S. 238.

[521] Ebd.

[522] BIEDERMANN, Persönlichkeit, S. 239: Der Geist ist „der zur Existenz, zum Fürsichsein gekommene Gedanke und die in ihr Wesen, ihr Ansich sich erinnernde Natürlichkeit".

[523] BIEDERMANN, Persönlichkeit, S. 239 f.: „Die reine Idealität ist in den Geist aufgehoben als seine absolute Voraussetzung, als sein Wesen. Mittels ihrer weiss der Geist sich als das Höhere gegen die Natur, als absolute Macht und Berechtigung über die Natur, die nur durch ihn und für ihn ist. [...] Vermöge seines ersten Momentes hat also der Geist schlechthin allgemeine Natur, er weiss sich mit der Natur, mit allen geistigen Gestaltungen in Einheit, findet in allen sich wieder. Aber andererseits ist diese abstrakte, absolute Allgemeinheit am Geist als Moment ebenso aufgehoben und negirt, d.h. ist nicht als solche wirklich in ihm, sondern in dessen anderm Moment, der daseienden Besonderheit, der natürlichen Existenz."

[524] Biedermann unterscheidet im Blick auf das Verhältnis von absoluter Idee und endlichen Persönlichkeiten zwischen Momenten und Teilen. Die Persönlichkeiten bilden Momente, nicht Teile der absoluten Idee. Wären sie bloß Teile, so bildeten sie deren Summe. Der Ausdruck „Momente" impliziere aber, daß die Idee nicht unmittelbar in jedem Individuum existent ist, „sondern

riert, die Idee könne sich nicht allein in einem Exemplar realisieren, sondern eben nur in der Gattung als Summe der Individualitäten[525], denn jede Persönlichkeit binde eine Individualität an sich[526].

Der Geist ist demnach als einzelner Person oder Selbstbewußtsein. Die Idee ist nicht ohne die Voraussetzung der Personen, aber nicht selbst Person. Der Geist umfaßt beide: die Person und die Idee. Die „Idee der Menschheit – verschieden vom Begriff der Menschheit – ist auch der Geist der Menschheit, die absolute Idee der absolute Geist"[527]. Und in der Menschheit realisiert sich der absolute Begriff, die Idee so weit, „als er sich in der irdischen Natürlichkeit zu concreter Besonderheit entäussert hat"[528]. Dieses Ergebnis jedoch ist nur teilweise richtig, konstatiert Biedermann. Richtiger müsse es heißen, daß sich nur im Rahmen des ganzen Universums die „absolute Fülle der Geistigkeit in der Wirklichkeit aller Momente als absolute Idee" vollende[529]. Mit dieser Auffassung weiß sich Biedermann mit Vatke und Strauß verbunden.

Bevor Biedermann jedoch diesen Gedanken weiter entwickelt, wendet er sich einer genaueren Bestimmung der „Idee" zu, einer Befreiung der „Idee" von „ungeistigen Vorstellungen". Der reine Gedanke hat nach Biedermann nur dann die Form der Persönlichkeit, des punktuellen Selbstbewußtseins, wenn sich die natürliche Basis des Geistes zur Einheit eines Individuums konzentriert hat. Wo aber jene natürliche Basis eine weitere Totalität darstellt, da ist auch die Einheit des Geistes oder der Idee keine Persönlichkeit. Daraus folgert Biedermann: „Die Einheit des Begriffs ist nur darum eine abstrakte, unwirkliche, weil die Momente in ihm noch nicht gesetzt, noch nicht wirklich auseinander getreten sind. […] Sind die Unterschiede aber wirklich gesetzt, so erweist sich auch das Allgemeine als die wirkliche Macht über sie, hält sie zu wirklicher Einheit zusammen und ist selbst diese Einheit, und als diese nun nicht mehr nur absoluter Begriff, sondern absolute Idee."[530] Damit hat Biedermann die absolute Idee als verwirklichten absoluten Begriff definiert. Die absolute Idee stellt die wirkliche Einheit der einzelnen Momente dar, nicht bloß eine nominalistische, denn durch sie realisiert sich der absolute Begriff[531]. Der

---

nur sofern sie die rein allgemeine Geistigkeit in der concreten Besonderung ihrer Individualität" verwirkliche; BIEDERMANN, Persönlichkeit, S. 243.

[525] STRAUSS, Leben Jesu, Bd. 2, S. 734

[526] BIEDERMANN, Persönlichkeit, S. 241. Zur „gattungschristologischen Begründung" siehe GRAF, Kritik, S. 588–597.

[527] BIEDERMANN, Persönlichkeit, S. 242. Weiter heißt es: „Der Geist hat das Recht, mit der Idee identisch gesetzt zu werden, wie auf der andern Seite Persönlichkeit und Selbstbewußtsein zusammenfallen"; ebd.

[528] BIEDERMANN, Persönlichkeit, S. 243.

[529] BIEDERMANN, Persönlichkeit, S. 244, wendet sich hier gegen Rosenkranz und Michelet, die gegen die genannte Ansicht polemisieren. Ferner verweist Biedermann noch auf ERDMANN, Natur, S. 93–97, wo sich Erdmann mit Vatke auseinandersetzt.

[530] BIEDERMANN, Persönlichkeit, S. 245.

[531] „Aber wie in ihrer natürlichen Voraussetzung als Individualitäten, so sind sie ja auch als geistige Persönlichkeiten nicht solche Atome für sich, sondern Momente einer höhern Totalität, was sie nur sind, wenn sie einerseits die Totalität als solche nicht sind, andererseits sie aber an sich ha-

absolute Begriff bedient sich des irdischen Geistes, um in der Totalität der einzelnen Momente als absolute Idee Realität zu haben[532].

Nach diesem Exkurs kehrt Biedermann zu der Frage zurück, ob und wie denn nun die absolute Idee über die Erde hinausreiche. Dabei setzt er sich zuerst mit den religiösen Vorstellungen auseinander, um davon die spekulative Auffassung abheben zu können.

Die religiöse Vorstellung von Gott gehe von einem Gott aus, so Biedermann, der ewig und absolut sei. Dieser sei kein werdender, der sich selbst zu verwirklichen habe. Soweit kann Biedermann der Vorstellung sogar zustimmen, denn Gott ist so das reine Wesen, die Substanz aber als Person[533]. Doch dagegen ist die Auffassung des Denkens zu setzen: Für das Denken besteht erst durch die Einheit des Wesens mit seiner Betätigung die Totalität, das heißt die Totalität ist nicht an sich dem Wesen implizit. Allein das erste Moment der absoluten Idee kann als ewig bezeichnet werden. In die Totalität nimmt das Denken nun aber die zeitliche Veränderung und Entwicklung mit auf.

Mit dem Absoluten, von dem Biedermann spricht, darf nun freilich nicht der religiöse Begriff „Gott" identifiziert werden. Biedermann unterscheidet zwischen einer religiösen und einer philosophischen Sprachebene und will den Vorwurf entkräften, die Philosophie entwerte Gott, indem sie ihn erst werden und im Menschen zur Vollendung kommen lasse[534]. Schließlich sage die religiöse Vorstellung ja auch etwas Analoges, indem sie Gott vollendet an den Anfang setzt, der hernach in der Zeit die Welt erschafft, sich in ihr offenbart und sein Reich der Vollendung entgegenstreben läßt. Die Philosophie benutze nur andere Worte, wobei zwischen wirklicher Philosophie und der im philosophischen Gewande getarnten Vorstellung zu unterscheiden sei[535].

Weiterführend fragt Biedermann, „ob es im Begriff der absoluten Idee liege, dass nicht nur in der absoluten Substanz als Begriff der besondere Inhalt ideel, an sich, in der einen Allgemeinheit ewig enthalten, sondern auch unendlich in Zeit und Raum entäussert, und so die absolute Idee eine ewig realisirte sei", wie es Vatke und Strauß behaupten, oder ob mit Carl Ludwig Michelet (1801–1893)[536] die Auffas-

---

ben, und in gegenseitiger Ergänzung mit andern sie verwirklichen"; BIEDERMANN, Persönlichkeit, S. 245f.

[532] BIEDERMANN, Persönlichkeit; S. 247f.

[533] „Gott als das reine Wesen, die absolute Substanz ist schlechthin ewig, ohne zeitliche Veränderung in sich. Der Unterschied ist nur der, dass die Vorstellung die substanzielle Basis von ihrer Selbstbethätigung lostrennt, als absolute Totalität, als Gott schlechthin an den Anfang stellt, und sich von dem Widerspruch nicht beängstigen lässt, dass zu dieser in sich geschlossenen Totalität Gottes als sein Thun, durch welches die Welt ist und von ihm weiss, erst hinzugekommen sei, so dass wir ihn hienach eigentlich nur von seiner zufälligen Seite als den absolut nothwendigen erkennen"; BIEDERMANN, Persönlichkeit, S. 248.

[534] BIEDERMANN, Persönlichkeit, S. 249.

[535] Als Beispiel nennt BIEDERMANN, Persönlichkeit, S. 249f., Rosenkranz, dessen Ausführungen Biedermann als „nur leicht in philosophische Redensarten verkappte Vorstellung" bezeichnet.

[536] Michelet, ein Schüler Hegels, war Professor für Philosophie in Berlin. Sein Bestreben galt dem Versuch, die empirischen Wissenschaften der Spekulation zu unterwerfen.

sung zu vertreten sei, die Selbstverwirklichung sei auf die Erde zu beschränken[537]. Mit Michelets 1841 veröffentlichten Vorlesungen setzt Biedermann sich auf den letzten Seiten seines Artikels auseinander[538]. Damit hat er seine ursprüngliche Absicht, auf Rosenkranz' Kritik an Strauß einzugehen, ausgeweitet. In der Auseinandersetzung mit Michelet soll erwiesen werden, daß der Gedanke, die Idee realisiere sich auch außerhalb der Erde in Zeit und Raum, notwendig im Begriff der Idee gegeben sei.

Michelet vertrete, so Biedermann, die Ansicht, die Annahme einer unendlichen Verwirklichung sei unphysikalisch, irreligiös und unphilosophisch. Die Berechtigung dieser Vorwürfe stellt Biedermann in Frage[539]. Biedermann urteilt abschließend über die Ausführungen Michelets, sie seien „allervagstes Gerede", und für dessen „wohlfeile" Schlußfolgerung, „dass das Vollendetste in der siderischen Natur nicht ausser unserem Planeten zu suchen, und jenseits desselben keine Spur von einem Geist zu finden sei", hat er bloß eine spitze ironische Bemerkung übrig[540]. Polemisch hält Biedermann fest: „Was Michelet von Seiten der Religion gegen jene Ansicht vorbringt, mag am besten übergangen werden, da er wohl selbst nicht ernstlich eine Widerlegung erwartet."[541]

Den philosophischen Ausführungen wendet sich Biedermann hingegen wieder zu, denn diese enthielten wichtigere Momente.

Nach Michelet kann es keine verschiedenen Entwicklungen des Geistes geben. Jede Wiederholung derselben Entwicklung in Raum und Zeit sei ausgeschlossen. Dagegen wirft Biedermann ein, der Geist sei richtig gefaßt. Doch in seiner konkreten Verwirklichung sei er zu einer unendlichen Mannigfaltigkeit fähig: „Hierdurch ist eine schlechthin unendliche Fülle verschiedener Gestaltungen des Geistes möglich, die aber alle von der abstrakten Allgemeinheit des absoluten Begriffs in Einheit zusammengehalten, und in die concrete Allgemeinheit der absoluten Idee als sich ergänzende Momente aufgenommen sind."[542] Biedermann stimmt zwar dem Satz zu, daß der Geist nur einer und seine Entwicklung nur eine sei, doch dieser Satz zähle nicht als Gegenbeweis gegen seine Auffassung, nach der die Verwirklichung der absoluten Idee eben doch als „Verwirklichung des Geistes in einer anders besonderten Natürlichkeit, die sich als concrete Ergänzung mit der unsrigen zur erfüllten Einheit der Idee zusammen schliesst", zu denken sei[543].

Die Einwände Michelets haben sich nach Biedermann als nichtig erwiesen. Sie beruhten nämlich einmal auf einer abstrakten Anwendung des wahren Gedankens

---

[537] Biedermann, Persönlichkeit, S. 250; CARL LUDWIG MICHELET, Vorlesungen über die Persönlichkeit Gottes und Unsterblichkeit der Seele, Berlin 1841, besonders die elfte Vorlesung „Fortsetzung der Lehre von der ewigen Persönlichkeit Gottes", S. 245–264.

[538] BIEDERMANN, Persönlichkeit, S. 250–259. Trotz seiner Kritik an einigen Gedanken Michelets spricht Biedermann von einem „trefflichen Buche"; aaO., S. 252.

[539] BIEDERMANN, Persönlichkeit, S. 251f.

[540] BIEDERMANN, Persönlichkeit, S. 252.

[541] Ebd. Daß allein die Erde Raum der geistigen Entwicklung sein könne, begründet MICHELET, Vorlesungen, S. 231f., christologisch.

[542] BIEDERMANN, Persönlichkeit, S. 253.

[543] BIEDERMANN, Persönlichkeit, S. 254.

von der Einheit des Geistes, und zum anderen widersprächen seine Voraussetzungen allen Analogien und allgemeinen Gesetzen der Entwicklung.

Bisher hat der Gedankengang noch nicht den inneren Zusammenhang mit dem Begriff der absoluten Idee berücksichtigt. Da zuerst von der „empirischen" Seite ausgegangen wurde, kann das Ergebnis auch nicht mehr als den Charakter der Möglichkeit und der Wahrscheinlichkeit erlangen. Die Notwendigkeit wird aber erkennbar, wenn man einem Hinweis von Strauß folge: Wenn sich die absolute Idee nur auf der Erde realisiere, hätte es im Universum einmal eine Zeit gegeben, in der der endliche Geist noch nicht entwickelt gewesen wäre, da der Mensch ja erst verspätet die Erde betreten hat. Im absoluten Begriff als der Einheit des Allgemeinen und Besonderen sei nämlich implizit, daß nicht erst das Allgemeine ewig sei und es sich erst mit der Zeit im Besonderen entfalte[544]. Dieser Gedanke sei mit der spekulativen Idee des Absoluten allerdings nicht vereinbar. Darauf erwidert Michelet, der endliche Geist habe im unendlichen Regreß der Zeit immer schon existiert. Das sei der Gedanke, der dem spekulativen Begriff des Geistes widerspreche[545]. Michelet anerkennt zwar, daß mit der Ewigkeit des abstrakt Allgemeinen die unendliche Dauer des Besonderen gesetzt ist, beschränkt diesen Gedanken aber auf die Natur, denn die Natur sei außerzeitlich. Sie existiere nicht durch sich selbst, sondern werde durch die ewige Idee gesetzt[546]. Demgegenüber wendet Biedermann ein, die Natur existiere auch durch sich selber, sie sei Vermittlungsprozeß in sich: „Sie ist das andere, die Entäusserung der ewigen Idee, genauer des absoluten Begriffs."[547] Und entsprechend dem Hegelschen Entwicklungsgedanken führt Biedermann weiter aus: Erst nach der Konsolidierung der niederen Prozesse könnten sich auf dieser Basis höhere Gestaltungen entwickeln. So wie sich im Universum neue „Weltkörper" bilden, so ist auch die Natur als solche in Bewegung[548]. Es geht also nach Biedermann nicht an, die Realisierung des absoluten Begriffs allein auf die Erde zu beschränken: Denn im absoluten Begriff ist der absolute Widerspruch enthalten. Die Arbeit, ihn aufzuheben, nennt Biedermann die Weltschöpfung, und die Aufhebung selbst ist die absolute Idee. Aufhebung und Widerspruch müssen darum im Absoluten ewig sein[549].

[544] BIEDERMANN, Persönlichkeit, S. 255.
[545] Michelet (S. 240) zitiert bei BIEDERMANN, Persönlichkeit, S. 255. Siehe dazu die Ausführungen bei STRAUSS, Glaubenslehre, Bd. 1, S. 672f.
[546] MICHELET, Vorlesungen, S. 240. Michelet setzt sich auf den S. 239–244 mit Strauß' Ansicht auseinander, auch auf anderen Planeten gebe es intelligente Wesen.
[547] BIEDERMANN, Persönlichkeit, S. 256.
[548] Die Natur ist im Werden, „ein sich Entwickeln aus unbewusster Nothwendigkeit, und bis die höchsten Stufen des natürlichen Lebens erreicht waren, wurden nicht nur innerhalb einer Gattung die Individuen, wie jetzt noch, sondern auch auf der Basis der schon vorhandenen niederen Gestaltungen, die noch nicht vorhandenen höheren. Wie? das ist eine Frage nach geschehenem, die also nur empirische Kenntniss beantworten könnte, diese aber geht uns hier natürlich ab"; BIEDERMANN, Persönlichkeit, S. 257.
[549] Ebd.

Zusammenfassend hält Biedermann fest[550]: Die absolute Idee realisiert freilich weder zu einer bestimmten Zeit noch in einem bestimmten Raum ihren Inhalt in all seinen empirischen Möglichkeiten. In diesem Falle wäre das Ende des Unendlichen erreicht.

Im Schlußabschnitt seiner Überlegungen wendet sich Biedermann nun wieder der Ausgangsfrage nach der Persönlichkeit Gottes zu. Die bisherigen Ausführungen hätten ergeben, führt er aus, daß die Einheit der absoluten Idee ohne eine Persönlichkeit, ohne ein Selbstbewußtsein zu denken ist[551], „wenn man einmal vom Glauben an die wahre Allgemeinheit des Gedankens ausgeht"[552]. Zwei häufig auftretende Mißverständnisse gilt es auszuräumen. Das erste Mißverständnis, welches im Lager der Gegner der Spekulation zuhause ist, beschimpft die Auffassung, nach der die Welt als reale Voraussetzung der absoluten Idee gefaßt wird, als Lehre des Pantheismus[553]. Biedermann bedauert, daß die Gegner nicht bereit sind, sich auf den spekulativen Gedankengang einzulassen. Es sei nicht wahr, daß die Spekulation den Menschen in den Himmel der absoluten Idee heben möchte[554].

Das zweite Mißverständnis vertreten die „abstracten Anhänger" der Spekulation. Bei ihnen besteht die Gefahr, daß den Menschen das Nachsehen bleibe, wenn sie die absolute Idee zur Einheit mit dem absoluten Begriff zurückkehren lassen. Das führe zu einem abstrakten Resultat, das kaum über den Anfang hinausgekommen sei.

Abschließend bestimmt Biedermann noch einmal das Anliegen seines Aufsatzes: Es sollte bloß ein „Beitrag […] zur kritischen Ausscheidung und Abweisung von Auffassungen der absoluten Idee" sein, „die scheinbar vorwärts zur höhern Einheit mit der Religion, in der That aber nur von dem in der Wissenschaft bereits als Resultat Erübrigten rückwärts führen zu religiösen Vorstellungen. Man fördert die Wissenschaft nicht, wenn man ihnen zu viel schmeichelt"[555]. Das Recht der religiösen Vorstellung müsse jedoch gewahrt werden, indem man sie begreife und als notwendige Produkte eines geistigen Entwicklungsprozesses anerkenne. Dabei sei

---

[550] Biedermann, Persönlichkeit, S. 258f.

[551] Siehe dazu aber Karl Heinz Anton, Religion unter Aspekten von Begriff und Vorstellung. Studie zur Religionsphilosophie Hegels, Diss. phil. Duisburg 1980, S. 124f., der auf den Subjektivitätsaspekt der absoluten Idee bei Hegel hinweist.

[552] Biedermann, Persönlichkeit, S. 259.

[553] Der Vorwurf des Pantheismus erklang schon 1823 gegen Hegels Philosophie. Jaeschke stellt fest, daß sich der Vorwurf des Pantheismus nicht halten lasse, weil Hegels Proprium darin bestehe, „die Substanz als absolute Subjektivität zu begreifen"; Jaeschke, Vernunft, S. 376.

[554] Siehe Biedermann, Persönlichkeit S. 260: Hier stellt er heraus, daß zwar die immanente Bestimmung des Menschen eins sei mit dem göttlichen Leben. Der Mensch erkenne aber, daß er nicht in Einheit mit sich selber, d.h. in Einheit mit dem göttlichen Gedanken stehe; „es verwirklicht sich also nicht in ihm die Einheit Gottes in seinem Andern mit sich, was erst das wirkliche göttliche Leben ist; vielmehr steht er im Unterschied und Gegensatz". Dies betrifft auch die Ebene des Willens. Auch hier entspricht der Mensch weder seinem eigenen Begriff, noch ist er darin Moment des göttlichen Lebens. Er ist nicht „Vermittlung des rein allgemeinen Willens durch den besondern endlichen zur erfüllten Allgemeinheit" (S. 260f.). Diese anthropologischen Bestimmungen Biedermanns basieren auf Vatkes Freiheitsverständnis.

[555] Biedermann, Persönlichkeit, S. 262.

aber beständig die Kritik der Form der Vorstellung präsent, denn wenn die Negation der Form in den Hintergrund gerate, bestehe die Gefahr, daß die Vorstellungen zum Gedanken erhoben würden[556]. Darum wende man sich entschieden der Wissenschaft zu, die Biedermann freilich als Wissenschaft im Sinne des Hegelianismus faßt. Die Wissenschaft sei, wenn man einmal mit ihr begonnen habe, entschieden und zielstrebig durchzuführen. Diesen Gedanken illustriert Biedermann mit einem Bibelzitat, das bezeichnenderweise den Aufsatz beendet: „Wer die Hand an den Pflug legt und sieht zurück, ist nicht tüchtig zum Reiche Gottes."[557]

Biedermanns Ausführungen sind in der Kontroverse zwischen der Hegelschen Rechten und der Linken zu verorten, wie sie gegen Ende der 1830er Jahre aufbrach[558]. Er wendet sich gegen den Versuch der rechten Hegelianer, die Form der religiösen Vorstellung spekulativ zu legitimieren. Dieser vermittelnde Ansatz vertrat die Meinung, der Inhalt von Religion und Philosophie sei identisch. Die Linke hingegen konnte diese Vermittlung nicht nachvollziehen, da für sie die religiöse Vorstellung dem philosophischen Begriff keineswegs ebenbürtig war. Darum könne auch der Inhalt nicht identisch sein. Hierbei ist jedoch zu beachten, daß Biedermann der religiösen Vorstellung durchaus ihren eigenen Wert und ihre eigene Bedeutung zumißt, denn in jeder Vorstellung lasse sich der Gedanke nachweisen[559]. Dennoch dürfe man nicht in den Fehler gewisser Hegelschüler verfallen, stellt Biedermann fest, die das „nach dem rationalistischen Exil im Gedanken neu gewonnene Gebiet des Glaubens auch gleich in allen Theilen wieder in Besitz nehmen", was teilweise aber auch aus reiner Spielerei geschehe[560].

Inhaltlich und strukturell wird in Biedermanns Abhandlung gründliches Studium von Hegels „Phänomenologie" und „Wissenschaft der Logik" erkennbar. Beide Werke Hegels bieten ihm die philosophische Begrifflichkeit und Systematik. Biedermann bezog sich im ersten Teil seiner Abhandlung, in der direkten Auseinandersetzung mit Rosenkranz, auf wenige Seiten der „Phänomenologie". Dabei handelt es sich um Teile der „Vorrede" sowie um Abschnitte aus dem Schlußkapitel über die „Offenbare Religion". Der zweite Teil der Abhandlung hingegen, der sich vor allem der „absoluten Idee" zuwendet, basiert auf der „Wissenschaft der Logik". Hier werden vor allem Passagen zur „absoluten Idee" rezipiert.

---

[556] „Der Charakter der bestimmten Negation, der für die Aufhebung der Religion in die Philosophie verantwortlich ist, verbietet es aber, den religiösen und philosophischen Inhalt als direkt und unmittelbar identisch anzusetzen"; FALK WAGNER, Die Aufhebung der religiösen Vorstellung in den philosophischen Begriff, in: NZSTh 18 (1976), S. 44–73 (73).

[557] Lukas 9, 62 zitiert bei BIEDERMANN, Persönlichkeit, S. 263.

[558] Siehe hierzu WAGNER, Aufhebung, S. 44–73, der S. 45 darauf hinweist, daß gerade für Strauß die „Bestimmung des Verhältnisses von Religion und Philosophie, von Vorstellung und Begriff und damit, der Hegelschen Aussagen entsprechend, von Form und Inhalt von Anbeginn seiner Hegel-Rezeption das zentrale Problem seiner theologisch-philosophischen Produktion gewesen" sei.

[559] BIEDERMANN, Persönlichkeit, S. 262. Hier läßt Biedermann die Hegelsche Auffassung erkennen, wonach die religiöse Vorstellung, wenn sie schon den Gedanken enthält, den Bereich des Denkens tangiert.

[560] BIEDERMANN, Persönlichkeit, S. 262.

Entscheidend setzt sich Biedermann von Hegel ab, wenn er betont, die absolute Idee sei ohne Persönlichkeit zu denken[561]. In Abgrenzung gegenüber Rosenkranz weist Biedermann darauf hin, daß die absolute Idee bei ihrer Rückkehr aus dem gesetzten Anderssein die Persönlichkeit verliere. Sie wird dadurch „überpersönliche Einheit" und gewinnt dafür Inhalt und Wirklichkeit[562]. Hier nimmt er die Kritik von Strauß[563] und Vatke auf, die an diesem Punkt Hegels Auffassung modifizierend weiterdenken. Dieses Ergebnis stellt Biedermann in das Lager der Linkshegelianer. Er und sein Lehrer Vatke sind Vertreter einer bürgerlichen Religionskritik, die sich in erster Linie gegen die traditionellen Dogmen wenden, wie etwa die Persönlichkeit Gottes oder das Sündenverständnis[564].

6. Ertrag

Die Hegelsche philosophische Grundlegung und die damit verbundenen definitorischen Bestimmungen sind für Biedermanns geistige Entwicklung nicht hoch genug einzuschätzen. Auch wenn er sich später zumindest sprachlich von der Hegelschen Terminologie entfernen mag und vermehrt Schleiermachersche Gedanken rezipieren wird, die philosophische Grundlegung bleibt prägend. Wie bei Strauß läßt sich denn auch bei Biedermann erkennen, daß die Verhältnisbestimmung von Begriff und Vorstellung aufgrund einer intensiven Hegelrezeption zu einem entscheidenden philosophisch-theologischen Problem wurde. Das Bemühen, dieser geistigen Herausforderung gerecht zu werden, prägt das gesamte Werk Biedermanns und wird seine Dogmatik bestimmen.

So muß die Berliner Zeit abschließend als einflußreiche Studienphase charakterisiert werden. Biedermann vertiefte sich in Hegel, den er – wie gezeigt – in kritischer Auseinandersetzung rezipierte, sich aber eng an dessen Sprache band. Ferner lernte er den Philosophen Schleiermacher kennen und wurde maßgebend von Vatke geprägt und gefördert. In ihm fand Biedermann einen vorbildhaften Freund und wissenschaftlichen Mentor. Unter Vatkes Leitung entwickelte Biedermann seine historischen, hermeneutischen und religionsphilosophischen Grundprinzipien weiter, die in seiner „Christlichen Dogmatik" systematisch expliziert werden sollten.

Biedermann war sich bewußt, daß er in den Jahren 1839–1841 auf verschiedenen Ebenen elementare Kenntnisse und einen reichen Erfahrungsschatz erworben hatte. Deswegen blieb er so lange wie möglich in Berlin und verzichtete auf Stu-

---

[561] Siehe dazu ANTON, Religion, S. 124f.

[562] BIEDERMANN, Persönlichkeit, S. 261.

[563] Strauß hatte in seiner Glaubenslehre erklärt, daß die Kategorie der „Person" zur Bezeichnung von Gottes immanent-ökonomischer Trinität nicht geeignet sei; so GRAF, Kritik, S. 549, der sich grundlegend mit Straußens „Kritik des trinitätstheologischen ‚Person'-Begriffs" und mit der „Notwendigkeit einer ‚spekulativen' Substanz-Theo-Logie" auseinandergesetzt hat; aaO., S. 549–574.

[564] Siehe dazu LUCIAN HÖLSCHER, Die Religion des Bürgers. Bürgerliche Frömmigkeit und protestantische Kirche im 19. Jahrhundert, in: HZ 250 (1990), S. 595–630 (616).

diensemester in Bonn. Durch den regen Austausch mit den Kommilitonen vertiefte Biedermann seine erworbenen Kenntnisse und unterzog sie einer kritischen Prüfung. Nicht zu unterschätzen ist die Wahrnehmung der unterschiedlichen Mentalitäten, mit denen Biedermann sich in Berlin konfrontiert sah. In diesen Begegnungen wurde sein schweizerischer Horizont geweitet, und der Winterthurer erfuhr ihm bisher unbekannte Religions- und Frömmigkeitsformen. Es sei nur an die Diskussionen mit norddeutschen und bayrischen Lutheranern erinnert. In diesen Gesprächen und in Berlin selber lernte Biedermann zudem andere kirchliche Organisationsformen kennen, die sein Verständnis ekklesiologischer Fragestellungen weiteten.

Auf politischer Ebene vollzog sich bei Biedermann ein Wandel vom republikanisch gesinnten Schweizer zu einem zeitweise begeisterten Anhänger der preußischen Monarchie. Doch blieb er dieser Gesinnung nicht lange treu und wandte sich wieder einer freiheitlich-republikanischen Geisteshaltung zu, wie sie der Kanton Basel-Land verkörperte.

In kultureller Hinsicht pflegte er in bescheidenem Maße den Besuch der Theater und die Lektüre. Ein Interesse an Musik läßt Biedermann nicht erkennen. Auf seinen Reisen widmete er sich ferner intensiv der Bau- und Kunstgeschichte.

Am 15. August 1841 verließ Biedermann Berlin. Nach zwei Jahren begab er sich wieder heimwärts in die Schweiz. Vier prägende und weiterführende Semester lagen hinter ihm. Nun rückte das Examen in Sichtweite.

6. Kapitel

Der Weg zur „Freien Theologie" 1841–1844

I. Von Berlin nach Basel

1. Die Heimreise

Nach beinahe zweieinhalb Jahren verließ Biedermann Berlin. Auch die Rück-reise gestaltete er als einmonatige Studienfahrt, die ihn vom Norden Deutschlands durch den Harz, Franken und Schwaben in die Ostschweiz führte. Am 15. August 1841 reiste Biedermann zusammen mit Daniel Fries, Leonhard Herold[1], Emanuel Burckhardt und dem Würzburger Medizinstudenten Ludwig Heffner[2] mit der Post von Berlin zuerst nach Hamburg. Die Fahrt dauerte zwei Tage, und die Studenten trafen in den frühen Morgenstunden in Hamburg beim „preußischen Posthof" ein[3]. Fünf Tage weilte Biedermann in der Hansestadt, wo er kulturelle Attraktionen und mehrfach den Hafen besichtigte. Dort mietete er ein Boot und ruderte damit zwischen den vor Anker liegenden Schiffen hindurch[4]. Am nächsten Tag fuhren die Schweizer in einem Stellwagen nach Blankenese und besuchten auf dem Rückweg Friedrich Gottlieb Klopstocks (1724–1803) Grab in Ottensen. Am vierten Tag be-stiegen sie morgens früh das Schiff „Henriette", um über Cuxhaven nach Helgo-land überzusetzen. Von der Seereise beeindruckt, hält Herold fest: „So ruhig unser Schiff dahinfuhr, bekamen doch bald viele die Seekrankheit. Damen in den elegan-

---

[1] Biedermann nennt als Reisebegleiter nur seine engeren Freunde Fries und Herold. Herold (1819–1902) erwähnt jedoch die anderen beiden Namen und berichtet detailliert über die Reise an die Nordsee in Otto Herold, Dekan Leonhard Herold. Aufzeichnungen aus seinem Leben, Chur 1902, S. 56–60. Herold wurde 1842 ordiniert und Pfarrer in Igis. Später wurde er Dekan und veröffentlichte zahlreiche Schriften. Jakob R. Truog, Die Pfarrer der evangelischen Gemein-den in Graubünden und seinen ehemaligen Untertanenlanden, Chur [1935], S. 104 (Nr. 31).

[2] Heffner immatrikulierte sich von der Universität Würzburg kommend am 20.10.1840 unter Matrikel-Nr. 57 des 31. Rektorats an der Medizinischen Fakultät der Friedrich-Wilhelm-Uni-versität. Im August 1841 verließ er Berlin; siehe das Abgangszeugnis vom 25.8.1841; UAB. L. Heffner ist der Sohn des Würzbürger Regierungsrates Philipp Heffner (1765–1843); siehe „Bosls bayerische Biographie. 8000 Persönlichkeiten aus 15 Jahrhunderten", hrsg. von Karl Bosl, Re-gensburg 1983, S. 116. L. Heffners Publikationen verzeichnet die „Fränkische Bibliographie", Bd. IV, hrsg. von Gerhard Pfeiffer, Neustadt/Aisch 1978, S. 131.

[3] Herold, Lebenserinnerungen, S. 56; Biedermann, Tagebuchblätter (August/September 1841), S. 8. Im Tagebuch fehlen die Angaben zu diesem Zeitraum, da die entsprechenden Seiten herausgeschnitten wurden.

[4] Über den Aufenthalt in Hamburg siehe Herold, Lebenserinnerungen, S. 56f.

testen Toiletten lagen wie Mehlsäcke am Boden herum und brachten ihre Opfer."[5]
Nach zwölfstündiger Fahrt erreichte die „Henriette" Helgoland. Fries, Biedermann und Herold quartierten sich bei einem Schullehrer im Unterland der Insel
ein. In den nächsten Tagen genossen die Studenten das Bad in der Nordsee und eine Inselrundfahrt. Über Cuxhaven, Altona und Harburg reiste Biedermann durch
die Lüneburger Heide nach Hannover, wo er zwei Tage als Gast beim „Bürgervor-
steher-Worthalter" Bernhard Hausmann (1784–1873), dem Freund seines Vaters,
verweilte[6]. Am 29. August brach Biedermann nach Braunschweig auf, von wo er
quer durch den Harz nach Gotha, durch den Thüringer Wald über Coburg, Bam-
berg und schließlich per Postkutsche am 5. September nach Erlangen gelangte. In
der fränkischen Universitätsstadt traf Biedermann einige bayrische Lutheraner wieder, mit denen er in Berlin häufiger verkehrt hatte. Zwei Tage später setzte er die
Reise nach Nürnberg fort, bestieg dort die Postkutsche und fuhr nach Stuttgart.

2. Besuche bei D. F. Strauß und E. Zeller

Am 10. September kam es endlich zu dem lange ersehnten Treffen mit David
Friedrich Strauß. Um 10 Uhr morgens war Biedermann bei Strauß angemeldet
und wurde von diesem in seinem Stuttgarter Gartenhaus freundlich aufgenommen[7]. Vatke hatte seinem Schüler Empfehlungsschreiben an Strauß und Eduard
Zeller mitgegeben, die jenem entgegenkommende Aufnahme verschafften. In einem Dankschreiben[8] teilte Biedermann seinem Berliner Lehrer mit, was ihm diese
Besuche bedeutet hätten. Vor allem über Strauß äußerte er sich ausführlich. Die
Persönlichkeit Straußens imponierte ihm wenig, dafür war er überrascht, in welch
einfacher, anspruchsloser Umgebung Strauß lebte. Ihr Gespräch widmete sich zuerst Vatkes Buch über die Freiheit. Strauß äußerte sich positiv dazu. Biedermann
überbrachte ihm die Anfrage Vatkes, ob er das Buch in den Berliner „Jahrbüchern
für wissenschaftliche Kritik" rezensieren wolle, und Strauß zeigte sich nicht abgeneigt[9]. Weiter unterhielten sie sich über Biedermanns Aufsatz über die Persönlichkeit Gottes, den Vatke in seinem Empfehlungsschreiben erwähnt hatte. Strauß fragte, ob Biedermann einen besseren Rat für den persönlichen Gott wisse, und Bie-

---

[5] HEROLD, Lebenserinnerungen, S. 58.

[6] Hausmann war Sprecher des aus der Bürgerschaft gewählten Ratsgremiums. Mit Hausmann
hatte der Vater seinerzeit wegen der Ausbildung des Sohnes korrespondiert; siehe oben S. 46f.

[7] Neben den stichwortartigen Eintragungen in den „Tagebuchblättern" (September 1841),
S. 8, siehe vor allem ALOIS E. BIEDERMANN, Erinnerungen, in: Ausgewählte Vorträge und Aufsätze,
hrsg. von Johannes Kradolfer, Berlin 1885, S. 399f.

[8] Brief vom 29.11.1841, abgedruckt in: HEINRICH BENECKE, Wilhelm Vatke in seinem Leben
und in seinen Schriften dargestellt, Berlin 1883, S. 410f.

[9] In der Strauß-Bibliographie von HORTON HARRIS, David Friedrich Strauss and his Theology,
London/New York 1973, ist die Rezension nicht genannt. Strauß dürfte sie nicht geschrieben haben. In den „Jahrbüchern" erschien 1842 indes von Rosenkranz eine Besprechung des Buches
von Vatke; KARL ROSENKRANZ, Rezension: W. Vatke, Die menschliche Freiheit in ihrem Verhältnis
zur Sünde und zur göttlichen Gnade wissenschaftlich dargestellt (Berlin 1841), in: Jahrbücher für
wissenschaftliche Kritik 1842, Bd. 1, Nrn. 41–44, Sp. 321–334; 337–350.

dermann antwortete angeblich: „Die Lösung der Quadratur des Zirkels? […] Nein! Doch glaube ich etwas zur Ergänzung des Problems beigebracht zu haben, und es wäre mir eine Genugthuung, wenn es Ihre Zustimmung finden könnte."[10] Biedermann und Strauß verbrachten den ganzen Tag zusammen, und am Abend spazierten sie nach Bad Cannstatt. Auf dem Wege dorthin sprachen sie über die Berufung Straußens nach Zürich und ihre Folgen[11]. Der Student schämte sich für das Verhalten seiner Landsleute und nahm sich vor, an seiner künftigen Wirkungsstätte zu beweisen, daß man auch als Schüler von Strauß ein rechter Theologe bleiben könne[12].

Wie sehr sich Biedermann auf das Treffen mit Strauß gefreut hatte, zeigen seine Reisevorbereitungen. In den letzten Berliner Tagen hatte er noch in einer Nacht den zweiten Teil von Strauß' Glaubenslehre „Bogen um Bogen" gelesen. In seinen „Erinnerungen"[13] hält Biedermann fest, wie sehr ihn die Lektüre dieser „polemischen"[14] Geschichte der Dogmatik gefesselt habe. Manche Seiten prägte er sich wörtlich ein, weil er dort fand, was seinem Denken auf der kritischen Seite entsprach. Schon bald aber vermißte Biedermann bei Strauß die positiven, über die bloße Negation hinausgehenden dogmatischen Ausführungen. Jenes Defizit auszugleichen, erkannte er als seine zukünftige theologische Aufgabe. Diesen Gedanken teilte er Vatke mit: „Ich hatte mich früher mit einem wahren Pathos jugendlich einseitiger Begeisterung an Strauß angeschlossen als den Verfechter aller freien Theologie, bis mir durch Sie der inhaltsvollere positive Aufbau eröffnet wurde, der allerdings die Straußische Thätigkeit zur nothwendigen negativen Voraussetzung hat. Das Feld meines theologischen Bewußtseins hat Strauß umgeackert, geht aber eine neue Saat mit gesunder Frucht daraus hervor, so danke ich es vor allem Ihnen, und werde das auch immer laut bekennen."[15]

Biedermann blieb zwei Tage im Stuttgarter Raum und reiste dann nach Tübingen. Dort beabsichtigte er, vor allem die beiden Vertreter der Tübinger Schule Eduard Zeller und Ferdinand Christian Baur kennenzulernen[16]. Da das Semester in Tübingen länger als anderswo dauerte[17], bot sich die Gelegenheit, auch bei dem

---

[10] BIEDERMANN, Erinnerungen, S. 399.

[11] BIEDERMANN, Erinnerungen, S. 400.

[12] Ebd. Die bleibende Wertschätzung Straußens brachte Biedermann in seiner Rektoratsrede 1875 nachdrücklich zum Ausdruck; siehe ALOIS E. BIEDERMANN, Strauss und seine Bedeutung für die Theologie, in: Ausgewählte Vorträge und Aufsätze, aaO., S. 211–230.

[13] BIEDERMANN, Erinnerungen, S. 399.

[14] So charakterisiert Strauß sein Buch, siehe Strauß an L. Georgii, Brief vom 2.7.1841; abgedruckt in: Briefe von DAVID FRIEDRICH STRAUSS an L. Georgii, hrsg. von Heinrich Maier, Tübingen 1912, S. 37.

[15] Brief vom 29.11.1841, abgedruckt in: BENECKE, Vatke, S. 410.

[16] Siehe ULRICH KÖPF, Theologische Wissenschaft und Frömmigkeit im Konflikt: Ferdinand Christian Baur und seine Schüler, in: Beiträge zur Wissenschaftsgeschichte 11 (1988), S. 169–177; HORTON HARRIS, The Tübingen School, Oxford 1975; CARL SCHWARZ, Zur Geschichte der neuesten Theologie, Leipzig ³1864, S. 138–171. Zu Zeller siehe „Bibliographie zur Geschichte der Universität Tübingen", bearb. von Friedrich Seck, Gisela Krause, Ernestine Stöhr, Tübingen 1980, S. 536; zu Baur, aaO., S. 304–307.

[17] Das Semester endete erst am 23. Oktober.

Philosophen und Schriftsteller Friedrich Theodor Vischer[18] und bei den Theologen Jakob Friedrich Reiff (1810–1879)[19], Friedrich Heinrich Kern (1790–1842)[20], Christian Friedrich Schmid (1794–1852)[21] und Zeller zu hospitieren[22]. Am Nachmittag des 13. September traf er sich privat mit Zeller und dessen späterem Schwiegervater Baur[23], am folgenden Tag war er wiederum Gasthörer bei Reiff und Vischer, mit dem der Student auch privat verkehrte. Doch es war vor allem Zeller, der Biedermann durch sein gewinnendes Wesen erlebnisreiche Tage bereitete[24]. Leider sind keine weiteren Angaben über diese Treffen mit den Vertretern der Tübinger Schule erhalten geblieben. So ist unbekannt, worüber Biedermann mit den Tübingern sprach und mit welchen Eindrücken er Tübingen wieder verließ. Wahrscheinlich wird Biedermann auch mit Zeller und Vischer über seinen Aufsatz diskutiert und ihnen von Vatke berichtet haben.

Solche Besuche anderer theologischer Fakultäten waren, wie Biedermanns früherer Besuch in Göttingen zeigt, durchaus üblich. Zudem war es ein Anliegen Biedermanns, in Tübingen gewesen zu sein, denn die schwäbische Universität stand seinerzeit im Ruf, eine der besten theologischen Fakultäten zu besitzen. Außerdem zogen ihn die „Hegelianer" Baur und Zeller an.

In diesem Zusammenhang war die Mundpropaganda unter den Studenten wichtig geworden. In Berlin hatte Biedermann die beiden Bündner Studenten Schaff und Herold kennengelernt. Mit letzterem wohnte er zusammen in der „Schweizerkaserne"[25] und knüpfte freundschaftliche Beziehungen. Die beiden Bündner hatten zusammen in Tübingen studiert, bevor sie nach Berlin wechselten. Über ihre Erlebnisse und über die Professoren werden sie zweifelsohne berichtet haben. Ins-

---

[18] Vischer und Biedermann wurden in Zürich seit 1855 als Kollegen Freunde. Siehe FRITZ SCHLAWE, Friedrich Theodor Vischer, Stuttgart 1959, S. 253f.; HERMANN GLOCKNER, Friedrich Theodor Vischer und das neunzehnte Jahrhundert, Berlin 1931; Bibliographie zur Geschichte der Universität Tübingen, S. 519–524.

[19] Siehe KARL PRANTL, Jakob Friedrich Reiff, in: ADB 27, S. 686f.; Bibliographie zur Geschichte der Universität Tübingen, S. 464.

[20] Zur Person siehe „Worte der Erinnerung an Dr. Friedrich Heinrich Kern", hrsg. von Ferdinand Christian Baur, Tübingen ²1842; HEINRICH JULIUS HOLTZMANN, Friedrich Heinrich Kern, in: ADB 15, S. 632. Kern hatte sich im Streit um das „Leben Jesu" von Strauß gegen diesen ausgesprochen.

[21] THEODOR SCHOTT, Christian Friedrich Schmid, in: ADB 21, S. 655f.; Bibliographie zur Geschichte der Universität Tübingen, S. 484.

[22] Die besuchten Lehrveranstaltungen nennt Biedermann nicht. Wahrscheinlich besuchte er bei Vischer „Geschichte der neuern deutschen Poesie", bei Reiff „Geschichte der Philosophie von Kant bis auf die neueste Zeit", bei Kern „Den ersten Theil der christlichen Glaubenslehre" oder „Briefe an die Galater und Hebräer", bei Schmid „Den ersten Theil der Sittenlehre" oder „Den ersten Theil der biblischen Theologie des N.T., welcher das Leben und die Lehre Jesu nach den vier Evangelien enthält" und bei Zeller „Die Apologetik mit angehängter Methodologie". Siehe dazu das „Verzeichniß der Vorlesungen, welche an der königl. württembergischen Universität Tübingen im Sommer-Halbjahr 1841 gehalten werden", Tübingen 1841, S. 3–8.

[23] HARRIS, School, S. 68f.

[24] Biedermann an Vatke, Brief vom 29.11.1841; abgedruckt in: BENECKE, Vatke, S. 411; BIEDERMANN, Erinnerungen, S. 400.

[25] Dorotheenstraße 19; siehe oben S. 224.

besondere Herolds Erzählungen werden bei Biedermann auf großes Interesse gestoßen sein, denn jener hatte mit Begeisterung bei Baur gehört[26]. Vornehmlich die
Dogmengeschichte Baurs beeindruckte den Bündner wegen ihrer streng philosophischen Sprache[27]. Ferner verkehrte Herold auch mit dem Baurschüler Friedrich
Karl Albert Schwegler (1819–1857)[28] und hörte bei Zeller die Darstellung des
Schleiermacherschen und Hegelschen Systems[29]. Biedermann war durch die Rezeption David Friedrich Straußens aber auch eigenständig mit Baur und der Tübinger Schule bekannt geworden. Die Frage, welche Schriften er aber von Baur las,
kann nicht beantwortet werden[30]. Möglich und sogar wahrscheinlich ist, daß Biedermann sich anhand von Herolds Berichten und seinen Kollegheften gründlicher
in die Theologie Baurs einarbeitete[31].

3. Sprachlose Liebe

Seine Heimreise setzte Biedermann über Tuttlingen und Schaffhausen nach
Winterthur fort. Am 17. September traf er in seiner Heimatstadt Winterthur ein
und blieb dort einen Monat. Seine Mutter war inzwischen in das Haus „Reblau-
be"[32] umgezogen, seine Schwester Gertrud wurde in Genf ausgebildet. Die heimlich verehrte Tochter seines Vormunds, Elise Biedermann, war gerade von dort zurückgekehrt. Seit den Weihnachtstagen 1838 hatte Biedermann eine tiefe Zuneigung zu Elise Biedermann entwickelt[33], die auch in Berlin lebendig geblieben war.
Im Februar 1841 verfaßte er für sie ein Gedicht, das ihn aus einer Phase der Apathie
herausführte und ihm neuen Lebensmut gab[34]. Auch in Winterthur stärkte Elises
Anwesenheit den Studenten in einer seelischen Krise.

---

[26] Herold hörte bei Baur über zwei Semester Dogmengeschichte, Kirchengeschichte und eine
neutestamentlich exegetische Vorlesung; siehe seine Angaben in den „Lebenserinnerungen",
S. 32–40.

[27] HEROLD, Lebenserinnerungen, S. 32.

[28] HEROLD, Lebenserinnerungen, S. 34. Zu Schwegler siehe JOSEF MATZERATH, Albert Schwegler (1819–1857) Sigmaringen 1993; HARRIS, School, S. 278; Bibliographie zur Geschichte der
Universität Tübingen, S. 489f.

[29] HEROLD, Lebenserinnerungen, S. 40. Herold hält im Blick auf diese Vorlesung fest: „Die
geistreiche Art, wie Zeller den interessanten Stoff behandelte, sowie die Frische und Lebendigkeit
seines Vortrags haben mich besonders angezogen"; ebd.

[30] Die Rezeption Baurs durch Biedermann in den Berliner Jahren läßt sich anhand von autobiographischen Notizen nicht belegen. Allein in seinen „Erinnerungen", S. 400, notiert Biedermann in der Rückschau, bei seinem Besuch in Tübingen hätte ihn „Baur vor Allen" interessiert.
Außer diesem späten Hinweis deuten aber zahlreiche inhaltliche Berührungspunkte darauf hin,
daß Biedermann Schriften Baurs spätestens Anfang 1842 zur Kenntnis genommen hat.

[31] Möglicherweise wurde Biedermann auch durch den Berner Professor Matthias Schnecken-
burger während seines Aufenthaltes im Sommer 1839 mit dem Haupt der Tübinger Schule bekannt.
Schneckenburger hatte in Tübingen gegen Ende seines Studiums bei Baur gehört. Siehe oben
S. 206.

[32] Das Haus in der Obergasse 16 gehörte Johannes Kronauer.

[33] Biedermann, Tagebuchblätter (Dezember 1838), S. 5 und Tagebuch S. 107.

[34] Das Gedicht befindet sich im Nachlaß Biedermanns: A.II.a.

Biedermann erfuhr bei seiner Rückkehr nach Winterthur, wie sehr ihn das Berliner Studium philosophisch und theologisch geprägt hatte. Problematisch wurde diese Erfahrung für ihn insofern, als er überlegte, in Winterthur ein Pfarramt zu versehen. Der religiöse und kirchliche Geist dieser Kleinstadt stand in scheinbar unüberbrückbarem Widerspruch zu seinen eigenen Überzeugungen. Dazu kamen wachsende Zweifel, ob er überhaupt den Pfarrdienst anstreben solle. Der Wunsch, wissenschaftlich tätig zu werden, gewann zunehmend an Bedeutung. Beide Aspekte verursachten ein „beklemmendes Gefühl"[35]. In diesem mißlichen Zustand half ihm allein die Anwesenheit Elises, der Anblick „einer reinen natürlich offenen hoffnungs- und liebreichen Seele"[36]. Darum bemühte sich Biedermann, möglichst oft in ihrer Nähe zu sein, und er bekannte: „Jeder Tag war mir verloren da ich sie nicht sehn konnte; und ich erschöpfte alle Mittel die mir die Möglichkeit ihrer Nähe gaben. Ich war gleich anfangs zu predigen aufgefordert worden, hatte aber keine Lust dazu bezeugt; nun aber, weil ich in ihrem Hause ein Zimmer zum studieren, ergriff ich den Anlass mit Freuden."[37] Biedermann wähnte sich in einem „seligen Liebesfrühling"[38].

In dieser spannungsreichen seelischen Verfassung bereitete er für den 9. Oktober eine Predigt über 2. Korinther 3, 17 vor: „Der Herr ist der Geist; wo aber der Geist des Herrn ist, da ist Freiheit."[39] Biedermann suchte sich diesen Text wohl deswegen aus, weil er die beiden wesentlichen Begriffe seines gegenwärtigen theologischen Denkens enthält: „Geist" und „Freiheit". Inwiefern er diese Grundbegriffe Hegelscher Philosophie idealistisch respektive im Sinne einer freien historisch-kritischen Auslegung interpretierte, läßt sich nicht mehr ausmachen. Wahrscheinlich bot er in der Predigt keine positionell-theologische Stellungnahme[40], führte aber seine Lieblingsgedanken aus. Länger als gewöhnlich arbeitete er an dieser Predigt, obwohl die Vorbereitungen trefflich voranschritten, denn in Elises „Nähe waren die Schleusen meines Innern für alles Hohe und Schöne geöffnet und der Fluß der Gedanken strömte reicher", schreibt er schwärmend[41]. Begeistert berichtet er davon, wie sehr sich Elise bemühte, eine wenige Tage vor der Predigt zugezogene Erkrankung zu überwinden, um die Predigt miterleben zu können[42]. Bei den anschließenden Ge-

---

[35] Biedermann, Tagebuch, S. 107.

[36] Ebd.

[37] Ebd.

[38] Biedermann, Tagebuchblätter (September/Oktober 1841), S. 9. Möglicherweise beschrieb Biedermann im Tagebuch seine Gefühle derart detailliert, daß er sie später selber entfernte oder sie von der Ehefrau oder Tochter herausgeschnitten wurden. Erhalten blieb jedoch ein Rückblick auf die Entstehung der Leidenschaft. Siehe Tagebuch, S. 107–109. Auch die Tagebuchseiten, auf denen die ersten Monate seiner Ehe beschrieben wurden, fehlen. Siehe oben S. 9, Anm. 45.

[39] Vom Inhalt der Predigt ist nichts überliefert.

[40] Biedermann, Erinnerungen, S. 418, hält fest, daß es ihm fern gelegen habe, „theologische Standpunktspredigten" zu halten.

[41] Biedermann, Tagebuch, S. 107.

[42] „Wie entzückte mich die ihr sonst fremde Ängstlichkeit und Sorglichkeit mit der sie des Übels bis auf den Sonntag loszuwerden suchte. Und als es auch noch nicht völlig besser war, liess sie sich durch alles Einreden nicht davon abbringen, meine Zuhörerin zu sein"; Biedermann, Tagebuch, S. 107f.

sprächen über die Predigt spürte er, wie intensiv sie auf die Predigt gehört und wie viel sie verstanden habe. Für Biedermann war dies der erhoffte Beweis, Elise beantworte seine Gefühle. Er war sich darum sicher, von ihr geliebt zu werden. Allerdings sah Biedermann sich nicht in der Lage, ein klärendes Wort zu sagen, und er beschränkte sich darauf, keine Gelegenheit auszulassen, Elises Nähe zu suchen und zu genießen. In der Hoffnung, doch seine Gefühle später noch offenzulegen, zögerte Biedermann seine Abreise so lange wie möglich hinaus. Wie schwer ihm dieser Schritt fiel, illustriert eine kleine Episode. Kurz vor Biedermanns Abreise gab Elise ihm einen Brief von seiner Schwester Gertrud zur Lektüre. Biedermann beneidete die Schwester darum, mit seiner Geliebten korrespondieren zu dürfen. Von den Schwierigkeiten, den Brief zurückzugeben, erzählt Biedermann in seinem Tagebuch: „Ich schwankte lange ob ich nicht ein Gedicht, das ihr meine Gefühle aussprach, in dem Brief verborgen ihr zustellen sollte. Mehrmals that ich das Papier in den Brief und nahms wieder heraus und als ich ihn endlich zurückgab, wagte ichs nicht und behielt das Papier bei mir. So konnte ich auch kein Wort von Liebe über die Lippen bringen."[43] Er hoffte deswegen sehr, sein Verhalten sei wenigstens unmißverständlich: „Was ich aber verschwieg redete mein Blick, wenn ich bei Kommen und Gehn ihre Hand länger in der meinen hielt und sie den Druck derselben leise erwiederte, und ich ihr dabei still ins Auge sah, als müßte sie in dem meinigen mein ganzes Inneres sehen können; und ich glaubte in ihrem freundlichen Blick Erwiederung zu lesen. Als ich an jenem Morgen, da ich ihr den Brief meiner Schwester brachte, wieder von ihr ging, reichte sie mir zuerst die Hand; ich hielt sie in der meinen fest und sah still bittend auf ihr Auge; sie schlug es auf, der holdseligste Blick begegnete dem meinen; das Herz schlug mir hörbar, und das Siegel der Zunge war im Begriff sich zu lösen – da trat Jemand herein."[44]

So verließ Biedermann Winterthur, ohne einen klärenden Schritt gewagt zu haben. Er glaubte, Elise später seine Liebe offenbaren zu können. Die Sprachlosigkeit Biedermanns ist bemerkenswert. Dieses Unvermögen war bedingt durch seine mangelnden Erfahrungen: Sein Leben hatte sich bisher allein im Raume einer ausgeprägten Knaben- oder Männerwelt vollzogen.

Mit dieser emotionalen Sprachlosigkeit Frauen gegenüber ging das Bewußtsein einher, daß er als Student ohne eigenes Auskommen gesellschaftlich noch nichts zu bieten hatte. Durfte er sich überhaupt Hoffnungen machen, Elises Hand zu gewinnen[45]? Einerseits verneinte er diese Frage, andererseits wollte er nicht auf sie verzichten und verband seine schönsten Hoffnungen mit ihr. Er glaubte zu wissen, „daß sie einen unendlichen Schatz von Seelenreichthum und Seligkeit" für ihn in sich trug. Biedermann malte sich aus, wie Elise ihn „gerade in der Sphäre des religiösen Lebens mit den schönen Gestaltungen ihres tiefen Gemüths" bereichern

---

[43] Biedermann, Tagebuch, S. 108.
[44] Biedermann, Tagebuch, S. 108f.
[45] „Im 19. Jahrhundert mußte der ordentliche Bürger, der eine Frau suchte, sich erst einmal beruflich etablieren, bevor er ans Heiraten denken konnte"; PETER GAY, Die zarte Leidenschaft. Liebe im bürgerlichen Zeitalter, München 1987, S. 17.

könnte[46]. Seine Aufgabe sah er darin, ihrem Bestreben nach einem klarem Bewußt-sein beizustehen. Seine idealistischen Wünsche und sehnsuchtsvollen Aussichten behielt er jedoch für sich: „Ja ich hoffte, auch einem Bedürfniss in ihr genügen zu können, so daß wir gegenseitig uns forderten in Einem gemeinsamen reichern schönen Leben. An das knüpften sich meine Hoffnungen; nur an diesem Faden lie-fen meine Gedanken hin, gestalteten sich immer reicher und fester. – Anderes be-rechnete ich nicht, und dazu war ich noch voll großer Pläne, mit eigner Thätigkeit meine Zukunft mir zu schaffen und dieses sollte, wenn auch äusserlich nicht, doch innerlich mehr werth sein und auch höher bewerthet werden – dachte ich – als ein äussrer Glückszustand, an dem einer selbst unschuldig ist, zu dem er gekommen, er weiß selbst nicht wie."[47]

Nach einem Monat brach Biedermann am 17. Oktober in Richtung Zürich auf. Dort predigte er am folgenden Sonntagnachmittag in St. Peter über 1. Korinther 2, 10. Dabei konnte er an seine Winterthurer Predigt anknüpfen, denn beide Predigt-texte haben einen pneumatologischen Schwerpunkt. Oeri hörte die Predigt seines Freundes und behielt sie als geistreich in Erinnerung, aber für die Gemeinde am Sonntagnachmittag, die traditionell eine einfachere Ansprache erwartete[48], sei sie zu philosophisch gewesen. Später habe Biedermann viel praktischer gepredigt[49].

II. Das Examen

1. Vorbereitungen und Examensordnung

Am 25. Oktober schließlich reiste Biedermann nach Basel. Seine vorübergehen-de Unterkunft fand er in einem Dachzimmer beim Schuhmacher Ludwig Christ „in der Tiefe"[50]. Verpflegt wurde er jedoch wieder im Hause von Pfarrer Hess. Zu Beginn des Jahres 1842 zog er schließlich wieder zum Spitalpfarrer an den Barfüs-serplatz. Über Biedermanns Leben nach seiner Rückkehr erfahren wir nicht viel. Er vertiefte seine Freundschaft zu Friedrich Holzach und Achilles Lotz, den er schon in Berlin kennengelernt hatte. Ende des Jahres kam endlich der sehnsüchtig erwartete Freund Riggenbach aus Paris zurück. Die letzten Monate des Jahres 1841

---

[46] Biedermann, Tagebuch, S. 109.

[47] Ebd.

[48] Siehe dazu „Vorläufige Beschlüsse der Synode in Beziehung auf Revision des Kultus, aus den Synodalprotokollen vom Wintermonat 1836 und Jenner 1837 abgedruckt", § 11: „Der Nachmit-tagsgottesdienst soll der Belehrung und Erbauung der Jugend durch zusammenhängenden Unter-richt in den Wahrheiten der christlichen Religion gewidmet sein." § 13: „Die Lehrform wechselt zwischen gesprächsweiser Auslegung und anwendender Rede." Abgedruckt bei JOHANN HEIN-RICH ZIMMERMANN, Das Zürcher Kirchenwesen oder Sammlung der hierüber in Kraft bestehen-den Gesetze, Beschlüsse und Verhandlungen seit 1831, Zürich 1839, S. 143f.

[49] JOHANN JACOB OERI, Persönliche Erinnerungen an A. E. Biedermann, in: KBRS 1881, Nr. 11–19, S. 64.

[50] Im „Neuen Nummern- und Adreßbuch der Stadt Basel. Unter Zugrundelegung der neuen Strassen- und Häuserbezeichnungen", Basel 1841, S. 41, trägt das Haus die Nummer 1073.

standen ganz im Zeichen der Examensvorbereitung. Allein eine Vorlesung über neuere Kirchengeschichte besuchte Biedermann im Wintersemester bei Hagenbach. Die öffentliche Vorlesung für ein größeres Publikum las Hagenbach im Spital über die Kirchengeschichte des 18. Jahrhunderts, die er als Entzweiungsgeschichte des Protestantismus interpretierte. Die Vorlesung galt ferner als Fortsetzung seiner Vorlesungen über Wesen und Geschichte der Reformation[51].

Gemäß der „Ordnung der Prüfungen bei der theologischen Fakultät und dem theologischen Convent zu Basel" aus dem Jahr 1829 hatten sich die Examenskandidaten im Wintersemester am ersten Montag im Januar zum Examen anzumelden. Die Anmeldung der Bewerber, „Petenten" genannt, erfolgte beim Antistes, dem Präses der Basler Kirche. Dabei mußten die Kandidaten das Zeugnis des Pädagogiums, akademische Zeugnisse und eine tabellarische Übersicht über die gehörten Vorlesungen abgeben. Ferner war ein deutsch geschriebener Lebenslauf zu verfassen, in dem die Petenten Rechenschaft über die Wahl des Theologiestudiums und über den „Entwicklungsgang ihrer christlichen und wissenschaftlichen Bildung" zu geben hatten[52]. Jene Petenten, die ein vollständiges Studium absolviert hatten[53], wurden ohne weiteres vom Antistes zum Examen zugelassen. Falls diese Voraussetzung nicht erfüllt wurde, mußte eine Konventsberatung[54] abgewartet werden. Die Prüfung bestand aus mehreren Schritten. Nach der Meldung beim Antistes und der Prüfung der Unterlagen durch denselben wurde der Petent an den Dekan der theologischen Fakultät verwiesen. Von diesem erhielt der Kandidat die Themen für die schriftlichen Hausarbeiten: Anzufertigen waren eine exegetische Arbeit in lateinischer und eine dogmatische Abhandlung in deutscher Sprache. Der Antistes hatte schließlich das Recht, dem Kandidaten einen biblischen Text zu nennen, zu dem er einen Predigtentwurf vorzulegen hatte. Bis zum Ende der Meldungswoche mußten die Themen in den Händen des Kandidaten sein. Die fertigen Arbeiten waren spätestens in der zweiten Woche des März abzugeben, damit sie unter den Mitgliedern des Konvents zirkulieren konnten[55]. Nach Abgabe der Arbeiten nahmen die Kandidaten am Generalexamen teil. Anhand der Bewertungen dieses Examens und der eingelieferten Arbeiten wurde in einer besonderen Konventssitzung entschieden,

---

[51] Semesterbericht Wintersemester 1841/42, StABS: Erziehungsakten X 34. Zum Inhalt der Vorlesung siehe KARL RUDOLF HAGENBACH, Die Kirchengeschichte des achtzehnten und neunzehnten Jahrhundert aus dem Standpunkte des evangelischen Protestantismus betrachtet in einer Reihe von Vorlesungen, Leipzig 1843.

[52] Ordnung § 11.

[53] § 9 der „Ordnung" bestimmt, daß ein vollständiger Lehrkurs über vier Jahre zu gehen habe. Auswärtige Studenten mußten mindestens drei Jahre studiert haben.

[54] Der Konvent bestand aus den geistlichen Mitgliedern des Kirchenrates, nämlich aus den vier Hauptpfarrern und vier Professoren. Seine Aufgaben waren die Prüfung und die Ordination der Kandidaten. Der Kirchenrat war die oberste kirchliche Behörde. Ihr gehörten die vier Hauptpfarrer, die ordentlichen Professoren, je zwei Mitglieder der Regierung und der Bürgerschaft an, die vom Kleinen Rat gewählt wurden; siehe GEORG FINSLER, Kirchliche Statistik der reformirten Schweiz, Zürich 1854, S. 174f.

[55] Ordnung § 12.

ob der Petent zu den weiteren Prüfungen zugelassen werden solle[56]. Weitere Prüfungen waren erstens die „Tentamina privata" bei allen Konventsmitgliedern. Dabei wurden die Kandidaten in ihren lateinischen, griechischen und hebräischen Sprachkenntnissen geprüft. Bei den ersten beiden Sprachen waren die Kirchenväter und Flavius Josephus zu berücksichtigen. Zweitens erhielten die Kandidaten Stellen aus dem Alten und Neuen Testament, über die sie innert zwei bis drei Stunden, nur mit einem griechischen und hebräischen Lexikon ausgerüstet, in lateinischer Sprache kurze Aufsätze zu schreiben hatten. Drittens schließlich wurde der Predigtentwurf zu einem „förmlichen Kanzelvortrag" ausgearbeitet. Dazu bekamen die Kandidaten vierzehn Tage Zeit[57]. Wenn der Konvent die bis dahin vollbrachten Leistungen als genügend erachtet hatte, wurde der Petent zum Finalexamen zugelassen. In dieser Prüfung hatten die Professoren gemäß der Examensordnung „außer andern wesentlichen Fächern vorzüglich in der Glaubens- und Sittenlehre mündlich" in deutscher Sprache zu prüfen. Fiel auch diese Prüfung positiv aus, so wurde ein Termin für die Probepredigt bestimmt, „und wenn diese den billigen Erwartungen entsprochen hat, die Ordination öffentlich in der Kirche ertheilt"[58]. Über den Verlauf der Prüfungen wurde jeweils ein Protokoll angefertigt.

2. Motivation und Spekulation – Biedermanns theologischer Lebenslauf

Biedermann meldete sich am 3. Januar 1842 zusammen mit Riggenbach, Oeri und Friedrich Oser zum Examen an. Dabei reichte er gemäß der Prüfungsordnung sein „Curriculum vitae" ein, das er im Dezember verfaßt hatte. Biedermanns Lebenslauf[59] beinhaltet neben einem kurzen biographischen Abriß im zweiten Teil die Beschreibung seines wissenschaftlichen Studiums. Der dritte Teil schließlich behandelt das Verhältnis von wissenschaftlicher Theologie und Kirche.

Biedermann beschreibt in seinem Lebenslauf seinen Weg zur spekulativen Theologie. Ohne Rücksicht auf nachteilige Konsequenzen strich er die Bedeutung von Strauß und Vatke für seine theologische Entwicklung heraus. Da die spekulative Theologie unter den Basler Theologen mit Argwohn, wenn nicht gar mit Ablehnung bedacht wurde, mußte Biedermann mit ungünstigen Folgen rechnen. Man akzeptierte die spekulative Theologie nämlich nicht als eine theologische Richtung innerhalb der Kirche, sondern deklarierte sie offen als Gegnerin der Kirche und des christlichen Geistes[60]. Wegen dieser mißbilligenden Haltung in der Basler Kirche

---

[56] Ordnung § 13.
[57] Ordnung § 14.
[58] Ordnung § 15.
[59] Es gibt drei Versionen. Die offizielle für den Konvent, sie umfaßt kleiner geschrieben 12 Seiten (StABS: Kirchenarchiv N 17), die Dokumentation im Tagebuch, S. 89–98, und jene in Biedermanns Privatnachlaß (A.II.a und b). Letztere ist insofern von besonderem Interesse, als sie redaktionelle Überarbeitungen zeigt. Riggenbach hatte Biedermann zu einer Kürzung des Textes angeregt; so Biedermann, Tagebuch, S. 89. Im folgenden werde ich mich auf letztere Version beziehen. Siehe auch BIEDERMANN, Erinnerungen, S. 401f.
[60] HAGENBACH beispielsweise setzte sich sehr kritisch mit Strauß in seiner „Kirchengeschichte des achtzehnten und neunzehnten Jahrhunderts" auseinander; siehe Teil 2, S. 380–383. Hagen-

fügte Biedermann den dritten Teil des „Curriculum vitae" hinzu. Darin führt er aus, die spekulative theologische Ausprägung stehe dem Dienst in der Kirche keineswegs im Wege. Um seinem Wunsch, Pfarrer zu werden, Nachdruck zu verleihen, erläutert er seine Ansicht des Verhältnisses von Kirche und Wissenschaft[61]. Da sich der Petent zu diesem Zeitpunkt noch nicht sicher war, ob er überhaupt ein Pfarramt übernehmen wolle, dürfte seine Willensbekundung primär von taktischen Erwägungen geleitet worden sein.

Am Anfang seiner Erörterungen verweist Biedermann auf seinen Ausgangspunkt und erläutert seine Motivation, Theologie zu studieren. Er habe sich von Beginn an aus rein wissenschaftlichem Interesse um das „Selbstbewußtsein des Geistes" bemüht. Sein Ziel war, dessen Inhalt zu gewinnen. Dabei erfuhr er die Religion als geistiges Zentrum und konzentrierte sich deswegen auf die Theologie. Nach und nach sei er immer tiefer in die theologischen Fragen eingedrungen. Dabei sei der Wunsch erwachsen, über die eigene Vermittlung von Theorie und Praxis hinausgehend, seine Erkenntnisse anderen mitzuteilen, ihnen im praktischen Leben Raum zu geben. Biedermann wollte den religiösen Einsichten in den menschlichen Wissenschaften Anerkennung und Wirklichkeit verschaffen. Dies sei der Grund, in den Dienst der Kirche zu treten. In dieser knappen Form erklärt sich Biedermann in der offiziellen Version seines Lebenslaufes. Eine frühere, umfangreichere Fassung läßt manche Gedanken verständlicher werden. Biedermann betont in einer gestrichenen Passage, er habe während seines Studiums die Wissenschaft als alleinige Richtschnur akzeptiert und die Erkenntnis der Wahrheit als einziges Ziel angestrebt. Damit skizzierte er in hermeneutischer Hinsicht sein theologisches Programm: das Programm einer wissenschaftlichen und freien Theologie. Ihm ging es dabei allein darum, die Erkenntnis des christlichen Geistes von den ersten urchristlichen Urkunden durch die Geschichte hindurch zu verfolgen und die Entwicklung seines Wesens im menschlichen Bewußtsein bis in die Gegenwart nachzuzeichnen. Er habe sich dabei allein, ohne sich durch irgendeine Rücksichtnahme von diesem Weg abbringen zu lassen, am Streben nach rein wissenschaftlicher Er-

---

bach vermißte den persönlichen Halt in der Geschichte. Dieser fehle allen pantheistischen Systemen. Zum Vorwurf des verlorenen Haltes siehe auch die Kritik an Biedermann durch den Konvent; unten S. 337. Hagenbach schließt seine Ausführungen zum Hegelianismus in der Theologie offen und bildlich ab: „Mag daher immerhin der Hegelianismus als ein Riesenschwert gedacht werden, das in der Hand eines Helden wohl manche Wunden zu schlagen, aber auch manchen ritterlichen Kampf mit Ehren zu bestehen vermag – in der Hand der Kinder unsrer Zeit ist es eben ein Schwert in Kindeshand, womit noch schweres Unglück wird angerichtet werden. Ob es den ehrenwerthen Männern der sogenannten, rechten Seite gelingen wird, der Linken das Schwert zu entwinden und es dann so zu führen, daß sie damit ihrem Meister und sich den Siegeskranz erficht, lassen wir dahingestellt" (S. 384).

[61] Biedermann, Curriculum vitae, S. 11. In seinen „Erinnerungen", S. 401, hielt Biedermann fest: „Wir waren unserer persönlichen Ueberzeugung nach durch dieselbe [die kritisch-spekulative Richtung] in keiner Weise mit der Aufgabe des geistlichen Berufes in der Kirche in Zwiespalt geraten, lebten im Gegentheil der unbeirrten Ueberzeugung, durch das rückhaltlose Streben nach einer freien wissenschaftlichen Glaubenserkenntniss uns nach der theoretischen Seite am wahrsten und fruchtbarsten auch für den praktischen Dienst der Kirche vorbereitet zu haben."

kenntnis orientiert[62]. Er wolle nicht historische Ereignisse und theologische Positionen wie Perlen an einer Kette aneinanderreihen, sondern sei bestrebt, in spekulativer Manier innere Zusammenhänge und notwendige Entwicklungsstufen herauszuarbeiten.

Die Kirche, so fährt er in seinem offiziellen Lebenslauf fort, habe innerhalb des Staates – wie die Schule – die Aufgabe der Integration: Dient die Schule der intellektuellen Seite des Menschengeistes, so die Kirche der religiösen. Als Staat definiert Biedermann die „Totalität der Verwirklichung allen Inhalts, der im Menschengeist an sich ist und Wirklichkeit sucht"[63]. Als Zweck der Kirche benennt Biedermann, den christlichen Geist, der von der Theologie theoretisch betrachtet wird, praktisch ins Leben einzuführen. Das heißt, „ihm in der Durchdringung und Verklärung aller Lebensverhältnisse Wirklichkeit zu geben und ihm zum Ausdruck für die Anschauung zu dienen"[64]. Daran anschließend bestimmt Biedermann das Wesen des Glaubens: Glaube ist die Durchdringung, Läuterung und Beherrschung des einzelnen Selbstbewußtseins durch den allgemeinen, objektiven göttlichen Inhalt. Die Einheit von Einzelnem und Göttlichem in Gesinnung und Willen ist der Glaube in seinem spezifischen Sinn. Dieser Glaube ist Anfang und Ziel der Kirche, wobei dieser Glaube freilich mehr ist als blinde Überzeugungstreue. Für Biedermann wurde der Glaubensinhalt zunehmend entscheidend, und damit gewann das theoretische Moment des Glaubens an Bedeutung. Solchermaßen ergibt sich für ihn ein organischer Zusammenhang von Kirche und Wissenschaft. Dieses Verhältnis bringt mit sich, daß von den Pfarrern, den Dienern der Kirche, ein bestimmtes Maß von theologischem Wissen zu verlangen sei[65]. Hier aber komme es zu einem schwerwiegenden Problem: Der Kirche stehe zwar ihren Theologen gegenüber eine Prüfung ihrer theologischen Ansichten, ihres Glaubens zu, doch bleibe die Prüfung ihrer theoretischen Wahrheiten allein die Sache der theologischen Wissenschaft. Denn dazu habe die Kirche nicht „Beruf" und Mittel, streicht der Kandidat hervor.

In der ersten Fassung des Curriculums wird Biedermann an dieser Stelle wiederum deutlicher. Er betont, die Kirche habe weder Recht noch „innere Macht", die theoretischen Grundlagen zu prüfen. Ferner müsse die Kirche die Wissenschaft als „Blutsverwandte neben sich" anerkennen und dürfe sie „nicht als unselbständige Magd" unter sich betrachten[66]. Nach Biedermann ließe sich das Problem wohl lösen, doch dürfe man es nicht, wie es die Kirche getan habe, einfach niederschlagen. Die Kirche habe sich nämlich selbst zu einer wissenschaftlichen Partei erhoben, die bis ins Einzelne bestimmte theologische Ansichten unmittelbar für die allein kirchlich akzeptablen erkläre. Von diesem Standpunkt aus würden nun andere dogmatische Standpunkte verworfen. Solange die Kirche diese Stellung beanspruche, ist für Biedermann freilich an eine Lösung des Problems nicht zu denken.

---

[62] Curriculum vitae, S. 12.
[63] Ebd.
[64] Ebd.
[65] Curriculum vitae, S. 13.
[66] Ebd.

In Biedermanns Ausführungen bleibt undeutlich, an welche konkrete Gestalt von Kirche er denkt. Manche seiner Aussagen klingen so, als würden sie im Zusammenhang mit der Berufung von Strauß nach Zürich stehen. Sicherlich wird Biedermann primär die Basler Kirche ins Auge fassen, da er ahnte, welche Schwierigkeiten auf ihn von Seiten der Kirchenleitung zukommen könnten. Dann wäre „Kirche" die verfaßte Kantonalkirche mit ihrer offiziellen Glaubensgrundlage in Form der „Basler Konfession", vertreten durch den Kirchenrat, den Konvent und die Pfarrerschaft. Doch allein auf die konkrete Institution bleiben seine Aussagen nicht beschränkt, sie besitzen auch einen allgemein ekklesiologischen Zug.

Die Wissenschaft nun, fährt Biedermann fort, stehe in einem fortlaufenden Prozeß. Ihre Urteile seien einem ständigen kritischen Hinterfragen ausgesetzt, so daß ihre Ergebnisse nicht in allgemeingültigen Dekreten festgehalten werden können, denn „die Weltgeschichte ist das Weltgericht". Dogmatische Entscheidungen der Kirche können für Biedermann nur eine historisch bedingte Fassung des Glaubens sein. Als objektiv gültiger Beschluß in Form eines Bekenntnisses stehen die kirchlichen Symbole dem sich unaufhaltsam entwickelnden Geist entgegen[67]. Doch die Kirche erkläre diese bloß historischen Lehrentscheidungen auch in der Gegenwart zu den einzig legitimen, wendet Biedermann ein. Auf Dauer sei dieser Anspruch aber in der Kirchengeschichte nicht aufrechtzuerhalten gewesen, und die Kirchen hätten die Geltung der Symbole einschränken müssen. An ihre Stelle trat – so Biedermann – als absolute Norm und Autorität die Bibel. Doch diese kann Biedermann nicht als solche anerkennen, da sie den christlichen Geist nicht rein als solchen enthalte, sondern in verschiedenartigen Formen des theoretischen Bewußtseins, die in ihrer Relativität und Vorläufigkeit schon längst durch die Wissenschaft erkannt worden seien. Schließlich ist es die Aufgabe der wissenschaftlichen Theologie, den hinter den historisch bedingten biblischen Vorstellungen liegenden Begriff zu erheben.

Damit wendet sich Biedermann gegen das Verständnis der Bibel als Formalprinzip und stellt sich in die Tradition Schleiermachers, der in der „Glaubenslehre" erklärt: „Das Ansehen der Heiligen Schrift kann nicht den Glauben an Christum begründen, vielmehr muß dieser schon vorausgesetzt werden, um der Heiligen Schrift ein besonderes Ansehen einzuräumen."[68] Zudem stimmen nach Bieder-

---

[67] „Mag auch die zur kirchlichen erhobene dogmatische Bestimmung, zur Zeit, als sie es wurde, wirklich auch die wahrste, wissenschaftlich berechtigste gewesen sein: Die Wissenschaft schritt vorwärts und auch über sie hinweg. Sie wurde factisch zu einer nur noch historischen Erscheinung"; Biedermann, Curriculum vitae, S. 13f. Den Entwicklungsgedanken hatte auch Marheineke in seiner „Symbolik" betont. Deutlicher jedoch ist hier Biedermanns Anknüpfung an F. C. Baur zu erkennen, denn auch für Baur konnte es nicht darum gehen, fixierte, zeitlose Symbole festzuhalten. Man müsse vielmehr den geschichtlichen Entwicklungsprozeß der Dogmatik bejahen. Vgl. auch Friedrich Schleiermacher, Der christliche Glaube nach den Grundsätzen der evangelischen Kirche im Zusammenhange dargestellt (1830/1831), 2 Bde. hrsg. von Martin Redeker, Berlin [7]1960, S. 317; Felix Flückiger, Die protestantische Theologie des 19. Jahrhunderts, Göttingen 1975, S. 32.

[68] Schleiermacher, Glaubenslehre (1830/1831), Bd. 2, S. 284. Zum Schriftverständnis siehe auch Wilhelm Vatke, Religionsphilosophie oder allgemeine philosophische Theologie, nach

mann in dieser Bewertung alle theologischen Richtungen mehr oder weniger überein. Die Unterschiede seien hier allein quantitativ different, nicht aber qualitativ. Für die Kirche habe diese Entwicklung weitreichende Folgen. Ihr in Anspruch genommenes Recht, über theologische Auffassungen zu entscheiden und eine bestimmte als kirchliche Lehrmeinung zu erklären, werde in der Praxis zwangsläufig weitgehend aufgehoben. Theoretisch, als Buchstabe der kirchlichen Verfassung aber bleibe dieses Recht bestehen, kritisiert Biedermann.

Seine Gegenwart beschreibt Biedermann folglich als einen „schwankenden Zustand". Gegen jene Stimmen aus dem Bereich des Pietismus und der Erweckungsbewegung, die einen Verfall der Kirche prognostizieren, deutet Biedermann seine Zeit optimistisch. Man erlebe eine Periode des Übergangs zu einer klareren und wahreren Erfassung des Wesens und Zwecks der Kirche. Dabei spiele die spekulative Theologie eine prägende Rolle und Biedermann appelliert an die Kirche, gerade mit den Vertretern jener bisher bekämpften Richtung in einen offenen Dialog zu treten.

Vor allem durch seine These bezüglich der Autorität der Bibel und der symbolischen Schriften im Zusammenhang mit seiner entwicklungsgeschichtlichen Deutung provozierte Biedermann den Konvent zu Widerspruch. Dem Konvent und auch dem Petenten selber mußte sich die Frage stellen, wie unter diesen theologischen Voraussetzungen die Verpflichtung auf die Heilige Schrift und auf die Basler Konfession erfolgen könne.

In einem weiteren Abschnitt des Lebenslaufes fragt Biedermann nach der wahren Erfassung des Wesens und des Zweckes der Kirche. Ferner untersucht er das Verhältnis von theologischer Ansicht und Glauben. Seine erste christologische Antwort lautet: Christus hat nicht ein dogmatisches System gebracht, sondern einen neuen Geist und einen neuen Glauben. Dieser neue Glaube qualifiziere sich dadurch, daß sein Inhalt nicht aus einer einfachen theoretischen Objektivität, einer Ansicht, sondern aus einem geistigen Wechselverhältnis zwischen dem glaubenden Subjekt und dem göttlichen Objekt bestehe. Dieses Wechselverhältnis basiere auf zwei Polen: Auf der einen Seite steht als Subjekt der endliche Mensch, der sich als Teil der Welt weiß; auf der anderen Seite die Ansicht, die wissenschaftliche Auffassung von Gott und dem Göttlichen. Biedermann betont, daß es sich nicht um das Göttliche schlechthin handeln könne, denn „beide Factoren des theoretischen Bewußtseins der Menschen von sich und von Gott für sich sind ihrem Wesen nach mit dem Menschen endlich"[69]. Wegen seiner Endlichkeit muß das theoretische Bewußtsein auch kontinuierlich weiterentwickelt werden. Dennoch könne dieses Wechselverhältnis im Bewußtsein dem Verhältnis entsprechen, wie es in Wahrheit objektiv zwischen Gott und Mensch stattfinde. „Dann ist es bei der Endlichkeit seiner Factoren ein qualitativ Unendliches [...] in dem wechselnden sich weiterbildenden ein vollendetes Absolutes, im Menschlichen das verwirklichte Göttliche.

Vorlesungen, hrsg. von Hermann G. S. Preiss, Bonn 1888, S. 634f., der wie sein Schüler Biedermann ein „Evangelium des Geistes" fordert.

[69] Curriculum vitae, S. 15.

Dieß absolute religiöse Verhältniß ist mit Christo in das Bewußtsein der Menschheit gekommen und seitdem die weltüberwindende Macht des Christenthums."[70]
Dieses absolute religiöse Verhältnis im Selbstbewußtsein ist für Biedermann der
Glaube, durch den allein der Mensch Rechtfertigung erlangt[71]. Diesen Glauben zu
erhalten und zu fördern, bleibe die Aufgabe der Kirche. Die Gestaltung des Glaubens, seine theoretische Aus- und Weiterbildung aber gehört in den Bereich der
theologischen Wissenschaft. „Und je sicherer und gewisser die Kirche ihres göttlichen Inhalts in sich ist, desto ruhiger kann sie die Wissenschaft in und neben sich
absolut frei gewähren lassen"[72]. Dann sei die Wissenschaft nicht eine Feindin der
Kirche, sondern ein anderes „Glied desselben vom gleichen Geiste beseelten Leibes, das aber seine besondern Bewegungen hat"[73]. Die theologische Wissenschaft
in Gestalt der spekulativen Theologie entferne sich freilich bei der Ausbildung des
theoretischen Bewußtseins weiter als andere theologische Schulen von der Bibel
und von der Kirchenlehre. So werde durchaus erklärlich, warum man sie für un-
oder widerchristlich halten könne. Doch je treuer sie sich ihrem eigenen Prinzip
entsprechend durchbilde, desto genauer werde sie das Verhältnis zwischen der Ansicht von Gott und dem endlichen Geist wissenschaftlich erfassen können.

Auch wenn die spekulative Theologie auf der wissenschaftlichen Ebene eine Distanzierung von der Kirchenlehre vollziehe, so zeige sie doch den Wunsch, in den
Dienst der Kirche zu treten, weil sie von der Identität des eigenen religiösen Verständnisses und Glaubens mit dem Christi und mit dem der Kirche überzeugt sei.
Daran ändere sich auch nichts, „wenn im Bau der Glaubenslehre kein Stein unver-
rückt bleiben sollte"[74]. Inwiefern diese Identität zutrifft, habe die Kirche zu prüfen.
Als Versiegelung und Bestätigung dieser Identität gilt Biedermann die Verpflichtung auf die Heilige Schrift und auf die symbolischen Schriften der Landeskirche.
Biedermann will sich nicht mit faulen Kompromissen zufriedengeben; darum äußert er sich so ausdrücklich zum Verhältnis von Kirche und Wissenschaft. Hier deutet sich eines jener Themen an, das ihn sein Leben lang beschäftigen sollte.

Abschließend betont Biedermann noch einmal: Wenn die Verpflichtung auf die
Symbole die unmittelbare Annahme eines dogmatischen Systems oder auch nur
einzelner bestimmter Loci einschließe, könne er die Verpflichtung nicht leisten.
Das sei ein unerlaubter Übergriff der Kirche in den Bereich der Wissenschaft.
Wenn indes durch die Verpflichtung die Identität des protestantischen Glaubens be-
zeugt werde, dann ist diese abzulegen[75]. Die Verpflichtung geschehe aber im Sinne

---

[70] Ebd.
[71] Curriculum vitae, S. 16. In Biedermanns Ausführungen schimmern schon deutlich jene Gedanken durch, die er in seiner „Freien Theologie" 1844 ausführen wird. Nämlich jene Grundbestimmung der Religion als Beziehung des Menschen auf sein eigenes Wesen. Der Glaube lebt
nach Biedermann auf der endlichen, anthropologischen Ebene. Glaube und damit religiöse Erfahrung können somit nicht als supranaturales Wirken Gottes begriffen werden.
[72] Ebd.
[73] Ebd.
[74] Curriculum vitae, S. 17.
[75] Vgl. F. C. Baur, der auch auf die Notwendigkeit eines Symbols für die protestantische Kirche

des Protestantismus nicht auf den Buchstaben, sondern auf den Geist der Bibel und des Symbols.

Auch wenn die offizielle Version des Lebenslaufes gegenüber der ersten Fassung zurückhaltender formuliert ist, legt Biedermann ein mutiges Zeugnis seiner Überzeugungen vor, dessen Folgen er realistisch abschätzen konnte. Was ihn letztlich veranlaßte, sich dem Konvent gegenüber bewußt rückhaltlos zu äußern, erklärt eine Bemerkung in seinen „Erinnerungen". Er habe gehofft, durch seine Offenheit Vertrauen von seiten der kirchlichen Behörden in die Redlichkeit seines Willens zu gewinnen[76]. Daß seine Äußerungen für Aufruhr im Konvent sorgen würden, davon mußte Biedermann ausgehen. Der Widerstand einiger Pfarrer im Konvent war abzusehen. Biedermanns Differenzierung von Theologie und Kirche mit ihren jeweiligen speziellen Aufgaben sowie sein Verständnis des Glaubens war für einen gemäßigt positiven oder orthodoxen Theologen in Basel keineswegs annehmbar. Zudem besitzen Biedermanns Ausführungen zu der Frage, warum er Diener der Kirche werden wolle und inwiefern er sich auf das Basler Bekenntnis verpflichten könne, nicht die nötige Eindeutigkeit und Überzeugungskraft. Auch wenn man seiner Differenzierung von Kirche und theologischer Wissenschaft folgen mag, so bleibt seine Stellung in diesem Spannungsfeld schwankend und undeutlich. Erstaunlich bleibt indes, mit welchem Vertrauen sich Biedermann der kirchlichen Prüfungsbehörde gegenüber offenbarte. Die Gründe für diese eher atypische Einstellung eines Examenskandidaten lassen sich nur durch die Verbundenheit mit seinen Basler Lehrern erklären, mit deren Fürsprache er rechnete. Allerdings vertraute Biedermann auch auf den Antistes Burckhardt. Seine feine und bedächtige Art hob ihn in den Augen Biedermanns wohltuend von den eifrigen und umtriebigen Pietisten und Herrnhutern in Basel ab[77].

3. Unruhe im Konvent

Kaum überraschend, zeigte sich der Konvent mit Biedermanns Erklärungen nicht zufrieden. In der Konventssitzung vom 14. Februar 1842 wurden die Examensanmeldungen der vier Kandidaten Biedermann, Oeri, Oser und Riggenbach besprochen. Zuvor hatten die Lebensläufe bei den Mitgliedern des Konvents[78] zir-

---

zur Bewahrung ihrer Identität hinweist; PETER FRIEDRICH, Ferdinand Christian Baur als Symboliker, Göttingen 1975, S. 101.

[76] BIEDERMANN, Erinnerungen, S. 401.

[77] Zur Charakterisierung Burckhardts siehe WERNER KAEGI, Jacob Burckhardt. Eine Biographie, Bd. 1: Frühe Jugend und baslerisches Erbe, Basel 1947, S. 155–194.

[78] Zum Konvent gehörten die vier Professoren Hagenbach, de Wette, Stähelin und Müller sowie die vier Basler Hauptpfarrer: Antistes Jacob Burckhardt (Münster), Simon E. La Roche (Sankt Peter), Daniel Kraus (1786–1846, Sankt Leonhard) und Johann Jakob Bischoff (1785–1864, Sankt Theodor). Zu den Pfarrern siehe KARL GAUSS, Basilea Reformata. Die Gemeinden der Kirche Basel Stadt und Land und ihre Pfarrer seit der Reformation bis zur Gegenwart Basel 1930; ferner zu Bischoff: EDUARD BERNOULLI, Leichenrede bei Beerdigung des Herrn Johann Jakob Bischoff Pfarrers zu St. Theodor gehalten den 23. Christmonat 1864, Basel 1864, S. 11–20 (Personalia); zu La Roche: J. J. MIVILLE, Leichenrede bei Beerdigung des Herrn Simon Emanuel La Roche, Pfar-

kuliert, nun konnte die Aussprache erfolgen. Über die Kandidaten Oser und Oeri war man sich rasch einig. Hingegen wurden die Lebensläufe von Biedermann und Riggenbach ausführlich und kritisch besprochen[79]. Die Konventsmitglieder bedauerten, daß sich in den „Curricula vitae" von Riggenbach und Biedermann der Hegelsche Einfluß „so weit geltend mache". Ferner würden die beiden Petenten auch in Frage stellen, ob sie sich auf die Heilige Schrift und die Basler Konfession verpflichten können. Demgegenüber hob der Konvent lobend ihre aufrichtige Sprache hervor: Biedermann und Riggenbach hätten ihre theologischen Wurzeln kompromißlos offengelegt. Diese Ehrlichkeit nötigte bei aller inhaltlichen Kritik Respekt ab. Neben der Würdigung ihrer Offenheit hält der Konvent auch ihre wissenschaftliche Tüchtigkeit und ihre integre Gesinnung fest. Diese positiven Voten stammen wahrscheinlich von den Universitätsprofessoren, hier vor allem von de Wette und Hagenbach. Die beiden Hochschullehrer wußten um das überdurchschnittliche intellektuelle Niveau und das wissenschaftliche Engagement der beiden Studenten. Darum plädierten sie im Konvent für eine Zulassung der umstrittenen Petenten zu den weiteren Examina.

Bei den Überlegungen, wie man weiter mit Riggenbach und Biedermann zu verfahren habe, bildeten sich im Blick auf Biedermann zwei Meinungen. Es wurde vorgeschlagen, Biedermann solle an seine Heimatkirche nach Zürich verwiesen werden[80]. Die Argumentation ist nicht überliefert, doch liegt sie auf der Hand: Die Ablehnung Biedermanns scheint für jene Konventsmitglieder die einfachste Lösung gewesen zu sein. Warum auch sollte man einem Winterthurer, der dazu noch Hegelianer ist, in Basel Tor und Tür öffnen? Um nachfolgende Probleme und Streitereien auszuschließen, war eine Nichtzulassung zum Basler Examen augenscheinlich der sicherste Weg, Ruhe und Einheit in der Basler Kirche zu bewahren. Diese Meinung vertraten die positiven Pfarrer La Roche und Bischoff[81]. Auch Professor Stähelin äußerte sich eher negativ[82]. Möglicherweise wurde von der Minorität auch ausgiebig auf die wenige Jahre zurückliegenden Ereignisse um David Friedrich Strauß in Zürich hingewiesen.

Die Mehrheit des Konvents beschloß aber, erst einmal mit Biedermann zu reden. Ferner sollte Biedermann darauf hingewiesen werden, daß der Konvent „nur auf die Bedingung hin die Zulassung gestatten könne, daß er sich bona fide die Verpflichtung auf die H. Schrift und die Confession gefallen lasse. Falls er dieß nicht

---

rers der Petersgemeinde in Basel, gehalten den 23. Jenner 1861 in der St. Peterskirche, Basel o. J., S. 11–16 (Autobiographie); zu Kraus siehe „Aus den Aufzeichnungen von Pfarrer Daniel Kraus 1786–1846", bearb. von Paul Meyer, in: Basler Jahrbuch 1910, S. 54–102; 1912, S. 53–138.

[79] Protokoll der theologischen Prüfungen; StABS: Kirchenarchiv N 37.

[80] Das Protokoll nennt keine Namen.

[81] Biedermann, Tagebuch, S. 99.

[82] BIEDERMANN, Erinnerungen, S. 402, erwähnt, daß zwei Pfarrer und Professor Stähelin Gespräche mit ihm und Riggenbach gewünscht hätten. Antistes Burckhardt hatte sich in den Verhandlungen als wohlwollend, weitherzig und „freisinnig" erwiesen. Daß Burckhardt nicht „freisinnig" im üblichen Sinne des Wortes gewesen sei, sondern „feinsinnig" erklärt OERI, Erinnerungen, S. 62, unter Berufung auf Biedermann.

annehmen könne, rathe ihm der Convent einstweilen zu warten bis er ohne Rückhalt die Ordination auf obigem Grunde begehren könne"[83]. Bezüglich Riggenbach wurde gleichermaßen entschieden, allein der Hinweis auf Zürich fehlt. Biedermann und Riggenbach wurden nach der Sitzung vom Antistes zu einem Gespräch gebeten, in dem sie besonders ihre Haltung zur Verpflichtung auf Bibel und Konfession erklären sollten. Der Antistes gab sich mit ihren Erläuterungen zufrieden[84].

4. Die dogmatische Examensarbeit

Biedermann schrieb von Januar bis Mitte März seine Examensarbeiten. Das Thema der anzufertigenden dogmatischen Abhandlung, das Dekan Stähelin stellte, lautete: „Ueber Bedeutung und Geltung des Alt=Testamentlichen Gesetzes im Neuen Testament und in der Kirche"[85]. Die lateinische exegetische Arbeit war über die Verse 18–28 aus dem achten Kapitel des Römerbriefes zu schreiben. Biedermann reichte seine dogmatische Arbeit am 10. März ein[86].

Biedermanns dogmatische Examensarbeit umfaßt zwölf Paragraphen auf 64 Seiten[87]. Im ersten Paragraphen legt Biedermann einige grundsätzliche Aspekte seiner wissenschaftlichen Sichtweise vor. Mit Nachdruck erklärt er, daß das Neue Testament nicht als ein kompaktes ganzes Schriftstück verstanden werden dürfe. Vielmehr handle es sich hier um eine Sammlung verschiedenster theologischer Richtungen, deren chronologische und inhaltliche Beziehungen zu berücksichtigen seien. Um „historisch treu" der Fragestellung nachgehen zu können, unterscheidet Biedermann vier Entwicklungsstufen. Die erste nennt er die „Lehre Jesu", zweitens spricht er vom Kreis der ersten Gläubigen auf dem Boden des Judentums. Hernach folgt Paulus, den Biedermann als den eigentlichen „Begründer der wahren Selbständigkeit des Christenthums" beschreibt. Er habe nämlich sein Verhältnis zum alttestamentlichen Gesetz aus seinem inneren Wesen auch theoretisch begründet. Schließlich verweist Biedermann viertens auf die weitere Entwicklung in der Kirchengeschichte. Diese setze die schon im Neuen Testament enthaltenen Gegensätze fort[88]. Schon in diesem Aufriß wird ersichtlich, wie Biedermann von einer dia-

---

[83] Protokoll vom 14. Februar 1842.

[84] Biedermann, Tagebuch, S. 99.

[85] Biedermann, Tagebuch, S. 98. OERI notiert in seinen „Erinnerungen", S. 62, er habe seine Examensarbeit über das Thema „Der Apostel Paulus und sein Verhältniß zum alttestamentlichen νόμος geschrieben.

[86] So der Eingangsvermerk auf dem Manuskript; dieses findet sich im Nachlaß Biedermanns: A.III.b.9. Die exegetische Untersuchung ist nicht mehr vorhanden.

[87] § 1: „Eintheilung", § 2: „Das Gesetz im Princip des A.T.", § 3: „Das Princip des Christenthums im Verhältniß zum A.T.", § 4: „Jesus und das Gesetz", § 5: „Die ersten judenchristlichen Gemeinden", § 6: „Paulus", § 7: „Der Brief an die Hebräer", § 8: „Johannes", § 9: „Extreme Stellung häretischer Richtungen zum Gesetz. Ebioniten und Gnostiker", § 10: „Das Gesetz in der orthodoxen Kirche", § 11: „Die Reformation", § 12: „Die neuere Zeit".

[88] Hier nimmt Biedermann F. C. Baur auf, der im Anschluß an Johann Salomo Semler zwischen zwei urchristlichen Parteien unterschied: einem gesetzestreuen Judenchristentum und ei-

lektisch sich vollziehenden Entfaltung des christlichen Prinzips ausgeht. Die Gliederung, fügt Biedermann einschränkend ein, diene jedoch allein einem „äußerlichen Pragmatismus"[89]. Anders als die rationalistische Geschichtsschreibung will Biedermann nicht in der Beschreibung des Einzelnen, des Individuellen stehenbleiben, sondern ganz im Sinne einer Geschichtsschreibung, wie er sie bei Vatke und bei Baur vorfand, das Zusammenwirken von Allgemeinem und Besonderem beschreiben. Im Blick auf seine an Vatke geschulte Methode erklärt er, es gehe vielmehr darum, den inneren Entwicklungsgang der Sache selbst zu beschreiben. Das leiste aber nur eine historische Kritik. Darum müsse die Darstellung vom „Gesetz im Princip der Atlichen Religion" ausgehen, um dann den wesentlichen und prinzipiellen Unterschied der christlichen Religion zu benennen. So wolle er schließlich daraus die Stellung des Gesetzes zum Prinzip des Christentums gewinnen. Biedermann will dabei jedoch nicht a priori vorgehen, sondern anhand der vorliegenden historischen Fakten zu einem Ergebnis kommen. Ziel seiner Untersuchung ist es, „ein möglichst treues Abbild des innern Organismus der Sache selbst" wiederzugeben[90]. Dabei läßt er sich vom allgemeinen Prinzip, von der Idee und ihrem Begriff leiten und erklärt die empirischen Gestaltungen als Erscheinungen desselben[91]. Biedermann will sich also nicht damit begnügen, mittels der historischen Kritik einzelne historische Fakten zu ermitteln. Vielmehr dient die Kritik, die ja leitenden idealistischen Prinzipien unterworfen ist, dem Ziel, Sinnzusammenhänge geschichtlicher Prozesse zu ermitteln. Biedermann erweist sich hier eindeutig als „Historiker", der in der Tradition Hegels steht und dessen idealistischen, philosophisch konstruktiven Historismus[92] seiner Examensarbeit methodisch zugrunde legt.

Im zweiten Paragraphen untersucht Biedermann das Gesetz im Prinzip des Alten Testaments[93]. Dabei definiert er im Hegelschen Sinne den „hebräischen Monotheismus" als innere Voraussetzung und als historischen Vorläufer des Christentums. Der „Hebraismus", so führt Biedermann im Gefolge Hegels und Vatkes aus, sei die Religion der abstrakten Geistigkeit, die er an folgenden Bestimmungen festmacht: Gott ist die eine absolute Persönlichkeit rein geistigen Wesens. Die Welt hat ihren Zweck in Gott, sie dient der Offenbarung Gottes. In seinem geistigen Wesen

---

nem freiheitlich gesinnten Paulinismus. Dieser Gegensatz wirke laut Baur in der weiteren theologiegeschichtlichen Entwicklung fort. Siehe GOTTFRIED HORNIG, Baurs Verständnis der Dogmengeschichte, in: HDThG 3: Die Lehrentwicklung im Rahmen der Ökumenizität, hrsg. von Carl Andresen, Göttingen, 1988, S. 162f. DE WETTE unterscheidet in der „Biblischen Dogmatik Alten und Neuen Testaments", Berlin ³1831, S. 203, im § 227 zwischen Judenchristen und Hellenisten und bescheinigt letzteren einen freieren und reineren Geist.

[89] Biedermann, Gesetz, S. 2.
[90] Ebd.
[91] Diesen Ansatz proklamiert WILHELM VATKE, Die biblische Theologie, wissenschaftlich dargestellt, Bd. 1: Die Religion des Alten Testamentes nach den kanonischen Büchern entwickelt. Erster Theil, Berlin 1835, §§ 6 und 7.
[92] THOMAS NIPPERDEY, Deutsche Geschichte 1800–1866. Bürgerwelt und starker Staat, München 1983, S. 507.
[93] Biedermann, Gesetz, S. 2–5.

hat Gott auch einen rein geistigen Willen, der, wenn er dem Menschen offenbart wird, das Gesetz, also absolute Norm ist. Das Gesetz ist darum an sich geistig, doch bleibt es als solches rein abstrakt und inhaltsleer. Es bedarf eines besonderen Inhalts, um zu einer Wirklichkeit kommen zu können. Dieser Inhalt besteht aus einzelnen, unvermittelten Geboten, die sowohl geistigen als auch sinnlichen Charakter besitzen. Das ergibt eine Spannung: Einerseits sind Gottes Wille und sein Gesetz rein geistig. Andererseits tragen die einzelnen Gebote den Charakter endlicher und äußerlicher Bestimmungen. Wie ist das zu erklären? Biedermann führt im Sinne der Pentateuchkritik de Wettes und Vatkes aus: Der Inhalt des Gesetzes ist aus der innern Entfaltung und der äußeren Gestaltung der sittlichen Verhältnisse des hebräischen Volkes langsam erwachsen. Die religiöse Vorstellung autorisierte es erst als göttliche Offenbarung. Der heilige Wille Gottes tritt dem Menschen jedoch nur im Allgemeinen, nicht in den einzelnen Bestimmungen entgegen, darin, daß Gott seinen Willen offenbart und sich durch die Erfüllung verherrlichen lassen will[94].

Das alttestamentliche Gesetzesverständnis läßt im Urteil Biedermanns als Verhältnis zwischen Mensch und Gott nur jenes zu, welches zwischen Knecht und Herr bestehe. Zu einem Verhältnis der Kindschaft komme es nicht, das höchste Ziel beschreibe Jeremia als neuen Bund (Jeremia 31, 31). Während des Exils habe das Volk Israel die Äußerlichkeiten des Gesetzes erkannt, und spätestens, als es in die Hände der Gesetzeslehrer und Schriftgelehrten gekommen sei, wurde es zum Zerrbild. Aus den bisher erarbeiteten „historischen Ergebnissen" zieht Biedermann den geschichtsphilosophischen Schluß: Die Offenbarung der Endlichkeit des alttestamentlichen Prinzips war notwendig, und diese bahnte einer höheren Erscheinung den Weg[95].

In den Ausführungen des zweiten Kapitels geht Biedermann über die Bestimmung des Gesetzes im Alten Testament hinaus und bietet grundsätzliche Bemerkungen. Dabei wird wiederum deutlich, daß er mit seiner religionsphilosophischen Grundlegung Vatke rezipiert[96]. Vatke und Biedermann gehen von einem gemeinsamen Ausgangspunkt aus: Das Gesetz hat die Form der „vernünftigen Totalität" oder des Begriffs. In ihm sind das Allgemeine und das Besondere unterschieden, aber zu einer Einheit gekommen[97]. Biedermann differenziert im Anschluß an Vatke das „Moment der Besonderheit", die einzelnen Gebote von dem Moment der Allgemeinheit, der allgemeinen Form des Willens. Doch weiß er auch, daß er eine Einheit beider Momente konstatieren muß, weil sonst das eine ohne das andere bloße Abstraktion bliebe[98]. Darum mußte das Gesetz auch in seiner Besonderheit

---

[94] Biedermann, Gesetz, S. 4; so auch Vatke, Theologie, S. 22–25.

[95] Zur „Auflösung des alttestamentlichen Prinzips" siehe Vatke, Religionsphilosophie, S. 509–516.

[96] Wilhelm Vatke, Die menschliche Freiheit in ihrem Verhältniß zur Sünde und zur göttlichen Gnade wissenschaftlich dargestellt, Berlin 1841, S. 157–164.

[97] Vatke, Freiheit, S. 157f.; Biedermann, Gesetz, S. 3f.

[98] Die entscheidende Passage der religionsphilosophischen Grundlegung lautet: „Gott hat für sich in seinem geistigen Wesen auch einen rein geistigen Willen, der, dem Menschen geoffenbart, für ihn das *Gesetz*, absolute Norm ist. Dieses ist an sich geistig, aber als solches noch inhaltsleer und

durch die jeweils gegebenen Momente bedingt sein. Diese Seite des Gesetzes ist also notwendigerweise wandelbar. Das Prinzip des Gesetzes aber und „seine Hauptmomente als Reflex der Einen sittlichen Idee, welche sich nur entwickelt, nicht aber in ein Anderes übergehen kann", sind unwandelbar[99]. Das macht nach Vatke die lebendige Kraft des Gesetzes aus, daß es in einem immerwährenden Entwicklungsprozeß steht. Das ist seine „heilige Nothwendigkeit und stetige Offenbarung Gottes"[100].

Im dritten Paragraphen bestimmt Biedermann das Prinzip des Christentums im Verhältnis zum Alten Testament[101]. Dabei setzt er voraus, daß das Prinzip des Christentums nur dann zu definieren sei, wenn man auf das Selbstbewußtsein Christi als „historischen Quellpunkt" zurückgehe[102]. Da Christus aber sowohl Stifter der christlichen Gemeinde als auch Gegenstand ihrer Glaubenslehre sei, müsse streng zwischen Jesu ethischer und dogmatischer Bedeutung unterschieden werden. Da die Ethik Jesu in einem historischen Kontext verwurzelt sei, könne das Prinzip des Christentums allein anhand der dogmatischen, der allgemeinen religiösen Wesensbestimmtheit angegeben werden. Dieses Prinzip beschreibt Biedermann am Ende dieses Paragraphen als die konkrete Einheit des Göttlichen und des Menschlichen. Beide Seiten sind dabei aber unterschieden. Doch allein in ihrer Einheit können der göttliche Zweck und die menschliche Bestimmung als ein gemeinsames, „als ewiges Leben des göttlichen Reiches" erreicht werden[103]. Diese Einheit festzuhalten, das mache das Prinzip der christlichen Religion aus, wobei das im theoretischen Bewußtsein auf ganz verschiedene Art und Weise geschehen könne. Hinter

---

abstract, was sich darin zeigt, daß der besondere Inhalt, den es um zu einer Wirklichkeit zu kommen doch haben muß, unvermittelt in vereinzelten Geboten gleichviel sinnlichen wie geistigen Characters besteht. Die Einheit beider Seiten, der Allgemeinen: des göttlichen Willens und der Besondern: der einzelnen Gebote, besteht nur in der unmittelbaren Beziehung der letztern auf erstern, woraus der Charakter der *Heiligkeit* hervorgeht, zunächst für das Einzelne das so in unmittelbare Beziehung zu Gott gesetzt wird, dann für Gott selbst, als den Urquell der Heiligkeit seiner einzelnen Willensoffenbarungen, und endlich als alle andren umfassende Forderung an den Menschen, deren sittlicher Character aber für sich ein ganz abstracter ist, indem sie bei jedem unmittelbar auf Gott zurückgeführten Gebot ganz abgesehn vom Inhalt gleich sehr hervor tritt. Sonst fallen die beiden Seiten ganz auseinander: Gott, sein Wille und Gesetz sind rein geistig, aber die einzelnen Gebote tragen den Character äußerlicher, endlicher Bestimmungen, in denen was wir in eine moralische, rechtliche und rein äußerliche Sphäre auseinander scheiden mit gleicher Bedeutung durcheinandergeht. Das Gesetz, dessen besonderer Inhalt empirisch aus der innern Entfaltung und äußern Gestaltung der sittlichen Verhältnisse des hebräischen Volkes allmälig erwachsen ist, von der religiösen Vorstellung aber in seiner Totalität unmittelbar als göttliche Offenbarung durch Moses angeschaut wurde, tritt dem Menschen als heiliger Wille Gottes gegenüber, dessen geistiges Wesen und geistiger Zweck nur im Allgemeinen liegt, daß Gott überhaupt seinen Willen geoffenbart und durch seine Erfüllung sich verherrlichen will, aber nicht zugleich auch in den einzelnen Bestimmungen, nach denen es geschehen soll"; Biedermann, Gesetz, S. 3f. Zum Begriff der „Heiligkeit" siehe Vatke, Freiheit, S. 160f.

[99] Vatke, Freiheit, S. 158.
[100] Vatke, Freiheit, S. 159.
[101] Biedermann, Gesetz, S. 6–9.
[102] Biedermann, Gesetz, S. 6.
[103] Biedermann, Gesetz, S. 9.

diesen Erwägungen steht die These Vatkes: „Ist der Mensch das Ebenbild Gottes und Gott das Urbild des Menschen, so ist das göttliche Gesetz die einfache, an sich concrete Einheit beider Seiten."[104] Vatke führt weiter aus, der Mensch könne ohne das Gesetz seinem Begriff gar nicht entsprechen. Denn das göttliche Gesetz sei für den Menschen aus göttlichem Geschlecht das sittliche Urbild, der in sich allgemeine Begriff des Willens[105]. Wenn man sich jedoch zu sehr mit dieser Unbegreiflichkeit der christlichen Lehre beschäftige und darüber die eigentliche inhaltliche Auseinandersetzung vergesse, drohe nach Biedermann ein Rückschritt ins Judentum. Im Blick auf die zeitgenössische Theologie wehrt Biedermann aber auch jene Versuche ab, die wie der Supranaturalismus und der Rationalismus das Unbegreifliche einfach fallenlassen. An die Adresse der Spekulation gerichtet, bemerkt Biedermann schließlich, hier bestünde die Gefahr, das christliche Selbstbewußtsein in ein „modernes Heidentum" aufzulösen, „wenn in der Aufhebung jener Unbegreiflichkeiten das Bewußtsein der Einheit göttlicher und menschlicher Natur *abstract*, einseitig, sich geltend macht" und das Bewußtsein des radikalen Unterschiedes in den Hintergrund gedrängt werde[106]. Im Anschluß an diese Erwägungen formuliert Biedermann eine doppelte Fragestellung: Welche Formen des praktischen Verhaltens hat das neue Prinzip der christlichen Religion bezüglich der Bedeutung und der Geltung des Gesetzes entwickelt? Damit hängt die Frage zusammen, ob und inwiefern das theoretische Bewußtsein sich allmählich der neuen Offenbarung in Christus entsprechend adäquat gestaltet habe.

Diesen beiden Fragen widmet sich Biedermann in den folgenden Paragraphen seiner Examensarbeit und folgt dabei Vatkes historischen und religionsphilosophischen Vorgaben[107]. Den Ausgangspunkt bildet die Beschreibung von Jesu Verhältnis zum Gesetz (§ 4)[108]. Hierbei nimmt Biedermann Stellung zur Frage der Quellenkritik. Durch die neuere historische Kritik der Evangelien sei es beinahe unmöglich geworden, Jesu Lehre zu rekonstruieren. Da die Synoptiker erst lange Zeit nach Jesu Leben geschrieben hätten, bedürften ihre Aussagen ständiger kritischer Prüfung. Nun seien aber auch jene Zeiten vorüber, in denen man meinte, im Johannesevangelium auf sicherem Boden zu stehen. Mittlerweile habe sich erwiesen, daß das vierte Evangelium Jesu Lehre „nur in der Reflexion des johanneischen Bewußtseins" biete[109]. Daraus zieht Biedermann den Schluß, bei der Untersuchung der Lehre Jesu das Johannesevangelium beiseite zu lassen. Für ihn ist es allein das Zeugnis einer bestimmen Gestaltung des urchristlichen Bewußtseins. Im Blick auf die Synoptiker arbeitet Biedermann Jesu ambivalente Haltung dem mosaischen Gesetz gegenüber heraus, und mit Paulus (Galater 4, 4) argumentiert er dahingehend, daß Jesus in seinem Leben das Gesetz geachtet habe. Denn die Auseinander-

---

[104] Vatke, Freiheit, S. 159.
[105] Vatke, Freiheit, S. 160.
[106] Biedermann, Gesetz, S. 9.
[107] Siehe dazu die Beschreibung des Christentums bei Vatke, Religionsphilosophie, S. 516–640 und oben S. 287–290.
[108] Biedermann, Gesetz, S. 10–19.
[109] Biedermann, Gesetz, S. 10.

setzungen mit den Pharisäern betreffen spätere rabbinische Interpretationen des Gesetzes[110]. Seinen Ergebnissen aus dem vorangehenden Paragraphen entsprechend verweist Biedermann darauf, daß Jesus das Gesetz nicht wegen seines göttlichen Charakters achtete. Vielmehr differenziere Jesus zwischen Innerlichem und Äußerlichem, und er betone dabei immer das Innerliche, die Gesinnung, den Geist, auf den es ankomme. Die Betonung des Innerlichen, des Eigentlichen bringt Biedermann einen Schritt weiter zum Begriff der „Freiheit", den er anhand von Markus 2, 27 und 28 einführt[111]. Die Gebote sind nun auch nichts Äußerliches mehr, sondern der ins Herz der Menschen geschriebene Wille Gottes. Damit hat Biedermann in Anlehnung an Vatke das neue, über das Alte Testament hinausgehende Prinzip, „die Offenbarung der wahren, absoluten Freiheit" beschrieben[112]. Vatke nämlich erklärt die Idee der Freiheit als bleibendes Moment des Christentums[113].

Schwierigkeiten bereiten Biedermann jene Stellen der Synoptiker, wo Jesu Rede vom Himmelreich an jüdische Vorstellungen vom Messiasreich anknüpft. Doch als ein an Strauß geschulter Theologe weiß Biedermann zu unterscheiden: Jene Vorstellungen, die von den zeitgenössischen Vorstellungen und der religiös-sittlichen jüdischen Gemeinschaft geprägt wurden, gehören der vergänglichen Seite an, die bald vergessen werde. Denn „die wirklich neue Offenbarung, die höhere Stufe religiösen Selbstbewußtseins liegt uns in hinreichend zahlreichen Stellen vor"[114]. Diesen Paragraphen abschließend hält er fest: Für Jesu religiöses Selbstbewußtsein ist das Gesetz als äußerliches aufgehoben in die höhere Form des Willens, in welchem er absolut frei sei. Für Jesus bleibe das Gesetz aber im Blick auf den Menschen als Ausdruck des göttlichen Willens in Kraft bis zur endgültigen Aufhebung.

Nach Jesu Tod gehören die Jünger noch zur jüdischen Religionsgemeinschaft. Wie sich ihr Verhältnis zum Gesetz und in den judenchristlichen Gemeinden gestaltete, untersucht Biedermann im fünften Paragraphen[115]. Die judenchristlichen Gemeinden beschreibt Biedermann als jüdische Sekten, die vor allem den Glauben an Jesu Auferstehung predigten, aber noch nicht über die jüdische Auffassung des Gesetzes hinausgekommen seien. Wenn es nicht zur Verfolgung durch Saulus gekommen wäre, behauptet Biedermann, hätten sich die Judenchristen nicht von Jerusalem weg verteilt, und „der Keim des höhern Princips" wäre in der jungen Ge-

---

[110] „Kurz von eigentlicher Nichtachtung und Hintansetzung wirklicher mosaischer Gesetze erfahren wir wenigstens aus den Evangelien nichts"; Biedermann, Gesetz, S. 11.

[111] „Im Selbstbewußtsein Jesu war die neue Offenbarung aufgegangen, daß der Mensch selbst der letzte Zweck des Sabbats wie der andern göttlichen Gebote sei, daß sie nur Bestimmungen seiner eigenen Natur, Momente seines eigenen Wesens seien. Dann aber ist der Mensch frei in ihnen, denn er bewegt sich in seinem eigenen Element"; Biedermann, Gesetz, S. 17.

[112] Ebd.

[113] Vatke, Freiheit, S. 159. Auch Baur rekonstruiert die Geschichte des Christentums als Freiheitsgeschichte; siehe Friedrich Wilhelm Graf, Ferdinand Christian Baur (1792–1860), in: Klassiker der Theologie, Bd. 2: Von Richard Simon bis Dietrich Bonhoeffer, hrsg. von Heinrich Fries und Georg Kretschmar, München 1983, S. 104.

[114] Biedermann, Gesetz, S. 19.

[115] Biedermann, Gesetz, S. 20–24.

meinde abgestorben[116]. Entsprechend der dialektischen Fassung der Dogmengeschichte durch Baur[117] formuliert Biedermann seine These: Entscheidend für das Fortleben des christlichen Prinzips war die Begegnung des Christentums mit dem Heidentum. Für Biedermann ist das Judenchristentum eine zu überwindende Erscheinung, da es mit einem inneren Widerspruch gegen das wahre Prinzip des Christentums behaftet sei. Eine wirklich tiefgreifende Auffassung der christlichen Lehre vom Gesetz finde sich darum erst bei Paulus, dem sich Biedermann im umfangreichsten, sechsten, Paragraphen zuwendet[118].

Paulus, der „Eifrer für das Gesetz", wurde durch das Damaskuserlebnis zum „ganzen" Christen[119]. Im Mittelpunkt seines religiösen Bewußtseins standen von nun an die Gerechtigkeit vor Gott aus Gnade sowie die theoretische und praktische Aneignung des Erlösungswerkes Christi. Von diesen Voraussetzungen her ist das Gesetzesverständnis Pauli zu interpretieren. Biedermann betont, daß Paulus sich vom Judentum und vom Gesetz frei wisse und deswegen die Bedeutung des Alten Testamentes relativiere. Nach konventionellen und orthodoxen Bemerkungen zur paulinischen Gesetzes- und Erlösungslehre wird Biedermanns Darstellung an jener Stelle interessant, wo er Paulus den ersten nennt, der die Person Christi „speculativ auffaßte" und die griechisch-jüdische Logos-Idee auf sie anwandte[120]: Christus kam in diese Welt, um das Gesetz wegzuräumen und die Verheißung zu erfüllen[121]. Es bleibt aber die Frage, in welchem Verhältnis zum Gesetz die Menschen nach Christus stehen. Biedermann benennt die praktische Folgerung des Paulus, wonach kein einzelnes Gebot und keine Satzung mehr, die im Alten Testament als göttliches Gesetz erscheint, noch unmittelbar als solche gelten.

Abschließend fragt Biedermann danach, warum in der Tradition der Kirche die Lehre des Paulus „mit Füßen getreten werden konnte"[122], warum sie in der Theologie so wenig theoretisch entfaltet wurde. Als Grund benennt Biedermann die Unvollkommenheit der Form der paulinischen Auffassung. Mit der neuen Offenbarung habe – wie so oft – die theoretische Erkenntnis nicht Schritt gehalten, um das neue Prinzip adäquat zu begreifen. Paulus faßte zum einen die Einheit mit Gott als ein durch die Person Christi und dessen Werk vermitteltes Adoptivverhältnis. Zum anderen bestimmte Paulus die neu geoffenbarte Wesensbestimmung Gottes als einen schon im Alten Testament angelegten und jetzt vollzogenen Ratschluß Gottes. Das alttestamentliche Gesetz bleibe unmittelbare göttliche Offenbarung, doch habe es keine absolute Gültigkeit, sondern nur vorbereitenden Charakter.

---

[116] Biedermann, Gesetz, S. 21.

[117] Zum Verhältnis von Paulus und Jesus, beziehungsweise zum Urchristentum bei Baur siehe FRIEDEMANN REGNER, „Paulus und Jesus" im neunzehnten Jahrhundert. Beiträge zur Geschichte des Themas „Paulus und Jesus" in der neutestamentlichen Theologie, Göttingen 1977, S. 53–70, und ALBERT SCHWEITZER, Geschichte der Paulinischen Forschung von der Reformation bis auf die Gegenwart, Tübingen 1911, S. 11–13.

[118] Biedermann, Gesetz, S. 25–40.

[119] Biedermann, Gesetz, S. 25.

[120] Biedermann, Gesetz, S. 32; beinahe wörtlich bei VATKE, Religionsphilosophie, S. 541.

[121] Biedermann, Gesetz, S. 33f.

[122] Biedermann, Gesetz, S. 39.

Hierin bestehe nun der Widerspruch, den das religiöse Selbstbewußtsein am Anfang noch ertragen könne, der aber das theoretische Bewußtsein herausgefordert habe. Diesen Widerspruch erkennt Biedermann als bewegendes Moment der gesamten Kirchengeschichte: Er hat sich „als Haupthebel in der Entwicklung der Lehre vom Gesetz bethätigt; denn Entwicklung ist nichts als heraussetzen und stufenweises Ueberwinden vorher verborgener Widersprüche"[123]. Mit diesem geschichtsphilosophischen Rekurs schließt Biedermann sein Kapitel über Paulus ab und wendet sich im folgenden dem Hebräerbrief zu[124], den er als „Anhang zur paulinischen Lehre"[125] behandelt. Darum benennt er neben zahlreichen Übereinstimmungen besonders den parallelen Widerspruch bezüglich des Gesetzesverständnisses. Diesem begegne der Verfasser des Hebräerbriefes anders als Paulus durch „typologisierende Willkür"[126].

Im achten Paragraphen[127] widmet sich Biedermann dem Evangelium und den Briefen des Johannes, wo das Gesetz ganz in den Hintergrund trete. Zum Gebot, das durch Jesus Christus in die Welt gekommen sei, erkläre der auch auf dem spekulativen Boden stehende Johannes: Jesus Christus ist uns zuliebe ins Fleisch gekommen, auf daß wir ihn wieder lieben, wie er uns geliebt hat, und diese Liebe sollen wir wahrhaftig als Liebe den Brüdern gewähren[128]. Wer so durch die Liebe Christi Gebot erfüllt, ist in Christus. Biedermann spricht in diesem Zusammenhang von der Erfüllung des „geistigen Gebots", die der alleinige Gottesdienst sei. Denn Gott ist Geist, und die ihn anbeten, beten ihn im Geist an. Dieser Satz wurde seit jeher in der Kirche als „Palladium" der Freiheit, als Prinzip des Neuen Testamentes jedwedem Geist der Gesetzlichkeit und Äußerlichkeit entgegengehalten, schließt Biedermann ab.

Damit verläßt Biedermann die neutestamentlichen Autoren und beschäftigt sich mit den beiden Extremen in der Stellung zum Gesetz, mit Ebioniten und Gnostikern[129]. Biedermann nimmt das Bild des Urchristentums auf, das durch Semler und Baur gezeichnet worden war: Nicht Einmütigkeit, sondern heftiger theologischer Streit prägten das Urchristentum. Dabei ging es eben auch entschieden um die Frage nach dem Gesetz. Die beiden einander widerstreitenden Hauptströmungen beschreibt Biedermann anhand von Ebioniten einerseits und spekulativ-gnostischen Gruppen andererseits. Biedermann erwähnt in diesem Zusammenhang auch Marcion, „der wegen seines Antijudaismus"[130] besonders in Betracht komme. Diesen sogenannten häretischen Bewegungen standen jene Lehren entgegen, die die Lehre des Paulus auszubilden suchten[131]. Diese bildeten eine Front gegen die Gnostiker

---

[123] Biedermann, Gesetz, S. 40.
[124] Biedermann, Gesetz, S. 41–45.
[125] Biedermann, Gesetz, S. 41.
[126] Biedermann, Gesetz, S. 44.
[127] Biedermann, Gesetz, S. 45–47.
[128] Biedermann, Gesetz, S. 46.
[129] Biedermann, Gesetz, S. 47–50.
[130] Biedermann, Gesetz, S. 49.
[131] Biedermann, Gesetz, § 10: „Das Gesetz in der orthodoxen Kirche", S. 50–55.

und hielten an der Zusammengehörigkeit der beiden Testamente fest. Unterschiedlich falle nur die Bestimmung dieser Einheit aus. Als Maßstab für die Geltung des mosaischen Gesetzes wurde das Naturgesetz herangezogen. Alles, was mit dem Naturgesetz übereinstimme, blieb erhalten. Damit wurde ohne weiteres auch eine Kongruenz mit dem Neuen Testament angenommen. Als Inbegriff der Übereinstimmung von mosaischem Gesetz und Naturgesetz galt der Dekalog. Dem Widerspruch von göttlicher Autorität und Relativierung versuchte man durch die Allegorese zu entgehen, „was wörtlich verstanden unpassend ist – [...] das muß geistig verstanden werden"[132].

Biedermann zeichnet im folgenden in groben negativen Zügen die weitere Entwicklung der alten und der mittelalterlichen Kirche[133]. Dabei hebt er hervor, daß wiederum in vielen Bereichen gesetzliche und abergläubische Vorstellungen um sich griffen. Die Kirche verfaßte zunehmend äußere sowie kanonische Ordnungen, die auf eine ausgeprägte Kirchenzucht hinausliefen und „auch das äußerlichste des mosaischen Gesetzes überboten"[134]. Im Streit zwischen Pelagius und Augustin[135] zeige sich beispielhaft, daß „die allgemeinen Formen des jüdischen religiösen theoretischen Bewußtseins noch nicht verlassen"[136], daß sie aber durch die neue Offenbarung in Christus zu eng geworden seien. Beide Kontrahenten sprachen nicht den ganzen Inhalt des christlichen Selbstbewußtseins aus, sondern jeder nur eine Seite[137]. Im Zusammenhang seiner Arbeit hat der pelagianische Streit für Biedermann deswegen Bedeutung, weil er besonders deutlich zeige, „wie das theoretische Bewußtsein der Kirche weder an seinem supranaturalistischen noch an seinem rationalistischen Pol aus der jüdischen Vorschule des Christenthums heraus war, so daß von ihr auch eine wahre Auffassung des ATlichen Gesetzes aus dem Wesen des Christenthums und die wahre praktische Stellung zu demselben noch nicht zu erwarten ist"[138]. Für Biedermann mußte sich das Christentum erst in einen Prozeß des Verfalls begeben, der sich im katholischen Kirchenwesen und in der Scholastik Schritt für Schritt vollzogen habe. In der Reformation habe diese Entwicklung schließlich eine Kehrtwendung genommen, man orientierte sich wieder an der Heiligen Schrift und an der Rechtfertigung durch den Glauben[139].

Der Reformation, besonders der lutherischen, schreibt Biedermann einen „durch und durch praktisch religiösen Character" zu. Sie stelle einen „Umschwung des religiösen Selbstbewußtseins und eine neue Vertiefung desselben in den Inhalt der Offenbarung in Christo" dar[140]. Das rein theoretische Bewußtsein aber sei vor

---

[132] Biedermann, Gesetz, S. 52.
[133] Vgl. VATKE, Religionsphilosophie, S. 577–613.
[134] Biedermann, Gesetz, S. 54.
[135] Vgl. VATKE, Religionsphilosophie, S. 613–618.
[136] Biedermann, Gesetz, S. 54.
[137] So auch VATKE, Religionsphilosophie, S. 617.
[138] Biedermann, Gesetz, S. 55.
[139] Der Reformation widmet sich Biedermann im § 11, S. 55–60.
[140] Biedermann, Gesetz, S. 55.

allem in Hinsicht auf das mosaische Gesetz unverändert geblieben[141]. Im Blick auf die Protestanten konnte Biedermann darum festhalten: Wenn jene vom Gesetz reden, meinen sie den Dekalog und hier vor allem die erste Tafel, denn diese sage, wie Gott „zu fürchten, zu suchen, zu lieben, ihm zu vertrauen und zu danken" sei[142]. Als „lex" im engeren Sinne konnten die Zeremonial- und Gesellschaftsgesetze nicht mehr gelten[143].

Die Qualität der Reformatoren bestand in der Betonung der Freiheit des Menschen von allen äußerlichen Geboten durch den Glauben. Diesen Gedanken habe am entschiedensten Luther ausgesprochen, der das Prinzip der Reformation am klarsten vertreten habe[144]. Weiter schildert Biedermann die Entwicklungen hin zum antinomistischen und weiter zum synergistischen Streit. Abschließend widmet er sich der „Konkordienformel" und hebt deren vermittelnden Charakter hervor. Kritisch hält er jedoch fest, daß diese theoretisch auf dem Boden alttestamentlichen Gehorsams bliebe und so diese Freiheit nicht gewonnen habe. Das heißt im Blick auf die Reformatoren, die sich jener Formel anschlossen: Ihr religiöses Selbstbewußtsein war über ihre theoretischen Voraussetzungen hinausgegangen. Der Weiterentwicklung jener theoretischen Grundlagen hatte sich die kommende Zeit zu stellen[145].

Im abschließenden Paragraphen fragt Biedermann danach, wie die neueste Zeit das Problem des Gesetzes behandelt habe[146]. Eine zweifache Aufgabe stellte sich:

---

[141] „So blieb auch die hergebrachte Ansicht vom mosaischen Gesetz im Allgemeinen unverändert – abgesehen nämlich noch von der rein religiösen Beziehung, welche die Reformation ganz neu gestaltete, was nun das erste betrifft, so blieb natürlich das ATliche Gesetz als unmittelbar göttliche Offenbarung anerkannt und zwar dasselbe in seinem allgemeinsten Umfang als die ganze Form der AT.lichen Religion, wie Calvin (Inst. II.7.1) es ausdrücklich faßt"; Biedermann, Gesetz, S. 55f.

[142] Siehe „Apologia" der Confessio Augustana III, 8, in: BSLK, S. 160.

[143] „Was nun nicht als lex im engern Sinn mit allgemeiner bleibender Geltung anerkannt wurde, die Cäremonial- und die bürgerlichen Gesetze, die seien natürlicher Weise aufgehoben worden, diese mit dem Untergang des jüdischen Staats, jene mit der Erscheinung des Messias"; Biedermann, Gesetz, S. 56.

[144] „Am entschiedensten spricht es Luther aus, in dem das Princip der Reformation am tiefsten lebte und am innigsten die ganze Persönlichkeit durchdrang, daß der Christenmensch frei von allen Dingen und über allen Dingen sei, daß das Gesetz als äußerer Spiegel dessen was er zu thun habe, als Warnung und Strafandrohung nicht mehr für ihn vorhanden sei. Und auch den wahren Grund giebt er an, daß nämlich wer Christum sich angeeignet habe durch den Glauben so ‚genaturt' werde, daß er nun von selbst, wie ein Baum aus seiner Natur heraus seine Früchte trage, thue was recht und gut ist. Schlagend trifft dieß die Sache, es ist aus der Tiefe des ganz in die christliche Offenbarung getauchten Selbstbewußtseins heraus gesprochen"; Biedermann, Gesetz, S. 57.

[145] „Wie aus dem Widerspruch des veräußerlichten religiösen Bewußtseins zu dem geistigen Inhalt aus dem dessen Lehren ursprünglich sich herausgebildet hatten die Reformation die mächtige Erhebung des religiösen Lebens in die Sphäre jenes Inhaltes vollzog; so mußte nun der andre, im Hintergrund lauernde, Widerspruch dieses Inhaltes mit den beibehaltenen theoretischen Voraussetzungen sich scharf herausstellen und für die nachfolgende Zeit die Aufgabe entstehn auch theoretisch zu dem neuen Schritt sich zusammen nehmen, daß sie auch auf diesem Gebiete, dem der Wissenschaft, die reiche Errungenschaft religiösen Geistes sich vollständig aneigne"; Biedermann, Gesetz, S. 60.

[146] Biedermann, Gesetz, S. 61–64.

Zuerst mußte der Widerspruch zwischen dem Charakter unmittelbar göttlicher Offenbarung und dem ihm widersprechenden praktischen Verhalten aufgeklärt werden. Dann galt es zu zeigen, daß die äußerlich der christlichen Freiheit gegenüberstehenden Gebote nicht die wahre, absolute Norm für ein Leben vor Gott sein könnten. Dies geschah in der neueren kritischen Exegese und in der Philosophie, die ein umfassendes gültiges Resultat aber nur gemeinsam erreichten. Die exegetische Kritik zeige, daß das mosaische Gesetz allein seinem Grunde nach göttlich sei, in seiner bestimmten Gestalt aber „durchgängig endliches aus dem Geist des Volks hervorgegangenes Product war"[147]. Diese Göttlichkeit beruhe, so Biedermann, auf den ewigen Gesetzen, die aus der allgemeinen Substanz der menschlichen Natur hervorgehen. Erst durch diese Erkenntnis ist es auch theoretisch gerechtfertigt, die menschliche Seite des Gesetzes für ungültig zu erklären[148].

Zu dem Resultat, daß historisch Gewachsenes nicht als schlechthin göttliches Gebot anerkannt werden könne, kam auch die Philosophie. Die „andre Seite in der Entwicklung des Protestantismus" hatte seit Kant der Theologie die wirklichen Fortschritte gebracht[149]. Durch Kants „kategorischen Imperativ" wurde deutlich, daß sich die menschliche Vernunft selbst das absolute Gesetz des Handelns gebe. Damit werde jedem äußerlich gegenübertretenden Gesetz der Charakter des unmittelbar Göttlichen entzogen – auch dem sogenannten „Moralgesetz Jesu". Biedermann ist überzeugt, daß damit der Mensch in die Freiheit hinübergetreten sei. Weiter führt Biedermann aus, die Philosophie habe erkannt, daß der Mensch den göttlichen Willen nicht unmittelbar in sich trage, sondern erst durch die Überwindung seiner Natürlichkeit, durch die Wiedergeburt zum eigenen mache. Diese „Negation der Subjektivität" stehe noch aus[150]. Dahin gelangte das philosophische Selbstbewußtsein, „indem es den göttlichen Willen als das wahre Wesen des menschlichen selbst erkannte"[151]. Auf diesem Wege wurde aus einer abstrakten Freiheit die Freiheit der Kinder Gottes. „Denn das nähere ist, daß nicht der Mensch in seiner natürlichen Unmittelbarkeit schon in wirklicher Einheit mit dem göttlichen Willen steht. Dieser steht ihm vielmehr zuerst als Gesetz gegenüber, bis er seine Unmittelbarkeit überwunden hat und jenes, das ihm bisher eine fremde Macht gewesen, als Bestimmtheit des eigenen Wesens erkennt und in beständig kämpfender Überwindung der natürlichen Unmittelbarkeit und Fleischlichkeit auch wirklich zum seinigen macht."[152] So sei endlich das theoretische Bewußtsein der Offenbarung in Christus an das religiöse Selbstbewußtsein herangekommen.

---

[147] Biedermann, Gesetz, S. 61.
[148] „Nun erst – bei diesem Bewußtsein – ist das religiöse Selbstbewußtsein gerechtfertigt, wenn es die menschliche Seite der Erscheinung am Gesetz, die einzelnen Gebote als nicht mehr gültig für sich, als zeitlich vergangen betrachtet und das Urtheil, was davon noch bleibend und gültig sei, in sich selber, die Innerlichkeit des religiösen Geistes hinein zieht"; Biedermann, Gesetz. S. 62.
[149] Erneuerungsbewegungen wie der Pietismus oder die Brüdergemeine hätten dem christlichen Leben zwar gut getan, seien aber für die Entwicklung der Theologie nicht förderlich gewesen; so Biedermann, Gesetz, S. 63.
[150] Biedermann, Gesetz, S. 64.
[151] Ebd. So auch VATKE, Freiheit, S. 159.
[152] Biedermann, Gesetz, S. 64.

Biedermann entwickelte seine Examensarbeit auf dem Boden der Theologie und der Religionsphilosophie Vatkes. Anhand dieser methodischen Grundlegung stellte er das sich wandelnde Gesetzesverständnis dar und beschreibt eigenständig die Entwicklung des Gesetzes durch die Dogmengeschichte hindurch und den dialektisch verlaufenden Entwicklungsprozeß des religiösen Selbstbewußtseins. Freilich werden auch Bezüge zu Strauß und zu Baur deutlich. Gerade bei der Interpretation der frühchristlichen Geschichte fällt eine deutliche Nähe zur dogmengeschichtlichen Konzeption Ferdinand Christian Baurs auf. Eine eigene systematisch-theologische Stellungnahme bietet Biedermann hingegen nicht. Den neutestamentlichen Teil behandelte er, der Themenstellung durchaus gemäß, recht breit im Sinne einer „Biblischen Dogmatik"[153], die weiteren theologiegeschichtlichen Ausführungen bleiben bis auf die Reformation sehr knapp. Die scholastische Theologie wird unzureichend nur einseitig negativ gestreift. Am meisten aber erstaunt die spärliche Behandlung der neueren Zeit. Implizit verweist er zwar auf die neuere exegetische Kritik, philosophiegeschichtlich bleibt er aber bei Kant stehen. Nicht ersichtlich wird, warum etwa neuere dogmatische Entwürfe ausgeblendet bleiben. Anscheinend wollte Biedermann bloß im allgemeinen auf die neuere Exegese hinweisen und in der Philosophie allein die bahnbrechenden erkenntnistheoretischen Ergebnisse Kants benennen, an denen die Ausbildung einer intellektuell redlichen Theologie nicht mehr vorbeikam. Dieser Vermutung würde entsprechen, daß Biedermann auch sonst in seinen Ausführungen eher Gedankenstrukturen denn einzelne Inhalte aufzeigte[154]. Möglicherweise hatte Biedermann die Arbeit auch umfangreicher geplant, konnte das Projekt aber dann bis zum Abgabetermin nicht ganz realisieren.

In seiner Arbeit wird erstmalig eine vertiefte Auseinandersetzung mit Kant erkennbar. Erste Kenntnisse Kants erlangte er zwar schon in seinen ersten Basler Semestern in den Lehrveranstaltungen Fischers, aber ein weitergehendes Interesse an Kantischer Philosophie wird vor der Examensarbeit nirgends offensichtlich[155]. Möglicherweise wurde die Beschäftigung mit Kant durch Vatke angeregt, der sich selber zunehmend mit dem Königsberger Philosophen auseinandersetzte. Für Biedermann sollte dies der Anfang der Kant-Rezeption sein, die in der zweiten Auflage seiner Dogmatik faßbar wird[156].

---

[153] Zum Begriff KARL R. HAGENBACH, Encyklopädie und Methodologie der Theologischen Wissenschaften, Leipzig 1833, §58, S. 191–195.

[154] Die positive Bewertung der Philosophie Kants durch Biedermann stand freilich in Gegensatz zu Hagenbachs Wertung, der sich in seiner kirchengeschichtlichen Darstellung vor allem ausführlich auf Herder bezog, Kant hingegen auf wenigen Seiten behandelte; HAGENBACH, Kirchengeschichte, S. 67–80. Immerhin erkannte auch Hagenbach in Kants Kritik „in sofern etwas Protestantisches [...] als sie den Anmaßungen der Vernunft oder vielmehr den Anmaßungen des an die Seite der ächten Vernunft getretenen Verstandes mit derselben Entschiedenheit entgegentrat, mit der einst die Reformatoren die alte Scholastik bekämpft hatten" (S. 72).

[155] Weder in seinen autobiographischen Aufzeichnungen noch im „Curriculum vitae" wird der Name Kants genannt.

[156] ALOIS E. BIEDERMANN, Christliche Dogmatik, Erster Band: Der principielle Theil, Berlin ²1884, S. 57–149. Siehe dazu THEODOR MOOSHERR, A. E. Biedermann nach seiner allgemeinphi-

5. Zeit der Ungewißheit

Die Examensvorbereitungen lockerte Biedermann auf, indem er zusammen mit Riggenbach wieder Italienisch lernte[157]. Ferner predigte er am 21. Januar über „Maria und Martha" (Lukas 10, 39–42)[158] im Betsaal des Münsters, der im Winter für Gottesdienste genutzt wurde[159]. Außerdem hatte er am Karfreitag im basellandschaftlichen Langenbruck für Pfarrer Christoph Friedrich Cherbuin[160] einen Gottesdienst zu halten.

Anläßlich seines dreiundzwanzigsten Geburtstages am 2. März scheint Biedermann sich Gedanken bezüglich seiner Zukunft und seiner Pläne gemacht zu haben. Seine Überlegungen, die optimistisch und patriotisch klingen, faßte er in einem emphatischen Gedicht zusammen:

> „Nicht ohne hohes Ziel stürm' ich ins Leben,
> Leichtsinnig wie der Mann der Stunde thut;
> Ich habe dran gesetzt all meinen Muth,
> Aus Schachten tief des Geistes Schatz zu heben.
>
> Der Menschheit gilt, dem Vaterland diess Streben,
> Auf seinen Altar leg ich all mein Gut;
> Und wenn es fordert seines Sohnes Blut,
> Auch dieses sei ihm freudig hingegeben.
>
> Doch wenn sich mächtig regt in meinen Busen
> Des schöpferischen Dranges Allgewalt,
> Mit einem Lied des Schönen Preis zu dienen:
> Die du von Himmelsschönheit mir erschienen
> Das reinste Bild in irdischer Gestalt
> In *Deinem* Dienst nur stehen meine Musen"[161].

Kurze Zeit nach seinem Geburtstag erhielt Biedermanns hoffnungsvolle und lebensbejahende Stimmung neue Nahrung. Im März nämlich war Biedermann zu einer Soiree in den Basler „Kohlerhof", das Elternhaus seines Freundes Friedrich Holzach geladen[162]. An diesem Abend begegnete Biedermann zum erstenmal seiner

---

losophischen Stellung, Jena 1893, S. 74–92. Auch sein Freund EDUARD ZELLER wandte sich Kant zu, was spätestens 1862 in seiner Abhandlung „Über Bedeutung und Aufgabe der Erkenntnis-Theorie. Ein akademischer Vortrag", Heidelberg 1862, ersichtlich wird. Sowohl Biedermann als auch Zeller partizipieren an der Kant-Bewegung des neunzehnten Jahrhunderts: „Erkenntnistheorie, nicht formale Logik oder Logik im Sinne Hegels, ist die Grund- und Grundlagendisziplin der Philosophie"; so HERBERT SCHNÄDELBACH, Philosophie in Deutschland 1831–1933, Frankfurt am Main 1983, S. 134.

[157] Biedermann, Tagebuchblätter (Januar/Februar 1842), S. 9.

[158] Die Predigt ist nicht erhalten.

[159] Dabei handelt es sich um den sogenannten „Doktorsaal" (Auditorium theologicum), ein Nebengebäude des Münsters; siehe dazu StABS: Kirchenarchiv V 28: Winterkirche und Betsaal.

[160] Cherbuin (1813–1895) amtete 1837–1847 in Langenbruck und leitete von 1847 bis 1887 die Töchterschule in Basel; GAUSS, Basilea, S. 61.

[161] Der Titel des Gedichtes lautet „An meinem Geburtstag"; A.III.a.

[162] Die Holzach wohnten im Kohlerhof, heute Petersgasse 28. Der Vater, Emanuel Georg Holzach (1794–1844), war Kaufmann und Appellationsrat. Er heiratete 1815 Margaretha Ronus

zukünftigen Ehefrau Margaretha Elisabeth (Elise) Holzach[163], Schwester von Margaretha[164], deren Tischnachbarin er war. Die sechsundzwanzigjährige Elise Holzach wurde ihm als „Philosophin" vorgestellt[165]. Die beiden sahen sich nach diesem ersten Treffen immer öfter, da Biedermann häufig als Gast im Hause Holzach verkehrte. Dort traf er sich mit Friedrich (Fritz) Holzach und mit Riggenbach, der in enger Verbindung zu Margaretha „Gretli" Holzach stand. Seit seiner Rückkehr aus Paris war Riggenbach wieder in nähere Beziehung zu Gretli getreten. Biedermann erlebte die Liebe seines Freundes sehr intensiv mit: „Ich lernte seine Geliebte kennen; ich konnte sie mit seinen Augen und Gefühlen betrachten, ich liebte sie aber sozusagen nur in seinem Namen, für ihn; ich für mich empfand für sie die milde Neigung gegen eine Schwester; und es freute mich zu sehn, wie auch sie mit schwesterlichem Wohlwollen mir entgegenkam."[166] Von Gretli wurde Biedermann Riggenbachs „anderes Ich" genannt, und sie begegnete ihm manchmal so vertraulich, daß Biedermann unsicher wurde, ob er oder der Freund gemeint sei. Darum las ihr Biedermann einmal einen Abschnitt aus Goethes „Dichtung und Wahrheit" vor, dessen existentielle Wahrheit er an sich erfahren hatte. Darin heißt es, durch die volle Teilnahme an der Liebe eines anderen werde man selbst zum Liebenden und könne leicht, ohne es zu wollen, zum Nebenbuhler werden. Letzteres komme aber nicht in Frage, fügte Biedermann lächelnd hinzu, denn zu diesem Zeitpunkt war sein ganzes leidenschaftliches Interesse noch auf Elise Biedermann-Frey gerichtet. Geradezu dramatisch schildert Biedermann anschließend in seinem Tagebuch, daß er am gleichen Tage die Nachricht von der Verlobung seiner Angebeteten erhalten habe[167].

Ganz unproblematisch scheint die geschilderte Dreiecksbeziehung jedoch nicht gewesen zu sein. Dem Vorwurf eines Freundes nämlich, er sei ein „kalter Egoist", billigte Biedermann relative Richtigkeit zu. Doch gerade im Blick auf den Freund Riggenbach habe er sich nichts vorzuwerfen, denn auch in dieser „scharfen Probe", in der Beziehung zu Gretli, habe er die eigenen Ansprüche stets zurückgestellt[168]. Als im Juni 1842 Fritz Holzach Biedermann mitteilte, um Gretli würde nun auch von einem anderen Mann geworben, setzte Biedermann alles daran, seinem Freund Riggenbach sein eigenes bitteres Schicksal zu ersparen[169].

Nachdem Biedermann seine Hausarbeiten abgegeben hatte, verblieben noch gut eineinhalb Monate, um das Generalexamen vorzubereiten. Zuvor hatte das vom Konvent beschlossene Gespräch mit dem Antistes stattgefunden, das den Weg zum Generalexamen ebnete. Die Prüfung wurde durch Dekan Stähelin mit einem Ge-

---

(1797–1873). Beiden wurden elf Kinder geboren, von denen Emanuel, Ludwig und Karl schon im Kleinkinderalter verstarben. Zur Familie Holzach siehe GUSTAV ADOLF WANNER, Die Holzach. Geschichte einer alten Schweizer Familie, Basel/Frankfurt am Main 1982, S. 158–160.

[163] Sie wurde am 18.8.1816 in Basel geboren und verstarb am 15.3.1883 in Zürich.

[164] Sie wurde am 4.7.1819 in Basel geboren und verstarb dort am 24.1.1893.

[165] Biedermann, Tagebuchblätter (März 1842), S. 9.

[166] Biedermann, Tagebuch, S. 110.

[167] Ebd.

[168] Biedermann, Tagebuch, S. 111f.

[169] Biedermann, Tagebuch, S. 115.

bet und der Nennung der Kandidaten eröffnet[170]. Als Examinatoren waren anwesend der Dekan, de Wette und Hagenbach. Stähelin prüfte über Jesaja zuerst ganz allgemein, dann besonders über Kapitel 29. De Wette schloß sich mit dem neutestamentlichen Examen über die beiden Korintherbriefe, insbesondere über 2. Korinther 3, 4ff.[171] an. Schließlich erfolgte noch der kirchengeschichtliche Teil, in dem Hagenbach die schweizerische Reformationsgeschichte abfragte. Die Prüfung endete mit einer lateinischen Rede des Dekans, in der er die Studenten zum historischen Studium aufforderte.

Der Konvent zeigte sich zufrieden mit den Leistungen der Prüflinge. Da noch nicht alle Konventsmitglieder die Examensarbeiten gelesen hatten, mußte die Zulassung der Petenten zum Finalexamen bis zur nächsten Sitzung vertagt werden[172]. Einen Monat später, am 20. Mai, tagte der Konvent wieder. Nun hatten alle acht Mitglieder die Examensarbeiten studiert und gaben ihre Beurteilung ab: Im allgemeinen war man mit den wissenschaftlichen Leistungen zufrieden. Vor allem Biedermann und Riggenbach wurden besonders gelobt, ihre wissenschaftliche Leistung erhielt volle Anerkennung. An dieses positive Votum schloß sich dann jene Kritik an, mit der die beiden Kandidaten gerechnet hatten. Der Konvent äußerte große Bedenken bezüglich der „spekulativen Schule" und der neueren historischen Kritik, denen sich Biedermann und Riggenbach verschrieben hätten. In den Augen der Prüfungskommission ginge ihnen dabei alle biblische Autorität und jeglicher Halt verloren[173]. Positiv wurde aber ihre „sittliche Gesinnung und Aufrichtigkeit" hervorgehoben und „lebhaft bedauert, daß sich dieser Mangel an Überzeugung herausstelle". Man erwog darum, sich durch Privatgespräche noch genauer zu informieren. Auch wurde nochmals der Gedanke erwogen, sich wegen Biedermann an Zürich zu wenden oder ihn geradewegs dorthin zu verweisen. Am Ende der Sitzung beschloß das Gremium doch, Biedermann und Riggenbach sowie Oeri[174] und Oser, über die schon positiv abgestimmt worden war, zu den Prüfungen zuzulassen. Mit Biedermann und Riggenbach sollten aber vorher noch Gespräche mit jenen Mitgliedern des Konvents vereinbart werden, deren Bedenken noch nicht ausgeräumt waren.

Die Prüfungsbehörde hatte sich ihre Entscheidungsfindung nicht leicht gemacht. Dafür werden zwei Gründe ausschlaggebend gewesen sein: Einmal setzten sich de Wette und Hagenbach immer wieder für Biedermann und Riggenbach ein und hoben ihre Vorzüge hervor. Zum anderen gehörte Riggenbach einer angesehenen Basler Familie an, was das öffentliche Interesse an dem Verfahren erklärt. Darum sollte eine einvernehmliche und möglichst gerechte Lösung für beide Kandidaten

---

[170] Zum Folgenden siehe „Protokoll der theologischen Prüfungen"; StABS: Kirchenarchiv N 37.

[171] Das Protokoll nennt keinen präzisen Textumfang.

[172] Biedermann, Tagebuch, S. 99.

[173] Dies warf Hagenbach Strauß und allen anderen pantheistischen Systemen vor; siehe oben S. 315f., Anm. 60.

[174] An der Abstimmung über Oeri nahm Antistes Burckhardt wegen der verwandtschaftlichen Beziehungen nicht teil.

erstrebt werden. Biedermann spricht in seinen „Erinnerungen" rückblickend von einer „cause célèbre" in Basel[175].

So gefaßt und nüchtern reagierte Biedermann aber nicht auf den Beschluß des Konvents in jenen Maitagen 1842. In der Zeit der unerquicklichen Verhandlungen bedrückte ihn eine schwere existentielle Krise. Der Vormund hatte ihm am 6. Mai mitgeteilt, daß sich seine Tochter Elise mit David Georg Forrer (1814–1889) zum Schönenberg verlobt habe[176]. Biedermann notiert dieses Ereignis fassungslos im Zusammenhang mit dem Beginn des Brandes von Hamburg am 5. Mai 1842 und verlieh seiner tiefen Enttäuschung Ausdruck: „Die Nachricht war mir zu unerwartet, zu unglaublich, so dass sie mich im ersten Augenblick stumpf liess. Ich war so plötzlich auf eine ganz andre Stelle entrückt, dass ich erst allmählig aufblicken und mich in der neuen Lage, in die ich mich gestossen sah, umblicken konnte, wo mir denn Zug um Zug sich dunkler vor der Seele malte was ich alles damit verloren. Ich kam mir so arm und entleert vor alles dessen was bisher mein Selbstgefühl erfüllt; ich habe geglaubt ihr die mir so unendlich viel war, wiederum etwas zu sein, das hatte mich mit freudigem Selbstgefühl erfüllt; nun war ich ihr also doch nichts; das erste Gefühl war das bittrer Demüthigung."[177] Biedermann hielt nicht viel von dem Bräutigam[178] und vertraute voller Verbitterung seinem Tagebuch an, Elise sei an einen Mann „verkauft" worden, der nur eine Eigenschaft besitze, er sei reich. Weil Elise nicht gewußt habe, wie es mit seiner beruflichen Zukunft weitergehe, ergab sie sich „resignierend in den Willen anderer"[179]. Biedermann ärgerte sich über sei-

---

[175] BIEDERMANN, Erinnerungen, S. 403.

[176] H. Biedermann an Biedermann, 6.5.1842: B.I.g.13. Forrer war Kaufmann und Seidenfabrikant, siehe WERNER GANZ, Aus der Biedermeierzeit in Winterthur. Aufzeichnungen von Georg Forrer (1814–1889), in: Der Landbote 1878, Nr. 113, S. 29; sowie „Erinnerungen von Georg Forrer 1814–1889", hrsg. von Jacequeline Schmid-Forrer, [Olten] 1976 (Ms.).

[177] Biedermann, Tagebuch, S. 110f. Als Reaktion auf diese Nachricht schrieb Biedermann im Mai 1842 das Gedicht „Warum hast du mir das angetan?
Ich war so arm, an meinen eignen Schätzen
Vermocht ich nicht mein durstend Herz zu letzen;
Da nahtest du mir liebevoll:
Ich lebte auf zu neuem kühnen Hoffen,
Ich sah das reichste Paradies mir offen,
Aus dem ein Strom des Lebens quoll.
Doch du bist müd als Sonne mir zu leuchten,
Mit mildem Thau die Blüthensaat zu feuchten,
Die nun ein kalter Hauch verweht:
Nun irr ich wie ein heimatloser Knabe,
Und doppelt arm erscheint mir meine Habe,
Seit du das wenige verschmäht"; A.III.a.

[178] Im Tagebuch. S. 111, ist die Beschreibung Forrers unkenntlich gemacht worden.

[179] Biedermann, Tagebuch, S. 111. Diesen Vorwurf scheint Biedermann seinem Vormund gegenüber gemacht zu haben, der sich dagegen sehr deutlich verwahrte und Biedermann mitteilte, daß die Verlobung allein Elises Entscheidung gewesen sei, die Eltern hätten darauf keinen Einfluß genommen. Biedermann-Frey, der sich denken konnte, warum sein Zögling so emotional reagierte, schließt mit den ermahnenden und desillusionierenden Worten, „daß in unsern gegenwärtigen, aus einer zusammen gedrängten Bevölkerung sich ergebenden Zuständen, ein junger Mann gewiß wohl thut an eine eheliche Verbindung gar nicht zu denken, bis er einen Lebensberuf, mit

ne eigene Zurückhaltung und suchte Trost bei seinen Freunden. Seine Gefühle wechselten zwischen Trauer und Ironie: War unter diesen Umständen noch eine Rückkehr nach Winterthur möglich?

In dieser bedrückten Gemütsverfassung antwortete Biedermann am Pfingstmontag, wenige Tage vor der Konventssitzung, seinem Vormund[180], dankte für die Zusendung des Zürcher „Synodalgelübdes" und ging ferner auf die Vorwürfe Biedermann-Freys ein. Er hatte den Vormund gebeten, ihm das „Synodalgelübde" zuzuschicken[181], um es mit der Basler Verpflichtung vergleichen zu können, da er überlegte, im Kanton Zürich Pfarrer zu werden. Seinem Vormund teilte er nun mit, daß er von diesem Gedanken Abstand genommen habe. Ein geistliches Amt in Zürich komme für ihn nicht mehr in Frage. Er glaube auch, mit der Basler „geistlichen Regierung" besser auskommen zu können.

Der Vormund hatte in seinem Brief Biedermann gegenüber Vorhaltungen gemacht, da er nicht verstehen konnte, warum der Kandidat sich solche Umstände bereite. Wenn es ihm nicht möglich sei, die Basler Verpflichtung zu leisten, solle er doch in Zürich das Examen ablegen. Vor allem gibt er zu bedenken, daß solche Ausnahmen, wie Biedermann sie erwarte, nicht gemacht werden können. Denn

---

dem er eine Familie anständig durchbringen kann, ergriffen hat und ausübt. So lange dieß nicht der Fall ist, wird er eine Frau nie zufrieden, geschweige glücklich machen können"; H. Biedermann an Biedermann, 6.8.1842: B.I.g.14. Ähnliche Gedanken hatte H. Biedermann seinem Schutzbefohlenen gegenüber bereits schon einmal geäußert, als er kritisch zu den Zukunftsplänen Stellung nahm; siehe oben S. 280f. Biedermann mußte wissen, daß ohne gesicherte berufliche Stellung eine bleibende Verbindung mit Elise unmöglich war.

[180] 16.5.1842. Biedermann, Tagebuch, S. 86–88.

[181] H. Biedermann teilte das Synodalgelübde in seinem Brief vom 6.5.1842 mit: B.I.g.13. Das Gelübde hat folgenden Wortlaut: „Im Namen Gottes und Christi! Ihr verlanget, in eine nähere brüderliche Verbindung zu treten mit uns, den sämmtlichen zur evangelisch-reformirten Lehre sich bekennenden Religionslehrern unsers Kantons. Eine gesammte Ehrw. Synode genehmigt Euer Begehren und nimmt Euch als Brüder auf, wenn Ihr feierlich angelobet: 1.) Daß Ihr das Evangelium nach den Grundsätzen der reformirten Kirche, gemäß den göttlichen Schriften, besonders des Neuen Testamentes, ungefälscht lehren und predigen wollet. Versprechet Ihr, dieses zu thun? 2.) Daß Ihr die kirchlichen Gesetze und Ordnungen treu und gewissenhaft erfüllen und best Euerer Kräfte das Heil der Kirche fördern wollet. Versprechet Ihr, dieses zu thun? 3.) Daß Ihr die Pflichten gegen den Staat und die Kantons-Regierung gewissenhaft erfüllen wollet. Versprechet Ihr, dieses zu thun? Der allgegenwärtige Gott ist Zeuge! Die Wahrheit Christi sei mit uns! Die brüderliche Liebe bleibe!" H. Biedermann teilte die Fassung des Gelübdes aus der „Synodalordnung" vom 28.1.1833 mit. Die Genese der Gelübde in der ersten Hälfte des 19. Jahrhunderts in Zürich ist sehr kompliziert. Dabei muß zwischen der Gattung des „Ordinationsgelübdes" und derjenigen des „Synodalgelübdes" unterschieden werden. Als für Biedermann die Sache aktuell war, stand man in einer Revision der Prädikantenordnung von 1803. Die Fassung des Synodalgelübdes von 1803 wurde 1833 überarbeitet. Aus der überarbeiteten Fassung zitierte H. Biedermann. Das „Gesetz betreffend ein Reglement für die Synode der Zürcherischen Landeskirche, vom 28. Januar 1833" mit dem Synodalgelübte ist abgedruckt bei ZIMMERMANN, Kirchenwesen, S. 15–17. B. Stadler, Staatsarchiv Zürich, verdanke ich den Hinweis auf das Ordinationsgelübde vom 18.10.1842, dessen Entwurf von S. Vögelin stammte. Die Synodalversammlung nahm den Entwurf am 18.10.1842 provisorisch an. Ende 1842 mußte ein Zürcher Pfarrer das Ordinations- und hernach das Synodalgelübde von 1833 schwören. 1856 wurden die beiden Gelübde einer erneuten Revision unterzogen. Siehe auch FINSLER, Statistik, S. 54.

wenn jeder Geistliche allein nach seinen besonderen Ansichten predigen und lehren würde, hätte schließlich jede Gemeinde ihre eigene Meinung. Biedermann-Frey empfiehlt darum – nach Rücksprache mit dem Winterthurer Pfarrer Strauß –, sich vor weiteren Schritten mit Antistes Burckhardt zu bereden. Gegen diese Ratschläge verwehrte sich der Student und insistierte darauf, daß er bisher alle seine Schritte gründlich überlegt hätte und keinen zurücknehmen müsse. Was er getan habe, habe er tun müssen. In einem theologischen Examen würden nun einmal theologische Ansichten gefragt, diese habe er ausgesprochen, vorbehaltlos auch solche, die von der offiziellen Kirchenlehre abwichen. Dennoch stehe er im Glauben mit der Kirche auf demselben Boden.

Ferner teilte er dem Vormund mit, ihn beschäftige der Gedanke, den Antrag auf Zulassung zum Examen zurückzuziehen, falls die Probleme mit der Kirchenleitung unüberbrückbar würden. Die Enttäuschung über die bisherigen Entscheidungen des Konvents führte ihn zu Überlegungen bezüglich der weiteren beruflichen Existenz. Diese konzentrierten sich zunehmend auf das akademische Lehramt. Biedermann brachte dem Amt des Predigers zwar großen Respekt entgegen und unterstrich die Wichtigkeit der Aufgabe, doch befürchtete er für seine Person, dabei intellektuell nicht befriedigt zu werden[182]. Sein Ziel war es, sich der theologischen und philosophischen Wissenschaft zu widmen. Hier hoffte er Erfüllung zu finden. Um sich auf das Lehramt vorzubereiten, plante Biedermann bis zum kommenden Frühjahr die Fertigstellung einer größeren wissenschaftlichen Schrift, mit der er sich schon länger befaßt hatte. Das Thema nannte er noch nicht. Ferner wollte er einige kleinere Arbeiten schreiben, um auf diesem Wege einen Namen zu bekommen und sich finanziell selbst versorgen zu können. Darum zog er eine Stellung als Hauslehrer in Betracht. Als erstes Ziel auf dem akademischen Weg aber strebte er eine Privatdozentur an einer philosophischen Fakultät an[183]. Weiter plante er, öffentliche Vorlesungen zu halten, um seine Lehrbefähigung hinreichend zu prüfen.

Wenige Tage nach dem Versand des Briefes erhielt Biedermann endlich die Zulassung zu den weiteren Prüfungen. Das entspannte die Situation, und Biedermann sprach erleichtert von einem „günstigen Bescheid"[184]. Immerhin hatte durch die Voten von La Roche und Bischoff auch ein Ausschluß im Raume gestanden. Nun bot sich wenigstens die Gelegenheit, mit seinen hartnäckigsten Kritikern ins Gespräch zu kommen. Über die „unfruchtbare" Unterredung mit dem Antistes am Samstagmorgen des 21. Mai zeigte sich Biedermann enttäuscht[185]. Am Nachmittag besuchte er Stähelin, der ihn und Riggenbach „fromme Ungläubige" nannte und einige heikle theologische Punkte berührte. Zwei Tage später, am Montag nach Trinitatis, waren die beiden Kandidaten bei de Wette. Dieser war ärgerlich, weil sich Riggenbach und Biedermann den „borniertn Pfarrern" gegenüber zu ängst-

---

[182] Biedermann, Tagebuch, S. 87.
[183] Biedermann dachte dabei wohl an Zürich. In den Privatdozentenakten der Philosophischen Fakultät aus den 1840er Jahren findet sich keine offizielle Bewerbung von Biedermann.
[184] Biedermann, Tagebuchblätter (Mai 1842), S. 9.
[185] Biedermann, Tagebuch, S. 99.

lich zeigten. Nach diesem Gespräch setzten sie je eine Erklärung auf, in der sie die „Basler Konfession" „spekulativ" zu interpretieren versuchten.

In seiner Auslegung konstatierte Biedermann noch einmal, daß er eine buchstabengetreue Verpflichtung auf dieses Bekenntnis und auf die Bibel nicht leisten könne. Dadurch werde er in seiner wissenschaftlichen Arbeit auf eine der christlichen Freiheit widersprechende Weise gebunden, so daß er seine eigenen Ansichten verleugnen müßte. Da aber der Konvent eine Verpflichtung auf den Geist des Symbols forderte, legte Biedermann dar, was im Blick auf die Konfession den Mittelpunkt seiner dogmatischen Überzeugung bildet. Dabei wertete Biedermann die Basler Konfession als „treusten Ausdruck des christlichen Geistes" anderen symbolischen Schriften gegenüber[186]. Biedermann konnte die Verpflichtung unter der Voraussetzung mit seinem Gewissen vereinbaren, daß der Konvent seinen Ausführungen folgen könne und erkläre, „daß dieß wirklich der *Geist* sei dessen Einheit die Kirche durch die Confession wahren wolle und dass jede wissenschaftliche Fassung welche sich auf diesen Geist gründe und ihn zum Inhalt habe als innerhalb des *christlichen* Geistes und der Kirche stehend von dieser freizugeben sei"[187].

Zu acht dogmatischen Artikeln äußert sich Biedermann der „Basler Konfession" folgend im Hauptteil seiner Erklärung jeweils ganz knapp[188]. Im Artikel von Gott interpretiert er die Trinität folgendermaßen: Gott ist als der Eine ewige Gott nur in der Einheit der drei Bestimmungen als eine geistige Substanz, als schöpferisches Urbild der Welt und als Geist zu fassen, der die Menschheit zur Einheit mit dem göttlichen Wesen erhebt. Der zweite Artikel handelt vom Menschen. Auch hier bietet Biedermann eine Auslegung, die vor allem terminologisch weit über die Confessio hinausgeht: Der Mensch ist seinem wahren Wesen, seiner geistigen Substanz nach Gottes Ebenbild. In seiner natürlichen Existenz aber steht er im Widerspruch zu seiner göttlichen Bestimmung und ist unselig. Aus diesem Widerspruch kann der Mensch nur durch den göttlichen Geist aus der Sünde zur Einheit mit Gott erhoben werden. Der dritte Artikel handelt von Christus, dem Gottmenschen. Die Einheit des Gottmenschen hat sich – so Biedermann – im Selbstbewußtsein Christi verwirklicht, durch welches sie auch uns historisch vermittelt worden ist. Dem, der sich diese reale Vereinigung im Glauben aneignet, widerfährt die Vergebung der Sünden vor Gott, Versöhnung vor Gott und ewiges Leben. Die Kirche versteht Biedermann viertens als Organismus, den sich der gottmenschliche Geist Christi geschaffen hat, um seine „geistigen Güter" an seine Mitglieder, namentlich durch die Sakramente, weiterzugeben. Die Sakramente interpretiert er im

---

[186] Biedermann, Erklärung, S. 1. Das Manuskript ist nicht paginiert.

[187] Biedermann, Erklärung, S. 1 f.

[188] Eine zeitgenössische Ausgabe der Konfession erschien 1841 in Basel bei Emanuel Thurneisen unter dem Titel „Christliche Basler-Confession oder Glaubens-Bekenntniß wie solches bald nach der seligen Reformation aus Gottes Wort gestellt und als der heiligen Schrift gemäß von der Stadt und Landschaft Basel angenommen, auch unter uns bisher rein und unverfälscht erhalten worden ist". Siehe dazu Karl R. Hagenbach, Kritische Geschichte der Entstehung und der Schicksale der ersten Baslerkonfession und der auf sie gegründeten Kirchenlehre, Basel 1827, ²1857.

fünften Artikel symbolisch: Die Taufe ist das „Symbol" der Aufnahme in die Gemeinschaft dieses Geistes Christi, und das Abendmahl gilt als „Symbol" der fortdauernden wahren geistigen Teilhabe an Christi Geist. Das Verhältnis von Glauben und Werken bestimmt Biedermann im sechsten Artikel. Die Teilnahme an der Erlösung wird allein durch den Akt des Glaubens an die Erlösung vollständig und wahrhaft bewirkt. Der Glaube hat sich aber als wahrer Glaube durch gute Werke zu betätigen. Im vorletzten Artikel benennt Biedermann seine Vorstellung vom Jüngsten Tag. Die Früchte der im Glauben erlangten Einheit mit Gott sind das ewige Leben und die Seligkeit, die Früchte des Unglaubens aber die ewige Unseligkeit und Verwerfung vor Gott. Zum Schluß erläutert er den Artikel von den Geboten. Wie in seiner Examensarbeit heißt es hier: Alle menschlichen Satzungen sind der Freiheit des Christen unterworfen. Diese Freiheit ist die absolute Norm und Autorität, die aus der Einheit des Göttlichen und Menschlichen hervorgeht.

An diese knappen Ausführungen schließt Biedermann seine schon früher geäußerte Grundüberzeugung an, daß der göttliche Geist der christlichen Religion sich stets im Menschlichen entwickle und verschiedene Fassungen und Gestaltungen erhalte. Wenn die christliche Freiheit uneingeschränkt bleiben solle, dann müsse man sich diesen Geist immer wieder nach besten Kräften des Wissens vermitteln, fordert Biedermann. Das heißt, „daß alle an einzelnen Dogmen sich etwa herausstellenden Differenzen, die meist auf eine von der altkirchlichen sich unterscheidende philosophische Fassung der zu Grund liegenden Categorien hinauslaufen, nicht als Abweichung von dem kirchlich zulässigen Geist werden aufgefaßt und beurtheilt werden können"[189].

Ihre Entwürfe legten sie de Wette vor, der sich damit zufrieden gab. Biedermann verstand dieses Schreiben als ein „Ultimatum"[190], als letzte seiner Möglichkeiten, sich dem Konvent gegenüber zu erklären. Sollte dieses Schreiben keinen Erfolg zeitigen, so würde Biedermann sich vom Examen zurückziehen. Biedermann befand sich in „verzweifelter Stimmung", nur Riggenbach habe ihn davon abhalten können, „alles wegzuwerfen und ins Weite (nach Italien) zu gehn"[191].

Am Dienstagmorgen suchten sie Pfarrer La Roche auf. Das Gespräch war lebendig und orientierte sich vor allem an der kirchlichen Wirksamkeit. Die Wissenschaft ignorierte La Roche dabei mehr, als daß er sie negierte. Er pochte besonders hartnäckig auf die göttliche Autorität der Schrift. Die schriftliche Erklärung, die La Roche zur Kenntnis gebracht wurde, leistete gute Dienste: Die dogmatischen Erörterungen verliefen nicht ins Uferlose, vielmehr beschränkte sich das Gespräch auf das in der Erklärung benannte[192]. Am Nachmittag erschienen Biedermann und Riggenbach bei Pfarrer Bischoff. Er hielt eine langweilige Anrede, erklärt Biedermann. Seine Einwände bezeichnet Biedermann als trivial und als „ledernen Supranaturalismus". Bischoff versicherte schließlich sein persönliches Wohlwollen und

---

[189] Biedermann, Erklärung, S. 4.
[190] Ebd.
[191] Biedermann, Tagebuchblätter (Mai 1842), S. 9.
[192] Biedermann, Tagebuch, S. 99.

fand die Erklärung „interessant". Danach waren die beiden Kandidaten noch bei Professor Müller. Über dieses Gespräch schweigt Biedermann sich jedoch aus[193].

6. Das Finalexamen

Diese Ausführungen hatten die skeptischen Gemüter erst einmal beruhigt, sicher nicht gänzlich überzeugt. Biedermann aber konnte gelassener dem Finalexamen entgegensehen. Der Konvent tagte am 31. Mai nochmals, um die Fragen bezüglich Biedermann und Riggenbach zu klären. Die Bedeutung dieser Zusammenkunft wird durch die außergewöhnliche Ausführlichkeit des Protokolls ersichtlich. Die Konventsmitglieder berichteten von ihren Gesprächen mit den beiden Petenten und werteten sie als Erfolg. Zwar hingen ihre dogmatischen Ansichten leider in vielerlei Hinsicht mit der neueren spekulativen Philosophie zusammen. Deutlich machte dies der Konvent an dem Beispiel der Unterscheidung von historischem und idealem Christus. Doch wurde Biedermann und Riggenbach wiederum ernste religiöse Gesinnung bescheinigt. Lobend erwähnte man auch die Erklärungen der beiden Kandidaten, betonte aber, daß diese nicht als Eingaben an den Konvent, sondern als bloße Darlegung ihrer Meinung zuhanden der einzelnen Mitglieder zu betrachten seien. Die Liebe und den Ernst für Christus sprach der Konvent beiden zu, auch wenn ihre Sprache der spekulativen Philosophie kritisiert wurde. Positiv wirkte auch die Versicherung von Biedermann und Riggenbach, sich auf dem praktischen Feld ganz auf den Boden der Heiligen Schrift zu stellen und die Bekenntnisse der Gemeinde zu achten. Einschränkend fügte der Konvent abschließend noch an, man wünsche, daß die beiden jungen Männer mehr Zeit gefunden hätten, sich innerlich für die praktischen Aufgaben vorzubereiten. Im Blick auf ihre Gesinnung und ihr Studium hätten sie sich hinlänglich ausgebildet. Der Konvent sprach darum die Hoffnung aus, daß die beiden immer mehr durch Gottes Gnade in den Besitz der Wahrheit kommen würden. Am Ende der Sitzung wurden beide Kandidaten einstimmig zu den „Tentamina privata" zugelassen.

Bis zum Montag, dem 13. Juni, fanden die einzelnen Prüfungen statt. An diesem Tag wurden im Konvent über die Vorprüfungen berichtet und die Ergebnisse zusammengetragen. Die Leistungen von Biedermann und Riggenbach wurden besonders gewürdigt. Alle vier Kandidaten ließ man ohne Einschränkung zum Finalexamen zu, das drei Tage später am Donnerstag, dem 16. Juni, um neun Uhr stattfand.

Am 12. Juni war Biedermanns Mutter nach Basel gekommen, die den kommenden Ereignissen bis zur Ordination beiwohnte. Am Morgen des 16. Juni erwarteten Antistes Burckhardt, die Pfarrer La Roche und Bischoff sowie die Professoren Müller, Hagenbach und Stähelin die Kandidaten Biedermann, Oeri, Oser und Riggenbach zur Prüfung. Müller begann das Finalexamen mit Fragen zur Versöhnungslehre, wobei er vom dreifachen Amt Christi ausging. Weiter fragte er nach der Unterscheidung von „satisfactio" und „intercessio". Zur Versöhnungslehre mußten dann

---

[193] Ebd. Siehe auch BIEDERMANN, Erinnerungen S. 402.

die wichtigsten Stellen aus dem Neuen Testament übersetzt werden. Darauf folgten einige dogmengeschichtliche Fragen. Den zweiten Teil der Prüfung bestritt Hagenbach. Er stieg mit der Eschatologie ein und wollte wissen, wie dieser dogmatische Locus eingeteilt werde. Auch dazu waren Stellen aus dem Neuen Testament zu nennen und zu übersetzen. Schließlich wandte er sich dem Thema der Unsterblichkeit der Seele und der Auferstehung des Leibes zu. In dieser Prüfung versuchte Hagenbach, Biedermann durch einige diffizile Nachfragen in Verlegenheit zu bringen, was ihm jedoch nicht gelungen ist[194]. Nach den Prüfungen wurde im Konvent über die Noten abgestimmt, wobei der Antistes bei der Abstimmung über seinen Neffen Oeri abwesend war. Biedermann erhielt ebenso wie Riggenbach die Bestnote „optime, in latam spem", die anderen beiden wurden mit „bene, in latam spem" beurteilt[195]. Biedermann erreichte mit diesem Prädikat eine überdurchschnittliche Bewertung. Die Note eins oder „optime" wurde nicht sehr häufig erteilt. In der Frühjahrsprüfung 1837 und im November 1841 wurden zuletzt sehr gute Examina abgelegt[196]. Die Leistungen Osers und Oeris hingegen entsprachen dem Durchschnitt.

III. *Probepredigt und Ordination*

1. *Die Probepredigt*

Entsprechend der „Ordnung der Prüfungen" (§ 15) wurde nach dem bestandenen Examen der Termin für die Probepredigt festgelegt. Biedermann und Riggenbach hatten am Donnerstag, dem 23. Juni, im Chor des Münsters ihre Predigten zu halten[197]. Der Chor war seinerzeit noch ein in sich abgeschlossener gottesdienstlicher Versammlungsraum. Wegen der heftigen Diskussionen um die Examenszulassung von Biedermann und Riggenbach fanden ihre Probepredigten so großes öffentliches Interesse, daß der Chor überfüllt war[198]. Unter den Besuchern waren sowohl Familienangehörige als auch Freunde, Pfarrer der Stadt und ferner solche, die sensationslüstern hofften, Biedermann und Riggenbach würden aufgrund ihrer Predigten doch noch abgewiesen. Sogar ein Männerchor trat mit zwei Liedern auf[199]. Biedermann predigte über einen Vers aus dem Johannesevangelium: „Die

---

[194] Biedermann, Tagebuch, S. 103. Später äußerte BIEDERMANN, Erinnerungen, S. 405, daß gerade bei der Frage nach dem ewigen Leben sein theologischer Standpunkt besonders hervortrete.

[195] Üblich waren die drei Bewertungen „optime", „bene" und „satis".

[196] In den Jahren 1816–1842 wurden nach bestandenem Finalexamen 131 Kandidaten zur Probepredigt zugelassen. In der Zeit von 1839- 1858 waren es 58 Kandidaten; „Verzeichnis der Texte zu den Probepredigten der Cand. S. Min. 1816–1858"; StABS: Kirchenarchiv N 14.

[197] Oser und Oeri hatten zwei Tage zuvor ihre Probepredigt halten müssen. Die Predigten befinden sich in der UBBS: Riggenbach (Johannes 8,12): Kirchenarchiv Nr. 378. Oser (Johannes 8, 31f.): aaO. Nr. 376; Oeri (Johannes 7, 37–39): aaO. Nr. 375; Biedermann (Johannes 7, 46): aaO. Nr. 377.

[198] BIEDERMANN, Erinnerungen, S. 403.

[199] Einen eindrücklichen Bericht bietet Adolf Christ (1807–1877) in einem Zirkularschreiben

Knechte antworteten: Noch nie hat ein Mensch geredet wie dieser Mensch." (7, 46)[200]. Seine Predigt beginnt er mit der Grußformel: „Andächtige und in Jesu Christo unserm Herrn und Heilande geliebte Zuhörer"[201]. Die Predigt selber besteht aus einer Einleitung, zwei Hauptteilen und dem Schluß. Nach einer Einleitung und Hinführung zum Text fragt Biedermann nach dem Verhältnis der Predigt Jesu zu seinen Vorläufern. Daran knüpfen sich Ausführungen über die Folgen der Verkündigung bei Jesus und seinen Vorläufern an, bevor Biedermann im zweiten Hauptteil die Aufgabe des christlichen Predigers beschreibt. Es folgt noch der Schluß[202].

---

vom 23.6.1842: „Probepredigt von Candidat Biedermann und Riggenbach und Ordinazion von 4 Candidaten. Der Chor des Münsters war *voll;* es kommen da so verschiedene Geister zusammen! Man erkennt so leicht die Verwandten und Freunde der Jünglinge, dann gewisse Frauen, die immer kommen um zu sehen, ,ob sie nicht *anstoßen*', dann Leute die aus kirchlichem und geistlichem Interesse da sind, dann die verschiednen Pfr. (H. Pfr. Münch gefrackt) – endlich mitten in der ersten Predigt kommt ein Trupp von etwa 30 jungen Leuten, in deren Mitte ich Dr. Brenner erblikke, und wo ich zuerst fast auf ,feindselige' Absichten schließen wollte. Es war aber ein Stück des Männer Chors und etliche Studenten; sie sangen 2 mal, aber ob dieß für irgend Jemand erbaulich war weiß ich nicht. Ich wenigstens höre nicht gern singen: ,Heilig, heilig, heilig' usw. oder ,Machet die Thore breit' von Leuten mit großem Schnauzer, die Hände in die Hüften gestemmt, in burschikosen Attitüden, und ohne alle ernste Aufmerksamkeit während der Predigt; – ich weiß wohl, daß diese Bemerkungen beweisen, daß ich zuviel hingeschaut habe, aber ich wurde wirklich gestört und sah in diesem Trupp ziemlich leibhaftig das ,Junge Basel' unsern alten ehrwürdigen Institutionen gegenüber. Riggenbach kam mir als eine *weitaus* stärkere geistige Potenz vor als der andere, und wenn mich nicht der dem Hegelianismus gemachte Vorwurf, daß er sich unter den christlichen Ansichten: Sünde, Versöhnung usw. etwas ganz andres denke; – wie ein Gespenst verfolgt hätte, so hätte ich erbaut werden können; – freilich war noch daneben, namentlich im Gebet, eine tiefe Kälte fühlbar"; Nachlaß Adolf Christ, UBBS: Nachlass Nr. 156: Zirkularbriefe. Den Hinweis auf diesen Brief verdanke ich Herrn Michael Raith, Riehen. Christ gehörte zum Kreis der „frommen Basler"; war politisch beinahe ein halbes Jahrhundert in seiner Heimatstadt tätig und zugleich 35 Jahre lang Präsident des Missionskomitees. „Er verkörperte recht eigentlich das konservative, geistig lebendige und aufrichtig fromme Basel"; so PAUL BURCKHARDT, Geschichte der Stadt Basel. Von der Zeit der Reformation bis zur Gegenwart, Basel 1942, S. 226. MICHAEL RAITH, Adolf Christ, in: Der Reformation verpflichtet. Gestalten und Gestalter in Stadt und Landschaft Basel aus fünf Jahrhunderten, Basel 1979, S. 97–104. Der im Brief genannte Carl Brenner war von 1839–1881 freisinniger Basler Großrat. Zur Person siehe EDUARD HIS, Basler Staatsmänner des 19. Jahrhunderts, Basel 1930, S. 208–210. Christian Münch (1792–1874) war Helfer (2. Pfarrer) an St. Theodor; GAUSS, Basilea, S. 116. „Junges Basel" wurde der Basler Freisinn genannt; siehe auch OTTO ZUMSTEIN, Beiträge zur Basler Parteigeschichte, Diss. phil., Basel 1936, S. 5f.

[200] Antistes Burckhardt wählte in den Jahren 1841–1852 nur Predigttexte aus dem Johannesevangelium aus. In 39 Predigten wurde so fast kontinuierlich entlang der Kapitel gepredigt, siehe das „Verzeichnis der Texte zu den Probepredigten der Cand. S. Min. 1816–1858"; StABS: Kirchenarchiv N 14.

[201] In Biedermanns Predigtmanuskript findet sich hierfür das Kürzel „A. Z.". Anhand von Osers Predigt läßt sich diese Abkürzung jedoch sicher auflösen.

[202] Einen Aufriß der Predigt gibt Biedermann am Ende der Einleitung, S. 2: „Betrachten wir sie [die Predigt Christi] nun in ihrem Gegensatz zu der Predigt derer, die vor ihm waren und ausser ihm sind, auf welchen Gegensatz die Textesworte uns führen, und dann im Verhältniss zu unserm Beruf sein Wort zu verkündigen." Das Predigtmanuskript ist nicht paginiert.

Biedermann setzt am Anfang seiner Predigt mit einem Vers aus dem Lukasevangelium ein: „Wer die Hand an den Pflug legt und sieht zurück ist nicht tüchtig zum Reiche Gottes."[203] Diese Aussage Jesu aus den Nachfolgesprüchen wendet Biedermann antithetisch auf seine biographische Situation an. Biedermann versteht sich kurz vor der Ordination als einer, „welcher die Arbeit seines irdischen Tagewerks anzutreten im Begriff steht, auf dem Acker der Welt in den Boden der Menschenherzen den Samen der Ewigkeit auszustreuen" sich anschickt[204]. Darum habe er in sich hineinzusehen und sich zu prüfen, ob er dazu befähigt und bestellt sei, „damit nicht Unkraut da aufschiesse, wo eine Saat für das Himmelreich sprossen sollte und er als ein unnützer untreuer Knecht erfunden werde"[205]. Vor allem sei zu prüfen, ob er sich als Prediger durch Gottes Geist oder bloß durch ein selbstgemachtes Licht erleuchten lasse. Immer wieder habe er danach zu fragen, ob es wirklich „Gottes Wort" sei, das er da mit Menschenmund verkündige. Gewähr und Maßstab bietet hier allein Christi Wort und Geist, denn Christi Predigt legt ein „urkräftiges" Zeugnis ab in jenen, die ihn wahrhaft hören und aufnehmen. Sogar Christi Feinde werden darum für ihn Zeugnis ablegen, wie der Predigttext zeige[206]. Dieser erweist aber nicht die ganze Fülle dessen, was der Christ an Christi Predigt habe, das ist auch nicht möglich, da die „Knechte" bloß äußerlich und keineswegs innerlich in das Wort Christi eingedrungen sind, legte Biedermann aus. In diesen Worten werden starke biographische Anklänge deutlich. Biedermann befand sich tatsächlich in einer Phase der selbstkritischen Prüfung, welchen Weg er einschlagen solle. Ferner teilt er so dem Konvent und der Gemeinde mit, daß er sich der Problematik, aus welchem Geist heraus gesprochen werde, durchaus bewußt ist und sich selber dieser Anfrage immer wieder unterziehe.

In der neutestamentlichen Tradition heißt es „öfters", daß Jesu gewaltig lehre und nicht wie die Schriftgelehrten[207]. Wie aber haben jene Vorläufer über die „göttlichen Dinge" geredet? Im folgenden zeichnet Biedermann ein einseitig negatives Bild der Pharisäer, die sich bloß mit äußerlichen Kleinigkeiten aufhielten und das eigentliche „innere Leben, wo der Mensch allein mit Gott in unmittelbarem Verkehr steht", nicht berührten. Durch ihr Pochen auf Erfüllung der Gesetze, durch welche Gerechtigkeit zu erlangen sei, erzeugten sie vielmehr Ängstlichkeit. Die Pharisäer legten den Menschen eine schwere Gewissenslast auf[208]. Aber auch die Sadduzäer malt Biedermann in den üblichen Klischees: Sie würden die Fragen nach Gott damit beantworten, auf das zeitliche Leben hinzuweisen, das in Maßen freilich zu genießen sei. Mehr solle man nicht verlangen. Doch wie könne man sich mit solchen Antworten, die „baar alles Verlangens nach Gott, alles Durstes nach dem ewigen Leben" seien, zufriedengeben[209]?

---

[203] Lk 9, 62.
[204] Biedermann, Probepredigt, S. 1.
[205] Ebd.
[206] Biedermann, Probepredigt, S. 2.
[207] Biedermann spielt auf Mt 7, 29; Mk 1, 22 und Joh 7, 16 an.
[208] Biedermann, Probepredigt, S. 2 f.
[209] Biedermann, Probepredigt, S. 3.

Schließlich verweist Biedermann noch auf Johannes, den Prediger in der Wüste. Der predigte nur Buße und konnte nicht zeigen, woher die Kraft zur Buße komme. Ihm blieb nur zu sagen: „Das Himmelreich ist nahe!"[210] Aber wie es eintreffen werde, ob nicht etwa als „verzehrendes Feuer des Strafgerichtes", das konnte Johannes auch nicht mitteilen. Dann aber trat ein anderer auf mit der Botschaft: „Das Himmelreich ist da." Der offenbarte den Menschen das Wesen des unbekannten Gottes, des „unermeßlich Ewigen, der Himmel und Erde trägt", und predigte, was Gott für das Menschengeschlecht bedeute. Anhand von Johannes 14, 5 führt Biedermann aus: „Hier ist der *Weg*; aber nicht ein *Weg* auf dem man das Ziel nicht sieht und erst suchen muss, hier ist auch das Ziel, die *Wahrheit* aber nicht eine leere todte oder schreckende wie die des Gerichts, sondern Wahrheit die das *Leben* selber ist. So verkündet ein Mensch; den Menschen schließt er die Aussicht auf die Kindschaft Gottes auf."[211] Diesen Gedankengang schließt Biedermann mit einem Mischzitat verschiedener biblischer Textstellen ab[212]. Der christlichen Gemeinde sei kein knechtischer, sondern ein Kindessinn des göttlichen Willens gegeben. Darum könne sie Gott lieben, denn er habe zuerst geliebt. In dieser Liebe sei die Gemeinde eins mit Gott. Und weiter fragt der Prediger: Welche Folgen brachten denn die Predigten der Pharisäer, der Sadduzäer, des Johannes und von Jesus mit sich? Die Pharisäer hielten das Volk in untertänigem Gehorsam, die Sadduzäer beunruhigten niemanden, und von Johannes sei auch keine Gefahr ausgegangen, denn er habe bloß die Buße gepredigt. Denn zu Reue und Buße zu ermahnen, tue immer gut. So habe er auch dafür gesorgt, daß dem Volk ein neuer „Stachel der Gewissensangst" in die Herzen getrieben worden sei. Dadurch blieb das Volk unter seinem Joch. Merkwürdigerweise betont Biedermann, man habe Johannes gewähren lassen, da er ungefährlich gewesen sei. Die Erzählung von der Hinrichtung des Johannes[213] verschweigt er. Antithetisch fährt er fort: „Als aber Jesus kam", erschrak die Obrigkeit und stufte ihn als gefährlichen Verführer und Gotteslästerer ein. Darum wurden Knechte ausgesandt, die von der Macht seines Wortes getroffen wurden. Sie konnten aber in seiner Predigt bloß Menschenworte erkennen, die christliche Gemeinde aber höre Worte des ewigen Lebens: „Lebendige Worte sind es, Worte des Geistes, des göttlichen Geistes, die in den Gliedern der wahren Gemeinde des Herrn immerfort göttliches Leben wirken."[214]

Im zweiten Hauptteil wendet sich Biedermann der Aufgabe des Predigers zu[215]. Der Beruf des Predigers ist es, im Namen Gottes dieses lebendige und ewige Wort zu verkündigen. Biedermann unterstreicht die große Verantwortung jener Berufung,

---

[210] Mt 3, 2.

[211] Biedermann, Probepredigt, S. 4. Hervorhebungen im Original.

[212] Biedermann bezieht sich zumindest auf Mt 5, 45; Gal 4, 6; Jak 4, 12; Jes 59, 12; Mt 9, 2; 12, 31; Kol 2, 13; Eph 1, 7; Röm 8, 15; Mt 12, 37–39; 1. Joh 4, 19.

[213] Mt 14, 1–12.

[214] Biedermann Probepredigt, S. 5.

[215] Auch Riggenbach wendet sich am Ende seiner Predigt dem Beruf des Predigers zu, S. 6f. Knapper und nicht so dezidiert findet sich auch bei Oser, S. 8f., eine solche Passage. Bei beiden erscheint der Prediger als Vermittler und Anwalt der göttlichen Wahrheit.

mit der umzugehen man lernen müsse. Denn das Wort Gottes ist ein kostbares Gut und darf nicht wie ein toter Schatz vergraben werden[216]. Auch soll es nicht unverändert aus dem Munde des Predigers herausgehen. Dieser hat sich zuerst das göttliche Wort zu eigen zu machen. Mit dieser Aussage legitimiert Biedermann die Pluralität und die Subjektivität der Verkündigung und verneint implizit die Vorstellung, es gebe jeweils nur eine Auslegungsmöglichkeit. Grundlage der Interpretation ist aber immer die Gesinnung in Christi Geist. Damit nimmt er Stellung gegen jene Konventsmitglieder, die ihm absprachen, dem Geist Christi entsprechend zu theologisieren. Am Ende dieses Abschnittes weist er auf eine angebliche Gefahr für die christliche Predigt hin, denn noch immer würde die Predigt Christi vom „jüdischen Geiste angefeindet"[217]. Diesen definiert er als „fleischliche Gesinnung, die jeder von uns, auch wenn er sie längst meint überwunden zu haben, immer noch in einem Winkel seines Herzens lauernd entdecken kann, jener fleischlichen Gesinnung, die sich das Ansehn frommen Wesens giebt: die Gott fremd ist, ihn nicht kennt und liebt, aber doch sich selbst und Andern vorspiegelt, sie liebe ihn und suche das Seine, die blind für seine Ehre sich eifrig und eifersüchtig zeigt, wo es nur um die eigne Menschenehre geht"[218]. Die Predigt beschließt Biedermann mit der Bitte darum, gekräftigt zu werden im Geiste Christi. Damit nimmt er eine Hoffnung des Konvents auf, der in seiner Sitzung am 31. Mai geäußert hatte, Biedermann und Riggenbach mögen durch die Gnade Gottes in den Besitz der Wahrheit kommen.

Bei dieser Predigt fällt ganz massiv ihre antithetische Struktur ins Auge. Biedermann zeichnet Jesu Hintergrund, seine Vorläufer, die Pharisäer, Sadduzäer in schwer erträglichen düsteren und klischeehaften Bildern, die alle historisch-kritische Wissenschaftlichkeit vermissen lassen[219]. Sein Ziel scheint es gewesen zu sein, auf einer antijüdischen Folie Christus und das Christentum besonders hell strahlen zu lassen. Damit steht er in der Tradition derer, die aufgrund einer christlich-idealistischen Geschichtsphilosophie das Judentum für überwunden und „aufgehoben" erachten. Inwieweit die Diskussionen um seine Examenszulassung vorhandene Tendenzen zu solcher Schwarzweißmalerei verstärkt haben, läßt sich nur vermuten. Es scheint, als wolle Biedermann mit dieser Predigt dem Konvent und der versammelten Gemeinde seine Rechtgläubigkeit beweisen. Denn nicht umsonst beginnt und schließt er die Predigt mit sehr persönlichen Ausführungen. Die Gefahr, nicht ordiniert zu werden, hatte er mit dieser konventionellen Predigt gebannt[220].

---

[216] Biedermann spielt auf das Gleichnis von den anvertrauten Pfunden an, Lk 19, 11–27.

[217] Biedermann, Probepredigt, S. 7.

[218] Ebd.

[219] Auch Riggenbach benutzt in seiner Probepredigt die Pharisäer als Bild für „ängstliche Gerechtigkeit in ihren unzähligen kleinlichen Satzungen"; S. 3.

[220] Religionssoziologisch verstanden ermöglicht Biedermann mit seiner Predigt einen „Integrations- und Identifikationsprozeß", der für den Zusammenhalt der Gemeinde konstitutiv ist. Das Feindbild des „jüdischen Geistes", dessen Plausibilität vorausgesetzt werden konnte, funktionalisiert der Prediger, um die „Einzigartigkeit" der christlichen Verkündigung zu betonen. Siehe dazu GERHARD RAU, Die antijüdisch-antisemitische Predigt, in: Auschwitz – Krise der christlichen Theologie. Eine Vortragsreihe, hrsg. von Rolf Rendtorff und Ekkehard Stegemann, München 1980, S. 34.

2. Die Ordination

Biedermanns Predigt entsprach den „billigen Erwartungen"[221] des Konvents, denn im unmittelbaren Anschluß an den Predigtvortrag erfolgte die Ordination der vier Kandidaten im Chor des Münsters durch Antistes Burckhardt[222]. In solchen Momenten füllte der Antistes sein Amt mit geradezu bischöflicher Würde aus. Die Predigten, die er anläßlich besonderer Feierlichkeiten hielt, bezeugen das Bewußtsein seiner Berufung[223]. Burckhardt sprach die „theuren jungen Brüder in Christo" mit dem 116. Psalm an „Ich glaube, darum rede ich!" und bezog den Gedanken auf Paulus. Der schrieb: „Die weil wir den Geist des Glaubens haben, so glauben wir auch, und darum reden wir auch!"[224] Damit schloß er an die Probepredigten der Kandidaten an, in denen das Predigtamt thematisiert worden war. Der Antistes legte den vier jungen Theologen die Aufgabe der Predigt im reformatorischen Sinne nahe: Der Glaube der Gemeinde Christi komme aus der Predigt, doch auch die Predigt erwachse aus eben diesem Glauben. Rede und Glauben müssen darum übereinstimmen. Die Rede ist nämlich der „freieste und wahrste Erguß der innersten und gewißesten Herzensüberzeugung"[225]. Das gibt der christlichen Rede ihre „weltüberwindende Kraft" und ihren Segen, das öffnet die Türen der menschlichen Herzen. Diesen Gedanken exemplifiziert Burckhardt an Paulus, dem „Glaubenshelden". Da sich Paulus ganz auf Christus verlassen habe, konnte er aus tiefstem Herzen Zeugnis von dessen Erlösungswerk ablegen. Darum drängte es ihn, allerorts vor Juden und Heiden zu predigen, gemäß seinem Grundsatz, sich nicht des Evangeliums Jesu Christi zu schämen, denn es sei eine Kraft Gottes, die all jene selig mache, die daran glauben[226]. So wie Paulus sollen zu jeder Zeit Prediger ihr Amt ausfüllen als Zeugen der geoffenbarten Wahrheit: „Die christliche Rede soll allezeit der Ausdruck, der Erguß des christlichen Glaubens seyn."[227] Grundlage für dieses Reden sei und bleibe der Glaube, der durch nichts ersetzt werde könne, erklärt Burckhardt weiter. Doch könnten „Kunst, Wissen und Talent"[228], wenn sie mit dem Glauben gleichen Schritt hielten und im Dienste des Glaubens stünden, die Wirksamkeit des Amtes vermehren.

Bis hierher hatte der Antistes allgemein zum Predigtamt gesprochen und eine theologische Grundlegung angedeutet. Doch die Gemeinde wie auch die vier Kandidaten warteten gespannt darauf, ob Pfarrer Burckhardt auch die Diskussionen über die Examenszulassung thematisieren würde. Würde Burckhardt ein abschließendes und versöhnendes Wort sprechen? Immerhin galt es, sowohl den

[221] So die „Ordnung der Prüfungen" § 15; siehe oben S. 314f.
[222] Siehe dazu die handschriftliche „Ordinations-Handlung gehalten den 23ten Juni im Chor des Münsters"; StABS: Kirchenarchiv 17. Ferner BIEDERMANN, Erinnerungen, S. 403f.
[223] KAEGI, Burckhardt, S. 156–158.
[224] 2. Kor 4, 13. Burckhardt zitierte frei; Burckhardt, Ordination, S. 1. Das Manuskript ist nicht paginiert.
[225] Ebd.
[226] Römer 1, 16.
[227] Burckhardt, Ordination, S. 3.
[228] Ebd.

Amtsbrüdern Bischoff und La Roche als auch Biedermann und Riggenbach gerecht zu werden. Den ersten Teil der Ordinationsansprache werden die beiden Pfarrer mit wohlwollender Zustimmung gehört haben. Im zweiten Teil seiner Ansprache nimmt Burckhardt dann die Fragestellung auf, ob es nicht heute besonders schwer für die nachrückenden Prediger sei, ihrem Amt gerecht zu werden. Nachdrücklich streicht der Antistes die Schwierigkeiten heraus, „den Glauben und ein gutes Gewissen zu bewahren"[229]. Früher sei dies einfacher gewesen, da die theologische Wissenschaft noch nicht der Freiheit der Forschung „preisgegeben" war. Die Theologie sei seinerzeit mehr in sich abgeschlossen gewesen. Theologische Differenzen, seien sie auch noch so groß gewesen, blieben aber Gegenstände „von mehr untergeordnetem Status" und betrafen nicht wie in der Gegenwart das Wesen des Christentums, erklärte der Antistes schönfärberisch. Darum sei es nicht verwunderlich, wenn Menschen am Glauben zweifelten und nicht mehr trostvolle Gewißheit im Evangelium fänden. Zwar sei dies zu beklagen, doch dürfe man dafür nicht allein die freie Forschung verantwortlich machen.

Burckhardt wandte sich mit diesen Worten an all jene, die vor der wissenschaftlichen Theologie als Gefahr für den Glauben warnten, und ermutigte die, die sich wie Riggenbach und Biedermann um eine Synthese bemühen. Mit Vehemenz sprach sich der Antistes für den wissenschaftlichen Fortschritt aus. Schließlich sei es das Anliegen aller Wissenschaften, durch freie Forschung eine „gründlichere Erkenntniß der Wahrheit" zu fördern. Dies gelte auch für das Christentum. Doch wird im weiteren Verlauf der Ausführungen deutlich, daß der Antistes zwei verschiedene Qualitäten der wissenschaftlichen Objekte statuiert. Für das „wahre" Christentum nämlich gelte, es könne jeglicher wissenschaftlicher Prüfung standhalten. Implizit drückt er damit ein wesentliches Unterscheidungsmerkmal gegenüber anderen Forschungsobjekten aus. In der markantesten Passage seiner Predigt führt der Antistes, möglicherweise zum Entsetzen christlich positiver Hörer, aus: Das Christentum nämlich könne nur durch Prüfung gewinnen, „wenn wahrheitsliebende Gemüther alle Schärfe des Verstandes und allen forschen Fleiß darauf verwenden, seine Entstehung, seine Wahrheiten, seinen Trost, seine Gebothe und seine Wirkungen bis auf ihren innersten Grund zu untersuchen, jedenfalls dürfen wir mit Gewißheit annehmen, daß diese Freyheit der Forschung mehr werth ist, und auch beßere Früchte trägt, als der Zwang, welcher dem Geiste angelegt werden könnte, und daß die, welche den mühsamen Weg der eignen Prüfung mit redlichem Herzen zurückgelegt haben, dasjenige, was sie vom Christenthum als göttliche Wahrheit erkannt und geglaubt haben, beßer, wahrer glauben und auch beßer zu benutzen wissen werden, als die welche diese Prüfung scheuend, sich mit einem blosen und blinden Wortglauben begnügen"[230]. Mit diesen Worten nahm der Antistes Biedermann und Riggenbach in Schutz und legitimierte ihren theologischen Ansatz gegenüber der positiven oder wissenschaftsfeindlichen Kritik aus den Reihen der Basler Kirche. Der kirchenpolitische Stellenwert dieser Ausführungen darf

---

[229] Burckhardt, Ordination, S. 4.
[230] Burckhardt, Ordination, S. 5.

keinesfalls zu gering veranschlagt werden. Für die weitere Entwicklung der liberal-theologischen Gesinnung in Basel boten sie immerhin ein solides Fundament. Biedermann hörte diese Worte mit großem Wohlwollen und fühlte sich dem Antistes gegenüber zu Dank verpflichtet[231].

In einem weiteren Gedankenschritt erklärte der Antistes ohne Nennung der Namen, warum es bei Biedermann und Riggenbach zu dieser längeren Prozedur bei der Examenszulassung gekommen war. Bei jenen angehenden Predigern, die sich der freien theologischen Forschung verschrieben hätten, müsse der Konvent besonders darauf achten, daß sie den christlichen „Wahrheitssinn" und das „redliche Herz" besitzen, um dem Amt des Predigers gerecht werden zu können. Es sei zu prüfen, ob sie wirklich das Studium dazu genutzt hätten, fleißig nach dem zu suchen, den Moses und die Propheten geweissagt hätten. Nachdem diese Prüfung positiv ausgefallen war und die Kandidaten versichert hatten, „daß sie von Herzen an Jesum Christum, als dem Sohn Gottes, und dem Heiland der Welt glauben", habe einer Berufung nichts mehr im Wege gestanden[232]. Darum wolle man sie Gott anbefehlen und für sie um seine Gnade bitten. Schließlich benannte der Antistes noch die Pflichten der Prediger. Als erstes gelte es, im reformatorischen Sinne in der Bibel zu forschen. Denn sie zeuge als einzige Quelle der Erkenntnis vom ewigen Leben und vom Heil in Christus. Das, was sie in der Bibel fänden, solle zweitens nicht ihr alleiniges Wissen bleiben, „sondern als ein Wort des Lebens erste Wirkung" an ihnen zeigen[233]. Diese Wirkung sei durch Lebenswandel und durch Verkündigung weiterzugeben. Drittens ermahnte sie der Antistes zum Gebet.

Der Ansprache von Pfarrer Burckhardt folgte die Verpflichtung der Kandidaten auf das Wort Gottes und auf die „Basler Konfession": „Und nun, geliebte Brüder in dem Herrn, frage ich Euch vor dem Angesichte Gottes und in Gegenwart der christlichen Gemeinde: Seyd ihr gesonnen die Lehre des Heils nach Anleitung des Wortes Gottes und der aus demselben gezognen Basler Confession rein und lauter zu verkündigen und überhaupt Eure Pflichten als Diener des Wortes Gottes mit solcher Treue und Angelegenheit zu erfüllen, daß Ihr dabey Freudigkeit haben könnet auf den Tag der Erscheinung unsers Herrn Jesu Christi? – Nun so bestätiget die Aufrichtigkeit Eures Vorsatzes indem Ihr uns die rechte Hand darreichet!"[234]

Nach der geleisteten Verpflichtung erfolgte die Ordination und damit die Aufnahme in das Basler Ministerium: „Nun, Geliebte Brüder, auf Eure feyerliche Erklärung hin und mit dem herzlichen Wunsche Gott wolle Euch zum Wollen das Vollbringen schenken, nehmen wir, die Pfarrer und Professoren der baslerischen Kirche und Hochschule, Euch im Namen Jesu Christi, des Oberhirten der Gemeinde, unter die Zahl der rechtmäßig verordneten Diener des göttlichen Wortes auf, und ertheilen Euch die Erlaubniß hier und anderwärts, wenn Ihr dazu ordentlich berufen werdet, das Wort Gottes zu verkündigen, die Heiligen Sakramente

---

[231] Biedermann, Tagebuch, S. 103.
[232] Burckhardt, Ordination, S. 6 f.
[233] Burckhardt, Ordination, S. 7.
[234] Burckhardt, Ordination, S. 8 f. So auch StABS: Kirchenarchiv, N 3.

auszutheilen, die Ehen einzusegnen, und überhaupt alle geistlichen Verrichtungen, die einem Diener Jesu Christi obliegen, zu versehen, alles nach der Anleitung des Wortes Gottes und der daraus gezogenen Basler-Confession."[235] Schließlich segnete der Antistes noch die vier Kandidaten. Dabei bezog er sich auf jene biblischen Textstellen, die die Kandidaten in ihrer Probepredigt ausgelegt hatten. Er begann bei Riggenbach, dem er zusprach: „Lieber Bruder! Johannes Riggenbach! Jesus Christus, das Licht der Welt erleuchte Dich, er gieße mit seinem Licht auch seine Liebe in dein Herz, auf daß du ganz von ihm ergriffen werdest und hingehest und Frucht bringest, die da bleibe in das ewige Leben."[236] Es folgte die Einsegnung Biedermanns mit den Worten: „Lieber Bruder! Aloys Biedermann, Gott gebe dir die Gnade immer tiefer zu erkennen und zu empfinden, daß noch niemand geredet habe wie Jesus Christus, daß er eben deswegen sey der Sohn des Hochgelobten Gottes, dein und aller Welt Heiland und du ihn als solchen mit Freudigkeit vor aller Welt bekennst." Nach Biedermann legte der Antistes seinem Neffen und zukünftigen Schwiegersohn Oeri die Hand auf: „Lieber Bruder! Johann Jakob Oeri, mögest du jetzt an diesem festlichen Tage, und auch in deinem ganzen künftigen Leben Jesum sehen vor dir stehen und rufen: Wen da dürstet, der komme zu mir und trinke! Mögest du an ihm, mein lieber Sohn, deinen Durst nach Wahrheit und Gnade stillen, damit auch von dir Ströme des lebendigen Wassers sich ergießen auf die Seelen, die dir der Herr anvertrauen wird." Als letzter wurde Oser eingesegnet: „Lieber Bruder! Friedrich Oser, der Geist des Herrn sey mit deinem Geiste, auf daß Du bleibest in der Rede deines Herrn und Meisters, sein Rechter Jünger seyest, und die Wahrheit erkennest, die da frey machet, und durch die auch du frey machest die, welche dich hören."[237]

Abgeschlossen wurde der Ordinationsgottesdienst durch ein Gebet, das der Antistes stellvertretend sprach. Darin dankte er für den Dienst der Pfarrer und befahl die gerade ordinierten Männer Gottes Segen und Fürsorge an[238]. Noch am gleichen Tag wurde die Ordinationsurkunde für Biedermann[239] ausgestellt:

---

[235] Burckhardt, Ordination, S. 9.

[236] Burckhardt, Ordination, S. 10.

[237] Burckhardt, Ordination, S. 11.

[238] Das Gebet lautete: „Barmherziger Gott, lieber himmlischer Vater, du hast aus dem gefallenen Menschengeschlechte die eine Kirche zum Eigenthum erwählt und sie zu der Gemeinschaft deines lieben Sohnes Jesu Christi berufen und hast sie bisher mit treuen Hirten und Lehrern versorgt, durch deren Dienst sie erbaut worden ist. Dafür preisen wir deinen Heiligen Namen und bitten dich du wollest ferner mit deinem Heiligen Geiste und mit deinem Schutze und Segen walten über den christlichen Gemeinden, die du hier und anderwärts gepflanzt hast, damit sie wachsen an Erkenntniß, Glaube, Liebe und Heiligkeit. Segne zu dem Ende die Bemühungen derer, welche du zu Hirten und Lehrern berufen hast, und siehe besonders gnädig herab auf diese junge Männer, welche heute zum Dienste deiner Kirche verordnet worden sind. Salbe und segne sie mit der unentbehrlichen Gabe deines Heiligen Geistes, damit sie ihr Amt treulich und im Segen verwalten. Behüte sie vor falscher Lehre und unordentlichem Wandel, gieb, daß sie festhalten an dem Vorbilde der heilsamen Worte vom Glauben und von der Liebe in Christo Jesu. Und wenn ihnen ein Kirchendienst wird übertragen werden, so verleihe ihnen die Gnade in demselben nicht sich zu suchen, sondern was Christi ist, und begleite ihr Pflanzen und Begießen mit deinem Gedeihen,

„Vir reverendus Aloïsius Emanuel Biederman Vitoduro-Turicensis qui testimonio maturitatis instructus[240] litteris sacris nomen dedit talemque iis in Universitatibus Basileensi, et Berolinensi[241] operam navavit, ut diligentia ejus et morum integritas Nobis probatae fuerint, postquam tentamina et examina lege praescripta absolvit iisque se in litteris sacris optime[242] versatum praebuit, a Nobis Theologiae Professoribus et Pastoribus Ecclesiae Basileensis dignus est judicatus qui in Ordinem Verbi divini Ministrorum reciperetur, idemque Nos ad latam[243] spem excitavit, fore ut, Deo favente, continuo sacrarum litterarum studio precibusque ad Deum et vera pietate adjutus, non sine fructu munere ecclesiastico functurus sit. Oratione deinde sacra coram populo habita die 23 Junii 1842 publice ab Antistite Ecclesiae nostrae consecratus et ita quocunque rite vocatus erit, in conventu sacro verba faciendi, Sacramenta administrandi caeterisque officiis ecclesiasticis fungendi potestate et ornatus.

Cujus rei in testimonium ei divinae gratiae auxilium imprecati has litteras publicas tradendas manuumque nostrarum subscriptione et solito Facultatis theologicae sigillo muniendas curavimus.

Dabamus Basileae die 23 Junii 1842"[244].

3. Die „geistliche Hochzeitsreise"

Durch die Aufnahme ins Basler Ministerium[245] konnte Biedermann sich nun als Pfarrer in eine Gemeinde wählen lassen. Doch reizte ihn diese Betätigung noch nicht. Sein Bestreben galt der Anfertigung einer wissenschaftlichen Schrift. Ungeklärt war aber, wo er die nächsten Monate verbringen sollte. Dem Vormund gegenüber hatte er seine Absicht geäußert, nach Winterthur zurückzukehren. Die Nähe der Mutter zog ihn an. Auch finanzielle Erwägungen spielten eine Rolle. Doch waren diese Überlegungen über die weitere Zukunft erst einmal nebensächlich. Denn am Abend nach der Ordination brach Biedermann mit Riggenbach zur „geistli-

---

damit durch ihr ganzes Thun und Lassen dein herrlicher Name gepriesen werde. Stärke sie in der Stunde der Versuchung und hilf ihnen, daß sie sich in den Widerwärtigkeiten als gute Streiter Christi erweisen und würdig werden, aus deiner Hand einst die Krone des ewigen Lebens zu empfangen. Erhöre uns um deiner ewigen Liebe willen. Amen"; Burckhardt, Ordination, S. 11f.

[239] Nachlaß Biedermann: A.I.c.

[240] Das „Formular zu den Ordinationszeugnissen" sieht als alternativen Eintrag vor: „disciplinis propadeuticis bene [/] satis [/] minusquidem imbutus" vor; Theologische Fakultät, Ordination 1787–1849, StABS: Universitätsarchiv VIII 6.

[241] Gemäß dem „Formular" sollte auch die Studiendauer verzeichnet werden, aaO.

[242] Weitere Bewertungen sind „bene" und „satis"; aaO.

[243] Das „Formular zu den Ordinationszeugnissen" sieht als Wertungen vor: a) „summam oder latam"; b) „latam oder bonam"; c) „bonam oder gar nichts"; aaO.

[244] Unterzeichnet ist das Dokument von allen Mitgliedern des Konvents. Das „Formular zu den Ordinationszeugnissen" sieht allein Unterschrift und Siegel des Antistes vor; aaO.

[245] Der „Bericht über die Verhandlungen des Kirchenraths im Jahr 1842" vom 18. Januar 1843 nennt die Ordination von Biedermann, Oeri, Oser und Riggenbach, siehe Jahresberichte des Kirchenrates (1834ff.); StABS: Kirchenakten C 13.

chen Hochzeitsreise" auf[246]. In der Zeit vom 23. Juni bis zum 18. Juli 1842 reiste Biedermann mit Riggenbach durch die Ostschweiz. Dabei standen vor allem Besuche bei Studienfreunden und Bekannten auf dem Programm. Von Basel aus fuhren sie in der Nacht nach Zürich, von wo es über Rapperswil, Einsiedeln, durch das Muotatal nach Glarus und weiter nach Schwanden ging. Am Sonntag waren die beiden Reisenden bei ihrem Freund Caspar Lebrecht Zwicky in Betschwanden[247] in der Kirche, von wo sie nach Linthal zogen. Dann brachen sie nach Graubünden auf. In Chur besuchten sie Herold. Ihre Reise führte sie weiter nach Grüsch, wo sie Jeremias Allemann[248] trafen. Er fragte, ob einer von beiden am kommenden Tag in Fanas predigen wolle. Biedermann sagte zu und predigte über das Gleichnis vom barmherzigen Samariter. Von Grüsch aus reisten Biedermann und Riggenbach über Bad Ragaz, Wildhaus nach Urnäsch und St. Gallen. Per Schiff erreichten sie Konstanz und gelangten schließlich nach Winterthur. Dort blieb Biedermann einige Tage und trug im Hause seines Vormundes nochmals die Probepredigt vor. Seine Stimmung indes war zutiefst bedrückt. Wenn er dessen verlobte Tochter Elise sah, fühlte er sich „still, stumm und elend"[249]. Der Schmerz des Verlustes saß immer noch sehr tief.

Auf der Heimreise nach Basel besuchte Biedermann in Zürich zahlreiche Freunde und Bekannte[250]. An den Rhein kehrte er am Montag, dem 18. Juli zurück. Er bezog bei Frau Oser, der Mutter des Studienfreundes Friedrich Oser, im St. Albantal bei der Papierfabrik[251] eine „Stube gegen den Garten"[252] und begann mit seiner wissenschaftlichen Arbeit. Biedermann hatte sich für Basel entschieden, weil er sich dort bessere Arbeitsbedingungen erhoffte. Um seine Vorbereitungen auf das akademische Lehramt möglichst zügig zu beenden, wollte er ungestört und konzentriert studieren. In Zürich oder Winterthur befürchtete er, zu sehr durch pfarramtliche Vertretungsdienste in Anspruch genommen zu werden, da dort ein enormer Pfarrermangel herrschte[253].

---

[246] Biedermann, Tagebuch, S. 103. Der Verlauf der Reise ist auf den Seiten 103–106 beschrieben.

[247] Zwicky war von 1842–1845 Pfarrer in Betschwanden (Kanton Glarus) Pfarrer, resignierte dann aus gesundheitlichen Gründen und übernahm 1854 das Pfarramt in Obstalden. Zur Person siehe GOTTFRIED HEER, Die evangelische Geistlichkeit des Landes Glarus 1530–1900, Schwanden 1908; Taschenbuch für schweizer. Geistliche 1908, S. 284–286; siehe auch oben S. 225.

[248] Zu Allemann siehe oben S. 199.

[249] Biedermann, Tagebuch, S. 106.

[250] Da Biedermann nur die Familiennamen nennt, ist eine eindeutige Identifizierung nicht bei allen Personen möglich. Wahrscheinlich handelt es sich aber um folgende Studenten der Theologie: David Fries (1818–1875, ordiniert 1844), Johannes Kramer (1816–1892, ordiniert 1841), Johann Konrad Pfenniger (1816–1872, ordiniert 1844), Karl Gottlieb Wegmann (1819–1891, ordiniert 1843) und Johann Kaspar Zollinger (1820–1882, ordiniert 1843). Zu den genannten Theologen siehe das Zürcher Pfarrerbuch. Ferner suchte er die Professoren Hitzig und Schweizer auf.

[251] Neues Nummern- und Adreßbuch der Stadt Basel, Basel 1841, S. 33 (des Namensregisters).

[252] Biedermann, Tagebuchblätter, (Juli 1842), S. 10.

[253] Biedermann an Vatke, 20.7.1842: B.II.895.

IV. Der Eintritt ins Pfarramt

1. Publikationspläne

Die projektierte wissenschaftliche Arbeit sollte unter religionsphilosophischen Gesichtspunkten die Frage nach dem ewigen Leben behandeln. Biedermann hatte lange überlegt, ob er dieses Thema wählen sollte. Denn Vatke empfahl ihm noch in Berlin, nicht mit einem verfänglichen Erstlingswerk auf den literarischen Markt zu kommen, weil sonst die Gefahr bestünde, sich die erstrebte Karriere von vornherein zu verderben. Biedermann hielt an seinem Vorhaben fest, über das ewige Leben zu schreiben, denn gerade dieses Thema habe einen „unendlich reichen positiven Inhalt [...] für die Speculation", den es markant und überzeugend herauszuarbeiten gelte[254]. Jeder, dem der Inhalt des Religiösen wichtiger sei als die Form, könne sich ihm anschließen. In großem Optimismus glaubte Biedermann, auf diesem Wege eine die Laufbahn beeinträchtigende Konfrontation vermeiden zu können. Er will sich anhand seines Themas kritisch mit der gegenwärtigen konservativ-positiven Theologie auseinandersetzen: Die Unsterblichkeit ist nämlich für Biedermann „neben dem Glauben an den persönlichen Gott der modernen lahmen Zwitter-theologie letzte Zuflucht, wo sie sich gewaltig breit macht, aber auch ihre Hohlheit nackt zur Schau trägt"[255]. Die Arbeit sollte folgende typische Dreigliederung erhalten: Im ersten und prinzipiellen Teil beabsichtigte Biedermann über die philosophischen Grundlagen der wissenschaftlichen Behandlung religiöser Fragen Rechenschaft abzulegen. Der zweite Teil sollte historisch ausgerichtet sein und die Vorstellungen vom ewigen Leben in der allgemeinen Religions- und in der christlichen Dogmengeschichte beschreiben. Im letzten, spekulativen Teil würde aus der Kritik der Vorstellungen heraus der ideelle „Begriff" des ewigen Lebens entwickelt und sein eigentlicher religiöser Inhalt formuliert[256].

2. Beschreibung der Basler theologischen Fakultät

Neben seinen wissenschaftlichen Studien verfaßte Biedermann auf die Bitte des Basler Juristen und späteren Regierungsrates Gottlieb Bischoff (1820–1885), eines Freundes aus dem Zofingerverein, eine Beschreibung der Theologischen Fakultät Basels. Bischoff hatte nämlich die Aufgabe übernommen, eine Darstellung der Basler Universität in Geschichte und Gegenwart zu verfassen. Nach dem Vortrag im Basler Zofingerverein[257] sollte der Text in den verschiedenen Sektionen des Zofingervereins zirkulieren. Da er sich nicht zutraute, der Theologischen Fakultät gerecht zu werden, delegierte er diesen Auftrag an Biedermann. Im Rückblick äußer-

---

[254] Ebd.
[255] Ebd.
[256] BIEDERMANN, Erinnerungen, S. 405f.
[257] ULRICH BERINGER, Geschichte des Zofingervereins. Kulturbilder aus dem schweizerischen Studentenleben des neunzehnten Jahrhunderts, Bd. 2: Der Zofingerverein während der Regenerationszeit 1830–1847, Basel 1907, S. 313.

te sich Biedermann 1842 über seine theologischen Basler Lehrer vom Standpunkt des spekulativen Theologen aus, der seine weiterführende theologisch-philosophische Prägung in Berlin erhalten hatte[258]. Biedermann bemüht sich in seiner Darstellung dennoch um eine angemessene, unpolemische Charakterisierung der Lehrer und ihrer Positionen. Er wußte, was er ihnen zu verdanken hatte. Dabei wendet er sich am ausführlichsten de Wette zu und beschreibt diesen als vielseitigen Lehrer, dessen exegetischer Vortrag einfach und klar sei. Als Professor zeichne er sich dadurch aus, daß er die Studenten zu echter Wissenschaftlichkeit anregen und fördern könne. Seine theologische Position wird als gemäßigt kritisch beschrieben, mit der er sich über den Gegensatz von Supranaturalismus und Rationalismus hinwegsetze. Biedermann hob auch de Wettes durchaus offene Stellung zu Strauß hervor: Einige Ergebnisse der Straußschen Kritik konnte de Wette mit seinem eigenen Standpunkt vereinbaren. Andere Resultate Straußens hingegen provozierten de Wettes Versuch, umstrittene Teile des Neuen Testaments als historisch zu retten. Biedermanns Fazit lautet: De Wette ist ein scharfer Kritiker aller unadäquaten Formen der religiösen Vorstellung, sein positiver Inhalt aber bleibt in schwankender Ungewissheit. Darum hat er auch keine Schule bilden können: Denn die einen kehrten zu den von de Wette negierten kirchlichen Vorstellungen zurück, die anderen hingegen wendeten sich der Spekulation zu. Der Aufbau seiner dogmatischen Vorlesungen ist dreigeteilt. In drei verschiedenen Kollegien liest er zuerst biblische, dann kirchliche Dogmatik und schließlich das eigene System der Dogmatik. Letzteres aber genügt nach Biedermann weder der Religion noch der Spekulation.

Als zweiten Lehrer behandelte Biedermann Hagenbach. Dieser habe im allgemeinen dieselbe theologische Richtung wie de Wette. Der äußerst liebenswürdige, milde und kulante Kirchenhistoriker sei durch die ihm eigene phantasievolle Gemütlichkeit auch Dichter. Ihm fehle aber die Fähigkeit zum systematischen Denken, was sich in der Enzyklopädie bemerkbar mache. Auch für die Dogmengeschichte gelte dies, denn hier komme die Entwicklungsgeschichte der Dogmen zu kurz; es werde mehr darüber gesagt, wer sich wie zu einzelnen Dogmen geäußert habe. Sein Vortrag müßte – so Biedermann – unbefangener und freier sein.

Waren Biedermanns Darstellungen von de Wette und Hagenbach zwar kritisch, jedoch durchaus wohlwollend gewesen, so verschärfte sich bei der Darstellung Stähelins der Ton. Der Alttestamentler erschien dem jungen Theologen Biedermann außerhalb seines Faches als theologischer Laie, dessen dogmatische Bildung den Stand des Konfirmandenunterrichts nicht wesentlich überschritten habe. Sein supranaturalistischer Ansatz stehe in gewissem Widerspruch zu seinen kritischen Bemühungen. Zu Müller nun äußerte sich Biedermann noch knapper: Er sei zwar gründlich, aber auch hölzern und langweilig, was gegen sein joviales Wesen abstehe.

Eine gründlichere Würdigung erfuhr abschließend Beck. Biedermann beschrieb ihn als merkwürdigen Charakter, als gediegen, dunkel und tief. Er, von Nitzsch der

---

[258] Dem Folgenden liegt vor allem die Beschreibung in Bischoff, Universität, S. 10–19, zugrunde.

absolute Bibelgläubige genannt, wolle alles theologische Wissen und die Gestaltung des religiösen Lebens direkt aus der Bibel ableiten. Seine Exegese beurteilt er als rasend und weitschweifig. Die dogmatischen Vorlesungen bestünden aus Polemik gegen alle möglichen Formen vermittelnder Theologie. Allein seine pastoraltheologischen Kurse sind wegen der Fülle praktischer Erfahrungen fruchtbar. Schließlich nennt Biedermann noch den Basler Pfarrer und Privatdozenten Samuel Preiswerk[259], der als ausgezeichneter Lehrer neben Stähelin und de Wette alttestamentliche Kollegien las. Er doziere klar und geistreich und genieße darum den Beifall der Studenten. Fehlende Notizen ließen jedoch eine gründlichere Darstellung Preiswerks nicht zu.

3. Riggenbachs Weg ins Pfarramt

Spätsommer und Frühherbst des Jahres 1842 waren für Biedermann immer noch dadurch geprägt, seine enttäuschte Liebe zu überwinden. So durchlebte er die Hochzeit von Elise Biedermann als „Qual" mit. Biedermann versuchte, durch wissenschaftliche Arbeit seinem Mißmut zu entfliehen. Außerdem tröstete er sich damit, intensiv die Geschicke Riggenbachs mitzuerleben. Zum einen partizipierte Biedermann stark an Riggenbachs Liebesbeziehung[260], und zum anderen verfolgte er die Bewerbungen seines Freundes um eine Pfarrstelle.

In den Jahren 1842 und 1843 wurden im Kanton Basel-Land zahlreiche Pfarrstellen frei, und es wurde wieder üblich, landschaftliche Stellen durch Basler Bürger zu besetzen[261]. Riggenbach interessierte vor allem die Gemeinde Binningen, wenige Kilometer südöstlich von Basel gelegen[262]. Als Alternative bot sich das weiter entfernte Bennwil an. Im August ließ sich Riggenbach auf beide Bewerbungslisten setzen[263]. Bei der Besetzung einer Pfarrstelle standen sich oft Interessenten aus den unterschiedlichen kirchlichen Lagern gegenüber, die versuchten, möglichst viele Gemeindeglieder auf ihre Seite zu ziehen. So waren die Wahlen der Pfarrer durchaus von engagierter Propaganda und Intrigenspinnerei begleitet, was auch Biedermann zu spüren bekommen sollte. Die Kandidatur in Binnigen hatte keinen Erfolg gehabt[264], dafür wurde Riggenbach in Bennwil gewählt. Dort trat er die Nachfolge

---

[259] MICHAEL RAITH, Samuel Preiswerk, in: Der Reformation verpflichtet. Gestalten und Gestalter in Stadt und Landschaft Basel aus fünf Jahrhunderten, Basel 1979, S. 91–96.

[260] Biedermann, Tagebuchblätter (September 1842), S. 10; siehe oben S. 336.

[261] Dazu siehe JAKOB KÜNDIG, Die Geschichte des kirchlichen Lebens in Baselland während der letzten vierzig Jahre, in: Reverentia Erga Seniores. Zur Erinnerung an das Amtsjubiläum der Herren Pfarrer J. J. Oeri in Lausen und Joh. Bovet in Pratteln, gefeiert den 11. Juni 1883 im Bad Bubendorf. Referat und poetische Tischreden, als Manuscript gedruckt, Sissach 1883, S. 1–23.

[262] Riggenbach an Biedermann, 7.8.1842: B.II.652.

[263] Zum Wahlverfahren siehe FINSLER, Statistik, S. 198f. In Binningen bewarben sich fünf Kandidaten, darunter auch Oeri und Johannes Holinger; StABL: Kirchenakten Binningen H 2, 3. Zur Wahl in Bennwil sind keine Akten auffindbar.

[264] Siehe „Basellandschaftliches Volksblatt" Nr. 42, 20.10.1842, S. 186. In Binningen wurde der Sachse Karl Louis Schleip, zuvor Vikar in Rötteln bei Lörrach, gewählt. Er setzte sich im zweiten Wahlgang gegen seine Mitbewerber durch. „Der strengwissenschaftliche Rickenbach [=J.

des bekannten und berüchtigten Berner Pfarrers Johannes Ringier (1810–1864) an. Jener war nach harten Kämpfen in der Gemeinde aus seinem Amt entfernt worden und wechselte nach Gadmen in seinen Berner Heimatkanton[265]. In Bennwil standen sich „Liberale und Aristokraten oder Pietisten gegenüber"[266]. Seinen Erfolg hatte Riggenbach nach einer langwierigen Wahl der sogenannten „radikalen Partei", den Liberalen Bennwils, zu verdanken[267]. Ende November wurde er zum Pfarrer Bennwils gewählt. Wenige Tage später erfolgte am 2. Dezember seine Verlobung mit Gretli Holzach. Im Mai 1843 wurde das Brautpaar in der Basler Kirche St. Jakob von Biedermann getraut.

So war Riggenbach bald nach seiner Aufnahme ins Basler Ministerium Pfarrer geworden. Biedermann hingegen schwebte in der zweiten Jahreshälfte weiterhin im Ungewissen. Er strebte nach wie vor eine akademische Stellung an, doch sollte sich dieses Vorhaben als recht schwierig erweisen, obwohl die wissenschaftliche Arbeit gut voranging[268].

4. *Der Angriff der „Kirchenzeitung"*

Im letzten Quartal des Jahres 1842 erschien in Zellers „Theologischen Jahrbüchern" Biedermanns Artikel „Ueber die Persönlichkeit Gottes", den er in Berlin geschrieben hatte[269]. Am 9. Dezember 1842 reagierte darauf die pietistisch-orthodoxe „Schweizerische evangelische Kirchenzeitung" mit einem hämischen Artikel[270]. Dieses Blatt[271] wurde seit 1834 von Pfarrer Wilhelm Heinrich Schinz (1808–

Riggenbach] aus Basel gefiel besser [als Rudolf Linder (1818–1858)], doch Schleip, namentlich durch seine Kinderlehre, am allerbesten. Ohne ihn wäre die Wahl auf Pfarrer Holinger gefallen, der im ersten Skrunnium [=Skrutinium] die meisten Stimmen hatte. […] Im zweiten Skrunnium fielen die Rickenbachischen, sowie auch die Linderischen bis auf zwei dem Schleip zu und das verhalf ihm zum Siege über Holinger". Siehe auch GAUSS, Basilea, S. 137.

[265] Das „Basellandschaftliche Volksblatt", Nummer 22, S. 100, berichtete am 2.6.1842, darüber, daß Ringier bei der Wiederwahl ganz knapp durchgefallen sei. Ihm fehlten nur fünf Stimmen: „Es war ein hartnäckiger Kampf, wobei viel Basler Religion, Wein, Geld und Schnaps aufgeopfert worden sein soll, um dieses Resultat herbeizuführen"; siehe auch KÜNDIG, Geschichte, S. 4. Das „Volksblatt" war ein radikales Wochenblatt und „eine der volkstümlichsten und gelesensten radikalen Zeitungen der Schweiz", die häufig „Angriffe auf stadtbaslerische Zustände und Personen" enthielt; Bibliographie der Schweizer Presse unter Einschluß des Fürstentums Liechtenstein, bearb. von Fritz Blaser, 2. Halbbd., S. 1077f.

[266] Riggenbach an Oeri, 9.12.1842: B.II.655.

[267] Zu den Umständen der Wahl siehe Biedermann an Oeri, 28.11.1842: B.II.486. Als pietistischer Konkurrent war Johann Emanuel Gengenbach aufgetreten; er wird bei GAUSS, Basilea, nicht genannt, siehe jedoch StABS: Kirchenarchiv N 34, Nr. 667.

[268] H. Biedermann an Biedermann, 22.10.1842: B.I.g.15: „Es freut mich sehr aus Ihrem Briefe vom 15 dieß zu vernehmen, daß Ihre Arbeit guten Fortgang hat und daß Sie mit dem Wege, den Sie eingeschlagen haben, zufrieden sind. Das ist allerdings eine Hauptsache, denn mit sich selbst muß man einig seÿn."

[269] S. 205–263. Siehe oben S. 291–304.

[270] Nummer 49, S. 205–207. GEORG FINSLER, Geschichte der theologisch-kirchlichen Entwicklung in der deutsch-reformierten Schweiz seit den dreißiger Jahren, Zürich 1881, S. 3.

[271] 1844 stellte die Zeitschrift ihr Erscheinen ein. FINSLER, Statistik, S. 28f.

1845)[272] in Zürich herausgegeben und orientierte sich inhaltlich an Hengstenbergs „Evangelischer Kirchenzeitung". Sein Ziel war es, das kirchliche Bewußtsein gegenüber einem fortschreitenden Rationalismus und Indifferentismus zu stärken. Dabei bediente sich das Blatt einer schonungslosen Schärfe und Polemik, die vor allem bei der Berufung Straußens nach Zürich deutlich wurde. Einen solchen Angriff bekam nun Biedermann zu spüren. Unter dem Titel „Hat nicht Gott die Weisheit dieser Welt zur Thorheit gemacht? (1. Korinther 1, 20)" erklärte die „Kirchenzeitung" den Kandidaten Biedermann zur persona non grata. Von dem paulinischen Votum ausgehend, proklamierte der anonyme Verfasser die ungeheure Brisanz und Aktualität jener Frage: „Je mehr die Weisheit dieser Welt ihren Gipfelpunkt erstiegen zu haben sich rühmt, desto mehr fällt sie in das Gericht, daß Gott sie zur Thorheit macht. Gegen die Christusläugnung, welche sich unter dem Namen eines fortgebildeten Christenthums in der Kirche einzuschleichen sucht, haben sich schon warnende Stimmen erhoben. In neuester Zeit ist nun aber eine philosophische Schule, die in verwegenem Dünkel das vollkommne Wissen zu besitzen behauptet, auch zur Läugnung des lebendigen Gottes des Himmel und der Erde fortgeschritten"[273]. Gegen diese Philosophie ohne Rücksicht anzugehen, ist für die „Kirchenzeitung" eine unumgängliche Herausforderung und das Gebot der Stunde. Das Blatt beklagt, daß sich leider allzu viele Theologen von diesem „trügerischen Kranz der Weltweisheit" verführen ließen, „und Manche schon sind lüstern an die Orte (Berlin und Tübingen) hingezogen, um von ihrem Taumelwein zu kosten"[274]. Mittlerweile zeigte diese Philosophie aber ihr wahres Wesen und verspielte dadurch allen Kredit. Trotzdem müsse man immer noch auf der Hut sein, denn sie sende immer noch Jünger aus, ermahnt die „Kirchenzeitung". Anlaß, ein deutliches Warnsignal ertönen zu lassen, biete jetzt der Aufsatz Biedermanns. Dieser „Kandidat der Theologie aus Winterthur" erscheint der „Kirchenzeitung" deswegen besonders gefährlich, weil sie erfahren hatte, daß Biedermann demnächst als Privatdozent an der Zürcher Hochschule „seine kräftigen Irrlehren an den Tag" legen wolle. Woher die „Kirchenzeitung" von Biedermanns Plänen wußte, kann nicht mehr ermittelt werden. Ein möglicher Traditionsweg verläuft über den Winterthurer Vikar Oeri, der mit dem Stadtpfarrer Johann Rudolf Ziegler in Kontakt stand. Ziegler befürwortete das Anliegen der „Kirchenzeitung" und könnte Informationen geliefert haben. Ob er sogar der Verfasser war, muß offenbleiben, Oeri bezweifelt es[275].

Der Artikel polemisiert im weiteren Verlauf gegen die Glaubenslehre Straußens, belegt sie mit dem Titel „Glaubensleere" und kritisiert die „absonderliche Schul-

---

[272] Zürcher Pfarrerbuch, S. 503. GUSTAV VON SCHULTHESS-RECHBERG, Die zürcherische Theologenschule im 19. Jahrhundert, in: Festgabe zur Einweihung der Neubauten 18. April 1914, Zürich 1914, S. 21.

[273] Kirchenzeitung, S. 205.

[274] Ebd.

[275] Oeri berichtet Biedermann von einem Gespräch mit Ziegler, bei dem der Pfarrer sagte, es tue ihm leid, wenn der Artikel Biedermann geschadet hätte; Oeri an Biedermann, 21.3.1843: Oeri-Archiv.

sprache" der Hegelianer. Die „Kirchenzeitung" faßt drei Hauptkritikpunkte von Rosenkranz an Strauß zusammen[276], um dann Biedermann ins Visier zu nehmen. Der junge Kandidat „meistert selbst den älteren Rosenkranz" und umhülle seinen „Meister" Strauß von Anfang an mit Weihrauch. Die Irrlehren des Winterthurer „Philosophen" – wie Biedermann durchgängig genannt wird – sollen dem Leser anhand einiger „Müsterchen aus dem eigenen Raisonnement dieses Herrn" geboten werden[277]. Dabei geht die „Kirchenzeitung" so vor, daß sie knappe, aus dem Kontext gerissene Zitate, die nicht immer stimmen[278], aus Biedermanns Artikel präsentiert, ihnen Bibelworte gegenüberstellt und so zu zeigen versucht, welche elementaren christlichen Lehren Biedermann verwirft. Dabei bedient sie sich einer angriffslustigen und drastischen Sprache. So heißt es etwa: „Der liebeleere Philosoph in der sauren Arbeit des Denken läugnet nun auch mit nackten Worten die Allwissenheit Gottes"[279]. Am Ende des Artikels hofft man, demonstriert zu haben, wes Geistes Kind dieser Philosoph sei. Er gehöre unzweifelhaft zu jenen, die die kirchliche Trinitätslehre durch eine „selbsterfundene Trinität" ersetzen, die die ewige Weltregierung Gottes, die Allmacht und die Wunder Gottes in Frage stellen und die sogar behaupten, Gott habe keine Persönlichkeit.

Der Verfasser des Artikels ermahnt Biedermann abschließend, er möge doch zu seinem eigenen Heil davon absehen, an der Zürcher Hochschule andere Studenten mit solchen Glaubenslehren zu „vergiften". Schließlich sei auch Strauß das Lehramt zurecht versagt geblieben[280].

5. Die Reaktion Biedermanns

Biedermann las den Artikel erst vier Tage nach Erscheinen. Ob er regelmäßig die „Kirchenzeitung", die „große Lärmtrompete"[281], las oder ob ihm der Artikel überreicht wurde, läßt sich nicht feststellen. Der Artikel versetzte Biedermann einen gehörigen Schrecken, denn mit einer solch massiven öffentlichen Ablehnung hatte er nicht gerechnet. Die Folgen dieser Polemik konnte er sich vorstellen. In kirchlichen Kreisen, die nicht explizit freisinnig gesonnen waren, galt er nun als Ungläubiger. Dieser Ruf sollte ihm den Weg in ein Pfarramt enorm erschweren. Obwohl Oeri ihm brieflich geraten hatte, die Sache auf sich beruhen zu lassen, demonstrierte Biedermann seine Bereitschaft zur Auseinandersetzung, da er auch in Zukunft mit Angriffen rechnete. Darum wolle er beim ersten rigorosen Angriff keine Angst, sondern „freudige Kampfeslust" zeigen, erklärte Biedermann[282]. Die Erfah-

---

[276] Kirchenzeitung, S. 205.

[277] Ebd.

[278] Beispielsweise die angeblichen Zitate aus BIEDERMANN, Persönlichkeit, S. 211 f., besonders verfälschend S. 213; 223.

[279] Kirchenzeitung, S. 206. Oder man wirft Biedermann eine „aufgeblasene Bemerkung" vor, Biedermann vertrete eine „freche" und die „antichristliche Lehre Straussens"; ebd.

[280] Kirchenzeitung, S. 207.

[281] So Biedermann an Zeller, 31.1.1843: UBTü Md 747.

[282] Biedermann an Oeri, 16.12.1842: B.II.488.

rungen im zurückliegenden Examen, in dem er auch mit seinem Weg der direkten und offenen streitbaren Auseinandersetzung Erfolg hatte, ermutigten ihn dazu. Nach einem Gespräch mit Antistes Jacob Burckhardt verfaßte er einen Gegenartikel, den er an den „Schweizerischen Republikaner", eine radikale Zürcher Zeitung mit sozialistischem Einschlag, sandte[283]. Riggenbach und Meyer empfanden den Beitrag als gemäßigt. Wenn er Oeris Brief vom 15. Dezember vor dem Versand seines Artikels bekommen und dadurch gewußt hätte, „welchen Eindruck dergleichen Denunciationen bei dem Publicum" machten[284], wäre seine Entgegnung wesentlich schärfer ausgefallen. Was war geschehen, was erregte Biedermanns Zorn?

Oeri schrieb dem Freund in Basel, daß er am Mittwoch, dem 15. Dezember, von dessen Mutter zu einem Besuch gebeten worden war[285]. Frau Biedermann empfing ihn blaß und weinend. Irgend jemand hatte ihr den Artikel aus der „Kirchenzeitung" zugespielt. Die Mutter konnte seitdem nicht mehr schlafen und grämte sich vor lauter Kummer. Sie wollte von Oeri wissen, ob ihr Sohn wirklich so sei und denke, wie sie es gelesen habe. Seine Predigten hatten doch immer ganz anders geklungen. Wie sollte sie das nun alles verstehen? Oeri versuchte, Mutter Biedermann zu trösten, und erklärte ihr, daß viele Theologen von der offiziellen Kirchenlehre abwichen. Ihr Sohn sei nun leider das Opfer der „Kirchenzeitung", die doch wegen ihrer Schroffheit bekannt sei. Schließlich unterstrich Oeri die tiefe Aufrichtigkeit und Wahrhaftigkeit von Biedermanns Predigten. Bei der Mutter blieben dennoch Zweifel am Glauben ihres Sohnes. Diese auszuräumen, das war nun eine dringende Aufgabe von Alois[286].

Am 20. Dezember erschien Biedermanns Artikel „Protest gegen die evangelische Kirchenzeitung" in der „Beilage zu Nr. 101 des schweizerischen Republikaners. 1842". Seine Wahl war auf dieses Blatt gefallen, weil es den Freisinn vertrat und von Gleichgesinnten gelesen wurde[287]. In seinem zwei Spalten füllenden Widerspruch legt Biedermann einerseits sein Verständnis freier Wissenschaft dar und spricht anderseits der „Kirchenzeitung" wissenschaftlich-philosophische Kenntnisse ab.

Wissenschaftliche Freiheit ist mehr als nur Zensur- und Druckfreiheit, setzt Biedermann ein, „damit die Wissenschaft lebendig und wahrhaft frei in einem Volksleben blühe, muß sie als selbstständig erkannt werden, muß die öffentliche Stimme darüber entschieden haben, daß alles Urtheil über wissenschaftliche Dinge unbedingt und ungeschmälert der Wissenschaft selber zukomme, und nicht vor das Forum eines andern Lebensgebietes dürfe gezogen werden, daß namentlich die Philosophie, die ihren Gegenstand, nicht aber ihren Inhalt mit der Religion gemein hat,

---

[283] So die „Bibliographie der Schweizer Presse", 2. Halbbd., S. 826.

[284] Biedermann an Oeri, 16.12.1842: B.II.488.

[285] Oeri an Biedermann, 15.12.1842: Oeri-Archiv.

[286] Auch dem Vormund H. Biedermann wurde von dem Artikel berichtet; H. Biedermann an Biedermann, 14.12.1842: B.I.g.17.

[287] Das vierseitige handschriftliche Manuskript des Artikels befindet sich unter dem Titel „Protest gegen die evangelische Kirchenzeitung" im Nachlaß Biedermann: A.III.b.10. Ich zitiere nach der leicht gekürzten gedruckten Fassung.

nicht vor den Schranken der Religiosität des Lebens ihr Urtheil von einem Richter sich dürfe fällen lassen, dem dazu die Kompetenz fehlt"[288]. Biedermann erklärt nach diesen einleitenden Worten, daß er der immer „zuversichtlicher und kecker" auftretenden „Kirchenzeitung" „nachdrücklicher auf die Zähne" schlagen wolle. In einer ironisch polemischen Weise versucht Biedermann in sechs Sätzen, die er jeweils mit „Kurz, ich will glauben" beginnen läßt, die Inkompetenz der „Kirchenzeitung" aufzudecken und sie lächerlich zu machen. Sein Fazit lautet: „Ich will glauben, daß der Referent in der K. Z. ohne Bewußtsein über die Verkehrtheit – und wäre es mit Bewußtsein geschehen, Unredlichkeit – seines Verfahrens, bloß aus fatalem Mangel an Einsicht in das, was Philosophie, Wissenschaft überhaupt sei und wie sie zur Religion stehe, mich bei den gläubigen Lesern denunzirt hat." Vollends problematisch ist für Biedermann, daß die „Kirchenzeitung" das wissenschaftliche Problem auf der Ebene des Gewissens abgehandelt habe. Darüber ereifert er sich und klagt die „Kirchenzeitung" an, unverantwortlich und leichtsinnig gehandelt zu haben, was doch ihrem sonst geäußerten Anspruch widerspreche: „Ihr eifert gegen die fleischliche Sicherheit, mit Recht: seid nur selber weniger sicher in euren Verdammungsurtheilen. Ihr redet von Demuth und Bescheidenheit: bescheidet euch, über Dinge nicht kurzweg abzusprechen, die euch fremd sind. Ihr schiebt uns unsere Philosophie ins Gewissen, und wir weisen dieß als Leichtsinn an euer Gewissen zurück."

In der weitschweifigen Polemik und dem Zynismus des Artikels wird Biedermanns tiefe Verletzung deutlich spürbar. Von daher sind seine Ausführungen zu verstehen. Ferner ist zu bedenken, daß die wenigsten Leser der „Kirchenzeitung" auch gleichzeitig Leser des Republikaner waren und somit die eigentlichen Adressaten gar nicht erreicht wurden. So bleibt Biedermann nur, einerseits gegen die Redaktion der „Kirchenzeitung" zu polemisieren, um sich anderseits bei den Liberalen einen Namen zu machen[289].

6. Die gescheiterte Promotion

Die Kontroverse zwischen Biedermann und der „Kirchenzeitung" sollte im folgenden Jahr erste Konsequenzen haben. Denn auch außerhalb der Schweiz bekam Biedermann zu spüren, wie mit Theologen, die sich im Bereich des Hegelianismus aufhielten, umgegangen wurde. Ihnen wurde nämlich der Zugang zu akademischen Ämtern erschwert oder gar verwehrt. Die bekanntesten Beispiele sind Vatke, der in Berlin nie Ordinarius wurde, sowie Strauß, der aus Zürich vertrieben worden war. Einen weiteren Kreis derer, denen ein theologischer Lehrstuhl versagt blieb, bildeten die Schüler Ferdinand Christian Baurs. Hier sind in erster Reihe je-

---

[288] Biedermann, Protest, o. S.

[289] Der redaktionellen Anmerkung zufolge wird durch den Artikel der „Kirchenzeitung" zuviel Ehre angetan: „Die Redaktion des Republ. hat diese Einsendung gern aufgenommen, kann aber die Bemerkung nicht unterdrücken, daß der Herr Einsender damit einem Ding, wie die schw. ev. Kirchenzeitung, allzuviel Ehre anthut."

ne Theologen zu nennen, die 1830 der sogenannten „Geniepromotion"[290] angehört hatten. Die fünf Kandidaten Gustav Binder[291], Christian Märklin[292], Gustav
Pfizer, David Friedrich Strauß und Friedrich Theodor Vischer[293] erhielten die beste Note 1a, weitere fünf eine 1b[294]. Keiner der württembergischen Schüler Baurs
machte an der Tübinger theologischen Fakultät Karriere[295]. Auch Zeller, der im
Wintersemester 1840/41 als Vertreter den vakanten Lehrstuhl Eduard Elwerts
(1805–1865)[296] versah, fand bei der Besetzung des Lehrstuhls von Heinrich Kern
1842 keine Berücksichtigung. Ein Ruf nach Bern löste dort den sogenannten „Zel-
lerhandel"[297] aus. Schließlich wurde Zeller 1849 nach Marburg berufen, erhielt
dort aber statt des anvisierten theologischen nur einen philosophischen Lehrstuhl.[298] In diese Riege der in Tübingen abgewiesenen Theologen reihte sich zum
Jahreswechsel 1842/43 Alois E. Biedermann ein.

Dieser erkundigte sich im Sommer 1842 bei Zeller nach den Bedingungen für
eine Promotion an der Tübinger philosophischen Fakultät.[299] Zeller schickte ein
Antwortschreiben mit den gewünschten Angaben[300], woraufhin Biedermann die
entsprechenden Papiere nach Tübingen sandte[301] und Zeller die Weiterleitung besorgte[302]. In seinem ersten Schreiben[303] an die philosophische Fakultät, dem er sei-

---

[290] HERMANN FISCHER, Die Geniepromotion. Ein Gedenkblatt zum dreißigsten Todestag
Friedrich Th. Vischers, in: Süddeutsche Monatshefte 4/2 (1907), S. 272–279.

[291] Siehe dazu „Ein liberaler Theologe und Schulmann in Württemberg. Erinnerungen von
Gustav von Binder 1807–1885", im Auftrag des Württembergischen Geschichts- und Altertumsvereins hrsg. von Max Neunhöffer, Stuttgart 1975.

[292] MÄRKLIN (1807–1849) veröffentlichte als Pfarrer von Calw 1839 die Schrift „Darstellung
und Kritik des modernen Pietismus", Stuttgart 1839, und rief dadurch eine heftige literarische
Diskussion hervor. Zur Person siehe DAVID FRIEDRICH STRAUSS, Christian Märklin. Ein Lebens-
und Charakterbild aus der Gegenwart, Mannheim 1851.

[293] A. ROHRER, Der Streit um Friedrich Theodor Vischer in den 1840er Jahren, in: BWKG N.
F. 38, 1934, S. 306–324.

[294] KÖPF, Wissenschaft, S. 171.

[295] KÖPF, Wissenschaft, S. 173

[296] ROBERT KÜBEL, Eduard Elwert, in: RE³ 5, S. 327–329; J. HARTMANN, Eduard Elwert, in:
ADB 6, S. 76f.

[297] RUDOLF DELLSPERGER, Berns Evangelische Gesellschaft und die akademische Theologie.
Beobachtungen zu einem Stück unbewältigter Vergangenheit, in: Auf dein Wort. Beiträge zur
Geschichte und Theologe der Evangelischen Gesellschaft des Kantons Bern im 19. Jahrhundert,
hrsg. von dems., Markus Nägeli und Hansueli Ramser, Bern 1981, S. 190–205; DERS., Johann Peter Romang. Philosophische Theologie, christlicher Glaube und politische Verantwortung in revolutionärer Zeit, Bern/Frankfurt am Main 1975, S. 108–118; KURT GUGGISBERG, Bernische Kirchengeschichte, Bern 1958, S. 641–646.

[298] RUDOLF DELLSPERGER, Eduard Zellers Verdrängung aus der Theologie, in: Historisch-kritische Geschichtsbetrachtung. Ferdinand Christian Baur und seine Schüler, hrsg. von Ulrich Köpf,
Sigmaringen 1994, S. 209–225.

[299] Der Brief ist verloren, wohl unmittelbar nach der Rückkehr am 18. Juli geschrieben.

[300] Zeller an Biedermann, 26.7.1842: B.II.936.

[301] Biedermann an Zeller, 23.8.1842; UBTü Md 747.

[302] Zeller an Biedermann, 13.9.1842: B.II.937.

[303] Biedermann an den Dekan der philosophischen Fakultät Gottlieb Lukas Friedrich Tafel,
23.8.1842; UAT: 55/18. Dem Schreiben lag ein Zeugnis von de Wette bei; UAT: 55/18.

nen Aufsatz über die Persönlichkeit Gottes als „Specimen" beilegte, suchte Biedermann um die Erteilung des Doktorgrades an und stellte sich kurz vor. Dabei betonte er sein ausgeprägtes philosophisches Interesse sowie seinen philosophischen Werdegang. Er nennt durchaus verständlich die Namen Fischers und Vatkes, erstaunlicherweise aber auch die von Gabler und Marheineke, denen er sich in Berlin besonders angeschlossen habe. Durch sonstige Zeugnisse ist diese Aussage keineswegs gedeckt. Freilich belegte er bei beiden Lehrveranstaltungen, wie der beigefügte Berliner „Anmeldungsbogen"[304] den Professoren in Tübingen zeigte. Doch äußerte sich Biedermann ansonsten eher zurückhaltend über diese beiden Berliner. Hier scheint Biedermann zu taktieren. Den Tübinger Philosophen wollte er erklären, daß er nicht nur beim eher „linken" Hegelianer Vatke, sondern auch bei Rechtshegelianern studiert hatte. Denn er wußte von Strauß und Zeller von der ablehnenden Haltung der Tübinger Philosophie gegenüber dem Hegelianismus. Einen vehementen Antipoden Hegelscher Philosophie hatte die Tübinger Fakultät erst kürzlich berufen: Seit 1842 lehrte als Ordinarius der Philosophie Immanuel Hermann Fichte (1796–1879)[305]. Dieser gab sich als bewußter Theist, der sich gegen die Auflösung der göttlichen Persönlichkeit im Hegelianismus wandte[306]. Gegenüber dem dialektischen Prozeßdenken hob Fichte das Prinzip des Individualismus und der persönlichen Freiheit hervor[307].

Ferner erklärt Biedermann seinen Wunsch, auf dem „Felde der Wissenschaft" tätig zu werden. Hier reizte ihn die „Lösung der Aufgabe, Philosophie und Religion in ihrem Unterschied und durch ihren relativen Gegensatz hindurch zur concreten Einheit zu fördern"[308]. Damit nennt er das Ansinnen, das später zur Publikation der „Freien Theologie" führte. Den Tübingern verrät er ferner, daß er Privatdozent in Zürich werden wolle. Diese Anmerkung hätte er vermeiden sollen, denn sie stieß in Tübingen auf wenig Verständnis. Fichte notiert am Rande von Biedermanns Schreiben, man solle es mit der Verleihung des Doktorgrades nicht übereilen.

Nachdem Biedermann auf Aufforderung hin den lateinischen Lebenslauf und sein Berliner Abgangszeugnis zugesandt hatte[309], behandelte die Fakultät Bieder-

[304] UAT 55/18.
[305] Stefan Koslowski, Idealismus als Fundamentaltheismus. Die Philosophie Immanuel Hermann Fichtes zwischen Dialektik, positiver Philosophie, theosophischer Mystik und Esoterik, Wien 1994; Hermann Ehret, Immanuel Hermann Fichte. Ein Denker gegen seine Zeit, Stuttgart 1986.
[306] Fichte wollte in der Negation Hegels eine neue Philosophie schaffen, eine „Gotteslehre der Persönlichkeit"; siehe dazu Walter Jaeschke, Die Vernunft in der Religion. Studien zur Grundlegung der Religionsphilosophie Hegels, Stuttgart/Bad Cannstatt 1986, S. 425–430.
[307] Hermann Glockner, Die europäische Philosophie von den Anfängen bis zur Gegenwart, Stuttgart ⁵1980, S. 879–885. Fichte urteilte über die Spekulation der Gegenwart in: „Ueber die christliche und antichristliche Spekulation der Gegenwart. Ein philosophisches Gutachten. Aus dem ersten Hefte des neunten Bandes der Zeitschrift für Philosophie und spekulative Theologie besonders abgedruckt", Bonn 1842. Siehe auch „Bibliographie zur Geschichte der Universität Tübingen", S. 351 f.
[308] Biedermann an den Dekan der philosophischen Fakultät, 23.8.1842; UAT: 55/18.
[309] Biedermann an den Dekan der philosophischen Fakultät, 30.9.1842; UAT: 55/18.

manns Antrag auf Verleihung des Doktorgrades am 2.11.1842 mit drei weiteren Bewerbern und entschied, Professor Fichte solle ein Gutachten über Biedermanns Aufsatz erstellen. Eine Woche später trug Fichte sein Gutachten in der Fakultätssitzung vor. In Biedermanns Aufsatz konnte er keinen hinreichenden Beleg für die wissenschaftliche Befähigung des Kandidaten entdecken, der Aufsatz stelle kein ausreichendes „specimen eruditionis" dar. Denn der Verfasser schöpfe zu sehr aus zweiter Hand, habe sich Hegels Philosophie nicht gründlich genug zu eigen gemacht. Weiter moniert Fichte den überwiegend kritischen Charakter der Arbeit, der Eigenständiges vermissen lasse. Allein in Biedermanns Auseinandersetzung mit Michelet würden originelle Gedanken erkennbar. Das Fazit lautet vernichtend: Fichte reklamierte mangelnde Vorstudien, kritisierte Biedermanns wissenschaftlichen Geist bezüglich seines literarischen Umgangs mit den philosophischen Gegnern und warf ihm fehlende Gewissenhaftigkeit vor. Doch dabei beließ es Fichte nicht. Etwas scheint ihm an Biedermanns Arbeit so positiv aufgefallen zu sein, daß er der Fakultät vorschlug, den talentierten Bewerber nicht ganz abzuweisen, sondern ihm ein Angebot zu machen. Biedermann könne entweder zu einem Kolloquium nach Tübingen kommen oder eine gründlichere Arbeit einreichen[310]. Es

---

[310] Gutachten von Immanuel Hermann Fichte vom 9.11.1842; UAT 55/18: „2. In Betreff der *Biedermann*schen Arbeit vermisse ich eben das specimen eruditionis, das sie abgeben sollte, nur allzu sehr. Weder mit dem Allgemeinen, noch dem Besondern, womit die Frage ‚nach der Persönlichkeit Gottes' zusammenhängt, scheint sich der Verfasser gründlich vertraut gemacht zu haben. Auch was er vom *Hegel*schen System aufgefaßt hat, ist durchaus allgemein und ungenügend, und scheint weit eher aus zweiter Hand, als aus einem Studium des Philosophen selbst hervorgegangen zu sein. Es sind wirklich nur ein Paar ganz abstrakte Begriffe, die ihm klar geworden sind (vgl. S. 236–38), weshalb er sich auch die Sache mit dem Widerlegen sehr leicht macht und demjenigen, welchen er sich hier zum Gegner wählt, in der Hauptsache gar nicht verstanden hat. (Ich kenne den Inhalt der hier so bitter angegriffenen *Rosenkranz*'schen Position ziemlich genau, und bin erbötig durch Vergleichung beider Abhandlungen den Beweis meiner Behauptung zu führen. Um indeß zu zeigen, wie leicht er sich die Widerlegung seines Gegners macht, verweise ich auf Stellen, wie S. 220. 221. 224, med. 226, 234.) Von S. 236ff. beginnt seine eigene Theorie von der ‚Persönlichkeit' nur namentlich ‚der Persönlichkeit Gottes', in welcher ich durchaus keine neuen oder eigenen Gedanken habe entdecken können. Original könnte etwa allein erscheinen, wie er (S. 250. ff.) gegen *Michelet* aus *Strauß*'schen Prämissen das Dasein eines Geistergeschlechts auch auf andren Weltkörpern beweisen will. Da sich über solche Fragen (die eigentlich gar nicht in die Philosophie gehören) viel hin und her disputieren läßt, so will ich zugeben, daß er die Gründe, aus welcher Michelet auf der Läugnung jenes Daseins besteht, gut in ihrer Schwäche dargestellt hat: es ist dies wenigstens der beste Theil seiner Arbeit. Aber auch der Ton, in dem er dies thut (und wie er auch sonst Männer, wie Rosenkranz und Erdmann [Vgl. S. 250. 252. 225.26. Note u. s. w. durchweg behandelt] ist keineswegs erfreulich. So kann ich diese Arbeit sowohl von Seiten der für sie gemachten Vorstudien, des wissenschaftlichen Geistes, und auch von Seiten der litterarischen Moralität und Gewissenhaftigkeit, nur für sehr untergeordnet, in letzterer Beziehung für unerfreulich erklären. Wenn wir nun vielleicht Anstand nehmen sollten, einer so fleißigen, wohlerwognen und gewissenhaften Arbeit, wie die Plancksche [=eine der anderen zu verhandelnden Arbeiten; T. K.] ist, das Prädikat bene zu ertheilen, so weiß ich wahrhaftig nicht, wie wir diese bezeichnen sollten. Daß sie uns gedruckt vorgelegt wird, macht gewiß keinen Unterschied in der objektiven Beurtheilung, die wir ihr schuldig sind. Deshalb geht mein unmaßgeblicher Vorschlag an die hochverehrte Fakultät dahin: den Verfasser zwar nicht geradezu abzuweisen, aber ihm zu erklären: er scheine seine wissenschaftliche Qualifikation durch diese kurze Abhandlung, die theils

waren freilich äußerst ungünstige Voraussetzungen, daß gerade Fichte zum Gutachter ernannt worden war. Biedermanns spekulative Ausführungen zum Personenbegriff Gottes boten geradezu das Gegenteil der Fichteschen Auffassung. Darum war die Ablehnung, die von der Fakultät bestätigt wurde, abzusehen. Erstaunlich ist indes das Angebot der Fakultät, ihn nach einer weiteren Prüfung doch zu promovieren[311]. Biedermann antwortete am 28. November auf den negativen Bescheid aus Tübingen und erklärte, er habe wegen anderer Aufgaben keine Zeit für ein Kolloquium. Den Vorschlag der weiteren Abhandlung wollte sich Biedermann offenhalten[312]. Das neue Jahr 1843 war gerade drei Wochen alt, als Biedermann einen Brief von Zeller erhielt, der ihm nun auch mitteilte, die philosophische Fakultät habe das Gesuch der Promotion abgelehnt. Zeller deutete die Entscheidung einerseits als „Schikane" gegen den Hegelianismus und bezog sie andererseits auf die eigene Person[313]. Biedermann trug die Ablehnung mit Fassung und schrieb Zeller eine Woche später einen ausführlichen Brief, in dem er Zellers Anfrage, ob er Michelets Buch „Die Hegelsche Philosophie" für die „Theologischen Jahrbücher" rezensieren wolle, ablehnte, da er sich gerade um eine Pfarrstelle bewerbe und auch ansonsten „von ziemlich heterogenen Dingen in Anspruch genommen" sei[314]. Außerdem habe ihn bei einem ersten flüchtigen Lesen das Buch ziemlich gelangweilt.

Der Tübinger Promotionsversuch war von Biedermann nicht wirklich vorbereitet und durchdacht worden. Die Gründe für die flüchtige und überhastete Aktion bleiben im dunkeln. Ob er durch Vatke oder durch Zeller ermutigt und beraten

---

nur kritischen Inhalts sei, theils in dem, was sie Eigenes geben wolle, zu wenig Eigenthümliches darbiete, der Fakultät nicht hinreichend bewährt zu haben; sie erwarte weitere und umfassendere Arbeiten seines sonst anerkennenswerthen Talentes, um ihm den Doctorgrad zu ertheilen. Beikommend beehre ich mich zugleich, die sämmtlichen *Biedermann* betreffenden Papiere Sr Spektabilität wieder ganz gehorsamst zuzustellen. Verehrungsvoll Fichte 9ten November 1842."

[311] Der Bescheid der Fakultät lautete: „Die Fakultät sei bei aller Anerkennung seines Talentes der Ansicht, daß er seine wissenschaftliche Qualifikation durch die eingereichte kurze Abhandlung, die theils nur kritischen Inhalts sei, theils in dem, was sie Eigenes geben wolle, zu wenig Eigenthümliches darbiete, noch nicht ganz befriedigend bewährt habe; es werde ihm daher überlassen, entweder weitere und umfassendere Arbeiten einzureichen, oder sich einem Colloquium zu unterziehen"; 16.11.1842; UAT 55/18.

[312] Biedermann an den Dekan der philosophischen Fakultät: „Euer Hochwürden benachrichtigen mich dass meine eingelieferte Arbeit von der hochverehrl: Facultät nicht genügend sei befunden worden, um meinem Gesuche zu entsprechen, und eröffnen mir zu dessen Erreichung einen weitern doppelten Weg: entweder eine umfassendere Arbeit einzureichen, oder mich einem Colloquium zu unterziehn. Da ich mit einer grössern Arbeit beschäftigt bin, und die Unterbrechung darin, welche ein Colloquium nöthig machte, bei meiner auch anderweitig in Anspruch genommenen Zeit mir zu störend wäre, so ziehe ich vor, mir die erstere Aussicht offen zu behalten. Indessen nehme ich mir die Freiheit, um gefällige Rücksendung meines Ordinationszeugnisses zu bitten, da ich hier desselben nächstens benöthigt bin. Mit Hochachtung Ew. Hochwürden ergebener AE Biedermann Basel, 28 Nov 42"; UAT 55/18.

[313] Zeller an Biedermann, 22.1.1843: B.II.938.

[314] Biedermann an Zeller, 31.1.1843: Nachlaß Zeller, Md 747, UBTü. Erstaunlich ist, daß Biedermann zwar einmal überlegt hatte, in Tübingen das Examen abzulegen, doch nirgendwo äußert er sich seinem Vormund oder den Freunden gegenüber schriftlich zum Tübinger Promotionsgesuch.

wurde, kann nicht mehr ermittelt werden. Zudem muß unbeantwortet bleiben, ob er sich überhaupt mit jemandem besprochen hatte und wer von der angestrebten Promotion wußte. Biedermann überschätzte die wissenschaftliche Bedeutung seines Aufsatzes. Unbegreiflich bleibt indes, warum er sich gerade von einer philosophischen Fakultät promovieren lassen wollte, in deren Reihen der Vertreter einer theistischen Philosophie, I. H. Fichte, wirkte. Da Biedermann zudem für die Vertreter der Fakultät ein unbekannter Schweizer war, konnte er kaum mit Unterstützung rechnen. Möglicherweise bewertete er auch den Einfluß Zellers in Tübingen falsch und erkannte nicht dessen philosophische Randposition. Insgesamt zeigt dieser Versuch einen naiven Charakterzug Biedermanns.

7. *Veränderte Lebensumstände*

a) *Persönliche Entwicklungen*

Nachdem die Promotion in Tübingen gescheitert war, mußte sich Biedermann beruflich neu orientieren. Die Überlegung, sich in Zürich als Privatdozent der Philosophie zu betätigen, trat zu Beginn des Jahres 1843 erst einmal in den Hintergrund. Die Motivation, in ein akademisches Lehramt einzutreten, wurde durch veränderte persönliche Umstände erheblich reduziert. Im März 1842 hatte er Margaretha Elisabeth Holzach zum ersten Mal gesehen und in den folgenden Monaten immer besser kennen- und schätzengelernt.

Vorerst hatte er sich mit dem Verlust Elise Biedermanns abgefunden, zumal er mit Bedauern vernehmen mußte, in welch glücklichen Flitterwochen sich die frisch Vermählte befand und daß sie mit reger Begeisterung die angenehmen kulturellen sowie gesellschaftlichen Veranstaltungen, Konzerte, Soireen, Bälle und „kostümierte Visiten" in Winterthur besuchte. Elise Forrer-Biedermann machte geradezu „Furore"[315]. Diese Nachricht des Freundes Oeri aus Winterthur zeigte Wirkung. Denn bald nach Riggenbachs Verlobung am 2. Dezember 1842 schlug Biedermanns „Interesse" an Elisabeth Holzach in Leidenschaft um[316]. Zur Weihnacht, wenige Wochen später, überreichte er ihr sein erstes Geschenk: Schleiermachers „Weihnachtsfeier". Sie ihrerseits ließ ihm nach der Silvesterfeier im Hause Holzach ein Bild des schwäbischen Dichters Georg Herwegh (1817–1875)[317] zukommen, den Biedermann sehr verehrte.

Den beinahe gleichaltrigen Herwegh schätzte Biedermann einem modischen Trend entsprechend als ersten Dichter der Gegenwart. Er war für ihn so etwas wie ein Vertreter der jugendlichen Opposition. Bisher hatte er Herwegh wie andere Dichter gelesen, um sich an ihrer poetischen Kunst zu erfreuen, doch ging Biedermann beim politischen Lyriker Herwegh ein Stück weiter. Einmal faszinierte ihn Herweghs „lebendige unmittelbare Einheit des Innern, des Gedankens und der

---

[315] Oeri an Biedermann, 4.12.1842: Oeri-Archiv.
[316] Biedermann, Tagebuchblätter (2.12.1842), S. 10.
[317] WILFRIED SCHÄFER, Georg Herwegh, in: KnLL, 7, S. 775f.

Form"[318], zum anderen zog ihn Herweghs junghegelianische Freiheitsphilosophie an[319]. Durch ihn relativierte sich seine Begeisterung für die Monarchie, und sein Herz begann zunehmend für eine freie Republik zu schlagen. Der seit 1839 als Emigrant in der Schweiz lebende Herwegh verkehrte mit jenen liberalen Gesinnungsgenossen, denen auch Biedermann nicht fernstand. Eine Distanzierung von Herwegh erfolgte erst, als sich dieser immer mehr an den Frühsozialisten Wilhelm Weitling anschloß. Biedermann und seine Freunde lasen Herweghs „Gedichte eines Lebendigen", die 1841 erschienen waren; zwei Jahre später folgte der zweite Band[320]. Das Geschenk Elisabeths, den „bekränzten Herwegh", hängte sich Biedermann in sein Arbeitszimmer. Das Verhältnis zwischen Biedermann und Elisabeth erreichte eine neue Qualität, als Riggenbach seinem Freund das durch Gretli vermittelte Liebesgeständnis Elisabeths überbrachte. Biedermann seinerseits erwiderte dieses in einem Brief an Riggenbach. Wenn es aber zu einer rechtlich legitimierten Beziehung zwischen den beiden Liebenden kommen sollte, mußte Biedermann schleunigst einen ökonomisch sicheren Beruf ergreifen.

b) Bewerbung in Sissach

Die Wendung der persönlichen Geschicke und die Ablehnung in Tübingen erklären, warum sich Biedermann zu Beginn des Jahres 1843 um die Pfarrstelle in Sissach, einem Dorf im Kanton Basel-Land, bewarb. Nach der Nichtverleihung des Doktorgrades Ende November intensivierten sich Biedermanns Gefühle für Elise Holzach, und Mitte Januar wußte er schließlich, daß sie seine Gefühle erwiderte. Biedermann selber beteuert zwar, daß die Beziehung zu Elisabeth Holzach nicht der ausschlaggebende Grund gewesen sei, die akademischen Pläne – zugunsten einer Pfarrstelle – erst einmal zurückzustellen[321]. Freilich sah Biedermann für eine universitäre Anstellung keine realistische Perspektive. Aber er hätte auf das Angebot der Tübinger eingehen können, sich durch eine gründlichere und originelle Schrift auszuweisen oder sich dem Kolloquium zu unterziehen. Die oben erwähnten fadenscheinigen Erklärungen Biedermanns sind im Kontext seines Lebens in jenen Monaten Ende 1842 Zeichen der Enttäuschung und einer Neuorientierung, die eindeutig mit dem Namen Elise Holzach verbunden sind. Biedermann erstrebte wegen seiner Liebe zu Elisabeth rasch solche Lebensumstände, die eine Verlobung und Heirat erlaubten. Dafür war ein Pfarramt der schnellste Weg, ein akademisches Lehramt könnte zudem später noch angestrebt werden. Vielleicht reizten ihn auch jene gesicherten Lebensumstände, in denen seine Freunde Riggenbach und Oeri mittlerweile verkehrten.

Damit ist aber noch nicht erklärt, warum Biedermann unbedingt ein Pfarramt im Kanton Baselland und nicht etwa in Zürich oder anderswo übernehmen wollte.

---

[318] Biedermann an Oeri, 6.4.1843: B.II.493.

[319] Als weiteren Oppositionslyriker las Biedermann Anastasius Grün.

[320] Herwegh verlegte seine beiden Bände im „Literarischen Comptoir" in Winterthur, dem künftigen Verlag der „Censur-Flüchtlinge"; Schäfer, Herwegh, S. 775. Siehe oben S. 16f.

[321] Biedermann an Oeri, 27.3.1843: B.II.492.

Die basellandschaftliche Kirche, die sich 1833 von Baselstadt getrennt hatte und eigenständig geworden war, zeichnete sich in den Augen Biedermanns gerade dadurch aus, daß sie sich – wie so viele Dinge im jungen Halbkanton – „durch die ungebundene Willkür zur Freiheit durcharbeiten muß"[322]. In Basel-Land gab es Anfang der vierziger Jahre zudem noch keine ausgefeilte Kirchenordnung. Für die einzelnen Pfarrer bedeutete dies ein großes Maß an Unabhängigkeit. Da sich in Basel-Land einige liberale Pfarrer versammelt hatten, die dem Charakter der Landeskirche ein freisinniges Gepräge geben wollten, sah sich Biedermann herausgefordert, sich dabei zu engagieren. Insbesondere durch das Zusammenwirken mit Riggenbach erhoffte er sich gewinnbringendes Arbeiten. Schließlich wollte Biedermann auch seine theoretischen Erkenntnisse in der Praxis bewähren. Falls er wider Erwarten in Sissach nicht gewählt würde, ginge er nach Zürich, erklärte er Zeller. Daß der Weg ins Pfarramt allerdings steinig und länger werden sollte, erfuhr Biedermann schon bald.

Die Sissacher Pfarrstelle war frei geworden, weil der bisherige Pfarrer, Johann Jakob Keßler, abgewählt worden war[323]. Am Nikolaustag 1842 hatte die Gemeinde Sissach unter Vorsitz des Bezirksverwalters darüber in geheimer Wahl abzustimmen, ob die Stelle ausgeschrieben oder durch Berufung besetzt werden solle. Beide Möglichkeiten sah das „Gesetz über die Beeidigung der einstweilen Pfarrer und Pfarrverweser und die definitive Besetzung der Pfarrstellen, vom 6. December 1832" vor[324]. Die Sissacher Stimmbürger entschieden sich deutlich für eine Ausschreibung der Stelle[325]. Damit erhielt der basellandschaftliche Regierungsrat in Liestal den Auftrag, die Pfarrstelle im „Amtsblatt für den Kanton Basel-Landschaft" auszuschreiben. Am 22. Dezember erschien das „Ausschreiben der Pfarrstelle Sissach": „Die Pfarrstelle Sissach ist erledigt. Wer darauf aspiriren will, kann sich bis den 22. Jenner 1843 auf der Unterzeichneten, unter Angabe der Ordinations- und Sittenzeugnisse, einschreiben lassen. Liestal den 20. Dezember 1842. Kanzlei des Kantons Basel-Landschaft"[326]. Innert der festgesetzten einmonatigen Bewerbungs-

[322] Biedermann an Zeller, 31.1.1843: UBTü Md 747.

[323] StABL: Kirchenakten Sissach H 4, 9. Siehe auch „Basellandschaftliches Volksblatt" Nummer 12 und 13, 1843. In Nummer 13, 31.3.1843, S. 53 f., wurde ein Brief des abgewählten Pfarrers publiziert, der Stellung gegen zuvor veröffentlichte Vorwürfe in Nummer 12 bezieht. Keßler bezeichnet die Sissacher Kirchgemeinde als die anerkanntermaßen „mühsamste" im Kanton. Ferner kritisiert er, daß nun überall Basler Geistliche eingesetzt würden. Seine Abwahl führte er auf den Einfluß der „Stadtbaselschen- und Pietisten-(Stündli) Partei" zurück, der er als „unbiblisch" gelte.

[324] Abgedruckt in: „Gesetze, Verordnungen und Beschlüsse für den Kanton Basel-Landschaft", Bd. 1, Liestal 1838, S. 159–162. Eine Präzisierung einiger Unklarheiten bei der Frage der Wieder- oder Abwahl eines Pfarrer nahm das „Reglement über das formelle Verfahren bei Pfarrwahlen und Abstimmung über Bei- oder Nichtbeibehaltung" vom 22. August 1831 vor, abgedruckt in: „Gesetze, Verordnungen und Beschlüsse für den Kanton Basel-Landschaft", Bd. 2, Liestal o. J., S. 578–580.

[325] Das Ergebnis lautete: 133 Stimmen für eine Ausschreibung, 53 für die Berufung. Hierzu und zum Folgenden siehe StABL: Kirchenakten Sissach H 4, 9.

[326] „Amtsblatt für den Kanton Basel-Landschaft. Dritte Abtheilung Nro. 17., Donnerstag den 22. December 1842", S. 527.

frist meldeten sich drei Bewerber: erstens Pfarrer Johannes Holinger (1796–1885), der zuvor Pfarrer in Hundwil gewesen war und seit 1841 kirchliche Funktionen im Badischen versah[327]. Als zweiter bewarb sich Johann Friedrich Wolleb (1791–1873), der von 1833–1839 als Pfarrer in Bretzwil amtete[328]. Schließlich hatte sich auch der Kandidat Biedermann inskribiert und die erforderlichen Unterlagen, darunter ein Zeugnis von Antistes Burckhardt, eingereicht[329]. Nun begannen für Biedermann bange Wochen des Wartens. Die Zeit verkürzten aufmunternde Worte und Briefe der Freunde. Oeri freute sich ganz besonders über Biedermanns Bereitschaft, in Sissach zu kandidieren. Da würde der Freund endlich Pfarrer und ein „philosophischer Landwirt"[330]. Ob er eine wirkliche Chance hatte, sich gegen die Mitbewerber durchzusetzen, war schlecht einzuschätzen. Zwar hielt er selber, ebenso wie sein Freund Oeri, nicht viel von den anderen Kandidaten, doch die Gemeinde mußte letztendlich entscheiden[331]. Bei seiner Probepredigt am 29. Januar war die Sissacher Kirche zwar voller als bei Holingers Vortrag, doch konnte daraus freilich noch nicht auf das Ergebnis der Wahl geschlossen werden. Die Probepredigt hielt er über seinen Lieblingstext 2. Korinther 3, 17. Dabei verwendete er einiges aus dem ersten Teil jener Predigten, die er im Jahr zuvor in Winterthur und Zürich gehalten hatte. Er selber glaubte, freudig und „populär" gepredigt zu haben[332]. Nach dem Predigtgottesdienst war auch noch eine Kinderlehre zu halten, vor der sich Biedermann mehr fürchtete als vor der Predigt. Mit dem Verlauf des Kinderlehre zeigte er sich zufrieden, es sei leichter gelaufen als vorher gedacht. In seiner Predigt machte Biedermann aus seiner theologischen Stellung als Freisinniger keinen Hehl, denn er konnte davon ausgehen, daß die Gemeinde über die Kandidaten informiert war. Deswegen war Holinger der schärfste Konkurrent. Er vertrat nämlich das andere kirchliche Lager, die Pietisten. Doch gab es in Sissach nicht solche massiven theologischen Richtungskämpfe wie in anderen Gemeinden. Allein die kleine Gruppe „entschiedner Pietisten" hatte sich bemerkbar gemacht. Sie wollte den Lausener Pfarrer Johann Jakob Miville[333] berufen, konnte sich damit aber nicht durchsetzen. In der Gemeinde selber wurde in den Tagen vor der Wahl allein der Name Holinger genannt[334]. Am 12. Februar wählte die Gemeinde tatsächlich mit überwältigender Mehrheit Pfarrer Holinger zum neuen Sissacher Seelsorger[335].

---

[327] GAUSS, Basilea, S. 87.

[328] GAUSS, Basilea, S. 166.

[329] So teilte es die Landes-Kanzlei des Kantons Basel-Land am 24.1.1843 der Gemeinde Sissach mit. Das Zeugnis, datiert auf den 6.1.1843, befindet sich im Nachlaß Biedermann: A.I.e.

[330] Oeri an Biedermann, 7.2.1843: Oeri-Archiv. Die Pfarrer bearbeiteten auch die zur Pfarrei gehörenden Pfrundländereien; FINSLER, Statistik, S. 202; ferner „Gesetz über Beeidung", § 7.

[331] Oeri bezeichnete Wolleb und Holinger als „Nullen"; Oeri an Biedermann, 7.2.1843: Oeri-Archiv.

[332] Biedermann an Oeri, 30.1.1843: B.II.489.

[333] Miville (1812–1897) war von 1836–1841 Deutschlehrer an der oberen Töchterschule in Basel, 1841–1843 Pfarrer in Lausen, 1843–1861 zweiter Pfarrer, 1861–1888 erster Pfarrer zu St. Peter; GAUSS, Basilea, S. 114.

[334] Riggenbach an Biedermann, 12.2.1843: B.II.657.

[335] Holinger erhielt 319 von 387 abgegebenen Stimmen. Biedermann gibt abweichend als

Dieses ernüchternde und enttäuschende Ergebnis teilte Biedermann sogleich den Freunden Riggenbach und Oeri mit und versuchte den katastrophalen Wahlausgang zu erklären. Seine Gegner hatten es sich nicht nehmen lassen, den Artikel der „Kirchenzeitung" in der Gemeinde publik zu machen. Darauf war Biedermann nicht vorbereitet gewesen und konnte auf die Angriffe in Sissach nicht entschieden genug reagieren. Als weiterer Pluspunkt Holingers galt, daß er einen großen Geldbetrag mit in die Gemeinde brachte[336]. Darüber ärgerte sich Biedermann verständlicherweise maßlos. Er konnte nicht begreifen, wie im politisch liberalen Baselland der Artikel der „Kirchenzeitung" so entscheidend wirken konnte, die doch ansonsten bei nur einigermaßen freiheitlich Denkenden verrufen ist. Ferner schmerzte ihn diese persönliche Niederlage gerade gegen Holinger, „einem so heruntergebrannten Kirchenlicht, das auch keinen Funken von geistigem Licht"[337] besitze, mehr als angenommen. Riggenbach versuchte, den „armen schiffbrüchigen Freund" zu trösten, und nannte ihm aber sogleich eine weitere, möglicherweise bald vakant werdende Pfarrstelle: Pfarrer Abraham Abderhalden in Münchenstein gedenke im kommenden Mai aus gesundheitlichen Gründen abzudanken. Einschränkend fügte Riggenbach seine Zweifel an, ob er ihm zu dieser Stelle raten könne. „Rathe dir selber und ziehe in das Land das der Herr dein Gott dir weisen wird."[338] Auch der Vormund Biedermann reagierte mit einem tröstenden Schreiben, denn er wünschte es sehr, Biedermann in einer festen Stellung zu sehen[339]. Freilich bedauerte Heinrich Biedermann, daß sein Zögling nicht in den Heimatkanton zurückkomme. Dort herrschte nämlich ein problematischer Pfarrermangel, und viele Pfarrer aus Deutschland wurden eingestellt. Zudem räumte er dem Kandidaten große Chancen ein, eine angemessene Stelle zu bekommen, gerade weil er ein freisinniger junger Theologe sei[340].

c) Das „Vorverlöbnis"

Aus der Niederlage zog Biedermann den Schluß, es sei zu befürchten, die Geschehnisse von Sissach könnten sich an anderen Orten wiederholen. Darum überkamen ihn Zweifel, ob er zur Zeit überhaupt damit rechnen könne, in Basel-Stadt oder Basel-Land eine Stelle zu finden. In der Zürcher Kirche, wie sie sich in jenen Tagen präsentierte, wollte Biedermann nicht amtieren. Seine angefangene wissenschaftliche Arbeit hatte er beiseite gelegt und sich auf eine neue Themenstellung

---

Stimmenzahl für Holinger 324 an, er selber habe 33 Stimmen, Wolleb 30 erhalten; Biedermann an Oeri, 13.2.1843: B.II.490. Biedermanns Zahlen beruhen auf den ungenauen Angaben Riggenbachs; Riggenbach an Biedermann, 12.2.1843: B.II.657.

[336] Auch bei der Bewerbung um die Pfarrstelle in Binningen, wo Holinger als Gegenkandidat Riggenbachs aufgetreten war, spielte Holingers Vermögen eine Rolle, denn er habe vor, „Gold und Silber" der Gemeinde zu spenden; Riggenbach an Biedermann, 31.8.1842: B.II.654.

[337] Biedermann an Oeri, 13.2.1843: B.II.490.

[338] Riggenbach an Biedermann, 12.2.1843: B.II.657.

[339] H. Biedermann an Biedermann, 20.2.1843: B.I.g.19.

[340] „Freisinnig" galt unter den Winterthurer Bürgern als identisch mit rationalistisch; H. Biedermann an Biedermann, 2.2.1843: B.I.g.18.

eingelassen[341]. Er beabsichtigte, etwas über das „Verhältnis von Philosophie und Religion mit besonderer praktischer Beziehung auf Theologie und Kirche" zu schreiben[342]. Mit dieser Schrift dachte er, sich zügiger und sicherer Eintritt in die Kirche zu verschaffen. Wenn es damit nicht gelänge, würde er auf „ewig draußen" bleiben. Für diese neue Abhandlung konnte er die lange Einleitung in das „Ewige Leben" verwenden. Damit war schon ein gutes Stück Arbeit geleistet, und Biedermann plante, in wenigen Wochen fertig zu sein, um sie dann als Habilitationsschrift in Zürich einzureichen.

Als Heinrich Biedermann durch Oeri von diesen Plänen hörte, war er alles andere als begeistert, denn er fürchtete ein Scheitern auch dieses Vorhabens. In Kenntnis der Zürcher Verhältnisse wünschte er, Biedermann möge trotz seiner philosophischen Stellung Zuhörer bekommen: „Jedenfalls werden Sie, falls Sie Hegelianische Philosophie vortragen wollen, vielen Angriffen und vielem Verdruß ausgesetzt seyn, wenig Unterstützung und keinen Glauben finden, denn hier zu Land sind die unteren Stände orthodox und die höhern rationalistisch gesinnt. Jenen ist Hegelianische Lehre ein Gräuel und diesen eine Fabel und zwar eine für das Volk verdrießliche, weil nach derselben Strafe und Belohnung sogar persönliches Fortleben wegfallen und damit der Haupthebel die Sittlichkeit bey demselben zu erhalten und weiter auszudehnen, verloren geht." Das Vorhaben, die Abhandlung innert weniger Wochen fertigzustellen, blieb uneingelöst. Ohne weitere Bemerkungen verschwindet es für einige Zeit aus den Gedanken Biedermanns, wird schließlich doch im Jahr 1843 verwirklicht.

Immer mehr in den Vordergrund drängt hingegen Elisabeth Holzach. Am 12. Februar schrieb Biedermann ihr seinen ersten Brief und teilte ihr seine Wahlniederlage mit. Zehn Tage später konnte er sie zum ersten Mal alleine treffen. Weitere Zusammenkünfte und auch der Briefwechsel mußten freilich den gesellschaftlichen Konventionen entsprechend von den Eltern Holzach gestattet werden. Die Eltern, dem Basler Pietismus verbunden, taten sich nicht leicht mit der Entscheidung. Doch dürfen die Gründe ihres Zögerns nicht allein in Biedermanns religiöser Gesinnung zu suchen sein. Dieses Faktum spielte – wenn überhaupt – nur eine untergeordnete Rolle[343]. Schließlich war doch auch die jüngere Tochter Margaretha mit dem freisinnigen Riggenbach liiert. Ferner kannte die Familie Holzach Biedermann schon länger als Freund ihres Sohnes Friedrich und als Gast ihres Hauses. Wären die Bedenken der Eltern Holzach so groß gewesen, hätten sie Biedermann wohl nicht mehr zu den familiären Festen eingeladen. Diese Vermutung bestätigt Riggenbach, der dem Freund versichert, in der Familie Holzach werde im Blick auf ihn nicht von „falschem" Glauben gesprochen, vielmehr hätten sie ihn

[341] Biedermann an Zeller, 31.1.1843: UBTü Md 747. Hier nennt er als Thema das Verhältnis des spekulativen Theologen zur Kirche.
[342] Biedermann an Oeri, 13.2.1843: B.II.490.
[343] Anders JOHANNES KRADOLFER, Biographische Einleitung, in: Alois Emanuel Biedermann. Ausgewählte Vorträge und Aufsätze mit einer biographischen Einleitung, Berlin 1885, S.13*. Hier scheinen Fronten aufgerichtet zu werden, die so innerhalb der Familie nicht bestanden haben.

auch „wahrhaft lieb"[344]. Auch Biedermann selber erlebte das Entgegenkommen der Eltern als sehr angenehm, denn sie begegneten ihm „mit einer namentlich in Basel seltenen Liberalität"[345]. Mißstimmungen kamen dennoch auf, die möglicherweise auch von außen gefördert wurden. In der Familie fragte man sich zum einen, ob die launische und emotional unausgeglichene Elisabeth für eine Ehe beständig genug sei. Zum anderen stand Biedermanns ökonomische und die damit verbundene gesellschaftliche Stellung als größtes Hindernis im Raum. Noch war keineswegs eine Verbesserung und Solidität der wirtschaftlichen Verhältnisse abzusehen. Riggenbach schaltete sich wiederholt als verständnisvoller Vermittler ein. Seit Ende Januar 1843 durfte Biedermann Elisabeth offiziell treffen und mit ihr korrespondieren. Im März wechselten sie beinahe täglich Briefe[346]. In diesem Kontext entstanden wohl folgende Verse aus dem Gedicht Biedermanns „Liebe und Freiheit", die er am 24. April 1843 an Elisabeth Holzach richtete:

> „Jede Mauer übersprungen
> Die uns feind entgegenstand, -
> Abgeworfen jede Kette
> Bürgerlicher Etikette -
> Halten wir uns fest umschlungen
> Nur mit selbst gewobnem Band"[347].

8. *Vom Vikar zum Pfarrer von Münchenstein*

a) *Der Vikar*

In beruflicher Hinsicht eröffnete sich Ende Februar eine neue Perspektive. Biedermann durfte als Vikar alle zwei Wochen in Münchenstein, das etwa eine Stunde Fußweg von Basel entfernt lag, für den erkrankten Pfarrer Abderhalden predigen. Er war der Gemeinde empfohlen worden, bevor er überhaupt einmal dagewesen war. Damit bot sich eine gute Gelegenheit, sich in der Gemeinde bekannt zu machen, wodurch die Chancen, sich bei der anstehenden Pfarrerwahl durchzusetzen, stiegen. Doch ließ sich die Gemeinde in Münchenstein viel Zeit, um die Nachfolge Abderhaldens zu regeln[348]. Noch kurz vor der Entlassung Abderhaldens am 3. Mai 1843 teilte der Statthalter des Bezirks Arlesheim dem Regierungsrat in Liestal mit, die Gemeinde habe beschlossen, die Stelle noch nicht definitiv zu besetzen. Gleichzeitig fragte die Gemeinde nach, wie die Wahl eines Vikars rechtlich korrekt vorzunehmen sei: „Welche Requisite muß ein Vikar haben, um wählbar zu sein?"[349]

---

[344] Riggenbach an Biedermann, 24.3.1843: B.II.662.

[345] Biedermann an Oeri, 27.3.1843: B.II.492.

[346] Biedermann schrieb an Oeri, daß er Fritz Holzachs und Riggenbachs Schwager sei, „freilich der Zeit noch in partibus, anerkannt und stadtbekannt, aber nach der basler Sitte noch nicht declariert"; Brief vom 27.3.1843: B.II.492.

[347] Notiert in dem handschriftlichen Gedichtband „Lieder der Liebe von J[ohannes] R[iggenbach] und A[lois] B[iedermann]": A.III.a.

[348] Biedermann an Oeri, 20.3.1843: B.II.491.

[349] Schreiben vom 22.4.1843, StABL: Kirchenakten Münchenstein H 2, 5.

Biedermann lernte nun rasch die Aufgaben eines Gemeindpfarrers kennen und mußte immer häufiger predigen. Allein in der Karwoche kam er auf acht Predigten in Münchenstein und Liestal[350]. Da er sich mit der Stellung als Vikar längerfristig nicht zufriedengeben konnte, suchte Biedermann kontinuierlich, sich zu verbessern. Eine Möglichkeit bot sich in Frenkendorf, doch riet ihm Riggenbach dringend davon ab, da es „dort schlimme Leute sein" sollen[351]. Daraufhin verfolgte Biedermann diesen Gedanken auch nicht weiter[352].

Neben seinem Münchensteiner Vikariat arbeitete Biedermann auch wieder an seiner Abhandlung, die stetig ihrem Ende entgegenging. Der Vormund in Winterthur sah der Fertigstellung des Buches gar nicht mit Freude entgegen, sondern warnte Biedermann immer wieder, bloß nichts drucken zu lassen, bevor er nicht als Pfarrer angestellt sei, denn wenn er etwas über die Philosophie in Beziehung auf das Christentum schreibe, würde er sicherlich wieder ein Opfer der im Dienste der Orthodoxie stehenden Kirchenblätter. Die Folgen eines solchen Federkrieges habe er doch schon einmal schmerzlich erfahren müssen[353]. Im Juni unterstrich Heinrich Biedermann diese Warnung noch einmal und ermahnte den Vikar, seine Arbeit bloß nicht bei Julius Fröbel[354] zu verlegen. Der Vormund war aus Zürich von wohlmeinenden Freunden gewarnt worden: Eine Publikation bei Fröbel brächte nur Nachteile mit sich. Denn der Verleger habe sich mittlerweile so unverhohlen dem Kommunismus zugewandt, daß alle von ihm verlegten Bücher von vornherein verdächtig seien[355].

b) Bewerbung in Lausen

Eine weitere Station auf dem Weg zu einer eigenen Pfarrstelle war Lausen. Seitdem bekannt geworden war, daß Johann Jakob Miville als zweiter Pfarrer („Helfer") an St. Peter in Basel berufen worden war, bot sich wieder eine vakante Stelle an. Am 26. März 1843 stimmten die Lausener über das Verfahren bei der Wiederbesetzung ab und entschieden sich mit überwältigender Mehrheit für die Besetzung durch Berufung[356]. Das bedeutete für die Interessenten, daß sie sich nicht offiziell bewerben konnten. Biedermann bekam die Gelegenheit, am 2. Mai in Lausen zu

---

[350] Biedermann an Oeri, 6.4.1843: B.II.493.
[351] Riggenbach an Biedermann, 24.3.1843: B.II.662. Die Pfarrstelle Frenkendorf wurde am 18.4.1843 im „Amtsblatt für den Kanton Basel-Landschaft", 12. Jahrgang (5.1.–27.4.1843), Liestal 1843, S. 403, ausgeschrieben.
[352] Der amtierende Pfarrer Heinrich Meyer (1806–1893) reichte am 24.3.1843 seinen Rücktritt ein, weil er als Religionslehrer ans Basler Gymnasium berufen worden war. Die Gemeinde ließ die Stelle ausschreiben und wählte am 28.5.1843 den Appenzeller Johann Jakob Waldburger, der 1846 nach Texas auswanderte. Biedermann erscheint nicht auf der Liste der Bewerber; StABL: Kirchenakten Frenkendorf H 3, 3; GAUSS, Basilea, S. 159.
[353] H. Biedermann an Biedermann, 30.3.1843: B.I.g.20.
[354] Siehe oben S. 16.
[355] H. Biedermann an Biedermann, 23.6.1843: B.I.g.21.
[356] StABL: Kirchenakten Lausen H 3, 4.

predigen. Doch gegen den Einfluß des pietistischen Miville konnte er sich nicht durchsetzen. Miville wollte die Wahl eines freisinnigen, in seinen Augen ungläubigen Nachfolgers nicht zulassen. Darum nutzte er seine Abschiedsbesuche in der Gemeinde, um vor dem Kandidaten Biedermann zu warnen. Diesem blieb wenig Hoffnung, dennoch berufen zu werden[357]. In jene Tage des bangen Wartens und Hoffens fiel jedoch ein sowohl bedeutendes als auch freudiges Ereignis: Biedermann durfte seinen Freund Riggenbach und seine Frau Gretli in der Basler Kirche zu St. Jakob trauen[358].

Mivilles Bemühungen trugen Früchte, und die Gemeinde entschied sich fünf Tage nach Biedermanns Predigt für den Kandidaten J. P. Müller[359], der der Gemeinde von früher her bekannt war[360]. Doch Müller lehnte in einem langen und umständlichen Schreiben[361], aber ohne Angabe triftiger Gründe die Berufung ab. Vier Tage nach dieser Absage wählte die Gemeinde den Winterthurer Vikar Oeri nach Lausen. Zugunsten Oeris sprach, daß dieser nicht in den Parteienstreit zwischen den Anhängern Mivilles und den Freisinnigen verwickelt war. Oeri nahm die Wahl an, und Biedermann bemerkte nicht ohne eine Spur von Zynismus „Gott gibts den Seinen im Schlaf"[362]. Biedermann hatte die Stelle in Lausen gleich nach Müllers Wahl abgeschrieben, auch dessen Ablehnung änderte daran nichts.

c) Der Pfarrverweser

Die Enttäuschung über die erneute Niederlage wurde durch seine Beförderung zum Pfarrverweser Münchensteins am 23. Mai gemildert[363]. Das brachte ihn dem Pfarramt ein Stückchen näher. Die Besoldung blieb vorerst gleich[364]. Mit der neuen Stellung verbunden war auch ein Umzug nach Münchenstein, wo er am 23. Mai bei Spengler Schneider Quartier bezog, denn ein neues Pfarrhaus mußte erst noch errichtet werden. Den Sommer über verbrachte Biedermann in seiner noch recht unbekannten Umgebung mit eifriger Lektüre und vielen Wanderungen nach

---

[357] Biedermann an Oeri, 8.5.1843: B.II.494. Einen individuellen Eindruck Mivilles bietet Riggenbach: Ihm war Mivilles Gegenwart immer unangenehm, weil dieser einem auf plumpe Art und Weise auf den Zahn fühle, „einen geschwind erwecken und bekehren wollte, und dabei betreibt er das absurdum ergo verum in einer so phlegmatischen Breite, mit der Selbstzufriedenheit eines Veteranen, daß er mir eigentlich unbequem ist"; Riggenbach an Biedermann, 5.4.1843: B.II.663.

[358] Die Trauung fand am 9. Mai 1843 statt; Biedermann, Tagebuchblätter (9.5.1843), S. 11; WANNER, Holzach, S. 159.

[359] Müller bei GAUSS, Basilea, nicht verzeichnet.

[360] Müller war 1841 bei der Bewerbung um die Lausener Pfarrstelle Miville unterlegen.

[361] StABL: Kirchenakten Lausen H 3, 4.

[362] Biedermann an Oeri, 22.5.1843: B.II.495. Oeri blieb bis 1896 Pfarrer in Lausen und war von 1859–1889 Präsident des reformierten Pfarrkonvents von Basel-Land.

[363] Biedermann, Tagebuchblätter (23.5.1843), S. 11.

[364] Biedermann erhielt als Vikar 500 Franken. Am 3.10.1843 fragte er beim Regierungsrat nach, warum er als Pfarrverweser mit all seinen Aufgaben nicht dessen Gehalt von 600 Franken erhalte; StABL: Kirchenakten Münchenstein H 2, 5.

Bennwil zu Riggenbach. Ferner unterrichtete er im August an einer Privatschule in Riehen Religion[365].

In den ersten Monaten als Pfarrverweser erlebte Biedermann zwei nennenswerte Vorfälle in der Gemeinde. Einmal löste er bei den Eltern der Konfirmanden Unverständnis aus, weil er erst nach der definitiven Pfarrstellenbesetzung mit dem Unterricht beginnen wollte. Das „Basellandschaftliche Volksblatt" goß deswegen Spott über Biedermann aus und fragte, ob Biedermann hier alleine entscheiden könne: „Der Apostel Paulus, der doch auch wußte, wie ein Geistlicher vor der Gemeinde steht, sagte (2 Kor 4,5): wir sind nicht Eure Herren, sondern Eure Knechte."[366] Seine zweite Auseinandersetzung führte Biedermann mit dem basellandschaftlichen Tagsatzungsgesandten Remigius Emil Frei (1803–1889), einem angesehenen politischen kantonalen Vertreter bei der eidgenössischen Tagsatzung[367]. Frei, so berichtet das „Volksblatt", war zu Biedermann gekommen, um mit ihm die Taufe des Sohnes abzusprechen. Biedermann lehnte dieses Begehren aber mit dem Hinweis ab, er habe Frei noch nie in der Kirche gesehen. Das „Volksblatt" zeigte sich entrüstet über Frei und rief aus: „Unbegreiflich! Gut ist's, daß die Gottlosen doch noch gezwungen sind, ihre Kinder taufen zu lassen, sonst sähe man sie gar nie weder in einer Kirche noch in einem Pfarrhause und Niemand würde ihnen den Text lesen können."[368]

d) Der Pfarrer

Nachdem der Regierungsrat in Liestal die Gemeinde in Münchenstein im Oktober angehalten hatte, endlich die Pfarrstellenbesetzung voranzutreiben[369], wählte die Gemeindeversammlung Biedermann am 22. Oktober zum Pfarrer, was der Regierungsrat am 26. Oktober mitteilte. Die Kürze des Verfahrens und das Fehlen einer Ausschreibung weisen auf eine direkte Berufung Biedermanns hin. Die Gemeinde honorierte durch die Wahl Biedermanns Arbeit der vergangenen Monate. Gemäß dem Pfarrwahlgesetz war Biedermann für fünf Jahre gewählt. Nach Ablauf dieser Zeit hatte er sich der Wiederwahl zu stellen. Auffällig ist indes das knappe Wahlergebnis: Für Biedermann votierten 65 Gemeindeglieder, gegen ihn stimmten 62[370]. Der zuständige Bezirksstatthalter des Bezirks Arlesheim empfahl dennoch die Annahme Biedermanns. Die Wahl Biedermanns kommentierte das „Basellandschaftliche Volksblatt": „Münchenstein hat jetzt wieder einen Pfarrer. Der Vikar Biedermann, ein Züribieter, ist es geworden. Man sagt, er sei ein Straußianer, aber

---

[365] Dabei handelt es sich wohl um das Knabeninstitut, das 1838 von Pfarrer Johannes Hoch gegründet wurde. Möglicherweise hatte Spitalpfarrer Hess Biedermann an seinen Schwager Hoch vermittelt.

[366] Basellandschaftliches Volksblatt, Nummer 37, 14.9.1843, S. 163.

[367] Frei war bis 1831 Privatdozent der Rechte in Basel gewesen, schlug sich während der Basler Wirren auf die Seite der Landschaft. Er widmete sich vor allem dem Aufbau des Kantons Basel-Land, war Richter und Verfassungsrat; HBLS 3, S. 244.

[368] Basellandschaftliches Volksblatt, Nummer 37, 14.9.1843, S. 163.

[369] Schreiben des Regierungsrates vom 10.10.1843; StABL: Kirchenakten Münchenstein H 2, 5.

[370] Stimmfähig waren 130 Gemeindeglieder; ebd.

nur so für sich, vor dem Volke packe er nicht aus, sei also nicht gefährlich." Biedermanns Wahl war keineswegs unumstritten. Es gab sogar den Versuch, die Wahl anzufechten, wie das „Volksblatt" weiter berichtete: „In dessen droht die unterlegene Partei die Wahl anzugreifen, weil sie meist von fremden Fabrikarbeitern, von denen man nicht wisse, ob sie in ihrer Heimath wirklich das Aktivbürgerrecht besitzen, am wenigsten aber von den Münchensteinern selbst gemacht worden sei. Denn die Bürger aus Zürich, Bern, Aargau und Waadt besitzen zwar in Basel-Landschaft gleiches Recht bei Wahlen, wie die Kantonsbürger selbst, aber kein Vorrecht, d.h. wer dort nicht stimmfähig ist, ist es auch hier nicht. Es scheint hier allerdings eine Lücke im Gesetz zu sein."[371]

Bevor er jedoch in sein Pfarramt eingeführt werden konnte, mußte Biedermann am 2. November vor dem gesamten Regierungsrat die gesetzlich vorgeschriebenen Eide leisten. Das war zum einen der Verfassungseid[372], den jeder Bürger und Beamte des Kantons zu leisten hatte, zweitens der Eid der Staatsdiener[373] und drittens schließlich der Eid der Seelsorger des Kantons Basel-Landschaft. Biedermann mußte sich nun doch einer Verpflichtung unterwerfen, die jedoch wesentlich offener und in theologischer Hinsicht weniger direktiv formuliert war als jene Verpflichtung Basels. Als basellandschaftlicher Pfarrer gelobte Biedermann, „das Evangelium Jesu Christi, wie dasselbe in der heil. Schrift enthalten ist, allein nach den Grundsätzen einer, nach evangelischer Wahrheit strebenden Bibelforschung zu verkünden, einzig und allein die verfassungs- oder gesetzmäßigen Behörden des Kantons Basel-Landschaft als ihre Oberbehörden auch in kirchlichen Angelegenheiten anzuerkennen und von keinerlei, ausser dem Kanton Basel-Landschaft bestehenden Behörde irgend eine Weisung in Bezug auf die Erfüllung ihrer Amtspflichten anzunehmen – hingegen alle durch die Regierung des Kant. Basel-Landschaft angestellten Seelsorger nach besten Kräften in ihren Verrichtungen zu unterstützen"[374]. Nach seiner Eidesleistung überreichte ihm der Regierungsrat seine Ernennungsurkunde[375].

---

[371] Basellandschaftliches Volksblatt, Nummer 43, 26.10.1843, S. 192.

[372] „Ich schwöre die christliche Religion und Tugend zu ehren, die Verfassung in allen ihren Theilen zu handhaben, wenn es die Noth erheischt, Leib und Leben, Gut und Blut für deren Aufrechthaltung hinzugeben, jede Verletzung der Verfassung und jede ihr drohende Gefahr sogleich zu verzeigen, den verfassungs- oder gesetzmäßigen Verfügungen mich ohne Widerstreben zu unterwerfen, insbesondere auch, wenn ein Gesetz oder eine Beamtenwahl verfassungs- und gesetzmäßig durch die Mehrheit angenommen und in Kraft erwachsen ist, sowohl das Gesetz als die Wahl unbedingt und ohne Dawiderhandeln, in Wort und That anzuerkennen, bei allen öffentlichen und geheimen Abstimmungen, an denen ich als Bürger Theil nehme, nach bestem Wissen und Gewissen und wie ich es vor Gott und Vaterland verantworten kann, zu stimmen, – das schwöre ich, so wahr mir Gott helfe"; §77 der Verfassung des Kantons Basel-Landschaft vom 27.4.1832, in: Gesetze, Verordnungen und Beschlüsse für den Kanton Basel-Landschaft, Bd. 1, Liestal 1838, S. 52.

[373] „Treue dem Volk des Kantons Basel-Landschaft und Gehorsam der Verfassung, dem Gesetze und den ihm übergeordneten Behörden"; §37 der Verfassung, aaO., S. 44.

[374] „Gesetz über die Beeidigung der einstweiligen Pfarrer und Pfarrverweser und die definitive Besetzung der Pfarrstellen, vom 6. December 1832", §2, S. 160.

[375] Ernennungsurkunde vom 2.11.1843: A.I.f. „Im Namen des souveränen Volkes! Wir die Mitglieder des Regierungsrathes des Kantons Basel-Landschaft nachdem wir aus den uns vorge-

Am Sonntag, dem 5. November schließlich wurde Biedermann von Pfarrer Zschokke[376] aus Liestal in sein Amt eingeführt. Darüber berichtete ausführlich das „Basellandschaftliche Volksblatt": „Heute ist Pfarrer Biedermann hier feierlich installirt worden. Die Gesangleitung durch Lehrer Löliger aus der Neuen Welt macht diesem gewiß viel Ehre. Die Uebergabe des Bestallungsbriefes begleitete Statthalter Broodtbeck mit sehr passenden sinnigen Worten. Erinnert Euch, rief er unter Anderm den Münchensteinern zu, daß auch Eurer Gemeinde das Recht der Pfarrwahl erst nach mehrjährigem Kampfe zu Theil geworden ist. Pfarrer Zschokke als geistlicher Einsegner erwähnte in begeistertem Vortrage auch der Freiheit, bemerkend, Christenthum und Religionsübung ständen ihr nicht im Wege, denn Christus sei selbst ein Freiheitsstifter u.s.w. So Etwas ließ sich in dem freisinnigen Münchenstein schon predigen, aber in andern Kirchen, wo sie noch bis auf den heutigen Tag in dem gräulichen Vorurtheil befangen sind, Freiheit sei das gerade Gegentheil von Religion, ginge es nicht. Sogar mitten in der Revolution hieß es, wenn etwa einmal das Wort Freiheit einem Pfarrer auf der Kanzel entfuhr: ‚das gehört nicht in die Kirche, der Pfarrer soll bei'm Evangelium bleiben!' und Revolutzer bis über die Ohren hinaus machten ein erbärmliches Sklavengesicht, sobald sie über die Schwelle des sogenannten Hauses Gottes traten."[377]

Endlich war das erste Ziel erreicht. In Münchenstein, „einer kleinen, wohlhabenden, radicalen Gemeinde"[378], erwartete Biedermann ein vielschichtiges und kompliziertes Arbeitsfeld[379]. Die Gemeinde setzte sich aus etwa zwei gleich großen getrennten Teilen zusammen. Die etwa 900 Einwohner lebten zum einen Teil im alten, nicht besonders schmucken Dorfkern, der andere Teil bei der Fabrik „Die neue Welt", außerhalb des Dorfes gelegen. Münchenstein war bekannt für seinen Weinanbau, der dem Dorf jedoch nicht nur zum Vorteil gereichte. Nachteilig wirkte sich das Problem des Alkoholismus aus. Die Familien, die sich um die Fabrik herum angesiedelt hatten, waren aus zahlreichen Schweizer Kantonen dort zuge-

---

wiesenen Acten entnommen haben, daß die E. Kirchgemeinde Münchenstein, an ihre, durch freiwilligen Austritt ihres frühren Seelsorgers vakant gewordene Stelle den 22ten October d. J. durch geheimes absolutes Stimmenmehr berufen habe, den Herrn Emanuel Biedermann, V.D.M. von Winterthur, – beurkunden anmit, daß wir diesen Act bereits unterm 26. Octob. abhin bestätigt haben, als wovon wir hiermit der E. Kirchgemeinde Münchenstein bei Anlaß des feierlichen Amtsantrittes ihres neuen Seelsorgers, durch den Statthalter des Bezirks Arlesheim Kenntniß geben lassen, hoffend u. vertrauend, es werde die Wirksamkeit dieses Beamten von segensreichen Folgen für die Gemeinde und das gegenseitige Verhältniß zwischen ihm u. derselben von Zutrauen, Achtung und Liebe stets begleitet sein, als wozu der Allerhöchste seinen Segen geben möge."

[376] Jakob Friedrich Emil Zschokke (1808–1889), Sohn des liberalen Schriftstellers Heinrich Zschokke (1771–1848), war mit Biedermann freundschaftlich verbunden und hatte ihn auch bei seiner Bewerbung in Lausen unterstützt, weil er ihn gerne als Nachbarn sehen wollte. Zur Person siehe GAUSS, Basilea, S. 168; ferner HEINRICH STAEHELIN, 1830–1833. Baselland und Aargau – Zwei Revolutionskantone, in: Baselland vor 150 Jahren. Wende und Aufbruch, Liestal 1983, S. 42.

[377] Basellandschaftliches Volksblatt, Nummer 45, 9. November 1843, S. 200.

[378] So Biedermann in einem Brief an Vatke (7.10.1844); zitiert in BENECKE, Vatke, S. 415.

[379] Das Folgende nach BIEDERMANN, Erinnerungen, S. 415–417. Die Visitationsakten beschränken sich auf die Jahre 1813–1826; StABL: Kirchenakten H 1, 1.

wandert, und eine dritte Generation von Neubürgern wuchs heran. Biedermann tat sich mit diesen Gemeindegliedern leichter als mit den alteingesessenen Dorfbewohnern, die er als harte, zähe und knorrige Menschen beschrieb. Die Gemeinde an sich fand er als „Brachfeld" vor. Es gab keine kirchliche Organisation im Kanton und im Dorf, der Gemeinderat regelte alle öffentlichen Belange. Als Pfarrer konnte Biedermann frei schalten und walten, freier, als er es in seiner „Freien Theologie" einmal fordern sollte. Neben den parochialen Aufgaben hatte er allein den Religionsunterricht an den Schulen zu erteilen[380].

Nach einem knappen ersten Jahr als Pfarrer in Münchenstein schrieb Biedermann am 7. Oktober 1844 an seinen Berliner Lehrer Vatke, daß er mit Freude als Pfarrer in Münchenstein wirke und neben seinen pfarramtlichen Pflichten noch genügend Muße habe, sich wissenschaftlich zu betätigen: „Im Amte selbst bewahrheitet sich mir practisch immer mehr, was mir schon längst theoretische Uebrzeugung war: die Möglichkeit religiöser Einheit und daher kirchlichen Zusammenwirkens verschiedener theoretischer Standpunkte; wie dies auch den Inhalt meiner Schrift ausmacht."[381]

9. Kirchenpolitische Richtungsanzeige: „Die freie Theologie" (1843–1844)

Seit seiner „geistlichen Hochzeitsreise" im Sommer 1842 hatte sich Biedermann in philosophische und theologische Studien vertieft, um mit einer Monographie „Über das ewige Leben" in die wissenschaftliche Diskussion eintreten zu können. Dazu las er Feuerbachs „Wesen des Christentums" und setzte sich kritisch mit diesem Werk sowie seiner Hegelkritik auseinander. Durch die sich verändernden Lebensumstände nahm Biedermann jedoch bald Abschied von seinem Plan, die umfangreiche Abhandlung zu vollenden, und es blieb bei erkenntnistheoretischen und dogmengeschichtlichen Vorarbeiten[382]. Indes wurde Biedermann durch die aktuelle theologische Diskussion und die kirchenpolitischen Auseinandersetzungen in der Schweiz derart in Beschlag genommen, es sei nur an den Angriff der „Kirchenzeitung" erinnert, daß er die bisher eher allgemein gehaltene Frage nach der Verhältnisbestimmung von Theologie und Philosophie in persönlicher und zeitgeschichtlicher Perspektive konkretisierte. In den Mittelpunkt seines Interesses rückte – durch eigene Erfahrungen und Verletzungen bedingt – die Aufgabe, die Rolle des philosophisch denkenden, des spekulativen Theologen in der Kirche zu bestimmen.

Biedermann nannte dieses Thema erstmalig im Januar 1843[383], in einer Zeit, die

---

[380] Finsler, Statistik, S. 200.

[381] Zitiert bei Benecke, Vatke, S. 415f.

[382] Biedermann an Zeller, 30.8.1844: UBTü Md 747, 59.

[383] Biedermann an Zeller, 31.1.1843: UBTü Md 747, 59: „Ich lasse gegenwärtig selbst in meiner Arbeit über das ewige Leben für einige Zeit einen Stillstand eintreten, um einen Aufsatz über das was mich jetzt am nächsten angeht, über das Verhältniss der speculativen Theologen zur Kirche, auszuarbeiten. Wird er nicht zu groß, oder läßt er sich in diesem Fall passend in Artikel theilen, so werde ich ihn Ihnen zuschicken für die Jahrb.[ücher], wenn Sie ihn passend finden."

von persönlichen Niederlagen und Enttäuschungen geprägt war. Sein Ziel war es, sich mit dieser Publikation einen Zugang zum kirchlichen Dienst zu verschaffen. Biedermann befürchtete nach der Auseinandersetzung mit der „Kirchenzeitung", nach dem gescheiterten Promotionsbegehren in Tübingen und der Wahlniederlage in Sissach, keine angemessene sowie erstrebenswerte Anstellung als Theologe zu finden. Darum befolgte er den Rat seines Vormundes, von der sicheren Position eines Pfarramtes aus den Weg in die Wissenschaft einzuschlagen. An Zeller schrieb er ein wenig verlegen: „Sie wundern sich vielleicht, dass ich mit Einem mal mich von der rein wissenschaftlichen Laufbahn ab und der praktischen zugewendet habe. Die Möglichkeit der letztern sah ich mir nie durch meine theologische Richtung verbaut; sie wirklich einzuschlagen, konnte ich nie eine einladendere Veranlassung finden, als sich mir gegenwärtig eine bietet."[384] Zwei Monate später informierte Biedermann seinen Berliner Lehrer Vatke über sein literarisches Vorhaben und bat um Erlaubnis, ihm sein Buch widmen zu dürfen: „Ich hoffe, [...] Sie werden darin sowohl in Beziehung auf die Vertretung der Rechte und des Wesens der Wissenschaft, als auf die Würdigung der Religion Ihren Schüler im Geiste wiederfinden. Erlauben Sie mir, Ihnen mit diesem Erstling öffentlich meine Dankbarkeit zu bezeugen?"[385]

Das Ergebnis seiner Überlegungen legte Biedermann in der Schrift „Die freie Theologie oder Philosophie und Christenthum in Streit und Frieden" vor, die jedoch kein organisch gewachsenes Werk, sondern eine Art „Patchwork" verschiedener Texte bietet. Die grundlegenden Begriffsbestimmungen sowie die Einleitung, die ersten drei Teile seines monographischen Erstlingswerkes, entnahm Biedermann dem zurückgestellten Projekt „Ewiges Leben". Die anderen beiden Teile der „Freien Theologie" entstanden nach den Ferien in Seelisberg am Vierwaldstättersee im September 1844 unter großem Zeitdruck[386].

Im Februar 1844 sandte Biedermann Zeller ein Manuskript mit dem Titel „Der Philosoph in der Kirche" zu, das die ersten drei Teile der „Freien Theologie" enthielt. Biedermann bat Zeller zu prüfen, ob seine Abhandlung nicht in den „Theologischen Jahrbüchern" erscheinen könne, und schlug vor, sie den Lesern in drei Artikeln zu präsentieren. Dabei sollte der erste Artikel die Einleitung sowie die zwei ersten Abschnitte über Philosophie und Religion umfassen. Für den zweiten Artikel war das „Prinzip des Christenthums" vorgesehen und für den dritten schließlich die beiden Teile über Theologie und Kirche, die noch zu schreiben waren.

Biedermann erklärt in seinem Brief, daß er Zeller in seiner Auffassung vom Wesen der Religion zustimme. Weiter führt er aus: „Daß ich den Frieden mit der Kirche auf Kosten der Wissenschaft und ihrer Rechte zu vermitteln suche, diesen Vorwurf, den sich noch alle Vermittlungsversuche welche mir zu Gesicht gekommen mit Recht zugezogen haben, glaube ich genugsam vorgebeugt zu haben. Eher könnte die Einigungsbrücke Vielen zu schmal erscheinen. Aber ich kenne keine breitere – ohne Verrath; auch ist mir diese breit genug, je mehr ich mich mit dem

---

384 Biedermann an Zeller, 31.1.1843: UBTü Md 747, 59.
385 BENECKE, Vatke, S. 413.
386 Biedermann, Tagebuchblätter (Juli/August 1844), S. 12.

praktischen Amt eines Geistlichen vertraut mache und mich – ich kann es mit Wahrheit sagen – mit Freudigkeit hinein lebe."[387] Daran anschließend teilt Biedermann mit sehr persönlichen und offenen Worten seine Vermählung mit. Abschließend bittet Biedermann Zeller darum, beim Tübinger Verleger Fues nachzufragen, unter welchen Bedingungen seine Abhandlung auch separat erscheinen könnte, falls eine Veröffentlichung in den „Jahrbüchern" unmöglich wäre.

In dieser Korrespondenz wird ersichtlich, daß Zeller für Biedermann seit ihrer ersten Begegnung in Tübingen zunehmend eine Leitfigur und ein väterlicher Freund wurde. Zeller übernahm die Rolle, die in den Jahren zuvor zuerst Wackernagel und dann Vatke gespielt hatten.

Zeller antwortete Ende März und teilte mit, daß die Abhandlungen für den laufenden Jahrgang schon vergeben seien, Biedermann also auf den nächsten warten müsse. Doch hielt Zeller die Abhandlung mit vierzehn Druckbögen auch für zu umfangreich. Schließlich habe nur ein Teil der Leserschaft Interesse an diesem speziellen Thema. Darum hatte er das Manuskript an Ludwig Friedrich Christoph Fues (1787–1865)[388] weitergeleitet, der auch die „Jahrbücher" verlegte. Fues bat aus kaufmännischen Erwägungen darum, dem Manuskript einen Untertitel zu geben[389], der dem Buchhandel deutlichere Anhaltspunkte über den Inhalt der Schrift gäbe. Ferner sollte sich Biedermann auf dem Titelblatt „Pfarrer" nennen.

Im August konnte Zeller Biedermann mitteilen, daß Druck und Format seiner Schrift nach Art der „Jahrbücher" gestaltet würden. Es sei ein Umfang von etwa zweihundert Seiten zu erwarten. Da der Druck schon recht weit vorangeschritten war, sollte Biedermann den Rest umgehend nach Tübingen senden. Außerdem fragte Zeller an, ob Biedermann nicht etwas für die „Jahrbücher der Gegenwart" schreiben wolle. In regelmäßigen Abständen bräuchte er auch eine Beschreibung der schweizerischen politischen und kirchlichen Lage[390].

Bei seiner Rückkehr aus den Ferien fand Biedermann den Brief Zellers vor. Innerhalb von drei Wochen schrieb Biedermann die beiden letzten Teile seiner Abhandlung und schickte sie mit folgender Bitte nach Tübingen: „Dürfte ich Sie nur bitten darauf zu achten, daß der Setzer meine Interpunktion genau einhalte; in dem ich darin einen zwar immer mehr Geltung gewinnenden System zu folgen bemüht bin, das aber immer noch nicht das gewöhnliche geworden ist. Und da weiß ich wie schwer ein Setzer sich von seinen Gewohnheiten abbringen läßt."[391] Im November 1844 schließlich erschien das Buch[392].

---

[387] Biedermann an Zeller, 3.2.1844: UBTü Md 747, 59.

[388] Siehe dazu HANS WIDMANN, Tübingen als Verlagsstadt, Tübingen 1971, S. 161–165.

[389] Das Manuskript wurde zunächst unter dem Titel „Der Philosoph in der Kirche" gedruckt.

[390] Biedermann ist auf dieses Anliegen indes nicht eingegangen, sondern lehnte es in seinem Schreiben an Zeller vom 30.8.1844 ab, da er schon mit dem Gedanken der Zeitschrift „Kirche der Gegenwart" spielte. Doch stellte er in Aussicht, einen Beitrag für die „Jahrbücher der Gegenwart" zu liefern, wenn sich ein Gegenstand anböte.

[391] Biedermann an Zeller, 30.8.1844: UBTü Md 747, 59

[392] Zeller besprach im Jahr darauf Biedermanns Schrift: ZELLER, Ueber das Wesen der Religion, in: ThJb(T) 4 (1845), 3. Heft, S. 419–430. Biedermann dankte dem Freund in Tübingen für die „ehrenvolle Art", wie er das Buch „in die theologische Welt eingeführt" habe. Biedermann

Die geschilderten Umstände und Hintergründe der Entstehung der „Freien Theologie" müssen bei der Interpretation berücksichtigt werden[393]. Mit dieser Schrift liegt keineswegs ein reifes Werk, sondern das Erstlingswerk eines fünfundzwanzigjährigen Theologen vor, der sich herausgefordert sah, im Kontext widerstreitender theologischer Richtungen und Schulen eine eigene Position zu umreißen.

Inhaltlich nimmt die „Freie Theologie" jene Themen und Fragestellungen auf, die Biedermann schon in seinen Seminararbeiten, aber insbesondere in seinem „Curriculum vitae" und seiner Erklärung für den Konvent angedeutet hatte. Die Weiterführung seiner Überlegungen stand unter dem Eindruck der Lektüre Feuerbachs.

Biedermann bedient sich gelegentlich einer martialischen Sprache[394]. Ferner läßt er vor allem in der Einleitung viel Autobiographisches durchschimmern[395] und nimmt Bezug auf die kirchlichen Verhältnisse in der Schweiz und in Basel[396]. Rhetorisch arbeitet er an manchen Stellen so, daß er die Argumente der konservativen Gegner aufnimmt, um sie in seinem Sinne zu modifizieren[397]. Der Tonfall seiner Ausführungen wechselt zwischen abwägender Darstellung und Polemik, die an manchen Stellen ironisch-bissig wird.

In seiner Schrift will Biedermann nachweisen, wie es möglich ist, sowohl das „Bürgerrecht" des Philosophen als auch das des Theologen zu besitzen. Darum beschreibt er im ersten Teil das Wesen der Philosophie, um danach und daraus das We-

---

freute sich besonders über diese Rezension, da ihm „ausser den Rezensionen in Schweizerischen Blättern keine andre aus theologischen Zeitschriften Deutschlands bekannt geworden als eine recht abgeschmackte in Reuters Repertorium von Hanne"; Biedermann an Zeller, 16.11.1845: UBTü Md 747, 59. JOHANN WILHELM HANNE, Rez.: A. E. Biedermann, Die freie Theologie, oder Philosophie und Christenthum in Streit und Frieden, in: ARTL 48 (1845), S. 231–244. Biedermann nennt Hanne „den Verfasser des modernen Nihilismus"; so in einem Brief an Vatke; BENEKE, Vatke, S. 424; Zu Hanne (1813–1889) siehe OTTO ZÖCKLER, Johann Wilhelm Hanne, in: RE³ 7, S. 403–406.

[393] Im folgenden soll keine umfassende Interpretation der Schrift vorgelegt werden, sondern es sollen allein einige richtungweisende und grundlegende Aspekte im Blick auf den kirchenpolitischen Kontext benannt werden. Biedermanns Religionskonzept in der „Freien Theologie" hat OLAF REINMUTH, Religion und Spekulation. A. E. Biedermann (1819–1885). Entstehung und Gestalt seines Entwurfs im Horizont der zeitgenössischen Diskussion, Diss. theol. Wien 1993 (Ms.), S. 33–86, dargelegt.

[394] Er spricht etwa von einer „Parforcejagd", vom „Heerlager" und von der Theologie, die der Philosophie „kriegsgefangen" ausgeliefert sei; BIEDERMANN, Freie Theologie, S. 1–3.

[395] So etwa auf S. 4, wo er Bezug auf die Ordinationsansprache von Antistes Burckhardt nimmt. Auch wird ersichtlich, daß ihn der Angriff der „Kirchenzeitung" immer noch beschäftigt.

[396] BIEDERMANN, Freie Theologie, S. 9. An Vatke schrieb Biedermann am 7.10.1844 diesbezüglich: „In den Partien ferner, die unmittelbarer auf das practische Leben gehen, halte ich natürlich zunächst unsre schweizerischen Verhältnisse im Auge; einmal weil sie sich von selbst mir zuerst aufdrängen, dann aber auch weil ich in ihnen, ohne von ferne sie vergöttern zu wollen, doch mehr wenigstens die nothwendige Voraussetzung einer vernünftigen Freiheit, und damit eines vernünftigen Verhältnisses von Staat, Wissenschaft und Kirche sah, als in den deutschen, namentlich preussischen Verhältnissen"; BENECKE, Vatke, S. 414

[397] BIEDERMANN, Freie Theologie, S. 4f.

sen der Religion zu bestimmen. Hernach erörtert er das Prinzip des Christentums, umreißt drittens sein Verständnis einer freien Theologie, um abschließend seine Ekklesiologie einer freien Landeskirche zu formulieren.

Die „Freie Theologie" mag primär als Versuch Biedermanns entstanden sein, die eigene Position zu bestimmen. Doch wird hier zugleich eine Programmschrift vorgelegt, die bei der kirchlichen und gesellschaftlichen Gestaltung des jungen Halbkantons Basel-Land – und darüber hinaus – eine wichtige und umstrittene Rolle spielen sollte. Biedermann verfolgte auch die politischen Bewegungen in seinem Zürcher Heimatkanton, wo die Liberalen nach ihrer Niederlage infolge der Berufung von Strauß wieder zu einer politisch starken Kraft wurden. Die Neuwahlen zum Zürcher Großen Rat 1842 „bescherten den Liberalen ein unverhofft promptes Comeback". Sie errangen ebenso viele Stimmen wie ihre Gegner[398]. Biedermanns „Freie Theologie" muß darum im Kontext dieser politischen Bewegungen gedeutet werden.

Die beginnenden vierziger Jahre interpretierte Biedermann im ersten Satz seines Buches als Zeit des Umbruchs: „Die schönen Tage des Friedens zwischen der Kirche und der neuern Philosophie sind uns so sehr wieder entschwunden, dass selbst die Erinnerung daran verpönt ist."[399] In Anspielung auf Strauß und Feuerbach erklärt Biedermann die Zeit der Versöhnung zwischen Philosophie und Kirche für beendet, was er selber persönlich erleben mußte. Die Unvereinbarkeit der „modernen Speculation und des Christenthums" gilt bei den verschiedenen Gegnern der Spekulation einhellig als Axiom. Zudem erklären jene, daß der spekulative Pfarrer in einem unheilvollen Widerspruch mit sich lebe. Dagegen setzt Biedermann sein existentiell formuliertes Bekenntnis, daß gerade die Pfarrer, die zur Spekulation gekommen seien, die theologischen Herausforderungen annehmen und versuchen, ihre Erkenntnisse wieder in die Gemeinden zu tragen[400].

Biedermanns Ausführungen sind getragen vom Begriff der Freiheit, den er schon in seiner Polemik gegen die „Kirchenzeitung" ausgeführt hatte. Sein Freiheitsverständnis entspringt einer säkularisierten Reich-Gottes-Vorstellung[401]. Dieses Leitmotiv soll im Staat, dem „Gesammtorganismus aller wesentlichen Lebensmächte eines Volkslebens", verwirklicht werden[402]. Dabei erweist sich Biedermann als reformerischer, nicht als revolutionärer Denker, dem alle Utopie zuwider ist. Er will in den gegebenen Verhältnissen die Idee der Freiheit verwirklichen. Dieser politisch konservative Zug wird sich bei Biedermann halten und im Alter verstärken.

Mit der Freiheit im Staat einher geht jene der Wissenschaft. Biedermann nennt drei Voraussetzungen, die für die Freiheit der Wissenschaft unabdingbar sind: Zum einen hat die Wissenschaft ihr Prinzip innerhalb des menschlichen Geistes und erhält nichts von außen. Zweitens folgt die Entfaltung dieses Prinzips nur den imma-

---

[398] Gordon A. Craig, Geld und Geist. Zürich im Zeitalter des Liberalismus 1830–1869, München 1988, S. 71.

[399] Biedermann, Freie Theologie, S. 1.

[400] Biedermann, Freie Theologie, S. 7.

[401] Biedermann, Freie Theologie, S. 9f.

[402] Biedermann, Freie Theologie, S. 10.

nenten Gesetzen des Geistes und wird nicht durch eine äußere Autorität bestimmt. Drittens schließlich hat sich die freie Wissenschaft zu einer selbständigen Gestalt zu formieren[403]. Für die freie Theologie – sie ist für Biedermann identisch mit der spekulativen[404] – bedeutet dies, daß auch sie in drei Momente zerfällt. Anhand dieser Dreiteilung entwickelt Biedermann eine Enzyklopädie der spekulativen Theologie[405]: Die erste Disziplin der Theologie ist die des theoretischen Bewußtseins, die Biedermann im Anklang an Vatke „philosophische Theologie" oder „Religionsphilosophie" nennt[406]. Das zweite Moment ist das unmittelbare Selbstbewußtsein, „welches seine Bestimmtheit aus der empirischen Existenz des Individuums erhält"[407]. In diesen Bereich gehört die historische Theologie, „welche die äussere Erscheinung der Religion zu ihrem Inhalt hat, sowohl die empirische Basis auf welcher die Religion auftritt, als auch die durch das innere religiöse Leben bedingte Gestaltung des objectiven Geistes"[408]. Den Mittelpunkt hierbei bildet die „Geschichte der christlichen Offenbarung", also Bibelforschung und Exegese. Dazu kommt die Kirchengeschichte, die außer der Ermittlung und Feststellung der historischen Begebenheiten auch den inneren, organischen Zusammenhang darzustellen hat, was nach Biedermann nur der spekulativen Theologie gelingen kann.

Gegen Schleiermacher zählt Biedermann die Dogmatik nicht zu den historischen Disziplinen: „In ihrer Selbständigkeit und Wahrheit aber ist sie die heraustretende Einheit der beiden Momente der theologischen Wissenschaft"[409]. Die Dogmatik als drittes Moment konzentriert die Totalität des Glaubens in sich[410]. Als Wissenschaft ist die Theologie für Biedermann Wissen. Doch fügt er hinzu, Theologie ist Wissenschaft des Glaubens[411]. Weiter definiert er: „Die Theologie ist eine selbständige Wissenschaft im Unterschied von andern Wissenschaften, insofern sie den Glauben, das praktische Selbstbewusstsein zu ihrem Gegenstand und Inhalt hat; denn auch dieses ist eine selbständige Funktion des menschlichen Geistes."[412]

Die Freiheit der Theologie besteht darin, daß sie sowohl in formaler als auch in materialer Hinsicht frei ist. Zum einen hat der Staat die Aufgabe, die Theologie in ihrer inneren Selbständigkeit wirken zu lassen und zu schützen. Zum anderen hat sich die Theologie keine äußerlichen Fesseln anzulegen, sondern frei ihren Inhalt zu entwickeln. Das heißt, die Theologie ist von der kirchlichen Tradition und von

---

[403] BIEDERMANN, Freie Theologie, S. 177.

[404] Ebd.

[405] BIEDERMANN, Freie Theologie, S. 178–193.

[406] BIEDERMANN, Freie Theologie, S. 178.

[407] BIEDERMANN, Freie Theologie, S. 181.

[408] Ebd.

[409] BIEDERMANN, Freie Theologie, S. 186.

[410] „[...] die dogmatische Theologie hat als die Totalität der in den beiden andern Disciplinen enthaltenen Momente der Theologie die Aufgabe: ein wissenschaftliches, philosophisch begründetes System des praktischen Selbstbewusstseins des Absoluten als Resultat der geschichtlichen Entwicklung des Christenthums darzustellen, ein System des wirklichen religiösen Geistes und Glaubens"; BIEDERMANN, Freie Theologie, S. 190.

[411] BIEDERMANN, Freie Theologie, S. 188.

[412] BIEDERMANN, Freie Theologie, S. 189.

jeglichen autoritär dogmatischen Bevormundungen zu befreien, damit sie ihrer doppelten Aufgabe wirklich gerecht werden kann, der rein wissenschaftlich-theoretischen und der praktischen, der Vorbereitung auf den Kirchendienst.

Indem Biedermann die freie Theologie mit der philosophischen Theologie identifiziert, versucht er die beiden durch Strauß und Feuerbach auseinandergetretenen Pole wieder zu vereinen. Die Theologie benötigt, um wirklich Wissenschaft im Sinne Biedermanns zu sein, die Philosophie als Grundlage. Auf dieser Basis ermöglicht die freie Theologie – im Gegensatz zu anderen Richtungen – die Diskussion mit anderen Richtungen[413].

Was bedeutet dies nun im Blick auf die Ekklesiologie? Biedermann hatte als junger Pfarrer die kirchlichen Verhältnisse des Kantons Basel-Land vor Augen, die er als äußerst liberal erlebte. Eine kirchliche Verfassung oder eine institutionelle Struktur, wie er sie etwa in Berlin kennengelernt hatte, gab es nicht. Die basellandschaftliche Kirche war eine freie Kirche, in der die einzelnen Gemeinden im Zentrum des Interesses standen. Biedermann und einige seiner Freunde waren, wie schon erwähnt, bestrebt, der kantonalen Landeskirche ein liberales Gepräge zu geben. Dazu traf man sich regelmäßig in den Predigerversammlungen oder diskutierte in kleineren Zirkeln. Diesem Engagement sollte schließlich auch die Zeitschrift „Kirche der Gegenwart" dienen, die seit 1845 erschien[414].

Kirche definiert Biedermann als den objektiven Organismus zur Vermittlung der christlichen Religion in der Welt[415]. In Auseinandersetzung mit supranaturalistischen und rationalistischen Auffassungen von Kirche entwickelt Biedermann einen „wissenschaftlichen Begriff" der Kirche. Die Kirche als objektiver Organismus unterscheidet sich von der Gemeinschaft, die die Gemeinde darstellt. Kirche ist keineswegs die Gesamtheit der Personen, sondern sie umfaßt jene: „Die christliche Gemeinde ist dieser Leib; die Kirche sein äusserer Organismus; der innere Organismus, d.h. die Seele die als Entelechie des äussern Organismus aus sich heraus gebiert, ist der religiöse Geist, in der christlichen Kirche bestimmt der Geist Christi."[416] Der Zweck der Kirche besteht darin, diesen Geist zu vermitteln[417]. Das daraus resultierende religiöse Leben hat sich als sittliches Leben zu verwirklichen.

---

[413] „Die freie Theologie vermag daher allein allen, auch den ihr feindlichen, Richtungen die Freiheit des Daseins, die Alle einander lassen müssen, auch ehrlich und von Herzen zu gönnen; denn nur auf diese Weise weiss sie, dass die Wahrheit gefördert wird, und das ist ihr erstes und letztes Ziel"; BIEDERMANN, Freie Theologie, S. 200f.

[414] An Vatke schrieb Biedermann: „Möge es Ihnen übrigens zu einer kleinen Genugthuung für vieles Widerwärtige gereichen, wenn ich Sie versichere, daß von unserm jungen theologischen Geschlecht, neben den Pietisten, Viele sind – und wahrlich in keiner Beziehung die Schlechtern –, die gleich mir Ihrer in dankbarer Liebe gedenken. Wir fühlen uns so stark, daß wir es unternommen haben, mit Neujahr eine kirchliche – nicht theologische – Zeitschrift herauszugeben (anfangs in geringer Ausdehnung), die unter dem Titel ‚die Kirche der Gegenwart', und unter meiner Redaction, den Inhalt des religiösen Lebens und der Kirche aus dem Princip des freien Geistes positiv und negativ entfalten wird"; zitiert in BENECKE, Vatke, S. 415.

[415] BIEDERMANN, Freie Theologie, S. 203.

[416] BIEDERMANN, Freie Theologie, S. 213.

[417] BIEDERMANN, Freie Theologie, S. 216.

Die Kirche ist darum nicht Selbstzweck, sondern die „Vermittlung des innerlich bleibenden religiösen Geistes"[418]. Der Gottesdienst beispielsweise wird von Biedermann als der „gemeinsame Herd" bezeichnet, an welchem „der innere Gottesdienst", der ununterbrochen fortgehen soll, sich von Zeit zu Zeit Feuer holt. Solchermaßen beschreibt Biedermann auch den Zweck der Predigt und der Sakramente und negiert die Vorstellung, diese symbolischen Handlungen hätten einen Zweck in sich.

Im Blick auf das Verhältnis von Kirche und Staat führt Biedermann aus, daß der Staat die Kirche als ein wesentliches Moment in seinem Gesamtorganismus zu bewerten habe. Biedermann lehnt sowohl eine abstrakte Trennung als auch die abstrakte Einheit von Staat und Kirche ab[419]. Er plädiert vielmehr dafür, daß Kirche und Staat territorial identisch sind und die gleiche Regierung haben. In diesem Rahmen aber gestaltet sich die Kirche als freie Landeskirche.

Bei der näheren Bestimmung der Landeskirche berührt Biedermann freilich auch die Frage nach dem „Symbol" der Kirche. Er geht von der These aus, die von seinem „Curriculum vitae" und den damit verbundenen Erklärungen her bekannt ist, daß es ein Symbol insofern nicht geben könne, als dieses als Norm die theologische Freiheit einschränke[420]. Ferner kann das geschichtlich Gewordene niemals Inhalt des Glaubens werden. Positiv formuliert Biedermann als Aufgabe des Symbols, „den Geist Christi als den seinen kirchlichen Organismus bestimmenden zu fassen, also so wie er in der Gemeinde lebt und wirkt, und es ist dem Zweck des Symbols schnurstracks zuwider, den Geist Christi gerade in der Bestimmtheit zu fassen wie er nicht in der Gemeinde ist, wie er das empirische Dasein der Person Jesu im Gegensatz zu allen andern Personen ausmacht"[421]. Ein wahres Symbol darf darum keine Bestimmungen des metaphysischen Wesens noch empirische Tatsachen enthalten, sondern bietet allein Bestimmungen des Geistes Christi; denn die Gestalt des religiösen Selbstbewußtseins Jesu ist der Geist und somit die Norm der Kirche[422].

Auch die Bibel stellt für Biedermann nicht die letztgültige Norm dar, da sie nicht rein Christi Selbstbewußtsein darstellt, sondern auch von den theoretischen und praktischen Verhältnissen einer vergangenen Zeit behaftet ist. Hier werden jene Gedanken ausgeführt, die Biedermann schon in seiner Examensarbeit über das Gesetz formuliert hatte.

Mit diesen Überlegungen einher geht die Frage, ob es legitim sei, die Taufe als Voraussetzung für die Teilnahme am kirchlichen und bürgerlichen Leben zu fordern. Ferner sei fragwürdig, ob es rechtens sei, bei der Taufe das Glaubensbekenntnis zu sprechen. Hier liegt für Biedermann ein der freien Landeskirche widerspre-

---

[418] BIEDERMANN, Freie Theologie, S. 218.
[419] BIEDERMANN, Freie Theologie, S. 222.
[420] BIEDERMANN, Freie Theologie, S. 227.
[421] BIEDERMANN, Freie Theologie, S. 230f.
[422] Siehe dazu auch MANFRED JACOBS, Das Bekenntnisverständnis des theologischen Liberalismus im 19. Jahrhundert, in: Bekenntnis und Einheit der Kirche. Studien zum Konkordienbuch, hrsg. von Martin Brecht und Reinhard Schwarz, Stuttgart 1980, S. 415–465.

chender Glaubenszwang vor[423]. Damit löste Biedermann eine langjährige Kontroverse aus, die schließlich 1864 in Zürich zur Neufassung der liturgischen Stücke bei Abendmahl und Taufe führte: Den Pfarrern standen nun agendarische Formulare zur Verfügung ohne verpflichtendes Apostolisches Glaubensbekenntnis[424].

Biedermann schlägt indes nicht die Freistellung von der Taufe vor, sondern die Beseitigung des Gewissenszwanges. Die Notwendigkeit der Taufe innerhalb des Staatswesens begründet er nicht theologisch, sondern auf einer moralischen Ebene, die an eine „civil religion" erinnert. Die Taufe und die mit ihr verbundenen Orientierungen dienen der Entwicklung und Aufrechterhaltung des Staates.

Biedermanns Ausführungen über das Symbol sind getragen vom Gedanken der Toleranz. Die freie Landeskirche muß auf alle Zwangsmittel verzichten, ihre Mitglieder haben das Recht, ihre individuelle Ausprägung des Gottesverhältnisses zu formulieren. So haben auch die verschiedenen kirchlichen Parteien ein Existenzrecht. So wichtig und richtig im Blick auf autoritäre Strukturen in manchen Kirchen der Ruf nach Freiheit gewesen sein mag, die Folgen seines Programms scheint Biedermann nicht in aller Konsequenz durchdacht zu haben. Sein ganzes Interesse zielte aber auch in eine andere Richtung: Er wollte eine Programmschrift, ein kirchenpolitisches Manifest bieten. In ihr faßt er sein theologisches und philosophisches Schaffen und Denken seit Beginn seines Studiums zusammen. Die „Freie Theologie" ist somit sowohl ein summierendes als auch ein vorwärtsweisendes Dokument, dessen inhaltliche und systematische Vertiefung Biedermann in seinen späteren Schriften lieferte.

Im April 1845 reagierte Wilhelm Vatke in einem Brief auf Biedermanns Erstling. Er dankte dem jungen Verfasser für die Ehre, daß er ihm ein „so bedeutendes Buch" gewidmet habe. Vatke attestiert seinem Schüler, er sei nun „in die Reihe der bedeutenden Autoren der speculativen Theologie mit Sitz und Stimme eingetreten"[425]. Nach diesen dankbaren und lobenden Worten nimmt der Berliner Theologe kritisch Stellung. Vatke erkennt in Biedermanns Buch, ähnlich den eigenen Werken, eine Veröffentlichung, die nicht für einen großen Leserkreis bestimmt sei, denn so moniert Vatke: „Sie bewegen sich so in der Ihnen zur zweiten Natur gewordenen speculativen Form, daß Sie die Schwierigkeit Ihrer Darstellung wohl kaum fühlen. So ist mir es ähnlich ergangen. Dazu kommt das Ineinandergreifen der Gedanken ohne Wegweiser in vielen Uebersichten, Absätzen, Ruhepunkten u. s. w. [...] Dies Alles, glaube ich, sind Vorzüge und Mängel der Gründlichkeit"[426]. Vatke lobt den weitgehend vornehmen und edlen Stil, bemängelt aber den Gebrauch „burschikoser Redensarten und Vergleichungen, weil sie noble Haltung trüben". Ähnlich wie I. H. Fichte in seinem Tübinger Gutachten über Biedermanns „Persönlichkeit Gottes"[427] kritisiert Vatke den Umgang mit den wissen-

---

[423] BIEDERMANN, Freie Theologie, S. 258f.
[424] RUDOLF PFISTER, Kirchengeschichte der Schweiz, Bd. 3: Von 1720–1950, Zürich 1985, S. 262f.
[425] BENECKE, Vatke, S. 416.
[426] BENECKE, Vatke, S. 417.
[427] Siehe oben S. 365f., Anm. 310.

schaftlichen Gegnern. Hier sei der junge Pfarrer zu weit gegangen. Vatke wünschte gar, manche Zeilen stünden nicht in der „Freien Theologie" und empfahl seinem Schüler: „Herablassende Humanität ist dem Princip der speculativen Theologie am angemessensten und weiß auch bei theilweisen Gegnern das Herz zu gewinnen; sie machen ein Buch nicht so leicht zu, wie im andern Falle."[428] Zum Inhaltlichen erklärt sich Vatke weitgehend einverstanden, seine Urteile über die einzelnen Kapitel schwanken zwischen sehr gut und recht gut. Am heftigsten kritisiert Vatke indes Biedermanns Auseinandersetzung mit Feuerbach, die ihm am wenigsten gelungen erscheint, da sie sich zu sehr an den Ansichten Hegels orientiere[429]. Biedermann dankte seinem Lehrer und verteidigte seinen literarischen Stil mit dem Hinweis darauf, daß er trotz seines philosophischen Anliegens eine anschauliche und schlagende Darstellung habe bieten wollen. Daher sei sein Hang zu „sprichwörtlichen oder sonst handgreiflichen Redensarten aus dem gemeinen Leben" zu erklären. Ferner rechtfertigte er sich mit dem Argument: „Wir Schweizer scheinen durch unsern Dialekt dazu Neigung zu haben; wenigstens zog sich schon Altvater Zwingli beim Marburger Gespräch Luthern gegenüber, der doch auch derb war, durch dergleichen Wendungen, z.B. durch das ‚Herr Doctor, das bricht Euch noch den Hals', Unannehmlichkeiten zu."[430] Selbstkritisch resümiert Biedermann, ihm sei bewußt, daß er die verschiedenen stilistischen Elemente noch nicht habe zu einer harmonischen Einheit verarbeiten können. Er wolle aber daran arbeiten; die Zeitschrift „Kirche der Gegenwart" werde dafür eine gute „Uebungsschule" sein[431].

V. Ausblick

1. Die Ehe mit Margaretha Elisabeth Holzach

a) Verlobung und Trauung

Die Wahl zum Pfarrer erlaubte endlich die Verlobung mit Elisabeth Holzach. Drei Tage nach der Wahl verlobte sich das Paar am 26. Oktober, und am 14. Dezember schließlich wurde das Brautpaar in Münchenstein von Riggenbach unter dem Trauspruch: „Ich in ihnen und du in mir, damit sie vollkommen eins seien und die Welt erkenne, daß du mich gesandt hast und sie liebst, wie du mich liebst" (Johannes 17, 23) getraut[432]. Das Hochzeitsmahl wurde im Elternhaus der Braut in Basel gereicht. Das Brautpaar verließ die Festgesellschaft abends um neun Uhr, um eine Stunde später in „leidenschaftlicher Ungeduld ins Brautbett" zu fallen[433].

---

[428] Benecke, Vatke, S. 418.
[429] Siehe dazu Vatkes Ausführungen, aaO., S. 418–422.
[430] Brief Biedermanns an Vatke, 2.8.1845; zitiert bei Benecke, Vatke, S. 423.
[431] Benecke, Vatke, S. 424.
[432] Die „Verkündscheine" im Nachlaß Biedermann: A.I.h. Siehe auch Kirchenbücher Münchenstein (Register) 1813–1853, StABL: Kirchenakten E 9, 3, wo unter Nummer 9 die Trauung angezeigt wird.
[433] Biedermann, Tagebuchblätter (14.12.1843), S. 11. Biedermanns Akribie der Einträge in

Seine Frau Elisabeth war Biedermann 1842 als „Philosophin" vorgestellt worden. Er selber erlebte sie in Gesprächen als geistreich und gebildet. In der Begeisterung eines frisch verliebten jungen Mannes schwärmte er von ihrer tief philosophischen Natur und Bildung[434]. Elisabeth denke schnell und tief. Von diesen Veranla-
gungen fühlte sich Biedermann sehr angezogen, und er schrieb: „Ich hätte wohl
keine so bis in den innersten Kern mit mir harmonisierende weibliche Seele finden
mögen."[435] Auch Oeri lobte die Eigenschaften Elisabeths und war fest davon überzeugt, daß die beiden ein gut zusammenpassendes Paar bildeten[436].

Eine andere Seite Elisabeths wird deutlich, wenn man sich die Zweifel der Mutter Holzach vergegenwärtigt, die befürchtete, ihre Tochter sei dieser Ehe nicht ge-
wachsen. Daß die Befürchtungen der Mutter keineswegs grundlos waren, sollte
sich alsbald zeigen. Schon wenige Monate nach der Eheschließung notiert Biedermann in seinen Tagebuchblättern, daß seine Frau nach einem „leidenschaftlichen
Anfang der Ehe durch Überreizung auch gemüthlich aufgeregt und angegriffen"
sei[437]. Elisabeth Biedermann-Holzach scheint psychisch sehr labil und häufig ner-
vös gewesen zu sein[438], was sich durch ihre gelegentlichen Ungebärdigkeiten und
wechselnden Launen ausdrückte. Die Ehe Biedermanns geriet bald in eine schwere
Krise, die sich über viele Jahre hinzog. In jenen Jahren kamen drei Töchter, Clara,
Fanny und Lisa zur Welt[439].

b) Krisenzeiten

Die eheliche Krise nahm ihren Lauf und mündete am 16. Februar 1847 in einen
„tödlichen Riß durch unsere Ehe", wie Biedermann notierte[440]. Da über diese Notiz hinaus keine weiteren erläuternden Eintragungen vorliegen, kann eine Interpretation nur im Bereich der Vermutungen bleiben. Der Kontext dieses rätselhaften
Eintrages deutet immerhin eine Richtung der Erklärung an. Im Winter 1846/47
hielt Biedermann montag abends Vorlesungen in der Basler Lesegesellschaft über
„Die religiösen Zeitkämpfe". An den Vortrag schlossen sich oft abendliche Gesell-

---

die Tagebuchblätter reicht so weit, daß er über die Quantität des ehelichen Liebeslebens Buch
führte.

[434] Biedermann an Oeri, 27.3.1842: B.II.492.

[435] Ebd. An Zeller schrieb Biedermann am 3.2.1844: „Zugleich bin ich auch seit Ende des Jahres mit einer an Geist und Gemüth gleich ausgezeichneten Baslerin verheiratet, die mich am wenigsten von der Bethätigung mit der Wissenschaft und meiner philosophischen Richtung abzie-
hen wird, da sie dieselbe, als Frucht eigener innerer Arbeit, mit einem für ein weibliches Gemüth
seltenen wahrhaft philosophischen Sinn theilt"; UBTü: Md 747, 59.

[436] Oeri an Biedermann, 31.3.1843: Oeri-Archiv.

[437] Biedermann, Tagebuchblätter (März 1844), S. 11.

[438] H. Biedermann an Biedermann, 15.6.1844: B.I.g.26, wünscht, daß E. Biedermann-Holzach „ihre Nerven wieder ganz in Ordnung bringe".

[439] Clara geboren am 24.3.1845, Fanny am 15.5.1846 und Lisa am 11.10.1849; Biedermann,
Jahreschronik und Kirchenbücher Münchenstein (Register) 1813–1853, StABL: Kirchenakten E
9, 3.

[440] Biedermann, Tagebuchblätter (16.2.1847), S. 14.

schaften an, und Biedermann pflegte in Basel zu übernachten[441]. Möglicherweise bezieht sich der Eintrag vom 16. Februar, einem Dienstag, auf einen Seitensprung Biedermanns[442]. Allerdings könnte es auch sein, daß Biedermanns Ehefrau den weiter unbekannten „Riß" vollzog. Sicher ist, daß es zu einem schwerwiegenden Ereignis gekommen war, das Biedermann gehörig verunsicherte und ihn im Laufe der kommenden Jahre aus seiner Ehe hinausführte.

Zunehmend deutlicher und dramatischer wurden die ehelichen Probleme des Pfarrerpaars seit dem Jahr 1848. Im Mai dieses Jahres verbrachte die Familie zehn Tage in Winterthur, wo sich Biedermann häufig mit Elise Forrer-Biedermann, der ehemals Angebeteten traf. Frau Biedermann-Holzach scheint sich dort, in Anwesenheit von Elise Forrer, nicht wohl gefühlt zu haben[443]. Sie hatte wohl bemerkt, daß ihr Gatte immer noch sehr an Elise hing. Ein Jahr später, als Biedermanns Schwester Gertrud für drei Wochen in Münchenstein weilte, suchte Biedermann mit ihr das Gespräch und beichtete ihr, daß er Elise Forrer nicht vergessen könne, und er glaube, der Geliebten gehe es ebenso[444]. Wenige Tage später fragte ihn schließlich seine Frau auf einem Spaziergang, was ihm denn das Liebste in der Welt sei. Biedermann gestand „endlich": Elise Forrer. Mit seiner Schwester korrespondierte er bis zum Ende des Jahres über Elise, und auch mit seiner Schwägerin Rosina Holzach besprach er das Problem[445].

Im Mai 1850 reiste Biedermann wegen einer ernsten Erkrankung seiner Schwester, an deren Folgen sie Ende des Monats verstarb, nach Winterthur. Er blieb dort drei Wochen und verkehrte beinahe täglich mit Elise Forrer. Am 23. Mai gestand Biedermann ihr seine Liebe. Das hatte er schon acht Jahre zuvor, im Sommer 1842, vergebens zu sagen versucht. Am 1. Juni berichtete Biedermann seiner Frau von diesem Geständnis, und ein paar Tage später erzählte er es seinem Freund Riggenbach, der diese Entwicklung mit großer Sorge und moralischen Bedenken begleitete. Als Biedermann am 22. August 1850 als Extraordinarius von der Zürcher theologischen Fakultät berufen wurde, trennte sich die Familie Biedermann für beinahe ein ganzes Jahr. Nach dem Auszug aus dem Münchensteiner Pfarrhaus zog die Mutter mit den Töchtern nach Basel in die Spalenvorstadt, der Vater reiste Anfang Oktober allein nach Zürich. Erst im Juni 1851 folgte die Familie nach Zürich an den Bleicherweg. Dort hatte Biedermann schon einmal als Kind gewohnt. Warum die Familie so lange getrennt war, läßt sich nicht mehr ermitteln. Biedermann reiste sehr häufig nach Winterthur, wo er die meiste Zeit mit Elise Forrer, oft zusammen mit deren Ehemann, verbrachte.

Biedermanns Verhalten seiner Familie gegenüber wurde von seinem Freund Riggenbach, von den Eltern Biedermann-Frey in Winterthur heftig kritisiert und mit klaren ablehnenden Worten bedacht. Auch Biedermanns Ehefrau erklärte sich

---

[441] Biedermann, Jahreschronik 1846/47.

[442] Die Vermutung, daß Biedermann bald nach der Eheschließung ein außereheliches Verhältnis einging, bestätigte mir der Urenkel Biedermanns, Max Burckhardt (†), Basel.

[443] Biedermann, Tagebuchblätter (8.5.1848), S. 15.

[444] Biedermann, Tagebuchblätter (2.8.1849), S. 16, und „Jahreschronik".

[445] Biedermann, Jahreschronik, 1849–1850.

ihm gegenüber am 29. Juli in Zürich. Was sie ihrem Mann mitteilte, bleibt unbekannt. Überliefert ist nur die Reaktion Biedermanns: Er ging zum einen zu Elise Biedermann-Forrer, um ihr mitzuteilen, nun sei alles aus. Am 10. August begann er zum anderen ein Tagebuch, die „Jahreschronik" für Elise zu schreiben[446]. Anscheinend sollte die Geliebte auf diese Art und Weise an seinem Leben teilhaben. Doch blieben Treffen mit ihr keineswegs aus. Bis Ende des Jahres korrespondierten sie zwar nur miteinander, aber im Dezember nahmen sie die persönlichen Treffen wieder auf.

2. *Lebensgeschichte und Theologiegeschichte*

Neben die innerfamiliären Probleme und Verletzungen, die durch Biedermanns Lebensart hervorgerufen wurden, trat die Entfremdung zu Riggenbach. Dieser hatte sich im Pfarramt langsam vom spekulativen zum positiven Theologen gewandelt, was er Biedermann im Dezember 1850 schon angedeutet hatte[447]. In Reaktion auf die Eröffnungsrede Biedermanns vor der Zürcher Synode erläutert Riggenbach, was er nicht mehr mit den freisinnigen Theologen, mit Biedermann, Fries und anderen gemeinsam theologisch vertreten könne. Denn diese proklamierten zwar, sie würden vom Christusgeschehen ausgehen, doch in Wahrheit handelt es sich nach Riggenbach dabei nicht mehr um den biblischen und apostolischen Christus, sondern um einen „herauspräparierten, wo das Fleischwerden des ewigen Wortes nur in einem ganz alterierten abgeschwächten Sinne gemeint ist, und wir am Ende nur ψιλὸν ἄνθρωπον haben". Riggenbach lehnt Biedermanns Beschränkung des Religiösen auf die anthropologisch-endliche Ebene ab und zeigt, daß Christus die Menschen über ihr irdisches Wesen hinaushebe[448]. Und er fragt den Freund: „Was wollt ihr *gegen* diesen Christusglauben beweisen?" Riggenbach setzt Biedermanns theologischer und praktischer Existenz die Botschaft von der göttlichen Gnade und Erlösung entgegen: „Lieber Freund, das sind Dinge, wenn sie einen einmal ergriffen haben, die man sich durch keine Faustischen Uebersetzungen des Joh. Prologs, durch keine Vatkischen Citate von Bibelstellen, worin doch von einem ganz andern Geist die Rede ist, durch keine gnostischen Anwendungen des Spruches vom πνευματικὸς mehr wegnehmen läßt."[449] Riggenbach hatte sich gänzlich vom Hegelianer zum Pietisten entwickelt[450]. Dabei stand sein Nachdenken über den Sündenbegriff im Mittelpunkt[451].

---

[446] Biedermann schrieb auf die Innenseite des Buches „Jahreschronik": „gehört Fr. Elise F. B. in W."

[447] Riggenbach an Biedermann, 9.12.1850: B.II.717.

[448] Ebd.

[449] Ebd.

[450] Diesen Weg beschreibt er in einem Brief an Biedermann, 5.3. 1851: B.II.718. Fast wörtlich abgedruckt: Christoph Johannes Riggenbach, Briefe an A. E. Biedermann, in: Der Kirchenfreund. Blätter für evangelische Wahrheit und kirchliches Leben, 32 (1898), S. 161–168.

[451] Ebd. In diesen Kontext gehört auch Riggenbachs Berufung an die Basler Universität als Nachfolger Schenkels. Siehe auch J. Jakob Oeri, Zum Andenken an D. Chr. Johannes Riggenbach, Professor der Theologie in Basel, Basel o.J., S. 6–9.

Neben den „positiven" theologischen Einflüssen, denen sich Riggenbach in seinem Bennwiler Pfarramt ausgesetzt sah, es seien nur Johann Peter Romang (1802–1875)[452], ein entschiedener Gegenspieler Biedermanns, oder der württembergische Pietist Ludwig Friedrich Wilhelm Hoffmann (1806–1873)[453], Inspektor der Basler Mission, genannt, spielen gerade auch die geschilderten Lebensumstände Biedermanns eine wesentliche Rolle. Durch die genannten Einflüsse eines Romang oder Hoffmann änderte sich die philosophisch-theologische Denkweise Riggenbachs, indem er von einem spekulativ gefaßten Wissen von Gott zu einem Glauben an einen persönlichen Gott kam. Die Zweifel an den moralisch-ethischen Implikationen der Biedermannschen Theologie intensivierten eine theologische Neuorientierung. Riggenbach, aus pietistischem Elternhaus stammend, war zu seinen religiösen Wurzeln zurückgekehrt. Seine Bedenken und Überlegungen teilte Riggenbach seinem Schwager am 15. August mit, also wenige Wochen nach der Erklärung von Biedermanns Ehefrau, auf die er auch Bezug nimmt. Riggenbach spricht gleich zu Beginn seines Briefes aus, es sei „die obschwebende sittliche Divergenz, welche härter und unüberwindlicher trennend zwischen uns wirkte, als die dogmatische"[454]. Doch fügt er hinzu, letztere dürfe auch nicht mehr zu gering bewertet werden. Vielmehr gehöre eben beides zusammen, die Ethik und die Dogmatik[455]. Diesem Brief scheinen Auseinandersetzungen zwischen den beiden Schwägern vorangegangen zu sein, denn Riggenbach moniert ärgerlich, daß es keine hochgeistigen Spekulationen brauche, „wo alle dialektischen Wendungen nur dazu dienen sich selbst zu verblenden, sich einen Nebel vorzumachen, durch den man das Nächstliegende nicht mehr sieht", um sich moralisch dem Gotteswillen entsprechend zu verhalten. Positiv hebt Riggenbach die Erwartung hervor, in Biedermanns Ehe werde sich nach der Erklärung der Ehefrau eine Wendung vollziehen. Er wünscht dem Freund, „daß eure Versöhnung immer mehr eine wirklich haltbare werden möge" [456]. Denn sowohl Riggenbach als auch Biedermann wußten, wie schwer es für die Familie würde, wieder in Frieden miteinander zu leben. In diesem

---

[452] R. DELLSPERGER, Romang; THOMAS K. KUHN, Johann Peter Romang, in: BBKL 8, Sp. 615–620.

[453] CARL H. HOFFMANN, Leben und Wirken des Dr. L. F. W. Hoffmann, Berlin 1878; WILHELM SCHLATTER, Geschichte der Basler Mission 1815–1915, Bd. 1: Die Heimatgeschichte der Basler Mission, Basel 1916, S. 144–216; R KÖGEL, W. Hoffmann, RE³ 8, S. 227–229.

[454] Riggenbach an Biedermann, 15.8.1851: B.II.720.

[455] Das unterstreicht Riggenbach auch in einem späteren Brief an Biedermann, 27.11.1851: B.II.722. „Ich maße mir durchaus nicht an, eine Herzen- und nierenprüfende Anwendung davon auf dich und dein besonders Verhalten zu machen, ich habe in Wahrheit genug mit mir selbst zu thun; aber bezeugen muß ich doch, daß ich noch immer auf die Zeit hoffe, wo du selber dein jetziges Urtheil über dein Weib und eines andern Weib nicht nur als dein subjectives Maß der Erkenntnis des göttlichen Gesetzes, sondern als Product einer dem göttlichen Willen zuwiderlaufenden ethischen Construction erkennen – und verabschieden werdest; und das würde wohl ziemlich die gleiche Zeit sein, in welcher du auch über die Verehrung Christi, wie ihn die Apostel verkünden, als den für uns gekreuzigten und *auferstandenen* und in Ewigkeit lebenden anders als jetzt urtheilen würdest. Das soll jetzt nicht ‚aus Zank' sondern in herzlicher Liebe geredet sein, mit welcher dich grüßt".

[456] Riggenbach an Biedermann, 15.8.1851: B.II.720.

Zusammenhang wird auch noch einmal der Anteil der Ehefrau an der Tragödie sichtbar. Riggenbach benennt ihre Instabilität und lobt Biedermann dafür, daß er „mit solcher Gerechtigkeit und Milde ihr Benehmen in der Katastrophe" beurteilt.

Immer wieder appellierte Riggenbach an seinen Schwager, das Leben der christlichen Ethik entsprechend zu gestalten. Unentwegt bemühte er sich darum, Biedermann zu einem Überdenken seines Eheverständnisses zu bewegen. Ausgangspunkt seines Engagements war der Wunsch, mit Biedermann „in Christus zusammenzukommen". Doch da für Riggenbach die sittliche Entscheidung mit dem Christusverständnis untrennbar zusammengehört, mußte Biedermann erst einmal einen anderen Weg einschlagen. Darum sollte Biedermann gehorsam gegen Gott bleiben und in der Ehe für klare Verhältnisse sorgen, die dem Willen Gottes entsprechen. Vor allem aber möge er, so insistierte Riggenbach, nicht mit der Ehefrau über Elise Forrer sprechen.

In Riggenbachs Ausführungen und in seinen seelsorgerlichen Bemühungen wird erkennbar, daß er von ganz anderen theologischen Voraussetzungen als Biedermann ausgeht. Von einem kritischen Schriftverständnis kam er ab und nahm die Bibel nun wieder als Autorität, als unmittelbaren göttlichen Willen. Von diesem Verständnis her ermahnt er den Freund: „Das hat sich mir am meisten bloß gelegt in jener Erörterung, wo Du ausführst, wie Dein Einssein im innersten Herzen mit Frau F[orrer] und Nichteinssein mit Deiner Frau freilich gegen den Willen Gottes mit der Ehe sei".[457] Riggenbach wirft Biedermann vor, er sei dem Naturalismus verfallen, da er seine Sympathie für Elise Forrer zu einer „unwiderstehlichen Naturmacht" erkläre: „Ich bin wahrlich sehr weit von der ‚abstrackt frommen Ansicht' entfernt, welche die Selbstverleugnung zum Hauptzweck der Ehe machen will; vielmehr: so sind sie nun nicht zwei sondern Ein Fleisch; was nun Gott zusammengefügt hat, das soll der Mensch nicht trennen. Du hast Deinen *Willen* gehabt, in die Ehe zu treten, und nun folgt aus dem ersten Schritt der zweite und alle weiteren und alle die schweren Aufgaben, die damit zusammenhangen – in Betreff welcher ich immer weit entfernt war, die Schuld dessen, was eure Ehe trübt nur Dir anzurechnen. Aber wenn es die ewige Gerechigkeit ist, die uns unsern Willen haben läßt – zur Strafe, so ist für die, welche ihr stille halten, in der Strafe auch die Spur des ewigen Erbarmens zu finden. Darum habe ich Dich gebeten und bitte Dich noch einmal: bleibe ohne Umwege in dem *Gehorsam*, wenn Du auch bis jetzt nur von der menschlichen nicht von der göttlichen Nothwendigkeit der Verzichtleistung überzeugt bist; im Gehorsam gegen die menschliche Pflicht, in diesem pathologischen Verhalten ist noch ein transcendentes Moment, ein göttlicher Halt, der Dich hält und worüber Du noch einmal froh sein wirst. Ich meine sonst gar nicht, wie Du mir zuschreibst, daß es so leicht und so einfach sei, neu anzufangen, aber das ist doch einfach, wenn auch schmerzlich und liegt Dir allezeit nahe, Dir vorzuhalten, daß Du keine neuen Scheite zu der Glut legen sollst; das thust Du aber- und alterierst damit das Wesen der Ehe – wenn Du Dir die hohen Vorzüge der Fr. F[orrer], was sie Dir für Dein innerstes Leben sei und wiederum Du ihr, stets von neuem vor-

---

[457] Riggenbach an Biedermann, 12.10.1851: B.II.721.

hältst; sie mag alle diese Vorzüge haben, ich kenne sie nicht, aber darauf kommt nicht halb so viel an, ich darf mir nicht erlauben auf der Spur eines solchen überschwänglichen Idealismus zu gehen, der mir vorspiegelt was alles diese Person mir und was ich ihr sein könne, sondern in der christlichen Ehe habe ich die Aufgabe, diejenige, mit der ich Ein Fleisch geworden bin, lieb zu haben, ihr innerlich treu zu sein, daß ich ihr gehöre und sie mir und wir beide Gotte durch Christum. Es ist etwas von Vergötterung des Geschöpfs in der überschwänglichen Ausmahlung des ‚besten und höchsten Gewinns für das innere Leben‘; Du wirst ihn noch müssen daran geben, wenn Du die Eine Perle gewinnen willst.“[458] Auch wenn die „Katastrophen“ der Ehe Biedermanns durch die stichwortartigen Notizen und Riggenbachs Interventionen immer nur angedeutet werden, malt sich doch ein bedrückkendes Bild ab[459]. In späteren Jahren hatte sich die Beziehung zumindest nach außen hin zum Positiven gewandelt, denn ein Schüler Biedermanns, Otto Baumgarten, erlebte die Familie sehr erfreulich. Er spricht von Biedermanns warmherziger Frau und einer langen glücklichen Ehe[460].

Im Blick auf das Verhältnis von Biedermann und Riggenbach, das seit den fünfziger Jahren des vorigen Jahrhunderts für die Auseinandersetzung zwischen liberalen und positiven Theologen steht, wird hier Lebensgeschichte zur Theologiegeschichte.

3. Ertrag

Biedermann erscheint als ein strebsamer und geistig reger junger Mann, der sich theologisch am Ende seines Studiums und zu Beginn seiner pfarramtlichen Praxis an Vatke angeschlossen hatte. Charakteristisch für Biedermann scheint eine innere Zerrissenheit zu sein, die sich auf verschiedenen Ebenen artikulierte. Zum einen wird sie in der Unentschlossenheit bei der Planung seiner beruflichen Laufbahn deutlich. Hier schwankt Biedermann zwischen Pfarramt und wissenschaftlichem Amt. Auch wenn letzteres sein primäres Ziel war, so verfolgte er doch nicht das entgegenkommende Angebot der Tübinger Fakultät, sondern orientierte sich – durch veränderte persönliche Umstände – in Richtung Pfarramt. Diese innere Spannung Biedermanns zeigt sich weiter in seinem Auftreten. Er erscheint einerseits als der analytische und souveräne Denker, andererseits aber wird immer wieder eine gewisse Naivität spürbar. Wie konnte er ernsthaft annehmen, daß die Tübinger philosophische Fakultät mit Fichte als Fachvertreter seinen Artikel als Promotionsschrift akzeptieren würde? Aber auch im Umgang mit Menschen zeigt sich diese Naivität, die in Arroganz, gepaart mit egoistischen Zügen, übergehen kann.

Weiterhin ist für Biedermann der Zusammenhang von Akribie und Leidenschaft charakteristisch. Für seine Existenz als Theologe ist abschließend von Bedeutung,

---

[458] Ebd.

[459] Inwieweit sich dieser persönliche Konflikt auf die theologische Entwicklung Biedermanns auswirkte, müßte im einzelnen noch untersucht werden. Dabei wären vor allem persönliche Dokumente von besonderer Bedeutung.

[460] OTTO BAUMGARTEN, Meine Lebensgeschichte, Tübingen 1929, S. 59.

daß zwischen seiner spekulativen Begründung von Theologie und seiner in der Gemeinde verkündigten Glaubenslehre eine Spannung besteht.

Wie die bis hierher beschriebenen Voraussetzungen und Anlagen im Zusammenhang der akademischen Tätigkeit und der kirchenpolitischen Auseinandersetzungen Biedermanns wirksam wurden, bliebe noch zu ermitteln.

Im Juli 1856 schrieb Biedermann Luise Rieter, der Freundin Gottfried Kellers, einen Vers ins „Stammbuch", in dem er sich selbst möglicherweise charakterisiert:

> „Im Denken nüchtern und klar,
> Im Fühlen natürlich und wahr,
> Im Wollen entschlossen zum wagen
> Und unverdrossen zum tragen, –
> *Den* Sinn kann jegliches Geschick nur kronen,
> Denn auch das Leid muss durch Bewährung ihn verschonen."[461]

---

[461] „Stammbuch für Luise Rieter"; StBW: Ms BRH 908, Blatt 53.

Anhang

Besuchte Lehrveranstaltungen Biedermanns in Basel und Berlin

1. Basel

Dozent	Sommersem. 1837	Wintersem. 1837/38	Sommersem. 1838	Wintersem. 1838/39	Sommersem. 1839
De Wette		Apostelge- schichte; Übungen im mündlichen Vortrag	Römerbrief; Ausgewählte Stellen aus den Sprüchen Salomos; Homiletische Übungen	Korinther- briefe; System der christlichen Glaubenslehre	Galater, Philip- per, Thessaloni- cher, Kolosser
Hagenbach		Kirchenge- schichte I; Enzyclopädie und Metho- dologie der theol. Wissen- schaften nach seinem Lehr- buch	Kirchenge- schichte; Dogmenge- schichte; Stücke aus den älteren griech. Homileten	Dogmenge- schichte II mit Symbolik; Calvin, Insti- tutio	Patristische Lektüre
Stähelin		Hebräische Geschichte und Archäologie; Leichtere Stel- len aus dem Alten Test. gram. und cur- sorisch erklärt			
Müller			Lukasev.; Hebräische Dogmenge- schichte; Neu- test. Grammatik		
Fischer	Geschichte der neuern Philosophie	Psychologie	Psychologische Naturge- schichte des Menschen I	Psych. Natur- geschichte II; Religionsphi- losophie	

Wackernagel	Geschichte der deutschen Literatur seit Goethe	Poetik, Rhetorik, Stylistik	Erklärung des Nibelungenlie- des	
Vischer	Philippische Reden des Demosthenes			
Gerlach	Latein, Stil- und Interpretier- übungen			
Schenkel				Darstellung und Beleuchtung des Schleierma- cherschen Lehrsystems

2. Berlin[1]

Dozent	Wintersem. 1839/40	Sommersem. 1840	Wintersem. 1840/41	Sommersem. 1841
George	Philosophie der Kirchengeschichte			
Vatke	Über Wesen und Ursprung der Sünde; Einleitung ins Neue Testament	Biblische Theo- logie des AT	Jesaja; Die Lehre von der Person Christi	Religionsphiloso- phie; Darstellung der dogmatischen Standpunkte
Gabler	Anthropologie und Psychologie; Phänomenologie	Logik und Meta- physik		
Ranke	Neueste Geschichte			
Neander		Theologie des Paulus		Allgemeine Kir- chengeschichte
Kugler		Erklärung der Gemälde des Museums; Repetitorium für Hebräisch		

---

[1] Angaben entsprechend dem „Anmeldungsbogen der Friedrich-Wilhelms-Universität zu Berlin", UAT 55/18 und aus Biedermanns Aufzeichnungen. Die „öffentlichen Vorlesungen" mußten nicht auf dem Anmeldungsbogen registriert werden.

Marheineke	Symbolik; Moral	Praktische Theologie
Strauß	Homiletische Übungen; Homiletik	Homiletische Übungen
Ritter, C.	Geographie von Palästina, Teil 2	
Hotho, H. G.	Über Goethe und Schiller als Dichter	

Bibliographie

I. Quellen

1. Ungedruckte Quellen

1. Basel

Archiv der Herrnhuter Brüdergemeine, Basel
Catalog der Societätsgeschwister in Basel April 1830: Ba 1.1.2.1.1

Oeri-Archiv, Basel (in Privatbesitz)
Briefe Johann Jakob Oeris an A. E. Biedermann und andere

Staatsarchiv Basel (StABS)
Brandversicherungsakten: G 3
Erziehungsakten

Jahresberichte des Erziehungskollegiums: B 2
Stipendienverzeichnisse der Universität 1818–1870: B 21
Turnwesen, Jugendspiele: B 36
Fechten: B 39
Philosophische Fakultät: Professur Griechisch: CC 15
Philosophische Fakultät: Professur Lateinisch: CC 16
Philosophische Fakultät: Professur Deutsch: CC 17
Pädagogium: U
Schüler: U 4
Zeugnisse 1833–1839: U 5
Stundenpläne 1819–1874: U 6
Prüfungen: U 7
Promotionsprogramme: U 8
Griechisch: U 10
Philosophie: U 17
Semesterberichte der Lehrer: U 24
Schülerverzeichnisse: U 26
Universität: X
Ordnungen Universität: X 3
Maturität und Immatrikulation: X 4
Kollegiengelder: X 5
Studenten und Stipendiaten: X 15
Semesterberichte der Universität: X 34

Kirchenakten
Jahresberichte des Kirchenrats (1834ff.): C 13

Kirchenarchiv
  Jahresberichte des Kirchenrats: C 2, 2
  Agenda, Liturgie: E 5
  Akten über die Agenda und Liturgie: E 6
  Prüfungen und Ordination: N 3
  Predigerrevers: N 4
  Verzeichnisse von Kandidaten und Ordinierten: N 14
  Verzeichnis der Theologiestudierenden zum Generalexamen: N 15
  Curricula vitae und Probepredigten: N 16
  Einzelne Examina und Ordinationen: N 17
  Vollständiges Verzeichnis aller Candidaten Sancti Ministerii: N 34
  Verzeichnis der Mitglieder des Ministeriums von Basel: N 35
  Theologische Prüfungen: N 37
  Spitalpfarrer: QQ 1, 1
  Spitalpredigerwohnung: QQ 1, 4
  Winterkirche und Betsaal: V 28

Privatarchive
  Johann Jakob Oeri: Aus meinem Leben 1817–1897: PA 81
  Wackernagel'sches Familienarchiv: PA 82
    Akten – Wilhelm Wackernagel: A 1
    Freimaurerloge „Alpina": A 10
    Briefe von A. E. Biedermann (1841) und C. J. Riggenbach (1838–1858): B 16
  Archiv der Gesellschaft für das Gute und Gemeinnützige (GGG): PA 146
    Enquête und Gutachten über Fabrikarbeiterverhältnisse der Basler Industrie 1841–1844:
    B 22 e
  Jacob-Burckhardt-Archiv: PA 207
  Theodor Meyer-Merian: PA 303
  Nachlaß Dr. Arnold Lotz: PA 355
    Genealogische Notizen Familie Biedermann: D 49
  Zofingerverein: PA 412
  Familienarchiv Hoch-Stehlin: PA 770
  Karl Rudolf Hagenbach: PA 838
    Autobiographie und 38 Agenden mit täglichen handschriftlichen Eintragungen: B 1
    Familie Hess (1829–1865): C 29
    8 Briefe von Biedermann (1845–1872): D 31
    Briefwechsel Hagenbach-Hess: D 168

Universitätsarchiv
  Statuarium: A 4
  Sammelband „Universitätsgesetz": A 10
  Regenzprotokolle: B 1
  Verzeichnis der Professoren und Dozenten: F 6, 1
  Dozenten und Lektoren, Kartei: F 6, 2
  Legatarium Academicum: L 1
  Legatarium der Universität: L 2, 3
  Index Stipendiorum academicorum: L 7
  Catalogus studiosorum, qui stipendia et bursalia desiderarunt: L 8
  Stipendien Ulrich Falkner: V II 2, 14
  Verein zur Beförderung christlich-theologischer Wissenschaft und christlichen Lebens:
  VIII 11

Universitätsbibliothek Basel, Handschriftenabteilung (UBBS)

Kirchenarchiv Nr. 180e:

Probepredigt von Johann Jakob Oeri, 1842: Nr. 375
Probepredigt von Friedrich Oser, 1842: Nr. 376
Probepredigt von Alois Emanuel Biedermann, 1842: Nr. 377
Probepredigt von Christoph Johannes Riggenbach, 1842, Nr. 378
Basler Rektoratsmatrikel: Protom. AN II, V^a 85 No 1

Nachlaß Alois Emanuel Biedermann:

A. Allgemeine Dokumente

 I. Amtliche Dokumente (a–z; aa–hh)[1]
 II. Tagebuch und Curriculum vitae
   a) Tagebuch
   b) Curriculum vitae
   c) Kurze Jahreschronik (1819–1884)
III. Wissenschaftliche und literarische Papiere
   a) Diverse Gedichte von A. E. Biedermann, J. Riggenbach und Th. Meyer, sowie ein Verzeichnis der Gedichte Biedermanns in den Jahren 1834–1838
   b) Aufsätze Biedermanns aus seiner Studienzeit
     1. Lateinische Rede bei der Promotion zur Universität, 1837
     2. Lateinisches Gedicht bei der Promotion zur Universität, 1837
     3. „Innere und äussere Offenbahrung", 1838
     4. „Aus einer Reise nach Italien. Erzählung", 1838
     5. „Warum und wie soll man Dichter lesen?", 1839
     6. „Ueber Schleiermachers Ansicht von den göttlichen Eigenschaften", 1839
     7. „Vom Verhältniß der ursprünglichen Vollkommenheit des Menschen zu seiner Sündhaftigkeit", 1839
     8. „Geschichte der hebräischen Religion", 1840
     9. Examensarbeit: ‚Ueber Bedeutung und Geltung des Alt-Testamentlichen Gesetzes im Neuen Testament und in der Kirche", 1842
     10. „Protest gegen die evangelische Kirchenzeitung", 1842
   c) Zeichnungen und Karrikaturen (1–4)
   d) A. E. Biedermanns Religionsunterricht am obern Gymnasium (1–2)
   e) Gutachten A. E. Biedermanns über die Aufhebung des „Taufzwanges", 1882
   f) Vermischtes (1–7)
IV. Biedermanns Sterben
   a) Rede von Herrn Antistes Finsler bei der Beerdigung von Herrn Prof. Biedermann gesprochen in der Fraumünsterkirche (28.1.1885)
   b) Paul Burckhardt: A. E. Biedermanns Sterben
   c) Korrespondenz betreffs Krankheit und Tod A. E. Biedermanns zwischen Clara und Theophil Burckhardt-Biedermann

B. Korrespondenz

 I. Familienkorrespondenz
   a) Einzelstücke aus der Jugendzeit A. E. Biedermanns (1–6)
   b) A. E. Biedermann an seinen Vater Emanuel Biedermann (1–40)
   c) A. E. Biedermann an seine Mutter Verena Biedermann (1–34)
   d) A. E. Biedermann an seine Familie (1–7)
   e) A. E. Biedermann an Theophil Burckhardt-Biedermann (1–19)
   f) Vater Emanuel Biedermann an A. E. Biedermann (1–42)
   g) Heinrich Biedermann-Frey an A. E. Biedermann (1–43)

---

[1] Die Buchstaben und Zahlen in Klammern geben die Anzahl der vorhandenen Archivalien an und dienen zugleich als letzte Ziffer der Nachlaß-Signaturen.

h) Theophil und Clara Burckhardt-Biedermann an A. E. Biedermann
   Theophil (1–34)
   Clara (36–70)
i) Anonymus an A. E. Biedermann, 10.8.1882
k) Verschiedene Familienbriefe (1–37)
l) Verschiedene Briefe betreffs A. E. Biedermann an Lisa Biedermann (1–28)
II. Briefe von Privatpersonen in alphabetischer Reihenfolge an Biedermann und von Bieder-
    mann (1–971)

C. *Gedrucktes*
 I. Von A. E. Biedermann verfaßte Artikel und Vorträge, 1849–1884 (a-k)
II. Artikel und Abhandlungen verschiedener Autoren über A. E. Biedermann, sein Leben und
    sein Werk (a-z)

Nachlaß Gottlieb Bischoff

Nachlaß Adolf Christ

2. Berlin

Landesarchiv Berlin
    Berliner Bürgerrollen, Bd. G

Staatsbibliothek. Preußischer Kulturbesitz: Handschriftenabteilung
    Zentralkartei der Autographen

Humboldt-Universität, Universitätsarchiv
    Theologische Fakultät, Matrikel 1810–1857 (1.-47. Rektorat)
    Album Civium Universitatis Litterariae Berolinensis 1834–1842
    Akten der Theologischen Fakultät
    Abgangszeugnis von Ludwig Heffner (25.8.1841)
    Studentenliste der Medizinischen Fakultät

Evangelisches Zentralarchiv in Berlin (Kirchenbuchstelle)
    Kirchenbücher der Dreifaltigkeitskirche
        Ehe: 11/50
        Taufe: 11/52 und 11/58

3. Herisau

Staatsarchiv Appenzell A. Rh. (StAA)
    Gemeindearchiv Trogen
    Verzeichnis der außerkantonalen Schweizer Ansassen in Trogen
    Verzeichniß der Zöglinge der Kantonsschule am Ende des Jahres 1830: Ca.G 16, 1/6
    Kantonsschule, Schülerlisten

4. Konstanz

Stadtarchiv
    Bürgerbücher
    Steuerbücher

5. Liestal

Staatsarchiv des Kantons Basel-Landschaft (StABL)
Neues Archiv
  Kirchenakten:
    Binningen H 2, 3
    Frenkendorf H 3, 3
    Lausen H 3, 4
    Münchenstein H 2, 5
    Sissach H 4, 9
    Kirchenbücher Münchenstein (Register) E 9, 3

6. Tübingen

Universitätsarchiv (UAT)
Promotionsversuch Biedermann: 55/18

Universitätsbibliothek, Handschriftenabteilung (UBTü)
Nachlaß Eduard Zeller Md 747

7. Winterthur

Stadtarchiv (StAW)
Gemeinderatsprotokolle 12. July 1813–23. Jenner 1815: B 2 108
Akten zu den Volkszählungen. Einwohnerkontrolle, Volkszählungen 1798–1880: II B 6g/3
Waisenamt: II B 40
Gewerbe und Handel: II B 18a 2
Kirchenwesen : II B 23
Spitalamt: II B 31a 5
Waisenhäuser: II B 31e 3
Einwohnerverzeichnis (1830–1839): JBF 6
Kirchenbücher: B 3m 1–4
Stadträte, Präsidenten, Stadtschreiber seit 1798, o.O., o. J.: B 3 c 29
Polizeiwesen-Gesundheitspolizei: AFG/79

Stadtbibliothek (StBW)
A. E. Biedermann, Einladungsschreiben vom 19.4.1868 an Rektor Geilfus (1815–1891): Autographen- Sammlung
A. E. Biedermann, 40 Briefe (Abschriften) an Theodor Meyer-Merian (1852–1867): Ms BRH 225d
A. E. Biedermann, 8 Briefe an Luise Rieter (1857–1868): BRH 345
Emanuel Biedermann, Stammbuch: Ms 8^0 510
Emanuel Biedermann an Ulrich Hegner 1831: Ms UHBr
Heinrich Biedermann-Frey, Geschichte von Winterthur 1834–1867, Ms 4^0 292
Häuserkartei
Konvolute Rieter/Riggenbach: Ms BRH 345:
  Johannes Riggenbach, Reisebeschreibung, 1837
  Johannes Riggenbach an Theodor Meyer (19 Briefe 1838–1851)
  Theodor Meyer an Johannes Riggenbach (Brief vom 29.11.1838)
  Gelegenheitsgedichte und anderes von Alois E. Biedermann, Theodor Meyer, Johannes Riggenbach (1838ff.)
  Johann Jakob Oeri an Johannes Riggenbach (Briefe 1838–1848)

Antonius Kuenzli, Verzeichnis der Winterthurer Bürger (Bürgerregister der Stadt Winterthur): Ms Fol 243

Dr. Johann Conrad Troll's V. D. M. und Rectors der Schulen in Winterthur, Präsident der Stadtschulrathes und der Hülfsgesellschaft, Lehrer der alten Sprachen am Gymnasium eigenhändige Aufzeichnungen: Ms 4⁰ 221

Stammbuch für Luise Rieter: Ms BRH 908

8. Zürich

Staatsarchiv

Proteste gegen die Berufung von Dr. David Friedrich Strauss 1839 bis: Akten Kirchenwesen T 58

Kirchenbuch Kilchberg 1798–1837: E III 62.5

2. Gedruckte Quellen

Adressen=Buch und Handlungsschema für die Stadt Basel, hrsg. von M. Heinrich Weiß, Basel ³1835

Adreß-Kalender für die Königlichen Haupt- und Residenzstädte Berlin und Potsdam auf das Jahr 1833, Berlin 1833

Adreß-Kalender für die Königlichen Haupt- und Residenzstädte Berlin und Potsdam auf das Jahr 1854, Berlin 1854

AMMANN, FRANZ SEBASTIAN, Geographisch-historische Kirchen-Statistik der katholischen Schweiz. Von einem katholischen Geistlichen, Schaffhausen 1845

Andenken an Herrn Dekan Frei. Leichenpersonalien desselben, den 22. April 1852, Trogen 1852

Zum Andenken an Frau Pauline Lotz-Gocht, geb. den 9.2.1819 gest. den 10.10.1910 (StABS LA 1910 Oktober 10)

BÄNZIGER, MATTHIAS, Kurzer Abriß vorzüglicher Begebenheiten aus der Schweizer-Geschichte vom Jahr 60 vor Christi Geburt bis zum Jahr 1524 nach derselben, Trogen 1828

BERNOULLI, EDUARD, Leichenrede bei Beerdigung des Herrn Johann Jakob Bischoff Pfarrers zu St. Theodor gehalten den 23. Christmonat 1864, Basel 1864

Christliche Basler=Confession oder Glaubens=Bekenntniß wie solches bald nach der seligen Reformation aus Gottes Wort gestellt und als der heiligen Schrift gemäß von der Stadt und Landschaft Basel angenommen, auch unter uns bisher rein und unverfälscht erhalten worden ist, Basel [1841]

Bekanthnus unsers heyligen Christlichen gloubens' wie es die kylch zu Basel haldt, [Basel 1534]

Die Bekenntnisschriften der evangelisch-lutherischen Kirche, Göttingen ¹¹1992

Die Bevölkerungsaufnahme von Basel-Stadttheil am 25 Jenner 1837, Basel 1838

BIEDERMANN, EMANUEL, Erinnerungen, Wanderungen, Erfahrungen und Lebensansichten eines froh- und freisinnigen Schweizers. Schmucklos aber treu niedergeschrieben für seine Freunde, 2 Teile, Trogen 1828–1829

–, Oeffentliche Erklärung an die noch lebenden Mitglieder des ehemaligen Bezirksgerichts Winterthur, ganz besonders aber an den jetzigen Hrn. Amtsrichter und Kantonsrath Toggenburger in Winterthur, in: Appenzeller Zeitung 1829, Nr. 50, S. 312f.

–, Eine militärische Expedition nach dem obern Tößthal im Jahre 1802, in: Beilage der „Zürcher Post", Nrn. 283 und 287

–, Von Malta bis Waterloo. Erinnerungen aus den Kriegen gegen Napoleon I., Bern 1941

–, Vertheidigungsrede gehalten vor Amtsgericht Zürich auf die Injurienklage der ehemaligen Herren Amtsrichter Toggenburger und Künzli gegen die Bekanntmachung in der Appenzeller Zeitung Jahrgang 1829 Nro. 50 und Urtheil des Amtsgerichtes Zürich ausgefällt den 13ten Juni 1834, Winterthur o. J.

–, Worte der Wahrheit von einem unterdrückten Bürger des Kantons Zürich seiner hohen Landesobrigkeit ehrerbietigst zur Beherzigung vorgelegt, Trogen 1829

BIEDERMANN, JAKOB R., Stammbaum der Nachkommen von Georg Heinrich Biedermann (1796–1876) und Elise Frey (1802–1896), Winterthur 1978

Boike's Allgemeiner Wohnungsanzeiger für Berlin, Charlottenburg und Umgebung auf das Jahr 1841, Berlin 1841

BURCKHARDT, ACHILLES, Rektor Johann Rudolf Burckhardt. Lebensskizze, o. O. [1889]

BURCKHARDT, JACOB, Briefe. Vollständige und kritische Ausgabe, hrsg. von Max Burckhardt, Bd. 1, Basel 1949

–, Gesamtausgabe, Bd. 1: Frühe Schriften, hrsg. von Hans Trog und Emil Dürr, Basel 1930

BURCKHARDT, LUDWIG AUGUST, Der Kanton Basel, historisch, geographisch, statistisch geschildert. Beschreibung seiner Lage, natürlichen Beschaffenheit, seiner Bewohner, politischen und kirchlichen Verhältnisse und Ortschaften. Ein Hand- und Hausbuch für Kantonsbürger und Reisende, Erste Hälfte: Basel-Stadttheil, St. Gallen/Bern 1841

Chamissos Leben und Briefe, 2 Bde., hrsg. von Julius Eduard Hitzig, Leipzig 1839–1840

DAUDE, PAUL, Die Königliche Friedrich-Wilhelms-Universität zu Berlin. Systematische Zusammenstellung der für dieselbe bestehenden gesetzlichen, statuarischen und reglementarischen Bestimmungen, Berlin 1887

DE WETTE, WILHELM MARTIN LEBERECHT, Einige Betrachtungen über den Geist unserer Zeit. Academische Rede am 12 September 1834 gehalten, Basel o. J.

–, Rede bei der öffentlichen Feier der Wiederherstellung der Universität am 1. October 1835 im Chor der Münster-Kirche, Basel o. J.

–, Ein Wort über Bildung und ihre höheren Zwecke. Veranlaßt durch die Schrift: Verschiedene Ansichten über höhere Bildung. (Basel 1822.) und dem Druck übergeben von E. E. Ministerium zu Basel, Basel [1822]

EBEL, JOHANN GOTTFRIED, Anleitung auf die nützlichste und genussvollste Art die Schweiz zu bereisen. Im Auszuge ganz neu bearb. von G. von Escher, Zürich [8]1843

Einladungsschrift zur Promotionsfeier des Pädagogiums und zur Eröffnung des Jahreskurses 1837, Basel o. J.

Erinnerungen von Georg Forrer 1814–1889, hrsg. von Jacequeline Schmid -Forrer, [Olten] 1976 (Ms.)

Zur Erinnerung an Herrn Pfarrer J. J. Oeri geboren den 7. Januar 1817 gestorben den 5. Juli 1897 begraben zu Lausen am 7. Juli 1897, o. O. o. J.

Zur Erinnerung an Herrn J. J. Stähelin, Dr. theol. und deren Professor an der Universität Basel, Basel 1875

Zur Erinnerung an Wilhelm Wackernagel, Basel 1870

Zum 28. Januar 1883. Festgabe der Basler Loge zur „Freudschaft und Beständigkeit" bei Anlass der Feier ihres 75jährigen Bestandes, Bern 1883

FREI, JOHANN JAKOB, Landsgemeinde=Predigt den 18. Herbstmonat 1831 in Trogen gehalten, Trogen o. J.

FREI, JOHANN JAKOB, Landsgemeinde=Predigt 1832 in Trogen gehalten, Trogen o. J.

FRIKART, JOHANN JAKOB, Über Behandlung der Dissidenten. Ein Vortrag in der jährlichen Klassversammlung in Zofingen am 2. Juni 1836, Zofingen o. J.

Gebete und heilige Handlungen für die Kirche des Kantons Basel, o. O. 1826

Gedächtnisrede und Personalien bei der Beerdigung des Herrn Dr. Daniel Ecklin, den 29.6.1881, von Zwingli Wirth, Obersthelfer, Basel o. J.

GERLACH, FRANZ DOROTHEUS, Verschiedene Ansichten über höhere Bildung. Einladungsschrift zur Eröffnung der Sommervorlesungen, Basel 1822

Geschichte des Appenzellischen Volkes, neu bearbeitet von Johann Caspar Zellweger, 3 Bde. in 4 Bde., Trogen 1830–1840

Gesetz betreffend ein näheres Reglement für den Kirchenrath und eine Bestätigung der bisherigen Synodalordnung, [Zürich] 1803

Gesetze für die Studirenden auf der Königlich Preussischen Universität zu Berlin. Zufolge Abschnitt VI. der Königlichen Universitäts-Statuten unter Beifügung der übrigen gesetzlichen Bestimmungen, welche die Verhältnisse der Studirenden betreffen, Berlin 1827

Gesetze, Verordnungen und Beschlüsse für den Kanton Basel-Landschaft (Vom 29. Februar 1832 bis 11. December 1833), Bd. 1, Liestal 1838, Bd. 2, Liestal o. J.

Gesetz über die Schulverhältnisse der Stadt Winterthur, Zürich 1832

Jeremias Gotthelfs Werke in 20 Bdn., hrsg. von Walter Muschg, Bd. 20: Vermischte Schriften, Basel 1953

Gutachten der von der Baslerischen Abtheilung der Schweizerischen Gemeinnützigen Gesellschaft aufgestellten Kommission über die Frage betreffend die Fabrikarbeiter=Verhältnisse, Basel 1843

Gutachten der Minderheit des Erziehungsrathes veranlaßt durch den Beschluß des Regierungsrathes vom 4. März betreffend die Angelegenheit des Herrn Dr. Strauß, [Zürich 1839]

Hagenbach, Karl Rudolf, Rede gehalten bei der Beerdigung von Herrn Pfarrer Johannes Heß, Mittwoch den 12. April 1865, o. O. o. J.

Hausmann, Bernhard, Erinnerungen aus dem 80jährigen Leben eines hannoverschen Bürgers, Hannover 1873, [2]1904

Hess, Johannes, Das Alte ist vergangen, siehe es ist alles neu worden. Predigt nach Verlassung des alten Spitals beim letzten Gottesdienste desselben gehalten am 16. Oktober 1842, Basel o. J.

–, Von der Natur und Wichtigkeit des geistlichen Amtes, und von der Unstatthaftigkeit und Schädlichkeit der in dasselbe von Unberufenen geschehenden Eingriffe. Gelegenheits=Predigt, gehalten am 5. März 1837, Basel o. J.

–, Predigt über das rechte Verhalten des Christen beim Gottesdienste nach Jac. 4:8. Gehalten, aus Anlaß der von der verbesserten Kirchen=Agende zu machenden Anzeige, in der Kirche des Spitals den 26. Winterm.[onat] Nebst einem den öffentlichen Gottesdienst betreffenden Nachworte, Basel 1826

–, Warnung vor dem Sauerteige der Sadduzäer. Homilie über 2. Tim 4: 3–5 gehalten am 10 Februar 1839, Basel o. J.

Hallische Jahrbücher für deutsche Wissenschaft und Kunst 1–5 (1838–1842), hrsg. von Arnold Ruge und Theodor Echtermeyer

Kerner, Justinus, Reiseschatten. Von dem Schattenspieler Luchs, in: Die Dichtungen von Justinus Kerner. Neue vollständige Sammlung in Einem Bande, Stuttgart/Tübingen 1834, S. 265–512

Die Kirche der Gegenwart. Eine Monatsschrift für die reformirte Schweiz, hrsg. von Alois Emanuel Biedermann und David Fries, 1845–1850

Kirchenblatt für die reformirte Schweiz 1845ff.

Schweizerische evangelische Kirchenzeitung 1842

Krüsi, Hermann, Bedeutende Augenblicke in der Entwickelung des Kindes als Winke der Natur über den Zusammenhang des äussern und innern Lebens, Aarau 1822

–, Meine Bestrebungen und Erfahrungen im Gebiete der Volkserziehung dargestellt in Briefen an Freunde, 1. Theil, Gais 1842

–, Die Forderung der Religion: „im Lichte zu wandeln", als Grundsatz eines christlichen Erziehungshauses, in: Die öffentliche Prüfung der Kantonsschule in Trogen, den 27. März 1828, o. J. o. O., S. 10–20

–, Hinterlassene Gedichte. Ein Andenken für seine Freunde und Zöglinge. Nebst einem Nekrolog desselben, hrsg. von Hermann Krüsi (Sohn), Heiden 1845

–, Vaterlehren über Gegenstände der Religion und Sittlichkeit (Nach J. C. Lavater), Trogen 1833

Der Landbote 1842

Ueber das kirchlich-religiöse Leben in Basel-Landschaft, Liestal 1837

Leu, Hans Jacob, Bidermann, in: Allgemeines Helvetisches, Eydgenößisches oder Schweizerisches Lexicon, Bd. 4, Zürich 1750,

Leuthy, Johann Jakob, Der Begleiter auf der Reise durch die Schweiz. Oder: Beschreibendes Verzeichniß dieses Gebirgslandes, so wie der bemerkenswerthesten Orte, Gasthöfe, Bäder, Kurorte, Café- und Gesellschaftshäuser in dem Lande selbst und dessen nächster Umgebung. In alphabetischer Ordnung der Ortsnamen und Schilde. Ein Hülfsbuch für Reisende, 2 Bde., Zürich 1840–1841

–, Geschichte des Cantons Zürich von 1831–1840. Aus den Quellen untersucht und nach höchst wichtigen Mittheilungen von noch lebenden Zeitgenossen und Augenzeugen dargestellt, Zürich 1845

Die Matrikel der Universität Basel, Bd. 5: 1726/27–1817/18, hrsg. von Max Triet u. a., Basel 1980

MEYER VON KRONAU, GEROLD, Der Canton Zürich, historisch-geographisch-statistisch geschildert von den ältesten Zeiten bis auf die Gegenwart, 2 Bde., St.Gallen/Bern 1844–1846

MIVILLE, J. J., Leichenrede bei Beerdigung des Herrn Simon Emanuel La Roche, Pfarrers der Petersgemeinde in Basel, gehalten den 23. Jenner 1861 in der St. Peterskirche, Basel o. J.

Appenzellisches Monatsblatt 1827–1830

Morgenblatt für gebildete Stände 1833

MÜLLER, JOHANN GEORG, Abriß meines Lebenslaufes, Basel 1875

MUNDT, THEODOR, Spaziergänge und Weltfahrten, 3 Bde., Altona 1838–1839

Neues Nummern=Büchlein der Großen und Kleinen Stadt Basel und deren Bann, hrsg. von Heinrich Weiß, Basel 1834

Neues Nummern- und Adreßbuch der Stadt Basel. Unter Zugrundelegung der neuen Strassen- und Häuserbezeichnungen, Basel [1841]

OERI, JOHANN JAKOB, Zum Andenken an D. Chr. Johannes Riggenbach, Professor der Theologie in Basel, Basel [1893]

–, Theodor Meyer-Merian. Ein Lebensbild. Nebst einem Anhange von den Gedichten des Verstorbenen, Basel 1870

Ordnung der Prüfungen bei der theologischen Fakultät und dem theologischen Convent zu Basel, o. O. 1829

Ordnung für die Zöglinge des Pädagogiums, Basel 1829

Erneuerte Predikanten-Ordnung für die Kirchendiener des Cantons Zürich, [Zürich] 1803

Die öffentliche Prüfung der Kantonsschule in Trogen, den 27. März 1828, o. O. o. J.

Rathschlag und Gesetzesentwurf, betreffend die Organisation der Universität und des Pädagogiums, Basel 1835

Schweizerischer Republikaner 1833–1843

Republikaner-Kalender auf das Jahr 1834 von J. J. Reithard, Zürich 3. Aufl. o. J.

Reverentia Erga Seniores. Zur Erinnerung an das Amtsjubiläum der Herren Pfarrer J. J. Oeri in Lausen und Joh. Bovet in Pratteln, gefeiert den 11. Juni 1883 im Bad Bubendorf. Referat und poetische Tischreden, als Manuscript gedruckt, Sissach 1883

Revers des Herrn [...] nach Anleitung des Raths-Beschlußes vom 6. October 1813, [Basel 1813]

RÖSE, FERDINAND, Ein Tag in Basel. Ein Fremdenführer. Kurze Darstellung der Stadt Basel und ihrer nächsten Umgebungen für Fremde und Einheimische, Basel 1840

Sammlung der Gesetze und Beschlüsse wie auch der Polizei-Verordnungen welche seit 26 August 1833 bis Ende 1835 für den Kanton Basel-Stadttheil erlassen worden, Bd. 8, Basel 1838

Sammlung der Gesetze und Beschlüsse wie auch der Polizei-Verordnungen welche seit Anfang 1836 bis Ende 1838 für den Kanton Basel-Stadttheil erlassen worden, Bd. 9, Basel 1839

Officielle Sammlung der seit Annahme der Verfassung vom Jahre 1831 erlassenen Gesetze, Beschlüsse und Verordnungen des Eidgenössischen Standes Zürich, Bde. 1–5, Zürich 1831–1838

Schreiben an den Regierungsrath in Zürich betreffend Dr. Strauß und seine Berufung d. 30.1.1839. Von der E. Geistlichkeit des Bezirks Winterthur, Winterthur o. J

SOUVESTRE, EMIL, La maison rouge, Paris 1837

Statuten der theologischen Facultät der Königlichen Friedrich-Wilhelms-Universität zu Berlin, Berlin 1838

Stillstandsordnung oder Regulatif betreffend die Pflichten und Befugnisse der Kirchenältesten, [Zürich] 1803

STOCKMEYER, IMMANUEL, Leichenrede bei der Beerdigung des Herrn Professor Dr. Friedrich Brömmel sel., gehalten den 3. Februar 1856 bei St. Elisabeth, Basel 1856

STRAUSS, GOTTLIEB, Die Segnungen eines furchtlosen Glaubens. Predigt, gehalten im Betsaale zu Winterthur, am 3. Februar 1839, 3. Auflage Winterthur o. J.

DERS., Sehet zu, wachet und betet! Predigt, gehalten im Betsaale zu Winterthur am 24. Februar 1839, Winterthur o. J.

Synodalordnung oder Regulatif der Zürcherischen Synode, o. O. 1803

Taschenbuch für die Schweizerischen reformierten Geistlichen auf das Jahr 1908, Basel o. J.

Toggenburger, J. C., Beleuchtung der öffentlichen Erklärung, welche Herr Emanuel Biedermann in Trogen der Appenzeller-Zeitung Nro 50 beydrucken ließ. An das Publikum, o. O. o. J.

Troll, Johann Conrad, Von der dankbaren Freude über unsere Schulen. Rede, gehalten am Schulfeste den 7ten May 1830, Winterthur o. J.

–, Geschichte der Stadt Winterthur nach Urkunden bearbeitet, 8 Theile, Winterthur 1840–1850 (Bd. 4, Neudruck Winterthur 1964)

–, Von dem Zwecke unserer Schulen. Rede bey der Feyer des dritten Schulfestes am 13ten May 1822 in der Kirche zu Winterthur gehalten, Winterthur 1822

Uebelin, Johann Jakob, Leichenrede bei der Beerdigung von Herrn M. Emanuel Linder V. D. M., gehalten den 8. 4. 1843, Basel o. J.

Verhandlungen des Großen Raths des Cantons Zürich, Zürich 1831 ff.

Verzeichniß der Stadt-Bürgerschaft von Winterthur auf das Jahr 1830, Winterthur 1830

Amtliches Verzeichniß des Personals und der Studirenden auf der Königl. Friedrich-Wilhelms-Universität auf das Winterhalbejahr von Michaelis 1839 bis Ostern 1840, Berlin 1839

Verzeichniß der Vorlesungen an der Universität zu Basel 1837–1842

Verzeichnis der Vorlesungen, welche von der Friedrich Wilhelm-Universität zu Berlin […] gehalten werden (1839–1842)

Verzeichniß der Vorlesungen, welche an der königl. württembergischen Universität Tübingen im Sommer-Halbjahr 1841 gehalten werden, Tübingen 1841

Verzeichnis sämmtlicher Wohngebäude der Stadtgemeinde Winterthur mit den Nummern, Nahmen dermaligen Eigenthümern und Bewohnern, aufgenommen im Juli 1837

Basellandschaftliches Volksblatt 1842–1844

Christlicher Volksbote aus Basel 1–18 (1833–1850)

Worte der Erinnerung an Dr. Friedrich Heinrich Kern, hrsg. von Ferdinand Christian Baur, Tübingen ²1842

Allgemeine Schweizerische Zeitung (30. April 1835)

Baseler Zeitung 1834–1845

Ziegler, Johann Rudolf, Predigt über Evangelium, Lucä XXI. 29–32. Sonntag den 10ten April 1831 vor der Eidesleistung auf die neue Landesverfassung in der Kirche zu Winterthur, Winterthur o. J.

Ziegler, Jakob Melchior, Ueber die bei uns schon vorhandenen und noch für uns wünschbaren Bildungsmittel, Winterthur 1832

Zimmermann, Johann Heinrich, Das Zürcher Kirchenwesen oder Sammlung der hierüber in Kraft bestehenden Gesetze, Beschlüsse und Verhandlungen seit 1831, Zürich 1839

Des Zürchervolkes Kampf und Sieg für seinen Christusglauben. Februar bis September des Jahres 1839, Zürich 1839

3. *Schriften Alois Emanuel Biedermanns in chronologischer Reihenfolge*

„Die Geister", „Die Bergkapelle" und „Besteigung der Jungfrau" (Gedichte), in: Alpenrosen 1838, Aarau/Thun 1838, S. 97–103

„Das Kind" (Gedicht), in: Alpenrosen 1839, Aarau/Thun 1839, S. 199f.

„Elegie", in: Weihnachtsgabe zum Besten der Wasserbeschädigten in der Schweiz, hrsg. von A. E. Fröhlich, K. R. Hagenbach und K. H. W. Wackernagel, Basel 1839, S. 83–88

Zusammen mit Jakob Burckhardt, Theodor Meyer, Johannes Riggenbach, Fünf Tage jenseits der Alpen, in: Der Wanderer in der Schweiz. Eine malerische Zeitschrift hrsg. von mehrern Freunden des Vaterlandes 4 (1838), S. 115f.; 119–123; 127f.; 131f.; 135f.; 143f.; 147f.; 151; 154f.; 159f.; 162–164

Aus einer Reise nach Italien, in: Der Wanderer in der Schweiz. Eine malerische Zeitschrift hrsg. von mehrern Freunden des Vaterlandes, 5 (1839). Des Wanderer Mittheilungen aus dem Auslande, S. 115f.; 118–120; 123f.; 127f.; 131f.; 135f.; 139f.

„Wirksame Hülfe", „Sonette" (Gedichte), in: Weihnachtsgabe für Hamburg, hrsg. von A. E. Fröhlich, K. R. Hagenbach und W. Wackernagel, Basel 1842, S. 128f.; 177f.

Ueber die Persönlichkeit Gottes. Mit besonderer Berücksichtigung von Strauss' Glaubenslehre und Rosenkranz' Recension derselben, in: ThJb(T) 1 (1842), S. 205–263

Protest gegen die evangelische Kirchenzeitung, in: Schweizerischer Republikaner, Nr. 101, 20.12.1842, Beilage zu Nr. 101, S. 417f.

Die freie Theologie oder Philosophie und Christenthum in Streit und Frieden, Tübingen 1844

Prospekt (von Biedermann und Riggenbach gemeinsam)[2], in: KGw 1 (1845), S. 1–6

Was ist Religion?, in: KGw 1 (1845), S. 7–18[3]

Die Zukunft der Kirche[4], in: KGw 1 (1845), S. 39–42

Der Maaßstab des Christlichen, in: KGw 1 (1845), S. 49–63

Fünf Artikel christlichen Glaubens und fünf Artikel heglischen Wissens, in: KGw 1 (1845), S. 132–146

Der Bibelglaube unserer Zeit, in: KGw 1 (1845), S. 147–168

Staat und Kirche, in: KGw 1 (1845), S. 185–209

Noch einmal die fünf Artikel, in: KGw 1 (1845), S. 209–224

Esoterisch und exoterisch oder die Akkomodation, in: KGw 1 (1845), S. 243–259

Das Gespenst des Pantheismus und die Vorstellung von der Persönlichkeit Gottes, in: KGw 1 (1845), S. 261–280

Das apostolische Glaubensbekenntnis und die schweizerische Predigerversammlung in Zürich. (Den 23. Juli 1845.), in: KGw 1 (1845), S. 333–347

Der neue Bileam, in: KGw 1 (1845), S. 368–375

Inwiefern ist die Kirche Staatsanstalt?, in: KGw 1 (1845), S. 458–479

Die Vorfragen über das Leben Jesu, in: KGw 2 (1846), S. 25–41; 105–128; 249–272

Der Zufall, in: KGw 2 (1846), S. 128–145

Zwei Sendschreiben an Herrn Pfarrer Dr. Romang, in: KGw 2 (1846), S. 177–225

Das Wesen des Deutschkatholizismus oder die Versöhnung des Glaubens und der Wissenschaft. Sonntägliche Vorträge von Karl Scholl, deutschkatholischem Geistlichen in Mannheim, in: KGw 2 (1846), S. 421–436

Dießseits und Jenseits, bei Anlaß der Zeller'schen Aufregung in Bern, in: KGw 3 (1847), S. 155–173; 226–253

Politische Predigten und ihre Anfechtungen, in: KGw 3 (1847), S. 450–464

Der Staatsrath von Waadt und die kirchliche Freiheit, in: KGw 4 (1848), S. 49–58

Der Amtsmißbrauch in Bern, in: KGw 4 (1848), S. 148–156

Wer ist nicht weltlichen Standes?, in KGw 4 (1848), S. 201–208

Die Revoluzion. 1. Die Obrigkeit von Gottes Gnaden und die Volkssouveränität; 2. Freie Kirche – und freie Kirche, in: KGw 4 (1848), S. 285–336

Der Dekalog im Katechismus, in: KGw 4 (1848), S. 415–424

Unsere junghegelsche Weltanschauung oder der sogenannte neuste Pantheismus. Allen Denkenden J. P. Romangs gewidmet, in: KGw 5 (1849), S. 1–208 (= Zürich 1849)

Angebliche Enthüllungen über Geburt und Tod Jesu, in: KGw 6 (1850), S. 81–138

Stellung und Aufgabe der Philosophie in der Theologie. Akademische Antrittsrede, 31. Oktober 1850, Zürich 1850 (= Biedermann, Vorträge, S. 1–23)

---

[2] So Biedermann an E. Zeller, 2.2.1845: UBTü Md 747.

[3] Ebd.

[4] Ebd. Biedermann schreibt an Zeller: „Es interessiert Sie vielleicht, die Namen der Verfasser von den einzelnen Aufsätzen im ersten Heft der K.d.G. zu wissen. Das Prospekt ist von Riggenbach (Pfr. in Benwil, Basellandschaft) und mir zusammen. Was ist Religion von mir. Welt und Kirche von Riggenbach. Die Zürchersynode von meinem Mitherausgeber Fries (Cand.) in Zürich. Die Zukunft der Kirche von mir. Die Immanuelpredigt von Cand. Ritt in Zürich. Sie sehen- alles junge Garde, die neben Namen von Klang und Gewicht Mühe haben wird sich Geltung zu verschaffen."

Das Jenseits der Naturvölker. Akademischer Vortrag, gehalten den 4. Dezember 1851, in: KGw 6 (1850), S. 406–433 (= Biedermann, Voträge, S. 24–50)

Die Pharisäer und Sadducäer. Akademischer Vortrag gehalten den 9. Februar 1854, Zürich 1854

Leitfaden für den Religionsunterricht an höhern Gymnasien, Zürich 1859

Beleuchtungen, in: ZRKS 1 (1859), S. 253–267

Die Propheten des Alten Bundes, ZRKS 2 (1860), S. 131–144; 156–167 (= Winterthur o. J.)

Die Stellung Jesu zur Schrift und die unsrige, in: ZRKS 2 (1860), S. 496–503

Ferdinand Christian Baur, geb. den 21. Januar 1792, gest. den 2. Dezember 1860, in: ZRKS 3 (1861), S. 130–140; 150–163; 175–184; 195–204; 217–228; 246–261; 269–275 (= Biedermann, Vorträge, S. 105–185)

Die „Zeitstimmen" vor dem Richterstuhl der evangelischen Allianz. Offenes Schreiben an Herrn Professor Dr. Riggenbach in Basel, in: ZRKS 4 (1862), S. 40–44; 63–81; 85–101; 109–123; 129–143; 149–164; 173–188; 193–203; 213–226; 229–243; 249–264

Ein christliches Privatgymnasium für die Schweiz, in: ZRKS 5 (1863), S. 117–128; 133–143; 153–168

Herr Dr. Held und die freie Theologie in der Schweiz, in: ZRKS 6 (1864), S. 44–56; 74–94

Die Aufklärung, in: ZRKS 6 (1864), S. 104–127

Das Glaubensbekenntniß der 78, in: ZRKS 7 (1865), S. 85–100; 109–128

Ein enfant terrible, in: ZRKS 7 (1865), S. 129–142

Der religiöse Roman, in: ZRKS 9 (1867), S. 61–74; 77–92 (= Biedermann, Vorträge, S. 51–83)

Theodor Meyer, in: NZZ 1867, Nrn. 359f., S. 1691–1693; 1697–1699

Schleiermacher. Festrede, gehalten an der von der theologischen Facultät veranstalteten Feier von Schleiermachers 100jährigem Geburtstag, den 21. November, in: ZRKS 10 (1868), S. 457–478 (= Biedermann, Vorträge, S. 186–210)

Christliche Dogmatik, Zürich 1869

Das religiöse Drama, in: ZRKS 12 (1870), S. 25–36; 41–48; 57–65 (= Biedermann, Vorträge, S. 84–104)

Voltaire von Strauss, in: ZRKS 12 (1870), S. 373–379; 393–403 (= Biedermann, Vorträge, S. 231–249)

Apologetische Vorträge in Zürich, in: ZRKS 13 (1871), S. 43–54; 57–64; 73–86; 93–103; 113–122

Das Realgymnasium und die Lehrerbildung im neuen Schulgesetz, Zürich 1871

Eine Bilanz über die rationellen Grundbegriffe der Religion, in: ZWTh 14 (1871), S. 1–30

Referat über das Thema: Welches sind die dringendsten Aufgaben der protestantischen Apologetik in der Gegenwart? Vorgetragen an der 34. Jahresversammlung der schweiz. reformirten Predigergesellschaft in Zürich am 25. August 1874, Zürich 1874 (= Biedermann, Vorträge, S. 250–281)

Strauss und seine Bedeutung für die Theologie. Rektoratsrede, gehalten an der Stiftungsfeier der Zürcher Hochschule, den 29. April 1875, in: JPTh 1 (1875), S. 561–582 (= Leipzig 1875 und Biedermann, Vorträge, S. 210–230)

David Fries, in: NZZ 1875, Nrn. 434; 436; 439; 441; 443; 445, o. S.

Der „christliche Volksbote" aus Basel über Lang's Tod, in: ZRKS 5 (1876), S. 117–123

Eine persönliche Erklärung, in: ZRKS 5 (1876), S. 228–230

Heinrich Lang, Zürich 1876

Die Dogmatik von Lipsius (Rez.), in: PKZ 24 (1877), Nrn. 2–6, Sp. 21–32; 45–52; 65–72; 89–96; 105–111

Pfleiderer's Religionsphilosophie (Rez.), in: PKZ 25 (1878), Nrn. 49–52, Sp. 1029–1039; 1066–1073; 1081–1088; 1101–1109

Altes und Neues aus dem Schatze christlicher Erkenntniß, in: ZRKS 8 (1879), S. 145–150; 173–176

Richtungen und Parteien, in: ZRKS (NF) 1 (1881), S. 5–11

Erinnerungen, in: ZRKS (NF) 1 (1881), S. 163–167; 181–186; 194–202; 209–216; 221–228; 244–261 (= Biedermann, Vorträge, S. 378–433)

Unsere Stellung zu Christus. Vortrag, gehalten in der Versammlung des „Schweizerischen Vereins für freies Christentum", in: PKZ 29 (1882), Nrn. 29f., Sp. 673–685; 699–707 (= Berlin 1882 und Biedermann, Vorträge, S. 282–312)

E. von Hartmann's Religionsphilosophie (Rez), in: PKZ 29 (1882), Nrn. 47–52, Sp. 1095–1105; 1114–1120; 1133–1144; 1164–1175; 1181–1192; 1205–1216

Strauss et la théologie contemporaine, Lausanne 1882

Christ le centre de notre foi, Genève 1883

Eine Ehrenrettung, in: PKZ 31 (1884), Nr. 50, S. 1085–1100 (= Berlin 1885 und Biedermann, Vorträge, S. 434–457)

Aus dem Leben meines Vaters, Zürich 1884 (= Biedermann, Vorträge, S. 313–377)

Christliche Dogmatik. Bd. 1: Der principielle Theil, Berlin ²1884, Bd. 2: Der positive Theil, Berlin ²1885

Nos Adversaires de gauche (Traduit de l'allemand par Charles Ritter), Separatdruck aus: Etrennes chrétiennes, o.O., o.J.

Ausgewählte Vorträge und Aufsätze mit einer biographischen Einleitung von Johannes Kradolfer, Berlin 1885

4. Gedruckte Briefe A. E. Biedermanns

Adressaten	Anzahl	Jahr	Quellen
H. R. von Frank	2	1884	FRANZ HERMANN REINHOLD VON FRANK, Geschichte und Kritik der neueren Theologie, insbesondere der systematischen, seit Schleiermacher, Leipzig ²1885, S. 187–189
Adolf Hilgenfeld	1	30.3.1870	HELMUT PÖLCHER, Adolf Hilgenfeld und das Ende der Tübinger Schule. Untersuchungen zur Geschichte der Religionswissenschaft im 19. Jahrhundert, Diss. Erlangen 1961, S. 321
Andreas Salomé Lou	1	1883	LOU ANDREAS-SALOMÉ, Lebensrückblick. Grundriß einiger Lebenserinnerungen, Zürich/Wiesbaden 1951, S. 310–312
Theodor Meyer	Zitierungen aus Briefen		ERNST JENNY, Theodor Meyer-Merian. Ein Basler Literatur- und Kulturbild aus dem 19. Jahrhundert, Basel 1920
Friedrich Oehninger	Zitierungen aus Briefen	1878–1881	FRIEDRICH OEHNINGER, Miniaturbilder aus persönlichem Verkehr mit Vertretern verschiedener Kirchen und Richtungen, Basel 1893, S. 100–112
Franz Overbeck	2	1873–1874	PAUL BURCKHARDT, Aus der Korrespondenz von A. E. Biedermann 1819–1885, in: Aus fünf Jahrhunderten Schweizerischer Kirchengeschichte, Festschrift Paul Wernle, Basel 1932, S. 337–345; 347–349; 351f.
Johann Peter Romang	1	9.3.1867	BURCKHARDT, Korrespondenz. S. 333–337 (UBBS B.II.795)
David Friedrich Strauß	4	1868–1872	CONRAD WILHELM KAMBLI, D. F. Strauss, Basel 1896, S. 19; 40–42

David Friedrich Strauß	1	1844	BURCKHARDT, Korrespondenz, S. 326f. (UBBS B.II.894)
Wilhelm Vatke	12	1841–1880	HEINRICH BENECKE, Wilhelm Vatke in seinem Leben und seinen Schriften, Bonn 1883, S. 410ff.; 422–426; 440; 467; 493f.; 577f.; 607f.; 618f.
Friedrich Salomon Vögelin	2	1864	PETER SCHULZ, Friedrich David Salomon Voegelin und A. E. Biedermann, in: NZZ 253 (1969), S. 51f.

II. Literatur

1. Literatur über A. E. Biedermann

ACHELIS, ERNST C., Aloys Emanuel Biedermann, in: ADB 46, S. 540–543

BALLMER, KARL, A. E. Biedermann heute! Zur theologischen Aufrüstung, Bern 1941

BAUR, AUGUST, Dr. Alexander Schweizer: „Die christliche Glaubenslehre nach protestantischen Grundsätzen" und Dr. A. E. Biedermann: „Christliche Dogmatik" nach ihren Grundgedanken vergleichend dargestellt, in: JPTh 2 (1876), S. 193–238

BAUR, HANS, Biedermanniana in: Schweizerisches Protestantenblatt 47 (1924), S. 236–239; 242–244; 253–256

–, Jakob Burckhardt und Alois Biedermann, in: Schweizerisches Protestantenblatt 48 (1925), S. 353f.; 361f.; 369f.

–, Prophete rechts, Prophete links, das Weltkind in der Mitten, in: Schweizerisches Protestantenblatt 43 (1920), S. 126–128; 133–136; 140–142; 175f.; 182–184; 187–190; 195–197

BAUTZ, FRIEDRICH WILHELM, Alois Emanuel Biedermann, in: BBKL 1, Sp. 583f.

BÜHLER, ANDREAS, Zweimal Kirche und Staat, in: Freude am Evangelium. Alfred de Quervain zum 70. Geburtstag am 28. September 1966, hrsg. von Johann Jakob Stamm und Ernst Wolf, München 1966, S. 19–26

BURCKHARDT, PAUL, Aus der Korrespondenz von A. E. Biedermann 1819–1885, in: Aus fünf Jahrhunderten Schweizerischer Kirchengeschichte, Festschrift Paul Wernle, Basel 1932, S. 317–358

DELLSPERGER, RUDOLF, Alois Emanuel Biedermann, in: TRE 6, S. 484–488

–, Alois Emanuel Biedermann (1819–1885) – Freie Theologie, in: Gegen die Gottvergessenheit. Schweizer Theologen im 19. und 20. Jahrhundert, hrsg. von Stephan Leimgruber und Max Schoch, Basel/Freiburg im Breisgau/Wien 1990, S. 86–103

FINSLER, GEORG, Rede bei der Beerdigung des Herrn Professor Biedermann in Zürich, in: VRKS Nr. 6, 7. Februar 1885, S. 38f.

FLEISCH, URBAN, Die erkenntnistheoretischen und metaphysischen Grundlagen der dogmatischen Systeme von A. E. Biedermann und R. A. Lipsius kritisch dargestellt, Berlin 1901 (= Diss. theol. Zürich und Naumburg an der Saale 1901)

FRIES, DAVID, Die freie Theologie, in: KGw 1 (1845), S. 74–84; 114–124

GERMANN-GEHRET, ROLF, Alois Emanuel Biedermann (1819–1885). Eine Theodicee des gottseligen Optimismus, Bern/Frankfurt am Main/New York 1986

GUGGISBERG, KURT, Alois Emanuel Biedermann. Unveröffentlichtes aus den Papieren seiner Jugendzeit, in: Jahrbuch der literarischen Vereinigung, Winterthur 1943, S. 76–97

–, Biedermann, in: NDB 2, S. 221

GYLLENKROK, AXEL, A. E. Biedermanns Grundlegung der Dogmatik, Uppsala 1943

HACK, VALENTIN, Das Wesen der Religion nach A. Ritschl und A. E. Biedermann, Leipzig 1911

HANNE, JOHANN WILHELM, Rez.: A. E. Biedermann, Die freie Theologie, oder Philosophie und Christenthum in Streit und Frieden, in: ARTL 48 (1845), S. 231–244

HARTMANN, EDUARD VON, Der „reine Idealismus" Biedermann's und Rehmke's, in: ZPPK 88 (1886), S. 161–179

HENNIG, MAX, A. E. Biedermanns Psychologie der religiösen Erkenntnis, Leipzig 1902

HEYDORN, [Wilhelm], Biedermann, in: RGG 1, Sp. 1235–1237

KAFTAN, JULIUS, Rez. von A. E. Biedermann, Christliche Dogmatik, in: ThLZ 10 (1885), Sp. 213–217; 230–235

KARL, WILHELM, Das theologische System von A. E. Biedermann nach der zweiten Auflage seiner christlichen Dogmatik, in Kürze dargestellt und beleuchtet. Vortrag, gehalten im Wissenschaftl. Predigerverein zu Karlsruhe am 28. Juni 1892, Karlsruhe 1892

KÖHLER, WALTHER, Wesen und Wahrheit der Religion nach A. E. Biedermann, in: PrM 25 (1921), S. 210–233

KRADOLFER, JOHANNES, Biographische Einleitung, in: Alois Emanuel Biedermann. Ausgewählte Vorträge und Aufsätze, hrsg. von dems., Berlin 1885, S. 1*–57*

KREYENBÜHL, JOHANNES, Alois Emanuel Biedermann (Nekrolog), in: NZZ 1885, Nrn. 37, 39, 41–43, o. S.

LANG, HEINRICH, Dogmatik von A. E. Biedermann, in: ZRKS 11 (1869), S. 85–90

LIPSIUS, RICHARD ADELBERT, Zum Ehrengedächtnis Biedermann's, JPTh 11 (1885), S. 545–549

MARKWART, OTTO, Erinnerungen an Prof. Biedermann, in: NZZ 1885, Nr. 164f., o. S.

MEHLHORN, PAUL, Zum Gedächtniss Biedermanns, in: JPTh 12 (1886), S. 176–227

–, Ein Meister der spekulativen Theologie. Zum hundertsten Geburtstag Emanuel Biedermanns, in: PrM 23 (1919), S. 49–65

MEILI, FRIEDRICH, Dr. Alois Emanuel Biedermann, in: ThZS 2 (1885), S. 306–312

MEYER VON KNONAU, GEROLD, Versuch einer Reconstruction des von Herrn Professor A. E. Biedermann sel. am 14. December 1883 vor der Section Uto gehaltenen Vortrages: „Reiseerinnerungen", Sep.-Abdruck aus der Schweizer Alpen-Zeitung, Zürich 1885

MOOSHERR, THEODOR, A. E. Biedermann nach seiner allgemeinphilosophischen Stellung, Diss. phil., Jena 1893

Nachrufe (chronologisch):

RITTER, CHARLES, Aloys Emanuel Biedermann, in: L'Alliance libérale. Organe du Christianisme libéral, Nr. 5, Genève, 31. Januar 1885, S. 17

Aloys Emanuel Biedermann, in: Basler Nachrichten, 4. Februar 1885, Beilage zu Nr. 29, o. S.

WEBSKY, JULIUS, D. A. E. Biedermann, in: PKZ 32 (1885), Sp. 97f.

RIGGENBACH, CHRISTOPH JOHANNES, Alois Emanuel Biedermann, in: Der Kirchenfreund. Blätter für evangelische Wahrheit und kirchliches Leben, Nr. 3, 6.2.1885, S. 38–41

M., P., A. E. Biedermann, in: Süddeutsches evangelisch-protestantisches Wochenblatt. Organ des badischen und hessischen Protestantenvereins, Nr. 6, 7.2.1885, S. 22f.

A. E. Biedermann's Begräbnis, in: PKZ 32 (1885), Sp. 145–150

Aus A. E. Biedermanns geistigem Nachlaß, in: Deutsches Protestantenblatt 18 (1885), S. 154f.

NECK, KARL, Das Problem der wissenschaftlichen Grundlegung der Theologie bei Alois Emanuel Biedermann, Schleitheim 1944

ODENWALD, THEODOR, A. E. Biedermann, in: RGG² 1, Sp. 1096f.

–, A. E. Biedermann in der neueren Theologie, Leipzig 1924

OEHNINGER, FRIEDRICH, Miniaturbilder aus persönlichem Verkehr mit Vertretern verschiedener Kirchen und Richtungen, Basel 1893, S. 100–112

OERI, JOHANN JAKOB, Persönliche Erinnerungen an Alois Emanuel Biedermann, in: KBRS 1 (1886), Nrn. 7–18, S. 26–28; 30–32; 34f.; 37–40; 42f.; 46f.; 50–52; 54–56; 58–60; 62–64; 66–68; 70–72

OTTE, KLAUS, Durch Gemeinde zur Predigt. Zur Verhältnisbestimmung von Theologie und Predigt bei Alexander Schweizer und Alois Emanuel Biedermann, Frankfurt am Main/Bern/Las Vegas 1979

–, Die Theologie der Predigt bei A. Schweizer und A. E. Biedermann, in: ThZ 36 (1980), S. 26–39

PERRIRAZ, LOUIS, Alexandre Schweizer, Alois Emanuel Biedermann, in: CFTUL 10 (1942), S. 86–153

–, Alexandre Schweizer (1808–1888) – Aloïs Emanuel Biedermann (1819–1885), Lausanne 1942

PFISTER, OSKAR, Die Genesis der Religionsphilosophie A. E. Biedermanns, untersucht nach Seiten ihres psychologischen Ausbaus in: SThZ 14 (1897), S. 178–196; 231–254; SThZ 15 (1898), S. 17–33; 65–81 (= Zürich 1898)

–, Neue Studien über A. E. Biedermann, in: SThZ 19 (1902), S. 122–128

PFLEIDERER, OTTO, Biedermann's Gottes- und Offenbarungsbegriff, in: ZWTh 13 (1870), S. 1-19

–, Biedermann, in: Preußisches Jahrbuch 57 (1886), S. 52–76

Professor Biedermann über die Aufhebung des „Taufzwanges", in: KBRS 5 (1890), S. 9–11

PÜNJER, GEORG CHRISTIAN BERNHARD, Rez.: Biedermann, Christliche Dogmatik, 2. Auflage, in: ZPPK 86 (1885), S. 300–318

REINMUTH, OLAF, Religion und Spekulation. A. E. Biedermann (1819–1885). Entstehung und Gestalt seines Entwurfs im Horizont der zeitgenössischen Diskussion, Diss. theol. Wien 1993 (Ms.)

RIGGENBACH, CHRISTOPH JOHANNES, Brief an Alois Biedermann, in: Der Kirchenfreund 32 (1898), S. 161–168

ROMANG, JOHANN PETER, Junghegelsche Setzlinge in der Schweiz, oder Wesen und Tendenz der sogenannten freien Theologie von A. E. Biedermann, in: Zukunft der Kirche 2 (1846), S. 25f.; 35–38; 54–57; 61–64; 85f.; 93–95

–, Ueber Herrn Biedermanns Erwiderung gegen den Aufsatz: Junghegelsche Setzlinge, in: Zukunft der Kirche 2 (1846), S. 192–194; 199–203

–, Rez. von: A. E. Biedermann, Unsere junghegelsche Weltanschauung, oder der sogenannte Pantheismus, in: KBRS 5 (1849), S. 192–194

–, Der neueste Pantheismus, oder die junghegelsche Weltanschauung, nach ihren theoretischen Grundlagen und praktischen Consequenzen. Allen Denkenden gewidmet, Bern/Zürich 1848

ROTHERT, H. J., Biedermann in: EKL 1, Sp. 517

RUB, KARL, Die Erkenntnistheorie von R. A. Lipsius verglichen mit denjenigen von A. E. Biedermanns und A. Ritschls. Vortrag gehalten im Wissenschaftlichen Predigerverein zu Karlsruhe am 27. Juni 1893, Karlsruhe 1893

S[CHWEIZER]R, [ALEXANDER]: Rez.: A. E. Biedermann, Unsere junghegelsche Weltanschauung oder der sogenannte neueste Pantheismus, in: KBRS 6 (1850), S. 59f.; 66f.

SCHNEIDER, FRIEDRICH, Alois Emanuel Biedermann, Wilhelm Schuppe und Johannes Rehmke, Diss. phil., Bonn 1939

SCHULZ, PETER, Julius Kaftan und Alois Emanuel Biedermann, in: SThU 30 (1960), S. 116–123

–, Friedrich David Salomon Voegelin und A. E. Biedermann, in: NZZ 253 (1969), S. 51f.

STÄHELIN, RUDOLF, A. E. Biedermannn, in: RE³ 3, S. 203–208

VIAL, THEODORE M., A. E. Biedermann's Filial Christology in Its Political Context, in: ZNThG 3 (1996), S. 203–224

–, Theodore M., A. E. Biedermann and the liturgy debate in mid-nineteenth century Zurich. A test case of the role of a Christian theologian, Diss. phil. Chicago, Ann Arbor (Mich.) 1994

WIDMER-HUBER, THOMAS, „Positive" und „liberale" Theologie im Disput – Die Auseinandersetzung zwischen Christoph Johannes Riggenbach im Referat vor der Evangelischen Allianz und Alois Emanuel Biedermann in der Zeitschrift „Zeitstimmen" im kirchlichen Richtungsstreit in der zweiten Hälfte des 19. Jahrhunderts in der Schweiz, Akzessarbeit Bern 1993 (Ms.)

WUHRMANN, WILLY, Das freie Christentum in der Schweiz. Festschrift zum 50jährigen Jubiläum des Schweizerischen Vereins für freies Christentum, Zürich 1921, S. 6–13

2. Sonstige Literatur

AFSPRUNG, JOHANN MICHAEL, Reise durch einige Cantone der Eidgenossenschaft, hrsg. von Thomas Höhle, Leipzig 1990

ALIOTH, MARTIN, Geschichte des politischen Systems bis 1833, in: Das politische System Basel-Stadt, hrsg. von Lukas Burckhardt u. a., Basel/Frankfurt am Main 1984, S. 17–36

ALIOTH, MARTIN, ULRICH BARTH, DOROTHEE HUBER, Basler Stadtgeschichte, Bd. 2: Vom Brükenschlag 1225 bis zur Gegenwart, Basel 1981

ALTERMATT, URS, Katholizismus und Moderne. Zur Sozial- und Mentalitätsgeschichte der Schweizer Katholiken im 19. und 20. Jahrhundert, Zürich 1989

ANDERSON, GEORGE H., Challenge and Change within German Protestant Theological Education during the 19th Century, in: ChH 39 (1970), S. 36–48

ANDREAS-SALOMÉ, LOU, Lebensrückblick. Grundriß einiger Lebenserinnerungen, Zürich/Wiesbaden 1951

ANDREY, GEORGES, Auf der Suche nach dem neuen Staat (1798–1848), in: Geschichte der Schweiz und der Schweizer, Bd. 2, Basel/Frankfurt am Main 1983, S. 177–287 (Studienausgabe S. 527–637)

ANGEHRN, EMIL, Vernunft in der Geschichte? Zum Problem der Hegelschen Geschichtsphilosophie, in: ZPhF 35 (1981), S. 341–364

ANTON, KARL HEINZ, Religion unter Aspekten von Begriff und Vorstellung. Studie zur Religionsphilosophie Hegels, Diss. phil. Duisburg 1980

APPENZELLER, JOHANN CONRAD, Johann Conrad Appenzeller, in: Sammlung Bernischer Biographien, Bd. 1, Bern 1884, S. 6–16

ASEN, JOHANNES, Gesamtverzeichnis des Lehrkörpers der Universität Berlin, Bd. 1, 1810–1945, Leipzig 1955

Historischer Atlas der Schweiz, Aarau ²1958

BACHMANN, JOHANNES, Ernst Wilhelm Hengstenberg. Sein Leben und Wirken, 3 Bde., Gütersloh 1876–1892

BACHMAIER, HELMUT, Anastasius Grün, in: KnLL 6, S. 950–952

BACKS, SILVIA, Dialektisches Denken in Rankes Geschichtsschreibung bis 1854, Köln/Wien 1985

BAER, C. H., Die Kunstdenkmäler des Kantons Basel-Stadt, Bd. 3: Die Kirchen, Klöster und Kapellen, Basel 1941

BAHRDT, HANS PAUL, Identität und biographisches Bewußtsein. Soziologische Überlegungen zur Funktion des Erzählens aus dem eigenen Leben für die Gewinnung und Reproduktion von Identität, in: Rolf Wilhelm Brednich u. a., Lebenslauf und Lebenszusammenhang. Autobiographische Materialien in der volkskundlichen Forschung, Freiburg im Breisgau 1982, S. 18–45

BARNIKOL, ERNST, Das ideengeschichtliche Erbe Hegels bei und seit Strauss und Baur im 19. Jahrhundert, in: WZ(H).GS, Heft 1, 1961, S. 281–328

BARTH, CHRISTIAN GOTTLOB, Der Pietismus und die spekulative Theologie. Sendschreiben an Dr. Märklin in Calw, Stuttgart 1839

BARTH, KARL, Offene Briefe 1945–1968, hrsg. von Dieter Koch, Zürich 1984

–, Die kirchliche Dogmatik, Bd. I,1–IV, 4, (München) Zürich 1932–1970

–, Möglichkeiten liberaler Theologie heute, in: SThU 30 (1960), S. 95–101

–, David Friedrich Strauß als Theologe 1839–1939, ThSt(B) 6, Zollikon-Zürich 1939

–, Evangelische Theologie im 19. Jahrhundert, ThSt(B) 49, Zollikon-Zürich 1957

–, Die protestantische Theologie im 19. Jahrhundert. Ihre Vorgeschichte und ihre Geschichte, Zürich ⁵1985

BARTH, PAUL, Basler Bilder und Skizzen aus der Mitte des 19. Jahrhunderts, Basel 1915

BARTH, ROBERT, Protestantismus, soziale Frage und Sozialismus im Kanton Zürich 1830–1914, Zürich 1981

Baselland vor 150 Jahren. Wende und Aufbruch. Neun Beiträge mit Chronologie der Basler Wirren und der eidgenössischen Regenerationszeit 1830–1833, Liestal 1983

BATTENBERG, FRIEDRICH, Das Europäische Zeitalter der Juden. Zur Entwicklung einer Minderheit in der nichtjüdischen Umwelt Europas, 2 Teilbde., Darmstadt 1990

BAUER, BRUNO, Die evangelische Landeskirche Preußens und die Wissenschaft, Neudruck von Leipzig ²1840, Aalen 1972

BAUER, HANS, Von der Zunftverfassung zur Gewerbefreiheit in der Schweiz (1798–1874). Ein Beitrag zur schweizerischen Wirtschaftsgeschichte, Basel 1929

BAUMER, ISO, Volksfrömmigkeit zwischen Theologie und Volkskunde, in: SKZ 149 (1981), S. 366–371

BAUMGARTEN, OTTO, Meine Lebensgeschichte, Tübingen 1929

BAUR, FERDINAND CHRISTIAN, Die Epochen der kirchlichen Geschichtsschreibung, Tübingen 1852

–, Die christliche Gnosis oder die christliche Religions-Philosophie in ihrer geschichtlichen Entwiklung, Tübingen 1835

–, Kirchengeschichte des neunzehnten Jahrhunderts, hrsg. von Eduard Zeller, Tübingen 1862

–, Vorlesungen über die christliche Dogmengeschichte, 3 Bde., Leipzig 1865–1867

BAUTZ, FRIEDRICH WILHELM, Karl Rudolf Hagenbach, in: BBKL 2, Sp. 460–462

BEAMISH, NORTH LUDLOW, History of the king's German legion, Vol. 1/2, London 1832–1837; deutsche Übersetzung: Geschichte der königlichen Deutschen Legion, 2 Teile, Hannover 1832–1837, Berlin ²1906

BECK, JOHANN TOBIAS, Einleitung in das System der christlichen Lehre oder propädeutische Entwicklung der christlichen Lehrwissenschaft, Stuttgart 1838

–, Christliche Reden. 3. Sammlung, Stuttgart 1847

BECKER, WERNER, Der Begriff der Spekulation und seine Stellung im Rahmen der transzendental-philosophischen Erkenntnistheorie der Neuzeit, in: ders., Selbstbewußtsein und Spekulation. Zur Kritik der Transzendentalphilosophie, Freiburg im Breisgau 1972, S. 45–65

BEECK, KARL-HERMANN, Leistung und Bedeutung des mentalitätsgeschichtlichen Ansatzes in der Kirchengeschichte, in: Mentalitätsgeschichtlicher Ansatz und regionalgeschichtliche Forschung, hrsg. vom Archiv der Evangelischen Kirche im Rheinland, Düsseldorf 1989, S. 3–31

BEISSER, FRIEDRICH, Schleiermachers Lehre von Gott dargestellt nach seinen Reden und seiner Glaubenslehre, Göttingen 1970

BENECKE, HEINRICH, Wilhelm Vatke in seinem Leben und in seinen Schriften dargestellt, Berlin 1883

BENRATH, GUSTAV ADOLF, Barbara Juliane von Krüdener, in: TRE 20, S. 122f.

BENZ, ERNST, Hegels Religionsphilosophie und die Linkshegelianer, in: ZRGG 7 (1955), S. 247–270

–, David Friedrich Strauß, in: ZRGG 27 (1975), S. 56–74

BERDING, HELMUT, Leopold von Ranke, in: Deutsche Historiker, hrsg. von Hans-Ulrich Wehler, Göttingen 1973, S. 7–24

–, Moderner Antisemitismus in Deutschland, Frankfurt am Main 1988

BERGER, PETER L., Der Zwang zur Häresie. Religion in der pluralistischen Gesellschaft, Freiburg im Breisgau 1992

BERGIER, JEAN-FRANÇOIS, Die Wirtschaftsgeschichte der Schweiz. Von den Anfängen bis zur Gegenwart, Zürich/Köln 1983

BERINGER, ULRICH, Geschichte des Zofingervereins. Kulturbilder aus dem schweizerischen Studentenleben des neunzehnten Jahrhunderts, 2 Bde., Basel 1895–1907

BERNHARDT, KARL-HEINZ, Die Geschichte des Berliner Lehrstuhls für Altes Testament, in: WZ(B).G 34 (1985), S. 527–532

BERNLOCHER, AUGUST, Der Kanton Zürich in der Restauration, Diss. phil., Zürich 1937

BERNOULLI, AUGUST, Basel in den Dreißigerwirren, 4 Teile, Basel 1907–1910

BERNOULLI, EDUARD, Der religiöse Zustand von Basel im Jahr 1800 und 1850, in: KBRS 6 (1850), Nr. 7, 4.4.1850

BERTHEAU, ERNST, Buxtorf, in: RE³ 3, S. 612–617

BESIER, GERHARD, Religion-Nation-Kultur. Die Geschichte der christlichen Kirchen in den gesellschaftlichen Umbrüchen des 19. Jahrhunderts, Neukirchen-Vluyn 1992

BETZ, WERNER, Vom ‚Götterwort' zum ‚Massentraumbild'. Zur Wortgeschichte von ‚Mythos', in: Mythos und Mythologie in der Literatur des 19. Jahrhunderts, hrsg. von Helmut Koopmann, Frankfurt am Main 1979, S. 11–24

BEYREUTHER, ERICH, Franz Volkmar Reinhard, in: RGG³ 5, Sp. 946

BEYSCHLAG, WILLIBALD, Karl Immanuel Nitzsch. Eine Lichtgestalt der neueren deutsch-evangelischen Kirchengeschichte, Berlin 1872

BIAUDET, JEAN-CHARLES, Der modernen Schweiz entgegen, in: Handbuch der Schweizer Geschichte, Bd. 2, Zürich ²1980, S. 873–986

Fränkische Bibliographie, Bd. IV, hrsg. von Gerhard Pfeiffer, Neustadt/Aisch 1978

Bibliographie der Schweizer Presse unter Einschluß des Fürstentums Liechtenstein, bearb. von Fritz Blaser, 2 Halbbde., Basel 1956–1958

Bibliographie zur Geschichte der Universität Tübingen, bearb. von Friedrich Seck, Gisela Krause, Ernestine Stöhr, Tübingen 1980

BICKEL, WILHELM, Bevölkerungsgeschichte und Bevölkerungspolitik der Schweiz seit dem Ausgang des Mittelalters, Zürich 1947

Allgemeine hannoversche Biographie, Bd. 2: Im alten Königreich Hannover 1814–1866, hrsg. von Wilhelm Rothert, Hannover 1914

BIRKHÄUSER, KASPAR, Der Baselbieter Politiker Stephan Gutzwiler (1802–1875), Liestal 1983

BIRKNER, HANS JOACHIM, Über den Begriff des Neuprotestantismus, in: Beiträge zur Theorie des neuzeitlichen Christentums, hrsg. von dems. und Dietrich Rössler, Berlin 1968, S. 1–15

–, „Liberale Theologie", in: Kirchen und Liberalismus im 19. Jahrhundert, hsrg. von Martin Schmidt und Georg Schwaiger, Göttingen 1976, S. 33–42

BIRNBAUM, WALTER, Theologische Wandlungen von Schleiermacher bis Karl Barth. Eine enzyklopädische Studie zur praktischen Theologie, Tübingen 1963

BITTER, STEPHAN, Johann Eduard Erdmann. Kirchliche Predigt und philosophische Spekulation in der Entwicklung eines theologischen Hegelianers, Rheinbach-Merzbach 1994

BLOCHING, KARL-HEINZ, J. F. Fries' Philosophie als Theorie der Subjektivität, Diss. phil., Münster 1971

BLOESCH, EMIL, Geschichte der schweizerisch-reformierten Kirchen, Bd. 2, Bern 1899

BOCKELMANN, ESKE, Johann Peter Hebel. Alemannische Gedichte, in: KnLL 7, S. 495f.

BONJOUR, EDGAR und ALBERT BRUCKNER, Basel und die Eidgenossen. Geschichte ihrer Beziehungen zur Erinnerung an Basels Eintritt in den Schweizerbund 1501, Basel 1951

–, Basel im Schweizerbund. Basel und die Eidgenossen, Basel 1951

–, Geschichte der Schweiz im 19. und 20. Jahrhundert, in: Geschichte der Schweiz, von Hans Nabholz, Leonhard Muralt, Richard Feller, Edgar Bonjour, Bd. 2, Zürich 1938, S. 313–670

–, Die Universität Basel von den Anfängen bis zur Gegenwart 1460–1960, Basel ²1971

BONWETSCH, G. NATHANAEL, Johann Karl Ludwig Gieseler, in: RE³ 6, S. 663f.

Bosls bayerische Biographie. 8000 Persönlichkeiten aus 15 Jahrhunderten, hrsg. von Karl Bosl, Regensburg 1983

BRAND, ERNST, Die Auswirkungen der deutschen Demagogenverfolgungen in der Schweiz, BZGAK 47 (1948), S. 137–208

BRÄNDLI, ALFRED, Jakob Robert Steiger (1801–1862) als Politiker und Staatsmann. Ein Beitrag zur Geschichte des schweizerischen Frühliberalismus, Diss. phil. I Zürich, Luzern 1953

BREUSS, JOSEF, Das „Leben Jesu" von David Friedrich Strauß und die Hegelsche Philosophie, in: FZPhTh 19 (1972), S. 389–409

BRÖMSE, MICHAEL, Studien zur „Biblischen Theologie" Wilhelm Vatkes, Diss. theol., Kiel 1973

–, W. Vatkes philosophische Theologie im Streit der Polemik und Apologie, in: Vergessene Theologen des 19. und frühen 20. Jahrhunderts. Studien zur Theologiegeschichte, hrsg. von Eilert Herms und Joachim Ringleben Göttingen 1984, S. 129–145

Brüdersozietät, 200 Jahre Brüdersozietät in Basel, Basel 1940

BRUGGER, HANS, Die schweizerische Landwirtschaft in der ersten Hälfte des 19. Jahrhunderts, Frauenfeld 1956

BRUNNER, EMIL, Der Kanton Zürich in der Mediationszeit 1803–1813, Zürich 1908

Büchsel, Carl, Über die kirchlichen Zustände in Berlin nach Beendigung der Befreiungskriege, Berlin 1870

Buck, Hermann und Ekkehart Fabian, Konstanzer Reformationsgeschichte in ihren Grundzügen, Tübingen 1965

Buess, Eduard, Die kirchlichen Richtungen, Zollikon/Zürich 1953

Bütikofer, Alfred, Winterthur zur Zeit der „Landbote-Gründung", in: Der Landbote 1836–1896. 150 Jahre mitten im Leben, Winterthur 1987, S. 95–118

Burckhardt, Albert, Basels bauliche Entwicklung im 19. Jahrhundert, Teil 1: 1800 bis 1850, in: Basler Jahrbuch 1901, S. 259–279

Burckhardt, Carl Felix, Geschichte der Freiwilligen Akademischen Gesellschaft der Stadt Basel während der ersten 50 Jahre ihres Bestehens, Basel 1885

Burckhardt-Seebass, Christine, Konfirmation in Stadt und Landschaft Basel. Volkskundliche Studie zur Geschichte eines kirchlichen Festes, Basel 1975

Burckhardt, Daniel, Hieronymus Hess, in: Schweizerisches Künstler-Lexikon, Bd. 2, Frauenfeld 1908, S. 53f.

Burckhardt, Paul, Geschichte der Stadt Basel von der Zeit der Reformation bis zur Gegenwart, Basel 1942

–, Die Geschichte der Stadt Basel von der Trennung des Kantons bis zur neuen Bundesverfassung (1833–1848), 3 Teile, Basel 1912–1914

–, Aus dem theologischen Leben Basels im Anfang des 19. Jahrhunderts, in: ThZ 3 (1947), S. 432–437

Burckhardt-Biedermann, Theophil, Geschichte des Gymnasiums zu Basel, Basel 1889

Burkhardt, Helmut, C. F. Spittler und der Basler Theologe W. M. L. de Wette, in: Zur Initiative befreit. C. F. Spittler und unser Auftrag heute, hrsg. von Reinhard Frische, Gießen 1994, S. 35–75

Buri, Fritz, Vermächtnis der Väter. Die Vorsteher der Basler Kirchen seit der Reformation, Basel 1963

Busch, Alexander, Die Geschichte des Privatdozenten. Eine soziologische Studie zur großbetrieblichen Entwicklung der deutschen Universitäten, Stuttgart 1959

Bussmann, Walter, Zur Geschichte des Deutschen Liberalismus im 19. Jahrhundert, in: HZ 186 (1958), S. 527–557

–, Zwischen Preußen und Deutschland Berlin. Friedrich Wilhelm IV. – Eine Biographie, Berlin 1990

–, Julius Stahl, in: Gestalten der Kirchengeschichte, Bd. 9.1: Die neueste Zeit I, hrsg. von Martin Greschat, Stuttgart/Berlin/Köln 1993, S. 325–343

Cesarino, Heleno, Hegels mystisch-geschichtliche Anschauung Gottes als absoluter Geist. Zu Hegels spekulativer Theologie, Würzburg 1983

Chamisso, Adelbert von, Sämtliche Werke, Bd. 1, Darmstadt 1975

Christ, Adolf, Die freiwilligen Vereine des Kantons Basel-Stadt für gemeinnützige, wohlthätige, wissenschaftliche, künstlerische, religiöse, vaterländische, militärische und soziale Zwecke im Jahr 1859, Basel 1859

Christ-Socin, Hermann, Aus Basels Biedermeierzeit, in: Basler Jahrbuch 1943, S. 36–83

Claussen, Detlev, Grenzen der Aufklärung. Zur gesellschaftlichen Geschichte des modernen Antisemitismus, Frankfurt am Main 1987

Clements, R. E., The Study of the Old Testament, in: Nineteenth Century Religious Thought in the West, Vol. 3, ed. by Ninian Smart, John Clayton, Steven Katz and Patrick Sherry, Cambridge/London/New York u.a., 1985, S. 109–141

Conrad, Ernst, Die Lehrstühle der Universität Tübingen und ihre Inhaber (1477–1927), Tübingen 1960 (Ms.)

Cornehl, Peter, Die Zukunft der Versöhnung. Eschatologie und Emanzipation in der Aufklärung, bei Hegel und in der Hegelschen Schule, Göttingen 1971

Craig, Gordon A., Geld und Geist. Zürich im Zeitalter des Liberalismus 1830–1869, München 1988

CUSTER, ANNEMARIE, Die Zürcher Untertanen und die französische Revolution, Diss. phil. I, Zürich 1942

DÄNDLIKER, KARL, Geschichte der Schweiz mit besonderer Rücksicht auf die Entwicklung des Verfassungs- und Kulturlebens von den ältesten Zeiten bis zur Gegenwart, Bd. 3, Zürich 1887

–, Geschichte der Stadt und des Kantons Zürich, 3 Bde., Zürich 1908–1912

–, Der Ustertag und die politische Bewegung der Dreissigerjahre im Canton Zürich, Zürich 1881

DAMOUR, CARL, Die Kirchenpolitik der Helvetik und Ph. A. Stapfer, Diss. phil. I, Zürich 1930

DEJUNG, EMANUEL, Die alten Hausnamen von Winterthur, Winterthur 1944

–, Pestalozzi im Urteil zweier Mitarbeiter, Krüsi und Niederer (1839–1840), Zürich 1961

–, Pestalozzi und Winterthur, Winterthur 1968

DELLSPERGER, RUDOLF, Berns Evangelische Gesellschaft und die akademische Theologie. Beobachtungen zu einem Stück unbewältigter Vergangenheit, in: Auf dein Wort. Beiträge zur Geschichte und Theologe der Evangelischen Gesellschaft des Kantons Bern im 19. Jahrhundert, hrsg. von dems., Markus Nägeli und Hansueli Ramser, Bern 1981, S. 153–221

–, Johann Peter Romang (1802–1875). Philosophische Theologie, christlicher Glaube und politische Verantwortung in revolutionärer Zeit, Bern/Frankfurt am Main 1975

–, Johann Peter Romang im Spiegel seines Briefwechsels, in: Humanität und Glaube. Gedenkschrift für Kurt Guggisberg, hrsg. von Ulrich Neuenschwander und dems., Bern/Stuttgart 1973, S. 147–170

–, Eduard Zellers Verdrängung aus der Theologie, in: Historisch-kritische Geschichtsbetrachtung. Ferdinand Christian Baur und seine Schüler, hrsg. von Ulrich Köpf, Sigmaringen 1994, S. 209–225

DENZLER, ALICE, Die Bevölkerungsbewegung der Stadt Winterthur von der Mitte des 16. bis zum Ende des 18. Jahrhunderts, Winterthur 1940

DE WETTE, ROBERT, Die Familie de Wette. Geschichtliche Nachrichten über dieselbe im Allgemeinen und biographische Mittheilungen über die einzelnen Familienglieder, Arnstadt 1869

DE WETTE, WILHELM MARTIN LEBERECHT, Auffo[r]derung zum Studium der Hebräischen Sprache und Litteratur, Jena/Leipzig 1805

–, Kurze Erklärung des Evangeliums Matthäi, Leipzig 1836, ³1845

–, Beiträge zur Einleitung in das Alte Testament. Bd. 2: Kritik der israelitischen Geschichte. Teil 1: Kritik der Mosaischen Geschichte, Halle 1807

–, Eine Idee über das Studium der Theologie, ed. A. Stieren, Leipzig 1850

–, Lehrbuch der christlichen Dogmatik, in ihrer historischen Entwickelung dargestellt, Teil 1: Biblische Dogmatik Alten und Neuen Testaments. Oder kritische Darstellung der Religionslehre des Hebraismus, des Judenthums und Urchristenthums. Zum Gebrauch akademischer Vorlesungen, Berlin 1813, ²1818, ¹³1831; Teil 2: Dogmatik der evangelisch-lutherischen Kirche nach den symbolischen Büchern und den älteren Dogmatikern, Berlin 1818, ²1821, ³1839

–, Lehrbuch der christlichen Sittenlehre und der Geschichte derselben, Berlin 1833

–, Ueber Religion und Theologie. Erläuterungen zu seinem Lehrbuche der Dogmatik, Berlin ²1821

–, Christliche Sittenlehre, 1. Teil: Die allgemeine Sittenlehre, Berlin 1819

–, Theodor oder des Zweiflers Weihe. Bildungsgeschichte eines evangelischen Geistlichen, 2 Bde., Berlin 1822, ²1828

–, Vatke, in: ThStKr 1837, S. 947–1003

–, Vorlesungen über die Sittenlehre, Teil 1: Die allgemeine Sittenlehre, Berlin 1823

–, Das Wesen des christlichen Glaubens vom Standpunkte des Glaubens dargestellt, Basel 1846

DIERAUER, JOHANNES, Geschichte der Schweizerischen Eidgenossenschaft, Bd. 5: 1798–1848, Gotha ²1922

DIERKEN, JÖRG, Glaube und Lehre im modernen Protestantismus. Studien zum Verhältnis von religiösem Vollzug und theologischer Bestimmtheit bei Barth und Bultmann, sowie Hegel und Schleiermacher, Tübingen 1996

DIETERICI, CARL FRIEDRICH WILHELM, Statistische Übersicht der Stadt Berlin, in: Berliner Kalender 1844, Berlin 1844

DIETRICH, RICHARD, Von der Residenzstadt zur Weltstadt. Berlin vom Anfang des 19. Jahrhunderts bis zur Reichsgründung, in: Das Hauptstadtproblem in der Geschichte. Festgabe zum 90. Geburtstag Friedrich Meineckes, Tübingen 1952, S. 111–139

DOBRAS, WOLFGANG, Konstanz zur Zeit der Reformation, in: Martin Burckhardt, W. Dobras, Wolfgang Zimmermann, Konstanz in der frühen Neuzeit. Reformation – Verlust der Reichsfreiheit – Österreichische Zeit. Geschichte der Stadt Konstanz, Bd. 3, Konstanz 1991, S. 11–146

DÖPMANN, HANS-DIETER, Geschichte des Berliner Lehrstuhls für Kirchengeschichte, in: WZ(B).G 34 (1985), S. 544–553

DOPPLER, PAUL, Organisation und Aufgabenkreis der Stadtgemeinde Basel 1803–1876, Diss. phil., Basel, Ingenbohl 1933

DORNER, ISAAK AUGUST, Spekulative Theologie, in: RE 16, S. 1–13

DOTZAUER, WINFRIED, Freimaurergesellschaften am Rhein. Aufgeklärte Sozietäten auf dem linken Rheinufer vom Ausgang des Ancien Régime bis zum Ende der Napoleonischen Herrschaft, Wiesbaden 1977

DRÄGER, H., Der Liberalismus in ideengeschichtlicher Betrachtung, in: HWP 5, Sp. 265–272

DREHSEN, VOLKER, Philipp Konrad Marheineke (1780–1846), in: TRE 22, S. 109–115

–, Kirchentheologische Vermittlung. Carl Immanuel Nitzsch (1787–1868), in: Profile des neuzeitlichen Protestantismus, Bd. 1: Aufklärung, Idealismus, Vormärz, hrsg. von Friedrich Wilhelm Graf, Gütersloh 1990, S. 287–318

DREWS, ARTHUR, Die deutsche Spekulation seit Kant mit besonderer Rücksicht auf das Wesen des Absoluten und die Persönlichkeit Gottes, Leipzig ³1925

DREY, JOHANN SEBASTIAN, Kurze Einleitung in das Studium der Theologie, mit Rücksicht auf den wissenschaftlichen Standpunkt und das katholische System, Tübingen 1819

DROZ, NUMA, Die Wiedergeburt 1815–1848, in: Die Schweiz im neunzehnten Jahrhundert, hrsg. von Paul Seippel, Bd. 1, Bern/Lausanne 1899, S. 149–276

DÜDING, DIETER, Organisierter gesellschaftlicher Nationalismus in Deutschland (1808–1847). Bedeutung und Funktion der Turner- und Sängervereine für die deutsche Nationalbewegung, München 1984

DÜLMEN, RICHARD VAN, Die Gesellschaft der Aufklärer. Zur bürgerlichen Emanzipation und aufklärerischen Kultur in Deutschland, Frankfurt am Main 1986

–, Religionsgeschichte in der historischen Sozialforschung, in: ders., Religion und Gesellschaft. Beiträge zu einer Religionsgeschichte der Neuzeit, Frankfurt am Main 1989, S. 215–240

DÜNKI, ROBERT, Aspekte des Philhellenismus in der Schweiz 1821–1830, Bern/Frankfurt am Main/Nancy/New York 1984

EBELING, GERHARD, Schleiermachers Lehre von den göttlichen Eigenschaften, in: ZThK 65 (1968), S. 459–494

ECKLIN, THEOPHIL WILHELM, Zur Erinnerung an Franz Dorotheus Gerlach, Basel 1876

EGGELING, HEINRICH, Fries, in: ADB 8, S. 73–81

–, Kant und Fries. Die anthropologische Auffassung der Kritik der Vernunft in ihren wesentlichen Punkten erörtert, Dresden 1875

EGLOFF, ROBERT, Basels Handel und Handelspolitik 1815–1835, Diss. phil. Basel, Mulhouse 1930

EHMANN, JOHANNES, Union und Konstitution. Die Anfänge des kirchlichen Liberalismus in Baden im Zusammenhang der Unionsgeschichte (1797–1834), Karlsruhe 1994

EHRET, HERMANN, Immanuel Hermann Fichte. Ein Denker gegen seine Zeit, Stuttgart 1986

ELERT, WERNER, Der Kampf um das Christentum. Geschichte der Beziehungen zwischen dem evangelischen Christentum in Deutschland und dem allgemeinen Denken seit Schleiermacher und Hegel, München 1921

ELLIGER, WALTER, 150 Jahre Theologische Fakultät Berlin. Eine Darstellung ihrer Geschichte von 1810–1960 als Beitrag zu ihrem Jubiläum, Berlin 1960

ELLWEIN, THOMAS, Die deutsche Universität vom Mittelalter bis zur Gegenwart, Frankfurt am Main ²1992

ELSENHANS, THEODOR, Fries und Kant. Ein Beitrag zur Geschichte und zur systematischen Grundlegung der Erkenntnistheorie, Bd. 1: Historischer Teil. Jakob Friedrich Fries als Erkenntniskritiker und sein Verhältnis zu Kant; Bd. 2: Kritisch-systematischer Teil. Grundlegung der Erkenntnistheorie als Ergebnis einer Auseinandersetzung mit Kant vom Standpunkte der Friesischen Problemstellung, Gießen 1906

ENGELHARDT, ULRICH, „Bildungsbürgertum". Begriffs- und Dogmengeschichte eines Etiketts, Stuttgart 1986

EPPLER, CHRISTOPH FRIEDRICH, Karl Rudolf Hagenbach. Eine Friedensgestalt aus der streitenden Kirche der Gegenwart, Gütersloh 1875

ERB, HANS, Geschichte der Studentenschaft an der Universität Zürich 1833–1936, Diss. phil. I, Zürich 1937

ERDMANN, DAVID, Franz Volkmar Reinhard, in: RE³ 16, S. 560–563

ERDMANN, JOHANN EDUARD, Die deutsche Philosophie seit Hegels Tode. Faksimile-Neudruck der Berliner Ausgabe 1896 mit einer Einleitung von Hermann Lübbe, Stuttgart/Bad Cannstatt 1964

ERNE, EMIL, Die schweizerischen Sozietäten. Lexikalische Darstellung der Reformgesellschaften des 18. Jahrhunderts in der Schweiz, Zürich 1988

FABER, KARL GEORG, Ausprägungen des Historismus, in: HZ 228 (1979), S. 1–22

–, Strukturprobleme des deutschen Liberalismus im 19. Jahrhundert, in: Der Staat 14 (1975), S. 201–227

FABIAN, EGINHARD, Die lange Geburt einer Wissenschaftsmetropole 1789–1870, in: Wissenschaft in Berlin. Von den Anfängen bis zum Neubeginn nach 1945, Berlin-Ost 1987, S. 96–171

FACKENHEIM, EMIL L., The Religious Dimension in Hegel's Thought, Bloomington/London 1967

FEDDERSEN, PETER, Geschichte der Schweizerischen Regeneration von 1830–1848, Zürich 1867

FEHRENBACH, ELISABETH, Vom Ancien Régime zum Wiener Kongreß, München ³1993

FELLER, RICHARD, Die schweizerische Geschichtsschreibung im 19. Jahrhundert, Zürich/Leipzig 1938

–, Die Universität Bern 1834–1934, Bern/Leipzig 1935

FEUERBACH, LUDWIG, Das Wesen des Christentums, Leipzig 1841

FEUZ, ERNST, Julius Fröbel, Seine politische Entwicklung bis 1849, Diss. phil., Bern 1932

FICHTE, IMMANUEL HERMANN, Die speculative Theologie, oder allgemeine Religionslehre, Heidelberg 1847

FIGAL, GÜNTER, Die doppelte Haushaltung. Religionsphilosophie im Anschluß an Hegel, in: Hegel-Studien 24 (1989), S. 107–123

FINSLER, GEORG, Zur Erinnerung an Karl Rudolf Hagenbach, Zürich 1874

–, Die religiöse Erweckung der zehner und zwanziger Jahre unsers Jahrhunderts in der deutschen Schweiz, Zürcher Taschenbuch auf das Jahr 1890, Zürich 1890, S. 90–129

–, Geschichte der theologisch-kirchlichen Entwicklung in der deutsch-reformierten Schweiz seit den dreissiger Jahren, Zürich 1881

–, Kirchliche Statistik der reformirten Schweiz, Zürich 1854

FISCHER, FRIEDRICH, Über den Begriff der Philosophie mit besonderer Berücksichtigung auf seine Gestaltung im absoluten Idealismus, Tübingen 1830

–, Der ontologische Beweis für das Daseyn Gottes und seine Geschichte, Basel 1852

–, Zur Einleitung in die Dogmatik der Evangelisch-Protestantischen Kirche oder über Religion, Offenbarung und Symbol, ein Beitrag zu endlicher Beilegung des Streits zwischen Rationalismus und Supranaturalismus, Tübingen 1828

–, Lehrbuch der Logik für academische Vorlesungen und Gymnasialvorträge, Stuttgart 1838

–, Lehrbuch der Psychologie für akademische Vorlesungen und Gymnasialvorträge, Basel 1838

–, Die Metaphysik, von empirischem Standpunkte aus dargestellt. Zur Verwirklichung der Aristotelischen Metaphysik, Basel 1847

–, Von der Natur und dem Leben der Körperwelt, oder philosophische Physik, Tübingen 1832

–, Die Naturlehre der Seele für Gebildete dargestellt, 3 Teile, Basel 1834–1835

–, Über den Sitz der Seele. Einladungsschrift zur Promotionsfeier des Paedagogiums und zur Eröffnung des Jahreskurses von 1833, Basel 1833

FISCHER, FRITZ, Der deutsche Protestantismus und die Politik im 19. Jahrhundert, in: HZ 171 (1951), S. 473–518

FISCHER, HERMANN, Die Geniepromotion. Ein Gedenkblatt zum dreißigsten Todestag Friedrich Th. Vischers, in: Süddeutsche Monatshefte 4/2 (1907), S. 272–279

FISCHER, OTTO, Evangelisches Pfarrerbuch für die Mark Brandenburg seit der Reformation, Berlin 1941

FLÜCKIGER, FELIX, Die protestantische Theologie des 19. Jahrhunderts, Göttingen 1975

FLÜGEL, OTTO, Die spekulative Theologie der Gegenwart, historisch beleuchtet, Cöthen 1881

FOCK, JOHANNES, Karl Friedrich Göschel (1781–1861). Verteidiger der spekulativen Philosophie, Diss. phil. Kiel, Lengerich (Westf.) 1939

FORSYTH, DOUGLAS, Basler Groß- und Kleinräte 1814–1846. Eine prosopographische Untersuchung, Princeton 1982 (Ms.)

FRÄNKEL, ALBERT, Die religiösen Bewegungen, in: Norddeutsche Blätter für Kritik, Literatur und Unterhaltung 1845, Heft 7, S. 60–71

FRANK, FRANZ HERMANN REINHOLD VON, Geschichte und Kritik der neueren Theologie, insbesondere der systematischen, seit Schleiermacher, Leipzig ²1885, ⁴1908

FRANK, GUSTAV, Geschichte der Protestantischen Theologie. Teil 4: Die Theologie des neunzehnten Jahrhunderts, Leipzig 1905

–, Gerhard Friedrich Abraham Strauß, in: ADB 36, S. 532–534

FRANZ, GÜNTER, Wied, in: BWDG 3, Sp. 3143

FREI, HANS, David Friedrich Strauss, in: Nineteenth Century Religious Thought in the West, Vol. 1, ed. by Ninian Smart, John Clayton, Steven Katz and Patrick Sherry, Cambridge/London/New York u.a., 1985, S. 215–260

FREY, CHRISTOPHER, Reflexion und Zeit. Ein Beitrag zum Selbstverständnis der Theologie in der Auseinandersetzung vor allem mit Hegel, Gütersloh 1973

FRIEDRICH, PETER, Ferdinand Christian Baur als Symboliker, Göttingen 1975

FRIES, JAKOB FRIEDRICH, Neue oder anthropologische Kritik der Vernunft, Heidelberg ²1831 (Nachdruck Aachen 1967)

–, Wissen, Glaube und Ahndung, Jena 1805

FRITZSCHE, BRUNO, Schweizer Städte im 19. Jahrhundert. Moderne Stadtgeschichte als Aufgabe der historischen Forschung, in: SZG 26 (1976), S. 434–447

FRITZSCHE, HANS-GEORG, Zur Geschichte des Berliner Lehrstuhls für Systematische Theologie (1810–1918), in: WZ(B).G 34 (1985), S. 554–558

FRÖBEL, JULIUS, Ein Lebenslauf. Aufzeichnungen, Erinnerungen und Bekenntnisse, Bd. 1, Stuttgart 1890

FUCHS, WERNER, Biographische Forschung. Eine Einführung in Praxis und Methoden, Opladen 1984

Fussboten, Landkutschen und Messagerien der Stadt Basel 1691–1850, zusammengetragen vom PTT-Museum, Bern 1988

GÄBLER, ULRICH, „Auferstehungszeit". Erweckungsprediger des 19. Jahrhunderts. Sechs Porträts, München 1991

–, Philipp Schaff in Chur, 1819–1834. Herkunft, Jugendjahre und geistiges Umfeld des späteren amerikanischen Theologen, in: Zwing. 18 (1989), S. 143–165

–, Die Schweizer – ein „Auserwähltes Volk"?, in: Reformiertes Erbe. Festschrift für Gottfried W. Locher zu seinem 80. Geburtstag, Bd. 1., hrsg. von Heiko A. Oberman u.a., Zürich 1992 (Zwing. 19, T. 1), S. 143–155

GAGLIARDI, ERNST, Geschichte der Schweiz von den Anfängen bis zur Gegenwart, Bd. 3: Von der Reformation bis zum Untergang der alten Staaten (1519–1798), Zürich/Leipzig 1938

GALL, LOTHAR, Bürgertum in Deutschland, Berlin 1989

–, Liberalismus und „Bürgerliche Gesellschaft". Zu Charakter und Entwicklung der liberalen Bewegung in Deutschland, in: HZ 220 (1975), S. 324–356

GANZ, WERNER, Geschichte der Stadt Winterthur vom Durchbruch der Helvetik 1798 bis zur Stadtvereinigung 1922, Winterthur 1979

–, Johann Ulrich Hegner, in: NDB 8, S. 235f.

–, Winterthur. Einführung in seine Geschichte von den Anfängen bis 1798, Winterthur 1960

GASS, WILHELM, Geschichte der christlichen Ethik, Bd. 2,2: Achtzehntes und neunzehntes Jahrhundert. Die philosophische und die theologische Ethik, Berlin 1887

–, Geschichte der protestantischen Dogmatik, Bd. 4: Die Aufklärung und der Rationalismus. Die Dogmatik der philosophischen Schulen. Schleiermacher und seine Zeit, Berlin 1867

GASS, OTTO, Die Trennung beider Basel im Spiegel der zeitgenössischen Propaganda-Literatur, in: Baselbieter Heimatbuch, Bd. 5, Liestal 1950, S. 143–170

GAUSS, KARL, Basilea Reformata. Die Gemeinden der Kirche Basel Stadt und Land und ihre Pfarrer seit der Reformation bis zur Gegenwart, Basel 1930

GAY, PETER, Erziehung der Sinne. Sexualität im bürgerlichen Zeitalter, München 1986

–, Die zarte Leidenschaft. Liebe im bürgerlichen Zeitalter, München 1987

GEBHARDT, JÜRGEN, Politik und Eschatologie. Studien zur Geschichte der Hegelschen Schule in den Jahren 1830–1840, München 1963

GEIGER, LUDWIG, Berlin 1688–1840. Geschichte des geistigen Lebens der preußischen Hauptstadt, Bd. 2: 1786–1840, Berlin 1895 (Nachdruck Aalen 1987)

GEIGER, WOLFGANG, Spekulation und Kritik. Die Geschichtstheologie Ferdinand Christian Baurs, München 1964

GEILFUS, GEORG, Das Leben des Geographen Dr. Jakob Melchior Ziegler, Winterthur 1884

GEISELMANN, JOSEF R., Johann Sebastian Drey, in: LThK² 3, Sp. 573f.

GEISSER, HANS, David Friedrich Strauß als verhinderter (Zürcher) Dogmatiker, in: ZThK 69 (1972), S. 214–258

–, Versuch, die Geschichte des Dr. David Friedrich Strauß ihrer theologiekritischen Abzweckung getreu zu erzählen, in: Theologen und Theologie an der Universität Tübingen, hrsg. von Martin Brecht, Tübingen 1977, S. 344–378

GELZER, HEINRICH, Die geheimen deutschen Verbindungen in der Schweiz seit 1833. Ein Beitrag zur Geschichte des modernen Radikalismus und Communismus, Basel 1847

GELZER, URS, Beziehungen Basels zur Innerschweiz während der Regenerationszeit 1830–1848, Basel/Stuttgart 1957

GENNRICH, PAUL, Der Kampf um die Schrift in der deutsch-evangelischen Kirche des 19. Jahrhunderts, Berlin 1898

GERECKE, ANNELIESE, Johann Martin Usteri, in: KnLL 16, S. 980f.

GERLACH, ANTJE, Deutsche Literatur im Schweizer Exil. Die politische Propaganda der Vereine deutscher Flüchtlinge und Handwerksgesellen in der Schweiz von 1833–1845, Frankfurt am Main 1975

GEROK, KARL, Jugenderinnerungen, Bielefeld/Leipzig ³1876

GERTH, HANS H., Bürgerliche Intelligenz um 1800. Zur Soziologie des deutschen Frühliberalismus, hrsg. von Ulrich Herrmann, Göttingen 1976

Geschichte Berlins, hrsg. von Wolfgang Ribbe, 2 Bde., München ²1988

Geschichte des Kantons Zürich, hrsg. von Nikolaus Flüeler und Marianne Flüeler-Grauwiler, Bd. 1: Frühzeit bis Spätmittelalter, Zürich 1995; Bd. 3: 19. und 20. Jahrhundert, Zürich 1994

Geschichte der Schweiz und der Schweizer, Red. Beatrix Mesmer, Studienausgabe in einem Band, Basel/Frankfurt am Main 1986

Geschichtswissenschaft in Berlin im 19. und 20. Jahrhundert, hrsg. von Reimer Hansen und Wolfgang Ribbe, Berlin 1992

GESTRICH, CHRISTOF, Das Erbe Hegels in der Systematischen Theologie an der Berliner Universität im 19. Jahrhundert, in: 450 Jahre Evangelische Theologie in Berlin, hrsg. von Gerhard Besier und dems., Göttingen 1989, S. 183–206

GIESELER, JOHANN CARL LUDWIG, Rückblick auf die theologischen und kirchlichen Richtungen der letzten fünfzig Jahre, Göttingen 1837

GLOCKNER, HERMANN, Hegel und Schleiermacher im Kampf um die Religionsphilosophie und Glaubenslehre, in: ders., Beiträge zum Verständnis und zur Kritik Hegels sowie zur Umgestaltung seiner Geisteswelt, in: Hegel-Studien, Beiheft 2, Bonn 1965, S. 247–271

–, Krisen und Wandlungen in der Geschichte des Hegelianismus, in: Hegel-Studien, Beiheft 2, Bonn 1965, S. 211–228

–, Die europäische Philosophie von den Anfängen bis zur Gegenwart, Stuttgart [5]1980

–, Friedrich Theodor Vischer und das neunzehnte Jahrhundert, Berlin 1931

GOCKEL, HEINZ, Mythologie als Ontologie. Zum Mythosbegriff im 19. Jahrhundert, in: Mythos und Mythologie in der Literatur des 19. Jahrhunderts, hrsg. von Helmut Koopmann, Frankfurt am Main 1979, S. 25–58

GOEDECKE, KARL, Grundrisz zur Geschichte der deutschen Dichtung aus den Quellen, Bd. 12: Vom Weltfrieden bis zur französischen Revolution, Dresden [2]1929

GOEDEWAAGEN, TOBIE, Hegel und der Pantheismus, in: Hegel-Studien 6 (1971), S. 171–187

GÖSCHEL, CARL FRIEDRICH, Beiträge zur spekulativen Philosophie von Gott und dem Menschen und von dem Gott-Menschen. Mit Rücksicht auf Dr. D. F. Strauss Christologie, Berlin 1838

GOETERS, JOHANN FRIEDRICH GERHARD, Die kirchlichen Vorstellungen König Friedrich Wilhelms IV. und das Ministerium Eichhorn, in: Die Geschichte der Evangelischen Kirche der Union. Ein Handbuch, Bd. 1: Die Anfänge der Union unter landesherrlichem Kirchenregiment (1817–1850), hrsg. von dems. und Rudolf Mau, Leipzig 1992, S. 271–283

GOETZ, KARL, Die Verbindung von Kirche und Staat in der alten reformierten Kirche Basels, in: BZGAK 40 (1941), S. 5–22

GONZENBACH, AUGUST VON, Lebensbild des Prof. Dr. Wilhelm Vischer in Basel, Leipzig 1878

GRAESER, ANDREAS, Kommentar zur „Einleitung zur Phänomenologie des Geistes", Stuttgart 1988

GRAF, FRIEDRICH WILHELM, Ferdinand Christian Baur (1792–1860), in: Klassiker der Theologie, Bd. 2: Von Richard Simon bis Dietrich Bonhoeffer, hrsg. von Heinrich Fries und Georg Kretschmar, München 1983, S. 89–110, 443–447

–, Kritik und Pseudo-Spekulation. David Friedrich Strauß als Dogmatiker im Kontext der positionellen Theologie seiner Zeit, München 1982

–, D. F. Strauß' radikaldemokratische Christologie, in: ThR 54 (1989), S. 190–195

–, David Friedrich Strauß und die Hallischen Jahrbücher. Ein Beitrag zur Positionalität der theologischen Publizistik im 19. Jahrhundert, in: AKuG 60 (1978), S. 383–430

–, Liberale Theologie, in: EKL[3] 3, Sp. 86–98

–, Protestantische Theologie und die Formierung der bürgerlichen Gesellschaft, in: Profile des neuzeitlichen Protestantismus, Bd. 1: Aufklärung, Idealismus, Vormärz, hrsg. von dems., Gütersloh 1990, S. 11–54

–, Frühliberaler Rationalismus. Heinrich Eberhard Gottlob Paulus (1761–1851), in: Profile des neuzeitlichen Protestantismus, Bd. 1: Aufklärung, Idealismus, Vormärz, hrsg. von dems., Gütersloh 1990, S. 128–155

–, Der Untergang des Individuums. Ein Vorschlag zur historisch-systematischen Rekonstruktion der theologischen Hegel-Kritik, in: Die Flucht in den Begriff. Materialien zu Hegels Religionsphilosophie, hrsg. von dems. und Falk Wagner, Stuttgart 1982, S. 274–307

GRAF, GERHARD, Gottesbild und Politik. Eine Studie zur Frömmigkeit in Preußen während der Befreiungskriege 1813–1815, Göttingen 1993

GRANE, LEIF, Die Kirche im 19. Jahrhundert. Europäische Perspektiven, Göttingen 1987

GRASS, HANS, Theologischer und kirchlicher Liberalismus, in: RGG[3] 4, Sp. 351–355

GRESCHAT, MARTIN, Die Bedeutung der Sozialgeschichte für die Kirchengeschichte. Theoretische und praktische Erwägungen, in: HZ 256 (1993), S. 67–103

GROSSMANN, HERMANN, Straußenhandel und Zürichputsch. Quellen und Studien zur Geschichte der helvetischen Kirche, Bd. 10, Zürich 1939

GRÜNDER, KARLFRIED, Die Bedeutung der Philosophie in der Bildung des deutschen Bürgertums im 19. Jahrhundert, in: Bildungsbürgertum im 19. Jahrhundert, Teil 2: Bildungsgüter und Bildungswissen, hrsg. von Reinhart Koselleck, Stuttgart 1990, S. 47–56

GRUNER, ERICH, Die Schweizerische Eidgenossenschaft von der Französischen Revolution bis zur Reform der Verfassung, in: HEG 5, Stuttgart 1981, S. 968–986

GRÜTZMACHER, GEORG, Die Bedeutung der Selbstbiographie für die Geschichte der christlichen Frömmigkeit, Halle 1925

GUGGENBÜHL, GOTTFRIED, Das Erbe der Regeneration, Aarau 1932

GUGGENHEIM, FLORENCE, Vom Scheiterhaufen zur Emanzipation. Die Juden in der Schweiz vom 6. bis 19. Jahrhundert, in: Juden in der Schweiz. Glaube-Geschichte-Gegenwart, hrsg. von Willy Guggenheim, Küsnacht/Zürich [1982], S. 10–53

GUGGISBERG, KURT, Karl Rudolf Hagenbachs Darstellung und Deutung der Reformation, in: Gottesreich und Menschenreich. Ernst Staehelin zum 80. Geburtstag, hrsg. von Max Geiger 1969, S. 467–494

–, Der Freie Protestantismus. Eine Einführung, Bern/Stuttgart ²1952

GÜNTHER, ERNST, Die Entwicklung der Lehre von der Person Christi im XIX. Jahrhundert, Tübingen 1911

HADORN, WILHELM, Die Bedeutung der Basler Kirche für den Schweizerischen Protestantismus, in: KBRS 86 (1930), S. 42–45

–, Geschichte des Pietismus in den Schweizerischen Reformierten Kirchen, Konstanz/Emmishofen [1901]

–, Kirchengeschichte der reformierten Schweiz, Zürich 1907

HAEFELIN, JÜRG, Wilhelm Weitling. Biographie und Theorie. Der Zürcher Kommunistenprozess von 1843, Bern/Frankfurt am Main/New York 1986

HAFNER, ALBERT, Ulrich Hegner's Leben und Wirken (1759–1840). Nach dessen eigenhändigen Aufzeichnungen erzählt, 2 Teile, Winterthur 1885–1887

HAGENBACH, KARL RUDOLF, Über den Begriff und die Bedeutung der Wissenschaftlichkeit im Gebiete der Theologie, Basel 1830

–, Encyklopädie und Methodologie der Theologischen Wissenschaften, Leipzig 1833, ²1845, ³1851, ⁸1869

–, Festrede, gehalten am Vorabend der Säcularfeier von Schleiermachers Geburtstag in der Aula der Universität in Basel, Zürich 1868

–, Kritische Geschichte der Entstehung und der Schicksale der ersten Baslerkonfession und der auf sie gegründeten Kirchenlehre, Basel 1827, ²1857

–, Die Kirchengeschichte des achtzehnten und neunzehnten Jahrhundert aus dem Standpunkte des evangelischen Protestantismus betrachtet in einer Reihe von Vorlesungen, Leipzig 1843

–, Kirchengeschichte von der ältesten Zeit bis zum 19. Jahrhundert, 7. Bde., Leipzig 1869–1872

–, Lehrbuch der Dogmengeschichte, Leipzig 1840–1841, ⁶1888.

–, Mein Glaubensbekenntnis in nuce, Bern 1874

–, Neander's Verdienste um die Kirchengeschichte. Eine akademische Gedächtnisrede gehalten am 4. November 1850, o. O. 1850

–, Die religiöse Physiognomie Basels in der ersten Hälfte dieses Jahrhunderts, in: Basler Nachrichten 1873, Beilage zu den Nrn. 130, 132, 136, 137

–, Die theologische Schule Basels und ihre Lehrer von der Stiftung der Hochschule 1460 bis zu de Wettes Tod 1849, Basel 1860

–, Meine Stellung zu den theologischen Parteien, Bern 1874

–, Ein Vermächtnis Hagenbachs, Bern 1874

–, Ueber die sogenannte Vermittlungstheologie. Zur Abwehr und Verständigung, Zürich 1858 (Abdruck aus KBRS 14 (1858), Nrn. 6–9)

–, De Wette, in: RE 18, S. 61–74

–, Wilhelm Martin Leberecht de Wette. Eine akademische Gedächtnisrede mit Anmerkungen und Beilagen, Leipzig 1850

–, Ueber Ziel und Richtpunkte der heutigen Theologie. Drei in Basel gehaltene Vorträge, Zürich 1867

Handbuch der historischen Stätten Deutschlands, Bd. 8: Sachsen, hrsg. von Walter Schlesinger, Stuttgart 1965

HANDSCHIN, PAUL, Wilhelm Martin Leberecht de Wette als Prediger und Schriftsteller, Basel 1958

HARNACK, ADOLF VON, Die Theologische Fakultät der Universität Berlin (1910), in: ders., Aus Wissenschaft und Leben, Bd. 2, Gießen 1911, S. 154–164

HARRIS, HORTON, The Tübingen School, Oxford 1975

–, David Friedrich Strauss and his Theology, London/New York 1973

HARLESS, GOTTLIEB CHRISTOPH ADOLF, Commentar über den Brief Pauli an die Ephesier, Erlangen 1834

HARTLICH, CHRISTIAN und WALTER SACHS, Der Ursprung des Mythosbegriffes in der modernen Bibelwissenschaft, Tübingen 1952

HARTMANN, J., Eduard Elwert, in: ADB 6, S.76f.

HARTMANN, ROLF, Das Autobiographische in der Basler Leichenrede, Basel/Stuttgart 1963

HASENFUSS, JOSEF, Die Religionsphilosophie bei J. F. Fries, Würzburg 1935

HAUBOLD, ARNDT, Karl Friedrich Göschel (1784–1861). Ein sächsisch-preußisches Lebensbild des Literaten, Juristen, Philosophen, Theologen zwischen Goethezeit und Bismarckära, Bielefeld 1989

HAUSEN, KARIN, Familie als Gegenstand Historischer Sozialwissenschaften. Bemerkungen zu einer Forschungsstrategie, in: GeGe 1 (1975), S.171–209

HAUSER, ALBERT, Schweizerische Wirtschafts- und Sozialgeschichte, Erlenbach-Zürich/Stuttgart 1961

HAUSRATH, ADOLF, David Friedrich Strauß und die Theologie seiner Zeit, 2 Bde., Heidelberg 1876–1878

HAUSS, GISELA, Retten, Erziehen, Ausbilden – Zu den Anfängen der Sozialpädagogik als Beruf. Eine Gegenüberstellung der Entwicklungsgeschichte der Armenschullehrer-Anstalt Beuggen und des Brüderinstitutes am Rauhen Haus in Hamburg, Bern/Berlin/Frankfurt am Main u.a. 1995

HAUSWIRTH, FRITZ, Burgen und Schlösser der Schweiz, Bd. 7: Basel-Landschaft, Basel-Stadt, Solothurn, Kreuzlingen 1971

HAUZENBERGER, HANS, Basel und die Bibel. Die Bibel als Quelle ökumenischer, missionarischer, sozialer und pädagogischer Impulse in der ersten Hälfte des 19. Jahrhunderts, Basel 1996

–, Der „Verein zur Beförderung christlich-theologischer Wissenschaft und christlichen Lebens" und seine Stiftungsprofessur in Basel, in: Basileia – Festschrift für Eduard Buess, hrsg. von Hans Dürr und Christoph Ramstein, Basel 1993, S.127–144

HEER, GOTTFRIED, Die evangelische Geistlichkeit des Landes Glarus 1530–1900, Schwanden 1908

HEINRICI, CARL FRIEDRICH GEORG, D. August Twesten nach Tagebüchern und Briefen, Berlin 1889

–, August Detlev Christian Twesten, in: RE³ 20, S.171–177

HEGEL, GEORG WILHELM FRIEDRICH, Phänomenologie des Geistes, neu hrsg. von Hans-Friedrich Wessels und Heinrich Clairmont, Hamburg 1988

–, Vorlesungen über die Philosophie der Religion, 2 Bde., Frankfurt am Main 1986

–, Vorlesungen über die Philosophie der Religion, hrsg. von Walter Jaeschke, 3 Teile, Hamburg 1983–1984

–, Wissenschaft der Logik, 2 Bde., Frankfurt am Main 1986

HEINZE, MAX, Religionsphilosophie, in: RE³ 16, S.597–630

HELLMAN, ROBERT J., Berlin. The Red Room and white beer. The „Free" Hegelian radicals in the 1840s, Washington 1990

HENGARTNER, THOMAS, Gott und Welt im Emmental. Eine volkskundliche Untersuchung zur Entstehung, Ausbreitung und Gestaltung religiösen Lebens im Rahmen religiöser Sondergruppen, Bern/Stuttgart 1990

HENKE, ERNST LUDWIG THEODOR, Jakob Friedrich Fries. Aus seinem Nachlasse dargestellt, Leipzig 1867

HENRICH, DIETER, Historische Voraussetzungen von Hegels System, in: Hegel im Kontext, Frankfurt am Main 1971, S.41–72

HENRICI, HERMANN, Die Entstehung der Basler Kirchenverfassung, in: SThZ 35 (1918), S.6–15; 40–52; 103–112

–, Die Entwicklung der Basler Kirchenverfassung bis zum Trennungsgesetz (1910). Ein Beitrag zur Geschichte des Staatskirchenrechts, Weimar 1914

HENSCHEN, HANS-HORST, Novalis. „Heinrich von Ofterdingen", in: KnLL 12, S.531–534

HENZIROHS, BEAT, Die eidgenössischen Schützenfeste 1824–1849. Ihre Entwicklung und politische Bedeutung, Diss. phil., Freiburg (CH) 1976

HERMELINK, HEINRICH, Das Christentum in der Menschheitsgeschichte von der französischen Revolution bis zur Gegenwart, 3 Bde., Stuttgart/Tübingen 1951–1955

HERMELINK, SIEGFRIED, Johannes Zahn, in: RGG³ 6, Sp. 1864

HEROLD, M., Johannes Christof Andreas Zahn, in: ADB 44, S. 666–668

HEROLD, OTTO, Dekan Leonhard Herold. Aufzeichnungen aus seinem Leben, Chur 1902

HERMANN, RUDOLF, Systematisch bedeutsame Motive aus der Theologie des 19. Jahrhunderts, in: Das Erbe des 19. Jahrhunderts, hrsg. von Wilhelm Schneemelcher, Berlin 1960, S. 1–20

HERRMANN, WILHELM, Die speculative Theologie in ihrer Entwicklung durch Daub, dargestellt und gewürdigt, Hamburg/Gotha 1847

HERTER, EUGEN, Winterthur zur Zeit des „Straussenhandels" und des „Züriputsches" im Jahre 1839, in: Winterthurer Jahrbuch 1973, S. 77–98

HEUSLER, ANDREAS, Die Trennung des Kantons Basel, Basel 1839–1842

HEUSLER, ANDREAS, Geschichte der Stadt Basel, Basel ⁴1934

HEYSE, JOH. CHRIST. AUG., Allgemeines verdeutschendes und erklärendes Fremdwörterbuch, neu bearbeitet von K. W. L. Heyse, Hannover ⁹1844

HILBERT, JOHANNES und JOACHIM MEHLHAUSEN, Religions- und Kirchenkritik in der öffentlichen Diskussion des Vormärz, in: Die Geschichte der Evangelischen Kirche der Union. Ein Handbuch, Bd. 1: Die Anfänge der Union unter landesherrlichem Kirchenregiment (1817–1850), hrsg. von Johann Friedrich Gerhard Goeters und Rudolf Mau, Leipzig 1992, S. 298–317

HILDEBRANDT, WALTER, Die Literatur zum Straußenhandel, in: Zwing. 7 (1939), S. 4–49

–, Der „Straußenhandel" in Zürich (1839) im Spiegel der zeitgenössischen Literatur, Zürich 1939

HILGENFELD, ADOLF, Die Evangelien nach ihrer Entstehung und geschichtlichen Bedeutung, Leipzig 1854

–, Die Evangelien-Forschung nach ihrem Verlaufe und gegenwärtigen Stande, in: ZWTh 4 (1861), S. 1–71; 137–204

HIRSCH, EMANUEL, Geschichte der neuern evangelischen Theologie im Zusammenhang mit den allgemeinen Bewegungen des europäischen Denkens, Bd. 5, Gütersloh 1954

HIRTH, GERDA, Anschauungen und Erfahrungen über Hasenscharten und deren Behandlung in Dissertationen des 17. und 18. Jahrhunderts, Diss. med., Köln 1972

HIRZEL, JOHANN, Zur Orientirung über die gegenwärtigen theologischen Parteien, in: KBRS 15 (1859), Nrn. 22–25, S. 173–178; 183–187; 191–197; 201–206

–, Rückblicke auf die religiösen, kirchlichen und theologischen Zustände und Erfahrungen im Kanton Zürich in der ersten Hälfte dieses Jahrhunderts, Zürcher Taschenbuch auf das Jahr 1886, Zürich 1886, S. 1–62

HIS, EDUARD, Basler Gelehrte des 19. Jahrhunderts, Basel 1941

–, Basler Staatsmänner des 19. Jahrhunderts, Basel 1930

HITZIG, FERDINAND, Die zwölf kleinen Propheten. Erklärt, Leipzig 1838

HÖLSCHER, LUCIAN, Die Religion des Bürgers. Bürgerliche Frömmigkeit und protestantische Kirche im 19. Jahrhundert, in: HZ 250 (1990), S. 595–630

HÖSLE, VITTORIO, Hegels System. Der Idealismus der Subjektivität und das Problem der Intersubjektivität, Bd. 2: Philosophie der Natur und des Geistes, Hamburg 1987

HOFFMANN, CARL H., Leben und Wirken des Dr. L. F. W. Hoffmann, Berlin 1878

HOHENDAHL, PETER UWE, Literarische Kultur im Zeitalter des Liberalismus 1830–1870, München 1985

HOHLWEIN, HANS, Liberalismus und Kirche, in: RGG³ 4, Sp. 349–351

HOLTZMANN, HEINRICH JULIUS, Die Entwickelung des Religionsbegriffes in der Schule Hegel's, in: ZWTh 21 (1878), S. 208–227; 353–399

–, Die synoptischen Evangelien. Ihr Ursprung und geschichtlicher Charakter, Leipzig 1863

–, Friedrich Heinrich Kern, in: ADB 15, S. 632

–, Wilhelm Martin Leberecht de Wette, in: ADB 5, S. 101–105

HOMRICHHAUSEN, CHRISTIAN, Ernst Friedrich Albert Baur – ein Beitrag zum liberal-konservativen Pfarrerbild im 19. Jahrhundert, in: ZRGG 31 (1979), S. 239–261

–, Evangelische Pfarrer in Deutschland, in: Bildungsbürgertum im 19. Jahrhundert, Teil 1: Bildungssystem und Professionalisierung in internationalen Vergleichen, hrsg. von Werner Conze und Jürgen Kocka, Stuttgart 1985, S. 248–278

HORNIG, GOTTFRIED, Lehre und Bekenntnis im Protestantismus, in: HDThG 3: Die Lehrentwicklung im Rahmen der Ökumenizität, hrsg. von Carl Andresen, Göttingen 1988, S. 71–220

HORSTMANN, ROLF-PETER, Wahrheit aus dem Begriff. Eine Einführung in Hegel, Frankfurt am Main 1990

HOTTINGER, JOHANN JACOB, Hans Conrad Escher von der Linth. Charakterbild eines Republikaners, Zürich 1852

HUBATSCH, WALTHER, Grundlinien preußischer Geschichte. Königtum und Staatsgestaltung 1701–1871, Darmstadt ³1988

HUBBARD, WILLIAM H., Familiengeschichte. Materialien zur deutschen Familie seit dem Ende des 18. Jahrhunderts, München 1983

HUBER, AUGUST, Johann Rudolf Schnell, in: Basler Biographien, Bd. 3, Basel 1905, S. 129–171

HUBER, MAX, Jesus Christus als Erlöser in der liberalen Theologie. Vermittlung, Spekulation, Existenzverständnis, Winterthur 1956

HÜNERBEIN, KURT, Der Berliner Theologe Philipp Konrad Marheineke als Kirchenhistoriker, in: JBBKG 54 (1983), S. 74–96

HÜRLIMANN, MARTIN, Die Aufklärung in Zürich. Die Entwicklung des Zürcher Protestantismus im 18. Jahrhundert, Leipzig 1924

HUNDESHAGEN, BERNHARD, Der deutsche Protestantismus, seine Vergangenheit und seine heutigen Lebensfragen im Zusammenhang der gesammten Nationalentwicklung beleuchtet von einem deutschen Theologen, Frankfurt am Main ³1850

–, Matthias Schneckenburger, in: RE³ 17, S. 666–670

HUNZIKER, RUDOLF, WALTHER HÜNERWADEL, WALTER HILDEBRANDT, Aus Winterthurs Kulturgeschichte im 19. und 20. Jahrhundert, Winterthur 1957

Idee und Wirklichkeit einer Universität. Dokumente zur Geschichte der Friedrich-Wilhelms-Universität zu Berlin, hrsg. von Wilhelm Weischedel, Berlin 1960

IHLE, ELISE, Philipp Konrad Marheineke. Der Einfluß der Philosophie auf sein theologisches System, Diss. phil., Leipzig 1938

IM HOF, ULRICH, Aufklärung in der Schweiz, Bern 1970

–, Die Helvetische Gesellschaft 1761–1798, in: Rudolf Vierhaus (Hrsg.), Deutsche patriotische und gemeinnützige Gesellschaften, München 1980, S. 223–240

– und FRANÇOIS DE CAPITANI, Die Helvetische Gesellschaft. Spätaufklärung und Vorrevolution in der Schweiz, 2 Bde., Frauenfeld/Stuttgart 1983

–, Isaak Iselin. Sein Leben und die Entwicklung seines Denkens bis zur Abfassung der „Geschichte der Menschheit" von 1764, 2 Bde., Basel 1947

–, Isaak Iselin und die Spätaufklärung, Bern/München 1967

–, Das gesellige Jahrhundert. Gesellschaft und Gesellschaften im Zeitalter der Aufklärung, München 1982

–, Vom politischen Leben in Basel des 18. Jahrhunderts, in: BZGAK 48 (1949), S. 141–166

–, Mythos Schweiz. Identität-Nation-Geschichte 1291–1991, Zürich 1991

–, Der Zofingerverein als vaterländische Vereinigung der Schweizer Studierenden (1819–1847), in: Der Schweizerische Zofingerverein 1819–1969. Eine Darstellung hrsg. vom Schweizerischen Zofingerverein und vom Schweizerischen Altzofingerverein, Bern 1969, S. 23–51

ISENSCHMID, HEINZ, Wilhelm Klein, 1825–1887. Ein freisinniger Politiker, Basel/Stuttgart 1972

ISLER, ALEXANDER, Die Winterthurer Stadtkirche, Winterthur 1908

JACOBI, JUSTUS LUDWIG, Erinnerungen an D. August Neander, Halle 1882

JACOBS, PAUL, Evangelische Kirche und Liberalismus. Geistesgeschichtliche Grundfragen, in: Politischer Liberalismus, hrsg. von P. Luchtenberg, Opladen 1967, S. 24–38

JACOBS, MANFRED, Das Bekenntnisverständnis des theologischen Liberalismus im 19. Jahrhundert, in: Bekenntnis und Einheit der Kirche. Studien zum Konkordienbuch, hrsg. von Martin Brecht und Reinhard Schwarz, Stuttgart 1980, S. 415–465

–, Liberale Theologie, in: TRE 21, S. 47–68

JAEGER, BERND, Nationalliberale Geschichtstheologie. Karl August von Hase, in: Profile des neu-zeitlichen Protestantismus, Bd. 2. 1: Kaiserreich, hrsg. von Friedrich Wilhelm Graf, Gütersloh 1992, S. 118–145

JAESCHKE, WALTER, Die Flucht vor dem Begriff. Ein Jahrzehnt Literatur zur Religionsphilosophie (1971–1981), in: Hegel-Studien 18 (1983), S. 295–354

–, Paralipomena Hegeliana zur Wirkungsgeschichte Schleiermachers, in: Schleiermacher-Archiv, hrsg. von Hermann Fischer u. a., Bd. 1/2, Berlin/New York 1985, S. 1157–1169

–, Schleiermacher und Hegel, in: Hegel-Studien 23 (1988), S. 327–341

–, Urmenschheit und Monarchie. Eine politische Christologie der Hegelschen Rechten, in: Hegel-Studien 14 (1979), S. 73–107

–, Die Vernunft in der Religion. Studien zur Grundlegung der Religionsphilosophie Hegels, Stuttgart/Bad Canstatt 1986

JANOWSKI, HANS NORBERT, Die jungen Theologen entdecken die Urgroßväter, in: DASBl 1991, Nr. 41, S. 16

JANZ, CURT PAUL, Friedrich Nietzsche, Biographie, Bd. 1: Kindheit – Jugend – Die Basler Jahre, München/Wien [2]1993

JARAUSCH, KONRAD H., Deutsche Studenten 1800–1970, Frankfurt am Main 1984

JENNY, ERNST, Basel zur Biedermeierzeit, in: Basler Jahrbuch 1949, S. 21–58

–, Theodor Meyer-Merian. Ein Basler Literatur- und Kulturbild aus dem 19. Jahrhundert, Basel 1920

–, Wie De Wette nach Basel kam, in: Basler Jahrbuch 1941, S. 51–78

JENS, WALTER und HANS THIERSCH, Deutsche Lebensläufe in Autobiographien und Briefen, Weinheim/München 1987

JESSEN, JENS, Bibliographie der Selbstzeugnisse deutscher Theologen, Tagebücher und Briefe, Frankfurt am Main/New York/Nancy 1984

JONAS, RICHARD, Karl Rosenkranz, Leipzig 1906

JUNG, WERNER, Karl Rosenkranz, in: Metzler Philosophenlexikon, Stuttgart 1989, S. 662–664

JUNKER, MAUREEN, Das Urbild des Gottesbewußtseins. Zur Entwicklung der Religionstheorie und Christologie Schleiermachers von der ersten zur zweiten Auflage der Glaubenslehre, Berlin/New York 1990

KACHEL, THEOPHIL, Die Saat geht auf. Das Werden und Wachsen der Basler Bibelgesellschaft, Basel 1981

KAEGI, HANS, Emanuel Biedermann und seine Winterthurer Erinnerungen, in: Winterthurer Heimatblätter 1942, Nrn. 9f., S. 66–68; 76–79

KAEGI, WERNER, Jacob Burckhardt. Eine Biographie, Bd. 1: Frühe Jugend und baslerisches Erbe, Basel 1947

–, Jacob Burckhardt, in: Grosse Schweizer und Schweizerinnen. Erbe als Auftrag, hrsg. von Erwin Jaeckle und Eduard Stäuble, Stäfa 1990, S. 324–335

KÄHLER, MARTIN, Geschichte der protestantischen Dogmatik im 19. Jahrhundert, bearb. und hrsg. von Ernst Kähler, Wuppertal/Zürich [2]1989

KAHNIS, KARL FRIEDRICH AUGUST, Der innere Gang des deutschen Protestantismus , 2 Teile, Leipzig [3]1874

KAHNT, HELMUT und BERND KNORR, Alte Maße, Münzen und Gewichte. Ein Lexikon, Mannheim/Wien 1987

KAISER, OTTO, Hegels Religionsphilosophie. Ein Versuch, sie aus dem Ganzen seines Systems zu verstehen, in: NZSTh 28 (1986), S. 198–222

KAMBLI, CONRAD WILHELM, David Friedrich Strauss, Basel 1896

KAMPHAUSEN, ADOLF, Ferdinand Hitzig, in: RE[3] 8, S. 157–162

KANTZENBACH, FRIEDRICH WILHELM, Baron H. E. von Kottwitz und die Erweckungsbewegung in Schlesien, Berlin und Pommern, Ulm 1963

–, Politischer Protestantismus. Historische Profile und typische Konstellationen seit 1800, Saarbrücken 1987

KATTENBUSCH, FERDINAND, Die deutsche evangelische Theologie seit Schleiermacher. Ihre Leistungen und ihre Schäden. Vierte, vollständig umgearbeitete Auflage der Schrift „Von Schleiermacher zu Ritschl", Gießen 1924

KELLER, HANS GUSTAV, Die politischen Verlagsanstalten und Druckereien in der Schweiz 1840–1848. Ihre Bedeutung für die Vorgeschichte der Deutschen Revolution von 1848, Basel/Leipzig 1935

KELLER-HÖHN, JAKOB, Die Hungersnot im Kanton Zürich in den Jahren 1816/17. Ein kleines Kulturbild aus dem Alltag der Restauration, in: Zürcher Taschenbuch auf das Jahr 1948, Zürich 1947, S. 75–114

KELLER-WENTORF, CHRISTEL, Schleiermachers Denken. Die Bewußtseinslehre in Schleiermachers philosophischer Ethik als Schlüssel zu seinem Denken, Berlin/New York 1984

KELLERHALS, EMANUEL, Geschichte des Gottesdienstes in der reformierten deutschen Schweizer Kirche im Entwurf, Rümlang 1973

KIND, CHRISTIAN, Kirchliche Politik von Zürich und Bern in der Restaurationszeit, 1813–1818, Diss. phil. I Zürich, Affoltern a. A. 1953

Ökumenische Kirchengeschichte der Schweiz, hrsg. von Lukas Vischer, Lukas Schenker und Rudolf Dellsperger, Basel/Freiburg (CH) 1994

KLÄUI, PAUL und EDUARD IMHOF, Atlas zur Geschichte des Kantons Zürich (1351–1951), Zürich 1951

KLINKE, WILLIBALD, Ein Kampf für Bildung und Freiheit. I. Thomas Scherrs Erlebnisse im Zürichbiet 1835–1842, Zürich 1940

KLOEDEN, WOLFDIETRICH VON, Barbara Juliane von Krüdener, in: BBKL 6, Sp. 697–699

KLOSE, W., Die Schweiz in kirchlicher Beziehung, in: ARTL NF 31 (1852), S. 216–251; 32 (1852), S. 64–86

KOCH, TRAUGOTT, Differenz und Versöhnung. Eine Interpretation der Theologie G. W. F. Hegels nach seiner „Wissenschaft der Logik", Gütersloh 1967

–, Erwählung IV: Dogmatisch, in: TRE 10, S. 197–205

KÖGEL, R., Wilhelm Hoffmann, RE[3] 8, S. 227–229

KOHLS, ERNST-WILHELM, Das Bild der Reformation in der Geisteswissenschaft des 19. Jahrhunderts, in: NZSTh 9 (1967), S. 229–246

KÖHNKE, KLAUS CHRISTIAN, Entstehung und Aufstieg des Neukantianismus. Die deutsche Universitätsphilosophie zwischen Idealismus und Positivismus, Frankfurt am Main 1986

KONER, WILHELM DAVID, Verzeichnis im Jahre 1845 in Berlin lebender Schriftsteller und ihrer Werke, Berlin 1846

–, Gelehrtes Berlin im Jahr 1845, Berlin 1846

KÖPF, ULRICH, Ferdinand Christian Baur als Begründer einer konsequent historischen Theologie, in: ZThK 89 (1992), S. 440–461

–, Dogmengeschichte oder Theologiegeschichte?, in: ZThK 85 (1988), S. 455–473

–, Theologische Wissenschaft und Frömmigkeit im Konflikt: Ferdinand Christian Baur und seine Schüler, in: Berichte zur Wissenschaftsgeschichte 11 (1988), S. 169–177

KÖPKE, RUDOLF, Die Gründung der königlichen Friedrich-Wilhelms-Universität zu Berlin, Berlin 1860

KORNBICHLER, THOMAS, Tiefenpsychologie und Biographik. Psychobiographie, Bd. 1, Frankfurt am Main/Bern/New York/Paris 1989

KOSCH, WILHELM, Deutsches Literatur-Lexikon. Biographisches und bibliographisches Handbuch, Bd. 1, Bern [2]1949

KOSCHORKE, ALBRECHT, Das lyrische Werk von Adelbert von Chamisso, in: KnLL 3, S. 860f.

KOSELLECK, REINHART, Die Julirevolution und ihre Folgen bis 1848, in: Das Zeitalter der europäischen Revolution 1780–1848, Frankfurt am Main 1969, S. 262–295

–, Kritik und Krise. Eine Studie zur Pathogenese der bürgerlichen Welt, Frankfurt am Main [3]1973

KOSLOWSKI, STEFAN, Idealismus als Fundamentaltheismus. Die Philosophie Immanuel Hermann Fichtes zwischen Dialektik, positiver Philosophie, theosophischer Mystik und Esoterik, Wien 1994

KRAMER, WOLFGANG, Ernst Wilhelm Hengstenberg, die Evangelische Kirchenzeitung und der theologische Rationalismus, Diss. phil., Erlangen-Nürnberg 1972

KRAUS, DANIEL, Aus den Aufzeichnungen von Pfarrer Daniel Kraus 1786–1846, bearbeitet von Paul Meyer, in: Basler Jahrbuch 1910, S. 54–102; 1912, S. 53–138

KRAUS, HANS-JOACHIM, Die Biblische Theologie. Ihre Geschichte und Problematik, Neukirchen-Vluyn 1970

–, Geschichte der historisch-kritischen Erforschung des Alten Testaments, Neukirchen-Vluyn ⁴1988

KRAUSE, PETER, „O alte Burschenherrlichkeit". Die Studenten und ihr Brauchtum, Graz/Wien/Köln 1979

KRIEG, GUSTAV A., Dialektik im Dialog. C. I. Nitzsch' Entgegnung auf die „Christliche Glaubenslehre" von D. F. Strauß, in: Standfester Glaube. Festgaben zum 65. Geburtstag von Johann Friedrich Gerhard Goeters, hrsg. von Heiner Faulenbach, Köln 1991, S. 315–332

KRIEGE, ANNELIESE, Geschichte der Evangelischen Kirchen-Zeitung unter der Redaktion Ernst-Wilhelm Hengstenbergs, Diss. theol., Bonn 1958 (Ms.)

KRONBICHLER, WALTER, Die zürcherischen Kantonsschulen 1833–1983. Festschrift zur 150-Jahr-Feier der staatlichen Mittelschulen, Zürich 1983

KRÜGER, GUSTAV, Karl August von Hase, in: RE³ 7, S. 453–461

KRÜGER, KLAUS, Der Gottesbegriff der spekulativen Theologie, Berlin 1970

KÜBEL, ROBERT, Eduard Elwert, in: RE³ 5, S. 327–329

KÜMMEL, WERNER GEORG, Das Erbe des 19. Jahrhunderts für die neutestamentliche Wissenschaft von heute, in: Das Erbe des 19. Jahrhunderts, hrsg. von Wilhelm Schneemelcher, Berlin 1960, S. 67–89

–, Das Neue Testament. Geschichte der Erforschung seiner Probleme, Freiburg im Breisgau/München ²1970

KUHN, THOMAS K., Johann Georg Müller, in: BBKL 6, Sp. 268–271

–, Ulrich Neuenschwander, in: BBKL 6, Sp. 639–643

–, Friedrich Adolf Philippi, in: BBKL 7, Sp. 498–501

–, Ferdinand Karl Wilhelm Piper, in: BBKL 7, Sp. 621–624

–, Johann Peter Romang, in: BBKL 8, Sp. 626–630

–, Johann Jakob Stähelin, in: BBKL 10, Sp. 1108f.

KUNDERT, WERNER, Abriß der Geschichte des Schweizerischen Zofingervereins, Lausanne 1961

KUPISCH, KARL, Karl Frhr. vom Stein zum Altenstein, in: RGG³ 1, Sp. 291f.

–, Zwischen Idealismus und Massendemokratie. Eine Geschichte der evangelischen Kirche in Deutschland von 1815–1945, Berlin 1955

–, Die deutschen Landeskirchen im 19. und 20. Jahrhundert, Göttingen ²1975

–, Leopold von Ranke, in: ders., Die Hieroglyphe Gottes. Große Historiker der bürgerlichen Epoche von Ranke bis Meinecke, München 1967, S. 9–39

KUSSMAUL, PETER, Zur Charakteristik der ersten Zofinger, in: Der schweizerische Zofingerverein 1819–1969. Eine Darstellung hrsg. vom Schweizerischen Zofingerverein und vom Schweizerischen Altzofingerverein, Bern 1969, S. 137–166

KUSTERMANN, ABRAHAM PETER, Johann Sebastian Drey, in: LThK³ 3, Sp. 373f.

LÄMMERMANN, GODWIN: Praktische Theologie als kritische oder als empirisch-funktionale Handlungstheorie? Zur theologiegeschichtlichen Ortung und Weiterführung einer aktuellen Kontroverse, München 1981

LAMPERT, ULRICH, Kirche und Staat in der Schweiz. Darstellung ihrer rechtlichen Verhältnisse, 3 Bde., Basel 1929–1939

LANDERER, MAXIMILIAN A., Karl Daub, in: RE³ 4, S. 496–502

LANGE, DIETZ, Historischer Jesus oder mythischer Christus. Untersuchungen zu dem Gegensatz zwischen Friedrich Schleiermacher und David Friedrich Strauß, Gütersloh 1975

–, Die Kontroverse Hegels und Schleiermachers um das Verständnis der Religion, in: Hegel-Studien 18 (1983), S. 201–224

LANGEWIESCHE, DIETER, Europa zwischen Restauration und Revolution 1815–1849, München ³1993

–, Liberalismus in Deutschland, Frankfurt am Main 1988

LARGIADÉR, ANTON, Geschichte von Stadt und Landschaft Zürich, Bd. 2, Erlenbach/Zürich 1945

LAWLER, EDWINA G., David Friedrich Strauss and His Critics. The Life of Jesus Debate in Early Nineteenth-Century German Journals, New York/Bern/Frankfurt am Main 1986

LEHMANN, HARTMUT, Pietismus und weltliche Ordnung in Württemberg vom 17. bis zum 20. Jahrhundert, Stuttgart/Berlin/Köln/Mainz 1969

LENZ, MAX, Zur Entlassung de Wettes, in: Philotesia. Paul Kleinert zum LXX. Geburtstag dargebracht von Adolf von Harnack u.a., Berlin 1907, S. 337–388

–, Geschichte der Königlichen Friedrich-Wilhelms-Universität zu Berlin, 4 Bde., Halle 1910–1918

LEUENBERGER, ROBERT, Alexandre Vinet (1797–1847). Die reformierte Sicht einer freien Kirche im freien Staat, in: Gegen die Gottvergessenheit. Schweizer Theologen im 19. und 20. Jahrhundert, hrsg. von Stephan Leimgruber und Max Schoch, Basel/Freiburg im Breisgau/Wien 1990, S. 57–67

–, Alexandre Vinet, in: Grosse Schweizer und Schweizerinnen. Erbe als Auftrag, hrsg. von Erwin Jaeckle und Eduard Stäuble, Stäfa 1990, S. 287–294

LEUZE, REINHARD, Die außerchristlichen Religionen bei Hegel, Göttingen 1975

–, Theologie und Religionsgeschichte. Der Weg Otto Pfleiderers, München 1980

–, Die Verklärung der Endlichkeit. Theologische Bibliothek XVI: G. W. F. Hegel, Vorlesungen über die Philosophie der Religion, in: ZeitSchrift für Kultur, Politik, Kirche. Reformatio 42 (1993), S. 174–182

Lexikon des alten Handwerks. Vom Spätmittelalter bis ins 20. Jahrhundert, hrsg. von Reinhold Reith, München ²1991

Historisch-Biographisches Lexikon der Schweiz, 7 Bde., Neuenburg 1921–1934

LICHTENBERGER, HANS PETER, Das Absolute im Endlichen. Zur Begründung und systematischen Stellung der Religion in Hegels „Phänomenologie des Geistes", Bern 1987

LIEBMANN, O., Henrich Steffens, in: ADB 35, S. 555–558

LINDT, ANDREAS, Protestanten-Katholiken-Kulturkampf. Studien zur Kirchen- und Geistesgeschichte des neunzehnten Jahrhunderts, Zürich 1963

–, C. F. Spittler und W. M. L. de Wette. Zur Begegnung von Erweckungsfrömmigkeit und Universitätstheologie im Basel des 19. Jahrhunderts, in: Gottesreich und Menschenreich. Ernst Staehelin zum 80. Geburtstag, hrsg. von Max Geiger, Basel/Stuttgart 1969, S. 361–384

–, Wilhelm Martin Leberecht de Wette, in: Der Reformation verpflichtet. Gestalten und Gestalter in Stadt und Landschaft Basel aus fünf Jahrhunderten, Basel 1979, S. 79–84

–, Zofingerideale, christliches Bewußtsein und reformierte Theologie 1819–1918, in: Der schweizerische Zofingerverein 1819–1969. Eine Darstellung hrsg. vom Schweizerischen Zofingerverein und vom Schweizerischen Altzofingerverein, Bern 1969, S. 194–212

LIPSIUS, RICHARD ADELBERT, Zur Säcularfeier de Wette's, in: PKZ 27 (1880), Sp. 33–40

LISCO, FRIEDRICH GUSTAV, Zur Kirchen-Geschichte Berlins. Ein geschichtlich-statistischer Beitrag, Berlin 1857

–, Zustände des sittlichen und kirchlichen Lebens in Berlin. Ein Synodalbericht, Berlin 1868

LIWAK, RÜDIGER, Das Alte Testament und die Theologische Fakultät in der Gründungszeit der Friedrich-Wilhelms-Universität Berlin, in: 450 Jahre Evangelische Theologie in Berlin, hrsg. von Gerhard Besier und Christof Gestrich, Göttingen 1989, S. 163–182

Deutsches Literatur-Lexikon. Biographisch-bibliographisches Handbuch, hrsg. von Bruno Berger und Heinz Rupp, Bern/München ³1968

LOEWENICH, WALTHER VON, Jacob Burckhardt und die Kirchengeschichte, in: ders., Humanitas-Christianitas. Drei Vorträge, Gütersloh 1948, S. 103–129

LÖWITH, KARL, Jacob Burckhardt. Sämtliche Schriften, Bd. 7, Stuttgart 1984

–, Von Hegel zu Nietzsche. Der revolutionäre Bruch im Denken des neunzehnten Jahrhunderts, Hamburg ⁹1986

–, Die philosophische Kritik der christlichen Religion im 19. Jahrhundert, in: ThR 5 (1933), S. 131–172; 201–226

LOHNER, CARL FRIEDRICH LUDWIG, Die reformirten Kirchen und ihre Vorsteher im eidgenössischen Freistaate Bern, nebst den vormaligen Klöstern, Thun [1864]

LÜBBE, HERMANN, Liberale Theologie in der Evolution der modernen Kultur, in: Troeltsch-Studien. Bd. 7: Liberale Theologie. Eine Ortsbestimmung, hrsg. von Friedrich Wilhelm Graf, Gütersloh 1993, S. 16–31

LÜCKE, FRIEDRICH, D. W. M. L. de Wette. Zur freundschaftlichen Erinnerung, Hamburg 1850

LÜTGERT, WILHELM, Die Religion des deutschen Idealismus und ihr Ende, 3 Teile, Gütersloh 1923–1926

LUTHER, HENNING, Religion und Alltag. Bausteine zu einer Praktischen Theologie des Subjekts, Stuttgart 1992

LUTZ, HEINRICH, Zwischen Habsburg und Preußen. Deutschland 1815 bis 1866, Berlin 1985

MÄCHLER, ANTON, 75 Jahre katholische Pfarrei und katholische Kirchgemeinde Winterthur (1862–1937), Winterthur 1937

MÄRKLIN, CHRISTIAN, Darstellung und Kritik des modernen Pietismus, Calw 1839

–, Die spekulative Theologie und die evangelische Kirche, Stuttgart 1840

MANGOLD, FRITZ, Die Bevölkerung und die Bevölkerungspolitik Basels seit dem 15. Jahrhundert, Basler Universitätsreden, 9. Heft, Basel 1939

MANZ, MANFRED, Die Basler Landschaft in der Helvetik (1798–1803). Über die materiellen Ursachen von Revolution und Konterrevolution, Liestal 1991

MARHEINE(C)KE, PHILIPP, Entwurf der practischen Theologie, Berlin 1837

–, Die Grundlehren der christlichen Dogmatik als Wissenschaft, Berlin ²1827

–, Institutiones symbolicae doctrinarum catholicorum, protestantium, socinianorum, ecclesiae graece, minorumque societatum christianarum summam et discrimina exhibentes, Berlin 1812, ³1835

–, Christliche Symbolik oder comparative Darstellung des katholischen, lutherischen, reformirten, socinianischen und des Lehrbegriffes der griechischen Kirche; nebst einem Abriß der Lehre und Verfassung der kleineren occidentalischen Religions-Partheien, in: Vorlesungen, aaO. Bd. 3, Berlin 1848

–, System der theologischen Moral, in: Vorlesungen, aaO., Bd. 1, Berlin 1847

D. PHILIPP MARHEINEKE's theologische Vorlesungen, 4 Bde., hrsg. von Stephan Matthies und Wilhelm Vatke, Berlin 1847–1849

MARKWART, OTTO, Jacob Burckhardt. Persönlichkeit und Leben, Bd. 1: Persönlichkeit und Jugendjahre, Basel 1920

MARQUARDT, JOACHIM, Das Privatleben der Römer. Erster Teil, (Nachdruck Leipzig ²1886) Darmstadt 1990

MARSCH, WOLF-DIETER, Gegenwart Christi in der Gesellschaft. Eine Studie zu Hegels Dialektik, München 1965

MASER, PETER, Hans Ernst von Kottwitz. Studien zur Erweckungsbewegung des frühen 19. Jahrhunderts in Schlesien und Berlin, Göttingen 1990

MASSEY, JAMES A., The Hegelians, the Pietist and the Nature of Religion, in: JR 58 (1978), S. 108–129

MASSEY, MARILYN CHAPIN, The Literature of Young Germany and D. F. Strauss's *Life of Jesus*, in: JR 59 (1979), S. 298–323

–, David Friedrich Strauß and His Hegelian Critics, in: JR 57 (1977), S. 341–362

MATTMÜLLER, MARKUS, Die reformierte Basler Kirche vor den Herausforderungen der Neuzeit, in: Ecclesia semper reformanda. Vorträge zum Basler Reformationsjubiläum (1529–1979), hrsg. von Hans R. Guggisberg und Peter Rotach, Basel 1980, S. 76–99

–, Kirchliche Zustände in Basel vor der Trennung von Kirche und Staat, in: BZGAK 91 (1991), S. 271–279

MATZERATH, JOSEF, Albert Schwegler (1819–1857), Sigmaringen 1993

MAUERSBERG, HANS, Wirtschafts- und Sozialgeschichte zentraleuropäischer Städte in neuerer Zeit. Dargestellt an den Beispielen Basel, Frankfurt a.M., Hamburg, Hannover, München, Göttingen 1960

MAURER, MARTIN, Die soziale Differenzierung in Stadt und Landschaft Basel als Ursache der Kantonstrennung 1833, Liestal 1985

MAURER, WILHELM, Das Prinzip des Organischen in der evangelischen Kirchengeschichtsschreibung des 19. Jahrhunderts, in: KuD 8 (1962), S. 265–292

McCLELLAND, CHARLES E., Die deutschen Hochschullehrer als Elite, 1815–1850, in: Deutsche Hochschullehrer als Elite, 1815–1945, hrsg. von Klaus Schwabe, Boppard am Rhein 1988, S. 27–53

MECHELS, EBERHARD L. J., Kirche und gesellschaftliche Umwelt. Thomas-Luther-Barth, Neukirchen-Vluyn 1990

MECKING, BURKHART, Christliche Biographien. Beobachtungen zur Trivialisierung in der Erbauungsliteratur, Frankfurt am Main/Bern 1983

MEHLHAUSEN, JOACHIM, Dialektik, Selbstbewußtsein und Offenbarung. Die Grundlagen der spekulativen Orthodoxie Bruno Bauers in ihrem Zusammenhang mit der Geschichte der theologischen Hegelschule dargestellt, Diss. theol., Bonn 1965

–, Friedrich Wilhelm IV. Ein Laientheologe auf dem preußischen Königsthron, in: Vom Amt des Laien in Kirche und Theologie. Festschrift für Gerhard Krause zum 70. Geburtstag, hrsg. von Henning Schröer und Gerhard Müller, Berlin/New York 1982, S. 185–214

–, Ernst Wilhelm Hengstenberg, in: TRE 15, S. 39–42

–, Kirchengeschichte: Zweiter Teil, in: Theologie im 20. Jahrhundert, hrsg. von Georg Strecker, Tübingen 1983, S. 203–288

–, Rationalismus und Vermittlungstheologie. Unionstheologie und Hegelianismus an den preußischen Fakultäten, in: Die Geschichte der Evangelischen Kirche der Union. Ein Handbuch, Bd. 1: Die Anfänge der Union unter landesherrlichem Kirchenregiment (1817–1850), hrsg. von Johann Friedrich Gerhard Goeters und Rudolf Mau, Leipzig 1992, S. 175–210

–, Der Umschlag in der theologischen Hegelinterpretation – dargetan an Bruno Bauer, in: Kirche und Theologie im 19. Jahrhundert, hrsg. von Georg Schwaiger, Göttingen 1975, S. 175–197

MEINECKE, FRIEDRICH, Die Entstehung des Historismus, Bd. 2, München/Berlin 1936

METTE, NORBERT, Theorie der Praxis. Wissenschaftsgeschichtliche und methodologische Untersuchungen zur Theorie-Praxis-Problematik innerhalb der praktischen Theologie, Düsseldorf 1976

METZGER, MARTIN, Die Paradieseserzählung. Die Geschichte ihrer Auslegung von J. Clericus bis W. M. L. de Wette, Bonn 1959

METZKE, ERWIN, Karl Rosenkranz und Hegel. Ein Beitrag zur Geschichte der Philosophie des sogenannten Hegelianismus im 19. Jahrhundert, Leipzig 1929

METZNER, JOACHIM, Persönlichkeitszerstörung und Weltuntergang. Das Verhältnis von Wahnbildung und literarischer Imagination, Tübingen 1976

MICHELET, CARL LUDWIG, Entwickelungsgeschichte der neuesten Deutschen Philosophie mit besonderer Rücksicht auf den gegenwärtigen Kampf Schellings mit der Hegelschen Schule, Berlin 1843

MIECK, ILJA, Von der Reformzeit zur Revolution (1806–1847), in: Geschichte Berlins, Bd. 1: Von der Frühgeschichte bis zur Industrialisierung, hrsg. von Wolfgang Ribbe, München 1987, S. 405–602

MILDENBERGER, FRIEDRICH, Geschichte der deutschen evangelischen Theologie im 19. und 20. Jahrhundert, Stuttgart 1981

MOELLER, BERND, Ambrosius Blarer, in: TRE 6, S. 711–715

–, Die Basler Reformation in ihrem stadtgeschichtlichen Zusammenhang, in: Ecclesia semper reformanda. Vorträge zum Basler Reformationsjubiläum (1529–1979), hrsg. von Hans R. Guggisberg und Peter Rotach, Basel 1980, S. 11–27

–, Johannes Zwick und die Reformation in Konstanz, Gütersloh 1961

MÖLLER, JOSEPH, Christologie als Philosophie. Georg Wilhelm Friedrich Hegel, in: Auf der Suche nach dem verborgenen Gott. Zur theologischen Relevanz neuzeitlichen Denkens, hrsg. von Alois Halder, Klaus Kienzler und Joseph Möller, Düsseldorf 1987, S. 127–145

MÖRGELI, CHRISTOPH, „Beiträge zur Revolutionsgeschichte des Kantons Zürich". Ein unbekanntes Manuskript des Oberamtmanns Johann Caspar Ott zum Ustertag von 1830, o. O. 1991

–, Dr. med. Johannes Hegetschweiler (1789–1839). Opfer des „Züriputschs". Wissenschaftler und Staatsmann zwischen alter und moderner Schweiz, Zürich 1986

MORGAN, ROBERT, Ferdinand Christian Baur, in: Nineteenth Century Religious Thought in the West, Vol. 1, ed. by Ninian Smart, John Clayton, Steven Katz and Patrick Sherry, Cambridge/London/New York u.a. 1985, S. 261–289

MÜLLER, GOTTHOLD, Identität und Immanenz. Zur Genese der Theologie von David Friedrich Strauß. Eine theologie- und philosophiegeschichtliche Studie, Zürich 1968

MÜLLER, G. F. KARL, Johannes Heinrich August Ebrard, in: RE³ 5, S. 130–137

MÜLLER, PETRUS, Liberalismus in Nürnberg 1800 bis 1871. Eine Fallstudie zur Ideen- und Sozialgeschichte des Liberalismus in Deutschland im 19. Jahrhundert, Nürnberg 1990

MURALT, ANTON VON, Die Julirevolution und die Regeneration in der Schweiz, Zürich 1948

NÄF, WERNER, Das literarische Comptoir Zürich und Winterthur, Bern 1929

Lebensbeschreibung des Seefahrers, Patrioten und Sklavenhändlers Joachim Nettelbeck. Von ihm selbst aufgezeichnet, hrsg. von J. C. L. Haken, Nördlingen 1987

NEUENSCHWANDER, ULRICH, Die neue liberale Theologie. Eine Standortbestimmung, Bern 1953

NIGG, WALTER, Geschichte des religiösen Liberalismus. Entstehung, Blütezeit, Ausklang, Zürich/Leipzig 1937

NIGGELER, JOHANN, Geschichte des eidgenössischen Turnvereins, hrsg. vom Centralkomite zum Jubiläumsfeste 1882, Biel 1882

NIPPERDEY, THOMAS, Die anthropologische Dimension der Geschichtswissenschaft, in: ders., Gesellschaft, Kultur, Theorie. Gesammelte Aufsätze zur neueren Geschichte, Göttingen 1976, S. 33–58

–, Deutsche Geschichte 1800–1866. Bürgerwelt und starker Staat, München 1983, ⁶1993

–, Verein als soziale Struktur in Deutschland im späten 18. und frühen 19. Jahrhundert. Eine Fallstudie zur Modernisierung, in: ders., Gesellschaft, Kultur, Theorie. Gesammelte Aufsätze zur neueren Geschichte, Göttingen 1976, S. 174–205

NIPPOLD, FRIEDRICH, Richard Rothe. Ein christliches Lebensbild auf Grund der Briefe Rothe's entworfen, 2 Bde., Wittenberg 1873–1874

NORDMANN, ACHILLES, Geschichte der Juden in Basel seit dem Ende der zweiten Gemeinde bis zur Einführung der Glaubens- und Gewissensfreiheit. 1397–1875, in: BZGAK 13 (1914), S. 1–190

NOVALIS, Schriften. Die Werke Friedrich von Hardenbergs, hrsg. von Paul Kluckhohn und Richard Samuel, Bd. 1: Das dichterische Werk, Darmstadt ³1977

NOWAK, KURT, Biographie und Lebenslauf in der Neueren und Neuesten Kirchengeschichte, in: VF 39 (1994), S. 44–62

–, Geschichte des Christentums in Deutschland. Religion, Politik und Gesellschaft vom Ende der Aufklärung bis zur Mitte des 20. Jahrhunderts, München 1995

OHST, MARTIN, Denkglaube – zum Religionsbegriff der späten Aufklärung (H. E. G. Paulus), in: Gott im Selbstbewußtsein der Moderne. Zum neuzeitlichen Begriff der Religion, hrsg. von Ulrich Barth und Wilhelm Gräb, Gütersloh 1993, S. 35–49

OECHSLI, WILHELM, Geschichte der Schweiz im neunzehnten Jahrhundert, 2 Bde., Leipzig 1903–1913

OLSHAUSEN, HERMANN, Nachweis der Echtheit sämmtlicher Schriften des Neuen Testaments. Für gebildete Leser aller Stände, Hamburg 1832

–, Biblischer Commentar über sämmtliche Schriften des Neuen Testaments zunächst für Prediger und Studirende, Bd. 2, Königsberg ²1834

–, Ein Wort der Verständigung an alle Wohlmeinenden, über die Stellung des Evangeliums zu unserer Zeit, Königsberg 1833

OLSON, ALAN M., Hegel and the Spirit. Philosophy as Pneumatology, Princeton 1992

O'NEILL, J. C., The Study of the New Testament, in: Nineteenth Century Religious Thought in the West, Vol. 3, ed. by Ninian Smart, John Clayton, Steven Katz and Patrick Sherry, Cambridge/London/New York u.a., 1985, S. 143–178

ORELLI, CONRAD VON, Christoph Johannes Riggenbach, in: RE³ 17, S. 1–3

ORPHAL, HORST, Daniel Amadeus Neander als Bischof von Berlin 1830–1869, in: JBBKG 51 (1979), S. 55–89

Schweizerisches Ortschaftenverzeichnis, hrsg. vom eidg. statistischen Bureau, Bern 1895

OSER, FRIEDRICH, Theodor Meyer-Merian. Litterarische Skizze, Basel 1868

OTTO, RUDOLF, Kantisch-Fries'sche Religionsphilosophie und ihre Anwendung auf die Theologie. Zur Einleitung in die Glaubenslehre für Studenten der Theologie, Tübingen 1909

PAE, KYUNG SIK, Eschatologie bei Johann Tobias Beck, Diss. theol., Tübingen 1988 (Ms.)

PÄLTZ, EBERHARD HERMANN, Karl Rudolf Hagenbach, in: RGG³ 3, Sp. 22f.

PANNENBERG, WOLFHART, Die Bedeutung des Christentums in der Philosophie Hegels, in: ders., Gottesgedanke und menschliche Freiheit, Göttingen 1972, S. 78–113

PARSONS, GERALD, Pietism and Liberal Protestantism. Some unexpected Continuities, in: Religion 14 (1984), S. 223–243

PAUL, FRITZ, Henrik Steffens, in: KnLL 15, S. 917–920

PELT, ANTON FRIEDRICH LUDWIG, Hermann Olshausen, in: RE³ 14, S. 366–368

PERLITT, LOTHAR, Vatke und Wellhausen. Geschichtsphilosophische Voraussetzungen und historiographische Motive für die Darstellung der Religion und Geschichte Israels durch Wilhelm Vatke und Julius Wellhausen, Berlin 1965

PESTALOZZI, JOHANN HEINRICH, Sämtliche Briefe, Bd. 4: Briefe (Nrn. 760–1065) aus den Jahren 1798 bis Mitte 1805, bearb. von Emanuel Dejung u. a., Zürich 1951

PETER, NIKLAUS, Im Schatten der Modernität. Franz Overbecks Weg zur „Christlichkeit unserer heutigen Theologie", Stuttgart 1992

PFISTER, RUDOLF, Kirchengeschichte der Schweiz, Bd. 3: Von 1720–1950, Zürich 1985

PFISTERER, HANS, Carl Ullmann (1796–1865). Sein Weg zur Vermittlungstheologie, Karlsruhe 1977

PFLEIDERER, OTTO, Die Entwicklung der protestantischen Theologie in Deutschland seit Kant und in Grossbritannien seit 1825, Freiburg im Breisgau 1891

–, Geschichte der Religionsphilosophie von Spinoza bis auf die Gegenwart, Berlin ³1893

PLEGER, WOLFGANG H., Schleiermachers Philosophie, Berlin/New York 1988

PLEITNER, HENNING, Das Ende der liberalen Hermeneutik am Beispiel Albert Schweitzers, Tübingen 1992

PÖLCHER, HELMUT, Adolf Hilgenfeld und das Ende der Tübinger Schule. Untersuchungen zur Geschichte der Religionswissenschaft im 19. Jahrhundert, Diss. Erlangen 1961

PRANTL, KARL, Friedrich Fischer, in: ADB 7, S. 66f.

–, Georg Andreas Gabler, in: ADB 8, S. 293f.

–, Jakob Friedrich Reiff, in: ADB 27, S. 686f.

Professoren der Universität Basel aus fünf Jahrhunderten. Bildnisse und Würdigungen, hrsg. von Andreas Staehelin, Basel 1960

PÜNJER, GEORG CHRISTIAN BERNHARD, Geschichte der christlichen Religionsphilosophie seit der Reformation, Bd. 2: Von Kant bis auf die Gegenwart, Braunschweig 1883

RAITH, MICHAEL, Adolf Christ, in: Der Reformation verpflichtet. Gestalten und Gestalter in Stadt und Landschaft Basel aus fünf Jahrhunderten, Basel 1979, S. 97–104

–, Samuel Preiswerk, in: Der Reformation verpflichtet. Gestalten und Gestalter in Stadt und Landschaft Basel aus fünf Jahrhunderten, Basel 1979, S. 91–96

RAMMELMEYER, EUGENIE, Bewegungen der radikal gesinnten Deutschen in der Schweiz waehrend der Jahre 1838 bis 1845. Ein Ausschnitt aus dem politischen und persönlichen Leben dieser Kreise, Diss. phil., Frankfurt am Main 1925 (Ms.)

RAU, GERHARD, Die antijüdisch-antisemitische Predigt, in: Auschwitz – Krise der christlichen Theologie. Eine Vortragsreihe, hrsg. von Rolf Rendtorff und Ekkehard Stegemann, München 1980, S. 26–48

REARDON, BERNARD M. G., Religion in the Age of Romanticism. Studies in Early Nineteenth Century Thought, Cambridge/London/New York u. a. 1985

REGNER, FRIEDEMANN, „Paulus und Jesus" im neunzehnten Jahrhundert. Beiträge zur Geschichte des Themas „Paulus und Jesus" in der neutestamentlichen Theologie, Göttingen 1977

REICH, ANDREAS, Friedrich Schleiermacher als Pfarrer an der Berliner Dreifaltigkeitskirche 1809–1834, Berlin/New York 1992

REICHLIN-MELDEGG, KARL ALEXANDER, Heinrich Eberhard Gottlob Paulus und seine Zeit, nach dessen literarischem Nachlasse, bisher ungedrucktem Briefwechsel und mündlichen Mittheilungen dargestellt, 2 Bde., Stuttgart 1853

REICKE, BO, W. M . L. de Wette's Contributions to Biblical Theology, in: NTS 29 (1983), S. 293–305

–, From Strauß to Holtzmann and Meijboom. Synoptic Theories Advanced During the Consolidation of Germany 1830–1870, in: NT 29 (1987), S. 1–21

REDEKER, MARTIN, Friedrich Schleiermacher. Leben und Werk (1768–1834), Berlin 1968

REINHARDT, RUDOLF, David Friedrich Strauß und die Auferstehung der Toten. Zu seiner Preisschrift aus dem Jahre 1828, in: ThQ 168 (1988), S. 150–153

RENDTORFF, TRUTZ, Christentum zwischen Revolution und Restauration. Politische Wirkungen neuzeitlicher Theologie, München 1970

–, Wenn Kontroversen alt werden, stellen sich ihre Fragen neu, in: Troeltsch-Studien. Bd. 7: Liberale Theologie. Eine Ortsbestimmung, hrsg. von Friedrich Wilhelm Graf, Gütersloh 1993, S. 11–15

RENNSTICH, KARL, „... nicht jammern, Hand anlegen!" Christian Friedrich Spittler. Leben und Werk, Metzingen 1987

RENSCHLER-STEINER, REGULA, Die Linkspresse Zürichs im 19. Jahrhundert. Die Bestrebungen der Unitarier, Frühliberalen, Radikalen, Liberal-Radikalen, Sozialisten, Demokraten und Sozialdemokraten im Lichte ihrer Zeitungen, Zürich 1967

REUTER, RAINER, Daniel Schenkel, in: BBKL 9, Sp. 150–153

RIES, MARKUS, Die Neuorganisation des Bistums Basel am Beginn des 19. Jahrhunderts (1815–1829), Stuttgart/Berlin/Köln 1992

RIGGENBACH, BERNHARD, Johann Tobias Beck. Ein Schriftgelehrter zum Himmelreich gelehrt, Basel 1888

RIGGENBACH, CHRISTOPH JOHANNES, Der Deutschkatholizismus und die Schweiz, in: KGw 2 (1846), S. 358–381

–, Gehören die zehn Gebote in den Katechismus?, in: KGw 4 (1848), S. 424–431

–, Das apostolische Glaubensbekenntnis als Taufsymbol, in: KGw 2 (1846), S. 155–176

–, Das Missionswesen, in: KGw 1 (1845), 347–353

–, Nothwehr, in: KGw 2 (1846), S. 41–51

–, Die Rechtfertigung durch den Glauben, in: KGw 1 (1845), S. 225–242; 293–308; 357–368

–, u.a., Zur Verantwortung des christlichen Glaubens. Zehn Vorträge von K. A. Auberlen, W. F. Geß, S. Preiswerk, C. J. Riggenbach, E. Stähelin, I. Stockmeyer, Basel 1862

–, Welt und Kirche, in: KGw 1 (1845), S. 18–32; 64–73; 103–113

–, Auch ein Wort über die zürcherische Kirchenverfassung, in: KGw 3 (1847), S. 464–470

RINGLEBEN, JOACHIM, Hegels Theorie der Sünde. Die subjektivitäts-logische Konstruktion eines theologischen Begriffs, Berlin/New York 1977

RITSCHL, OTTO, Die evangelisch-theologische Fakultät zu Bonn in dem ersten Jahrhundert ihrer Geschichte 1819–1919, Bonn 1919

–, Albrecht Ritschls Leben, 2 Bde., Freiburg im Breisgau 1892–96

ROCHES, PAUL, L'activité pédagogique de Vinet à Bâle, Lausanne/Bâle 1926

RÖHR, JOHANN FRIEDRICH, Briefe über den Rationalismus, Aachen 1813

RÖSE, FERDINAND, Über die scenische Darstellung des Goethe'schen Faust und Seydelmann's Auffassung des Mephistopheles, Berlin 1838

RÖSSLER, DIETRICH, Grundriß der Praktischen Theologie, Berlin/New York 1986

–, Positionelle und kritische Theologie, in: ZThK 67 (1970), S. 215–231

RÖTSCHER, HEINRICH THEODOR, Seydelmann's Leben und Wirken, Berlin 1845

ROGERSON, JOHN WILLIAM, Geschichte und Altes Testament im 19. Jahrhundert, in: BN 22 (1983), S. 126–138

–, Old Testament Criticism in the Nineteenth Century. England and Germany, London 1984

–, W.M.L. de Wette. Founder of Modern Biblical Criticism. An Intellectual Biography, Sheffield 1992

ROHDE, JOACHIM, Geschichte des Berliner Lehrstuhls für Neues Testament, in: WZ(H)G. 34 (1985), S. 539–543

ROHLS, JAN, Geschichte der Ethik, Tübingen 1991

–, Liberale Romantik. Wilhelm Martin Leberecht de Wette (1780–1849), in: Profile des neuzeit-lichen Protestantismus, Bd. 1: Aufklärung, Idealismus, Vormärz, hrsg. von Friedrich Wilhelm Graf, Gütersloh 1990, S. 233–250

–, „Sinn und Geschmack fürs Unendliche". Aspekte romantischer Kunstreligion, in: NZSTh 27 (1985), S. 1–24

ROHRER, A., Der Streit um Friedrich Theodor Vischer in den 1840er Jahren, in: BWKG N. F. 38 (1934), S. 306–324

ROMEIN, JAN, Die Biogaphie. Eine Einführung in ihre Geschichte und ihre Problematik, Bern 1948

ROSE, ERNST, Karl Theodor Christian Follen, in: NDB 5, S. 286f.

ROSENBAUM, HEIDI, Zur neueren Entwicklung der Historischen Familienforschung, in: GeGe 1 (1975), S. 210–225

ROSENBERG, HANS, Theologischer Rationalismus und vormärzlicher Vulgärliberalismus, in: HZ 141 (1930), S. 497–541

ROSENKRANZ, KARL, Rezension: Die christliche Glaubenslehre in ihrer geschichtlichen Entwick-lung und im Kampfe mit der modernen Wissenschaft dargestellt von David Friedrich Strauss, Bd. 1, in: Jahrbücher für wissenschaftliche Kritik 1841, Bd. 1, Nrn. 71–76, Sp. 561–624

–, Rezension: W. Vatke, Die menschliche Freiheit in ihrem Verhältnis zur Sünde und zur göttli-chen Gnade wissenschaftlich dargestellt (Berlin 1841), in: Jahrbücher für wissenschaftliche Kri-tik 1842, Bd. 1, Nrn. 41–44, Sp. 321–334; 337–350

ROSENTHAL, FRIEDRICH, Schauspieler aus deutscher Vergangenheit, Zürich/Leipzig/Wien 1919, S. 75–92

ROTH, DOROTHEA, Die Dreissiger Wirren – bedeutendste Krise der Basler Stadtgeschichte im 19. Jahrhundert, in: Baselland vor 150 Jahren. Wende und Aufbruch, Liestal 1983, S. 67–84

ROTH, PAUL, Hundertfünfzig Jahre Allgemeine Lesegesellschaft in Basel: in: Festschrift zum 150-jährigen Bestehen der Allgemeinen Lesegesellschaft in Basel 1787–1937, Basel 1937, S. 7–46

–, Die Basler Staatskrise von 1833, in: Sonntagsblatt der Basler Nachrichten 1948, Nr. 9, 29. 2. 1948.

ROTHERMUNDT, JÖRG, Personale Synthese. Isaak Dorners dogmatische Methode, Göttingen 1968

RUHBACH, GERHARD, Die Erweckungsbewegung und ihre kirchliche Formation, in: Die Ge-schichte der Evangelischen Kirche der Union. Ein Handbuch, Bd. 1: Die Anfänge der Union unter landesherrlichem Kirchenregiment (1817–1850), hrsg. von Johann Friedrich Gerhard Goeters und Rudolf Mau, Leipzig 1992, S. 159–174

RUDDIES, HARTMUT, Liberale Theologie. Zur Dialektik eines komplexen Begriffs, in: Troeltsch-Studien, Bd. 7: Liberale Theologie. Eine Ortsbestimmung, hrsg. von Friedrich Wilhelm Graf, Gütersloh 1993, S. 176–203

RUDOLPH, H., Vollständigstes geographisch-topographisch-statistisches Orts-Lexikon von Deutschland, sowie der österreichisch-ungarischen Monarchie und aller unter Oesterreichs und Preussens Botmässigkeit stehenden nichtdeutschen Länder, Leipzig/Zürich 1868

RÜRUP, REINHARD, Deutschland im 19. Jahrhundert 1815–1871, Göttingen 1984

RUESCH, HANSPETER, Lebensverhältnisse in einem frühen schweizerischen Industriegebiet. Sozial-geschichtliche Studie über die Gemeinden Trogen, Rehetobel, Wald, Gais, Speicher und Wolf-halden des Kantons Appenzell Ausserrhoden im 18. und frühen 19. Jahrhundert, 2 Bde., Basel/Stuttgart 1979

RUGGIERO, GUIDO DE, Geschichte des Liberalismus in Europa, München 1930 (Neudruck Aalen 1964)

RUPPRECHT, EVA-MARIA, Kritikvergessene Spekulation. Das Religions- und Theologieverständ-nis der spekulativen Theologie Ph. K. Marheinekes, Frankfurt am Main/Berlin/Bern u.a. 1993

SANDER, FERDINAND, Gottfried Christian Friedrich Lücke, in: RE³ 11, S. 674–679

SANDBERGER, JÖRG F., Spekulative Philosophie und historisch-kritische Bibelauslegung. Zu eini-gen neueren Arbeiten über G. W. Fr. Hegel, B. Bauer, W. Vatke, D. Fr. Strauß und F. Chr. Baur, in: VF 16 (1971) S. 89–115

–, David Friedrich Strauß als theologischer Hegelianer, Göttingen 1972

–, David Friedrich Strauß, in: Gestalten der Kirchengeschichte, Bd. 9.2: Die neueste Zeit II, hrsg. von Martin Greschat, Stuttgart/Berlin/Köln 1993, S. 20–32

SARASIN, PHILIPP, Sittlichkeit, Nationalgefühl und frühe Ängste vor dem Proletariat. Untersuchungen zu Politik, Weltanschauung und Ideologie des Basler Bürgertums in der Verfassungskrise von 1846/47, in: BZGAK 84 (1984), S. 51–127

SASS, FRIEDRICH, Berlin in seiner neuesten Zeit und Entwicklung 1846, neu hrsg. von Detlef Heikamp, Berlin 1983

SASS, HANS MARTIN, Johann Friedrich Leopold George, in: NDB 6, S. 235f.

–, Untersuchungen zur Religionsphilosophie in der Hegelschule 1830-1850, Diss. phil., Münster 1963

SAUTERMEISTER, GERT, Johann Peter Hebel. Schatzkästlein des Rheinischen Hausfreundes, in: KnLL 7, S. 496–498

SCHÄFER, WILFRIED, Georg Herwegh, in: KnLL 7, S. 775f.

SCHAFF, PHILIPP, August Neander. Erinnerungen, Gotha 1886

SCHAFFNER, MARTIN, Die Basler Arbeiterbevölkerung im 19. Jahrhundert. Beiträge zur Geschichte ihrer Lebensformen, Basel/Stuttgart 1972

–, Geschichte des politischen Systems von 1833 bis 1905, in: Das politische System Basel-Stadt, hrsg. von Lukas Burckhardt u.a., Basel/Frankfurt am Main 1984, S. 37–53

SCHALLER, JULIUS, Der historische Christus und die Philosophie. Kritik der Grundidee des Werks das Leben Jesu von Dr. D. F. Strauss, Leipzig 1838

SCHANNE, RAINER, Sündenfall und Erbsünde in der Spekulativen Theologie. Die Weiterbildung der protestantischen Erbsündenlehre unter dem Einfluß der idealistischen Lehre vom Bösen, Frankfurt am Main/Bern 1976

SCHARFE, MARTIN, „Lebensläufle". Intentionalität als Realität. Einige Anmerkungen zu pietistischen Biographien, in: Lebenslauf und Lebenszusammenhang. Autobiographische Materialien in der volkskundlichen Forschung, hrsg. von Rolf Wilhelm Brednich u.a., Freiburg im Breisgau 1982, S. 116–130

SCHEFOLD, DIAN, Volkssouveränität und repräsentative Demokratie in der schweizerischen Regeneration, 1830–1848, Basel/Stuttgart 1966

SCHENKEL, DANIEL, Das Wesen des Protestantismus aus den Quellen des Reformationszeitalters dargestellt, 3 Bde., Schaffhausen 1846–1851

–, W. M. L. de Wette und die Bedeutung seiner Theologie für unsere Zeit. Zum Andenken an den Verewigten, Schaffhausen 1849

–, Die Wissenschaft und die Kirche. Zur Verständigung über die Straußische Angelegenheit, Basel 1839

–, Die religiösen Zeitkämpfe in ihrem Zusammenhange mit dem Wesen der Religion und der religiösen Gesammtentwicklung des Protestantismus in zwanzig Reden beleuchtet, Hamburg/Gotha 1847

SCHERER, ANTON, Ludwig Snell und der schweizerische Radikalismus 1830–1850, Freiburg (CH) 1954

SCHIKORSKY, ISA, Private Schriftlichkeit im 19. Jahrhundert. Untersuchungen zur Geschichte des alltäglichen Sprachverhaltens „kleiner Leute", Tübingen 1990

SCHILLING, HANS, Bildung als Gottesbildlichkeit. Eine motivgeschichtliche Studie zum Bildungsbegriff, Freiburg im Breisgau 1961

SCHLÄPFER, WALTER, Appenzeller Geschichte, Bd. 2: Appenzell Ausserrhoden von 1597 bis zur Gegenwart, o. O. 1972

SCHLATTER, WILHELM, Geschichte der Basler Mission 1815–1915, Bd. 1: Die Heimatgeschichte der Basler Mission, Basel 1916

SCHLAWE, FRITZ, Die Briefsammlungen des 19. Jahrhunderts. Bibliographie der Briefsammlungen und Gesamtregister der Briefschreiber und Briefempfänger 1815–1915, 2 Bde., Stuttgart 1969

–, Friedrich Theodor Vischer, Stuttgart 1959

SCHLEGEL, JOHANN JAKOB, Drei Schulmänner der Ostschweiz. Lebensbild von J. Rudolf Steinmüller, Antistes und biographische Skizzen über H. Krüsi und J. J. Wehrli, Seminardirektoren. Zugleich ein Beitrag zur schweizerischen Schulgeschichte, Zürich 1879

SCHLEIERMACHER, FRIEDRICH DANIEL ERNST, Kurze Darstellung des theologischen Studiums zum Behuf einleitender Vorlesungen. Kritische Ausgabe hrsg. von Heinrich Scholz, Nachdruck der Ausgabe Leipzig ³1910, Darmstadt 1982

–, Der christliche Glaube 1821/1822, 2 Bde., hrsg. von Hermann Peiter, Berlin/New York 1984 (Studienausgabe)

–, Der christliche Glaube nach den Grundsätzen der evangelischen Kirche im Zusammenhange dargestellt (1830/1831), 2 Bde., hrsg. von Martin Redeker, Berlin ⁷1960

–, Über die Religion. Reden an die Gebildeten unter ihren Verächtern, in: Kritische Gesamtausgabe, Erste Abteilung: Schriften und Entwürfe, Bd. 2: Schriften aus der Berliner Zeit (1796–1799), hrsg. von Günter Meckenstock, Berlin/New York 1984, S. 189–326

–, Die Weihnachtsfeier. Ein Gespräch, in: Kritische Gesamtausgabe, Erste Abteilung: Schriften und Entwürfe, Bd. 5: Schriften aus der Hallenser Zeit (1804–1807), hrsg. von Hermann Patsch, Berlin/New York 1995, S. 43–100

SCHMID, BRUNO, Der Ustertag im Spiegel seiner Zeit. Festschrift zur 150. Wiederkehr des 22. Novembers 1830, Uster 1980

SCHMID, GOTTHARD, Die Aufhebung der Verpflichtung auf das Apostolicum in der zürcherischen Kirche, Festschrift für Ludwig Köhler, in: SThU 20 (1950), S. 83–92

SCHMID, HANS HEINRICH, Universität, Öffentlichkeit und Staat. 150 Jahre Zürcher Wirren um David Friedrich Strauss, in: Universität Zürich, Jahresbericht 1988/89, o. O. o. J., S. 5–14

SCHMIDT, ERIK, Hegel und die kirchliche Trinitätslehre, in: NZSTh 24 (1982), S. 241–260

–, Hegels System der Theologie, Berlin 1974

SCHMIDT, JONAS, Gottlieb Jacob Planck, in: BBKL 7, Sp. 705–710

SCHMIDT, MARTIN, Der Liberalismus als Problem für die Kirche und Kirchengeschichte im 19. Jahrhundert, insbesondere seine Stellung zum evangelischen Christentum, in: Kirchen und Liberalismus im 19. Jahrhundert, hrsg. von dems. und Georg Schwaiger, Göttingen 1976, S. 9–32

SCHMIDT, W., Johann Jakob Biedermann, in: ADB 2, S. 618

SCHMIDT, WERNER H., Einführung in das Alte Testament, Berlin/New York ³1985

SCHNABEL, FRANZ, Deutsche Geschichte im neunzehnten Jahrhundert, Bd. 4: Die religiösen Kräfte, München 1987

SCHNÄDELBACH, HERBERT, Philosophie in Deutschland 1831–1933, Frankfurt am Main 1983

SCHNEIDER, CARL FRIEDRICH THEODOR, August Neander. Beiträge zu seinem Leben und Wirken, Schleswig 1894

SCHNEIDER, ERICH, Die Theologie und Feuerbachs Religionskritik. Die Reaktion der Theologie des 19. Jahrhunderts auf Ludwig Feuerbachs Religionskritik, Göttingen 1972

SCHNEIDER, HANS, Nikolaus Ludwig von Zinzendorf, in: Gestalten der Kirchengeschichte, Bd. 7: Orthodoxie und Pietismus, hrsg. von Martin Greschat, Stuttgart/Berlin/Köln 1993, S. 347–372

SCHÖNHOLZER, GOTTFRIED, 50 Jahre „Freies Christentum". Erlebnisse und Bekenntnisse eines Veteranen, Zürich 1919

–, Die religiöse Reformbewegung in der reformierten Schweiz, Zürich ²1896

SCHOTT, THEODOR, Christian Friedrich Schmid, in: ADB 31, S. 655f.

SCHOTT, UWE, Karl Daub, in: TRE 8, S. 376–378

SCHREMBS, PETER, David Friedrich Strauss. Der „Alte und der Neue Glaube" in der zeitgenössischen Kritik, Diss. phil. I Zürich, Locarno 1987

SCHULTHESS-RECHBERG, GUSTAV VON, Die zürcherische Theologenschule im 19. Jahrhundert, in: Festgabe zur Einweihung der Neubauten 18. April 1914, Zürich 1914, S. 1–149

SCHULTZE, JOHANNES, Die Mark Brandenburg, Bd. 4: Von der Reformation bis zum Westfälischen Frieden (1535–1648), Berlin 1964

SCHULTZE, A., Baron Ernst von Kottwitz, in: MIM 23 (1903), S. 49–60; 89–127; 137–151; 177–196

SCHULZE, MANFRED, Fremde entdecken. Die Biographie als Chance der Geschichtsschreibung, in: VF 39 (1994), S. 25–44

SCHWARZ, CARL, Zur Geschichte der neuesten Theologie, Leipzig ³1864

SCHWEITZER, ALBERT, Geschichte der Leben-Jesu-Forschung, Tübingen [9]1984

–, Geschichte der Paulinischen Forschung von der Reformation bis auf die Gegenwart, Tübingen 1911

Professor Dr. theol. ALEXANDER SCHWEIZER. Biographische Aufzeichnungen, von ihm selbst entworfen, hrsg. von Dr. Paul Schweizer, Zürich 1889

–, Die Glaubenslehre der evangelisch-reformirten Kirche, dargestellt und aus den Quellen belegt, 2 Bde., Zürich 1844–1847

–, Das Leben Jesu von Strauß im Verhältnisse zur Schleiermacher'schen Dignität des Religionsstifters, in: ThStKr 10 (1837), S. 459–510

–, Die kirchliche Partei, in: KGw 3 (1847), S. 1–8

SCHWEIZER, EDUARD, Die Entstehung der Dreißiger Wirren im Kanton Basel, in: BZGAK 30 (1931), S. 135–368; 33 (1934), S. 7–174; 36 (1937), S. 211–432; 38 (1939), S. 105–220; 39 (1940), S. 177–258; 40 (1941), S. 57–158; 43 (1944), S. 135–253; 45 (1946), S. 87–210; 46 (1947), S. 7–171

SCHWEIZER, PAUL, Freisinnig-Positiv-Religiössozial. Ein Beitrag zur Geschichte der Richtungen im Schweizerischen Protestantismus, Zürich 1972

Selbstthematisierung und Selbstzeugnis. Bekenntnis und Geständnis, hrsg. von Alois Hahn und Volker Knapp, Frankfurt am Main 1987

SEEBERG, REINHOLD, Die Kirche Deutschlands im neunzehnten Jahrhundert. Eine Einführung in die religiösen, theologischen und kirchlichen Fragen der Gegenwart, Leipzig [4]1903

SELGE, KURT-VICTOR, August Neander – ein getaufter Hamburger Jude der Emanzipations- und Restaurationszeit als erster Berliner Kirchenhistoriker (1813–1850), in: 450 Jahre Evangelische Theologie in Berlin, hrsg. von Gerhard Besier und Christof Gestrich, Göttingen 1989, S. 233–276

–, Die Berliner Kirchenhistoriker, in: Geschichtswissenschaft in Berlin im 19. und 20. Jahrhundert. Persönlichkeiten und Institutionen, hrsg. von Reimer Hansen und Wolfgang Ribbe, Berlin/ New York 1992, S. 409–447; 819–828

SEIM, JÜRGEN, Zur Methodik der Biographie, in: EvTh 39 (1979), S. 431–450

SELLIN, VOLKER, Mentalität und Mentalitätsgeschichte, in: HZ 241 (1985), S. 555–598

SENFT, CHRISTOPH, Wahrhaftigkeit und Wahrheit. Die Theologie des 19. Jahrhunderts zwischen Orthodoxie und Aufklärung, Tübingen 1956

SHANAHAN, WILLIAM O., Der deutsche Protestantismus vor der sozialen Frage 1815–1871, München 1962

SHEEHAN, JAMES J., Der deutsche Liberalismus. Von den Anfängen im 18. Jahrhundert bis zum ersten Weltkrieg, 1770–1914, München 1983

SHORTER, EDWARD, Der Wandel der Mutter-Kind-Beziehung zu Beginn der Moderne, in: GeGe 1 (1975), S. 256–287

SIEBER, EMIL, Basler Trennungswirren und nationale Erneuerung im Meinungsstreit der Schweizer Presse 1830–1833, Basel 1964

SIEGFRIED, C., Friedrich Gottlob Uhlemann, in: ADB 39, S. 165f.

SIEGFRIED, PAUL, Geschichte der Gemeinnützigen Gesellschaft in Basel von 1777–1926. Festschrift zur 150. Stiftungsfeier, Basel 1927

SIEFFERT, ANTON EMIL FRIEDRICH, Johann Jakob Herzog, in: RE[3] 7, S. 782–787

SIMON, ERNST, Ranke und Hegel, HZ.B 15, München 1928

SKOPP, DOUGLAS R., Auf der untersten Sprosse. Der Volksschullehrer als „Semi-Professional" im Deutschland des 19. Jahrhunderts, in: GG 6 (1980), S. 383–402

SMEND, RUDOLF, Deutsche Alttestamentler in drei Jahrhunderten, Göttingen 1989

–, Die Entstehung des Alten Testaments, Stuttgart/Berlin/Köln/Mainz [3]1984

–, Wilhelm Martin Leberecht de Wettes Arbeit am Alten und Neuen Testament, Basel 1958

–, De Wette und das Verhältnis zwischen historischer Bibelkritik und philosophischem System im 19. Jahrhundert, in: ThZ 14 (1958), S. 107–119

SOMMER, WERNER, Philip Schaff (1819–1885). Apostel deutscher Theologie in Amerika, in: Gegen die Gottvergessenheit. Schweizer Theologen im 19. und 20. Jahrhundert, hrsg. von Stephan Leimgruber und Max Schoch, Basel/Freiburg im Breisgau/Wien 1990, S. 104–112

SONNENSCHMIDT, REINHARD, Zum philosophischen Antisemitismus bei G. W. F. Hegel, in: ZRGG 44 (1992), S. 289–301

SPLETT, JÖRG, Die Trinitätslehre G. W. F. Hegels, Freiburg im Breisgau/München 1965

STADLER, PETER, Der Kulturkampf in der Schweiz. Eidgenossenschaft und Katholische Kirche im europäischen Umkreis 1848–1888, Frauenfeld/Stuttgart 1984

STAEHELIN, ANDREAS, Geschichte der Universität Basel 1632–1818, Basel 1957

–, Geschichte der Universität Basel 1818–1835, Basel 1959

STAEHELIN, ERNST, Die Christentumsgesellschaft in der Zeit der Aufklärung und der beginnenden Erweckung. Texte aus Briefen, Protokollen und Publikationen, Basel 1970

–, Die Christentumsgesellschaft in der Zeit von der Erweckung bis zur Gegenwart. Texte aus Briefen, Protokollen und Publikationen, Basel 1974

–, Kleine Dewettiana, in: ThZ 13 (1957), S. 33–41

–, Dewettiana. Forschungen und Texte zu Wilhelm Martin Leberecht de Wettes Leben und Werk, Basel 1956

–, Johann Ludwig Frey, Johannes Grynaeus und das Frey-Grynaeische Institut in Basel. Rektoratsprogramm der Universität Basel für das Jahr 1947, Basel 1947

–, Karl Rudolf Hagenbach, in: NDB 7, S. 486f.

–, Die Basler Kirche in den Basler Revolutionswirren von 1830–1833, in: Aus fünf Jahrhunderten schweizerischer Kirchengeschichte. Festschrift für Paul Wernle, Basel 1932, S. 257–298

–, Liberalismus und Evangelium. Die Stellung des schweizerischen Protestantismus zum Aufbruch des Liberalismus in der Regenerationszeit, Basel 1934

–, Die Stellung des schweizerischen Protestantismus zum Aufbruch des Sozialismus und Kommunismus in der Regenerationszeit, in: Zwing. 6 (1934), S. 33–50

STAEHELIN, HEINRICH, 1830–1833. Baselland und Aargau – Zwei Revolutionskantone, in: Baselland vor 150 Jahren. Wende und Aufbruch, Liestal 1983, S. 29–44

STAEHELIN, RUDOLF, W. M. L. de Wette nach seiner theologischen Wirksamkeit und Bedeutung geschildert, Basel 1880

STAEHELIN, WALTER, GGG. Der Zeit voraus, dem Staat voraus. Zur Zweihundertjahrfeier der Gesellschaft für das Gute und Gemeinnützige Basel, Basel 1977

STÄHELIN, ERNST, Johann Jakob Stähelin, in: RE³ 18, S. 732–735

STÄHELIN, FELIX, Geschichte der Basler Familie Stehelin und Stähelin, Basel 1903

STÄHELIN, RUDOLF, Karl Rudolf Hagenbach, Basel 1875

–, Karl Rudolf Hagenbach, in: RE³ 7, S. 335–338

STÄHLIN, ADOLF VON, Gottlieb Christoph Adolf von Harleß, in: RE³ 7, S. 421–432

STAMM, FANNY, Der Einfluß der französischen Refugianten auf die Kultur Basels, in: Basler Jahrbuch 1934, Basel 1934, S. 12–36

STECK, KARL GERHARD, Dogma und Dogmengeschichte in der Theologie des 19. Jahrhunderts, in: Das Erbe des 19. Jahrhunderts, hrsg. von Wilhelm Schneemelcher, Berlin 1960, S. 21–66

–, Ferdinand Christian Baur, in: Gestalten der Kirchengeschichte, Bd. 9,1: Die neueste Zeit 1, hrsg. von Martin Greschat, Stuttgart/Berlin/Köln 1993, S. 218–232

STEINMANN, ERNST, Geschichte des schweizerischen Freisinns, Bd. 1: Der Freisinn als Gründer und Gestalter des Bundesstaates (1830–1918), Bern 1955

STEPHAN, HORST, Geschichte der evangelischen Theologie seit dem Deutschen Idealismus, Berlin 1938

STEPHAN, HORST und MARTIN SCHMIDT, Geschichte der evangelischen Theologie in Deutschland seit dem Idealismus, Berlin/New York ³1973

STERCHI, J., Bernhard Rudolf Fetscherin, in: Sammlung Bernischer Biographien, Bd. 2, Bern 1896, S. 585–592

STEUSSLOFF, HANS, Die Religionskritik von D. F. Strauß, in: DZPh 10 (1962), S. 744–757

STOLZ, PETER, Stadtwirtschaft und Stadtentwicklung. Basel in den Jahrzehnten nach der Kantonstrennung (1833–1860), in: Regio Basiliensis 20 (1979), S. 165–187

–, Technischer Wandel in der Wirtschaftsgeschichte Basels. Von der frühen Bandweberei bis zu den Anfängen der forschenden chemischen Industrie, in: BZGAK 81 (1981), S. 71–96

STOMMEL, HENRY UND ELISABETH, The Year without a Summer, in: Scientific American 240, June 1979, S. 134–140

STORZ, GERHARD, Schwäbische Romantik. Dichter und Dichterkreise im alten Württemberg, Stuttgart/Berlin/Köln/Mainz 1967

STRASSER, OTTO ERICH, Alexandre Vinet. Sein Kampf um ein Leben der Freiheit, Erlenbach-Zürich 1946

STRAUB, R., Züriputsch vom 6. Herbstmonat des Jahres 1839, Pfäffikon 1940

STRAUSS, DAVID FRIEDRICH, Zwei friedliche Blätter, Altona 1839

Briefe von DAVID FRIEDRICH STRAUSS an L. Georgii, hrsg. von Heinrich Maier, Tübingen 1912

–, Charakteristiken und Kritiken. Eine Sammlung zerstreuter Aufsätze aus den Gebieten der Theologie, Anthropologie und Aesthetik, Leipzig 1839

–, Der Christus des Glaubens und der Jesus der Geschichte. Eine Kritik des Schleiermacher'schen Lebens Jesu, Berlin 1865

–, Die christliche Glaubenslehre in ihrer geschichtlichen Entwicklung und im Kampfe mit der Wissenschaft dargestellt, 2 Bde., Stuttgart/Tübingen 1840–1841 (unv. Nachdruck Darmstadt 1973)

–, Das Leben Jesu, kritisch bearbeitet, 2 Bde., Tübingen 1835–1836, ²1837, ³1838–1839

–, Der politische und theologische Liberalismus, Halle 1848

–, Christian Märklin. Ein Lebens- und Charakterbild aus der Gegenwart, Mannheim 1851

–, Streitschriften zur Vertheidigung meiner Schrift über das Leben Jesu und zur Charakteristik der gegenwärtigen Theologie. Neue Ausgabe in einem Band, Tübingen 1841

STRAUSS, GERHARD FRIEDRICH ADOLPH, Glockentöne. Erinnerungen aus dem Leben eines jungen Geistlichen, Leipzig ⁷1840

–, Abend-Glocken-Töne. Erinnerungen eines alten Geistlichen aus seinem Leben, Berlin 1868

STRECKFUSS, ADOLPH, Berlin im 19. Jahrhundert, 4 Bde., Berlin 1867–1869

STÜBINGER, EWALD, Spekulativer Idealismus. Carl Daub (1765–1836), in: Profile des neuzeitlichen Protestantismus, Bd. 1: Aufklärung, Idealismus, Vormärz, hrsg. von Friedrich Wilhelm Graf, Gütersloh 1990, S. 156–172

STRUPLER, ERNST, Die Anfänge der modernen Leibesübungen in der Schweiz bis 1833, Winterthur 1955

STÜCKELBERGER, HANS-MARTIN, Geschichte der evangelisch-reformierten Kirchgemeinde Winterthur von 1798–1950, Winterthur 1977

–, Die appenzellische reformierte Pfarrerschaft seit dem Bestehen jeder reformierten Kirchgemeinde bis 1977 zusammengestellt und mit biographischen Notizen versehen mit einer kurz gefassten Geschichte der Synode von Appenzell A. Rh., Herisau 1977

SUTER, MEINRAD, Von „ächtem Bürger-Sinn" und patriotischer Gemeinnützigkeit. Winterthurer Korporationen und Gesellschaften im ersten Drittel des 19. Jahrhunderts, in: SZG 42 (1992), S. 358–387

TANNER, HEINRICH, Die Basler Kirche im letzten Vierteljahrhundert, in: VRKS 11 (1879), S. 89–91; 93–95

TAYLOR, CHARLES, Hegel, Frankfurt am Main 1983

TEICHMANN, ALBERT, Die Universität Basel in den fünfzig Jahren seit ihrer Reorganisation im Jahre 1835, Basel 1885

TEUTEBERG, RENÉ, Basler Geschichte, Basel ²1988

THADDEN, RUDOLF VON, Kirchengeschichte als Gesellschaftsgeschichte, in: Weltliche Kirchengeschichte. Ausgewählte Aufsätze, Göttingen 1989, S. 11–28

–, Protestantismus und Liberalismus zur Zeit des Hambacher Festes 1832, in: Liberalismus in der Gesellschaft des deutschen Vormärz, hrsg. von Wolfgang Schieder, GeGe Sonderheft 9, Göttingen 1983, S. 95–114

Ein liberaler Theologe und Schulmann in Württemberg. Erinnerungen an Gustav von Binder 1807–1885, im Auftrag des Württembergischen Geschichts- und Altertumsvereins hrsg. von Max Neunhöfer, Stuttgart 1975

Zur soziologischen Theorie und Analyse des 19. Jahrhunderts, hrsg. von Walter Rüegg und Otto Neuloh, Göttingen 1971

THEUNISSEN, MICHAEL, Hegels Lehre vom absoluten Geist als theologisch-politischer Traktat, Berlin 1970

THIELICKE, HELMUT, Glauben und Denken in der Neuzeit. Die großen Systeme der Theologie und Religionsphilosophie, Tübingen ²1988

THIENEL, INGRID, Städtewachstum im Industrialisierungsprozess des 19. Jahrhunderts. Das Berliner Beispiel, Berlin/New York 1973

THILO, CHRISTFRIED ALBERT, Die Wissenschaftlichkeit der modernen speculativen Theologie in ihren Principien beleuchtet, Leipzig 1851

THOLUCK, FRIEDRICH AUGUST GOTTREU, Geschichte des Rationalismus. Erste Abtheilung: Geschichte des Pietismus und des ersten Stadiums der Aufklärung, Berlin 1865

THUN, ALPHONS, Die Vereine und Stiftungen des Kantons Baselstadt im Jahre 1881, Basel 1883

THÜRER, GEORG, Hans Conrad Escher von der Linth, in: Grosse Schweizer und Schweizerinnen. Erbe als Auftrag, hrsg. von Erwin Jaeckle und Eduard Stäuble, Stäfa 1990, S. 251–256

THÜRKAUF, EMIL, Verlag und Heimarbeit in der Basler Seidenbandindustrie, Stuttgart 1909

TILLICH, PAUL, Vorlesungen über die Geschichte des christlichen Denkens, Teil II: Aspekte des Protestantismus im 19. und 20. Jahrhundert, Stuttgart 1972

TIMM, HERMANN, Gott und die Freiheit. Studien zur Religionsphilosophie der Goethezeit, Bd. 1, Frankfurt am Main 1974

TOBLER, TITUS, Pfarrer Matthias Bänziger, in: Appenzeller Monatsblatt 11 und 12 (1832), S. 161–190 (= Trogen 1833)

TRILLING, WOLFGANG, Geschichte und Ergebnisse der historisch-kritischen Jesusforschung, in: Jesus von Nazareth, hrsg. von Franz Joseph Schierse, Mainz 1972, S. 187–213

TRUOG, JAKOB R., Die Pfarrer der evangelischen Gemeinden in Graubünden und seinen ehemaligen Untertanenlanden, in: Jahresbericht der Historisch-Antiquarischen Gesellschaft von Graubünden 64 (1934), Chur 1935, S. 1–96; 65 (1935), Chur 1936, S. 97–298

TSCHACKERT, PAUL, Gottlieb Jakob Planck, in: RE³ 15, S. 472–477

TURNER, R. STEVEN, Universitäten, in: Handbuch der deutschen Bildungsgeschichte, Bd. III: 1800–1870. Von der Neuordnung Deutschlands bis zur Gründung des Deutschen Reiches, hrsg. von Karl-Ernst Jeismann und Peter Lundgreen, München 1987, S. 221–249

ÜBEL, BRUNO, Bericht über die Vorgänge des 6. September 1839 in Zürich. Separatdruck aus dem „Landboten", Winterthur 1839

UEBELHÖR, MAX, Die Zürcherische Presse im Anfange des 19. Jahrhunderts, Diss. phil. I, Zürich 1908

UHLHORN, GERHARD, Johann August Wilhelm Neander, in: RE³ 13, S. 679–687

Die Universität Zürich 1833–1933 und ihre Vorläufer, hrsg. von Ernst Gagliardi, Hans Nabholz und Jean Strohl, Zürich 1938

USTERI, EMIL, Zur Geschichte der Oeri von Zürich und Basel, in: Zürcher Taschenbuch auf das Jahr 1978, S. 46–118 und 1979, S. 51–86

VATKE, WILHELM, Ansicht über die Zusammensetzung von Pentateuch-Josua, mitgetheilt von A. Hilgenfeld, in: ZWTh 28 (1885), S. 156–232

–, Beitrag zur Kritik der neueren philosophischen Theologie, in: Hallische Jahrbücher 3 (1840), S. 5ff. (in Teilen bis S. 1148)

–, Die menschliche Freiheit in ihrem Verhältniß zur Sünde und zur göttlichen Gnade wissenschaftlich dargestellt, Berlin 1841

–, Gesammtansicht über die Bücher Samuelis und der Könige, mitgetheilt von H. Preiss, in: ZWTh 28 (1885), S. 257–280

–, Gesammtansicht über Pentateuch-Josua, mitgetheilt von A. Hilgenfeld, in: ZWTh 28 (1885), S. 52–72

–, Religionsphilosophie oder allgemeine philosophische Theologie, nach Vorlesungen hrsg. von Hermann G. S. Preiss, Bonn 1888

–, Die biblische Theologie, wissenschaftlich dargestellt, Bd. 1: Die Religion des Alten Testamentes nach den kanonischen Büchern entwickelt. Erster Theil, Berlin 1835

VIERHAUS, RUDOLF, Rankes Verständnis der „neuesten Geschichte" untersucht auf Grund neuer Quellen, in: AKuG 39 (1957), S. 81–102

–, Bildung, in: GGB 1, S. 508–551

–, Liberalismus, in: GGB 3, S. 741–785

VISCHER, EBERHARD, Die Lehrstühle und der Unterricht an der theologischen Fakultät Basels seit der Reformation. Festschrift zur Feier des 450jährigen Bestehens der Universität Basel, Basel 1910

–, Das Werk der schweizerischen protestantisch-kirchlichen Hilfsvereine, 1842–1942, Basel 1944

VISCHER, EDUARD, Regeneration. Hinweis auf die Problematik einer schweizergeschichtlichen Epochenbezeichnung, in: Gottesreich und Menschenreich. Ernst Staehelin zum 80. Geburtstag, hrsg. von Max Geiger, Basel/Stuttgart 1969, S. 453–466

–, Wilhelm Vischer. Gelehrter und Ratsherr 1808–1874 im Spiegel seiner Korrespondenz mit Rudolf Rauchenstein, Basel 1958

–, Die Wandlungen des Verhältnisses der Schule zu Kirche und Staat in Basel von der Mitte des 18. bis gegen das Ende des 19. Jahrhunderts, Diss. phil. Basel, Zürich 1931

VISCHER, WILHELM, Basel in der Zeit der Restauration. 1814–1830, 2 Teile, Basel 1905–1906

VISCHER, WILHELM, Ludwig August Burckhardt, in: ADB 3, S. 575

VÖCHTING-OERI, LUISE, Aus dem Jugendleben von Johann Jakob Oeri (1817–1897), in: Zürcher Taschenbuch auf das Jahr 1969, Zürich 1969, S. 108–120

VÖGELIN, SAMUEL, Lebensskizze, in: W. Wackernagel, Kleinere Schriften, Bd. 3, Leipzig 1874, S. 434–442

Voges, Wolfgang (Hrsg.), Methoden der Biographie- und Lebenslaufforschung, Opladen 1987

WACH, JOACHIM, Das Verstehen. Grundzüge einer Geschichte der hermeneutischen Theorie im 19. Jahrhundert, Bd. 2: Die theologische Hermeneutik von Schleiermacher bis Hofmann, Tübingen 1929

WACKERNAGEL, JACOB, Zur Erinnerung an die Basler Zeit von Wilhelm Wackernagel, 19. April 1833 bis 21. Dezember 1869, Basel 1933

–, Stadt und Universität Basel, Basel 1930

WACKERNAGEL, RUDOLF, Wilhelm Wackernagel. Jugendjahre 1806–1833, Basel 1885

WACKERNAGEL, WILHELM, Deutsches Lesebuch. Erster Theil. Poesie und Prosa vom IV. bis zum XV. Jahrhundert, Basel 1835

–, Deutsches Lesebuch. Zweyter Theil. Proben der Deutschen Poesie seit dem Jahre MD, Basel 1836

–, Ueber die dramatische Poesie. Academische Gelegenheitsschrift, Basel 1838

–, Poetik, Rhetorik und Stilistik. Academische Vorlesungen, hrsg. von Ludwig Sieber, Halle 1873

–, Die Verdienste der Schweizer um die deutsche Litteratur. Academische Antrittsrede, Basel 1833

WAGNER, FALK, Die Aufhebung der religiösen Vorstellung in den philosophischen Begriff, in: NZSTh 18 (1976), S. 44–73

–, Der Gedanke der Persönlichkeit Gottes bei Ph. Marheineke. Repristination eines vorkritischen Theismus, in: NZSTh 10 (1968), S. 44–88

–, Der Gedanke der Persönlichkeit Gottes bei Fichte und Hegel, Gütersloh 1971

–, Die vergessene spekulative Theologie. Zur Erinnerung an Carl Daub anläßlich seines 150. Todesjahres, Zürich 1987

–, Zur Theologiegeschichte des 19. und 20. Jahrhunderts, in: ThR 53 (1988), S. 113–200

WAGNER, MAX, 150 Jahre Theologisches Alumneum in Basel. Eine Chronik – 1844 bis 1994. Mit der Vorgeschichte seit 1460. Festgabe zur 150-Jahrfeier, Basel 1994

WALLMANN, JOHANNES, Der Pietismus, Göttingen 1990

WALTER, EMIL J., Soziologie der Alten Eidgenossenschaft. Eine Analyse ihrer Sozial- und Berufsstruktur von der Reformation bis zur Französischen Revolution, Bern 1966

WALTER VON WALTHOFFEN, HIPPOLYTH, Die Gottesidee in religiöser und speculativer Richtung. Gemeinverständliche Darstellung auf geschichtlicher und religionsphilosophischer Grundlage, Wien/Leipzig 1901

WALZ, URSULA, Eselsarbeit für Zeisigfutter. Die Geschichte des Lehrers, Frankfurt am Main 1988

WANNER, GUSTAV ADOLF, Die Holzach. Geschichte einer alten Schweizer Familie, Basel/Frankfurt am Main 1982

WAPPLER, KLAUS, Karl von Altenstein und das Ministerium der geistlichen, Unterrichts- und Medizinalangelegenheiten, in: Die Geschichte der Evangelischen Kirche der Union. Ein Handbuch, Bd. 1: Die Anfänge der Union unter landesherrlichem Kirchenregiment (1817–1850), hrsg. von dems. und Rudolf Mau, Leipzig 1992, S. 115–125

WARNEKEN, BERND JÜRGEN, Populare Autobiographik. Empirische Studien zu einer Quellengattung der Alltagsgeschichtsforschung, Tübingen 1985

WEBER, ALFRED R., Hieronymus Falkeisen, in: Der Reformation verpflichtet. Gestalten und Gestalter in Stadt und Landschaft Basel aus fünf Jahrhunderten, Basel 1979, S. 73–77

–, Antistes Hieronymus Falkeisen (1758–1838) und die Falkeisen-Sammlung, in: BZGAK 56 (1957), S. 119–136

WEBER, KARL, Entstehung und Entwicklung des Kantons Basellandschaft 1732–1932, in: Geschichte der Landschaft Basel und des Kantons Basellandschaft 1798 bis 1932, Bd. 2, Liestal 1932, S. 319–744

–, Die Revolution im Kanton Basel-Stadt 1830–1833, Liestal 1907

WEHLER, HANS-ULRICH, Deutsche Gesellschaftsgeschichte, 3 Bde., München 1987–1995

WEICHEL, ERICH, Hegels Geschichtsphilosophie, in: NZSTh 33 (1991), S. 23–43

WEICHERT, FRIEDRICH, Ernst Wilhelm Hengstenberg, in: Berlinische Lebensbilder, Bd. 5: Theologen, hrsg. von Gerd Heinrich, Berlin 1990, S. 201–214

WEIDKUHN, PETER, Strukturlinien des baslerischen Pietismus, in: SAVK 62 (1966), S. 160–192

WEIGELT, HORST, Johann August Urlsperger. Ein Theologe zwischen Pietismus und Aufklärung, Diss. theol., Erlangen [1961]

WEINEL, HEINRICH, Jesus im neunzehnten Jahrhundert, Tübingen ³1914

WEISSE, CHRISTIAN HERMANN, Die philosophische Literatur der Gegenwart. Zweiter Artikel. Die jüngere Hegelsche Schule. Die Hallischen Jahrbücher. Feuerbach, Strauß, Frauenstädt, in: ZPSTh 7 (1841), S. 103–150

WELCH, CLAUDE, Protestant Thought in the Nineteenth Century, Vol. 1, 1799–1870, New Haven/London 1972

WELDLER-STEINBERG, AUGUSTA, Geschichte der Juden in der Schweiz vom 16. Jahrhundert bis nach der Emanzipation, 2 Bde., Zürich 1966–1970

WENDLAND, WALTER, Siebenhundert Jahre Kirchengeschichte Berlins, Berlin 1930

–, Studien zur Erweckungsbewegung in Berlin (1810–1830), in: JBrKG 19 (1924), S. 5–77

WENIG, HANS GÜNTER, Medizinische Ausbildung im 19. Jahrhundert, Diss. med., Bonn 1969

WENNEKER, ERICH, Christoph Johannes Riggenbach, in: BBKL 8, Sp. 351–354

Wer schreibt meine Lebensgeschichte? Biographie, Autobiographie, Hagiographie und ihre Entstehungszusammenhänge, hrsg. von Walter Sparn, Göttingen 1989

WERNER, MARTIN, Der protestantische Weg des Glaubens, Bd. 1: Der Protestantismus als geschichtliches Problem; Bd. 2: Systematische Darstellung, Bern/Tübingen 1955–1962

WERNLE, PAUL, Der schweizerische Protestantismus im XVIII. Jahrhundert, 3 Bde., Tübingen 1923–1925

–, Der schweizerische Protestantismus in der Zeit der Helvetik 1798–1803, 2 Bde., Zürich/Leipzig 1938–1942

WETTSTEIN, WALTER, Die Regeneration des Kantons Zürich. Die liberale Umwälzung der dreissiger Jahre (1830–1838), Zürich 1907

WIDMANN, HANS, Tübingen als Verlagsstadt, Tübingen 1971

WIDMER, SIGMUND, Zürich – eine Kulturgeschichte, Bd. 9: Aufschwung mit dem Liberalismus, Zürich/München 1982

WIDMER, URS W., Jakob Robert Steiger, 1801–1862. Arzt und Politiker, Diss. med., Zürich 1978

WIEGAND, ADELBERT, August Neanders Leben, Erfurt 1889

–, W. M. L. de Wette (1780–1849). Eine Säkularschrift, Erfurt 1879

WIESE, LEOPOLD VON, Liberalismus, soziologisch und wirtschaftssoziologisch, in: RGG³ 4, Sp. 344–349

WILDI, ERNST, Die Appenzell. A. Rh. Kantonsschule in Trogen, Trogen 1921

WILLMS, JOHANNES, Nationalismus ohne Nation. Deutsche Geschichte 1789–1914, Düsseldorf 1983

WIMMER, REINER, Kants kritische Religionsphilosophie, Berlin/New York 1990

WINDELBAND, WILHELM, Lehrbuch der Geschichte der Philosophie. Mit einem Schlußkapitel „Die Philosophie im 20. Jahrhundert" und einer Übersicht über den Stand der philosophiege-schichtlichen Forschung hrsg. von Heinz Heimsoeth, Tübingen [17]1980

WINER, GEORG BENEDICT, Handbuch der theologischen Literatur hauptsächlich der protestanti-schen nebst kurzen biographischen Notizen über die theologischen Schriftsteller, Bd. 1, Leipzig [3]1838, Bd. 2, Leipzig [3]1840, Ergänzungsheft, Leipzig 1842

WINKLER, HERMANN, Schulgeschichte der Stadt Winterthur bis zum Jahre 1922, Winterthur 1947

WINKLER, ROBERT, Überblick über die religionsphilosophische Arbeit seit Kant bis zur Gegen-wart, in: Georg Wobbermin, Religionsphilosophie, Berlin 1924, S. 16–27

WIRZ, KASPAR, Etat des Zürcher Ministeriums von der Reformation zur Gegenwart. Aus ge-druckten und ungedruckten Quellen zusammengestellt und nach Kirchengemeinden geord-net, Zürich 1890

WITTE, LEOPOLD, Das Leben D. Friedrich August Gottreu Tholuck's, 2 Bde., Bielefeld/Leipzig 1884–1886

WITZIG, PAUL, Beiträge zur Wirtschaftsgeschichte der Stadt Winterthur im 19. Jahrhundert, Diss. rer. pol., Zürich 1929

WOLF, ERNST, Konfessionskunde, in: RGG[3] 3, Sp. 1749–1752

WUHRMANN, WILLY, Das freie Christentum in der Schweiz, Zürich 1921

WULLSCHLEGER, OTTO, Pestalozzi und Schleiermacher, in: Ref. 27 (1978), S. 244–249

WYSS, GEORG VON, Die Hochschule Zürich in den Jahren 1833–1883. Festschrift zur fünfzigsten Jahresfeier ihrer Stiftung, Zürich 1889

–, Alois Reding, in: ADB 27, S. 523–529

ZEHNDER, ULRICH, Die dreißiger Jahre des 19. Jahrhunderts im Urteil des Zürcher Bürgermeisters Dr. med. Ulrich Zehnder, mitgeteilt von Werner Schnyder, in: Zürcher Taschenbuch 1942, S. 164–211

ZELLER, EDUARD, Die Bearbeitungen der protestantischen Dogmatik aus den Jahren 1840 und 1841. D. Die Hegelsche Linke. Strauss und Feuerbach, in: ThJb(T) 2 (1843), S. 90–146; 324–366

–, Über Bedeutung und Aufgabe der Erkenntnis-Theorie. Ein akademischer Vortrag, Heidelberg 1862

–, Ueber die Freiheit des menschlichen Willens, das Böse, und die moralische Weltordnung, in: ThJb(T) 5 (1846), S. 384–447

–, David Friedrich Strauß in seinem Leben und seinen Schriften, Bonn 1874

–, Die Trennung der Kirche vom Staat in ihrer Bedeutung für die Theologie, in: ThJb(T) 8 (1849), S. 143–152

ZEMLIN, MICHAEL-JOACHIM, Geschichte zwischen Theorie und Theoria. Untersuchungen zur Geschichtsphilosophie Rankes, Diss. phil., Köln 1985

ZERBACK, RALF, Unter der Kuratel des Staates. Die Stadt zwischen dem Gemeindeedikt von 1818 und der Gemeindeordnung von 1869, in: Geschichte der Stadt München, hrsg. von Richard Bauer, München 1992, S. 274–306

ZIEGLER, ALFRED und EMANUEL DEJUNG, Geschichte der Stadt Winterthur in gedrängter Darstel-lung, Winterthur 1933

–, Winterthurs Lage im Winter 1799/1800, Winterthur 1906

ZIEGLER, THEOBALD, David Friedrich Strauß, 2 Bde., Straßburg 1908

ZIMMERMANN, HANSJÜRG, Evangelisches Leben in Winterthur im 19. Jahrhundert. Werden und Entfaltung einiger Werke der innern Mission, Winterthur 1970 (Ms.)

ZIMMERMANN, HELMUT, Bernhard Hausmann, in: NDB 8, S. 123f.

ZIMMERMANN, WALTER, Geschichte des Kantons Zürich vom 6. September 1839 bis 3. April 1845, Diss. phil. I, Zürich 1916

ZIMMERLI, WALTHER, Biblische Theologie I: Altes Testament, in: TRE 6, S. 426–455

ZINNIKER, OTTO, Der Geist der Helvetischen Gesellschaft des 19. Jahrhunderts besonders zwi-schen 1807 und 1849. Ein Beitrag zur Geschichte des Liberalismus in der Schweiz, Diss. phil. I Zürich, Biel 1932

ZÖCKLER, OTTO, Johann Wilhelm Hanne, in: RE³ 7, S. 403–406

Der Schweizerische Zofingerverein 1819–1969. Eine Darstellung hrsg. vom Schweizerischen Zofingerverein und vom Schweizerischen Altzofingerverein, Bern 1969

ZÜGER, EDWIN, Alois Reding und das Ende der Helvetik, Diss. phil. I, Zürich 1977

Zürcher Pfarrerbuch 1519–1952, hrsg. von Emanuel Dejung und Willy Wuhrmann, Zürich 1953

ZUMSTEIN, OTTO, Beiträge zur Basler Parteigeschichte, Diss. phil., Basel 1936

ZWICKY, CASPAR LEBRECHT, Jugenderinnerungen, Glarus 1906

Bibelstellenregister

Genesis
3   243, 260

Exodus
33   260

Psalmen
23, 4   194
116   349

Jesaja
29   337
59, 12   347

Jeremia
31, 31   325

Matthäus
3, 2   347
5, 45   347
6, 32b   201
6, 33   200, 206
7, 29   346
9, 2   347
12, 31   347
12, 37–39   347
14, 1–12   347

Markus
1, 22   346
2, 27f.   328

Lukas
9, 62   206, 303, 346
10, 39–42   335
12, 31   200
21, 29–32   41
19, 11–27   348

Johannes
7, 16   346
7, 37–39   344
7, 46   344f.

8, 12   344
8, 31f.   344
14, 5   347
14, 18   78
17, 23   388

Römerbrief
1, 16   349
7, 24f.   201
8, 15   347
8, 18–28   323
12, 1   70
13   62

1. Korintherbrief
1, 20   359
2, 10   313

2. Korintherbrief
3, 4ff.   337
3, 17   311, 370
4, 5   376
4, 13   349
5, 20   70

Galaterbrief
4, 4   327
4, 6   347

Epheserbrief
1, 7   347

Philipperbrief
1, 23   232
4, 6   69

Kolosserbrief
2, 13   347

1. Thessalonicherbrief
2, 13   70
5, 17   190, 197

Namenregister

Ortsregister

Sachregister